滨江年鉴

杭州高新技术产业开发区（滨江）档案馆
杭州高新技术产业开发区（滨江）地方志编纂研究室　编

2024

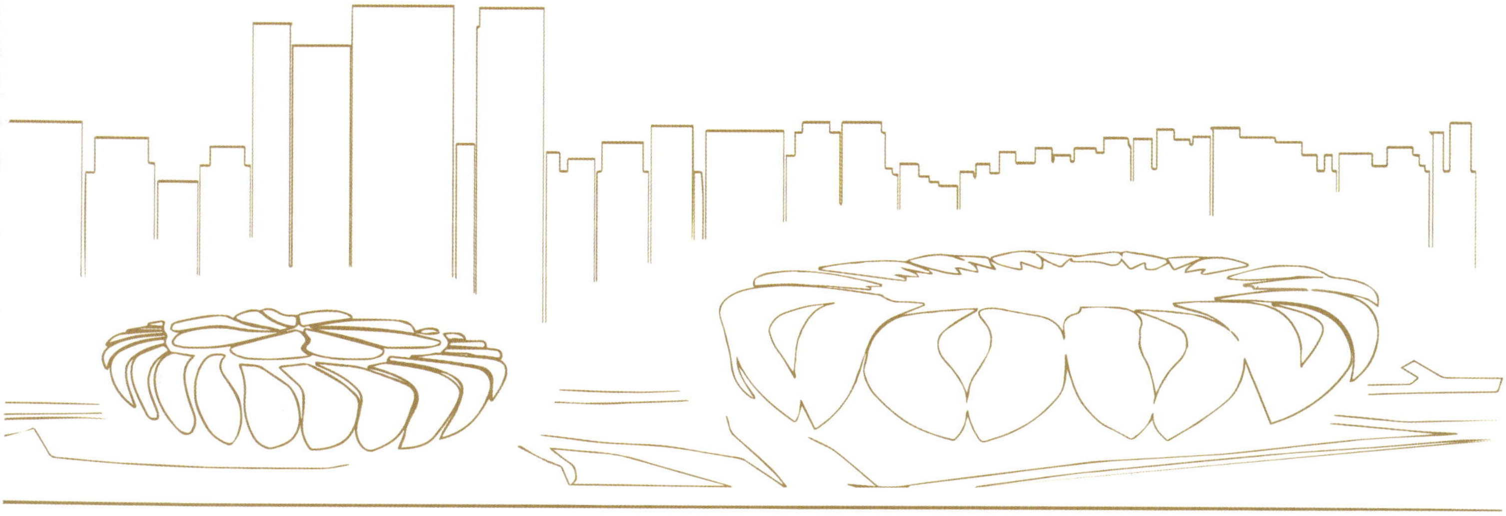

方志出版社
Publishing House of Local Records

图书在版编目(CIP)数据

滨江年鉴. 2024 / 杭州高新技术产业开发区（滨江）档案馆编；杭州高新技术产业开发区（滨江）地方志编纂研究室编. -- 北京：方志出版社, 2024. 12.
ISBN 978-7-5144-6558-7

Ⅰ. Z525.54

中国国家版本馆CIP数据核字第2024FZ3591号

责任编辑：王娜
责任校对：张玉霞
责任印刷：梅中英
出 版 者：方志出版社
地　　址：北京市朝阳区潘家园东里 9 号（国家方志馆 4 层）
邮　　编：100021
网　　址：http://www.zgfzcb.cn
发　　行：方志出版社图书经销中心（010-67110500）
印　　刷：南京凯德印刷有限公司
开　　本：889 毫米 ×1194 毫米　1/16
印　　张：35.25
字　　数：916 千字
版　　次：2024 年 12 月第 1 版
印　　次：2024 年 12 月第 1 次印刷
定　　价：280.00 元

《滨江年鉴（2024）》编辑部

编辑说明

一、《滨江年鉴》是中共杭州市滨江区委、杭州市滨江区人民政府主办，杭州高新技术产业开发区（滨江）档案馆、杭州高新技术产业开发区（滨江）地方志编纂研究室编纂的地方综合年鉴，逐年记载杭州高新区（滨江）经济建设、政治建设、文化建设、社会建设、生态文明建设基本情况，为各级党政机关、研究机构，以及社会各界人士和中外投资者了解、研究杭州高新区（滨江）提供地情资料。《滨江年鉴（2024）》是2017年首次编纂出版以来的第8卷。

二、《滨江年鉴》以马克思列宁主义、毛泽东思想、邓小平理论、“三个代表”重要思想、科学发展观、习近平新时代中国特色社会主义思想为指导，坚持辩证唯物主义和历史唯物主义的立场、观点和方法，全面记述杭州高新区（滨江）在推进世界领先科技园区建设中的大事、要事。

三、《滨江年鉴（2024）》资料收录时限为2023年1月1日至12月31日，个别条目内容或表格中的数据适当上溯。

四、《滨江年鉴（2024）》按分类法编辑，主体内容分为类目、分目、条目3个层次，以条目为主要记事单元。

五、《滨江年鉴（2024）》框架结构在2023卷的基础上略有变动，撤销“旅游业”类目。调整后的篇目设置如下：特载、专记、大事记、区情概览、中共杭州高新区工委（滨江区委）、滨江区人民代表大会、杭州高新区管委会（滨江区政府）、政协滨江区委员会、中共滨江区纪律检查委员会 滨江区监察委员会、民主党派 工商联、群众团体、法治、军事、经济管理、高新技术产业、产业平台、工业 建筑业、商贸服务业、金融业、投资促进与区域合作、城区建设与管理、乡村振兴、交通 邮政 通信、生态环境保护、科技创新、教育、文化、卫生健康、体育、人力资源管理、社会生活、应急管理、街道、人物·荣誉、统计资料、附录。卷首彩页根据年度热点和杭州高新区（滨江）特色设置分类主题。

六、《滨江年鉴（2024）》内文中数字用法、标点符号用法均执行国家标准《出版物上数字用法》（GB/T 15835—2011）、《标点符号用法》（GB/T 15834—2011），计量单位用法采用1993年12月发布的《量和单位》系列国家标准。因涵盖范围不同，《滨江年鉴（2024）》分情况使用杭州高新区（滨江）、杭州高新区、滨江区，同一分目统一使用同一个名称（机构名称、会议名称、活动名称、文件、原文原图引用除外）。

七、《滨江年鉴（2024）》刊载的综合性数据以区统计局核定的数据为准，未纳入统计范围的数据由各单位提供。由于统计口径不同，个别单位提供的数据与区统计局数据不尽相同，引用时请注意。部分数据因四舍五入等原因，总数与分项之和之间存在合理范围内误差。除特别说明外，文中数据对比均为2023年与2022年相比，“上年”指2022年，其他年份之间数据的比较均写明年份。“全年”“年内”“年底”和条目内未标注年份的均指2023年。

八、区直属各单位和相关单位名称根据有关文件规定使用规范化简称。全书无特殊说明，“党”指“中国共产党”。

九、《滨江年鉴（2024）》所用稿件均由各有关部门和单位提供，经各供稿单位主要负责人审核，文后署作者名，条目连续为同一作者的在最后一个条目后署一次名。

魅力滨江

2023年，杭州高新区（滨江）作为杭州第19届亚运会、杭州第4届亚残运会主会场所在地，以“决战亚运、蝶变滨江”的理念，提升城市品质，展示开放大气的“国际滨江”。

杭州奥体中心主体育场和网球中心（“大莲花”和“小莲花”）

（区委宣传部　供图）

滨江公园

（区委宣传部　供图）

白马湖生态创意城

（区委宣传部　供图）

海外高层次人才创新创业基地

（区委宣传部　供图）

聚焦亚（残）运会

2023 年，杭州高新区（滨江）按照“简约、安全、精彩”的办赛要求，为“迎亚运、办亚运”高标准做好各项服务保障，实现“办好一个会，提升一座城”。

2023 年 9 月 23 日，杭州第 19 届亚运会开幕式在杭州奥体中心主体育场（“大莲花”）举行

（区委宣传部　供图）

2023年10月28日，杭州第4届亚残运会闭幕式在杭州奥体中心主体育场（“大莲花”）举行

（区委宣传部　供图）

2023年9月13日，杭州奥体中心主体育场和网球中心（“大莲花”和“小莲花”）亮灯　（区委宣传部　供图）

滨江体育馆（“小白碗”）
（区委宣传部　供图）

2023年3月7日，“我爱杭州 奉献亚运”杭州市全民亚运誓师动员大会举行。图为杭州高新区（滨江）分会场

（区委宣传部　供图）

2023年4月3日，“我参与 · 我体验”残健携手喜迎亚残运倒计时200天$^{+}$毅行暨2023年圆梦幸福跑活动在杭州奥体中心举行

（区委宣传部　供图）

2023年7月14日，“心相约，梦闪耀”滨江区喜迎杭州第4届亚残运会倒计时100天系列活动在龙湖滨江天街举行
（区委宣传部　供图）

2023年8月24日，杭州亚运会倒计时30天高新区（滨江）城市志愿服务冲刺启动仪式在华联星光大道举行
（区委宣传部　供图）

2023年9月20日，杭州第19届亚运会火炬传递进入滨江路段。图为中央广播电视总台画面

（区志编研室　供图）

2023年9月20日，杭州第19届亚运会火炬传递进入滨江路段。图为市民在物联网小镇迎接火炬手

（区委宣传部　供图）

2023年10月4日，杭州第19届亚运会男子5000米项目在杭州奥体中心主体育场（“大莲花”）举行
（区委宣传部　供图）

2023年9月24日，杭州第19届亚运会网球女子单打项目在杭州奥体中心网球中心（“小莲花”）举行
（区委宣传部　供图）

2023年9月25日，杭州第19届亚运会网球女子双打项目在杭州奥体中心举行　　（区委宣传部　供图）

2023 年 9 月 28 日，杭州第 19 届亚运会羽毛球项目在滨江体育馆（“小白碗”）开赛

（区委宣传部　供图）

2023 年 10 月 3 日，杭州宇树科技有限公司研发的机器狗在杭州第 19 届亚运会上现场做志愿者

（区委宣传部　供图）

2023年10月4日，杭州第19届亚运会混合35千米竞走比赛在智慧新天地沿江观景带开赛

（区委宣传部　供图）

2023年10月8日，杭州第19届亚运会数字火炬人“弄潮儿”“熄灭”主火炬塔　（区委宣传部　供图）

2023年10月23日，杭州第4届亚残运会网球男子单打项目在杭州奥体中心网球中心（“小莲花”）举行
（区委宣传部 供图）

2023年10月26日，杭州第4届亚残运会举重女子67公斤级比赛中，滨江籍运动员谭玉娇获该项目冠军并打破世界纪录（区委宣传部　供图）

2023年10月20日，杭州第4届亚残运会羽毛球混合双打项目在滨江体育馆（“小白碗”）举行（区委宣传部　供图）

科技滨江

2023年，杭州高新区（滨江）推动科技创新，推进世界领先科技园区建设，确立“一园三谷五镇”产业新布局，加快建设“天堂硅谷”，打造“硅谷天堂”。

2023年3月29日，Hi TECH 2023全球青年创业大赛启动仪式在全景网杭州路演中心举行
（区委宣传部　供图）

2023年4月23日，杭州高新区（滨江）2023年度知识产权和质量发展大会在“智慧e谷”举行
（区委宣传部　供图）

2023年5月26日，2023滨江国际人才节开幕式暨Hi TECH全球青年创业大赛颁奖仪式在海外高层次人才创新创业基地举行（区委宣传部 供图）

2023年6月2日，2023网络空间安全大会在杭州白马湖建国饭店开幕　　（区委宣传部　供图）

2023年6月10日，中国国际丝绸博览会在杭州白马湖国际会展中心开幕　（区委宣传部　供图）

2023年6月15日，“投资浙里”浙江—芬兰经贸合作对接交流会暨欧洲企业走进浙江活动在杭州白马湖建国饭店举行　（区委宣传部　供图）

2023年6月20日，抢抓人工智能领域新赛道 打造AIGC产业先行区——AIGC发展论坛在“智慧e谷”举行　（区委宣传部　供图）

2023年8月28日，2023—2025“IP数智领航行动发布会”在“智慧e谷”举行　（区委宣传部　供图）

2023年10月16日，杭州高新区（滨江）科技创新大会在北京航空航天大学杭州研究院举行

（区委宣传部　供图）

2023年11月15日，2023第十二届中国创新创业大赛新一代信息技术全国赛开幕式暨新一代信息技术产业发展高峰论坛在杭州高新区（滨江）举行　　　　（区委宣传部　供图）

2023年12月12日，2023集成电路产业集群（浙江）创新发展大会在杭州白马湖建国饭店举行

（区委宣传部　供图）

2023年12月28日，杭州高新区（滨江）生物医药产业高质量发展推进会在“智慧e谷”举行

（区委宣传部　供图）

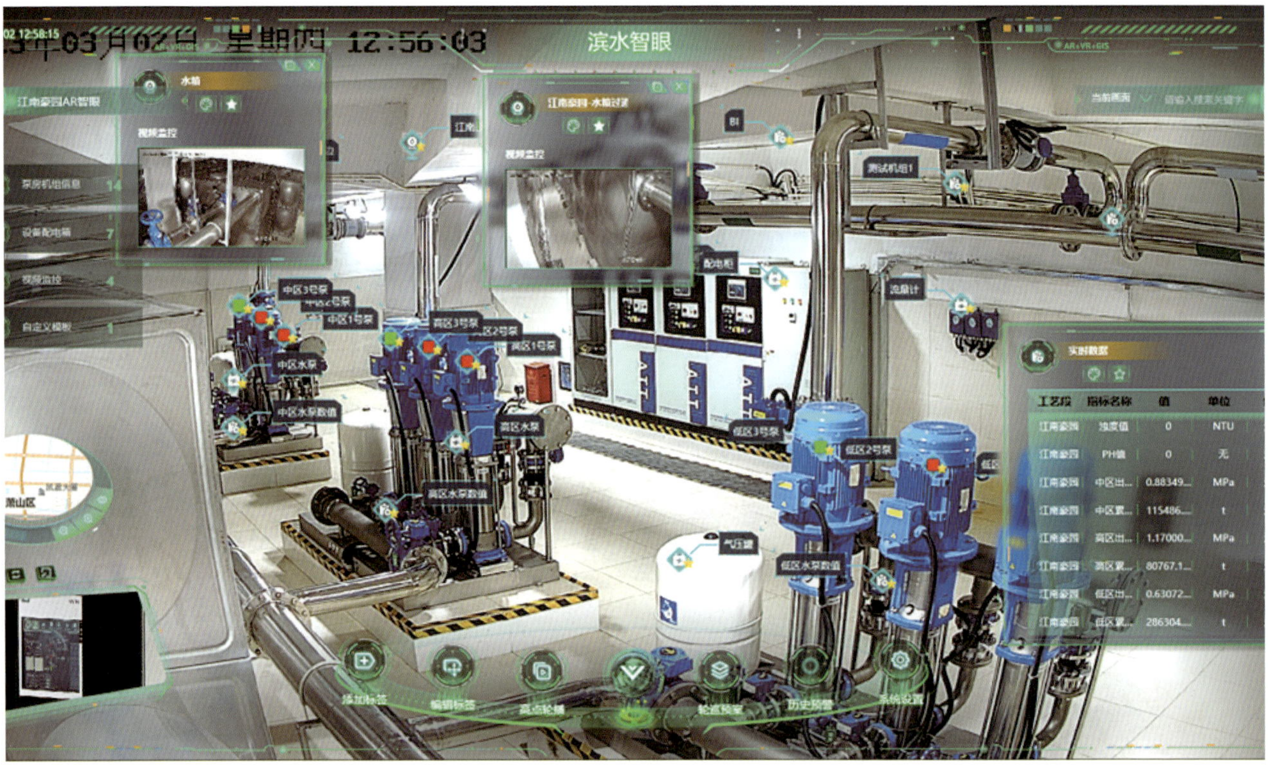

2023年3月2日，杭州高新区（滨江）“E水空间”再升级，实现多种类功能预警　（区委宣传部　供图）

2023年4月11日，杭州宏杉科技股份有限公司的“一站式数据存储专家”展示　（区委宣传部　供图）

2023年11月，聚光中心产业园区暖企小站建设完成并投入使用　　（区委宣传部　供图）

2023年12月21日，AIGC场景应用创新体验中心启用　　（区委宣传部　供图）

2023年3月18日，杭州闻涛中学学生参观浙江苏泊尔家电制造有限公司，了解电饭煲的制造原理及生产装配过程

（区委宣传部　供图）

2023年6月11日，第7届全球跨境电商峰会在杭州白马湖国际会展中心举行

（白马湖生态创意城管委会　供图）

2023年5月30日，杭州高新区（滨江）与北京航空航天大学签订新一轮合作协议。图为员工在传感材料与智能微系统研究室工作　（区委宣传部　供图）

2023年12月26日，聚光科技（杭州）股份有限公司工作人员在车间工作　（区委宣传部　供图）

宜居滨江

2023年，杭州高新区（滨江）以城市“微更新”推动环境大变样，系统推进产业共富、全域共富、民生共富，推动均衡优质共享发展。

2023年6月28日，改造后的“最美”跑道湿地公园　　（区委宣传部　供图）

2023年4月22日，改造后的滨文片区艺洲街景观

（区委宣传部　供图）

2023年3月20日，长江西苑整体加梯项目完工　　（区住建局　供图）

2023年6月20日，浦沿街道明乐府获评市级“最美安置房”　　（区委宣传部　供图）

2023年2月4日，杭州高新区（滨江）举行“滨”纷元宵、“江”上团圆2023年高层次人才元宵活动

（区委宣传部　供图）

2023年6月14日，“迎亚运，乐邻里”暨第二十届杭州市邻居节开幕式在杭州高新区（滨江）举行。图为西兴街道奥体社区居民将艾草捆扎成束现场

（区委宣传部　供图）

2023年8月10日，“亚洲美食季 不夜天堂 乐购杭州 仲夏夜嘉年华 滨江Bingo消费节”启动仪式在华联星光大道举行

（区委宣传部 供图）

2023年6月20日，第十九届中国国际动漫产业博览会在杭州白马湖生态创意城开幕

（区委宣传部 供图）

2023 年 5 月 27 日，2023 中国国际网络文学周在杭州白马湖建国饭店开幕　　（区委宣传部　供图）

2023 年 4 月 22 日，杭州高新区（滨江）“阅见亚运　智启滨江”全民阅读活动举行　（区委宣传部　供图）

2023年9月，杭州市北塘河小学启用（区委宣传部　供图）

2023年8月18日，“携手卫亚运‘医’起向未来”杭州高新区（滨江）庆祝第六个“中国医师节”暨卫生健康局成立一周年活动在区文化中心举行（区委宣传部　供图）

2023年11月4日，2023年“华数不止音乐节”在杭州白马湖畔举行（区委宣传部　供图）

2023年11月11日，谦寻（杭州）控股有限责任公司直播间现场　　（区委宣传部　供图）

2023年5月19日，杭州高新区（滨江）“三生三世缘·情定桃花居”首届集体婚礼暨婚姻登记服务中心新址启用仪式在北塘河公园举行　　（区委宣传部　供图）

2023年4月15日，“舌尖老街 味道长河”迎亚运系列主题活动在长河老街开启　（区委宣传部　供图）

2023年7月19日，“逐电追风，照竞未来”第三届动漫文化分享会暨网易电竞NeXT总决赛在中国动漫博物馆开启　（区委宣传部　供图）

2023年10月26日，杭州高新区（滨江）被生态环境部授予第七批国家生态文明建设示范区称号。图为市民在白马湖公园晨练 （区委宣传部 供图）

2023年3月31日，蝶变亚运——“滨江四季·万物生长”暨大型民族管弦乐音画诗《听见江南》在区文化中心举行 （区委宣传部 供图）

2023年12月10日，“声动亚运·音潮滨江”2023年声音文化艺术季声演剧专场暨闭幕式在浙江艺术实验剧场举行
（区委宣传部　供图）

2023年12月13日，杭州高新区（滨江）优秀群众文化团队文艺展演活动在区文化中心举行
（区委宣传部　供图）

2023年12月25日，“清风传家 德润之江”全省家风家训主题创作大赛优秀作品发布会在区文化中心举行

（区委宣传部　供图）

总　目

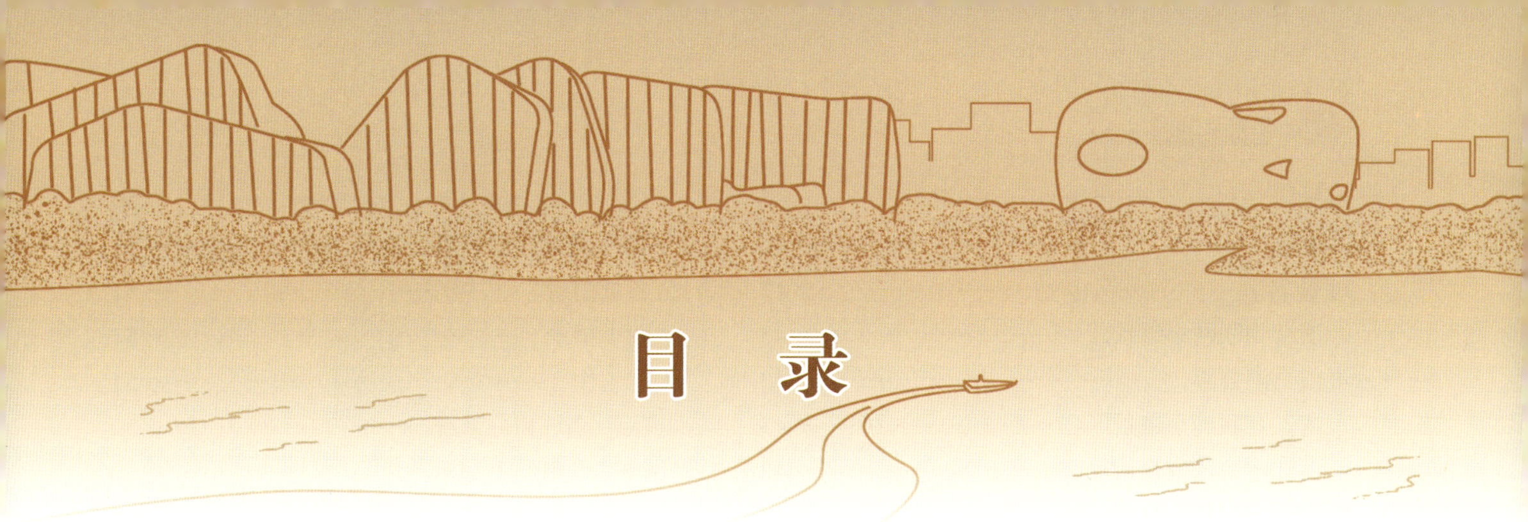

目　录

特　载

专　记

大事记

区情概览

中共杭州高新区工委（滨江区委）

滨江区人民代表大会

杭州高新区管委会（滨江区政府）

政协滨江区委员会

中共滨江区纪律检查委员会 滨江区监察委员会

民主党派　工商联

群众团体

法 治

军　事

经济管理

高新技术产业

产业平台

工业　建筑业

商贸服务业

金融业

投资促进与区域合作

城区建设与管理

乡村振兴

交通　邮政　通信

生态环境保护

科技创新

教　育

文 化

体 育

人力资源管理

社会生活

应急管理

街　道

人物·荣誉

统计资料

附　录

索　引

特　载

深入学习贯彻习近平总书记考察浙江重要讲话精神
坚定不移加快推进世界领先科技园区建设
为“建设天堂硅谷、打造硅谷天堂”注入强劲动能

——在中共滨江区委六届五次全体(扩大)会议暨区委经济工作会议上的报告

(2024年1月5日)

中共杭州市滨江区委书记　章登峰

同志们:

这次会议的主要任务是:坚持以习近平新时代中国特色社会主义思想为指导,深入学习领会习近平总书记考察浙江重要讲话精神,全面贯彻落实中央和省委、市委经济工作会议精神,认真落实省委十五届四次全会和市委十三届五次、六次全会部署,坚持“深化改革、强基固本”,持续推动高质量创新驱动发展、高水平共同富裕示范、高能级国际城市建设,坚定不移加快推进世界领先科技园区建设,为“建设天堂硅谷、打造硅谷天堂”注入强劲动能。

下面,我代表区委常委会讲四点意见:

一、不凡努力成就非凡之年

2023年是极不平凡的一年。这一年,我们作为主场馆所在地,迎来了杭州亚运会的精彩举办,向世界展示了开放大气的“国际滨江”,特别是习近平总书记再次考察浙江并在“大莲花”出席亚运会开幕式,李强总理考察我区企业并出席亚运会闭幕式,让我们倍感振奋、深受鼓舞。这一年,我们体系化开展“136”主题攻坚活动,推进了一批打基础利长远的工作,谋划确立“一园三谷五镇”产业新布局,正式发布杭州江南科学城概念性规划,迭代完善高能级创新平台体系,世界领先科技园区建设更是获得市委市政府发文实施。这一年,我们坚决扛起经济强区责任担当,以高新区的“稳”与“进”为全市打赢“经济翻身仗”作出了贡献,预计全年实现地区生产总值2400亿元以上、增长8.0%左右,规上工业增加值870亿元以上、增长6.5%左右,服务业增加值1460亿元以上、增长10.0%左右,完成财政收入462.5亿元、一般公共预算收入242.1亿元,分别增长6.7%、12.8%。

我们坚定不移推动高质量创新驱动发展,以创新深化的不变追求应对宏观形势的复杂变化。坚决克服“三种思维”,坚定铆住创新驱动主攻方向,全力推动数字经济“二次攀登”,在稳进提质中迈出新步伐。持续增强创新策源能力,极弱磁大设施首个交叉研究平台基建项目、白马湖实验室总部基地项目开工建设,区块链与数据安全、经血管植入器械2家全国重点实验室研究院落地，新培育白马湖低碳节能技术等2家市级概念验证中心，省级企业研究院、省重点企业研究院、省研发中心数量均列全市首位，知识产权服务业集聚发展改革、知识产权质押融资模式创新获国务院发文推广，获批全国首批国家知识产权服务业高质量集聚发展示范区，连续三年获颁全省“科技创新鼎”。加快推动产业集聚发展，“中国视谷”“中国数谷”不断扩大影响力，“国际零磁科学谷”编制完成五年行动计划，开展数据跨境流动、数据交易、数字服务等制度创新探索，启用AIGC产业创新中心，举办188场产业链对接会，新获批省级创新联合体2家，预计全年数字经济核心产业增加值1800亿元，占地区生产总值比重75%。全面激发市场主体活力，重塑企业服务“1+3”工作机制，出台总部经济、人工智能、生物医药、专精特新等专项政策，“小升规”入库企业39家，新认定国高企515家，拥有省级专精特新中小企业477家，市级总部企业99家、全市第一，上市公司72家、全省第一，全年招引亿元以上项目48个，开工广立微EDA产业化基地等24个项目，制造业投资预计增长17%，获颁“浙江制造天工鼎”。持续打响高新人才品牌，制定新一轮区人才计划、区级人才分类认定等政策，新引进各类人才4.1万人，入选国家级海外领军人才计划17人、创历史新高，落实机场快通、就医快检等24项人才特色福利，提前完成人才房三年倍增计划、数量达10094间，一次性推出人才共有产权房632套。深度挖潜产业发展空间，全面梳理园区楼宇物业空间，统筹推进工业综合体建设、工业园区改造和村级留用地开发，盘活低效工业用地307.9亩，新增标准厂房19万平方米。

我们坚定不移推动高水平共同富裕示范，以改革攻坚的理念方法破局均衡发展的短板瓶颈。坚持以人民为中心的发展理念，对照缩小“三大差距”的要求，系统推进产业共富、全域共富、民生共富，全力推动均衡优质共享发展。深入实施公共服务“七优享”工程，通过“全国义务教育优质均衡发展区”认定核查、“国家学前教育普及普惠区”督导评估，创建省级首批普惠托育基本公共服务试点，打造全省首家企业嵌入式卫生服务站，实现嵌入式养老微机构街道全覆盖，办理全省首例“跨省通办”结婚登记，开展全国首批退役军人事务员新职业试点工作，系统重塑拆迁安置政策体系，建成安置小区17个、面积286万平方米，集中交房16034套、超过前五年总和，五年及以上待安置户清零。有序推进全域未来社区建设，新建市级以上未来社区21个，覆盖率全市第一，缤纷社区入选全国首批完整社区建设试点名单并在央视新闻专题报道。持续深化“一区多园”模式，召开滨萧、滨富联席会议，视谷之窗产业综合体、芯通半导体等一批重大项目落地，富芯一期顺利投产。全面优化提升营商环境，推进政务服务增值化改革，成立企业综合服务中心，建立“1+6+X”线上线下服务矩阵，推动现代产业社区建设，在全省率先发布《现代产业社区治理与服务规范》，推动增值服务向园区楼宇延伸，建成首批6个暖企小站。加快构建文化发展新格局，召开区委文化工作会议，发布“文化之滨”政策40条，高质量举办国际动漫节、国际网络文学周等活动，预计规上文化产业实现营收1700亿元，中国文化产业竞争力百强区排名第二。

我们坚定不移推动高标准亚运服务保障，以开放提升的更高标准实现“亚运核心”的“精彩蝶变”。坚持以系统集成、各方协同的高效指挥，以无与伦比、精彩绝伦的极致追求，发动全民参与亚运保障亚运，高标准实现“办好一个会，提升一座城”。完善组织架构体系，筹备期搭建“一办两侧一督查”架构，战时运作“一中心八领域十专班”指挥体系，有力保障火炬传递安全有序成功、亚（残）运会开闭幕式惊艳世界、三大场馆1144场赛事圆满收官。实施“匠心提质绣杭城”，深化“大综合一体化”改革，试点探索“城市管养一体化”模式，完成13个片区微更新，投用3座过街天桥，改造提升44条亚运通勤道路，新建开通20条道路，再夺全省“五水共治”大禹鼎，获评国家生态文明建设示范区。推进平安滨江建设，压茬开展3轮基层基础大排查，严防严管严控食药安全风险，开展

"两个一律"除险攻坚行动，实现赛时"零失控、零滋事"，安全生产"零事故、零亡人"。浓厚全民亚运氛围，开展"千场活动迎亚运"，组织各类活动2700余场，建设星光气球小屋等文明驿站76个，上线非遗旅游线路"华彩滨江一日游"，形成"滨滨有礼·文明四季"文明新实践体系。夯实基层治理体系，统筹全区志愿力量，把疫情防控"一长二员"升级转化为亚运群防群治机制，上线运行"民呼我为·滨安码"，推广"滨豆"全域积分系统，再获全省社会治理十佳县和全国社会治理百强县。提升城市开放能级，完成新一轮全区商业发展规划布局，启动奥体滨江国际商务区设计方案全球征集，"大小莲花"成为城市新封面。

我们坚定不移加强新时代党建高地建设，以紧跟核心的政治自觉推动全区事业的更好发展。深入学习习近平新时代中国特色社会主义思想，全面加强政治建设，纵深推进全面从严治党。坚持以党的创新理论凝心铸魂，把贯彻党的二十大精神贯穿始终，深入学习领会习近平总书记考察浙江重要讲话精神，严格落实"第一议题"制度，推出"八八战略"20年系列研究阐释宣传活动，打造"硅谷火炬讲堂""滨青开讲吧"理论宣讲品牌，区委理论学习中心组学习管理指数全省第一，全区党员干部的政治自觉和思想自觉进一步增强。高质量开展主题教育，深化"循迹溯源学思想促践行"活动，推进"大走访大调研大服务大解题"和"百名干部联百企"活动，四套班子领衔破解产业集聚区治理、数据要素产业发展等难题，全力推进省委巡视"回头看"问题整改，在"学思想、强党性、重实践、建新功"中进一步树牢正确政绩观。健全党的领导制度体系，统筹人大、政协、群团组织、统一战线、人民武装等各领域党的建设，牢牢守护意识形态安全和文化安全，增强对社会各界、青年人才等群体的政治感召力，培树孵化"红色+"党建品牌18个，推进直播产业、网约车司机等新业态、新就业群体党建，打造流动党员"先锋滨·安家工程"特色品牌，举办"之江同心·开明共富"经济论坛，"分统式社区党建联建提升社区治理水平"获中组部肯定，党建统领的覆盖面和带动性进一步提升。加强干部队伍建设，常态开展干部政治忠诚和理想信念教育，办好年轻干部"5050"计划成长营、"尖滨2040"年轻干部政治能力实训营等培训班，重塑综合考核体系，高新铁军的战斗力在"两仗"中进一步激发。高质量推进正风肃纪反腐，全区纪检监察机关共立案98件，党纪政务处分93人，移送司法机关11人。大力实施政治家访、"清风365"行动，全年开展3轮常规巡察和招投标、安全生产等专项巡察，首创派驻监督"清听"常六条机制，在全省率先探索"校地廉动"协作机制和招投标"廉合治理"工作机制，拓展清廉物业、清廉经合社等创新单元，风清气正的政治生态进一步巩固。

这些成绩的取得，是以习近平同志为核心的党中央亲切关怀、领航掌舵的结果，是省委和市委坚强领导、大力支持的结果，也是全区广大党员干部群众众志成城、克难奋进的结果。在此，我代表区委常委会，向大家表示衷心的感谢！

二、领先思想指引领先之路

2023年9月，习近平总书记考察浙江并出席杭州亚运会开幕式，发表一系列重要讲话，这既是浙江、杭州发展史上具有重大政治意义、战略意义、时代意义的里程碑大事件，也为高新区（滨江）在新征程上奋力推进世界领先科技园区建设提供了科学指引。11月，杭州市委市政府印发了《关于支持杭州高新区建设世界领先科技园区的实施意见》，提出了"四个引领"的总体要求，开启了高新区（滨江）建设世界领先科技园区的全新征程。我们必须进一步强化"大局有良机、大业有根基"的导向，更加主动融入和服务国家重大战略，科学把握当前建设世界领先科技园区的形势与要义。

一要深切感悟习近平总书记对高新区发展的深情厚望。迈向世界领先的新征程，必然要迎接更加激烈的竞争和更加严峻的挑战，必须把坚定拥护"两个确立"、坚决做到"两个维护"作为我们应对各种风险挑战、加快迈向世界领先的最大底气和最大保证。要深刻领会习近平总书记考察浙江重要讲话精神。习近平总书记对浙江提出“走在前列、先行示范、续写新篇、积极探索”的重要要求，是建设世界领先科技园区的理论基础和实践前提，我们必须在以中国式现代化全面推进强国建设、民族复兴的大场景下来考量谋划工作，一以贯之推动“八八战略”走深走实，努力在浙江“勇当先行者、谱写新篇章”中走在前列、迈向领先。要全面把握习近平总书记对国家高新区建设的重要指示要求。党的十八大以来，习近平总书记先后20余次到国家高新区考察，对高新区发展建设高度重视、寄予厚望。我们要深刻领悟习近平总书记提出的“进一步加快世界领先科技园区建设，在前沿技术创新、高精尖产业发展方面奋力走在前列”“高新区是科技的集聚地，也是创新的孵化器”等系列重要指示精神，坚持做好“高”和“新”两篇核心文章，积极构筑“推进新型工业化”和“发展新质生产力”两个核心动能，持续增强由全国前列向世界领先奋进的强劲动能。要始终牢记习近平总书记对高新区（滨江）的殷殷嘱托。20年前，习近平总书记分别作出了“打造硅谷天堂”和“建设天堂硅谷”的重要指示。我们要充分认识到“建设世界领先科技园区”与“建设天堂硅谷、打造硅谷天堂”同根同源，必须坚持一张蓝图绘到底、久久为功开新局，一步一个脚印把习近平总书记为高新区（滨江）量身定制的宏伟蓝图变成美好现实。

二要贯通用好“创新、改革、开放”的路径方法。省委省政府作出了强力推进创新深化、改革攻坚、开放提升的重大部署，作为“全省高质量发展的一面旗帜”，高新区（滨江）始终坚持打创新牌、吃改革饭、走开放路，在迈向世界领先的更高起点上，更要牢固树立“惟创新者强、惟改革者进、惟开放者赢”的理念，在贯通运用、优势集成上实现更大突破。要坚持创新这个第一动力。高新区（滨江）的发展已进入爬坡过坎的关键期，面临着原始创新能力不足、产业先发优势减弱、发展空间受限等短板瓶颈，唯有始终秉承创新这个与生俱来的基因，毫不动摇地把创新作为“发展高科技、实现产业化”的第一动力，才能在新一轮工业革命中蓄势跨越，更好代表国家参与全球科技和产业竞争，在世界领先科技园区的激烈角逐中赢得主动、赢得优势、赢得未来。要用好改革这个关键一招。随着城市和产业的快速发展，高新区（滨江）“政区合一”“小政府、大服务”的体制机制优势正面临逐步弱化的风险，人员编制数不足、干部高新味不浓、治理现代化不够等问题正在成为新征程上的“绊脚石”，唯有坚持以深化改革的胆魄和方法，全方位筑牢发展动能、产业赛道、营商环境、空间支撑、干部能力等根基，才能全面重塑高新区体制机制新优势。要走好开放这个必由之路。高新区（滨江）国家战略叠加优势未能充分释放、高新产业“不能买”“不能卖”的困境未能根本性扭转、跨区协同发展的能力和制度还要进一步探索，唯有全方位推进创新开放、产业开放、制度开放、城市开放，更加主动融入“一带一路”、长三角一体化、“两廊”联动发展等战略，才能让全世界的资源成为我们的资源、让全世界的市场成为我们的市场，全面提升“引进来”的吸引力和“走出去”的竞争力。

三要主动抢抓杭州城市能级跃升的发展机遇。亚运会的成功举办大大提升了杭州的城市知名度和美誉度，城区人口突破千万推动杭州跻身超大城市行列，作为国家高新区、杭州核心区，高新区（滨江）既要把握有利形势增强发展信心，又要主动融入更高层级战略，在迈向世界领先的新征程上抢抓机遇、借势登高。要抢抓核心功能定位调整的机遇。杭州正在深入推进城西科创大走廊、城东智造大走廊建设，市委市政府又赋予高新区（滨江）“两廊”联动核心节点定位，我们必须坚定扛起使命，一头联创新，借势杭州争创综合性国家科学中心，加速推动江南科学城建设，着力打造创新发展策源地和成果转化首选地；一头联制造，借势“一区多园”新模式，努力实现跨区资源优质共享，全力做强产业策源地，在杭州枢纽地位的再提升和综合功能的再强化中打开一片新天地。要抢抓产业结构布局优化的机遇。杭州正在着力优化产业结构和空间布局，全面推进五大产业生态圈建设，加快推动全市大制造业平台建设，我们必须抢抓全市优化产业布局、做强都市工业的历史机遇，进一步明晰我区优势产业的攀升方向、未来产业的发力方向，精准谋划布局细分产业，抢先卡位产业赛道，深度参与杭州“国际软件名城”“模拟芯片第一城”“综合算力成本最低城市”等建设，加快打造以科技创新为引领、高新产业为优势、先进制造业为骨干的现代化产业体系。要抢抓全域核心区能级提升的机遇。杭州正在奋力打造世界一流的社会主义现代化国际大都市，按照规划高新区（滨江）全域都是核心区，我们必须提高站位拉高标杆谋划城市发展，既要将自身的建设发展融入杭州的大战略中，把过江通道、备用水源、污水处理、垃圾处置等自身难以破局的工作，借助市域统筹加快推进，又要将全市的关注点和“流量”引入我区的建设发展上来，把江南科学城、奥体滨江国际商务区等重点发展区块打造成为全市的“产城新地标”。

四要持续强化党建统领、体系推进的工作机制。建设世界领先科技园区是一项系统工程，必须坚持党建统领、体系推进。新的一年，我们要迭代开展“136”主题攻坚活动，紧扣“深化改革、强基固本”的主题主线，以时不我待的紧迫感抓机遇、塑优势，以干事创业的真功绩迈好步、开新局。要树牢高质量创新驱动发展的旗帜。坚定不移实施创新强区、人才强区战略，围绕“四个引领”总体要求，全面推进“两链”融合、“两地”建设、“两新”提能，进一步完善“围绕产业链部署创新链、围绕创新链布局产业链”的发展模式，推动科技创新、产业发展、资金匹配和人才培养一体推进、一体设计和一体部署，为世界领先科技园区建设营造更优创新生态和产业生态。要强化高水平共同富裕示范的效应。坚持以人为本、以民为本的发展理念，把提高人民生活品质摆在更加突出位置，持续延伸拓展高质量发展基础上的共富实现路径，着力缩小“三大差距”、做实“三个共富”，推动教育、医疗等优质资源有序扩容和均衡布局，全方位构建与世界领先科技园区相匹配的民生服务体系和基层治理体系。要加快高能级国际城市建设的进程。把提升城市国际化水平作为高新区（滨江）深化改革、扩大开放的重要指向，持续用好亚运主会场、数字自贸区、国家级服务出口基地等特色优势，在国际赛会承办、跨境支付结算、数据跨境流动、国际商务区建设、国际文化交流、国际化教育医疗资源配套等方面谋划推出一批重大项目、重大平台，加快建设更高能级的国际大都市核心城区，在杭州建设国际赛会之城、高能级开放枢纽城市、国际重要交往中心的新征程上走在前、作表率。

三、扎根向深筑牢立根之本

2024年是中华人民共和国成立75周年，也是我区全面推进世界领先科技园区建设的奋进之年。做好2024年工作，我们必须用好“稳中求进、以进促稳、先立后破”的认识论和方法论，夯实稳的基础、激发进的动能、提升立的质效，统筹推进三个“一号工程”，深入实施后亚运“十大攀登行动”，进一步增强扎根向深的定力和重点突破的决心，加快推进世界领先科技园区建设。综合各方面因素，区委考虑，2024年经济社会发展主要预期目标是：地区生产总值增长6.0%，规上工业增加值增长6.5%，服务业增加值增长6.5%，数字经济核心产业增加值增长6.5%、力争7.0%，社会消费品零售总额增长5.0%、力争5.5%，一般公共预算收入、居民人均可支配收入与经济增长同步，继续以创新强区、产业大区的责任担当，为全省全市发展大局多作贡献。重点推进六个方面任务：

第一，深入推进创新提质，在加强创新策源和成果转化上奋力突破。坚持科教人才一体推进，进一步疏通创新源头、加速创新过程、强化支撑体系，努力实现高水平科技自立自强。一要强化科技创新策源功能。推动“1+2+6+N”科创平台体系由布局建设向建设运营并重转变，全力服务保障极弱磁大科学装置主体开工，推动三个交叉研究平台项目建设；加快推进白马湖实验室总部基地建设，力争落地怀柔国家实验室浙江基地；加快共建两个全国重点实验室，支持区块链与数据安全研究院打造可信数据发展底座，支持经血管植入器械研究院开展医疗器械研发和临床转化应用；推动北航杭研院、浙大滨江研究院等创新研究院围绕智能物联、自动驾驶、新能源等新兴产业加快科技成果转化，打造环科创平台创新生态圈，努力实现每一个主导产业都有一个科创平台牵引赋能。优化完善平台分类管理方案和考核激励办法，探索示范验证投资、自主转化孵化、专利授权许可、成果作价入股、科研先研后股等成果转化模式。二要优化人才创新发展生态。迭代推出更具高新特色的“1+5+20”人才新政，聚焦集成电路、生物医药和人工智能产业，持续优化科创平台人才申报、引育、认定和考核评价机制，大力招引院士、“鲲鹏行动”专家等顶尖人才。探索创新教育科技人才一体化推进机制，支持科创平台与企业联合开展“订单式”产业人才培养。深入实施“才链全球”计划，优化区人才项目体系，加大海外人才引育力度。持续提升“滨朋远至·江成大业”高新人才品牌影响力，扩大“Hi TECH”“硅谷精英沙龙”等活动知名度，让更多好创意、好技术、好项目落地滨江、茁壮成长。实施青年高质量就业创业行动、“滨派工匠”培育工程，推进海创基地青创综合体建设，丰富区级人才分类认定标准，加大卓越工程师、高技能人才和青年人才队伍建设，新引进各类人才4.2万人。丰富人才服务体系，探索人才子女就便入学的嵌入式服务机制，为人才的“关键小事”提供精到服务，打造人才心向往之的“青”爱的城。三要提升企业创新协同能力。始终将企业高新技术投入作为政策着力点，着力推动规上企业“高新化”、高新企业“规上化”，加快推进产学研合作创新基地及技术研发平台建设，努力保持全社会研发投入强度在10%左右。加快科创服务体系建设，做优“概念验证—小试中试—产业化”科技成果转化链条，新建概念验证中心、创新联合体各1个以上。深入实施“链长+链主”协同机制，创新设立细分领域产业联盟，推动国家半导体签核中心建设。持续推进创新链产业链深度融合、供应链需求端精准匹配，支持企业参与信创产业发展，全年组织开展“滨江芯·浙江机”等各类对接会150场以上。

第二，深入推进产业提能，在强化集聚融合和支撑体系上奋力突破。坚持把推进新型工业化、发展新质生产力作为以科技创新塑造发展新优势的主战场，高质量构建现代化产业体系。一要打造更具竞争力的产业集群。围绕省“415X”先进制造业集群和市五大产业生态圈建设，协同推进数字产业化和产业数字化，全面推动“智改、数转、网联”，加快智能制造化改造、软件集成化应用，全力争创国家新型工业化示范区、未来产业先导区。明晰“一园三谷五镇”重点发展的产业赛道，“中国视谷”要打造产业标识，在做强数字安防、集成电路等优势产业基础上，加快视觉技术在机器视觉、医学影像、自动驾驶、智能硬件等新赛道延伸拓展，加大企业产品本地应用场景供给，推进全域智能网联车辆测试与应用道路开放，积极引进杭州市智能网联汽车创新中心项目，加速打造智能物联万亿级产业集群。“国际零磁科学谷”要加快零磁医疗装备、量子传感2个产业创新中心建设，进一步推动零磁医学、量子信息等未来产业建链延链，培育具有爆发力的新增长点。“中国数谷”要全面巩固互联网、新零售、游戏动漫、数据安全等领域的产业优势，积极抢占新一代人工智能、区块链、虚拟现实、增强现实等产业新赛道，瞄准央国企数据子公司招引一批基石数商，争创国家数据安全产业园，推进华为杭研所模式转变，建设全省计算产业高地。五大特色小镇要充分发挥产业集聚优势，加快布局机器人、创新药、双碳等战略性新兴产业，开拓平台产业新增长极。顺应“软件定义一切”的发展趋势，进一步提升服务业发展质效，争创国家软件名园和全省高端软件产业集群核心区，加快泰格医药、安评中心、南部科创中心分基地等公共服务平台建设投用，加大对研发设计、品牌运营、供应链管理等领域项目的招引，形成业态更加丰富的服务支撑体系，规上互联网、软件和信息技术服务业营收力争增长8.0%。二要构建更具成长力的企业梯队。强化大集团大企业的贴身式服务，密切关注发展形势，更好激发龙头企业创新发展、裂变增长的积极性；支持上市企业聚焦主业做大做强，鼓励并购重组、裂变衍生发展；优化完善专精特新企业扶持政策，打好人才、技改、首台套、公共服务平台等组合拳，扩大专精特新企业储备；制定孵化器五年行动计划，探索培育一批标杆型孵化器，提升“众创空间—孵化器—加速器—产业园—特色小镇”孵化链条的专业化服务水平，聚焦重点领域构建专属孵化链条，保持在孵企业4000家以上。全年实现市场经营主体突破13万户、企业突破11万户，新增上市企业3家、规上工业企业40家、规上服务业企业100家、国家级专精特新“小巨人”企业22家、省级专精特新中小企业200家、国家高新技术企业308家。坚持项目为王，招引亿元以上项目40个以上，新开工产业项目14个，迭代升级投资项目全生命周期管理，完善形成项目库，加快建设海康机器人、智造谷等在建项目，力争全年在地固定资产投资300亿元以上，其中产业投资不低于60亿元。三要提供更具支撑力的发展空间。探索拓展产业空间路径，实施供地供楼并举、工业商业并推，在推动工业上楼和研发总部集聚的基础上，全力保留制造业核心环节，推进老旧园区“工改工”连片改造，推动第一工业综合体建设专精特新产业园，加快在建工业综合体建设，谋划建设新的工业综合体。深化“有限空间、无限发展”理念，推动智能计算中心扩容建设，进一步建强算力底座，为广大AI创新企业提供自主可控的国产化算力平台。

第三，深入推进改革提效，在激发要素活力和制度潜能上奋力突破。坚持以全面深化改革破解发展难题、激活发展动力，树牢营商优化、服务增值、数据融通鲜明导向，打造更多具有首创意义、推广价值的标志性成果。一要构建政务服务新生态。整合公共服务、社会服务和市场服务功能，一体推进“五个一”政务增值改革体系，运用政务服务增值能力指数，在涉企服务集成速办、问题解决高效闭环等关键环节发力，提升全链条为企服务能力。持续用好“滨好办”为企服务数字化平台，实现企业需求“一个口子”受理，修订完善“1+X+N”产业政策，创新探索“AI服务定制包”，集成智能政策搜索引擎，推动惠企政策“免申即享”“即申即享”“分批快享”。建强一核多点全覆盖的“1+6+X”企业综合服务矩阵，推进街道、平台经济服务功能优化提升，以江北科技园、自贸试验区服务站为先锋站点，加快产业社区、暖企小站建设提质扩面，推动增值服务向基层延伸覆盖。二要打造营商环境新高地。深入实施营商环境优化提升“一号改革工程”，传承“三到”理念，对标世行及国家营商环境评估指标体系，聚焦五大环境推进重点领域体制机制创新。深化知识产权增值服务，以物联网产业试点打造产业知识产权创新联合体，推动专利产业化和专利标准化，积极争取设立重点产业知识产权快维中心，在全国率先构建“三位一体”知识产权快速协同保护格局，探索海外知识产权保护利用新路径。纵深推进新一轮国企改革，进一步发挥国企在产业发展、城市运行等方面的作用，推动产业基金赋能科技创新发展，探索政策性投资与市场化投资双轨推进，试行出台投资尽职免责办法，切实增强核心功能、提高核心竞争力。全面落实民营经济32条，进一步激发企业家精神、提振企业家信心，不断赋予“四千”精神新时代新的内涵，促进民营经济高质量发展。加强企业依法合规管理，推动轻微违法首违免罚，探索建立国际商事争议救助机制。三要激活数据要素新动能。以数据要素改革为突破口，在数据要素制度创新上积极探索，不断提升数据产业增值化公共服务水平。实施数据服务增值化改革试点，加快投用“数谷大厦”，鼓励高新数商科技集团吸引市场化专业人才，开展公共数据授权运营，分类推进多元数据要素合规高效流通使用，打造数据合规监管、数据流通、数据交易、数据产业生态培育等四项数据增值服务特色“一类事”。开展数据基础制度试点，在数据资产入表、数据确权、数据链式授权等方面先行探索，加快推进龙头企业、行政事业单位、国有企业数据进场合规交易，探索构建“跨链互认”机制，积极争取落地“1+N”公共数据计价评估服务试点，进一步完善“三数一链”数据可信流通基础设施框架和治理体系。加快推进“沙盒监管”机制建设，探索建立数据要素流通的容错清单和容错机制，打造包容审慎监管的制度空间。

第四，深入推进开放提升，在拓展发展纵深和国际影响上奋力突破。坚持开放图强，积极服务和融入新发展格局，推动国内国际双循环相互促进，不断提升链接全球高端资源要素能力。一要建强数字自贸主平台。充分发挥高新区、自创区、自贸区、综试区四区叠加的优势，加快推动“中国数贸港”核心区建设，以“数贸港”统领数字服务、数字文化、知识产权、中医药四大特色服务出口基地，推动动漫、游戏、网络文学等数字贸易特色文化产业出海；积极推进跨境贸易便利化，充分发挥连连、乒乓等头部跨境支付企业作用，助推“丝路电商”跨境电商综合金融服务平台等载体建设，探索打造跨境电商支付结算中心；积极争取非外汇结算贸易、跨境贸易投资高水平开放试点落地。二要壮大总部经济主阵地。高标准推动奥体滨江国际商务区规划建设，吸引更多研发型、管理型、结算型总部落地，推动形成高端总部集群，全面支撑杭州打造全国一流总部经济中心和现代服务业标杆城市。深入实施总部经济高质量发展实施意见，开展区级总部企业认定，巩固提升总部企业服务体系，鼓励总部企业注册落地、规模增长和营收突破，全年新增总部企业3家。加快布局海外引才工作站、海外离岸创新中心等，进一步增强海外人才与创新项目的链接能力。三要打造赛会之城主窗口。探索文旅体产业深度融合发展，拓宽发展路径和政策供给。紧密对接市级会展集团、体育产业集团，坚持政府主导与市场运作相结合，推进亚运遗产资产化，赋予奥体中心更“厚”价值，大力推进“大小莲花”“小白碗”等体育场馆和会展设施资源的综合利用，“一场一策”细化亚运场馆运营标准和服务标准，做好全方位商业价值开发，激发全民体育消费。积极培育体育产业，大力引进文体行业龙头企业，带动相关体育赛事产业链发展，重点引进ATP125挑战赛等国际性品牌赛事，丰富高水平赛事会展品牌矩阵，健全重大赛事服务保障机制。全力推动奥体中心AAAA级旅游景区创建，高水准开发运营奥体滨江银泰项目，以亚运场馆辐射串联全域文旅资源，拓展西兴古镇、长河老街等文旅体验新场景，打造文旅体商深度融合IP，让体育盛会转化为人文盛会。

第五，深入推进共富提速，在增强获得感幸福感安全感上奋力突破。坚持以高质量发展为支撑，推进先人一步、更高层级的共同富裕，切实将人民群众获得感、幸福感、安全感作为民生工作的出发点和落脚点。一要全域共享提升发展成色。坚持系统观念着力缩小“三大差距”，增进区域发展的协调性均衡性。持续深化“一区多园”模式创新，加大联合招商力度，试点跨区配套设施共建共享，完善滨萧、滨富利益共享机制，推进与泰顺等地产业协同发展，加快构建区域共享发展新格局。系统谋划白马湖区域综合开发利用，加快推进智慧新天地平台功能转型发展。全面实施“扩中提低”行动，支持新领域创新创业和新产业新业态扩大就业，推动公益性岗位向原住民、困难群体倾斜，全年帮扶重点群体不少于8500人次。探索“第三次分配”新模式，全力争取“救助慈善融合发展”省级试点。加快统筹开发村级留用地，不断增加经合社经营性资产和收入。二要全面发展提升生活品质。大力实施公共服务“七优享”工程，全面落实“一老一小一人才”整体解决方案，以社区嵌入式服务设施建设试点为抓手，推动全龄友好型城区建设。全力建设“教育硅谷”，协同推进名校集团化办学与老校特色化提质，探索托幼一体化集成改革，提升教育国际化水平。持续优化“15分钟医疗服务圈”，深化社区卫生服务站点标准化规范化建设，加快启动健联体试点，让居民在家门口享有优质医疗资源。稳妥推进疾控体制改革，不断提高突发公共卫生事件监测预警与应急处置能力。探索街道“区域型”综合养老服务供给模式，加快浦沿区级医疗养护综合体建设，推动社区版“多代同楼”建设。继续推动拆迁安置攻坚，有序推进货币化安置和实物安置，加快3个在建安置房项目交付，全面完成1600余户回迁安置。三要全民参与深化治理效能。坚持统筹发展与安全，强化法治思维和平安理念，巩固提升护航亚运的成功经验，健全问题信息闭环处置、风险隐患动态清零、重点要素分时分级管控、群防群治平战结合等机制，常态化推进全领域安全生产隐患大排查大整治，健全完善重大灾害预警应急管理机制，加大食品药品安全综合整治力度，加强房地产监管保交付，切实维护社会大局和谐稳定。提升基层治理效能，坚持和发展新时代"枫桥经验"，落实领导干部下访接访机制，完善"小脑+手脚"警网协同基层治理工作体系，全面推行共享法庭、"清·和滨江"建设等，推动访源、警源、诉源治理，着力把问题解决在基层、化解在萌芽。强化数字赋能，夯实统一指挥、网格化管理、精细化服务、信息化支撑的"141"基层治理体系，迭代"一网统管"基层智治，优化全域覆盖的物联感知体系建设，综合集成实效实用的应用场景，全面提升基层治理数字化水平。

第六，深入推进城市提级，在优内涵强功能提品质上奋力突破。坚持"人民城市人民建、人民城市为人民"，把握城市发展趋势和规律，推动亚运财富兴城惠民、城市能级晋档升级，打造内外兼修的"国际滨"。一要推动城市建设"精明增长"。全面提升城市国际化水平，以现代化的理念拓展城市空间承载力。在城市规划和执行上坚持一张蓝图绘到底，实施好城市总体设计方案，精心做好江南科学城沿江板块建筑设计方案，推进实施"一核两轴一带两新"商业布局，完善高端服务支撑体系。全力推进城市更新省级试点，攻坚西兴老街（陈家弄）、浦沿老街（浦联区块）2个城中村改造项目，试点龙化厂西大门宿舍有机更新，实施智造小镇等7个片区微更新，实现微更新全域覆盖。聚焦主网贯通、支网联动、节点畅通、既有道路风貌提升，全面改善交通路网，统筹推进新建道路13条、提升改造3条、打通断头路5条，开工建设江陵路跨铁立交，投用滨康路聚才路交叉口人行天桥。推进全域未来社区建设，联动实施老旧小区改造、电梯加装等"综合改一次"工作，确保省市级未来社区创建率达80%以上，西兴、长河街道实现全域未来社区创建。推进交通治堵工作，优化公交线网，开展医院、商业综合体、学校等重点区域的交通秩序治理，进一步提升出行效率。加快3个公租房、2个共有产权房续建，筹集3100套保障性租赁住房。二要推动城市管养"精细治理"。放大亚运环境品质提升的经验成效，构建权责明晰、服务为先、管理优化、执法规范、安全有序的城市治理体系。实施城市精细化管理提升行动，创建西兴路、闻涛路等7条高标准管养示范道路，打造沿江景观带、奥体缤纷区块等5个精细化城市管理示范区，开工建设阡陌公园、人才公园等7个特色主题公园。实施城市治理能力现代化强基行动，统筹推进"大综合一体化"综合行政执法改革和管养体制改革，上线"智慧城管"数字化应用，发挥条块联动优势，探索覆盖全生命周期的规划建设管理协同治理路径，率先推动城市管养向智能化升级，拓展居民参与城市治理的路径，加快构建"大城管"格局。实施韧性城市打造行动，建立城市安全预警预防机制，开展白马湖备用水源调整和南环路综合管廊研究，加快推动九溪水厂过江通道工程，确保220千伏协同变、110千伏文教变顺利投产，全力推进中兴电力隧道建设，保障城市基础设施运行安全，提升快响处置能力。深化"无废城市"建设，争创全省"无废城市"四星级"清源杯"。三要推动城市文化"精彩纷呈"。聚焦"一座古老土地上崛起的新城"，着力推进文化事业和文化产业繁荣发展，全力建设全民精神富有全域文化优享高地，探索打造中华民族现代文明建设的区域样本。赓续历史文脉，加强西兴、长河2个历史文化街区保护，深入推进傅家峙遗址考古，加快建成区非物质文化遗产馆，编纂《滨江文化丛书》。围绕大运河成功申遗十周年等时间节点，举办第三届"从西兴出发"文化周、影像展活动，打响浙东运河源文化品牌。加强硅谷书房、文化驿站等公共文体阵地建设，新建10个"15分钟品质文化生活圈"，办好动漫节、文博会等重大活动，持续推出"滨江四季""樱花跑"等文体活动，大力推动人文经济学的滨江实践。深入实施"滨滨有礼·文明四季"体系，持续推进移风易俗、垃圾分类等文明实践活动，培育全域文明新风貌。

四、精进笃行凝聚奋进之力

建设世界领先科技园区，关键在党、关键在人。要坚定不移坚持和加强党的全面领导、加强和改进党的建设，持续增强基层党组织和党员干部的创造力凝聚力战斗力，为迈向世界领先提供坚强保证。

一要筑牢党建引领、绝对忠诚的政治根基。强化高质量党建引领高质量发展，把党的领导落实到发展的各方面全过程。强化政治建设引领。坚决维护以习近平同志为核心的党中央权威和集中统一领导，全面领会习近平总书记考察浙江重要讲话精神，严明政治纪律和政治规矩，严格落实意识形态工作责任制，牢牢守住意识形态底线，不断增强“四个意识”、坚定“四个自信”、做到“两个维护”。强化思想凝心铸魂。持续强化政治领航铸魂行动，推动党的创新理论学习常态化长效化，严格落实“第一议题”、“三会一课”、主题党日等制度，加强对习近平新时代中国特色社会主义思想的富矿挖掘和研究阐释，不断把感恩之心转化为忠诚之志、维护之行、奋进之力。巩固深化主题教育成果，健全“循迹溯源学思想促践行”长效机制，深化“理旧账、破难题、开新局”专项工作，着力解决一批“老大难”问题，推进一批打基础、利长远的实事。强化党建提能增效。充分发挥区委总揽全局、协调各方的作用，全面提升新时代人大、政协履职能力，大力发展全过程人民民主，加快推进统战组织覆盖、阵地建设和品牌塑造，统筹推进工青妇群团工作，发挥高新优势强固国防动员能力和后备力量建设，广泛开展双拥共建和群众性国防教育活动，以大合力推动大落实。树立长期过“紧日子”的思想，切实把资金用在高质量发展上。进一步优化综合考核实施方式，科学设定考核指标，切实以考促干、以考促效。

二要锻造堪当重任、高新特质的干部队伍。强化“四个坚持、八个不”选贤任能用人导向，弘扬亚运精神，增强高新能力，以高素质干部队伍保障中心、服务大局。提高选人用人精准度。抓牢“后继有人”这个根本大计，加大公务员和选调生招录力度，精准外引成熟年轻干部，深化聘用制人员管理制度改革。坚持新时代好干部标准，深化组工干部列席单位班子会议制度，探索实行实绩识人、多维察事、定量定性相结合的评价办法，激发各领域、各部门、各条线、各年龄段干部的干事创业活力。提升干部培养系统性。深入实施年轻干部助跑、尖滨队伍锻造行动，发挥全链条干部管理职能作用，紧跟区委中心工作统筹调配干部力量，将干部放到街道、平台、专班、东西部协作等一线培养锻炼，增强处理复杂问题的本领。举办“硅谷火炬讲堂”和新质生产力、数据要素等专题研讨班，提升干部专业知识储备。搭建科级干部交流会、年轻干部座谈会等交流平台，以赛马争先促进担当。增强严管厚爱实效性。健全完善干部监督体系，坚持抓早抓小抓苗头，健全领导干部配偶、子女及其配偶经商办企业行为常态化管理机制，有序推进政商“旋转门”“逃逸式辞职”专项整治。正确运用“三个区分开来”，常态化落实容错纠错、澄清正名、查处诬告、松绑减负等机制，做深做实“暖滨心”关心关爱项目，旗帜鲜明为担当者担当。

三要提升全域建强、争先攀高的基层党建。聚焦增强党组织政治功能和组织功能，深入实施基层治理整固攀高、基层队伍分类提能行动，持续打响“先锋滨·全域创优”党建品牌。进一步完善组织体系。持续织密五级组织架构，一体建强党群服务矩阵，推动各项服务功能在党群服务中心集成供给、优质共享，深化“一滨办”改革、“先锋滨·小区楼廊改造提升”工程等，从解决“一件事”向办好“一类事”转变。深化现代社区建设，推进党建引领下的居委会、业委会和物业三方协同机制，全面推行“楼廊议事会”制度，调动多元主体力量“管好家门口”。进一步建强骨干队伍。全面实施新时代“领雁工程”，系统构建社区干部培训、课程、学制、考评“四大体系”，以“先锋滨”学院为载体，开设领雁、强雁、雏雁学堂，推动社区干部队伍素质提升。深化社区人才“102030”工程，加大社区干部后备人才储备力度。开展“红领头雁”两新党组织书记资质认证，高质量推进“红领工作室”建设。进一步擦亮特色品牌。着眼高新味滨江味，持续推进“包街联社”“四下基层”等制度，深化现代产业社区、楼道微网格“一长二员”、“滨豆”全域积分治理等特色做法，全面推广分统式未来社区建设党建联建机制，持续推进流动党员“先锋滨·安家工程”，深化“红色+”品牌矩阵引领工程，构建高新味更足的基层治理滨江模式。

四要巩固风清气正、勤廉并重的政治生态。深刻领会两个“永远在路上”的重大论断，保持“严的基调”，贯彻高质量指引，加强系统治理，持续净化并巩固政治生态。深入落实全面从严治党责任制。强化“四责协同”，提升“五张责任清单”履职质量，加强对“一把手”和领导班子监督，增强落实全面从严治党责任的自觉和能力。织密监督体系，以党内监督为主导，推动各类监督有机贯通、相互协调，发挥审计监督、统计监督职能作用，深化“清单式”“项目化”监督。统筹年度巡察任务，继续深化巡视巡察整改和成果运用。坚持抓业务就要抓全面从严治党，持续提升清廉单元建设的深度、广度和辨识度，深化清廉机关、清廉国企、清廉经合社、清廉物业等重点领域建设。纵深推进正风肃纪反腐。深化“清风365”行动，以钉钉子精神纠“四风”、树新风。坚决查处形式主义、官僚主义典型问题，防范和纠治政绩观跑偏错位等问题。持续开展漠视侵害群众利益问题专项治理，巩固拓展“指尖上的形式主义”、减证便民等整治成果。坚持“三不腐”一体推进，以零容忍态度反腐惩恶，严肃查处群众身边的“蝇贪蚁腐”，开展“一案三促”“一案到一类（域）”治理，持续深化“后半篇文章”。全面构建新型政商关系。严格执行政商交往正面清单、负面清单、倡导清单，构筑基层公权力大数据监督屏障，推动党员干部与民营企业家真诚交往而不逾规矩、热情帮助而不谋私利，做到既亲近又清白。深化清廉民企，探索非公纪检工作提质增效的先行路径，优化“清风入企”平台，打造更具影响力和引领力的清廉建设品牌。

同志们，实干铸就伟业，奋斗开创未来！让我们更加紧密团结在以习近平同志为核心的党中央周围，志存高远、踔厉奋发、勇毅前行，加快推进世界领先科技园区建设取得突破性进展、标志性成效，奋力谱写中国式现代化滨江新篇章！

名词解释

“三种思维”：指“经济工作自有规律努力也是徒劳”的惯性思维，“去年基数较高再努力也难以超越”的惰性思维，“复杂形势下能保持增长就行”的一般性思维。

公共服务“七优享”工程：即“幼有善育、学有优教、劳有所得、病有良医、老有康养、住有宜居、弱有众扶”，是浙江省政府“十项重大工程”之一。

“滨豆”全域积分系统：指一款在滨江社区全域覆盖的数字化应用系统，以“滨豆”积分为媒介串联各种治理行为，形成积分产生、流转、消耗、兑换闭环，正向激励全区居民“攒豆子”“积声誉”，参与社区治理。

“四个引领”：2023年11月，市委市政府印发《支持杭州国家高新区建设世界领先科技园区的实施意见》，文件强调要突出创新引领、产业引领、改革引领和开放引领“四个引领”。

“不能买”“不能卖”：指受国际制裁和技术封锁等影响，产业链供应链安全性稳定性受到严峻挑战，高端芯片等核心器件“不能买”；欧美部分国家政府市场甚至民用市场端设定门槛，阻碍高新技术产品进入，导致“不能卖”。

“两链”：指创新链和产业链。

“两地”：指创新发展策源地和成果转化首选地。

“两新”：指新型工业化和新质生产力。

“十大攀登行动”：指市委十三届五次会议上提出的科教人才一体攀登行动、“双新”提能攀登行动、绿色低碳发展攀登行动、市域协调均衡发展攀登行动、基层治理现代化攀登行动、政务服务增值化改革攀登行动、“两个健康”集成改革攀登行动、城市国际化攀登行动、中华文明现代形态探索攀登行动、亚运财富兴城惠民攀登行动。

极弱磁大科学装置：指超高灵敏极弱磁场和惯性测量装置国家重大科技基础设施，列入《国家重大科技基础设施建设发展“十四五”和中长期规划（2021—2035年）》，主体坐落在高新区（滨江）零磁科学谷，由房建成院士领衔。

白马湖实验室：指由浙能集团牵头，联合浙江大学、西湖大学共建，地方政府及国资国企支持，民资民企参与的能源与碳中和领域高能级科创平台，是浙江省第三批省实验室之一，总部基地位于高新区（滨江）白马湖畔，由高翔院士领衔。

区块链与数据安全研究院：指主要开展区块链与数据安全领域的理论研究、技术研发和应用等工作的高能级科创平台，由高新区（滨江）与浙江大学合作共建，是区块链与数据安全全国重点实验室的地方政府唯一共建基地，由陈纯院士领衔。

经血管植入器械研究院：指面向国家重大需求，组织开展经血管植入器械领域重大原始创新、聚集和培养优秀科技人才、开发先进科研装备的高能级科创平台，由高新区（滨江）、浙江大学、浙医二院三方合作共建，是经血管植入器械全国重点实验室的地方政府唯一共建基地，由王建安院士领衔。

“五个一”政务增值改革体系：分别指一中心，即线下企业综合服务中心；一平台，即企业线上综合服务平台；一个码，即电子营业执照“企业码”；一清单，即标准化、规范化的涉企服务清单；一类事，即围绕满足企业全生命周期某个阶段或产业链特定节点的重大需求，打造形成的订制化、套餐式服务场景。

“1+6+X”企业综合服务矩阵：“1”指企业综合服务中心，“6”指自贸大厦、江北科技园2个人才·企业服务站和物联网、互联网、智慧新天地、白马湖4个产业平台，“X”指在全区面上启动建设若干个暖企小站。

免申即享：指无须企业申报、直接由政府通过信息化手段精准定位补贴对象并发起兑付的政策服务方式。

即申即享：指企业随时提交申请、政府收到材料后立即开展审核兑付的政策服务方式。

分批快享：指对涉企数量或审核环节较多的政策，按季度（而非年度）分批为企业展开兑付的政策服务方式。

“三数一链”：“三数”指数据交易场所、数联网、数据合规流通数字证书（数据发票），“一链”指区块链跨链互认机制。“三数一链”共同构成数据可信流通基础设施框架和数据要素治理体系，是“中国数谷”推动数据要素改革的重要实践成果。

“141”基层治理体系：指基层智治系统的基本构架。第一个“1”指区级社会治理中心；“4”指街道基层治理“四个平台”，即党建统领、经济生态、平安法治和公共服务；第二个“1”指基层网格，即在社区以下划分的社会治理单元。

“一核两轴一带两新”商业布局：“一核”指在奥体中心与三桥南区块形成杭州奥体商业核心区；“两轴”指北面以沿江南大道与闻涛路为轴，南面以滨康路为轴，推动一批综合型、社区型商业综合体建设布局；“一带”指在闻涛路沿江区块发展品质风情商业带；“两新”指形成智慧未来商业中心、会务休闲商业中心两个重点发展区域。

五级组织架构：“区—街道（平台）—社区（产业社区）—网格—微网格（楼道、楼宇、园区）”五级组织架构。

社区人才“102030”工程：以不断提高专职社工建设现代社区和推动共同富裕能力本领为目标，遴选10名领军型、20名专业型、30名潜力型候选社工，以小组式、项目化、验收制形式开展的专职社工分类培训。

（全文转载，略有改动）

政府工作报告

——在杭州市滨江区第六届人民代表大会第三次会议上

（2024年2月3日）

杭州市滨江区人民政府区长 郑 迪

2023年工作回顾

2023年是全面贯彻落实党的二十大精神的开局之年，也是“八八战略”实施二十周年、杭州亚运会举办之年。一年来，国际环境更趋复杂严峻，超预期因素增加，需求收缩、供给冲击、预期转弱三重压力持续显现，面对内需乏力、外需趋弱重大挑战，全区上下坚持以习近平新时代中国特色社会主义思想为指导，全面贯彻党的二十大精神和习近平总书记考察浙江重要讲话精神，忠实践行“八八战略”，在省市党委政府和区委正确领导下，在区人大和区政协监督支持下，完整、准确、全面贯彻新发展理念，积极融入和服务构建新发展格局，加压奋进、实干争先，大力实施三个“一号工程”和“十项重大工程”，扎实开展“136”主题攻坚活动，全力打赢亚（残）运攻坚仗、经济翻身仗，较好完成了区六届人大二次会议确定的目标任务。全区实现地区生产总值2467.9亿元、增长8.0%；完成固定资产投资331亿元、增长5.0%；实现财政总收入462.5亿元、增长6.7%，一般公共预算收入242.1亿元、增长12.8%；城镇居民人均可支配收入83205元、增长5.6%。

一年来，我们不忘初心、牢记使命，强创新、兴产业、优治理、促共富，努力打造具有高新辨识度的服务型政府，着力丰富时代感，全面提升国际范，奋力推进现代化：

一、以亚运保障提升便捷顺畅、惬意优美的品质感

全面贯彻落实“简约、安全、精彩”办赛要求，坚决扛起亚运主会场的责任担当，坚持一流标准、最高要求，抓实抓细亚运筹办，全面助力办成了史上最成功的亚运会，带动城市出行更顺心、环境更舒心、生活更安心。

一是亚运服务高效周到。搭建筹备期“一办两侧一督查”架构、战时运作“一中心八领域十专班”指挥体系，赛事场馆改造提升高标准完成，三大场馆和马拉松场地保障团队全情投入，6.5万名亚运城市志愿者无私奉献，亚运数字专用道等专项基础设施高效运行，要人警卫、抵离交通、食品医疗等工作全方位落实，火炬传递安全有序、氛围热烈，开闭幕式7万余名观众40分钟高效退场，从开幕式到田径赛事24小时快速转场，1144场赛事圆满收官。

二是空间容貌清爽靓丽。钱塘江南岸、江南大道等重点区域绿化亮化全面提升，92条（段）道路修整复新，64个主题花海景观小品亮眼出圈。城市更新加速推进，13个片区“微更新”出新出彩，山一农居SOHO提升改造基本完工，沿江公园改造提升入选省级城市更新试点项目，全区入选省级城市更新试点城市；拆除违建2.82万平方米，东冠新农村拆违促进环境整体改善；全域征迁清零强力推进，完成拆迁收购15处、交地866.5亩。完成西兴、长河、浦沿单元控规修编和青年发展型城区等专项规划研究。土地收储出让有力有序，完成收储24宗882亩、出让24宗937亩。第一工业综合体建成。开工留用地项目4个、投用4个，完成18个村级留用地指标清零。

三是城市运行通达有序。新开工道路10条、完工22条，建成过街天桥3处，新增（优化）公交线路14条、公交站台13个，治理病害道路12.8公里，公共出行更加便捷。公厕服务大提升专项行动持续推进，改造重点公厕25座。江南变、东冠变、协同电力隧道土建完工，中兴电力隧道、文教变、协同变建设加速推进。高频度、大力度推进安全生产隐患排查整治，健全基层应急消防治理体系，全面开展“两个一律”攻坚行动，切实筑牢安全生产防线。

四是生态本底巩固夯实。发布美丽滨江三年行动计划。入选省减污降碳协同试点，持续推进“规划环评+环境标准”清单式管理改革试点，完成“环保E企管”省级试点。有序推进既有公共建筑轻量化数智化节能改造，建成“无废细胞”60个，扩绿28万平方米，获省全域“无废城市”建设“清源杯”。健全“污水零直排区”长效运维机制，完成13条河道品质提升，实现市控以上断面水质优Ⅲ比例100%、水功能区达标率100%，再获“大禹鼎”。成功创建国家生态文明建设示范区。

二、以创新深化践行自立自强、又高又新的使命感

坚持高水平科技自立自强，持续建强高能级创新平台体系，推进关键核心技术攻关，提高科技成果转化和产业化水平，推动产业链往高攀升、向新进军、以融提效。

一是创新平台量质齐升。实施创新体系聚能跃升行动，发布杭州江南科学城概念性规划，编制完成“国际零磁科学谷”五年行动计划；极弱磁大科学装置首个交叉研究平台开工建设；区块链与数据安全、经血管植入器械两个全国重点实验室研究院落地；浙工大网络安全研究院、浙大城市学院滨江创新中心投用；新获批省级创新联合体2家、市级以上研发载体145家，省级研发载体累计638家、居全省第一；白马湖低碳节能技术、滨创低空立体交通系统入选市概念验证中心；南部科创中心分基地、杭州人工智能计算中心二期投用。

二是创新要素协同汇聚。创新投入持续加强，拨付产学研专项资金超9亿元，全社会R&D经费投入相当于地区生产总值比重保持10%左右、居全省第一。政策更加精准有力，制（修）订人工智能、生物医药、集成电路、智能制造、专精特新等专项政策，下达区级惠企产业资金62.3亿元，新增减税降费及退税缓费56.1亿元。金融支持不断强化，新设产业基金合作子基金8只、规模37.5亿元，撬动社会资本31.4亿元。人才服务生态持续优化，新入选国家级、市级海外领军人才数均创历史新高，新引进省顶尖人才2人，新增市领军型创新创业团队6个、列全市第一；新增省级以上博士后科研工作站10家；新引进大学生超4.1万人、列全市第一；提前完成人才房三年倍增计划、数量达10094间，发放各类人才购房、租房补贴5.9亿元。

三是创新成果可圈可点。新增发明专利授权量7699件，每万人有效发明专利拥有量超700件，每万人高价值发明专利拥有量超390件，均保持全省第一。新获批发布国际、国家、行业标准27项。海康威视获全省首个制造业领域中国质量奖。新立项省“尖兵”“领雁”研发攻关计划项目33项、居全省第一，市重大科技创新项目14项、列全市第一。预计完成技术交易额450亿元左右、居全省第一。科技成果转化指数蝉联全省第一，连续三年获省“科技创新鼎”。

四是高新产业融合集聚。优势产业聚链成群，新招引亿元以上项目48个；开工24个、摘牌9个、落点21个；高新产业、制造业投资分别增长22.1%、20.5%（均含滨富、滨萧）；数字安防与网络通信、集成电路、机器人三大产业集群规模均居全省第一。新领域新赛道加快发展，生物医药产业生态不断完善，新能源实现营收457.1亿元、增长46.8%，节能环保实现营收460.5亿元、增长41.9%，AIGC产业创新中心建成投用，全市首个智能网联车辆全域开放先行试点启动。数实融合深入推进，新增省级产业数字化服务商、工业互联网平台企业16家，工业企业数字化改造覆盖率86.7%、全省第二。全年实现规上工业增加值883.4亿元、增长7.0%，总量全市第一；服务业增加值1543.4亿元、增长9.2%；数字经济核心产业增加值1866.1亿元、增长7.3%，占地区生产总值比重75.6%；获“浙江制造天工鼎”，制造业高质量发展指数、数字经济综合评价稳居全省第一。

三、以改革攻坚强化乘势而上、破局开新的奋进感

坚持全面深化改革，突出解决实际问题，突

出提升企业群众获得感，与时俱进、整体谋划，试点先行、注重实效，着力破除深层次体制机制障碍，不断激发动力活力。

一是政务服务体系持续健全。政务服务增值化改革扎实推进，成立企业综合服务中心，“1+N” 24小时不打烊服务模式持续优化；建成标准“一件事”集成服务平台，入选省级标准化创新发展试点；知识产权集成服务改革深化推进，4项改革经验获国家、省市推广，获首批国家知识产权服务业高质量集聚发展示范区、全省唯一。完成街道财政体制改革。股权转让“一件事”、市内跨区迁移“一件事”等商事制度改革稳步推进。

二是产业治理体系日臻完善。区街平台为企服务职能体系优化调整，现代产业社区模式探索推进，“企业HR调解联盟”等产业园区治理经验全国示范，首批6个暖企小站试点先行，“沙盒监管”“企业信用信息自主承诺公示”等新型监管模式持续推进，直播电商合规指引等规范有效运行，区级统筹联动、街道平台属地主责、产业社区贯通协同、产业园区专业运营、行业企业规范自律的产业治理体系基本形成。国有企业改革深入推进，“1+2+N”制度体系基本形成。

三是城市治理体系优化升级。“城市管养一体化”试点探索。“大综合一体化”改革深化推进。完善社工队伍规范管理机制，“一长二员”机制持续深化，“滨豆”全域积分系统应用推广，“1+6+X”基层治理模式基本形成。缤纷社区入选全国首批完整社区建设试点；建成美好生活共同体6个、省市未来社区21个，加强“清・和滨江”建设，物业提档升级深化推进，社区功能不断完善。

四是数据流通体系加速成型。杭州数据交易所揭牌，“数据要素合规流通数字证书”首创首发，省级公共数据授权运营试点场景落地，全国首批数联网接入一体机交付投用，初步构建起“三数一链”数据可信流通基础设施框架和数据要素治理体系。大力推动健全数据流通规范体系，牵头、参与起草数据资产确认等多项省级标准。“中国数谷”揭牌及系列峰会成功举办，数据产业联盟成立，数据要素产业生态日益浓厚。

四、以开放提升展现抢滩突进、再造优势的责任感

坚定推进高水平开放，以制度开放为重点，大力发展总部经济，加快开放平台载体建设，完善配套政策措施，推动实现高质量“引进来”和高水平“走出去”。

一是总部企业梯队持续壮大。企业梯次升级发展矩阵不断建强，新增上市公司3家，累计培育72家、总量全省第一；发布总部经济政策，获市首批总部企业99家、列全市第一；新认定国家级专精特新“小巨人”企业21家、省隐形冠军4家、省专精特新中小企业310家；新增科技领军5家、科技小巨人13家，均居全省第一；新认定国高企515家，有效国高企达2601家；新增省级以上孵化器10家，居全省第一；新认定瞪羚企业264家；新设企业2.07万家，增长23.5%，数量列全市第一。

二是数字自贸建设持续发力。全面实施自贸试验区提升战略，启用省数据出境合规导引服务系统，跨境支付、便利化数据跨境流动等7项制度创新成果获省市示范推广。持续优化通关服务，探索“云查检”监管模式；“原产地签证陪跑工作室”揭牌；上线全国首个3C免办备案系统，办理时长压缩至秒办，累计节省企业认证费、关税支出超6亿元。持续推进国家级特色服务出口基地建设，国家数字服务出口基地考核优秀、排名全国第一。全区外贸出口总额108.6亿美元，占全国份额3.2‰；实际利用外资9.3亿美元。

三是产业平台基地持续建强。物联网小镇、互联网小镇省级考核优秀，滨江创意小镇省级命名，智造供给小镇、数字健康小镇加快建设。江北孵化阵地持续做强，完成“北企南迁”318家。滨富、滨萧特别合作园（区）协作机制不断健全，新落地项目12个，总投资114.3亿元；富芯一期顺利投产。“中国视谷”核心区加快建设，设立30亿元规模“中国视谷”产业基金，已投项目6个，带动项目总投资近3亿元。

五、以兼收并蓄建立自信包容、共生共融的归属感

坚定文化自信、秉持开放包容、坚持守正创新，着力在文化看得见、摸得着、体验足上下功夫，群众精神文化生活更加充实、更为丰富、更高质量。

一是历史文脉赓续传承。大力传承发扬本土文化，长河历史文化街区二期开街并获央视《新闻联播》报道，浦沿渔码头建成开放，西兴过塘行码头专题陈列馆获市级乡村博物馆，“千年古镇·诗意西兴”传统风貌区、“悠悠长河·创享白马”综合品质区入选省级城乡风貌样板区试点建设名单。加强考古发掘，成立考古工作站，完成考古勘探24件。强化非遗文化保护传承，浙江非遗之家落户，胡庆余堂获评市级非遗工坊。

二是文化样态丰富多彩。修订实施文化产业政策。入选省级以上各类重点文化企业18家，规上文化企业实现营收1831.3亿元、增长17.1%，文化产业竞争力百强区综合指数列全国第二。网络文学成势见效，发布中国网络作家村五年发展规划，“IP直通车”累计促成交易额超14.5亿元。动画动漫成果丰硕，《斗罗大陆》《转生的巨人》《下姜村的共同富裕梦》等一批作品获全国重要奖项。声音产业迈步起势，成立“M·声音实验站”。创新创业文化、工业文化、亚运文化、直播文化、电竞文化等健康生长，与城市发展相生相融、共生互动。

三是文体服务扩面提质。制定实施文化事业、体育休闲政策。建成“15分钟品质文化生活圈”10个；新建改建城市书房、智慧借阅点13个，“码上借阅”等阅读品牌持续擦亮。建成嵌入式体育设施41片、健身苑点25处，排舞广场舞国家级赛事活动基地揭牌。文旅融合持续深化，入选省市共富风貌游线2条。高质量举办和服务保障中国国际动漫节、杭州文博会、滨江四季等重大文化活动，不断增强群众文化获得感。

四是文明实践蔚然成风。建成文明驿站、基层站点76个，参与文明志愿服务超46万人次；普法宣传有序推进，实施“法律明白人”培育工程；持续选树“最美”典型，评选“杭州好人”“美丽滨江人”21人，让文明风尚浸润人心。

六、以均衡优享增添温暖愉悦、安然自得的幸福感

牢牢践行以人民为中心的发展思想，以公共服务“七优享”工程为总抓手，不断保障和改善民生，推动人人共享高品质的美好生活。

一是教育质量更优。发布建设“教育硅谷”五年行动方案。启动建设“教育创新改革综合实践区”，组建幼小联盟29个，“科技教育大联盟”持续做强，名校集团化比例100%，实现课后服务全覆盖。投用学校11所、完工3所、续建10所、新开工5所，新增学位11160个。“学生中餐这件事”全流程数字监管，学生体质健康测试水平蝉联全市第一。通过“全国义务教育优质均衡发展区”认定核查、“国家学前教育普及普惠区”督导评估。

二是健康资源更足。疫情防控平稳转段。发布健康滨江及卫生健康事业高质量发展三年行动计划。基层医疗资源配置不断强化，医联体建设加快推进，浦沿街道社区卫生服务中心主体结顶，长河街道社区卫生服务中心开工建设，投用社区卫生服务站9家，创新推出海康威视嵌入式卫生服务站。健康服务提质增效，启动首轮居民营养监测，高标准建设“慢病一体化门诊”，持续优化“家门口”健康管理服务。生育支持力度不断加大，出台生育支持政策，成立妇女儿童健康服务中心，入选省生殖健康促进试点。

三是安置质效更高。回迁安置加快推进，续建安置房项目3个、27.5万平方米，交付17个、286万平方米，交房量超过前5年总和；迭代推出货币化安置、扩面安置等组合安置政策，5年及以上待安置户全面完成安置清零。

四是保障举措更实。保障住房体系不断完善，续建公共租赁房9.3万平方米、新开工8.7万平方米，筹集保障性租赁住房3629套（间），配售人才共有产权保障房632套。完成新一轮商业发展规划布局。帮扶重点群体8872人次，失业人员实现再就业2996人次。“一老一小”服务水平持续提升，嵌入式养老微机构街道全覆盖，“多代同楼”获央视一套专题报道；通过省级普惠托育基本公共服务试点验收。办理全省首例“跨省通办”结婚登记。完善低保、低边、残疾人等困难群体服务保障体系，慈善指数全省第一。开展退役军人事务员新职业试点。区域协作持续推进。国防、双拥、人防、地名、民族、宗教、老龄、外事、对台事务、侨务等工作取得新进展。平安建设扎实有效，反诈指数全市第一，国家级信访积案全清零且无再访，全年无较大以上事故发生，再获全省社会治理十佳县和全国社会治理百强县。

七、以务实担当加深可靠可亲、乐为敢为的信任感

始终坚持党对政府工作的全面领导，不断加强思想政治引领，持续提高法治能力，大力践行高新精神文化，政府自身建设不断加强。

一是政治品格进一步锤炼。始终把学习习近平新时代中国特色社会主义思想作为首要任务，高质高效推进主题教育，坚定拥护“两个确立”、坚决做到“两个维护”；完成省委巡视“回头看”、国家级省级生态环保督察反馈问题整改；自觉接受区人大法律监督、区政协民主监督，认真听取各民主党派、工商联、无党派人士及工会、共青团、妇联等群团组织意见。

二是为民情怀进一步增强。始终站稳人民立场，聚焦市场主体、群众所需所求所盼，深入开展“大走访大调研大服务大解题”活动，用心用情办好民生实事，高质量按期办复人大代表建议70件和政协委员提案97件。

三是干事能力进一步提高。始终树牢鲜明的干事导向，坚持和发扬斗争精神，全力推进长期问题取得决定性进展，有效推出一批标志性创新举措，想干事、能干事、干成事的精气神进一步提振。

四是勤廉作风进一步强化。始终坚持严的基调，坚持勤廉并重，严格落实全面从严治党主体责任和“一岗双责”，驰而不息纠治“四风”，不断加强依法行政，深化工程项目、民生保障等重点领域审计、监督检查，大力营造风清气正的政治生态。

各位代表！过去的一年，我们知重负重、开拓进取，实现经济社会平稳健康发展，成绩来之不易、令人振奋，这是习近平新时代中国特色社会主义思想科学指引的结果，是省市党委政府和区委正确领导的结果，是区人大、区政协和各位人大代表、政协委员监督支持的结果，是全区广大干部群众团结拼搏、苦干实干的结果。在此，我代表区人民政府，向全区人民和来我区发展的投资创业者、科技工作者、城市建设者，向区人大代表和政协委员，向驻区单位、高校院所、部队官兵、公安干警、消防救援队伍，向所有关心和支持我区建设发展的民主党派、工商联、无党派人士、人民团体和社会各界人士，向港澳台同胞、海外侨胞和国际友人表示崇高的敬意和衷心的感谢！

我们同样清醒看到，高新区（滨江）发展中面临的挑战和问题：外部不稳定不确定因素依然较多，消费和投资需进一步提振，稳出口难度增大，经济回升向好基础仍需巩固。战略科学家、产业领军人才、国际化人才仍相对缺乏，创新发展动能还不够强，原始创新、关键核心技术攻关、科技成果转化需要下更大力气，产业链供应链稳定性和竞争力亟待提高。城市的综合功能还需要进一步完善，城市更新还需更加规范、系统、可持续，宜居韧性智慧城市建设还面临不少挑战。教育、医疗、养老、托育等方面仍有不少难题需要破解。政府服务管理效能需要进一步提高，形式主义、官僚主义现象依然存在。对此，我们必须迎难而上、积极应对，采取有力措施，切实加以解决。

回顾一年来的工作历程，我们深刻体会到：做好政府工作，要保持战略定力，始终站稳政治立场，把准“高”“新”方向，遵循客观规律，实事求是、专心致志，坚持做难而正确的事、难而有价值的事，向着既定目标坚定前行。要永葆变革动力，坚持需求导向、问题导向，坚持和发扬斗争精神，探索先行、突出实效，善于在重点领域、关键环节实现改革性突破，激发全局活力，带动全面发力，不断汇聚走在前、做示范的强大动能。要增强团结合力，团结就是力量，团结出战斗力，目标一经确定，就要以干成事的思想自觉和行动自觉，凝聚各方力量，调动各类资源，克服一切困难，以最大合力夺取全面胜利。要提升学习能力，好学才能上进，好学才有本领，常怀本领不够的忧患意识，加强学习的紧迫感，着力将先进理论、先进经验转化为工作动能，紧跟科技革命、产业变革掀起的知识浪潮，让学习成为一种习惯、一种能力素养。要强化服务心力，坚持人民至上，善于从群众需求出发思考问题、谋划工作，勇于接受批评监督，耐心倾听意见建议，有效回应问题诉求，切实做到与群众想在一块、干在一块。

2024年政府工作思路

2024年是中华人民共和国成立75周年，是实施“十四五”规划关键一年，也是我区全面推进世界领先科技园区建设的奋进之年。我们要感恩奋进、乘势笃行，切实扛起全省高质量发展一面旗帜的责任担当，为全省勇当先行者谱写新篇章作出更大贡献。

今年政府工作的总体要求是：坚持以习近平新时代中国特色社会主义思想为指导，深入学习领会习近平总书记考察浙江重要讲话精神，全面贯彻中央和省委、市委经济工作会议精神，认真落实省委十五届四次全体会议和市委十三届五次、六次全体（扩大）会议部署，按照区委六届五次全体（扩大）会议工作要求，坚持稳中求进工作总基调，把高质量发展作为首要任务，完整、准确、全面贯彻新发展理念，坚持“深化改革、强基固本”，统筹高质量发展和高水平安全，统筹推进三个“一号工程”，深入实施后亚运“十大攀登行动”，坚定不移加快推进世界领先科技园区建设，“建设天堂硅谷、打造硅谷天堂”，奋力在“勇攀高峰、勇立潮头”开新局中争当尖兵、勇当闯将。

2024年我区经济社会发展主要预期目标：地区生产总值增长6.0%；一般公共预算收入、城镇居民人均可支配收入与经济增长同步；规上工业增加值增长6.5%；社会消费品零售总额增长5.0%，力争5.5%以上；全社会R&D经费投入相当于地区生产总值比重10%左右。

做好今年的政府工作，要着重把握好五个方面：

着力稳中求进扩增量。坚持战略自信、主动作为，不断放大政策体系组合效应，深化“一区多园”模式，做优做强数字经济主导产业和优势产业，抓实有效益的投资，激发有潜能的消费，拓展多元的外贸，扎扎实实干好自己擅长的事，持续巩固经济回升向好态势。

着力以进促稳提质量。坚持自立自强、勇立潮头，以科技创新推动产业创新，整合科技创新力量和优势资源，加强知识产权保护、质量支撑和标准引领，强化企业科技创新主体地位，推动创新链产业链资金链人才链深度融合，不断提升产业链供应链韧性和安全水平。

着力先立后破强动能。坚持深化改革、扩大开放，通盘谋划、试点先行、循序渐进，继续推进自贸试验区、跨境电商综试区、自主创新示范区体制机制创新，稳步扩大制度型开放，杜绝盲目求变、跟风求新，坚决守住不发生系统性风险的底线，为推动高质量发展持续注入强大动力。

着力以人为本优治理。着眼群众生产生活需要，不断优化城市功能配置和空间结构布局，涵养城市文化底蕴，持续改善生态环境质量，大力推进城市内涵式发展，不断提升城市综合承载能力，让城市更宜居、更韧性、更智慧。

着力优质均衡促共富。坚持尽力而为、量力而行，始终聚焦群众急难愁盼，重点加强“一老一小”普惠性服务，积极做好青年发展服务，平衡好需求多元化结构化差异性服务，大力推进优质基本公共服务资源有序扩容和均衡布局，加强基层治理和平安建设，努力推动高质量发展红利惠及每一个人。

2024年重点工作

各位代表，新征程是充满光荣和梦想的远征。我们要保持高度清醒，既着眼长远、又把握当下，干在实处、务求实效，全力做好2024年政府工作。

一、创新再深化、产业再提能，塑造发展新优势

坚持以科技创新为引领，加强科技基础能力建设，持续激发各类创新要素效能，着力发展新质生产力，推进新型工业化，打造具有国际竞争力的战略性新兴产业集群和数字产业集群。

一是大力做强创新平台战略支撑。加速推动江南科学城建设，不断健全“1+2+6+N”高能级创新平台体系，进一步强化科技创新策源功能。持续汇聚战略科技力量，大力推进“国际零磁科学谷”建设，全力服务保障极弱磁大科学装置主体开工，推动三个交叉研究平台项目建设，加快白马湖实验室建设，推进区块链与数据安全、经血管植入器械全国重点实验室研究院建设，打造环重大科创平台创新生态圈。持续加强与国内外高校、科研院所创新协作，落地省“公安大脑”主实验室等新型研发机构，着力培育多样性、协同性创新体系。持续推进科技创新效能释放，强化产学研平台绩效评价，鼓励承担国家和省市重大科技项目，加快原创性、颠覆性技术攻关，力争全年申报各级各类科技项目100项以上，签订横向项目50项以上。支持科技骨干企业牵头组建创新联合体，力争新认定市级以上研发载体110家以上。

二是大力推动创新要素融通聚合。促进全球技术、资金、人才和优质政策、环境、服务等各类要素高效配置、集聚耦合，不断激发创新主体活力。突出强化国家级高新区先发优势，大力推进《杭州高新技术产业开发区条例》修订，着力提升杭州高新区（滨江）的战略首位度。持续做优人才服务生态，迭代“1+5+20”人才新政，深入实施“才链全球”计划，加强区人才计划实施力度，探索创新教育科技人才一体化推进机制，完善人才评价和激励机制，加大海外人才引育力度，引育一批战略性科技创新领军人才和高水平创新团队，着力打造卓越工程师和青年科技人才队伍，力争新引进各类人才4.2万人以上；推进青年发展型城区建设，推进海创基地青创综合体建设，持续做好人才“关键小事”精到服务。推动科技产业金融一体化发展，构建种子基金、创业投资、银行信贷、上市融资等金融支持体系，强化产业基金撬动作用，引导各类资本投早、投小、投硬科技。推动创新资源开放共享和高效利用，加快建设安评中心等公共研发服务平台；争创国家级半导体签核中心；大力提升杭州人工智能技术计算中心公共普惠算力供给能力，全力推进杭州“鲲鹏”生态创新中心升级为省软硬件信创联合适配攻关基地，打造计算产业高地。支持各类市场主体举办国内外高规格专业化赛会、论坛，持续营造创新创业浓厚氛围。

三是大力促进创新成果转移转化。构建以市场为导向的全周期科技成果转化机制，提高科技成果转化和产业化水平。完善转化服务体系，推进建设一批概念验证中心、中试熟化基地，引育专业化、市场化、国际化科技服务机构，推动更多科技成果从“实验室”走向“生产线”，力争标志性科技成果转化35项以上。完善技术交易服务体系，建立技术成果评估评价体系，加强与省科技大市场协同，促进科技成果推广和应用，实现技术交易额380亿元以上。完善创业孵化体系，实施新一轮孵化器行动计划，聚焦硬科技创新、颠覆性成果转化、高成长企业孵化，培育一批产业领域聚焦、专业能力凸显、示范效应明显的标杆型孵化器，力争新认定孵化载体15家，保持在孵企业4000家以上。

四是大力推进数字产业能级跃升。实施重点产业链高质量发展行动，聚焦产业核心赛道关键环节和“卡脖子”领域，深入推进强链延链补链，做强世界级数字产业集群。加快视觉智能、网络通信、集成电路、生物医药、机器人等优势产业发展，推进“中国视谷”建设，全力争创国家新型工业化示范区。培育壮大新产业新赛道，加快AIGC、智能网联汽车、绿色能源、量子信息等产业规模化发展；支持垂直领域大模型技术的开发与应用，探索开放一批重大应用场景，牵引促进新技术迭代应用，加速孵化未来产业，争创国家未来产业创新试验区。大力推动“智改数转”，深化“产业大脑+未来工厂”建设，培育数字化改造服务商，加快促进中小企业数字化转型，数字经济核心产业增加值增长6.5%、力争7.0%。做精做强特色小镇，深化完善滨富、滨萧特别合作园（区）协同发展机制。全年引进亿元以上项目40个，新落点产业项目18个、新开工14个。

二、改革再发力、开放再提升，激发市场新活力

坚持向改革要动力、向开放要活力，发挥开放平台叠加联动效应，充分调动各方面积极性、创造性，促进要素自主有序流动、资源高效配置，持续打造包容开放的市场环境。

一是全力建强“中国数谷”。持续完善“三数一链”数据可信流通基础设施框架和治理体系，推进设立数据要素流通合规中心等数据要素公共服务机构；加快“中国数谷大厦”投用运营，积极招引入驻一批高能级、生态型基石数商入驻；推进“沙盒监管”机制建设，构建包容审慎监管制度环境；推动公共数据授权运营试点场景落地，开展“数据要素×工业制造”等重点领域试点示范，全力打造数字经济二次攀登新引擎、产业转型新地标、数据制度创新新高地。

二是用好开放平台载体。充分发挥高新区、自创区、自贸区、综试区“四区叠加”制度优势，积极推进改革性政策突破，探索数字自贸便利化服务一类事，争取非外汇结算贸易试点等落地，加快形成一批首创性、引领性和集成化制度成果。深化国家级特色服务出口基地建设，争创国家服务贸易创新发展示范区、全球跨境支付结算中心、中国数贸港等战略任务核心区，数字服务贸易进出口总额超100亿美元。深化跨区域合作，主动融入长三角一体化，加强与上海、合肥、苏州等产业创新高地学习交流。

三是打造更优营商环境。稳妥有序推进机构改革。大力推进政务服务增值化改革，建强企业综合服务中心，建设个性化、套餐式、集成化“一类事”服务场景，着力构建全生命全天候政务服务新生态。不断完善“1+X+N”政策体系，大力推进“免申即享”“即申即享”“分批快享”，持续提高政策精准度、实效性。持续做优企业服务，推进现代产业社区提质扩面，有序建设暖企小站，推动各项服务向基层延伸、在园区集成。推进标准集成服务改革，持续开展专利融入标准试点。探索知识产权对外转让审查联动机制、产业知识产权创新联合体，力争每万人高价值发明专利拥有量突破400件。争创国家质量基础设施集成服务基地试点。大力推进企业合规建设，加强高频涉法风险行政指导和法律服务，深化新型柔性监管机制，营造稳定公平透明、可预期的法治化营商环境。深化“企业家见面日”等常态化政企沟通联系机制，积极构建亲清统一的新型政商关系。

四是壮大总部企业梯队。大力培育世界级创新型企业，加快构建“大企业强、高成长企业多、中小企业活”的创新企业矩阵。加大总部企业培育力度，深入实施“雄鹰行动”“凤凰计划”“鲲鹏计划”，支持有条件企业对标世界领先企业，持续提升创新引领力、产品竞争力、品牌影响力，积极融入全球产业链供应链；招引各类跨国公司结算型、贸易型、资金型、管理型等国际总部；发展壮大科技服务、商务服务、法律金融等服务业总部，打造世界一流高端总部集群，新增上市公司3家，力争新增总部企业3家。大力实施专精特新中小企业行动计划、科技企业“双倍增”行动，力争新增国家级专精特新“小巨人”企业22家、省级专精特新中小企业200家、国家高新技术企业308家、瞪羚企业260家，新注册企业1.7万家。深入开展“百场千企”产业协作系列活动，着力构建“大中小+上下游”共生共荣产业生态。

三、品质再提档、内涵再丰富，焕发城市新魅力

坚持人民城市重要理念，更好统筹规划、建设、管理三大环节，让过生活更有尊严、享生活更有品位，加快打造流连忘返、心向往之的现代化城市。

一是完善综合功能。有序推进奥体滨江国际商务区、江南科学城沿江片区规划设计。深化省级城市更新试点建设，有序推进片区“微更新”，有力推进城中村改造，加快星民加油站东、冠山小区东等规划区块做地收储。持续扩容产业发展空间，推进老旧工业园区提升改造，加快工业综合体二、三、四期建设，开工建设浦沿公交停保基地复合开发利用项目。加快留用地项目建设，建成江三统筹项目、感知谷、智造谷。持续丰富商业氛围，加快建设龙湖滨康天街、信达奥体商业中心、南六村商业综合体等，投用奥体滨江银泰、江南樱花里、安放山泽里商业综合体；着力引进商业品牌首店、高能级零售旗舰店等“大牌名店”，打造示范性消费场景。注重打造个性化特色化品质化的商业外摆，让城市“烟火气”更足、让人心更暖。

二是加强运维管理。深化城市管养体制改革，创建高标准管养示范道路7条、精细化城市管理示范区5个。完善城市水务系统，启动供水专项规划修编，开展白马湖备用水源调整和南环路综合管廊研究，加快推进供水扩容工程；编制完成污水管网提升改造实施方案，建成污水第二通道风情大道段、开工南环路至江南大道段，完成老旧雨污水管网改造不少于10公里。加快电力设施建设，力争投用协同电力隧道、文教变、协同变，加速建设中兴电力隧道、江南变、东冠变。健全城市综合交通体系，新建道路13条、提升改造3条、续建13条，开工建设江陵路跨铁立交，投用滨康路聚才路天桥，开展产业园区、商圈、学校、医院等重点拥堵区域专项治理；新增（优化）公交线路不少于3条，加快构建“快线+干线、地铁接驳+社区微循环”公交系统，持续提升交通流畅度和可达性。

三是增进生态体验。持续深入打好蓝天、碧水、净土保卫战，加强扬尘常态巡查管控；持续巩固提升“污水零直排区”建设成效，扎实推进北塘河以北、浦沿区域水环境修复治理，保持市控以上断面水质优Ⅲ比例100%，力争再夺“大禹鼎”；深化“无废城市”建设，探索创建“无废集团”，建成“无废学校”13所，新增“无废细胞”30个以上，争创“无废城市”建设四星级“清源杯”。提升生态服务功能，增强绿地、绿道、水系等绿色空间共享性、开放性，新建公园7个，新增绿化面积20万平方米。加强减污降碳协同治理，推进绿色低碳办公楼宇建设，积极谋划创建国家生态工业示范园区。

四、气质再凝练、气韵再沉淀，滋养文化新风范

立足文化自信自强，推动传统文化创造性转化、创新性发展，培育发展新型文化业态和文化消费模式，让品质文化生活触手可及。

一是更加注重以文润心。加大文物和文化遗产保护力度，建成区非物质文化遗产展示馆，推进白马湖越文化考古发掘，完成法华禅院等文物修缮工程，不断丰富社会历史文化滋养。深入挖掘和开发利用浙东运河人文历史资源，加快编纂《滨江文化丛书》，加快推进西兴老街、长河老街保护规划，积极推进浦沿省级文化强镇创建，着力打造“西兴韵”“长河头”“浦沿潮”文化品牌。广泛践行社会主义核心价值观，加快构建“滨滨有礼·文明四季”文明新实践体系，持续开展“美丽滨江人”等“最美”系列活动，全面提高文明素养。深化移风易俗，建成美女山公墓殡仪服务中心，推广节地生态安葬。

二是更加注重以文惠民。加强公共文化服务供给，新建“15分钟品质文化生活圈”10个，大力开展“文艺赋美”“滨江四季”等文化活动；推进“书香硅谷”建设，新建改建城市书房、智慧借阅点31个，持续浓厚全民阅读氛围。完成嵌入式体育设施20片、健身苑点15处，广泛开展“樱花跑”等全民健身活动。

三是更加注重以文兴业。强化国家动画产业基地、中国网络作家村等国家级平台整合功能，建设国家动画产业基地孵化服务创新样板间和网络文学视频转化基地。加快布局电子竞技、声音经济等新兴赛道，推进滨江电竞馆建设，加快推进网易三期、游卡网络等企业总部建设，大力推进数字文化产业高质量发展。加强国际传播能力建设，强化文化IP开发转化、运营推广，鼓励优秀文化作品“出海”，增强对外文化交流的穿透性和实效性。

四是更加注重以文塑旅。聚焦打造赛会之城主窗口，深化亚运场馆专业运营、惠民开放，完善赛事活动保障体系，引进ATP国际网球挑战赛、省马拉松接力赛等品牌赛事；推广应用“滨江印记”平台，打造奥体AAAA级旅游景区，大力发展大众旅游、智慧旅游，组织开展户外休闲旅游节、网络直播节等特色文旅活动。

五、基础再夯实、靶向再聚焦，绘就共富新图景

坚持在发展中保障和改善民生，大力实施公共服务“七优享”工程，围绕群众急难愁盼持续发力，办好各项民生事业、补齐民生领域短板，不断增进群众福祉。

一是持续做优教育医疗。加大优质学位供给，投用学校5所、完工2所、续建12所，新增学位8410个；持续推进安置房小区老旧幼儿园提升改造；全面实施“暖手”工程；开展“五育并举”实验校、示范校建设行动，深化“潮涌”强师工程，加强与杭州高级中学、杭州第二中学等名校合作办学，拓展“科技教育大联盟”课程资源，优化“课后服务”平台，持续推进“润心”行动，积极推进“快乐课间十分钟”，大力推进区域教育特色化集团化国际化发展。持续优化“15分钟医疗服务圈”，加快启动健联体试点，加快建设长河街道社区卫生服务中心，建成浦沿街道社区卫生服务中心，新建改建社区卫生服务站3家，推广企业园区嵌入式卫生服务站，推进智慧医疗医用体系建设，着力提升群众就医体验。加强医疗卫生队伍建设。加快建立医防融合服务体系，不断提高突发公共卫生事件监测预警与应急处置能力。

二是持续做实社会保障。加快建立多主体供给、多渠道保障、租购并举的住房制度，续建公共租赁房18万平方米、共有产权房1000套，筹集保障性租赁住房3100套（间）。加速推进回迁安置全面清零，交付安置房项目3个、25.7万平方米，开工建设国有土地拆迁安置专项用房。加强就业创业服务体系建设，全年帮扶重点群体不少于8500人次，失业人员实现再就业不少于2500人次。深化全龄友好城区建设，积极探索区域养老服务综合供给模式，持续拓展社区版“多代同楼”服务场景；深化托幼一体化集成改革，力争托幼一体幼儿园覆盖率超70%。加强低保、低边、残疾人等困难群体关心关爱和救助帮扶，全力争取“救助慈善融合发展”省级试点。大力支持国防和军队建设，强化国防动员和后备力量能力建设基础支撑。广泛开展双拥工作，加强退役军人服务保障。支持工商联及工会、共青团、妇联等群团组织开展各项工作。

三是持续做好基层治理。深化“大综合一体化”行政执法改革，建强园区治理中心，扎实推进“小脑+手脚”警网协同基层治理体系建设，更好推动城市运行“一网统管”、社会治理“一网共治”。以社区嵌入式服务设施建设试点为抓手，新建美好生活共同体不少于8个，实施美好生活共同体优化运营试点；大力推进全域未来社区建设，新申报省市未来社区15个，实现省市未来社区创建覆盖率超80%。持续推进老旧小区改造、电梯加装运维、物业规范管理等工作，加快构建“小修小补”便民服务体系，不断提升社区生活舒适度。持续加强社工队伍建设。实施社区社会组织培优计划，加强公益组织建设，投用“滨创益+”综合服务阵地，不断激发社会共治新活力。全面开展交通、消防、危化品、建筑施工、城市运行、食品药品、一厂多租、园中园等重点领域安全风险防控，持续加强防灾减灾救灾体系和应急能力建设，积极稳妥化解各类矛盾纠纷，严打严防涉黑涉恶、电信网络诈骗等突出违法犯罪活动，坚决维护社会安定、群众安宁。

六、思想再淬炼、本领再增强，彰显闯干新作为

坚持不懈用习近平新时代中国特色社会主义思想凝心铸魂，树牢正确政绩观，加强实践锻炼、专业训练，勇蹚深水区、敢啃硬骨头，锻造高素质政府干部队伍。

一是勇当捍卫忠诚的先行者。坚持用党的创新理论武装头脑、指导实践、推动工作，严格执行“第一议题”制度，巩固深化主题教育成果，全面系统彻底推动中央和省市决策部署落地落细，切实做到思想政治紧跟紧随、贯彻落实率先一步、弘扬正气坚决有力。

二是勇当解放思想的先行者。坚持实事求是，坚持问题导向，增强问题意识，更加注重开动脑筋、肯想问题，更加注重拓宽视野、打开眼界，不断增强法治思维和能力，善于跳出高新谋“高”“新”，切实做到勇于思考、勇于探索、勇于创新。

三是勇当大抓落实的先行者。坚持不折不扣抓落实、雷厉风行抓落实、求真务实抓落实、敢作善为抓落实，持续强化干净干事、勤廉并重，习惯过紧日子，切实做到以自身工作的确定性应对形势变化的不确定性。

各位代表，今年我们继续按照民生实事“群众提、大家定、政府办”理念，在广泛征求意见的基础上，形成了“教育惠民”“银龄安康”“温馨善育”“交通畅行”“就业保障”“文体惠享”“暖心便民”“宜居提升”“健康护航”“除险保安”“环境优化”“特殊关爱”等12个候选项目，提请大会票选决定2024年10个民生实事项目。对区人大代表票选确定的项目，我们将全心全意、尽心尽力办实办好。

各位代表！让我们更加紧密地团结在以习近平同志为核心的党中央周围，在省市党委政府和区委的坚强领导下，紧紧依靠全区人民，振奋精神、强毅果敢，勠力同心、锐意进取，敢打头阵、勇当先锋、争作示范，推动世界领先科技园区建设取得突破性进展、标志性成效，奋力谱写中国式现代化滨江新篇章！

（全文转载，略有改动）

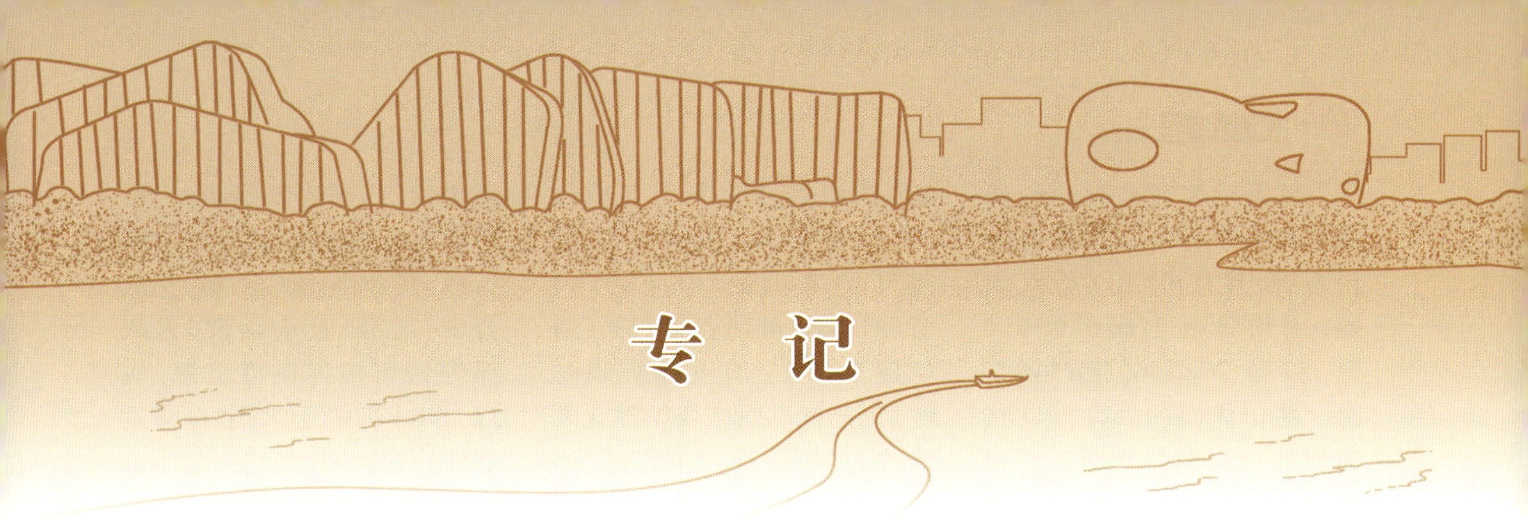

专记

亚（残）运会服务保障

2023年，为服务保障杭州第19届亚运会和第4届亚残运会，杭州高新区（滨江）调整区服务保障指挥部架构，重塑“一办两侧一督查”（“一办”指亚运服务保障指挥部办公室，“两侧”指城市侧分指挥部和赛事侧分指挥部，“一督查”指督查督导工作组）工作体系，重点围绕“亚运核心 最美有我”全域蝶变主题活动和高标准亚运服务保障开展工作。赛事期间，把握“以竞赛为核心、以场馆为基础、以属地为保障”的总体原则，展现高质效的大型活动及国际赛事保障能力。

3月7日，杭州高新区（滨江）举行倒计时200天“我爱杭州、奉献亚运”誓师动员大会，开展“匠心提质绣杭城”专项行动，聚焦城市侧“明显可见变化”，推进亚运筹办冲刺。5月20日，区指挥部从月调度转入周调度阶段，推进社区“三大提升”（城市品质、城市治理、城市文明）行动。6月15日，开展滨江之“运”杭州亚运会倒计时百日冲刺系列活动，启动线上火炬传递。8月22日，开展第一场“赛时一天”演练，进入赛事和开幕式演练阶段。9月4日，启用区亚（残）运会区综合保障指挥中心，由周调度转为每日双调度。9月8日，杭州亚运会火炬传递启动仪式举行。9月20日，亚运火炬在滨江区传递，于杭州奥体中心西广场收火。9月23日，亚运会在杭州奥体中心体育场开幕。9月24日，网球开赛。9月28日，羽毛球开赛。9月29日，田径开赛。10月8日，亚运会闭幕。10月19日，亚残运会启动火炬传递仪式，滨江籍女子举重运动员谭玉娇首棒开跑。10月20日，残疾人羽毛球开赛。10月22日，亚残运会开幕，向世界展现“心相约，梦闪耀”的别样精彩。10月23日，轮椅网球开赛。10月28日，亚残运会在杭州奥体中心体育场闭幕。中国队在杭州高新区（滨江）共收获35枚金牌。

杭州高新区（滨江）以竞赛为核心，确保比赛呈现。制定完善方案预案26个，投入安保力量2.4万人次，完成整个亚运会中安保区域体量最大、保障观众人数最多、安保勤务强度最高的工作任务。根据“按时、平稳、顺畅”的要求，重点围绕电力、消防等十大领域做好设施设备保障；落实颁奖旗升降、跑道巡场、草坪修复等田径标准赛事场地养护；投入525名保洁人员，保障场馆整洁有序。组织马拉松、竞走赛事，克服赛事场地线路长、场地开放任务重、人员稳控难度大、外围保障范围广、环境整治面积大等困难，保障赛事顺利。网球中心高效保障开（闭）幕式7300多名仪式运动员的候场和流线引导，承办网球比赛159场、软式网球144场、轮椅网球62场，服务观众11.3万人次，单场上座率85%以上，接待贵宾336批1078人次，共产生16枚金牌。收到国际网球联合会、亚洲网球联合会、亚洲软式网球联合会及国际网联轮椅网球技术代表的感谢信，对赛事组织工作高度评价。滨江体育馆服务保障羽毛球赛事238场、残疾人羽毛球455场，共产生29块金牌，接待6.7万名观众观赛，平均每场上座率96%以上，接待贵宾662批1335人次。场馆优质的硬件环境和高效的组织保障受到亚奥理事会、国际羽联、亚羽联、中羽协以及观众的肯定。2个曲棍球训练馆为14个国家（地区）22支曲棍球运动队提供57场次训练保障服务。

杭州高新区（滨江）以场馆为基础，展现绿色智能。重点对赛事功能、主席台与贵宾区、设施设备、装饰装修等289项内容进行提升优化，对标打造国际赛事标准场馆。依托建筑外形特征，提升1.16万套灯具造型。场内增设6处亚运元素、23处花境、2处主题雕塑等节点，串联打造核心区多彩景观动线。建成数智驾驶舱，通过建筑3D建模重塑、海量设备万物互联，为赛时高效运行提供决策依据。AR导航系统为观众提供管家式一键直达引导，宇树机器狗参与赛场服务。场馆设备运行AI自动调节控制，降低能耗10%，配置清扫机器人和新能源货车，实现运维降本及低碳排放。改造71个无障碍坡道、26处无障碍卫生间，设置196处无障碍轮椅席位、312处无障碍导视系统及2个轮椅维修点。滨江体育馆配建VOC指挥室、智能化驾驶舱、无人超市、智能化垃圾站等智能化提升项目，增设3部无障碍电梯、14个无障碍卫生间、3个残疾人公交上落客平台等，升级无障碍上下车坡道。提升场馆功能，借助4月、6月测试赛，对标亚运（残）场馆建设标准，增设15处临时建筑，高标准实施场馆外立面清洗、场馆地下污水管网等5项提升工程，建成国际一流羽毛球赛事场馆。

杭州高新区（滨江）以属地为保障，服务各项任务。完成火炬传递路线最后一站5.5千米的保障工作。制定责任、项目、时间3份清单，开展两轮实地演练，通过“日调度、时推进”确保筹备工作。9月20日，投入安保警力1976人、交通警力480人、志愿者1479人开展现场巡防和管控工作，投入接驳车156辆，保障火炬传递。坚持安保与民生相统一，落实“晚封早解”，减少安保工作对市民正常生产生活的影响。提升沿线绿化1.14万平方米，设置“数字之火”“烈焰生花”等景观小品、绿雕11处。组织观众、志愿者1.14万人次有序参与。完成4次开闭幕式三区外围安全保卫、交通组织、市容秩序、消防安保等保障任务，开展远端集结、近端落客、运动员引导、观众散场分流、接返点二次疏散等客户集散组织，创新“分流器”“蛇形阵”“蓄水池”等集散做法。区综合保障指挥中心联动各街道、奥体现场安保指挥中心、交通指挥中心、城管指挥中心和海创基地远端、飞虹路近端、华业发展中心二次疏散点等点位，配置重要保障要素，排出当日运行计划，科学下达调度指令，形成一体指挥、联合作战的格局。集成公安、应急、社会治理、人武部等城市指挥调度资源，实行“24小时执勤”，建立突发事件处置机制，组建应急小分队，确保城市运行有序，实现4场开闭幕式全域重点人“零滋扰”、无人机“零升空”。远端组织466辆大巴共运输1.5万人，近端接引439辆1.69万人落地，疏导7.23万人通过地铁离场，现场保障获交通指挥中心认可。实现4次开闭幕式场内观众平均40分钟高效退场，无缝衔接亚运会从开幕式到田径赛场24小时转场。赛事外围有序组织观众集散、公交接驳、规范经营等引导服务。赛事期间出动保障人员1.9万人次、作业车辆3400车次、船只1600艘次，确保城市服务保障有力。选派59名医务人员进驻场馆开展医疗服务，接诊697人次和转诊治疗12人次，守护运动员及观赛群众健康安全。开展7万人次传染病症状和健康每日监测，有效防止聚集性疫情。完成9批次国家领导人、省部级领导参观、调研活动的保障任务。指导7家接待酒店融入滨江亚运元素，做好安全保卫、交通保障等，审核食谱近2万个菜品，保障近30万人次安全用餐。中秋国庆期间，全区接待游客56.15万人次。

杭州第19届亚运会、第4届亚残运会共在杭州高新区（滨江）产生93枚金牌，其中亚运会产生65枚、亚残运会产生28枚。杭州奥体中心体育场田径项目产生48枚金牌。赛事期间日均接待观众9万人次，总接待量41.3万人次，占亚运会总观赛人数的13.5%。

（区亚服保办）

世界领先科技园区建设

2023年，杭州高新区（滨江）围绕“建设天堂硅谷、打造硅谷天堂”总体要求，紧盯世界领先科技园区目标，不断加强创新平台体系建设，优化完善创新创业生态。全区研究与试验发展经费（R&D）占地区生产总值（GDP）比例始终保持10%左右的高水平；连续第三次获省“科技创新鼎”，企业创新积分获全国高新区推广试点；在《2022浙江科技成果转化指数》报告中，平均科技成果转化指数和4个分指数居全省县（市、区）第一位；2022年度国家高新区排名蝉联全国第五，杭州高新区在绿色发展和宜居包容性、结构优化和产业价值链全国高新区排名前五，科技部火炬中心评价“园区在节能降耗、人员结构优化、创新经济贡献、高技术服务业培育等方面表现突出”。

杭州高新区（滨江）制定出台《杭州高新区（滨江）贯彻落实省市“315”科技创新体系建设工程实施方案（2023—2027年）》及2023年度细化任务，围绕重点指标逐项研究工作举措，明确内部责任分工，责任到人。《杭州高新技术产业开发区条例（修订）》被列为2023年市政府立法计划的调研项目。发布《2023年杭州高新区争创世界领先科技园区工作方案》，高质量完成2023年国家高新区工作总结与调查问卷报送，编制《杭州高新区未来产业创新试验区建设方案》并上报。承办第十二届中国创新创业大赛（浙江赛区）暨第十届浙江省“火炬杯”创新创业大赛总决赛，激发创新创业的热情。与上海南部高质量创新创业功能性支撑平台共同设立联合工作站，落实科技部“十四五”国家高新技术产业开发区发展规划关于区域协调发展战略的要求。与上海张江、苏州工业园等6家国家高新区进行长三角集成电路产业链党建合作共建签约，推进科技进步和区域协调发展。

杭州高新区(滨江)打造高能级战略平台，全面提升创新平台基础能力，提升“1+2+6+N”（“1”指超高灵敏极弱磁场和惯性测量装置；“2”指白马湖实验室、浙江省智能感知技术创新中心；“6”指由原6家新型研发机构延伸出来的虚指概念，已增加至区块链与数据安全全国重点实验室研究院、经血管植入器械全国重点实验室研究院、北航杭州创新研究院、浙大滨江研究院、中科国家技术转移中心、杭电滨江创新中心、长光产业技术研究院、浙工大滨江网安院、浙大城市学院滨江创新中心9家；“N”指公共技术平台和企业研发中心）高能级平台体系能级。超高灵敏极弱磁场和惯性测量装置建设稳步推进。大设施研究院培育产业创新中心打造量子传感和零磁医学新赛道，极弱磁大设施可研报告通过国家发展改革委批准，量子楼启动运行。与北京航空航天大学签订新一轮合作协议，白马湖实验室总部基地项目开工建设，与省公安厅达成共建杭州高新区（滨江）公共安全科技创新研究中心协议，新落地区块链与数据安全等全国重点实验室，新落地建设浙大城市学院滨江创新中心。产学研平台管理体制完善。出台《杭州高新区（滨江）关于加快产学研平台高水平建设的实施意见（试行）》，强化产学研平台差异化绩效考核和支持措施，推动高水平建设。

杭州高新区（滨江）研究、制定、印发《杭州高新区（滨江）深化科技体制改革建设创新发展策源地和成果转化首选地行动方案（2023年—2026年）》。加快“概念验证中心”（依托高等院校、科研院所、新型研发机构、医疗卫生机构和企业，为科技成果转化提供原理或技术可行性研究、原型制造、性能测试、市场竞争分析、二次开发、中试熟化等验证服务）培育建设，推进培育建设北京航空航天大学研究院、杭州德诺科技有限公司2家已被列入市级“概念验证中心”创建名单的机构，培育建设白马湖实验室、浙大城市学院滨创中心2家新被列为2023市级“概念验证中心”。推动技术交易市场快速发展，设立区技术合同登记点，方便区内企业技术交易合同登记，受理技术合同887项，合同金额7.21亿元，其中技术交易额6.45亿元。强化成果转化队伍建设，研究制定《杭州高新区（滨江）科技成果转化员队伍建设方案》，获市首批试点，率先启动区成果转化员队伍建设试点工作，建立335人的科技与成果转化员队伍。

杭州高新区（滨江）创新引才方式，聚力科技人才，做好人才分类授权认定工作，给予创新平台、企业人才自主评价权，完成初审46人；受理外国人到华工作许可业务940件，其中新办理外国人到华工作许可证266张，累计持证1501人。推荐办理永居15人，累计推荐163人；国家级特支人才推荐上报45人，入围答辩6人，居全市第一位；国家级领军人才（海外）推荐上报21人，比上年增长162%；省市级领军型创新创业团队推荐上报25个，创历史新高；市级外国专家工作站新增2个，居全市第一位；新增浙江省海外工程师8人，累计27人；新增省级领军型创新创业团队1个，累计16个；新增市级领军型创新创业团队6个，累计20个，居全市第一位。

（郑雅文）

“中国数谷”建设

“中国数谷”是以杭州国家高新技术产业开发区为主阵地、主载体，主动承接《中共中央 国务院关于构建数据基础制度更好发挥数据要素作用的意见》（简称“数据二十条”）文件中点题浙江的先行先试任务，为构建数据基础制度更好发挥数据要素作用开展探索示范，着力培育数据产业生态，策源新质生产力，代表国家参与人工智能竞争创造的重大战略部署。2023年，杭州高新区（滨江）制定“1+4”的重点工作任务：“1”是整体目标，围绕国家“数据二十条”，以促进数据合规高效流通使用、赋能实体经济为主线，高质量落实落细国家省市重点改革任务；“4”是指“规则+市场+生态+场景”四维一体协同推进技术、模式、业态和制度创新。探索构建安全高效规则。通过合作成立中国数谷数据产业发展联盟，推动各行业分类分级数据流通交易规则编制，探索“数据合规流通数字证书”制度等。建设多层次多元化市场。对接全国性、区域性数据交易场所、培育壮大基石数商矩阵和星火数商梯队，并集聚一批专业服务机构。构建创新活力健康的发展生态。先行先试开展数据产权、流通交易、收益分配、安全治理四大重点领域的体制机制改革创新。打造数据赋能新场景。围绕生命健康、科技金融、智能制造、跨境贸易等领域谋划标志性创新应用场景，全力推进“数据要素X”。

2023年2月2日，杭州高新区（滨江）将争创“中国数谷”写入2023年区政府工作报告。2月24日，召开数字经济创新提质暨“中国数谷”建设推进大会，发布《建设国家数据要素综合试验区核心区打造“中国数谷”总体方案》，“中国数谷”揭牌。3月23日，举行“中国数谷”2023杭州峰会（春季），会议主题为“聚焦数据要素 打造‘中国数谷’”，发布《中国数据产业白皮书（2023年）》，推介“中国数谷”产业发展环境，发起成立“中国数据产业发展联盟”倡议，举行数据产业圆桌会。8月23日，举办“中国数谷”2023杭州峰会（夏季），会议主题为“蝶变奋进 数商之都”，揭牌杭州数据交易所，发布“中国数谷”数据产业发展联盟首批成员，发布《“中国数谷”数据要素改革——数商企业认定标准及引育政策方向》，首发“数据合规流通数字证书”并启动应用场景建设会；“中国数谷”宣发平台上线，发表首篇产学研专家署名文章，发布《数据要素通识秋季讲堂》；与浙江大学（区块链与数据安全实验室）、杭州市金融投资集团有限公司、中移信息技术有限公司签订战略合作。9月，围绕数据要素化改革人才需求，与浙江大学、北京航空航天大学等院校，举办“数据要素通识秋季讲堂”，培养懂产业、懂管理、懂技术、懂运营的创新型、应用型、复合型数据要素专业人才，培训学员200多人次。联合承办2023年全球数贸会数据要素治理与市场化论坛、数字经济知识产权国际治理论坛，发布多项“中国数谷”数据要素市场化配置改革探索成果。出席CCF第一届先进计算与新兴服务高峰论坛等全国性会议。10月13日，作为唯一受邀区县出席中国移动全球合作伙伴大会并作数据产业发展环境推介。12月14日，受邀出席中国网络空间安全协会年会，介绍“中国数谷”数据要素市场化配置改革与实践探索。

2023年，杭州高新区（滨江）初步建成由数据交易场所、数联网、“数据发票”（数据合规流通数字证书）和区块链跨链互认机制组成的“三数一链”数据可信流通基础设施框架和治理体系。数据交易场所为数据交易方提供数据产品交易的服务平台，具有公共属性和公益定位，是建立“交易来源可确认、使用范围可界定、流通过程可追溯、安全风险可防范”的数据可信流通体系核心载体。浙江大数据交易中心、杭州数据交易所落户“中国数谷”，上架数据商品1561个，注册数商910家，完成交易金额38.53亿元。数联网即“数据流通专用网络”，系为数据交易方提供标准化、低成本、高效率、可信赖、广覆盖的数据流通专用网络体系。“中国数谷”联合中国移动集团，按照“算力算法数据一体化”建设思路，搭建数联网“1+2+4”架构，保障数据要素“供得出、流得动、用得好”。“1”即一张覆盖全国的数据流通专网，“2”即具备跨域组网和路由寻址能力的“数据枢纽”和部署在数联网端侧内网的一体化设备端侧接入软硬一体机（数联猫），“4”指根节点层、核心网络层、数据共享服务网络层和算力网络层四层结构。11月17日，作为数联网重要组成部分和数据流通终端，全国首批“数联猫”交付投用，新华网相关专题报道获得广泛关注，点击阅读量超过130万人次。数据发票即“数据合规流通数字证书”，是基于数据交易交互特征、政府包容审慎监管理念和企业诚信自证合规原则而设计的低成本合规、全流程存证的响应式监管制度工具。交易前，卖方按照“数据发票中心”提供的企业合规自查手册进行自检存证，买方到“数据发票中心”自主查询数据或数据服务；交易中，交易标的、交易过程、数据流通场景、流通范围、使用时间等内容通过在“数据发票中心”开具“数据发票”存证；交易后，监管部门可随时通过“数据发票中心”进行飞行检查。数据发票是实现数据合规、隐私保护、交易存证的制度创新工具，本身不参与交易过程、不接触交易数据、不成为交易第三方，在减少数据泄露风险的同时，具备无代码安全高效抽检功能，支持数据交易全周期溯源审计。区块链跨链互认机制系利用区块链全过程留痕底层技术，将数据交易中的数据、模型和交易特征等关键元信息上链存储，构建形成的分布式多方信任体系。

杭州高新区（滨江）以国家“数据二十条”为指引，根据相关法律法规，围绕数据获取合规评估、公共数据加工授权、数据交易链式授权、善意取得风险隔离等痛点难点，政产学研协同探索形成《“中国数谷”数据要素“改革沙盒”试点方案》，通过“改革沙盒”机制建设，构建有利于企业创新发展的包容审慎监管环境。试点方案在兼顾政府数据治理和市场数据应用不同需求的同时，力求在流通促进和安全监管、数据的“放管服”之间探索平衡；是在法律法规未明确规定的情况下，按照国家“数据二十条”赋予浙江先行先试任务要求，做出的重要制度创新探索。

“中国数谷”数据要素改革举措作为浙江省2023年度全面创新改革任务的主要内容，获国家发展改革委、科技部联合发文批复。入选全省政务服务增值化改革“一市一品”特色亮点项目、2023年度浙江省数字经济创新提质“一号发展工程”优秀案例、2023半年度杭州市营商环境优化提升最佳实践案例。

（李威文）

国家生态文明建设示范区创建

2023年，杭州高新区（滨江）再度获浙江省“五水共治”工作最高荣誉“大禹鼎”；以三星级标准通过浙江省2022年度全域“无废城市”建设评估，赢得“无废城市”清源杯；获评美丽浙江建设（生态文明示范创建行动计划）工作考核优秀区县，入选为“美丽浙江十大样板地”；成功创建国家生态文明建设示范区。

杭州高新区（滨江）落实大气管控，建设“物联网+工地”、餐饮油烟在线等智慧监管平台，针对重点污染源、工地道路扬尘、露天焚烧、餐饮油烟、河道水体等开展常态化巡查监测。持续推进“两车”淘汰工作。开展国四及以下柴油车、国二及以下柴油叉车的淘汰更新工作，淘汰国四及以下柴油汽车1572辆，全年任务完成率为92.47%，列全市第13名；淘汰国二及以下柴油叉车68台，全年任务完成率为107.94%，列全市第二名。推进餐饮油烟智慧管控。打造“餐饮油烟一件事”子场景，减少油烟餐饮企业34家；探索餐饮油烟管控闭环管理机制，安装餐饮油烟在线监测设备1337套。推进水质提升，新增纯氧曝气设备，提升北塘河溶解氧浓度，联合萧山区开展“清水入城”项目，实现北塘河整体水质提升。开展流域共治工作。与萧山区、西湖区完成区级流域共治协议签订，规范化开展流域共治行动165次，单个流域共治协议履行率100%。力促全区水质“优Ⅲ灭Ⅴ”。省控断面北塘河风情大桥年均水质为Ⅲ类，市控断面新浦河、新浦河闸、永久河海创园段年均水质为Ⅱ类，水功能区达标率100%，创建省级“美丽河湖”片区3个、“美丽河湖”1个、市级“美丽河道”33条。规范处置危险废物。推进滨江区危险废物数字化建设服务项目，安装在线视频监控装置，配备物联网计量设备，建立危险废物管理电子台账，信息实时上传至区“生态智卫”平台，实现危险废物线上巡查，完成65家企业危险废物数字化视频监控、计量设备安装和联网工作。打造“无废城市”。提升“无废学校”建设水平，举办杭州市“无废学校”现场会，对区内全市首批“十佳无废学校”进行现场授牌，发布首套“无废课程”，区内“无废学校”创建获评2022年度省全域“无废城市”建设最佳实践案例。创建各类无废细胞60个，以三星标准通过全域“无废城市”建设评估。

杭州高新区（滨江）开展“宁静工地”试点，将噪声监测系统纳入“平安工地一码通”平台开发，全区接入噪声监测设备10个，噪声监控设备预警超过1766次。开展“宁静园区”打造，针对海外高层次人才创新创业基地噪声信访问题，聘请专家团队对园区噪声源进行全面摸排和监测，结合噪声影响预测模型，定位主要噪声源，建立测点102个，对188台声源设备进行噪声测试，完成噪声控制设施10处，覆盖声源点位79个，在空压机、冷却塔空调外机等重点噪声点位安装消声器、专业隔声门窗、吸隔声屏体及吸声吊顶等专业声学降噪系统，园区噪声投诉大幅下降。开展环保“黑匣子”智慧监管省级试点工作。“黑匣子”聚焦技术创新，针对垃圾焚烧行业设置14种违法行为算法、VOCs（挥发性有机物）重点排放企业设置8种违法行为算法，实现违法行为智能识别、秒级留痕、实时上报，用数据跑路代替现场检查、用模型算法代替人工鉴别，形成非现场、全过程监管的预测预警模型和技术路线。“黑匣子”聚焦全程监管，设置24小时执法岗哨，实时采集生产工况、污染治理和污染排放全过程关键数据，实现企业行为可回溯、能复盘。智慧监管使杭州亚（残）运会期间减少现场检查1800多人次，提高执法监管成效。在垃圾焚烧、燃煤锅炉实现“无事不扰又无时不在”的全过程、非现场的智慧监管模式。以人工智能产业园为切口，开展办公楼宇（小区）数字化节能减碳项目试点，改造后的人工智能产业园年平均节能率达到20%，每年可减排二氧化碳150.5吨。打造1个街道、7个社区省级低（零）碳试点，入选浙江省第三批减污降碳协同试点县（市、区）级试点。倡导低碳生活方式，构建以公共交通为主的城市机动化出行系统，实现公交领域新能源全区覆盖；原滨江天然气应急气源站升级改造为杭州市首座以绿氢为示范、“氢、电、天然气”三位一体的绿色低碳（零碳）交通综合能源示范站，推动交通能源清洁转型升级。提升生态宜居水平，聚焦“水项目建设”和“水文化提升”两大内容，以“九园十五节点”和“钱塘十二景”为核心，打造承载亚运记忆、独具杭州韵味、聚焦国际风范的“超级海塘·城市切片”，以安澜工程、绿化提升、步行景观桥、主题公园、节点驿站、沿江漫步道、跑步道、骑行道、智能工程及公共配套工程等为主要内容，完成钱塘江沿江景观改造提升工程。以白马湖生态创意城为重点，打造白马湖湿地公园，共复绿20万余平方米，增植特色植被和花卉90多种；结合白马湖人文历史文化，串联白马湖片区亲水绿道8.7千米，形成“一河一趣、寄情山水”历史文化游线。

杭州高新区（滨江）加强环保宣传，打造“无废”文化IP。独创生态精灵“绿芽儿”，发布“无废亚运”“无废学校”等动漫片，“绿芽儿”形象获杭州电视台、《杭州城报》等报道；创制的5篇《浙江省固体废物污染环境防治条例》宣传动画在全省范围内推广。以基础宣传渠道为着力点，多角度开展“五水共治”媒体宣传工作，营造人人参与“五水共治”的良好氛围；持续深化与国家、省、市媒体交流合作，区“五水共治”工作共被媒体报道468篇，其中中央级媒体29篇，省级媒体报道4篇，市级323篇，区级112篇。

（古欣蕊）

绿化提升后的十甲河　　（区志编研室　供图）

大事记

1月

4日，全国首片永久性户外羽毛球场落户滨江体育馆。

5日，2022年浙江省高新技术企业创新能力500强榜单发布。杭州高新区（滨江）54家企业入选，数量居全省区县（市）第一位。

6日，西兴街道、长河街道分别成立文学艺术界联合会。

同日，区政府区政协工作联席协商会议召开。

10日，浙江省市场监管工作联席会议发布通知，公布2022年度省放心农贸市场名单。杭州高新区（滨江）新生农贸市场被新认定为省放心农贸市场。

14—17日，长河老街首届年度市集活动举行。

31日，工业和信息化部发布2022年工业互联网App优秀解决方案名单，全省共8个项目入选，其中杭州高新区（滨江）5个，数量居全省第一位。5个项目分别为浙江中控技术股份有限公司“新材料智能生产管控App解决方案”、浙江甲骨文超级码科技股份有限公司“基于区块链技术的产品全生命周期智能管理解决方案”、明度智云（浙江）科技有限公司“面向生物医药领域工业互联网App应用解决方案”、新华三技术有限公司“基于数据驱动的智能诊断评估应用解决方案”、杭州哲达科技股份有限公司“面向通用机械的能碳安一体化工业服务应用解决方案”。

2月

1—3日，中国人民政治协商会议第三届杭州市滨江区委员会第二次会议在杭州白马湖建国饭店召开。

2—3日，杭州市滨江区第六届人民代表大会第二次会议在杭州白马湖建国饭店召开。

5日，杭州市“迎亚运、庆元宵”烟花灯光秀活动在杭州奥体中心钱塘江沿岸举行。

6日，杭州西兴中学改扩建项目建设完成并投入使用。

7日，杭州高新区（滨江）首个社区公益基金，即“浙江省爱心事业基金会——东信社区专项基金”运行。

8日，杭州高新区（滨江）与浙大城市学院签订战略合作协议。

9日，第六届滨江区人民政府第三次全体（扩大）会议召开。

10日，中共杭州市滨江区第六届纪律检查委员会第三次全体（扩大）会议在区文化中心召开。

同日，浙江省经信厅公布2022年度“浙江省管理对标提升标杆企业”名单，杭州市3家企业入选，其中杭州高新区（滨江）2家，分别是浙江中控技术股份有限公司、英飞特电子（杭州）股份有限公司。

12日，杭州高新区（滨江）山海协作项目——温州市泰顺县首个“共富茶园”在三魁镇卢梨村启动。

16日，杭州市人民政府与浙江吉利控股集团有限公司签订战略合作框架协议。

17日，国际奥委会副主席

胡安·安东尼奥·萨马兰奇到杭州高新区(滨江)参观调研杭州奥体中心主体育场(“大莲花”)、网球中心(“小莲花”)。

19日,“玛速杯”2023年浙江省女子户外羽毛球活动在滨江体育馆户外羽毛球场举行。

24日,杭州高新区(滨江)召开数字经济创新提质暨“中国数谷”建设推进大会。会上,“中国数谷”揭牌。

26日,浙江财商·2022年第三届浙江马拉松纪录挑战赛在杭州高新区(滨江)数字健康小镇举行。

28日,杭州高新区(滨江)教育局获评2022年度全省教育工作业绩考核优秀单位。

3月

7日,杭州市“我爱杭州 奉献亚运”全民亚运誓师动员大会在杭州奥体中心网球中心(“小莲花”)以视频连线方式举行,杭州高新区(滨江)在滨江体育馆设分会场。

同日,杭州高新区(滨江)在星光大道举行迎亚运讲文明创典范——文明靓城“滨滨”有礼百千万志愿者大行动启动暨第二届“美丽滨江人”发布活动。

同日,国家海外高层次人才创新创业基地获2022年度浙江省五星级“侨胞之家”、2022年度全市统一战线“同心最美阵地”称号。

9日,杭州高新区(滨江)与四川省广元市朝天区召开东西部协作联席会议,确定两地协作方向和内容。

10日,杭州高新区(滨江)在区文化中心剧院召开“决战亚运 蝶变滨江”动员大会暨创建全国文明典范城市推进会,现场发布亚(残)运会杭州高新区(滨江)服务保障工作指挥部组织架构及工作职责、亚(残)运会杭州高新区(滨江)总任务书3.0版、“亚运核心 最美有我”全域蝶变主题活动方案。

13日,浙江省教育厅公布全省数字教育试点单位名单。杭州高新区(滨江)入选技术赋能智慧教育试点区,杭州市春晖小学入选为浙江省技术赋能智慧教育试点校。

13—16日,第27届香港国际影视展(FILMART)在香港会议展览中心举行。浙江中南卡通股份有限公司、杭州玄机科技股份有限公司、华数探索商务咨询(杭州)有限公司、杭州若鸿文化股份有限公司4家杭州高新区(滨江)文化企业受邀参与。

14日,浙江省建设厅公布2022年度第二批浙江省节水型单位、居民小区名单,杭州高新区(滨江)东和云第、锦绣江南2个小区入选。

16日,西兴街道全民健康跑启动仪式暨西兴跑团接力迎亚运活动举行。

17—19日,游卡电竞项目落地杭州高新区(滨江)战略发布仪式暨三国杀年终盛典在滨江体育馆举行。

20日,杭州高新区(滨江)召开全面从严治党主体责任落实情况专题汇报会暨2023年区委巡察工作动员部署会。

22日,杭州高新区(滨江)“滨滨有理”宣讲中心入选浙江省首批理论宣讲研修基地。

23日,“中国数谷”2023年杭州峰会(春季)举行。峰会由杭州市发改委与杭州高新区(滨江)共同举办,以“聚焦数据要素打造‘中国数谷’”为主题。

26日,中共杭州市滨江区委主要负责人率招商团到法国、德国开展海外招商引资与合作交流活动,4月2日返程。

29日,Hi TECH 2023全球青年创业大赛启动仪式在全景网杭州路演中心举行。

同日,由杭州高新区(滨江)市场监管局主导起草的全国首个“智慧矫正 心理矫正”省级地方标准DB33/T 2543.3—2023《智慧矫正 第3部分:心理矫正》实施。

30日,2022年浙江省平安考评结果公布,杭州高新区(滨江)居全省区县(市)第一位,被浙江省委、省政府授予2022年度“平安牌”。

同日,首届中国标准化大会揭晓2022年中国标准创新贡献奖。以杭州高新区(滨江)企业浙江大华技术股份有限公司为主起草的国际标准ITU-T H.626:2019《视频监控系统架构》获二等奖,以新华三技术有限公司为主起草的国家标准GB/T 22239—2019《信息安全技术 网络安全等级保护基本要求》获三等奖。

31日，浙江省游戏行业协会第三届第五次会员代表大会暨2022年游戏“青山奖”颁奖典礼在杭州举行，会议揭晓获奖名单及企业奖项表彰名单。杭州游卡网络科技有限公司、杭州电魂网络科技股份有限公司、浙江畅唐网络股份有限公司3家杭州高新区（滨江）企业入选。

4月

5—9日，“韵味杭州”2023年中国羽毛球俱乐部乙级联赛在滨江体育馆举行。全国各地的13支队伍参与争夺团体赛金牌，宁波兴明羽毛球俱乐部获金牌。

7日，海威领界商业综合体开业。该综合体位于地铁4号线联庄站，面积10万平方米。

8日，浙江省“之江同心·喜迎亚运”毅行活动暨“侨助亚运”系列活动启动仪式在杭州奥体中心体育场（“大莲花”）举行。60个国家和地区的500名侨界代表、毅行爱好者从杭州奥体中心出发，沿闻涛路“最美跑道”到达射潮广场。

14日，杭州高新区（滨江）举行第一期硅谷火炬讲堂，杭州海康威视数字技术股份有限公司董事长陈宗年作“把握时代脉搏 顺应发展趋势 高新技术企业创新发展实践与认识”专题授课。

15日，“舌尖老街 味道长河”迎亚运系列主题活动启动仪式在长河老街举行。

20日，杭州高新区（滨江）出台首个区级人才分类认定办法，推出高新杰出人才（Ⅰ类）、高新领军人才（Ⅱ类）和高新专业人才（Ⅲ类）3个层次的分类认定。

23日，杭州安恒信息技术股份有限公司等3家企业新获批设立国家级博士后科研工作站。

28日，2023年杭州数智消费嘉年华·完美生活节开幕。杭州高新区（滨江）四大综合体及各大型超市结合“五一”假期推出促消费活动。

同日，浙江省知识产权协会公布2022年浙江省创造力百强企业榜单。杭州高新区（滨江）有27家企业上榜，上榜数居全省第一位。

5月

4日，2023年度第一批浙江省专精特新中小企业名单公布，杭州高新区（滨江）有126家入选。

同日，杭州高新区（滨江）首个“拿地即开工”总包模式项目——“广立微集成电路EDA产业化基地项目”落地。该项目在一天内完成项目备案、用地规划许可、工程规划许可、消防设计审查、施工许可证等全部施工审批手续，从土地摘牌到完成施工审批备案手续开展作业的审批时限比原来节省75%。项目于9日开工。

5—7日，杭州高新区（滨江）中学生篮球赛举行。全区13所学校、156名运动员参加。杭州江南实验学校等8所学校获得前八名。

6日，杭州高新区（滨江）召开区志愿服务工作委员会成立大会，并启动第一届志愿服务项目公益创投大赛。

10日，滨和未来社区揭幕暨人才创业“启梦空间”启动仪式举行。

11日，杭州高新区（滨江）市场监管局联合市市场监管局开发的“CCC免办”（免予办理强制性产品认证工作）及特殊用途进口产品延期备案系统上线，是全国首个“CCC免办”延期备案系统。

12日，“源起长河 万象‘耕’新”长河头耕读文化节在长河历史文化街区开幕。

18—19日，杭州高新区（滨江）党政代表团到温州市泰顺县开展山海协作。

20日，杭州高新区（滨江）召开亚运区服务保障工作指挥部第一次周调度会，专题研究杭州奥体中心场馆改造、城市宣传策划、软式网球测试赛准备等事宜。

22日，浙江省文化和旅游厅公布第二批浙江省旅游驿站名单，杭州高新区（滨江）的白马湖动漫广场旅游驿站和白马湖旅游驿站两家驿站获评二级旅游驿站。

同日，中央主要媒体记者到杭州高新区（滨江）调研数字经济赋能高质量发展。

24—28日，“韵味杭州”2023

年全国软式网球锦标赛在杭州奥体中心网球中心（“小莲花”）举行。

26日，2023年滨江国际人才节开幕式暨Hi TECH全球青年创业大赛颁奖仪式在海外高层次人才创新创业基地举行。

27日，由中国作家协会、浙江省人民政府、杭州市人民政府共同主办的“2023中国国际网络文学周”在杭州高新区（滨江）白马湖畔开幕。

30日，杭州高新区（滨江）与北京航空航天大学举行深化合作交流会，签订新一轮合作协议。位于杭州高新区（滨江）的北京航空航天大学研究生实习实践基地揭牌。

6月

2日，2023年网络空间安全大会在杭州高新区（滨江）开幕。

5日，杭州高新区（滨江）检验检测机构——浙江科正电子信息产品检验有限公司（国家电子计算机外部设备质量检验检测中心）成为全国首批、全省唯一的锂离子电池强制性产品认证国家指定实验室。

7日，光明日报社和经济日报社联合发布第十四届“全国文化企业30强”名单，华数数字电视传媒集团有限公司入选。

12日，宏杉科技存储产品产业化基地和物联网流量安全产业基地项目在全市首次实现建设用地规划许可证、不动产权证（国有建设用地使用权）、建设工程规划许可证“三证齐发”。

14日，杭州高新区（滨江）青年发展大会暨“1+1”青春助力亚运誓师大会召开，启动“滨江+青年”、共襄青年发展型城区建设、“青春+亚运”、助力亚运精彩蝶变等活动。

15日，杭州高新区（滨江）举行滨江之“运”——杭州亚运会倒计时百日冲刺暨“国际滨·西兴韵”从西兴出发文化周启动仪式。

20日，杭州高新区（滨江）AIGC发展论坛举行。论坛以“抢抓人工智能领域新赛道 打造AIGC（AI Generate Content人工智能生成内容）产业先行区”为主题，发布杭州高新区（滨江）打造AIGC产业先行区行动计划，为AIGC产业创新中心揭牌，开展圆桌论坛。区商务局与AIGC产业项目举行签约仪式。

20—24日，第十九届中国国际动漫节举行，主会场设在杭州白马湖国际会展中心。

20—25日，“韵味杭州”2023年中国（杭州）国际羽毛球挑战赛在滨江体育馆举行。该次国际挑战赛共设6个比赛日，参赛国家和地区范围覆盖五大洲，中国、美国、马来西亚等17个国家和地区的186名运动员参加。经过6天角逐，5个单项冠军揭晓，中国队包揽全部金牌。

24日，“白马湖论‘碳’2023”在杭州高新区（滨江）举行。会上成立杭州高新区（滨江）双碳产业联合会、浙江国资国企创新联合会绿色低碳专业委员会，发布《浙江省碳达峰碳中和科技发展蓝皮书》。会议发表白马湖实验室科研团队取得的系列成果。

25日，杭州高新区（滨江）主要负责人带队在四川省成都市开展招商引资活动，宣传推介杭州高新区（滨江）营商环境，深化交流合作，加力加速推动优质企业优质项目落地。

25—27日，杭州高新区（滨江）党政代表团到四川省广元市朝天区对接东西部协作工作，共商合作发展事宜。

7月

5日，2023年度第一期杭州高新区（滨江）数据知识产权定向资产支持票据（ABN）在中国银行间市场交易商协会成功发行，发行金额1.02亿元，票面利率2.8%，发行期限358天。

8日，2023年“浙里启航”全国青少年航天创新大赛浙江省选拔赛在北京航空航天大学杭州创新研究院开幕。

10日，杭州高新区（滨江）知识产权质押融资模式创新、深化知识产权服务业集聚发展改革2项改革试点经验，入选国务院自由贸易试验区第七批改革试点经验复制推广名单。

11日，全国退役军人事务员新职业试点工作浙江省启动仪式在杭州高新区（滨江）举行。

同日，杭州高新区（滨江）5个项目入选2023年度浙江省首台（套）产品工程化攻关项目名单。分别是经皮经心内膜肥厚型心肌病微创介入射频消融系统（杭州启明医疗器械股份有限公司）、低温脱脂除油节能减碳系统（杭州路弘科技有限公司）、冠脉造影血流储备分数分析仪（杭州脉流科技有限公司）、基于5G标准的NB-IoT智能水表通信性能在线自动测试装置（华信咨询设计研究院有限公司）、船舶航行智能管理系统及产业链（杭州雅格纳科技有限公司）。

12—14日，杭州高新区（滨江）退役军人事务员新职业培训班举行。区退役军人服务中心、3个街道服务站、66个社区服务站共76名学员参加培训学习。

14日，杭州高新区（滨江）与财通证券股份有限公司举行战略合作签约仪式。

同日，"'我们在一起、就会了不起'滨江区迎亚残运会倒计时100天系列活动"启动仪式在龙湖天街举行，现场发布首辆亚残运会流动观赛车，为滨江区手语志愿服务队授旗。

19日，商务部发布《电子商务示范企业名单》，杭州网易严选贸易有限公司、乐麦信息技术（杭州）有限公司、连连数字科技股份有限公司3家杭州高新区（滨江）企业入选。浙江省共入选10家。

同日，杭州高新区（滨江）与阿里巴巴集团签订全方位战略合作协议。

31日，中共杭州市滨江区委六届四次全体（扩大）会议召开。

8月

4日，位于江虹路与新月路交叉口的新月人行天桥建成试运行。

5日，杭州高新区（滨江）开展"我在主场迎亚运"迎接杭州第19届亚运会倒计时50天文体展演活动。

同日，"我爱杭州，奉献亚运"2023年杭州市全民健身日全市大联动滨江赛区暨滨江区第五届社区运动会开幕式在艺术望江台（钱江龙广场）启动。

10日，第六届滨江区人民政府第四次全体（扩大）会议召开。

14—15日，杭州高新区（滨江）党政主要负责人带队在北京开展招商引资活动。

15日，"迎亚运·展新图暨蓝青会萃——杜高杰、杜晨鹰诗书画作品展"在区文化中心开幕，展览持续至8月31日。

16日，杭州高新区（滨江）首个用户侧光储一体项目——杭州康恩贝光储一体项目成功并网发电。

18日，"携手卫亚运'医'起向未来"杭州高新区（滨江）庆祝第六个"中国医师节"暨卫生健康局成立一周年活动在区文化中心举行。

23日，"中国数谷"2023年杭州峰会（夏季）在杭州高新区（滨江）举行。

24日，杭州亚运会倒计时30天暨滨江区平安护航亚运决战决胜推进大会召开。

27日，"聚焦高质量发展、优化提升营商环境——之江同心·开明共富"经济论坛在"智慧e谷"举行。

28日，2023年度"IP数智领航"行动发布会举行。北京航空航天大学杭州创新研究院、浙江大学滨江研究院、浙江工业大学、中国计量大学4家高校院所与杭州高新区（滨江）、六棱镜（杭州）科技有限公司达成三方战略合作，签署《开放许可专利战略合作协议》。

同日，杭州高新区（滨江）升级上线中国物联网产业知识产权运营服务平台。服务平台具备全链条产业知识产权运营数字化服务能力。

29日，由杭州市委宣传部（市文明办）、亚组委、市卫健委、市交通运输局、市红十字会、市急救中心、吉利"礼帽出行"等联合组织的全国首支无障碍AED出租车队上线。该车队由吉利集团旗下"礼帽出行"承接运营，首批20台出租车配备AED急救设备，服务杭州第19届亚运会。

30日，首批12个国家数字服务出口基地复审结果发布，杭州高新区（滨江）物联网产业园获"优秀"等次，综合得分居第一位。

31日，《浙江省2023年度第一批共富风貌游线名单》公布，杭州高新区（滨江）联合萧山区共同申报的亚运共富风貌游线入选。该游线是浙江省首个跨区风貌样板区。

同日，滨盛路育华巷天桥开通试运行。

9月

1日，杭州高新区（滨江）召开杭州第19届亚运会开幕式第一次彩排及“赛时一天”演练工作复盘会。

同日，“卓越体育教师人才培养基地”授牌仪式在杭州市春晖小学举行，“我在主场迎亚运，强身健体我能行”杭州高新区（滨江）中小学生体质提升月活动启动。

同日，杭州市滨江区直播产业联合会发布《杭州市滨江区直播电商合规指引》，成立直播电商合规中心和合规委员会。

2日，杭州高新区（滨江）妇联联合浙江省妇女儿童基金会成立“巾帼爱·滨江区妇联共同富裕爱心基金”。首批获4家企业近40万元爱心款物捐赠，定向用于支持杭州高新区（滨江）开展各项妇女儿童公益行动。

4日，长三角数字驱动创新生物医药产业链联盟成立大会在杭州高新区（滨江）举行。

同日，杭州亚（残）运会高新区（滨江）综合保障指挥中心在区社会治理中心启用。

11日，杭州热威电热科技股份有限公司（股票简称：热威股份，股票代码：603075）在上海证券交易所上市，成为杭州高新区（滨江）第70家上市企业。

14日，杭州高新区（滨江）学习贯彻习近平新时代中国特色社会主义思想主题教育动员大会召开。

15日，杭州高新区（滨江）企业综合服务中心启用。中心设置营商环境、人才服务、自由贸易、共同富裕、商事服务五大板块，下设26个业务窗口，增设产业政策、融资担保、涉外业务等专窗，可办理涉外涉亚运会业务363项。

20日，杭州第19届亚运会火炬传递进入杭州高新区（滨江），沿钱江三桥（西兴大桥）下匝道—滨盛路—江陵路—江南大道—奔竞大道—博奥路—观澜路—闻涛路（共5.5千米）传递，在杭州奥体中心西广场举行收火仪式。

23日，杭州第19届亚运会在杭州奥体中心体育场（“大莲花”）开幕，举行亚运史上首个开幕式数字点火仪式。杭州高新区（滨江）1.4万名志愿者参与开幕式综合保障工作。

24日，杭州奥体中心网球中心（“小莲花”）开启杭州第19届亚运会首个比赛日，网球赛事持续7天。

25日，杭州高新区（滨江）教育局“双减”案例《科教大联盟：推进校企融合育人的滨江样式》获评浙江省第二十一、二十二批“双减”优秀实践案例。至此，杭州高新区（滨江）有10项案例入选为浙江省“双减”优秀实践案例。

同日，“长河槐市——燃情亚运 古韵中秋”主题活动启动。活动通过文艺表演和传统文化展示，展现长河老街的独特魅力和杭州高新区（滨江）城市文化脉络。“长河槐市”市集活动持续至10月8日。

26日，滨江—建始革命老区对口合作工作座谈会召开，交流两地协同发展。

28日，杭州第19届亚运会羽毛球项目在滨江体育馆开赛。亚洲23个国家和地区的运动员，在10天内进行男女团体及男单、女单、男双、女双和混双7个冠军赛。

10月

8日，杭州第19届亚运会在杭州奥体中心体育场（“大莲花”）闭幕。杭州高新区（滨江）1.3万名志愿者参加闭幕式综合保障工作。

9日，杭州高新区（滨江）审管办协同区科技局、公安滨江分局等单位，到杭州国际学校开展“移动审批”上门服务活动。该活动是杭州高新区（滨江）首次开展涉外“移动审批”上门服务。

12日，中共滨江区委学习贯彻习近平新时代中国特色社会主义思想主题教育第一期读书班开展“沿着足迹学思想、牢记嘱托建新功”现场学习活动，参观“大道之行——‘八八战略’实施20周年大型主题展览”，召开“以进取心对待干事创业、以平常心对待职务变动”专题研讨会。

15日，杭州链城数字科技有限公司、杭州信与义专利代理有限公司、广东华进（杭州）律师事务所、浙江零七优服科技有限公司、浙江裕阳科技有限公司5家杭州高新区（滨江）机构，入选2023年浙江省数据知识产权专业服务机构名单。至此，杭州高新区（滨江）有包括浙江大数据交易中心有限公司、杭州国际数字交易中心有限公司、杭州趣链科技有限公司在内8家省数据知识产权专业服务机构，数量居全省第一位。

16日，杭州高新区（滨江）科技创新大会召开。大会首度发布《杭州江南科学城概念性规划》。

18—19日，全省定向招工式“共富工坊”建设推进会召开，会议为2023年定向招工式“共富工坊”省级示范点授牌。杭州高新区（滨江）企业明康汇共富工坊入选为2023年定向招工式“共富工坊”省级示范点。

19日，杭州第4届亚残运会火炬传递启动仪式在淳安县举行，滨江籍运动员谭玉娇成为首棒火炬手。区综合保障指挥中心重新启动运行。

22日，杭州第4届亚洲残疾人运动会在杭州奥体中心体育场（“大莲花”）开幕。44个国家（地区）的代表团、3100多名残疾人运动员和4万余名观众参加。杭州高新区（滨江）1.1万名志愿者参加开幕式综合保障工作。

23日，浙大城市学院滨江创新中心入驻仪式举行。

25日，杭州高新区（滨江）专题研究杭州奥体中心体育场和网球中心（“大小莲花”）景点打造及亚运场馆赛后利用工作。

26日，杭州高新区（滨江）被生态环境部命名为第七批国家生态文明建设示范区。

27日，杭州高新区（滨江）举行2023年第四季度重大项目集中开工活动。参加该次集中开工活动的项目20个，计划总投资84.1亿元。其中：产业项目5个，计划投资27.4亿元；政府投资项目15个，计划投资56.7亿元。

28日，杭州第4届亚残运会在杭州奥体中心体育场（“大莲花”）闭幕。杭州高新区（滨江）1.1万名志愿者参加闭幕式综合保障工作。其间，杭州高新区（滨江）承办轮椅网球、羽毛球比赛项目，共产生28枚金牌。

30日，杭州极弱磁大设施首个交叉研究平台基建项目开工仪式在杭州高新区（滨江）举行。

31日，杭州高新区（滨江）富阳特别合作区联席会议召开。会议审议省特别重大项目增资方案、滨富特别合作区规划修编事宜、《合作区招引（建设）三年计划》和《杭州高新区（滨江）富阳特别合作区集成电路产业高质量发展实施方案》。

同日，杭州高新区（滨江）“奋战60天 夺取全年胜”动员部署暨数字自贸区建设推进大会召开。

11月

2日，杭州立方控股股份有限公司（股票简称：立方控股，股票代码：833030）在北京证券交易所挂牌上市，成为杭州高新区（滨江）第72家上市企业。

3日，2023年浙江省暨杭州市“119”消防宣传月活动启动仪式在白马湖畔举行。

7日，浙江省教育厅公布2023年全省老年教育优质学校名单，浙江老年开放大学滨江学院（滨江区社区学院）被评为浙江省优质（示范）老年大学。

8日，杭州高新区（滨江）现代产业社区建设现场会在“智慧e谷”召开。会前，与会人员参观聚光中心暖企小站和物联网产业社区。

10—13日，2023年“舞动中国—排舞联赛”总决赛暨全国排舞冠军赛在滨江体育馆（“小白碗”）举行。闭幕式进行各组别团体奖第一名、总决赛十佳赛区、全国排舞推广大使、年度原创排舞十佳作品的颁奖仪式。

13日，杭州高新区（滨江）召开服务保障杭州第19届亚运会和第4届亚残运会总结座谈会。

15日，杭州高新区（滨江）卫健局与杭州海康威视数字技术股份有限公司合作打造的“企业园区嵌入式卫生服务站”启用。该服务站是浙江省首家企业嵌入式卫生服务站。

同日，第十二届中国创新创业大赛新一代信息技术全国赛开幕式暨新一代信息技术产业发展高峰论坛在杭州高新区（滨江）举行。

17日，“中国数谷”数联网首批接入一体机（数联猫）交付仪式举行，浙江孚临科技有限公司、核新同花顺网络信息股份有限公司成为首批接入对象。

19日，由浙江省人才发展研究院主办的科技创新塑造发展新优势暨人才强省二十周年浙江人才发展研讨论坛在杭州高新区（滨江）举行。

20日，杭州高新区（滨江）2023年“天堂硅谷”精英沙龙暨人才活动周开幕式举行。

22日，第六届金鹊青年电影节暨原创影像大赛在杭州高新区（滨江）浙江实验艺术剧场开幕。12月1日结束。

同日，杭州高新区（滨江）货币化安置新政调整后第一批申请货币化安置的安置户——浦沿街道杨家墩社区、岩大房社区8户安置户收到安置款。

23—24日，IMPACTS智·控未来产业共创大会在杭州奥体中心网球中心（“小莲花”）举行。

23—27日，第十七届杭州文化创意产业博览会在杭州高新区（滨江）白马湖畔举行。

28日，白马湖实验室能源科技创新中心基地启用。该基地位于滨江区聚才路239号火炬创新中心1号楼，建筑面积1.8万平方米，是白马湖实验室“一总部、多基地”空间布局的组成部分。

同日，杭州高新区（滨江）钱塘江“流域共治”增殖放流活动在浦沿码头举行。

12月

4日，杭州高新区（滨江）滨康社区、六和—新和社区、钱潮社区、奥体社区、丹枫社区、江一社区、长一社区、新浦社区8个社区通过第四批省级未来社区验收。其中，滨康社区、六和—新和社区为引领型未来社区。

同日，浙江省经信厅公布浙江省首批企业首席数据官试点企业名单。杭州高新区（滨江）有浙江大华技术股份有限公司、浙江吉利远程新能源商用车集团有限公司、浙江鸿程计算机系统有限公司、银江技术股份有限公司4家企业入选，占杭州市入选企业总数的40%。

5日，杭州高新区（滨江）获批成为国家知识产权服务业高质量集聚发展示范区，系全省唯一入选。杭州高新区（滨江）引育28家公共服务机构、30多家市场化服务机构，开展产业类专利导航10项、产业专利微导航26项，设立全省首个高价值知识产权培育平台，为300多家企业提供IPO知识产权辅导等服务。

同日，时代新声力·M计划配音大赛总决赛结束，全国各地的10名选手在杭州高新区（滨江）用声音角逐配音大赛的冠亚季军及微博人气新声奖。该比赛是“声动亚运·音潮滨江”数字文化嘉年华暨2023年声音文化艺术季系列活动之一。

7日，浙江省教育厅公布2023年省级校园足球特色学校名单，杭州高新区（滨江）有杭州滨文中学、杭州二中白马湖学校、杭州市闻涛小学3所学校入选。

8日，浙农科创园暖企小站主办的“浙农助企月”首期活动“浓情集市”开市。

12日，2023年集成电路产业集群（浙江）创新发展大会在杭州高新区（滨江）召开。

16日，“2023年滨江区优秀群众文化团队文艺展演”在区文化馆举行。各街道10个星级文艺团队表演舞蹈、戏曲、诗歌朗诵、交响乐、民乐等。

17日，杭州高新区（滨江）首个人才共有产权保障住房项目——襄贤望府632套房源完成摇号选房。

19日，西兴街道缤纷未来工作站、浦沿街道东冠工作站被浙江省慈善联合总会命名为第四批省级示范慈善工作站。

20日，星光产业社区会客厅开放。星光产业社区是杭州高新区（滨江）推进产业社区建设的第一站，会客厅开放启用和星光合伙人计划的落地，实现与党群驿站、暖企小站等产业社区阵地矩阵联动，推动产城人融合。

21日，杭州高新区（滨江）AIGC产业创新中心启用，AIGC产业联盟成立。

22日，以“智能涌现·发现未来”为主题的2023年网易未来大会在杭州高新区（滨江）开幕。

25日，浙江大学滨江研究院第一届管理委员会第三次会议暨第一届顾问委员会第二次会议召开。

（区志编研室）

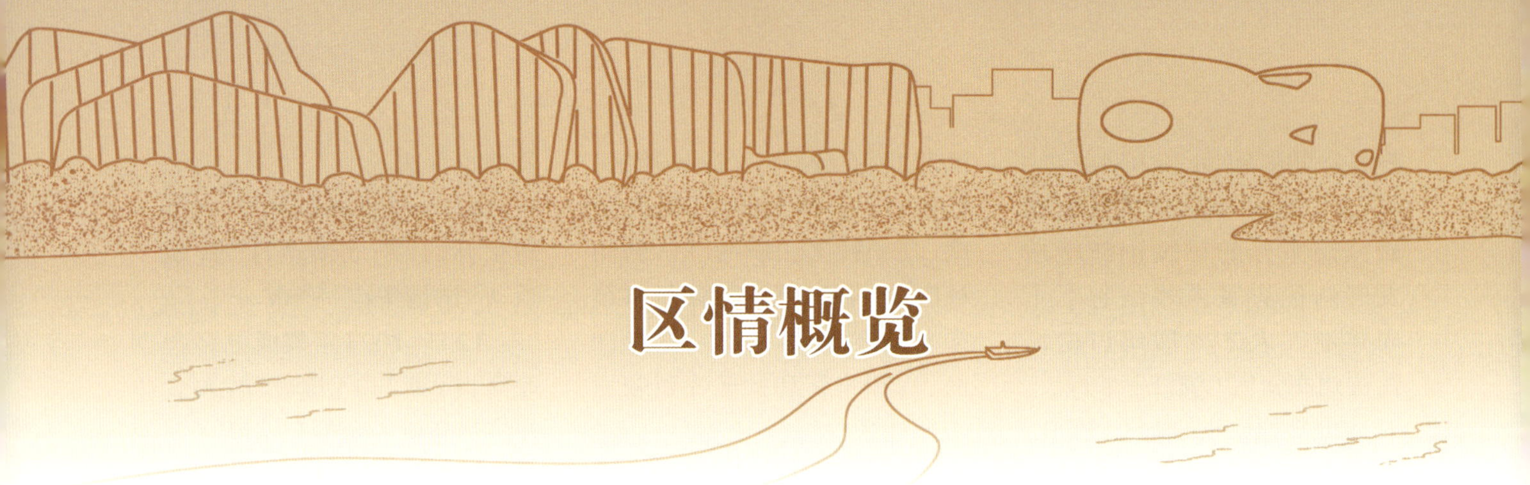

区情概览

建置区划

【位置面积】 滨江区位于钱塘江下游南岸，地处北纬30°08′20.4″~30°14′20.4″、东经120°07′4.8″ ~ 120°13′55.2″。东、南面与杭州市萧山区盈丰街道、北干街道、城厢街道、蜀山街道及闻堰街道接壤。西、北濒钱塘江，与杭州市西湖区、上城区隔江相望。境域东西最大距离10.4千米，南北最大距离10.4千米。据第二次全国土地调查，境域总面积72.2平方千米。其中：钱塘江水域面积11.3平方千米，占总面积的15.7%；内陆区域面积60.9平方千米，占总面积的84.3%。

【建置沿革】 新石器时代，滨江境域已有人类活动。春秋战国时，为越国属地。战国中期，楚威王（前339—前329在位）灭越，境域属楚。秦王政二十五年（前222），置会稽郡，境域属会稽郡。西汉初至元始二年（2），始建县，名余暨，境域属余暨县。新朝王莽始建国元年（9），改余暨为余衍，境域属余衍县。东汉建武年间（25—56），复称余暨，属会稽郡。三国，吴黄武年间（222—229），改名永兴，属会稽郡。县治设古长兴乡（即今滨江区浦沿街道境内），境域属永兴县。西晋，属会稽郡。唐仪凤二年（677），复设永兴县，属越州。其间，废县89年，隶属不变。唐天宝元年（742），改永兴为萧山，越州亦改为会稽郡，境域属会稽郡萧山县。五代时，萧山属吴越国镇东军，境域属镇东军萧山县。北宋太平兴国三年（978），吴越国除，镇东军仍改为越州，境域属越州萧山县。时萧山县实行乡里制，滨江境域设夏孝乡（西兴、长河一带）、长兴乡（浦沿一带），仍隶属萧山县。南宋绍兴元年（1131），改越州为绍兴府，萧山均其属县，滨江境域属绍兴府萧山县。元世祖至元十六年（1279），改绍兴府为绍兴路，萧山属绍兴路。当年改乡为都、改里为图，改夏孝乡为三都，辖十一图；改长兴乡为四都，辖六图；设西兴场（煮盐），隶属不变。明至清末，沿袭元制。清康熙年间（1662—1722）西兴设市，雍正七年（1729）称西兴庄；道光十一年（1831）称长兴乡为“浦堰”；咸丰十一年（1861），太平军占领萧山，改县名为莦珊县。境域属莦珊县。同治二年（1863），太平军退出，复称萧山县，境域仍属萧山。同治二年（1863）至光绪年间（1875—1908）长河设镇；光绪二十四年（1898）改“浦堰”为“浦沿”，隶属不变。宣统二年（1910），根据《城乡镇地方自治章程》《府厅州县地方自治章程》，县以下设乡，时滨江境内有西兴乡、长河乡、长兴乡，隶属萧山县。

民国元年（1912），废府，萧山为省直辖，滨江境域属萧山。民国3年（1914），省下设道，萧山属会稽道；民国16年（1927），废道，萧山复由省直辖。民国17年（1928），推行村里制，县下设区，区下设村、里，时设西兴里、长河里、浦沿里，属萧山县第二区；民国19年（1930），将村、里、自治会改编为乡镇，滨江境域设2个镇1个乡。民国21年（1932）2月，长河设区，辖冠山、长河、傅许、沿山4个乡、135个闾，归属不变。民国24年（1935），省设行政督察区，萧山属第三行政督察区；民国37年（1948），萧山复归省直辖县，境域归属依旧。

1949年5月5日，萧山县解放，由省直辖。1949年5月，长河设区，隶属萧山。6月，萧山划入绍兴专区。1957年，划入宁波专区。1959年，改属杭州市，滨江境域均属萧山县。1958年10月1日，实行政社合一的人民公社体制，长河区所辖西兴、长河、山河、浦沿、闻堰5个乡镇，联合成立长河人民公社，隶属萧山县不变。1984年3月，改公社为乡，滨江境域有西兴、长河、浦沿3个乡。1985年6月，改乡为镇，称西兴镇、长河镇、浦沿镇，仍属萧山县。1988年1月，萧山撤县设市（县级），境域属萧山市。

1996年5月9日，经《浙江省人民政府关于扩大杭州市市区行政区划的批复》批准，西兴、长河、浦沿3个镇从萧山市中划出，归杭州市西湖区管辖。5月24日，根据《浙江省民政厅关于同意将杭州市西湖区西兴镇的东湘、杜湖、湖头陈三村划归萧山市城厢镇的批复》，西兴镇划出东湘、杜湖、湖头陈3个村，并归萧山市城厢镇。12月12日，经《国务院关于同意浙江省调整杭州市市辖区行政区划的批复》，以西兴、长河、浦沿3个镇地域设滨江区。2002年6月，根据《中共杭州市委 杭州市人民政府关于调整杭州高新技术产业开发区和滨江区管理体制的决定》，对杭州高新技术产业开发区管委会和滨江区的管理体制进行调整：杭州高新技术产业开发区党工委、管委会作为市委、市政府的派出机构性质不变；杭州高新技术产业开发区党工委、管委会班子成员和滨江区党委、政府班子成员实行全交叉兼职；既按高新技术产业开发区模式运行，又行使地方党委、政府职能，称杭州高新技术产业开发区（滨江），简称"杭州高新区（滨江）"。2003年11月18日，根据《浙江省人民政府关于杭州市滨江区行政区划调整的批复》批复，撤销杭州市滨江区西兴镇、长河镇、浦沿镇建制，其行政区域改由滨江区政府直辖。2003年12月3日，根据《杭州市人民政府关于滨江区行政区划调整的批复》，设西兴街道、长河街道、浦沿街道。街道驻地、管辖区域、四至界限与原建制镇同。境域为杭州市滨江区。

【行政区划】 至2023年底，滨江区有西兴、长河、浦沿3个街道，67个建制社区。其中：西兴街道有共联社区、马湖社区、庙后王社区、七甲闸社区、西兴社区、襄七房社区、协同社区、星民社区、奥体社区、滨和社区、丹枫社区、官河社区、金东方社区、水电社区、温馨社区、西陵社区、新州社区、亚运社区、物联网社区、石门塘社区、新联社区21个社区；长河街道有江一社区、江二社区、江三社区、长一社区、长二社区、长河社区、山一社区、月亮湾社区、天官社区、中兴社区、闻涛社区、月明社区、晶都社区、白马湖社区、冠山社区、钱潮望涛社区、钱潮建业社区、观潮社区、江汉社区、竹山社区、越王社区21个社区；浦沿街道有新生社区、浦联社区、杨家墩社区、联庄社区、东冠社区、冠二社区、冠一社区、岩大房社区、山二社区、新浦社区、之江社区、滨文社区、六和社区、彩虹社区、滨盛社区、东信社区、西浦社区、向南社区、信诚社区、明德社区、江南社区、华悦湾社区、滨之社区、新和社区、伟业社区25个社区。

（区志编研室）

自然地理

【地形地貌】 滨江区地处萧绍平原西沿，南依浦阳江平原，北靠杭州复向斜丘陵。境域以平原为主，有少量低丘，地貌类型单调，界线清晰。以西江塘、北海塘为界，分为里畈片地貌和沙地片地貌。里畈片位于老虎洞山、美女山、狮子山一线以北至西江塘北段一带，为由富春江、浦阳江夹带的泥沙和湖沼堆积形成的冲积-湖积平原，有星散分布的孤丘。平原表面平展，北部和西北部地势略高，为6.2～6.8米，白马湖一带稍低，湖面常年正常水位5.6米，呈格子状、枝杈状水系密布，由西向东汇注白马湖。沙地片分布于浦沿街道半爿山至西兴街道西江塘以北的南沙冲积-海积平原西端，呈东西向伸展，宽2.6～4.8千米，由钱塘江、东海涌潮挟带的泥沙堆积形成。平原表面微微起伏，南部地势略微高起，河渠纵横，池、井、浜散布。因濒临钱塘江水域，地面略微高起，沉积物明显变粗，主要为细砂和粉砂，土质松散。

（区志编研室）

【气候】 杭州市滨江区地处亚热带季风气候带，温和湿润，雨量充沛，光照充足，四季分明，春秋较短，冬夏较长。春季一般始于3月上旬至中旬，回暖早，冷暖转换快，气温日差较大。夏季平均始于5月中旬至下旬，初夏常为梅雨季节，高湿闷热；盛夏晴热少雨，也是台风影响最频繁时期。秋季多开始于9月下旬至10月初，多秋高气爽的天气。冬季多开始于11月底至12月初，多晴冷天气。

2023年，滨江区年平均气温18.8℃，较常年高1.3℃，为有气象监测记录以来最高值（与2021年并列）；年降水量1167.2毫米，比常年（1491.8毫米）减少20%；年雨日数140天，比常年少7天；年日照时数2095.1小时，比常年增长近30%。2023年有11个月平均气温高于常年，另外1个月与常年持平。全年出现高温日数39天，比常年多6天，比上一年少20天。汛期（4—10月）降水明显偏少，梅雨不典型，梅雨量仅为常年的50%左右。

气温　2023年，滨江区平均气温为18.8℃，较常年高1.3℃，为有气象监测记录以来最高值；年极端最高气温为39.5℃，出现在7月11日；年极端最低气温为-5.4℃，出现日期为12月22日。1月平均气温6.8℃，较常年（5℃）高1.8℃；2月平均气温8.2℃，较常年（7℃）高1.2℃；春季（3—5月，下同）平均气温18.1℃，较常年（16.7℃）高1.4℃；夏季（6—8月，下同）平均气温28.6℃，较常年（27.7℃）偏高0.9℃；秋季（9—11月，下同）平均气温20.6℃，较常年（19℃）偏高1.6℃；12月平均气温7.4℃，与常年持平（7.4℃）。

降水　2023年，滨江区降水量1167.2毫米，较常年（1491.8毫米）减少20%。滨江区1月降水量57.7毫米，较常年（93.3毫米）减少38.1%；2月降水量88.1毫米，与常年（88.3毫米）持平；春季降水总量为259.3毫米，较常年（379.3毫米）减少31.6%；夏季降水总量为559.2毫米，较常年（602.5毫米）减少7.2%；秋季降水总量为156毫米，较常年（262.6毫米）减少40.6%；12月降水量为46.9毫米，较常年（64.2毫米）减少27%。

日照　2023年，滨江区日照2095.1小时，较常年（1642.5小时）增长27.6%。滨江区1月日照时数167.4小时，较常年（95.6小时）增长75.1%；2月日照时数103.7小时，较常年（96.6小时）增长7.4%；春季日照时数458.1小时，较常年（424小时）增长8%；夏季平均日照时数588.3小时，较常年（512.4小时）增长14.8%；秋季平均日照时数597.4小时，较常年（400.2小时）增长49.3%；12月日照时数180.2小时，较常年（112.6小时）增长60%。

天气气候事件　梅雨。2023年，滨江区于6月17日入梅，7月11日出梅，出入梅时间均较常年偏晚，梅雨期24天，较常年减少6天。2023年梅雨不典型，以过程性降水为主，其间出现3次暴雨过程。全区平均梅雨量216.6毫米，为常年平均雨量的56.6%。梅中有伏，梅雨期有9天出现高温。强对流天气。2023年7月、8月强对流天气多发、重发。7月15—23日连续9天出现局部地区短时强降雨天气。台风。对滨江区造成一定影响的是第5号台风“杜苏芮”和第6号台风“卡努”。“杜苏芮”登陆福建后经江西北上，“卡努”近海转折北上，滨江区仅受到台风外围影响。高温。2023年4月17日出现35.1℃高温天气，打破高温日出现的最早纪录。全年共出现39个高温天，较常年多6天。低温。受北方强冷空气影响，12月

14—16日全区平均气温48小时下降14.5℃。21—26日连续6天最低气温低于0℃，22日最低气温降至-5.4℃，部分水面结冰。

（张玉静）

【土壤】 根据1979—1985年的第二次土壤普查，滨江区共有4个土类、6个亚类、7个土属、11个土种。土壤分布主要受地貌因素制约，基本可分为红壤土类、潮土类、盐土类和水稻土类。红壤土类主要分布于境域内沿山一带，潮土类主要分布在南沙大堤以南至北海塘一带地区，盐土类主要在南沙大堤以北地区，水稻土类主要分布于北海塘以南的水网平原区。

【水文】 滨江区水文资源丰富，水域总面积14.99万平方米。河流众多，统属钱塘江水系，全为感应河段。境内有浙东运河、前解放河、七闸直河、北塘河、永久河等40多条河流，多为人工河，其中5000米以上3条，最长的是永久河，有6810米。历史最久的为浙东运河（西兴运河），始凿于西晋，2014年与西兴过塘行码头一起成为联合国世界遗产中国大运河之遗产点。境内湖泊较多，湖泊主要有白马湖、井山湖和詹家湖。白马湖原为浅海湾，后因沙洲堵塞其与外海的通道，成为潟湖，为境域内最大湖泊，有水域面积120公顷，蓄水量300万立方米。地下水资源丰富，主要类型有孔隙潜水、孔隙承压水、基岩裂隙水和石灰岩岩溶水。

（区志编研室）

自然资源

【林业资源】 2023年，滨江区有林地面积463公顷，森林面积1381公顷，森林覆盖率19.13%；林木蓄积量15.34公顷。阔叶林及针阔混交林面积1364公顷，占森林面积的98.8%。乔木林地面积382.3公顷，竹林面积11.6公顷，灌木林地面积9.1公顷，其他林地面积60.3公顷。原生植物群落由于人为活动影响损失严重，现存的均为天然次生和人工植物群落。主要类型有常绿阔叶林、常绿落叶阔混交林、针叶林、竹林和灌木林。乔木树种主要有香樟、杉木、水杉、青冈、栎类、银杏、杜英、乐昌（九昌）含笑、樱花、广玉兰、湿地松、杨树、柳树、枫杨、无患子、女贞、构树、珊瑚树、法国梧桐及其他阔叶树。经济树种主要有杨梅、茶叶等。灌木树种主要有檵木、白栎、乌饭、杜鹃、红叶石楠、紫薇、红叶李、夹竹桃、黄杨、小叶栀子、十大功劳等。竹类以毛竹为主，哺鸡竹、雷竹、石竹等有少量分布。

（鲍晓冲）

【动植物资源】 滨江区气候温暖湿润，地貌类型多样，利于动植物生长繁殖。区内动物资源较为丰富，鱼类资源有200多种；两栖爬行类动物30多种；鸟类60多种，呈季节性分布；兽类20多种；昆虫类主要是蝴蝶与蜻蜓。区内野生植物资源并不丰富，以绿化栽培植物为主，共135种草本、花卉植物。

（区志编研室）

【矿产资源】 滨江区矿产资源以非金属矿产为主，金属矿矿体规模小。2023年，滨江区已查明矿床、矿点共5处，其中石英砂岩矿床1处、石灰岩矿点1处、泥岩矿点1处、天然气矿点2处。1处石英砂岩矿为长河街道原张家村石英砂岩矿矿产地，其余4处矿点都不具有开发利用价值。原张家村石英砂岩大部分位于萧山区境内，其北东端有部分矿体分布于滨江区，并处于规划建设用地范围内，均被列为禁采区。

（孔萧平）

人口民族宗教

【人口】 至2023年底，滨江区户籍人口334063人，比上年增加11866人，上升3.68%，其中西兴街道115395人、长河街道102433人、浦沿街道116235人。0～17周岁75979人，占总人口的22.74%，上升3.55%；18～34周岁84340人，占总人口的25.25%，下降0.49%；35～59周岁122035人，占总人口的

36.53%，上升4.29%；60周岁及以上51709人，占总人口的15.48%，上升9.88%。户籍总数88537户、334063人，增加2777户、11866人，增长3.24%、3.68%，平均每户3.77人。总人口中，男性166522人，占49.85%；女性167541人，占50.15%。城镇人口334063人。全区出生人口3508人，比上年3444人上升1.86%。出生人口中，男性1827人，女性1681人，出生人口性别比108.69（以女性为100）。全区死亡人口1185人，比上年787人上升50.57%。流动人口在册351970人，比上年增加36529人，上升11.58%，其中西兴街道118095人、长河街道125724人、浦沿街道108151人。居住时间1年以下153513人，占流动人口在册数的43.62%；居住时间1～5年152496人，占流动人口在册数的43.32%；居住时间5年以上45961人，占流动人口在册数的13.06%。16~59周岁流动人口在册311826人，占流动人口在册数的88.59%。流动人口中男性为202884人，占57.64%；女性149086人，占42.36%；性别比例为137（以女性为100）。初中及以下学历流动人口121191人，占34.43%；高中学历76276人，占21.67%；大专及以上学历154503人，占43.9%。全区共有少数民族52个，少数民族流动人口16164人，占全区流动人口总数的4.59%。全年迁移人口57959人，比上年45867人上升26.36%，其中：市内迁入8456人，比上年7575人上升11.63%；省内迁入4974人，比上年4347人上升14.42%；省外迁入7741人，比上年6635人上升16.67%；迁往市内9312人，比上年8163人上升14.08%；迁往省内865人，比上年794人上升8.94%；迁往省外1449人，比上年1213人上升19.46%。

（杜　鹃）

【民族】 2023年，滨江区有汉族和52个少数民族，有流动汉族人口33.58万人，常住汉族人口33.35万人；有流动少数民族人口1.62万人，常住少数民族500多人。民族团体有滨江区民族团结进步促进会。杭州市滨江实验小学、长河街道闻涛社区获“第六批省级民族团结进步创建重点培育单位”称号；杭州市滨江实验小学获“第三批市级‘之江同心·石榴红’引领单位”称号。

【宗教】 2023年，滨江区登记在册的宗教活动场所有冠山禅寺、协同福音堂、西兴基督教堂、长河基督教堂、真理教堂、江边聚会点6处，另有纳入管理的聚会点3处、民间信仰点7处。全区宗教教职人员33人，可统计的基督教信徒5000多人。宗教团体有滨江区佛教协会、滨江区基督教协会和滨江区基督教三自爱国运动委员会。冠山禅寺获“省级宗教中国化场所”称号，西兴教堂获“省级宗教法治宣传教育基地”称号，真理教堂获“省级消防安全标准化管理‘百创争优’活动优秀单位”称号，长河教堂获“省级平安宗教活动场所”称号，协同福音堂获“杭州市宗教中国化场所”称号。

（王声涛）

人文历史

【文化遗存】 至2023年底，滨江区行政区域范围内有84处（个）文物，其中各级文物保护单位（点）12处，包括世界文化遗产重要遗产点、全国重点文物保护单位1处（13个），省级文物保护单位1处，市级文物保护单位2处，市级文物保护点8处（12个）；一般不可移动文物56处。

（沈　婷）

【非物质文化遗产】 2023年，滨江区非物质文化遗产（简称“非遗”）保护中心加大工作力度，开展新一轮项目、传承人、教学基地、体验点的培育申报工作，新增项目8项，非遗传承人8人，传承教学基地7个，非遗体验点1处。至年底，有非遗项目66项，其中省级项目3项、市级项目9项、区级项目54项；非遗传承人23人，其中市级2人、区级21人；市级非遗教学传承基地1个、区级非遗教学传承基地13个，区级非遗体验点4个、市级非遗体验点2个。

（王朝闻）

【历史名人】 滨江区历史上名人众多，有政治家来廷绍、来天球、来三聘、来方炜、来斯行、来集之、汤金钊，方志学家蔡大绩，抗倭名将来端蒙、来端操等。近现代有农运先驱来耀先、革命先驱来中民、革命烈士来诵华、实业家周铭慎、小说家许廑父、名中医沈秋荪、诗人来裕恂、史学家来新夏、书画篆刻“三绝艺人”来楚生等。

【民俗】 滨江区境域古为吴越交接之处，其社会风俗具有吴风越俗的特征。尤其是南宋建都杭州后，滨江区境域成为“京畿腹地”，众多北方官宦及市商百工相继渡江，带来先进生产技术和都市人的生活风俗、交往礼仪及市井风气。境域历属萧山，民俗与萧山、绍兴大致相同。一年中，春节、元宵、立夏、端午、中秋等多喜庆色彩。清明、中元、冬至主要是祭祖祀神。滨江区境域向为书礼之地，多有世族聚居，礼仪多为齐家睦邻、尊长敬老、体恤贫弱、表扬志节，增亲情、笃乡谊。

【方言】 滨江区方言属吴语区太湖片临绍小片。滨江区是杭州市的行政区，与杭州老城区隔江相望。历史上滨江区境域长期属于绍兴，与钱塘江北岸的杭州城区隔江而治，在方言上与杭州话差异较大，与绍兴话、萧山话比较接近。滨江区境内以西江塘、萧绍公路为界分南北两片：老海塘南，旧称“里村”，属水稻区，语音与萧山区无多大区别；老海塘北，旧称“沙地区”，以种植棉麻为主，居民多为钱塘江海涂坍塌向西迁徙的农民，语言多带绍兴口音。

（区志编研室）

风景名胜

【滨江物联网小镇景区】 2023年，滨江物联网小镇景区接待游客32.89万人次。滨江物联网小镇景区位于西兴街道西北部，紧邻星民地铁站，东至西兴路，西至江陵路，南至联惠街，北至解放河，总面积22.4公顷。滨江物联网小镇景区根据国家AAA级旅游景区总体规划布置，日最大承载人数为7.6万人，主要景观有小镇会客厅、沃尔沃汽车博物馆、海康威视展示中心、江虹无界艺术中心、杭州零跑汽车体验中心、和仁智慧医疗展示中心、“智慧e谷”展厅、杭州创业大街（3W众创空间）、聚光科技“绿色科技”展厅、医惠智慧医疗与全民健康科普教育基地、物联网产业社区、感知公园、聚光河湖生态示范点、物联网滨水游步道、物联网街。2019年12月9日，滨江物联网小镇景区被认定为国家AAA级旅游景区，是滨江区4个国家AAA级旅游景区中的第一个。

【白马湖公园】 2023年，白马湖公园景区接待游客33.5万人次，白马湖绿镜拾光美学露营基地获年度杭州户外休闲旅游人气奖。白马湖公园景区涉及长河街道越王社区、原汤家桥社区和西兴街道马湖社区。东至萧山东白马湖，西至长江南路，南至越王社区，北至原汤家桥社区和马湖社区，占地130公顷。白马湖公园景区根据国家AAA级旅游景区总体规划布置，景区日最大承载人数为7000人，核心景观有白马湖二期创意岛。2020年1月6日，白马湖公园景区被认定为国家AAA级旅游景区。

【滨江互联网小镇景区】 2023年，滨江互联网小镇接待游客36.2万人次。滨江互联网小镇景区位于长河街道中部的中国互联网经济产业园内，由区块一、区块二构成，总面积44公顷。区块一东起江晖路，西至江虹路，南起众创路，北至滨和路、江汉路；区块二东起江虹路，西至聚才路，南起滨康路，北至滨安路。滨江互联网小镇景区根据国家AAA级旅游景区总体规划布置，日最大承载人数为1000人，核心景观有网易蜗牛读书馆。2020年4月24日，滨江互联网小镇景区被认定为国家AAA级旅游景区。

【浙江中医药博物馆景区】 2023年，浙江中医药博物馆景区接待游客3万人次。浙江中医药博物馆景区位于滨文路548号浙江中医药大学滨文小区西南侧，总面积10.2公顷。根据各类科普基地和国家AAA级旅游景区总体规划布置，日最大承载人数为2000人。景区致力于传播弘扬中医药文化、普及中医药科学知识，是浙江省中医药文化养生旅游示范基地，被称为滨江文旅新地标，为国家二级博物馆、全国中医药文化宣传教育基地、全国科普教育基地和中华中医药学会科普基地。景区以中医药博物馆及百草园为核心，包含中医药文化碑廊、室外音乐广场、传统健身功法体验中心（体育馆）、中医药保健体验馆（滨江中医门诊部）、中医药膳餐厅（滨文校区食堂）等场所，集养生、休闲、娱乐于一体，集成具有中医药文化特色的旅游景观资源群。12月27日，被认定为国家AAA级旅游景区。

（吴诗远）

2023年经济社会发展

【经济建设】 2023年，杭州高新区（滨江）地区生产总值2467.9亿元，比上年增长8%。财政总收入462.46亿元，增长6.7%，其中一般公共预算收入242.14亿元，增长12.8%。一般公共预算支出181.9亿元，增长8.4%。民生保障支出159.4亿元；教育、产业扶持支出分别为33.4亿元、72.7亿元。全社会固定资产投资318.05亿元，增长5%。社会消费品零售总额568.2亿元，增长3.9%。上市企业新增3家，累计培育上市公司72家。新招引1亿元以上项目48个，开工24个，摘牌9个，落点21个。实际利用外资9.3亿美元。滨富、滨萧特别合作园（区）新落地项目12个，总投资114.3亿元。“中国视谷”核心区建设加快，设立“中国视谷”产业基金，规模30亿元，投资项目6个，带动项目总投资2.98亿元。新增注册企业2.07万家，增长23.5%。新认定国家高新技术企业515家、有效数2601家；新认定国家级专精特新“小巨人”企业21家、省隐形冠军4家、省专精特新中小企业310家；新增科技领军企业5家、科技“小巨人”企业13家；新认定瞪羚企业264家；新增省级以上孵化器10家。发布总部经济政策，99家企业获杭州市总部企业认定。

【政治建设】 2023年，杭州高新区（滨江）召开区委常委会会议29次，会议学习贯彻中共中央总书记习近平在中国共产党第二十次全国代表大会和二十届二中全会上的重要讲话精神和考察浙江重要讲话精神，贯彻落实中共二十大、二十届二中全会和省委十五届三次、四次与市委十三届四次、五次、六次全会精神。贯彻执行民主集中制，把方向、谋全局、定政策、促改革，推动经济高质量发展与全面从严管党治党。全年召开书记专题会议21次。发挥总揽全局、协调各方的领导核心作用，修订实施区委工作规则，探索实践全过程人民民主，支持保障人大、政府、政协和法院、检察院依法依章履职，各民主党派、工商联、无党派人士履职尽责，党的群团工作和群团组织的政治性、先进性、群众性不断增强，党管武装和国防后备力量建设不断发展进步，新时代民族、宗教、对台、侨务等工作持续向好，凝聚共促发展合力。

【文化建设】 2023年，杭州高新区（滨江）发布建设“教育硅谷”五年行动方案。启动建设“教育创新改革综合实践区”，组建幼小联盟29个，名校集团化比例100%，实现课后服务全覆盖。投用学校11所、完工3所、续建10所、新开工5所，新增学位1.12万个。传承发扬本土文化，长河历史文化街区二期开街并获中央广播电视总台《新闻联播》报道，浦沿渔码头建成开放，西兴过塘行码头专题陈列馆获评市级乡村博物馆，“千年古镇·诗意西兴”传统风貌区、“悠悠长河·创享白马”综合品质区入选省级城乡风貌样板区试点建设名单。成立考古工作站，完成考古勘探38件。浙江“非遗之家”落户，胡庆余堂获评市级“非遗工坊”。入选为省级以上各类重点文化企业18家。建成“15

分钟品质文化生活圈”10个，新建改建城市书房、智慧借阅点13个。建成嵌入式体育设施41片、健身苑点25处，排舞广场舞国家级赛事活动基地揭牌。入选为省市共富风貌游线2条。举办和服务保障中国国际动漫节、杭州文博会、“滨江四季”等文化活动。

【社会建设】 2023年，杭州高新区（滨江）居民人均可支配收入为8.32万元，比上年增长5.6%。有卫生机构291个，增长5.1%，其中医院8个。有各类医疗机构床位698张，其中医院床位543张。卫生技术人员4052人，增长3.3%；其中执业医师（助理医师）1396人，注册护士1808人，分别增长9.3%和6%。医院年诊疗23.7万人次，增长13.7%。婴儿死亡率和5周岁以下儿童死亡率均为零。社区卫生服务站36家。安置房项目续建3个、27.5万平方米，交付17个、286万平方米，安置清零5年及以上待安置户。公共租赁房续建9.3万平方米、新开工8.7万平方米，筹集保障性租赁住房3629套（间），配售人才共有产权保障房632套。帮扶就业困难人员实现再就业8872人次。滨江区通过省级普惠托育基本公共服务试点验收。实现全省首例“跨省通办”结婚登记。完善低保、低边、残疾人等困难群体服务保障体系，慈善指数居全省第一位。建成文明驿站、基层站点76个，参与文明志愿服务46万余人次；成功创建省级民主法治社区27个、数量居全市第一位。

【生态文明建设】 2023年，杭州高新区（滨江）围绕国家生态文明建设示范区创建目标，发布美丽滨江三年行动计划。空气质量优良率82.2%，比上年上升3.2%；$PM_{2.5}$年平均值为28微克/立方米，下降9.1%；PM_{10}年平均值为54微克/立方米，上升1.9%；臭氧年平均浓度171微克/立方米，下降1.7%。全区省控断面平均水质为Ⅲ类，市控断面平均水质为Ⅱ类，饮用水水源地水质达标率100%。杭州高新区（滨江）创建省级“美丽河湖”片区4个、市级“美丽河道”32条，获治水“大禹鼎”。声环境质量基本稳定，区域噪声年均值为51.8分贝，质量等级为较好。区内道路交通噪声年均值为62.5分贝，质量等级为好。土壤环境质量总体良好，污染地块安全利用率100%。依托“规划环评+环境标准”清单式管理改革，完成改革试点备案项目50个，登记表备案项目88个，报告表审批项目6个，服务重点项目落地。推进全域“无废城市”建设，达到三星级评估标准，高质量开展“无废细胞”建设，推进“无废工厂”“无废学校”等示范点建设，创新探索“无废商超”“无废饭店”等“无废细胞”类型，建设“无废亚运场馆”“无废亚运酒店”等亚运“无废细胞”。鼓励社会单元参与创建，创建完成“无废细胞”60个，累计创建完成“无废细胞”166个。持续推进“七张问题清单”重大生态环保督察问题工作，全年清单指数得分99.3分，居全市第四位、全省第17位。“杭州市滨江区辖区内企事业单位设施设备噪声问题突出问题整改典型案例”入选为省级“重大生态环保督察清单”典型案例。成功创建国家生态文明建设示范区。

（区志编研室）

中共杭州高新区工委（滨江区委）

综　述

【主题教育】 2023年，杭州高新区（滨江）召开全区学习贯彻习近平新时代中国特色社会主义思想主题教育动员大会，制定《杭州高新区（滨江）主题教育实施方案》《区委常委会主题教育工作方案》。对照习近平总书记考察浙江重要讲话，制定学习贯彻15项具体举措，区委负责人全员带头到基层宣讲、授专题党课，举办区委主题教育读书班2期，组织“沿着足迹学思想、牢记嘱托建新功”现场学习5次，打造“沿着总书记的足迹看滨江”研学线路3条，组建“循迹溯源学”红色讲师团，开展“滨青开讲吧”系列主题宣讲活动，带领全区6万余名党员开展专题学习1.3万次、交流研讨3200多次。开展“大走访大调研大服务大解题”活动，结合“四下基层”“百名干部助百企”，区委负责人领衔破解产业集聚区治理、数据要素产业发展等难题39个，部门街道“小切口”破难项目112个，开展蹲点式调研189次、解剖式调研345次，走访群众2.7万户。开展“持正确政绩观、建为民新业绩”行动，区委负责人每人领办1个发展难题和1件民生实事，集中攻坚、挂账销号。开展“政治检视、党性体检”，聚焦“6+1”突出问题（习近平总书记、党中央关心关注的问题，影响制约高质量发展的问题，人民群众急难愁盼的问题，防范化解重大风险中的问题，全面从严治党中的问题，其他问题）和“五个紧盯”（紧盯习近平总书记、党中央关心关注的问题，紧盯影响制约高质量发展的问题，紧盯人民群众急难愁盼的问题，紧盯防范化解重大风险中的问题，紧盯全面从严治党中的问题），梳理区级问题29个，街道、部门问题81个，其他基层党组织问题40个，均完成整改销号。推进青年干部“明德守法、完善自我”专项行动，组织“潮廉青年”主题活动，通过专题讨论，开展廉政警示教育，推动承诺践诺，全区974个团支部、2.7万名青年党员参与。

【三个“一号工程”推进】 2023年，杭州高新区（滨江）全面落实省委决策部署，统筹推进三个“一号工程”（实施数字经济创新提质“一号发展工程”、营商环境优化提升“一号改革工程”、“地瓜经济”提能升级“一号开放工程”）。实施数字经济创新提质“一号发展工程”，极弱磁大设施首个交叉研究平台项目、白马湖实验室总部基地项目开工建设，区块链与数据安全、经血管植入器械2家全国重点实验室研究院落地，新培育白马湖低碳节能技术等2家市级概念验证中心，实施产学研平台分层分类管理。形成“一园三谷五镇”（“一园”指世界领先科技园区，“三谷”指中国视谷、国际零磁科学谷、中国数谷，“五镇”指物联网小镇、互联网小镇、创意小镇、数字健康小镇、智造供给小镇）产业新格局，中国视谷发布产业图谱与人才图谱，国际零磁科学谷布局量子传感、零磁医疗产业赛道，中国数谷构建“三数一链”数据要素流通基础设施体系，“杭州江南科学城”概念性规划发布。实施营商环境优化提升“一号改革工程”，发布《关于打造营商环境最优区若干意见》，推进政务服务增值化改革，成立企业综合服务中心，建立“1+6+X”线上线下服务矩阵，推动现代产业社区建设，在全省率先发布《现代产业社区治理与服务规范》，首批建成6个暖企小站，推动社会治理与增值服务在园区集成、向楼宇延伸。上线全省首个“CCC”免办备案系统和“三同”地方标准，知识产权服务业集聚发展改革、知识产权质押融资模式创新获国务院发文推广，获批全国首批国家知识产权服务业高质量集聚发展示范区。实施“地瓜经济”提能升级“一号开放工程”，推进数字自贸建设，聚焦数据跨境流动、数据交易、数字服务、知识产权等领域开展制度创新探索，18项案例入选国家、省、市优秀案例。构建数字化监管机制，创建基层“智慧海关”场景，探索“云查检”项目落地。完成新一轮全区商业发展规划布局，启动奥体滨江国际商务区设计方案全球征集，认定市级总部企业99家，居全市第一位。

【共同富裕示范区建设】 2023年，杭州高新区（滨江）坚持以人民为中心的发展理念，对照缩小“三大差距”（收入差距、地区差距、城乡差距）的要求，推动优质均衡共享发展。产业共富打造样本，深化“一区多园”实践，召开滨萧、滨富联席会议，新落点德博曼智能家居、视谷之窗产业综合体、芯通半导体等重大项目，富芯一期投产。做强集体经济，推广村级留用地统筹开发模式，投用4个留用地项目。开展结对帮扶，巩固深化与四川省广元市朝天区的东西部协作、与温州市泰顺县的山海协作，滨泰协作入选省经信厅制造业高质量发展结对促共富示范创建名单。办好民生实事，通过“全国学前教育普及普惠区”认定核查、“全国义务教育优质均衡发展区”督导评估，创建省级首批普惠托育基本公共服务试点，全省首创企业嵌入式卫生服务站，实现嵌入式养老微机构街道全覆盖，办理全省首例“跨省通办”结婚登记，公共服务“七优享”工程（幼有善育、学有优教、劳有所得、病有良医、老有康养、住有宜居、弱有众扶）连续获评全省五星。系统重塑拆迁安置政策体系，建成安置小区12个，总建筑面积190.74万平方米，集中交房1.6万套，5年及以上待安置户清零。推进全域未来社区建设，新建市级以上未来社区27个，覆盖率居全市第一位，星光产业社区入选全省首届现代产业社区十佳案例，彩虹社区创建全市首个强社惠民“七彩党建”品牌，缤纷社区入选全国首批完整社区建设试点名单并获中央广播电视总台新闻专题报道。

【基层治理现代化推进】 2023年，杭州高新区（滨江）围绕平安护航亚运，健全基层治理体系，推动社会大局保持和谐稳定。治理体系持续优化，完善“社区—网格—微网格”体系架构，整合形成“警格+网格”工作格局，基层智治综合应用全面覆盖到503个网格，再次获评全省社会治理十佳县和全国社会治理百强县。深化“大综合一体化”执法改革，推动“五社联动”服务共建共享。在产业园区深化以HR调解联盟为核心的纠纷调处平台，建成6个民主协商议事示范点，打造新时代枫桥式园区治理模式。平安建设实战实效，将疫情期间的“一长二员”（1个楼道长，1个信息员、1个保障员）最小作战单元转化为亚运群防群治机制，完善提升3000支网格队伍。推进3轮基层基础大排查，严防严管严控食药安全风险。落实信访工作联席会议、领导包案、专题会商制度，信访积案化解率100%。数字赋能加快推进，迭代“一网统管”基层智治体系，完成一网统管（协同联动指挥）系统与基层治理四平台等15个业务系统100%对接。上线运行“民呼我为·滨安码”等数字化应用场景，处理上报事件10万余件。构建全域基层治理“滨豆”积分系统，推出“网格e排查”，“网格e排查”获评2023年全国政法智能化建设创新案例。

【党建引领】 2023年，杭州高新区（滨江）全面加强政治建设，坚持把学习习近平总书记重要讲话精神和重要指示批示精神作为首要政治任务，落实“第一议题”制度，区委常委会23次召开会议传达学习习近平总书记重要讲话精神，开展交流研讨11次、发言37人，区委理论学习中心组学习管理指数居全省第一位。发挥区委总揽全局、协调各方的领导核心作用，支持保障人大、政协和法院、检察院依法依章履职，支持各民主党派、工商联、无党派人士参政议政，抓好党管武装工作，专题研究总工会、团区委、妇联、工商联等群团组织工作，凝聚共促发展合力。推进省委巡视“回头看”反馈问题整改，完善并实施省委巡视整改六大工作推进机制，拆违、安置等重大攻坚任务实现问题销号。做好意识形态工作，巩固省委巡视“回头看”意识形态责任制反馈意见整改成果，完成市委意识形态责任制综合检查，规范开展区级意识形态综合检查和专项督查。落实网络意识形态工作责任制，《答好直播电商企业舆情管理和优化营商环境“双选题”》入选为省委办公厅典型案例。

（许慧敏）

重要会议和决策

【概况】 2023年，中共杭州市滨江区委召开区委全体（扩大）会议1次，召开区委常委会会议29次，召开书记专题会议21次，召开区委议事协调机构等专项会议42次。会议对事关全区政治、经济、社会、文化发展事项进行研究。审议通过《关于推进“136”主题攻坚加快“天堂硅谷、硅谷天堂”建设的实施方案》《关于以新时代创新创业文化建设为引领打造全民精神富有全域文化优享高地的行动方案》等重要决策。

【区委全体（扩大）会议】 2023年，中共杭州市滨江区委召开区委全体（扩大）会议1次。7月31日，中共杭州市滨江区委六届四次全体（扩大）会议在区文化中心召开。区四套班子负责人、区管委会副主任、区法院院长、检察院检察长出席会议，各单位（部门）、街道、平台、专班、民主党派、社区党组织的主要负责人和企业代表等280人参加。会议听取和讨论区委常委会工作报告，部署下半年经济工作。会议要求凝聚以开放提升践行“八八战略”共识，深化创新开放、产业开放、城市开放和制度开放，以高水平开放提高牵引高质量发展，建设世界领先科技园区，加快“建设天堂硅谷、打造硅谷天堂”步伐。推动城市品质提升，夯实基层基础，推动城市文明提升，助力杭州第19届亚运会服务保障。围绕攻坚制造升级、业态模式、项目建设、消费提档、出口回升和企业培育，做好下半年经济工作，确保全年经济社会发展目标任务完成。

【区委常委会会议和书记专题会议】 2023年，中共杭州市滨江区委召开区委常委会会议29次，会议学习贯彻中共中央总书记习近平在中共二十大和二十届二中全会上的重要讲话精神和考察浙江重要讲话精神，贯彻落实中共二十大、二十届二中全会和省委十五届三次、四次与市委十三

2023年7月31日，中共杭州市滨江区委六届四次全体（扩大）会议召开

（区委宣传部　供图）

届四次、五次、六次全会精神。贯彻执行民主集中制，把方向、谋全局、定政策、促改革，推动经济高质量发展与全面从严管党治党。全年召开书记专题会议21次。

【区委议事协调机构会议】2023年，中共杭州市滨江区委召开全面深化改革委员会、审计委员会、规划委员会、依法治区委员会等专门委员会会议及统战工作领导小组、主题教育领导小组、亚运区服务保障工作指挥部等专项会议42次，传达学习贯彻中共中央和省委、市委关于全面深化改革、依法治区、国家安全、网络安全和信息化、机构编制、审计、教育、规划、亚运服务保障、主题教育等工作决策部署，研究部署全区相关工作。发挥区委议事协调机构统筹协调、牵头抓总、督办落实作用，确保全区各项工作推进。

（孙超杰）

【推进“136”主题攻坚 加快“天堂硅谷、硅谷天堂”建设的实施方案审议通过】2023年1月18日，区委常委会审议通过《关于推进“136”主题攻坚 加快“天堂硅谷、硅谷天堂”建设的实施方案》。该方案由指导思想、基本原则、主要任务、保障措施4个方面组成，即要求深化“党建统领·九联创优”机制，抓好高质量创新驱动发展、高水平共同富裕示范、高标准亚运服务保障三大任务，围绕每项任务精准实施六大攻坚行动，落实区委、区政府2023年各项目标任务，开创“建设天堂硅谷、打造硅谷天堂”新局面。至年底，杭州高新区（滨江）实现地区生产总值2467.9亿元，获“创新鼎”“天工鼎”“大禹鼎”“平安牌”等，成功创建国家生态文明建设示范区，完成杭州亚（残）运会服务保障各项任务，实现城市能级跨越提升。

【以新时代创新创业文化建设为引领 打造全民精神富有全域文化优享高地的行动方案审议通过】2023年2月23日，区委常委会审议通过《关于以新时代创新创业文化建设为引领 打造全民精神富有全域文化优享高地的行动方案》。该方案由指导思想、目标任务、实施“十大行动”、强化组织保障4个方面组成，构成文化“1610工作体系”，即要求以习近平新时代中国特色社会主义思想为指导，坚持新时代创新创业文化引领，统筹推进以文培元、以文塑形、以文兴业、以文润城、以文惠民、以文促融六大任务，实施“文化之滨”政策体系，推动形成一湖两带一走廊“之”字形文化发展布局，实施思想理论铸魂、主流舆论提能、历史文脉传承、文明风尚立心、文化惠民优享、文艺创作登高、文化产业引领、数字文化创新、文旅融合提升、文化人才引育十大行动，建设全民精神富有全域文化优享高地。至年底，杭州高新区（滨江）形成“滨滨有礼·文明四季”文明新实践体系，举办第十九届中国国际动漫节、2023年中国国际网络文学周、第十七届杭州文化创意产业博览会等活动，实现文化产业增加值777.8亿元，占地区生产总值的31.52%，在中国文化产业竞争力百强区中排名第二。

（许慧敏）

组织工作

【概况】至2023年底，杭州高新区（滨江）有基层党组织3834个，其中党委157个、党总支178个、党支部3499个，在册党员6.17万人。有女性党员2.77万人，占44.9%；35周岁以下党员3.32万人，占53.81%；大专及以上学历党员5.61万人，占90.92%；“两新”组织党员4.61万人，占74.72%。全年新发展党员480人，组织关系转入7072人，组织关系转出3780人，出党32人，死亡78人，净增3662人。16人获评市级以上“担当作为好支书”，123人获“光荣在党50年”纪念章。区管干部有413人，包括女性干部116人，占28.09%；35周岁以下年轻干部14人，占3.39%；党外干部20人，占4.84%；大学以上学历397人，占96.13%；正处级88人、副处级222人；区直接监管国有企业班子成员21人。

（丁　豪　吴静雅）

【干部选拔任用】 2023年，杭州高新区（滨江）优化干部队伍结构，调配干部3批117人，调整后区管领导干部中，全日制大学以上学历人员占48.39%，比上年上升4.13%。严管厚爱提振干部风貌，开展全区选人用人专项检查，做好"领导干部个人有关事项填报""社团兼职"等专项工作，深化"出国（境）闭环管理"系统，有关经验在《浙江信息》刊登。

（吴静雅）

【干部教育培训】 2023年，杭州高新区（滨江）实施"尖滨"干部队伍强化思想淬炼、政治历练、实践锻炼和专业训练"四练提能"计划，强化领导干部履职能力。分3批次在市委党校开展中共二十大精神轮训，全覆盖完成307名区管领导干部、5天封闭式培训。开办6期次城区主体班次、第二期"尖滨2040"年轻干部政治能力实训营、第八期年轻干部"5050"计划成长营，常态化开展领导干部政治忠诚和理想信念教育。举办5期硅谷火炬讲堂、"国企改革"等专题三个"一号工程"省外培训班，赋能干部干事创业。健全培训期间调研锻炼机制，形成10篇建设性调研报告，强化学用结合，《未来5~10年滨江区软件产业的发展的思考》等2篇调研报告获区委主要负责人肯定批示并研究推广，《创新"服务"出口 打造对外开放新高地》入选省委组织部实施三个"一号工程"典型案例，获全省推广学习。依托区域特色工作亮点和高新资源，打造学思践悟习近平新时代中国特色社会主义思想的干部现场教学基地。围绕"数字经济高质量发展的生动实践"主题，打造新华三数字经济高质量发展实践基地，该基地入选为全市第三批"追随总书记的脚步"精品现场教学基地；围绕"未来社区助力共同富裕"主题改造提升的"缤纷未来社区"现场教学基地，入选为全省首批"学习贯彻习近平新时代中国特色社会主义思想现场教学示范点"。

（张　磊）

【党员发展】 2023年，杭州高新区（滨江）落实指导性计划、强化各领域层次调度，围绕"进出管育爱"，优化发展党员机制，做好入党积极分子的吸收和培养，加强年度发展对象区级集中联审、培训，做好预备党员吸收，做好党员档案资料的复核、整理和归档，对全年度发展党员进行督导检查，加大对高层次人才、产业工人发展力度，建好入党积极分子储备池，高质量做好年度发展党员工作。全年发展中共党员480人，其中，35周岁以下青年党员352人，占73.33%；大学及以上学历472人，占98.33%。从领域结构看，非公有制企业党员325人，占67.71%；社会组织党员15人，占3.13%；新业态新就业群体党员2人，占0.4%；机关、学校、社区等138人，占28.75%。

（丁　豪）

【基层组织党建】 2023年，杭州高新区（滨江）建立"先锋滨·现代社区学院"，发布全国首个《现代产业社区治理与服务规范》，"缤纷美好生活"党建联建案例获评省级"第一批党建联建典型案例"。长河街道获评全省"红色根脉"强基示范乡镇（街道），3个社区获评省首批现代社区、省"红色根脉"强基示范村（社区）。开展流动党员核查纳管"百日攻坚"，围绕"全排查、全纳管、全闭环"要求，织密建强全域覆盖的排查纳管组织网络，整改线上和线下资源，探索实行模块化教育，引导推动流动党员融入基层治理。全年纳管流动党员2.6万人，常态纳管1.3万人，建立各类以流动党员为主体的社会服务队伍108支，推动85人入选业委会，12人担任社区大党委兼职委员，617人聘用为楼道微网格"一长二员"。实施"红色领杭·奉献亚运"大考大赛，组织护航亚运"万名党员进格·千场活动比拼·百个典型选树"系列活动，开展活动2788场，参与党员群众16.1万人次。推出服务保障亚运"先锋滨·群英榜"，选树区级先进集体22个、先锋个人30人。

（赵　毅）

【"两新"组织党建】 2023年，杭州高新区（滨江）持续开展

“两新”组织“双覆盖”（中国共产党组织覆盖和工作覆盖）行动，聚焦专精特新“小巨人”、隐形冠军、规模以上企业等重点领域，排摸641家重点企业基本情况，推广“组建十法”（单独组建、区域联建、行业统建、产业联建、龙头领建、楼宇合建、社企共建、挂点联建、派员驻建、上门育建）。新建“两新”党组织96家（其中单建党组织91家、联建党组织5家）。4月10日，杭州高新区（滨江）发布“组织领项目、党员领任务”（双领）活动清单，清单包含“政治引领、美好生活、护航亚运、与爱同行”4个大类21项特色活动。至年底，吸引58家“两新”党组织领办，5000多名党员参加。

【“两新”党建经验获宣传推广】 2023年，杭州高新区（滨江）“两新”党建经验获宣传推广。浙江中南建设集团有限公司《“融推聚”联动激活项目党建新动能》党建案例入选为“工程建设企业党建工作优秀案例”。物联网产业园“红色智领 物联未来”党建品牌入选为全国党建研究会非公有制经济组织专委会会刊《非公有制企业党建》杂志组织的“2023年度百家园区党建品牌案例”。杭州优行科技有限公司在全国交通运输系统党建工作会议上作经验交流。浙江大华股份技术有限公司作为全市“两新”组织唯一代表在市委主题教育领导小组会议上作交流发言。杭州高新区（滨江）作为杭州唯一区县代表在全省“两新”工委年度会议上作经验交流。党建经验获《中国组织人事报》《浙江日报》《共产党员》等主流媒体报道30多次。

（高　瞻）

【公务员招录】 2023年，杭州高新区（滨江），坚持“按需招录”原则，招录专业性公务员18人，其中“双一流”大学8人，平均年龄26周岁，除1名社区干部外，学历均为研究生及以上。为12家单位补充人才，分别分布在区纪委、区委组织部、区财政局、区审计局、区审管办、特别合作园管理局、区统计局、区人力社保局、区卫健局、长河街道、区检察院、区综合行政执法大队，推进公务员队伍结构优化。首次开设综合行政执法一线执法岗位1个，共招录4人（男性3人、女性1人，平均年龄26周岁），均为法学硕士研究生，且有A类法律职业资格证书，为基层一线执法队伍注入年轻专业人才，推进“大综合一体化”改革。

【选调生招录】 2023年，杭州高新区（滨江）面向36所“双一流”高校及省内12所重点建设本科院校选调应届优秀大学毕业生5人，其中“双一流”大学3人，平均年龄26周岁。5人中有硕士研究生4人、博士研究生1人，分布在区政府办公室、区委组织部、规划资源滨江分局、特别合作园管理局、团区委。11月，结合实际情况，安排选调生在3个街道的融合型大社区、新农村整治等情况复杂社区任职，进行为期2年的基层培养。

（傅聪晓）

【人才工作】 2023年，杭州高新区（滨江）新引进35周岁以下大学生数量居全市第一位，人才总量48万人，35周岁以下青年人才占50%，硕博人才占26%。各平台新集聚属地化高端人才300多人、累计1500多人。实施“人才房三年倍增计划”，有人才房1万余套。落实机场快通、就医快检、子女入学优待、亚运体验等24项人才特色福利。在全省试点国际人才评价互通，完成5个类别101名人才的国际职业资格比对认定。集成就业创业全景资讯“融滨一本通”，打造“滨江国际人才节”“天堂硅谷精英沙龙”“HI TECH”“才链全球”等高新人才品牌，举办“青春潮创”“人才四季”等各类人才活动80多场。杭州高新区（滨江）留学人才创业扶持、“才链全球”访企研学、“来滨江、做主角”青年人才活动、住创一体人才街区等工作获《人民日报》《中国组织人事报》《浙江日报》等省级以上媒体报道50多次，获省委市委办公厅、省委市委组织部刊发经验做法10篇次。“安滨乐业”服务入选为杭州市共同富裕创新经验，海外高层次人才创新创业基地入选为第五批“中国留学人员创业园区孵化基地”，为浙江省唯一。“中国研究生创新实践成果孵化基地（杭州）”“浙江省海外高层次人才联谊会电子信息分会”落地。

（陶洁星）

【“滨豆”全域积分系统】2023年3月，“滨豆”全域积分系统立项，经过3个月开发、5个月试点，“滨豆”全域积分系统成为全区社区全域覆盖的数字化应用系统。系统以“滨豆”积分为媒介串联各种社区治理行为，形成积分产生、流转、消耗、兑换闭环，正向激励全区居民“攒豆子”“积声誉”，参与社区治理。至年底，在全区所有社区全域推广使用，注册量15万余人，产生“治理”积分35万分。

（丁　豪）

【“两新”党组织书记示范班】2023年4月23—27日，杭州高新区（滨江）在四川省成都市举办“两新”党组织书记示范班，42名“两新”党组织书记、部分“两新”工委成员代表参加培训。该次培训以习近平新时代中国特色社会主义思想、中共二十大精神为指引，设置专题讲座、点位考察、交流分享3个篇章，为全体学员提供在学术环境中深学细悟、取长补短的机会，增长见识、开阔眼界的窗口，交流研讨、互助提升的平台，提高党组织书记履行党建职责、开展党建工作的能力与素质。

【第十届“两新”组织“迎七一”展演】2023年6月28日，杭州高新区（滨江）“两新”组织“迎七一”展演在区文化中心举行。展演以“先锋滨·向未来”为主题，包含“新·《蝶变跃升·踔厉奋发新征程》”“星·《奔赴美好·星火闪耀共富路》”“心·《亚运担当·心心相融向未来》”3个篇章8个节目，现场发布“先锋滨·直播滨团”未来三年V30计划、“滨豆”现代社区全域积分系统，为第二批8家“党建强、发展强”示范单位授牌，为6名老党员代表颁发纪念章。

【“红色+”党建品牌交流会暨“红领工作室”成立】2023年12月27日，杭州高新区（滨江）举行“两新”组织“红色+”党建品牌交流会暨“红领工作室”成立仪式。区委“两新”工委负责人和省、市、区双管企业党组织负责人等90多人参会。活动通过“实地观摩党建阵地+交流分享品牌打造经验”模式，研讨并部署构建“红色+”党建品牌矩阵工作，为陈荧平“红领工作室”授牌。全年，提升优行“红色里程”、恒生“红色指数”等老品牌6个，打造甲骨文“红色码脑”、绿康“红色医养”、滨兰实验学校“红色育兰”等新品牌15个。

（高　瞻）

宣传工作

【概况】2023年，杭州高新区（滨江）开展理论学习中心组学习23次。开展硅谷创新论坛报告4场。开展进机关、社区、企业等授课活动140多场。开展“最美花季画共富”“区域协同结硕果”“赓续历史文脉”等主题宣讲45场。在国家、省、市媒体刊（播）报道3292篇（条）。开展文明志愿服务5760场次，参与志愿服务人员（含市民群众）46.08万人次。开展“千堂万艺”艺术普及课程2250课时、配送“送戏下乡”文化产品70场、组织“借阅有礼”等读者活动1697场次。新建“15分钟品质文化生活圈”10个，城市书房3个，文化驿站1个，智慧借阅点10个，实现街道文联全覆盖。获评省、市文艺精品扶持项目3个，动画剧本《下姜村的绿水青山梦》获浙江省知识产权奖中的“版权和其他知识产权奖”文学作品类三等奖。

【新闻宣传】2023年，杭州高新区（滨江）做好新闻宣传的系统谋划和选题策划，加强省、市、区重要会议、“136”主题攻坚和全区经济、产业、文化、人才等政策权威发布，“滨江发布”微博微信粉丝量65万人，发布微博3030条，微信公众号总阅读量1200万余人次，在国家高新区微信公众号综合影响力评价中连续6年居全国第一位，“这十年·追光者”“国际滨江 亚运核心”等作品获浙江省县市新闻奖重大主题报道一等奖。在国家、省、市各级媒体刊（播）报道3292篇（条），其中，国家级媒体484篇（条），为历年最多。

《梦之约 何以滨江》中英文双语城市形象宣传片通过“央视频”App等新媒体平台全网传播,点击量100多万人次。

【媒体融合发展】 2023年,杭州高新区(滨江)建立融媒体中心“特约作者”队伍,构建区、街道、社区三级新闻信息报送渠道,形成“多元聚合”基层宣传矩阵。整合各方资源,成立融媒体中心“短视频工作站”,制作发布视频171条,实现浏览量1000多万人次。与浙报集团县级融媒体中心、浙江广电集团“蓝媒联盟”、杭州市融媒学院共建共享,获“浙江省县级融媒中心优秀合作伙伴”等称号。运维“Binjiangfeel”(韵味滨江)全球四大社交媒体机构账号,以“国际滨 国际潮”为主打品牌推送270条,聚集全球粉丝24万人,数量继续保持全市第一位。《英国博主:我在杭州滨江近距离体验数字经济和千年古镇》短视频获杭州2023年度创新重大主题报道优秀国际传播作品一等奖,《滨江区探索构建国际传播聚拢生态》的做法被《浙江宣传》录用。

【亚运宣传服务】 2023年,杭州高新区(滨江)制定实施亚运分阶段宣传方案,在“滨江发布”两微一端等开设专题专栏21个,设置微博话题12个,实现话题总流量3000多万人次。联合中央和省市各级媒体策划推出系列主题,“国际滨”城市宣传主题10多次登上中央广播电视总台。接待7批次、200多名国际记者亚运交流团、国内记者播报团参观采访。结合亚运会倒计时100天、50天等重要时间节点,举办迎亚运“樱花跑”、“国际滨·西兴韵”文化周、“百县千碗”亚洲美食节、首届户外休闲节等宣传活动,开展群众性“亚运四进”文化体育活动近万场。组织文联、文化文艺协会等开展亚运主题文艺创作,作品《唱响亚洲》等入选为杭州亚运会推广歌曲。开展“全民学英语 一起迎亚运”活动,推出线上线下趣味教学。建立全域城市志愿服务体系,在“大小莲花”、“小白碗”、海创基地集散中心和公共场所持续开展城市志愿服务。成立区志愿服务工作委员会,聚焦重点区域,联动多方资源,共建共享标准级文明驿站6个、基层站点70个。星光小屋文明驿站成为网红打卡地,被网上浏览点赞30万次。亚(残)运期间,组织城市文明引导志愿者332人,为赛事侧服务2786次。“亚运靓城 滨滨有礼”文明课题入选为市亚服保办结项课题。

(王春松)

【理论学习】 2023年,杭州高新区(滨江)结合主题教育总要求,持续创新学习形式、丰富学习载体。以学习贯彻习近平新时代中国特色社会主义思想和中共二十大精神作为学习重点,结合主题教育安排,围绕学习贯彻习近平总书记考察浙江重要讲话精神等重要专题以及中央确定的8种学习材料和《殷切的期望》等特色材料,以专家辅导、专题研讨、现场研学、集中自学、基层宣讲等“五学”形式开展理论学习中心组学习23次。邀请区内出席全国两会的人大代表和政协委员传达两会精神。邀请专家作《打造国际零磁科学谷,建设美好江南科学城》《国际格局演变和我国的应对策略》《努力提高杭州市域社会治理能力 加快打造新时代中国式现代化城市范例》等专题报告。开展区党委理论学习中心组(扩大)学习会暨硅谷创新论坛报告会,邀请专家作《构建以数据为关键要素的数字经济》《“八八战略”:跨越时空的思想传承和行动指南》等主题报告。全年受众4000多人次。

【社会宣传】 2023年,杭州高新区(滨江)依托“白马湖市民大讲堂”“滨青开讲吧”“滨青思享荟”等宣传阵地,进行社会宣传工作。“白马湖市民大讲堂”课程内容包括中共二十大精神专题、党史学习教育专题、习近平新时代中国特色社会主义思想、党性教育与党建研究、经济建设与杭州市情、政治与法治建设、社会与文化建设、思想之旗、初心砥柱、法律法规、科学科普、文明礼仪、健康生活等,涵盖政治、经济、社会、文化、生态、教育、卫生、医疗、科技、法律等与居民日常生产生活相关的知识,开展进机关、社区、企业等授课活动140多场，受众2万人次。“滨青开讲吧”“滨青思享荟”以宣讲为主阵地，围绕习近平总书记考察浙江重要讲话精神、“八八战略”实施20周年、区委“136”主题攻坚等重大主题、重要节点，组织宣讲员走进企业、园区、西兴老街、武警浙江总队医院等，以“滨青思享荟”、情景讲述、音乐快板等形式，开展“最美花季画共富”“区域协同结硕果”“赓续历史文脉”等主题宣讲45场，覆盖受众2万余人次。

【理论宣讲】 2023年，杭州高新区（滨江）创作推出《滨江，我想送你一朵小红花》《条条滨江路 路路通美好》等21个微故事，推进青年理论宣讲迭代更新。充实“滨滨有理”高新青年理论宣讲人才库，人才库由机关、高新企业、文化、统战、教育等11个系统130人组成。举办“‘八八战略’在身边·滨青开讲再出发”训练营4期，开展主题授课和研学“走亲”，以不同形式拍摄理论宣讲短视频，提升青年宣讲员水平。联合区委组织部、团区委、区教育局、区财政局，建立优秀宣讲员联合评选表彰机制，激发宣讲员工作积极性。“滨滨有理”宣讲中心入选浙江省首批理论宣讲研修基地。“滨滨有理”宣讲中心“滨青开讲吧”理论宣讲研修基地揭牌，成为宣讲员学习交流平台。文章《杭州滨江区打造“滨青开讲吧”品牌 推动青年理论宣讲更新更潮》被《浙江宣传信息》《杭州宣传信息》录用。《深学重要讲话 续写发展新篇 “滨青开讲吧”再出发》等200多篇报道在《中国青年报》《文汇报》等主流媒体推出，总阅读量150多万人次。

【亚运社会氛围营造】 2023年，杭州高新区（滨江）围绕杭州第19届亚运会和第4届亚残运会，区、街道、社区三级联动，营造亚运社会氛围。在30个路段完成7轮道旗增挂或画面更新悬挂，悬挂道旗3056面。印制分发4.65万张海报进机关、街道、社区、学校等公共场所。协调完成江南大道、西兴互通等重要节点景观雕塑和户外广告，做好亚运、亚残运吉祥物、倒计时牌、赛事标志等氛围营造工作。召开社区亚运氛围现场会，制定出台《社区亚运氛围布置工作导则》1.0版。完成亚运元素使用审核案例1000多个，确保元素使用规范有序。做好工地围挡、公交车站公益广告等社会氛围更新，印发交办单12个近50项具体工作任务，形成闭环机制。第一时间启动亚运口号和沿线观众手牌画面设计，提出建议亚运口号12句、设计手牌20款，按照不同路段观众数量、点位特色进行区分，投放手牌3540个、大国旗60面、脸贴3600个、助威棒700个、“鼓掌神器”400个。

【“八八战略”实践案例】 2023年，杭州高新区（滨江）举办“八八战略”引领高新之路研讨会，通过成果研讨、专家点评等方式，回顾总结杭州高新区（滨江）发展成就；发布“八八战略”杭州高新区（滨江）实践20例。其中，文章《数字经济赋能高质量发展的滨江实践》入选浙江省《忠实践行“八八战略”百法百例》和杭州市《“八八战略”杭州

2023年8月30日，西兴入城口（“大转盘”）中心区域亚运元素
（区委宣传部　供图）

实践100例》，另有2例入选杭州市《“八八战略”杭州实践100例》。《打造与世界一流高科技园区相匹配的营商环境》《打造高新区（滨江）青年理论学习宣讲品牌的实践研究》等研究成果，在中央党校《行政改革内参》《浙江日报》等刊物上刊发。主持举办杭州市“八八战略”与中国式城市范例理论研讨会暨2023浙江城市治理论坛。

（吴梦娴）

【党委信息】2023年，区委办修订《杭州高新区（滨江）党委政府信息工作考核办法》，针对考核序列、考核规则进行修改和优化完善。编发《高新（滨江）信息》本周要情50期，情况专报99期，情况交流104期，工作情况交流（双月刊）6期，获区领导批示215条。被中办录用信息6条，省、市录用动态类信息32条及专报类信息28篇；获省、市领导批示14条。

（甘立飞）

网络安全和信息化

【概况】2023年，杭州高新区（滨江）由区党委网络安全和信息化委员会牵头，区委网信办统筹协调、多部门联动，从组织领导、制度建设、技术防范、检查约谈、专项整治、宣传教育等方面加强网络安全和信息化工作。以“护航亚运”为主线，保障网络安全，全年未发生重大网络安全事件。

【网络生态治理】2023年，杭州高新区（滨江）重点打击网络谣言、网络直播、短视频领域乱象等重点突出问题，开展30多项专项整治行动。培育和践行社会主义核心价值观，治理网络信息内容，建立健全网络综合治理体系、营造良好的网络空间和网络生态，开展弘扬正能量、处置违法和不良信息等活动。

【依法治网体系建设】2023年，杭州高新区（滨江）落实中共二十大报告提出的“健全网络综合治理体系，推动形成良好网络生态”发展目标。网信部门联合公安、文化执法、市场监管等涉网管理部门联合开展系列专项行动，维护互联网信息传播秩序，整治网上违法犯罪行为和不良信息内容，现场约谈网站平台19家次，关闭网站2家，报请上级协助注销网站域名40个。

【网络安全风险隐患排查】2023年，杭州高新区（滨江）聚焦护航亚运主线，开展网络安全攻防演练、专题培训，高效防范化解网络风险。依托区内技术优势，对全区重点网站、平台开展风险隐患专项检查，根据检查情况，向20家属地企业印发网络安全预警提醒单，现场约谈区域内存在网络安全隐患企业24家次。

（杨　光）

统一战线工作

【概况】2023年，杭州高新区（滨江）7个民主党派有成员712人，比上年增加23人。民营企业统战部及同心荟89个。区党外知识分子联谊会（简称“知联会”）、新的社会阶层人士联谊会（简称“新联会”）、网络人士联谊会（简称“网联会”）等组织联系党外知识分子和新的社会阶层人士15万人。归侨侨眷3200人，港澳同胞68人。区工商联企业会员1289家，个人会员317个，基层商（协）会9个。各民主党派共有101篇意见建议被中央、省、市级单位录用，其中中央10篇、省25篇、市66篇。承办的民进“之江同心 开明共富”经济论坛活动获第十四届全国政协副主席、民进中央常务副主席批示肯定；“同心迎亚运·携手向未来”港澳青年浙江行活动保障工作获省委常委、省委统战部部长批示肯定；区工商联获评省工商联服务“两个健康”工作成绩突出集体和服务“两个健康”最佳实践案例；全国少数民族参观团接待保障工作获省民族宗教事务委员会主任批示肯定；朱小华获评全省宗教工作先进工作者。

（徐哲宇）

【民主党派统战】2023年，杭州高新区（滨江）各民主党派学习贯彻中共二十大精神、习近平总书记考察浙江讲话重要精神，开展“凝心铸魂强根基、团结奋进新征程”主题教育，举办纪念中共中央发布“五一口号”75周年系列活动，举办专题学习、重温活动7场。围绕党委、政府中心工作，召开区管委会、政府党组征求意见座谈会，《政府工作报告》征求意见座谈会，区两会重要人事安排民主协商会共3次，区政府主要领导主持召开会议1次，有关协商议题获区委、区政府负责人和有关部门重视并被采纳落实。民主党派成员执笔意见建议被各级录用160多篇，其中被中央层面录用10条，获省、市、区领导批示肯定7条。承办由民进中央社会服务部、省委统战部、民进省委会主办的“之江同心 开明共富”经济论坛。组织各民主党派在杭州第19届亚运会、第4届亚残运会举办之际，开展“同心同行·共筑亚运”主题活动。

（于亚敏）

【党外知识分子与新的社会阶层人士统战】 2023年，杭州高新区（滨江）推进党外知识分子统战工作，围绕发展大局，立足自身建设，丰富活动载体，开展“同心·知联”品牌活动10多次。开展“凝心铸魂强根基、团结奋进新征程”主题教育，到厦门大学参加党外代表人士培训班。区知联会会长受邀在“之江同心·爱国奋斗”报告会中作专题报告。新的社会阶层人士统战工作坚持思想政治引领，开展主题教育、联络联谊、助力共同富裕等系列活动50多场。完成区新的社会阶层人士联谊会注册换届工作，指导成立3个街道新联会分会，实现100%全覆盖。开展“之江同心 闪耀滨江”最美同心人物选树活动，表彰区新联会及各分会的优秀新的社会阶层人士代表。聚焦“之江同心·助力共富”主题，邀请温州市泰顺县、丽水市遂昌县等26个山区县代表参与“之江同心 结伴共富”电商直播公益培训活动。指导区新联会律师分会发挥律师专长，参与社会公益，35名律师加入浙江公羊会组织，到安徽省宿州市泗县32所中小学进行法律宣讲。

（叶超宇）

【“两新”组织统战】 2023年，杭州高新区（滨江）探索开展民营企业统战工作，在67家党委建制企业成立统战部，实现党委建制企业全覆盖。发挥海越大厦“硅谷天堂·同心荟”综合阵地作用，建立健全运营管理模式，实现“机制共建、资源共享、阵地共用、活动共办、发展共谋”。会同省社会主义学院到26家企业开展调研，分析统战工作目标、特点和对象，分层梳理统战基础工作、重点任务、个性化特色工作等内容。以“标准规范、简洁高效、注重实用、赋能企业”为原则，对民营企业统战工作的重要意义、任务目标、组织建设、平台搭建、制度构建、程序方法等内容逐一规范，印发民营企业统战工作规范化建设的《关于加强民营企业统战工作规范化建设的实施细则》，确保工作内容、标准和实效。承办全市民营企业统战工作规范化建设推进会，召开政企沟通交流会6次，建立健全涉企负面舆情研判联动机制。

（刘晨璞）

【民族宗教统战】 2023年，杭州高新区（滨江）推进民族团结“之江同心·石榴红”品牌建设，新培育19处“之江同心·石榴红”品牌培育单位，建设完成区民族团结进步展示馆，打造以杭旅民族团结进步展示馆、浙江花都民族技能培训展示馆、闻涛社区最美石榴红广场等为核心的全区城市民族工作参观展示带，举办“铸牢中华民族共同体意识”主题宣讲活动2次。杭州市滨江实验小学、长河街道闻涛社区被命名为第六批省级民族团结进步创建重点培育单位，杭州市滨江实验小学被命名为第三批杭州市“之江同心·石榴红”引领单位。围绕做好杭州亚（残）运会服务保障，承接民宗领域各项接待安排，完成全国互联网宗教工作培训班参观团、西藏自治区藏传佛教界代表人士参学团、全国少数民族参观团的接待保障工作。开展全区服务亚（残）运会涉宗知识培训，开展全区宗教领域风险隐患排摸技能、安全生产知识、全区宗教网格员暨“三人驻堂”小组成员业务知识、《互联网宗教信息服务管理办法》

解读等系列培训，培训500多人次。指导督促街道开展宗教场所消防安全、建筑安全等大排查、大整治、大演练，举行消防安全演习3场，开展宗教领域安全检查200多次。

（王声涛）

【统一战线队伍建设】2023年，杭州高新区（滨江）承办全市侨界创新创业基地建设现场交流推进会，指导聚光科技园获评“省级侨界双创基地”，培育华业科技园、浙江商业职业技术学院获评“市级侨界双创基地”，指导浙江中医药博物馆创建“市级华侨文化交流基地”，创建长河街道中兴社区市级“侨胞之家”；拓展海外组织覆盖面，在澳大利亚注册澳大利亚杭州滨江同乡会。承办省欧美同学会“大手拉小手”2023年蒲公英计划留学人员行前分享交流活动，组织中国侨联“侨联五洲·海外联谊研修班”走进杭州高新区（滨江）。做好“侨界导流”，坚持线上线下联动，依托海关、体检中心等线下留学人员聚集场地，同步线上推送资源，开展“学长面对面”系列活动。举办“庆祝二十大踔厉向未来”书画展，承办全省欧美同学会座谈交流现场会，组织成立杭州高新区（滨江）欧美同学会，并纳入群团序列管理。协办浙江省“亲情中华·之江同心”迎亚运民族管弦乐音画《听见江南》云直播活动；承办浙江省侨界“之江同心·侨助亚运”系列活动之海归青年毅行，举办“老外不见外·相约话亚运”联谊交流活动，联合亚组委宣传部举办“侨助亚运”系列活动暨“同心杯”国际民间羽毛球交流赛。

（朱　远）

【党外代表人士异地培训班】2023年6月12—16日，杭州高新区（滨江）党外代表人士培训班在厦门大学举行，全区各民主党派、统战团体的50名党外代表人士参加。培训围绕加强党外代表人士“五种能力”（政治把握能力、服务大局能力、服务群众能力、参政议政能力、政治协商和民主监督能力）建设，培训课程采取专题讲座、现场教学、交流分享的方式进行，学习中共二十大精神、习近平新时代中国特色社会主义思想、中华优秀传统文化等内容。组织全体学员到厦门集美学村参观陈嘉庚纪念馆，感悟“忠公、诚毅、勤俭、创新”的嘉庚精神，在郑成功纪念馆接受爱国主义教育。利用课前时间安排8名学员代表开展“学员论坛”，讲述各民主党派的历史发展历程及中国共产党与各民主党派历史故事。结业式上，4名学员代表作交流发言。

【民主党派基层组织工作会议】2023年8月16日，杭州高新区（滨江）民主党派基层组织工作会议举行，区政协、区委统战部、各民主党派相关负责人15人参加会议。会议传达学习杭州市民主党派基层组织规范化建设现场推进会会议精神，专题解读和辅导《杭州市民主党派基层组织规范化建设指导手册》。会议肯定各民主党派上半年的工作成果。对于下一步党派基层工作的开展，会议提出要提高政治站位，增强向心力；要善于参政议政，增强影响力；要深化社会服务，增强感召力；要加强队伍建设，增强生命力；要完善联系指导，增强组织力等要求。要求各民主党派要做到通过一定载体和方式，实现党派工作思想、意志、行动三方面的统一；区委统战部要做好党派活动的后勤保障，将经费、场地等方面的支持工作落到实处；加强区委统战部与民主党派负责人、民主党派与广大群众的沟通工作，放大组织凝聚力与向心力，保障民主党派工作的顺利进行。

【统战工作规范化建设推进会】2023年8月25日，杭州高新区（滨江）区级部门、国有企业和民营企业统战工作规范化建设推进会在区文化中心召开。会议解读部门、街道、国有企业和民营企业“统战工作规范化实施细则”，研究部署部门、国有企业统战工作规范化建设各项工作任务。规划资源滨江分局、区教育局、区民政局、杭州高新技术产业开发区资产经营有限公司分别围绕“优秀党外干部培养选拔”“发挥党外人士积极作用服务新时代教育高质量发

2023年8月25日，杭州高新区（滨江）区级部门、国有企业和民营企业统战工作规范化建设推进会召开　（区委统战部　供图）

展”“发挥社会组织统战人士作用”“发挥统战工作优势 服务海归创业创新”等主题作交流发言。

【“之江同心·开明共富”经济论坛】 2023年8月27日，“聚焦高质量发展、优化提升营商环境——之江同心·开明共富”经济论坛在区“智慧e谷”举行。省委改革办、省经信厅、省科技厅相关处室负责人，先进制造商学院总裁深修项目班学员，浙江民进企业家联谊会、民进省直和杭州会员代表，杭州高新区（滨江）相关部门负责人和企业家代表共150人参加。论坛聚焦省委“一号改革工程”，围绕优化营商环境展开，杭州高新区（滨江）负责人介绍该区坚持“发展高科技、实现产业化”，走“创新路”、吃“改革饭”、念“人才经”，打造优质一流营商环境的相关情况。开幕式上，浙江民进企业家联谊会揭牌，先进制造商学院举行战略合作签约仪式，双方在产业助推、项目合作、论坛举办、人才培养、公益慈善等方面开展合作。与会人员听取《挑战严峻 前途光明——对国内外几个重大问题的分析判断》主旨演讲；在“营商环境与企业发展”圆桌论坛，探讨营商环境优化和民营企业高质量发展；参观调研正泰集团股份有限公司、杭州海康威视数字技术股份有限公司及聚光科技（杭州）股份有限公司，与企业相关负责人展开企业数字化转型、智能工厂建设等专题交流。

【“同心大讲堂”报告会】 2023年9月4日，杭州高新区（滨江）统一战线“同心大讲堂”暨2023年党外知识分子和新的社会阶层人士爱国奋斗报告会在“硅谷天堂·同心荟”举行，各民主党派基层组织主委，各统战团体主要负责人，部分企业党委统战部部长，各街道统战委员、统战干事及区委统战部、工商联全体人员等80多人参加。讲座邀请杭州高新区（滨江）党外知识分子联谊会会长、广脉科技股份有限公司董事长赵国民作专题授课，赵国民围绕公司的发展历程、专精特新企业的政策趋势、政协委员参政议政的履职情况等方面，讲述自身立足岗位、爱国奋斗、建功立业的故事。

【“之江同心　结伴共富”电商直播公益培训】 2023年11月23日，“之江同心　结伴共

2023年11月23日，杭州高新区（滨江）举办“之江同心　结伴共富”电商直播公益培训班　（区委统战部　供图）

富”电商直播公益培训在白马湖嘻番里·同心联盟站举行，市委统战部党外知识分子和新的社会阶层人士工作处有关负责人，温州市泰顺县、丽水市遂昌县等26个山区县及结对地区代表共50多人参加。培训由省委统战部指导，市委统战部主办，中共滨江区委统战部承办。培训启动仪式上，发布“融合、发展、持续、公益、振兴、创新、结伴、共富、同心”九大关键词和“之江同心　结伴共富”未来3年直播电商公益行动计划。培训邀请3家企业代表进行专题授课，围绕抖音变现、电商新链路与心智玩法、直播带货等主题培训分析电商行业生态，帮助地方中小企业、直播电商从业人员掌握直播基本知识技能，提升直播运营能力，并形成集聚、带动效应。

【杭州市民营企业统战工作规范化建设推进会】 2023年11月24日，杭州市民营企业统战工作规范化建设推进会在杭州高新区（滨江）召开。中共杭州市委统战部、市工商联、杭州市各区县（市）委统战部、西湖风景名胜区管委会宣传统战部及民营企业党委统战部有关负责人共150多人参加。会议围绕《关于加强民营企业统战工作规范化建设的指导意见》进行工作交流、部署任务。中共滨江区委统战部、中共萧山区委统战部、浙江东冠建设集团有限公司、理想连线集团有限公司、银泰城商务社区党委相关负责人作交流发言，围绕“积极探索新时代民营企业统战工作”“发挥法宝优势　聚力‘两个健康’”“凝聚人心　服务企业　助推发展”“凝心聚力　守正创新　推进企业高质量发展”“聚力打造‘两个健康’城市之窗”等主题，分享各自开展统战工作的经验做法，展示杭州市民营企业统战工作的实践成果。

（徐哲宇）

区直机关党建

【概况】 2023年，杭州高新区（滨江）机关党建工作紧扣宣传贯彻中共二十大和服务保障杭州第19届亚运会主题主线，围绕“服务中心、建设队伍”两大任务，以建设清廉机关、建设模范机关“双建争先”工程为着力点，强化政治铸魂、服务中心大局、夯实基层基础。做优关心关爱，发布第六轮“暖滨心”关心关爱实事项目28个，满意率95%，二次参与率98%。

【机关党的政治建设】 2023年，杭州高新区（滨江）直属机关党工委加强机关政治建设。在中共二十大和省、市、区党代会及全会精神学习中“以考促学”“以讲促学”，组织机关党组织书记、优秀机关党员学习专题报告，分层次开展中共二十大精神轮训和考试，开展集中宣讲活动，实行党组织书记带头讲，强化政治理论武装。落实《关于深入开展学习贯彻习近平新时代中国特色社会主义思想主题教育的实施方案》，指导各单位党组织结合实际细化任务清单，推动主题教育。组织全体机关年轻党员干部进行党性检视自查，撰写党性分析报告80多份，开展专题讨论30多场次。

【机关党的组织建设】 2023年，杭州高新区（滨江）直属机关党工委开展党的组织建设。落实省委、市委“红色根脉强基工程”部署要求，实施“红色领杭·双建争先”工程。深化机关支部提升工程2.0，以季度专项交叉检查为着力点，整改业务盲点，建强基础业务。推进“清廉机关、模范机关”示范点建设，培育区审计局、区税务局2个“红雁清风”清廉机关示范点。针对党务干部新手多的实际情况，编制“三级三岗”责任清单，明确岗位职责，引导党务干部高质量履职。

【党建工作与中心工作融合】 2023年，杭州高新区（滨江）直属机关党工委坚持党建工作与中心工作相融合。落实《服务保障亚运会、亚残运会“先锋滨十大行动”》，统筹调度赛时赛事人员保障，抽调188名党政机关、企事业单位干部，保障赛事场馆平稳运转。履行共同富裕的工作要求，开展帮扶地区党政干部和专业技术人才培训等专题培训21期，培训党政干部1170人次、专业技术人才1926人次。创新在职党员“双领双优秀”，即党组织领项目、党员领任务，党员争当单位、居住地双优秀，整合党建力量形成合力，优化“双领双优秀”10项机制，吸纳225名省、市在职优秀党员担任街社兼职委员，在职党员编入小区先锋队，参与平安巡防、文明劝导等工作。

（冯蕴琦）

侨　务

【概况】 2023年，杭州高新区（滨江）侨务办公室（简称“区侨办”）围绕区委、区政府中心工作，落实工作决策部署；围绕服务社会经济发展大局，坚持履行职责。坚持国内、海外工作并重，拓展海外联络、服务新侨工作，推动基层组织建设和基础建设，提升为大局服务水平，凝聚侨心汇聚侨力。审转报符合“三侨”考生高考加分条件4人、中考加分条件6人。

【浙江省“之江同心·喜迎亚运”毅行活动暨“侨助亚运”系列活动】 2023年4月8日，浙江省“之江同心·喜迎亚运”毅行活动暨“侨助亚运”系列活动启动仪式在杭州奥体中心主体育场（“大莲花”）举行。活动由浙江省侨办、侨联，杭州市侨办、侨联主办，浙江省发展侨务事业基金会，杭州高新区（滨江）侨办、侨联，浙江艺术职业学院，浙江省侨商会，杭州市侨商会，侨音融媒体中心共同协办。侨界代表宣读《之江同心·喜迎亚运浙江侨界倡议书》，60个国家和地区的500名侨界代表和毅行爱好者身穿统一运动服，从杭州奥体中心沿着闻涛路最美跑道，到达射潮广场，全程约5千米。系列活动持续5个月，其间，举行系列羽毛球赛、乒乓球赛活动等6场，共吸引1000多人次参与。

【留学人员行前分享交流活动】 2023年7月12日，“大手拉小手”2023年“蒲公英”计划留学人员行前分享交流活动在杭州高新区（滨江）举行。活动由浙江省欧美同学会、浙江中华文化学院共同主办，杭州高新区（滨江）侨办承办，全省90多名准备海外留学行程的“蒲公英”计划学员参加。学员们参观位于杭州高新区（滨江）的海外高层次人才创新创业基地（简称“海创基地”）及国家“芯火”双创平台，感受前沿科技发展魅力和芯片产业的发展进程，了解海创基地在整合产业链资源、推动形成全链条发展生态、提升区域集成电路产业竞争力、孵化培育行业企业、集聚海归人才创新创业等方面情况。该活动是2023年“海外蒲公英使者”集训班教学计划的一部分，集训班拓展留学人员社交范围，提高留学人员在跨文化背景下的交流沟通能力、文化传播能力，对外讲好中国故事、传播中国声音。

【“海归浙里”小程序全市贯通】 2023年12月29日，杭州市“海归浙里”贯通仪式暨场景应用培训会在杭州统战之家举行。“海归浙里”应用由杭州高新区（滨江）试点建设，围绕留学人员全周期服务核心需求，聚焦“留学服务、海外服务、回国服务”三大场景，内含留学人员工作证、职称申报、人才分类认定等办事流程，推动实现留学人员服务的一体化、系统化、闭环化。“海归浙里”应用集成“一舱两端三场景”框架体系，提供一站式综合服务，解决留学人员服务事项多部门、跨领域管辖的问题，“两端”中的移动端——“海归浙里”微信小程序，集成留学体检、留学公证、创业就业、学历认证等功能模块。平台集聚整合各方资源，为归国留学人员找组织、找项目、找岗位、找政策、找投资提供方便。

（朱　远）

港澳台事务

【概况】 2023年，杭州高新区（滨江）探索创新内地港人青年统战工作，巩固和扩大港澳爱国统一战线，以支持香港融入国家发展大局为主线，聚焦创新创业，从政治站位、人心回归、创新创业3个维度，以“一基地两平台”（杭州市港澳青年学生实习创业基地和香港杭州创新创业服务中心、澳门专业孵化器两大平台）项目建设为着力点，健全体制机制、加大服务力度，搭建为港澳青年了解国情、融入内地、干事创业、成长成才的创新创业平台，吸引更多港澳青年到杭州高新区（滨江）交流合作、创新创业，密切内地港人青年的交流、交融。选派2人到深圳改革开放干部学院参加港澳统战工作专题培训。走访慰问港澳籍人士及家属20人次。常态化开展台资企业走访，提供服务，协助解决问题23个。

【创新创业环境推介会暨香港杭州高新区（滨江）同乡会周年庆】 2023年5月20日，杭州高新区（滨江）创新创业环境推介会暨香港杭州高新区（滨江）同乡会周年庆在香港举行，香港杭州高新区（滨江）同乡会会员代表等杭港两地代表共300多人参加。活动中，香港杭州高新区（滨江）同乡会表示将继续尽己所能，以“宣传文化、服务民生、推动德行、促进合作”为发展方向，响应“十四五”规划、粤港澳大湾区建设和“一带一路”高质量发展等国家号召，为杭港两地乡亲、乡贤提供交流、互助、互联、互通的平台。杭州高新区管委会负责人在会上作杭州高新区（滨江）经济发展情况、创新创业环境推介说明。

【浙港现代专业服务合作会议考察团到杭州高新区（滨江）考察】 2023年6月6日，浙港现代专业服务合作会议考察团到杭州高新区（滨江）考察。考察团到“智慧e谷”展厅，在“智慧互联、智慧网络、智慧安防、智慧交通、智慧医疗、智慧环境”6个分区，感受杭州高新区（滨江）发展信息经济与智慧产业的成果，了解智慧产业领域重点骨干企业的案例、解决方案等。在杭州海康威视数字技术股份有限公司展示中心，考察团了解公司发展历程，公司以智能物联、大数据等技术助力各行业数字化转型的创新实践。通过参观考察，浙港现代专业服务合作会议考察团成员期待两地加强交流，在各领域开展深层次合作，共享发展新机遇。

【“同心迎亚运·携手向未来”港澳青年浙江行活动服务保障】 2023年7月3日，“同心迎亚运·携手向未来”港澳青年浙江行活动在杭州奥体中心网球馆（“小莲花”）启动。省委主要负责人在启动仪式上致辞并宣布活动启动，香港特别行政区和澳门特别行政区行政长官视频致辞。中央政府驻港联络办、省政府负责人出席。区委统战部做好杭州奥体中心网球馆（“小莲花”）场馆各项保障工作，该次启动仪式保障工作获省委统战部主要负责人批示肯定。7月6日，区委统战部负责人陪同100名港澳青年探访杭州海康威视数字技术股份有限公司展示中心，港澳青年通过走访，了解杭州经济与人文发展交融的城市气质和精神，期待未来能有更多机会增进对杭州的了解，融入国家发展大局，助推两地友好交流。

【亚运会港澳贵宾接待服务】 2023年9月21日至10月1日，区委统战部成立港澳贵宾团组保障工作小组，统筹服务保障亚运会港澳贵宾接待工作。保障小组由区委统战部主要负责人担任组长、副组长，其他相关单位负责人为成员，下设办公室。小组成员与其他单位人员协作，24小时驻点办公，与省、市统战部门及港澳贵宾团组对接联系。3个官方接待饭店保障工作专班分别对接香港观摩团、澳门观摩团、香港志愿者团共90人的服务保障工作。

【澳门青年见习国情教育活动】 2023年12月12日，第三期“澳门青年到杭州阿里巴巴培训及见习计划”开班仪式举行。该活动由澳门特别行政区政府经济财政司劳工事务局与阿里巴巴集团联合举办，在岗实训见习计划为期8周。12月22日，37名澳门青年到杭州高新区（滨江）开展见习国情教育活动。澳门青年参观西兴老街，到过塘行码头专题陈列馆，了解西兴老街、浙东

2023年12月22日，澳门青年代表在中国动漫博物馆参观

（区委统战部　供图）

运河、西兴过塘行码头、浙东唐诗之路等历史文化，感受宋韵文化；到新华三集团和浙江中南卡通股份有限公司，了解杭州高新区（滨江）数字化和智能化水平和动画产品的制作过程和技术，并参与互动游戏；到中国动漫博物馆，感受中国动漫产业的魅力。

（徐　杰）

【对台事务】 至2023年底，杭州高新区（滨江）有台资企业90家，分属软件服务、文化创意、业务咨询等行业，以小微企业为主，有国家高新技术企业2家，规模以上企业1家。2023年，杭州高新区（滨江）落实国家、省、市稳住经济一揽子政策措施及“杭州惠台60条”等文件精神，做好惠台政策执行，助力区内台资企业稳进提质。按规范做好商务到台审批转报工作，完成商务到台19批次、45人次的审核和办理，服务企业对台商务活动。常态化开展台资企业走访调研，了解台资企业经营状况，开展台属联谊活动，提供服务，协助解决问题23个。借助亚运契机，开展亚运主题亲子系列活动，扩大两岸文化交流交往。

（孙超杰）

机构编制工作

【概况】 至2023年底，杭州高新区（滨江）有党委机构7个，管委会、政府工作机构20个，派出机构2个，管委会内设机构2个，人大常委会办事机关7个，政协办事机关7个，法院1个，检察院1个，街道3个。

【行政机构调整】 2023年，杭州高新区（滨江）调整部分行政机构设置。7月22日，区委组织部增加“牵头协调和组织实施全区综合考核工作”职责，相应增设内设机构综合考核科；区委办公室内设机构综合考评科更名为考评科，职责调整为承担区直单位（市驻区单位）、街道和平台高质量发展绩效考核有关工作；区经信局增加“牵头全区安商稳商工作，牵头协调和推进产业平台高质量发展工作”职责。11月28日，区委政法委（区司法局）内设机构行政复议应诉科加挂合法性审查科牌子，增加“负责重大疑难复杂事项的协同审查以及行政规范性文件、重大行政决策、合同等涉法事项备案审查，指导‘大综合一体化’行政执法改革法制审核工作”职责。12月29日，杭州高新区（滨江）退役军人事务局内设机构拥军优抚科加挂军休服务管理科牌子。

【事业机构调整】 2023年，杭州高新区（滨江）调整部分事业机构设置。7月22日，杭州高新区（滨江）老干部活动中心加挂杭州高新区（滨江）老年大学牌子；杭州高新区（滨江）电子监察中心更名为杭州高新区（滨江）纪检监察信息中心；经报市委编委批准，杭州高新区（滨江）物联网产业园发展服务中心、杭州高新区（滨江）互联网经济产业园发展服务中心机构规格确定为正处级；杭州高新区（滨江）智慧新天地发展服务中心转设为杭州高新区（滨江）零磁科学谷（智慧新天地）发展服务中心，机构级别为正处级。11月28日，设立杭州高新区（滨江）合法性审查服务中心，为区委政法委（区司法局）所属公益一类事业单位，机构规格为正科级，经费形式为区财政全额补助；杭州市滨江区生殖健康服务中心更名为杭州市滨江区妇女儿童健康服务中心，相应增加“承担3周岁以下婴幼儿照护服务的宣传培训指导工作”等职责；杭州高新区（滨江）政务服务中心加挂杭州高新区（滨江）企业综合服务中心牌子，相应增加“政务服务增值化中台枢纽”等相关工作职责。12月29日，杭州高新区（滨江）退役军人服务中心加挂杭州高新区（滨江）军队离休退休人员服务管理中心牌子，相应增加“承担军队离休退休人员服务管理具体事务性工作”职责；整合杭州市滨江区疾病预防控制中心、杭州市滨江区卫生监督所职责，重新组建杭州高新区（滨江）疾病预防控制中心，挂杭州高新区（滨江）卫生监督所牌子。

（刘湘婷）

信访工作

【概况】 2023年，杭州高新区（滨江）办理群众来信、来访、来电和网上信访11.1万件。其中：来信470件，四级走访815批次992人次，“12345”市长公开电话交办8.68万件，网上信访2.3万件。群众信访反映问题主要集中在文体旅游、城乡建设、市场监管等方面。信访事项按期受理率、按期办结率均在99.9%以上。编印《信访日报》254期，区党政主要负责人对信访工作作出批示185件。助力营商环境建设，营商环境事项初次化解率持续保持100%。拓宽民意收集渠道，人民建议征集站（点）标准化建设在全区3个街道67个社区全面覆盖，完成人民建议成果转化33个，转化率100%。

【信访工作联席会议机制建设】 2023年，杭州高新区（滨江）对区信访工作联席会议（区委区政府信访工作领导小组）组织架构进行调整优化。印发《滨江区信访工作有关会议制度》，明确定期向区委区政府汇报制度、区信访工作联席会议制度、区信访工作联席会议办公室主任会议制度、区信访工作联席会议专项工作组会议制度四大机制。增加组织部部长担任副总召集人（副组长），加强队伍构成。成员单位由39个增加为46个，扩大覆盖面。拆分重组原有10个专项工作组，调整为12个，提高分领域化解疑难复杂信访的精准度。全年召开全区信访工作联席会议5次，3个街道全部建立本级信访工作联席会议，发挥信访工作联席会议、专项工作组的牵头协调职能，构建“党委统一领导、政府组织落实、信访工作联席会议协调、信访部门推动、各方齐抓共管”的信访工作格局。

【领导干部下访接访】 2023年，杭州高新区（滨江）制定印发《滨江区进一步规范领导干部下访接访的实施方案》。通过“组织一轮学习、健全一批机制、构建一套体系”3项措施，发挥领导干部带头作用，推动化解群众的急难愁盼问题。将重点领域突出信访问题纳入重大信访问题清单库，发挥“关键少数”特别是党政主要领导在推动重大疑难复杂信访问题中的统筹协调化解能力，带头挂包重大疑难信访事项，重大信访问题清单指数全市排名第二、全省第七。开展“千名干部大接访”活动，领导干部下访接访288场次，实体化解率95.8%。其中：区领导接访105场次，化解103件，化解率98.1%，区主要领导带头下访接访，公开接访72件，化解率100%；部门领导接访183场次，化解173件，化解率94.54%。

【信访积案化解】 2023年，杭州高新区（滨江）领受国家、省、市三级信访积案135件，该项工作纳入区委、区政府重点工作任务，区委书记专题会议进行部署，明确工作标准和化解时限。制定《关于开展"积案清零、清单销号和源头治理攻坚年"活动的实施意见》《国家级第三批信访积案集中治理工作方案》《关于集中开展重要信访事项化解的通知》等文件，明确区四套班子负责人及法院院长、检察院检察长包案内容，落实各级包案领导"主动约见一次信访群众、牵头召开一次协调会商、带队开展一次实地指导、亲自签署一份办结报告"的工作要求。提前4个月实现全部信访积案动态清零，长期保持再访率为0。杭州高新区（滨江）获评"2023年全省无信访积案区县（市）""全省治重化积及依法维护信访秩序工作成绩突出集体"。

（韩承运）

党史研究

【概况】 2023年，区委组织部（区党史办）坚持党有所需、史有所为的工作原则，履行党史"以史鉴今、资政育人"的职能，围绕主题教育、党史宣传教育、革命场馆建设等，联合开展"不忘初心·书写芳华"红色沉浸式体验、"游基地学党史、迎亚运展风采"宣讲员风采展示等活动96场，吸引3500人次参与。

【原创动画《天眼说·八八战略》】 2023年，浙江中南卡通股份有限公司制作原创动画系列微党课《天眼说·八八战略》，以动画形式科普"八八战略"核心内容与政策内核，展现"八八战略"实施20年浙江发生的全方位变化和取得的历史性成就，把党的创新理论讲深讲透讲活。作品制作完成后，推荐参与全国党员教育电视片观摩交流活动。

【党史资料征编研究】 2023年，区党史办拓展和完善党史资料，做好改革开放以后国家领导人在杭州高新区（滨江）活动的资料征集、整理工作，完成《习近平的杭州足迹》滨江篇的编纂工作，深化习近平新时代中国特色社会主义思想在杭州高新区（滨江）的实践研究，提升资政研究科学化水平。

【长河革命历史纪念馆提升改造】 2023年3月，长河革命历史纪念馆因线路老化、电线裸露、房屋积潮等因素，被纳入长河老街二期提升改造整体计划。至8月底，改造完成，新增以中共六大会场为原型的"元宇宙"党员宣誓空间，上线历史人物来耀先"数字人"AR讲解，提升沉浸式游览体验。

【"党史入童心·亚运同你行"红色小队活动】 2023年7—10月，区党史办联合区党群服务中心开展"党史入童心·亚运同你行"红色小队活动。以"听一段红色历史、看一段经典影片、交一份满意答卷、绘一幅广阔蓝图"为载体，引导少年儿童缅怀历史、学习革命前辈为革命事业奋不顾身的崇高精神。其间，面向区内小学小队开展活动7场，84人次参与。

（陈雨婷）

老干部工作

【概况】 2023年，杭州高新区（滨江）干部办理退休117人。其中：区级机关和街道退休55人，包括副厅级以上3人、县处级以上40人（含副区级23人）、科级及以下12人；事业单位退休60人；企业退休2人。至年底，有离休干部3人，退休干部923人。退休干部中有区级机关和街道退休320人，包括副厅级以上25人、县处级以上189人（含副区级59人）、科级及以下106人；事业单位退休583人；企业退休20人。2023年，长河街道中兴社区金秋驿站获评省级"乐活驿站"，区市场监督管理局退休党支部被授予浙江省"三强六好"示范党支部称号，国家税务总局杭州市滨江区税务局机关退休干部党支部获评省级最美离退休干部党支部，"幸福银领"老干部志愿服务队获评省级最美银耀志愿服务团队，"新浦聚焦"民情观察室项目获评省级最美银耀志愿服务项目。黄仲虎、潘丽萍获评省级"银尚达人”，吴梅丽家庭获评省级“银尚之家”，邱源惠、翁景清等4名老干部入选为市级银色人才，顾平获评省级最美离退休干部党支部书记，任卡加获评省级最美银耀志愿者。

【区老年大学成立】 2023年7月22日，杭州高新区（滨江）老年大学在区老干部活动中心（区文化中心11楼）挂牌成立。区老年大学统筹全区老年教育资源，开设书法、声乐、旗袍、中医养生等6个大类共15个班次的课程，惠及410多名机关事业单位退休干部，全年授课195次。新增中医养生班，吸引45名退休干部报名参加，是报名人数最多的课程。

【第四届干部职工荣退仪式】 2023年8月11日，杭州高新区（滨江）举行第四届干部职工荣退仪式。自2020年全省首创区级荣退仪式以后，杭州高新区（滨江）已持续第4年组织该活动。该届荣退仪式结合“八八战略”实施20周年、杭州第19届亚运会等事件，设计融入杭州高新区（滨江）成立20年的变化和老干部助力亚运、服务亚运等元素。在区干部职工荣誉退休“9+X”制度基础上，落实9个硬指标（开展一次组织谈话、制作一本“我的滨江时光”影集、举办一场初心闪耀荣退仪式、开通一键干部服务码、明确一名结对服务年轻干部、组织一起温暖送离岗位、推送一份乐龄生活指南、准备一份有意义“暖心包”、递上一封志愿服务倡议书），丰富“X”动作，创新“银龄悦享+”服务机制。围绕“薪火相传”“心安在滨”两大主题，推出“六个一”服务套餐，即一份志愿服务邀请、一份服务工作举措、一份退休政策指引、一份银龄乐学指南、一份健康生活指导和一份暖滨心大礼包。28名退休干部参加仪式。

2023年8月11日，杭州高新区（滨江）举办第四届干部职工荣退仪式
（区委组织部 供图）

【老干部志愿服务】 2023年，杭州高新区（滨江）创新举措，为老干部投身志愿服务、发挥自身优势创造条件。将238名退休干部组成23支老干部志愿服务队，参加各项亚运志愿服务、防诈骗等社会治理公益活动86场次，协助解决邻里矛盾化解等问题70多个，服务群众1200多人次。

（陈雨婷）

关心保护下一代工作

【概况】 2023年，杭州高新区（滨江）关心下一代工作委员会（简称“区关工委”）围绕区委中心工作，服务大局，为青少年办实事、做好事、解难事，各级关工委开展宣讲及实践活动97场，受益青少年4000多人次。区中小学校党史教育基地被命名为第五批“杭州市关心下一代教育基地”。至2023年底，杭州高新区（滨江）有困境儿童60人，其中孤儿5人、事实无人抚养儿童15人、贫困家庭重病重残和三四级智力、精神残疾儿童4人、最低生活保障家庭儿童10人、最低生活保障边缘家庭儿童26人。六一节前后，在龙湖滨江天街、滨江宝龙城商圈、江汉路地铁站、江陵路地铁站等公共场所投放未成年人保护宣传海报。长河街道月明社区、冠山未来社区，浦沿街道彩虹社区、岩大房社区通过2023年第二批杭州市儿童友好社区创建验收。开展未成年人保护培训等活动71场次，2000多人次参与。

（陈雨婷　吕奇奇）

【“奋飞助学”活动】 2023年，区关工委开展“奋飞助学”活动，鼓励青少年勤奋学习、立志成才。向全区21名家庭经济困难、品学兼优的学生发放“奋飞助学金”，其中，困难中、小学生每人1000元，困难大学生（含大专生）每人4000元，共计3万元。

【法治宣传教育系列活动】 2023年，区关工委与区法院、区检察院、公安滨江分局、区司法局等相关单位联合共建，开展“关爱明天、普法先行”系列法治宣传教育活动，维护青少年合法权益。开展“未来关怀·少年的你”系列法治教育活动、“人才大手牵小手”科普教育活动等活动60多场。围绕“未成年人保护与犯罪预防”“反诈小专家”“安全小护卫”等主题开展青年说“法”系列活动，增强青少年安全意识和自我保护意识。创新推出“反诈进校园”关爱品牌，开展青少年法治教育30多场，开展禁毒、防艾滋病教育42场。开展“E路守护”法治研学之旅，依托全省首个网络安全主题青少年互动法治体验馆，在国家宪法日、开学季、寒暑假等时机举办专题法治研学活动，宣传普法内容。举办“暖滨心·小小天平卫士”活动，让青少年学生到法院参观诉讼服务大厅及文化长廊，并组织进行模拟法庭，沉浸式体验一线法治工作，增强青少年的法治观念。

【“五老”队伍优化】 2023年，区关工委在原有区“五老”（老干部、老战士、老专家、老教师、老模范）队伍的基础上，吸纳27名有意愿、有爱心、有能力、乐于奉献的退休老人加入区关工委队伍，择优遴选“宣讲团”“关爱团”“科技团”3名团长，充实“五老”力量。全年召开3次“五老”三团工作座谈会，指定宣讲方向，认领宣讲课题，制定宣讲清单，点单式地为青少年提供宣讲课程。

【关工委组织建设】 2023年3月，区关工委办公室职能由团区委划转至区委组织部，区关工委第一时间组织座谈调研，调整充实组成人员，加强领导班子建设。自上而下推动构建区、街道、社区（学校）三级组织网络，全区各街道关工委组成人员调整到位，各社区、中小学校、幼儿园关工委组织做到全覆盖。引导9家上市公司、重点企业、规模以上企业探索建立关工委组织，并示范带动22家民营企业参与关心下一代活动，形成全区“大关工”工作格局。

（陈雨婷）

【适度普惠型儿童福利制度】 2023年，杭州高新区（滨江）实行适度普惠型儿童福利制度，发放孤儿和困境儿童基本生活费和生活补贴72.96万元。为最低生活保障、最低生活保障边缘中的困境儿童家庭购买每年每户318元的家电统保，让困难群众能享受免费的家电上门维修专业服务。为全区所有孤儿和困境儿童购买每年每人500元的困难家庭意外保险和100元的“西湖益联保”。

【区未成年人保护中心】 2023年7月，杭州高新区（滨江）未成年人保护中心建成投用。保护中心位于滨江区西兴街道缤纷东苑24号商铺，占地面积1197平方米，以“关爱、救助、保护、教育”为宗旨，为区内未成年人提供全方位救助和保护，委托杭州华羊健康服务有限公司运营。内设阅览区、亲子普法教育区、教育区、个案会商区、社区展览馆、康复区、小组活动区、心理咨询区、办公区、就餐区和未成年人宿舍，承担全区未成年人权益保护工作，具备7天以内临时监护能力，负责区内未成年人保护工作分析评估、政策宣传、个案帮扶等，为未成年人救助、保障、关爱、保护提供综合性服务场所。12月，通过杭州市未成年人救助保护中心实体化运行“十大项目”（聚善护未、普法佑航、用爱筑家、合力护童、心理港湾、智慧童行、添翼乐园、乘风助未、阳光育苗、牵手未来）评估。

【困境儿童“一人一策”项目】2023年8月，杭州高新区（滨江）实施困境儿童“一人一策”项目，通过排摸困境儿童的家庭情况、居住情况、监护情况、身体健康状况、心理健康情况等基本信息和需求信息，形成困境儿童帮扶“成长清单”“问题清单”“需求清单”“服务清单”，建立困境儿童权益保障常态长效机制。该次排查收集到物资需求57个，包括学习用品、生活用品、营养食品等。支出6000元，完成困境儿童“微心愿”57个。

【未成年人保护培训】2023年11月20日，杭州高新区（滨江）儿童督导员、儿童主任赋能培训班在“智慧e谷”举行。培训分享解读儿童领域的政策，邀请杭州合欢服务中心的律师分析不同阶段孩子的心理特点以及应对措施等内容。全区3个街道的儿童督导员、65个社区的儿童主任、1个未成年人救助保护中心的工作人员参加培训。

（吕奇奇）

综合考核和督查

【概况】2023年，浙江省综合考核体系重塑。7月22日，杭州高新区（滨江）的综合考评工作由原来的区委办综合考评科实施，改为由区委组织部实施，区委组织部相应增设内设机构综合考核科，牵头协调和组织实施全区综合考核工作。综合考核工作围绕“党的建设”“高质量发展绩效”“满意度评价”三大维度实施。省级考核中，滨江区在64个非山区海岛县中居第一位，杭州高新区在全省28家Ⅲ类高新区中居第一位。市级考核全面承接省级考核内容，并增设杭州特色指标和“领导评价”考核维度，滨江区居全市第二位，杭州高新区居全市第一位。

【区本级综合考核】2023年，杭州高新区（滨江）围绕省、市中心工作，结合区情，制定考核指标体系。“党的建设”“高质量发展绩效”“满意度评价”3张考卷分别由区委组织部、区委办、区统计局牵头实施，国有企业的“高质量发展绩效”由区财政局牵头实施。根据省、市考核重点，以“136”主题攻坚为着力点，细化157项二级指标和151个赋分规则，逐一定目标明责任，明确定量指标和定性指标赋分方法，量化考核要求，考出合理分差。其中：“党的建设”由区委组织部会同16家单位分头考核；“高质量发展绩效”由区委办会同15家单位分头考核；“满意度评价”由区统计局采用电子化评价开展，结果自动生成。根据2023年度综合考核实施办法，考核评先比例由原来的优秀、良好和达标等次，调整为第一、第二、第三、第四共4个等次，明确第一等次不超过35%，第三及以下等次不少于10%；区直Ⅲ类单位不评定等次，按考核得分排名前60，推荐为综合考核先进单位。经3张考卷牵头单位分头考核，由区委考核办汇总，并提请区委考核办主任会议、区委考核委会议、区委常委会会议审议通过，形成考核结果。区直Ⅰ类单位中，区委办等5家单位评定为综合考核第一等次；区直Ⅱ类单位中，区府办等7家单位评定为综合考核第一等次；长河街道评定为综合考核第一等次；平台中，物联网产业园、互联网经济产业园评定为综合考核第一等次；区属国有企业中，杭州滨江环境发展有限公司为综合考核第一等次。区直Ⅲ类单位中，区税务局等5家单位评定为综合考核先进单位。根据《2023年度杭州高新区（滨江）综合考核实施意见》，对年度综合考核为第一等次且领导班子考核为优秀的单位，被评定为先进单位。根据年度综合考核等次评定以及领导班子年度考核结果，16家综合考核第一等次单位，被评定为综合考核先进单位。

【省、市对区综合考核】2023年5月24日，杭州市委办公厅根据《浙江省综合考核办法（试行）》和《杭州市综合考核办法（试行）》，参照《浙江省设区市、县（市、区）综合考核实施办法(试行)》,制定并印发《杭州市区、县(市)综合考核实施办法(试行)》。省、市对杭州高新区(滨江)综合考核工作随即启动。根据考核对象分类,滨江区属于Ⅰ类区、县(市),杭州高新区属于Ⅲ类开发区(园区)。综合考核包括“党的建设”“高质量发展绩效”“满意度评价”3张考卷及“领导评价”。“党的建设”考卷(100分)主要考核履行从严管党治党责任、全面加强党的领导和党的建设情况,设置党的政治建设、思想建设、组织建设、党风廉政建设、党的全面领导和专项评议等方面指标。“高质量发展绩效”考卷(100分)主要考核贯彻新发展理念、推动高质量发展的实绩实效情况,设置综合质效、创新发展、协调发展、绿色发展、开放发展、共享发展、重点工作落实情况、专项考核和加减分项等方面指标。“满意度评价”考卷(100分)主要是总体评价满意度、营商环境满意度、生态环境公众满意度、基本公共服务满意度、廉洁勤政满意度等,分为“两代表一委员”评价、社会公众评价、市直单位评价、区县(市)互评、综合考核组评价5个方面。领导评价(5分)由市领导根据季度监测、半年评估等日常监测情况开展总体评价。根据《杭州市区县(市)综合考核实施办法(试行)》,进行等次评定时,依据年度综合考核得分排序评定第一、第二、第三、第四4个等次,第一等次一般为3个,根据年度考核进位等情况再统筹1~2个。区县(市)年度综合考核先进名单和推荐名单,由市委考核办审核,按程序报批后确定。2023年度滨江区综合考核得分84.61分,居全市第二位,获第一等次,领导班子年度考核为良好。杭州高新区综合考核得分86.01分,居全市Ⅲ类开发区(园区)第一位。

(蔺新盛)

【省委巡视“回头看”】 2023年,杭州高新区(滨江)针对省委第八巡视组在巡视“回头看”中反馈的巡视意见,于2月6日、5月6日、8月4日、11月6日上报整改进展情况报告,完成2个具体问题的整改销号。至年底,围绕省委第八巡视组反馈问题24个,细化分解为50个具体问题171条整改措施,召开整改工作双月例会6次,同步编印工作月报1期,双月报5期;50个具体问题完成整改49个,1个问题整改推进中,完成率98%。

(陈　烁)

【督查检查考核工作】 2023年6月16日,杭州高新区(滨江)印发《2023年全区性督查检查考核计划》《2023年区级单位督查检查考核事项备案清单》,明确全区开展督查检查考核工作27项,其中督查类15项、检查类2项、考核类10项,项目总数比上年下降10%;督查、检查类数量不变,考核类数量减少3项。全区单位共备案督查检查考核事项7项,其中督查类2项、检查类1项、考核类4项。至年底,27项督查检查考核工作均已完成。

【“七张问题清单”工作】 2023年10月16日,“七张问题清单”应用推进工作领导小组办公室印发《滨江区“七张问题清单”考核实施细则》及各清单考核实施细则、《滨江区“七张问题清单”街道管控力指数评价细则》。实行“定期例会、双周赛马比拼、专题通报”,召开领导小组办公室工作例会9次,刊发《问题管控力量化指数分析快报》4期、《问题上报及整改进展情况双周报》18期,印发工作提醒单23份。至年底,全区收到省级清单问题22个,市级清单问题186个,发布区级清单问题62个。上报街道问题库问题7072个,其中接口上报数4060个。杭州高新区(滨江)“七张问题清单”问题管控力指数年度评价五星,居全省第20位。“七张问题清单”案例入选省级示范案例1个、省级典型案例3个、市级典型案例5个。

(来佳萍)

滨江区人民代表大会

综　述

【人大代表构成】　至2023年底，滨江区第六届人民代表大会有代表193人。其中：党政干部代表33人，占17.09%；妇女代表57人，占29.53%；非中共党员代表70人，占36.27%；工人、农民92人，占47.67%；专业技术人员72人，占37.3%。

【人大主题教育】　2023年，区人大常委会围绕“学思想、强党性、重实践、建新功”总要求，一体推进理论学习、调查研究、推动发展、检视整改、建章立制等举措，学习领会和贯彻落实习近平总书记重要讲话和重要指示批示精神21次，开展循迹溯源学、集中研讨学等主题教育学习活动12次。开展“四下基层”“大走访大调研大服务大解题”活动，聚焦制约高质量发展和人民群众急难愁盼问题开展调查研究，形成优化民生实事项目产生路径等调研成果7个，推动解决发展难题7个。

【党委决策部署落实】　2023年，区人大常委会围绕省委、市委、区委中心工作，助推三个“一号工程”在滨江区落地见效，紧扣创新深化、改革攻坚、开放提升关键性举措，谋划和开展人大履职工作，推动滨江区经济高质量发展。执行重大事项请示报告制度，全年向区委请示报告人大重要会议、重要工作、重要事项6次。完成区委交办的重点课题调研，提供决策参考。全年开展人大监督事项9个，作出决议决定12项，听取专项报告9个，开展执法检查7次，组织调研视察活动43次。

【亚（残）运会服务】　2023年，区人大常委会主任会议成员全员参与杭州第19届亚运会和第4届亚残运会，担任亚（残）运赛事侧分指挥部、各体育场馆运行团队、体育场馆外围保障专班指挥长、副指挥长。主任会议成员任团队指挥长的杭州奥体中心网球中心运行团队被国家体育总局，中国残联，省委、省政府授予“杭州亚运会、亚残运会先进集体”称号。重点监督亚运场馆无障碍环境建设、赛事运行服务保障、志愿服务组织等11次，专题视察道路交通安全管理、地铁站周边交通、文体设施建设、城市文明品质提升等工作20多次。开展“主场迎亚运、代表勇担当”主题活动，发动全区各级人大代表围绕“亚运靓城”攻坚行动，进行“看一看城市、拍一拍问题，查一查条例、提一提建议，晒一晒成绩、亮一亮风采”，收集意见建议111条，推动问题整改69个，打造“全员督、随手拍、立即改”系列监督成果，4件涉亚运代表建议被评为市、区人大代表优秀建议。

【人大宣传工作】　2023年，区人大常委会在区级微信公众号发布文章297篇次，被省、市人大信息刊物、网站、公众号录用58篇次。人民网、新华网等中央和省市媒体报道滨江区人大工作和代表履职事迹30篇次，《小修小补烟火气回归》等报道获各主流媒体全网传播，阅读量100万余人次。

【"人大协商日"活动】 2023年，区人大常委会创新开展"人大协商日"活动，拓宽民意表达到民主决策的通道，打造"群众盼、代表提、集中议、政府办、人大督"的协商模式，探索"三端两聚"全过程人民民主实践路径。"三端"即向前端移，全年下沉基层单元人大核心业务32次，其中4月19日，在西兴工业园人大代表联络站开展"人大协商日"活动，推动人大监督更具民意基础；向中端扩，协调"一府两院"12项决策事项下沉基层单元，推动各项决策更好回应群众期盼；向后端延，确保民意民智实现成果转化，推动人大监督和部门决策更为精准有效。"两聚"即以人聚事，组织代表及国家机关工作人员进联络站开展接待活动364人次，常态化听取民声民意；以事聚人，以热点难点问题为主题，组织代表和相关部门开展座谈，协调解决问题158个。

2023年4月19日，区人大常委会在西兴工业园区代表联络站开展"人大协商日"活动　（区人大办　供图）

【"e滨达"基层单元】 2023年，区人大常委会结合高新特色优势，对标"联、商、督、促、智"五大功能，按照产业、共富、人才、国际、平台、社区、学校7个类目，推动1个区级总站、3个街道中心站和67个基层联络站点升级建设，打造"e滨达"特色基层单元品牌。西兴街道滨和未来社区代表联络站依托"小单元"展现人大履职"大作为"，开展"青春共治"活动。长河街道新建互联网经济产业园代表联络站，关注企业和人才需求。浦沿街道恒生LIGHT PARK代表联络站聚焦高质量发展，建成市、区两级人大代表共建共享特色站点。

（吕依莉）

重要会议

【概况】 2023年，区人大及其常委会召开杭州市滨江区第六届人民代表大会第二次会议，举行常委会会议7次。会议听取和审议《杭州市滨江区人民政府工作报告》，审查国民经济和社会发展计划执行情况等报告，听取和审议区政府部分工作部门述法工作报告，并开展专项评议，审议并表决有关人事任免事项。

【区六届人大二次会议】 2023年2月2—3日，杭州市滨江区第六届人民代表大会第二次会议在杭州白马湖建国饭店召开，应到代表202人，实到195人，列席人员79人。会议听取和审议《杭州市滨江区人民政府工作报告》；审查《杭州市滨江区2022年国民经济和社会发展计划执行情况与2023年国民经济和社会发展计划草案的报告》，审查、批准《杭州市滨江区2022年国民经济和社会发展计划执行情况的报告与2023年国民经济和社会发展计划》；审议《2022年区政府民生实事项目完成情况和2023年民生实事候选项目形成情况报告》，测评2022年区政府民生实事项目；审查《杭州市滨江区2022年财政预算执行情况和2023年财政预算草案的报告》，审查批准《杭州市滨江区2022年财政预算执行情况的报告和2023年财政预算》；听取和审议《杭州市滨江区人民代表大会常务委员会工作报告》《杭州市滨江区人民法院工作报告》《杭州市滨江区人民检察

2023年2月2日，杭州市滨江区第六届人民代表大会第二次会议第一次全体会议在杭州白马湖建国饭店召开　　（区委宣传部）

院工作报告》。大会审议通过上述报告并做出决议。投票表决产生10项2023年政府民生实事项目。会议期间收到代表建议70件，交区政府和有关部门研究办理。

【区人大常委会会议】 2023年，区人大常委会举行常委会会议7次。区人大常委会组成人员，区政府、区监委、区法院、区检察院及议题相关单位负责人参加会议。

2023年滨江区人大常委会会议情况一览表

表1

日期	会议名称	会议内容
1月10日	区六届人大常委会第七次会议	听取和审议2022年区政府民生实事项目完成情况和2023年区政府民生实事候选项目形成情况的报告，听取和审议区政府关于区六届人大一次会议代表意见建议办理情况的报告，听取和审议区政府关于国有资产专项工作情况审议意见落实情况的报告并进行满意度测评，听取政府、财政预算、计划、法院、检察院5个报告起草情况的汇报，听取和审议区政府2023年重大投资项目计划报告，听取杭州市人大代表述职，审议并通过区人大常委会工作报告，审议并通过区人大常委会2023年工作要点，讨论决定区六届人大二次会议召开时间等有关事项，审议并表决有关人事任免事项
2月1日	区六届人大常委会第八次会议	审议并表决有关人事任免事项
3月28日	区六届人大常委会第九次会议	听取和审议2022年度环境状况和环境保护目标完成情况的报告，听取和审议人大街道工委关于2022年度工作情况和2023年度工作计划的报告，审议并表决有关人事任免等事项
6月22日	区六届人大常委会第十次会议	听取和审议区政府关于2022年度法治政府建设情况的报告，审议并表决有关人事任免事项
7月28日	区六届人大常委会第十一次会议	听取和审议2023年上半年国民经济和社会发展计划执行情况的报告；听取和审议2022年财政决算和2023年上半年财政预算执行情况的报告，批准区政府2022年财政决算；听取和审议2022年度区本级预算执行和其他财政收支的审计报告；听取和审议区政府关于下半年新开工政府重大投资项目的报告；听取和审议区政府关于国有资产专项工作情况的报告，审议并表决有关人事任免事项，颁发任命书，被任命人员举行宪法宣誓仪式
11月27日	区六届人大常委会第十二次会议	听取和审议区政府部分工作部门述法工作报告，并开展专项评议；听取和审议区政府关于给排水情况的报告，并开展专题询问；审查批准地方政府债务限额及预算调整情况的报告；听取财政、计划审议意见整改落实情况的报告并进行满意度测评；听取和审议备案审查工作情况的报告，审议并表决有关人事任免事项，颁发任命书，被任命人员举行宪法宣誓仪式

续表1

日期	会议名称	会议内容
12月28日	区六届人大常委会第十三次会议	听取和审议区政府关于2023年民生实事项目进展情况的报告；听取和审议区政府关于区六届人大二次会议代表意见建议办理情况的报告，并对重点建议办理情况进行满意度测评；讨论决定区六届人大三次会议召开时间等有关事项；审议并表决有关人事任免事项

（俞冰寒）

重大决定和人事任免

【概况】 2023年，杭州市滨江区人大常委会通过重大决定12项。涉及基础建设、国民经济和社会发展计划执行情况、相关部门述法工作等内容。全年依法任免国家机关工作人员59人次。

【重大决定】 2023年，杭州市滨江区人大常委会通过重大决定12项。1月9日，区六届人大常委会第十三次主任会议通过区人大常委会关于区政府《关于全区公园建设管理情况的报告》的审议意见。1月10日，区六届人大常委会第七次会议通过区人大常委会关于《关于提请区人大常委会审议的新开工超两亿元政府重大投资项目的报告》的审议意见。4月19日，区六届人大常委会第十八次主任会议通过区人大常委会关于区政府2022年度环境质量状况和环境保护目标完成情况报告的审议意见。7月21日，区六届人大常委会第二十一次主任会议通过区人大常委会关于2022年度法治政府建设工作情况的审议意见。7月28日，区六届人大常委会第十一次会议通过区人大常委会关于2023年区政府第二批重大投资项目的报告的审议意见。8月18日，区六届人大常委会第二十二次主任会议通过区人大常委会对区政府《2023年上半年国民经济和社会发展计划执行情况的报告》的审议意见、区政府《关于杭州市滨江区2022年财政决算草案和2023年上半年财政预算执行情况的报告》《关于2022年度区本级预算执行和其他财政收支的审计工作报告》的审议意见，对全区机关事业单位租用国有物业资产情况的审议意见。12月21日，区六届人大常委会第二十八次主任会议通过区人大常委会对区政府《关于滨江区给排水能力建设的报告》的审议意见、关于区综合行政执法局述法工作的审议意见、关于区统计局述法工作的审议意见、关于区应急管理局述法工作的审议意见。

【区六届人大常委会第七次会议人事任免事项】 2023年1月10日，区六届人大常委会第七次会议接受胡嘉欢辞去区第六届人民代表大会代表职务，免去倪晓花的区人民法院白马湖人民法庭副庭长职务。任命季隽虹为区人民法院审判委员会委员、张晓平为区人民法院刑事审判庭庭长、钟飞燕为区人民法院浦沿人民法庭副庭长、郭丙丽为区人民法院民事审判一庭副庭长、方晨为区人民法院行政审判庭（知识产权审判庭）副庭长。

【区六届人大常委会第八次会议人事任免事项】 2023年2月1日，区六届人大常委会第八次会议免去陶峰的区人民政府副区长职务、赵淦的滨江区监察委员会委员职务。选举李秀莹为杭州市第十四届人民代表大会代表。

【区六届人大常委会第九次会议人事任免事项】 2023年3月28日，区六届人大常委会第九次会议接受来莉辞去区第六届人民代表大会代表职务，免去陈健的区人民政府副区长职务、方建灵的区人大常委会西兴街道工作委员会副主任职务。任命于林芳为区人民政府副区长、洪潮为区人民政府副区长、张月华为区人大常委会西兴街道工作委员会副主任、孙超为区监察委员会委员。

【区六届人大常委会第十次会议人事任免事项】 2023年5月17日，区六届人大常委会第十次会议免去王锡源、汤锋、刘慧、张琼、胡晓泽的区人民法院人民陪审员职务。

【区六届人大常委会第十一次会议人事任免事项】 2023年7月28日，区六届人大常委会第十一次会议决定任命：陈刚为区人民政府副区长，孙灿平为区人大常委会办公室主任，王晓莹为区人大常委会教科文卫民宗侨工委主任，从国成为区人大常委会人事代表工委主任，应军为区人大常委会西兴街道工作委员会主任，胡晓辉为区人力资源和社会保障局局长，高国明为区退役军人事务局局长，郭良为区应急管理局局长，史琼为区市场监督管理局局长，李逸勉任区监察委员会副主任，吴森林任区监察委员会委员，刘宏水为区人民法院浦沿人民法庭副庭长、审判员，李程为区人民法院白马湖人民法庭副庭长、审判员。

【区六届人大常委会第十二次会议人事任免事项】 2023年11月27日，区六届人大常委会第十二次会议决定任命：来江飞为区人大常委会城建环保工委主任，傅天健为区教育局局长。任命张晓平、蔡智群、倪晓花为区人民法院审判委员会委员，丁怡为区人民法院审判员，丁利坚为区人民检察院检察员。

【区六届人大常委会第十三次会议人事任免事项】 2023年12月28日，区六届人大常委会第十三次会议接受钟孚、杨晓红、李树人、赵秀丽、陈丹、崔向虎、童美芳辞去区第六届人民代表大会代表职务。

（郁　浩　刘阳莎）

2023年7月28日，区人大常委会为新任命的国家工作人员举行宪法宣誓仪式　　（区人大办　供图）

视察调研

【概况】 2023年，区人大常委会开展执法检查4次，参加代表98人次。聚焦民生实事项目开展视察督查36次，参加代表620人次，监督发现问题102个，提出意见和建议293条。接待省、市人大常委会负责人到滨江调研18次，主任会议成员带头开展课题研究，4篇研究成果获评杭州市全过程人民民主专题研讨会优秀论文，3个案例获评“杭州人大工作与时俱进”优秀案例和提名案例。

（傅　瑛　马凯航）

【执法检查】 2023年，区人大常委会根据省、市人大关于开展《浙江省民营企业发展促进条例》《浙江省促进中小微企业发展条例》全省三级人大上下联动执法检查的部署和要求，成立以区人大常委会主要负责人为组长的执法检查组，经主任会议研究后印发执法检查方案。邀请法律专家开展以“见‘微’知著，护‘民’前行”为主题的条例解读辅导，在工业园区代表联络站开展“人大协商日”活动，围绕“强化产业园区建设，助推经济加速奔跑”等主题进行座谈协商。检查组检查21个相关部门的执行情况，发现条例宣传有待加强等问题22个，提出建议26条。邀请法律专家对《中华人民共和国噪声污染防治法》《杭州市环境噪声管理条例》进行重点解读，踏勘江三自留地噪声监测点和奥体噪声监测点，听取各责任部门对“一法一条例”执行情况的汇报，发现监测能力不足、职责界限不清等问题，提出认真筛查重点问题、推进问题整改、探索改革创新试点、建立健全长效机制等建议。

（范世杰　戴雨琪）

【民生实事项目监督】 2023年，区人大常委会聚焦民生实事项目，落实一事一小组、一人一项目、一季一活动、半年一评估、一年一测评“五个一”监督制度，全年开展区、街两级民生实事监督活动36次，参加代表620人次，提出意见建议293条，助推项目实施。制定出台《关于开展人大协商助推民生实事项目常态化征集工作的暂行办法》，开展历年代表建议办理情况“回头看”，协商形成意见建议11条，4个项目纳入政府民生实事候选项目储备库或转化为政府投资项目。

（阮淑慧　刘阳莎）

2023年杭州市滨江区人大常委会民生实事项目督查情况一览表

表2

民生实事	督查时间	督查内容
提升卫生健康服务	3月31日、11月28日	监督小组采取线上和线下监督并联的形式，听取区卫健局、区市场监管局关于拓展基层医疗服务、实施老年人健康服务、开展“示范小蔬菜门店”创建健全食品安全体系等项目的汇报，分析项目推进落实情况，专项监督小组代表提出意见建议
推动教育事业高质量发展	4月26日、12月22日	监督小组视察杭州江南实验学校月明校区、物联网小镇幼儿园、杭州市高教园小学，参观校园特色活动展厅、教室、多功能厅等场所，了解学校（幼儿园）建设和发展情况并座谈交流，提出未来要持续发力，高位发展，更多关注学生全面发展、区域均衡发展，使教育真正助人成长，承担教育在社会和谐方面的责任等建议
“高标准建设未来社区”民生实事项目	5月17日、8月4日	监督小组踏勘东信小区、新州美好生活共同体情况，听取区住建局、区民政局、相关街道等关于民生实事项目进展情况的汇报，提出要加快建设，统筹好疫情防控和工程进度，回应群众需求，完善各项功能等建议
有效缓解停车难、出行难	4月12日、7月18日	监督小组组织代表走访区住建局、区综合行政执法局，踏勘“新增机动车泊位”“规范道路停车泊位管理”“新建和提升城市道路”民生实事子项目进展情况。听取区住建局、区综合行政执法局工作方案及工作进展的汇报，专项监督小组代表提出要加强体验，注重实效；加强管理，提升效能；科学谋划，统筹资源等建议
优化提升亚运环境	6月15日、9月13日	监督小组踏勘六和路与新和路节水微更新建设情况，听取区住建局、区综合行政执法局等责任单位关于该民生实事项目进展情况的汇报，提出要加强统筹协调，完善施工方案，强化工程质量标准，对已完成的改造工程要及时跟进质保养护工作，注重施工后续的长效管理，要聚焦亚运，加大对优化提升亚运环境建设中典型案例、惠民效果等的宣传力度，营造亚运环境，讲好滨江故事等建议
持续推进平安建设	7月12日、12月27日	监督小组通过视察、检查、座谈、评议等形式，开展监督活动。听取区应急管理局、公安滨江分局等责任单位关于该项民生实事项目进展情况的汇报，提出要坚持强化队伍建设，保持更高政治站位，增强应急能力；要加强沟通协调机制，加强区街部门联动，提升社会治理智能化、信息化的应用能力和水平，为实现“预防为主、防范有力、共建共享、群众满意”的社会综合治理目标助力等建议

续表2

民生实事	督查时间	督查内容
动态推进交通治堵	4月27日、7月12日	监督小组组织代表走访区住建局、滨江交警大队，踏勘"优化提升交通效能""重点区块交通综合治理"民生实事子项目进展情况。听取区住建局、滨江交警大队对子项目工作方案及工作进展的汇报，提出交通治堵重点在于共建、共享、共治，通过部门、企业多方协同，实现资源共享，统筹治理，系统推进交通治堵工作；要发挥滨江区高新优势，结合大数据、物联网技术，综合数据联动，高效率推动交通治堵等建议
高标准建设现代社区	3月31日、5月15日、12月28日	监督小组通过召开座谈会，听取未来社区建设情况，开展实地视察，踏勘新建社区美好生活共同体和未来社区，提出要落实"建管用"长效机制，做好管理和运营等后续工作；打造"特色化"亮丽风景，推进"一社一品"场景建设；推进"精准化"社区服务，持续提升服务水平
加快文体设施建设	5月31日、12月14日	监督小组视察临桥巷体育公园、南边山体育公园、启越府综合运动场、晶都社区城市书房、电魂自在里文化空间（硅谷书房），了解滨江区公共文化服务工作推进情况，并座谈听取有关部门汇报，提出要继续关注老百姓所需所念，利用社区、园区的金角银边建设嵌入式文体设施，放大亚运效应，做好文旅体深度融合文章等建议
加快老旧小区提升改造	7月28日	监督小组视察滨兴家园、联庄公寓2个老旧小区提升改造工作，了解安置房小区加装电梯进度工作和安置房物业考核和奖惩办法，关注"和滨江"物业矛盾纠纷调解机制，提出在老旧小区改造提升和物业提档升级等工作中，要全过程接受居民群众的监督和参与，提升居民群众的满意率等建议

（应明芮　陈洁茹）

【调研成果】 2023年，区人大常委会主任会议成员带头，对推进人大协商、践行全过程人民民主等内容开展课题研究。《深入践行全过程人民民主 探索推进人大协商机制》《"五化融合"打造全过程人民民主基层单元的滨江实践与思考》《全过程人民民主视角下司法监督大数据协同共享路径探讨》《基层人大践行全过程人民民主的理论思考与实践路径》4篇研究成果获评杭州市全过程人民民主专题研讨会优秀论文，《迭代升级人大代表联络站，推动"基层单元"应用场景实用实效》《杭州人大司法监督迈入数字化新阶段》《"人大协商日"走深走实全过程人民民主实践》3个案例分别获评"杭州人大工作与时俱进"特别案例、优秀案例和提名案例。

（吕依莉）

人大工作委员会

【概况】 至2023年底，区人大常委会有监察和法制司法工作委员会、财政经济工作委员会、城建环保工作委员会、教科文卫和民宗侨工作委员会、人事代表工作委员会、社会建设工作委员会6个工作委员会。

【监察和法制司法工作委员会】 2023年，区人大常委会监察和法制司法工作委员会强化议题审议工作，协助常委会听取和审议区政府关于2022年度法治政府建设情况、区政府部门（区应急管理局、区统计局、区综合行政执法局）述法工作情况、备案审查工作情况等专项工作报告。立足人大工作履职需求，承担杭州市人大司法监督应用场景试点和建设，项目获评2023年度杭州市"数字法治好应用"、第三届"杭州人大工作与时俱进案例"，并获省、市负责人批示要求推广。深化"一周一释法""一月一学法""一季一旁听""一年一述法"的工作落实。组织代表旁听庭审活动4次，参与旁听代表100多人次。聚焦亚运服务保障，通过《杭州市大型群众性活动安全管理规定》执法检查、视察亚运场馆道路建设交通安全管理情况和无障碍环境建设情况等。协助地方立法征询工作，发挥基层立法联系点作用，对《杭州老字号传承与发展条例（草案）》《杭州市农村集体经济财务管理规定（草案）》等法规草案开展修改意见征集工作，上报修改意见10多条。接收并审查区政府报备的规范性文件10件，清理街道现行有效规范性文件2件，继续有效2件，在“‘浙政钉’人大规范性文件备案”系统予以备案。

（陈洁茹）

【财政经济工作委员会】 2023年，区人大常委会财政经济工作委员会围绕省委、市委、区委中心工作和区人大工作计划安排，履行宪法和法律赋予的职责。护航亚运主战场，加强对亚运场馆及其配套项目监督，通过视察、检查等方式提升亚运服务保障能力建设。围绕三个“一号工程”，分别组织数字经济、总部经济、国有资产监督专题座谈会，30多名经济领域的代表参与交流。对营商环境、《浙江省促进中小微企业发展条例》、《浙江省民营企业发展促进条例》等法规进行宣传贯彻并开展执法检查。围绕“管好钱”，聚焦全口径审查、全过程监督、依法做好预算审查以及预算执行情况监督。支持政府重大投资建设，对政府7个超两亿元重大投资项目进行审查，结合重大项目审查，对教育、科技、城市基础设施建设等若干重点子规划提出意见建议，推动规划落实落地落细。督促协调区六届人大二次会议18件代表建议办理，加强与相关政府职能部门间的沟通与分析研究，与领衔代表保持联系，相关代表对办理情况均表示满意。

（戴雨琪）

【城建环保工作委员会】 2023年，区人大常委会城建环保工作委员会到七甲闸社区和奥体社区察看社区环境卫生治理、迎亚运氛围营造、矛盾纠纷化解工作，听取迎亚运社区三大提升（城市品质、城市治理、城市文明三大提升）行动情况汇报。听取和审议《滨江区2022年度环境状况和环境保护目标完成情况的报告》，发布关于“杭州市滨江区人大常委会2022年度生态环境状况调查问卷”，提出审议意见并督促区政府相关部门落实。开展《中华人民共和国噪声污染防治法》《杭州市环境噪声管理条例》执法检查，察看噪声监测点，听取区政府及职能部门对“一法一条例”执行情况的汇报并要求就发现的问题及时整改。牵头“有效缓解停车难、出行难”和“动态推进交通治堵”民生实事监督工作。围绕给排水能力建设开展调研并形成调研报告。督办26条建议，重点督办“关于加快推进铁路以南商业综合体建设的建议”。承办区综合行政执法局的述法工作调研，撰写述法调研报告。完成亚运服务保障志愿者任务，参加亚运火炬传递沿路保障任务。协助市人大开展杭州市集体土地房屋征收政策课题研究，配合市人大教科文卫工委开展“‘一路畅通’在杭州”民生实事项目，配合做好市人大负责人领办的滨江信访积案化解工作。

（范世杰）

【教科文卫和民宗侨工作委员会】 2023年，区人大常委会教科文卫和民宗侨工作委员会到冠山寺调研宗教工作，到区侨办、企业、街道调研侨务工作情况。到上海张江科学城、深圳光明科学城等地调研，形成《聚焦科创平台高质量发展，加快江南科技城建设的若干思考和对策建议》调研报告。到杭州江南实验学校视察暑托工作、到杭州市闻涛小学、杭州市闻涛中学视察学生餐。2个民生实事项目均提前完成。常委会分管副主任、工委主任和联络员参与亚运保障服务工作。踏勘嵌入式体育场地，助力“10分钟健身圈”建设。开展《浙江省全民健身条例》《杭州市全民健身条例》《杭州市文明行为促进条例》执法检查。走访联系部门和街道，关注代表建议办理进展情况。督促区教育局将核心业务下沉人大基层单元。每月开展区人大代表走访工作，联系代表21人次。承接市人大执法检查系统应用场景。走访西湖电子集团有限公司、华信咨询设计研究院有限公司等企业，收集企业诉求9条。

（应明芮）

【人事代表工作委员会】 2023年，区人大常委会人事代表工作委员会开展履职培训，提升代表素质。坚持“双联系”制度，制定《2023年区人大常委会组成人员走访联系基层代表安排表》，并纳入区人大常委会年度工作计划，实现基层人大代表走访联系全覆盖。分别开展“主场迎亚运，代表勇担当”主题监督活动，以及全区各级人大代表助力三个“一号工程”主题活动。开展“人大协商日”活动，形成“小修小补的人间烟火”建议，在闭会期间交办。规范化建好用好基层单元应用场景，迭代升级人大代表联络站，保障领导干部人大代表进站接待。区六届人大二次会议共收到代表建议70件，其中与“高质量创新驱动发展、高标准亚运服务保障、高水平共同富裕示范”目标最紧密相关的5件建议被确定为重点督办建议。所有大会建议均已答复完毕，答复满意度为100%。

（刘阳莎）

【社会建设工作委员会】 2023年，区人大常委会社会建设工作委员会推进社会治理，开展社区应急管理体系建设监督，做好主任会议听取报告相关工作。增进民生福祉，开展养老服务体系建设调研，调研报告获区委主要负责人批示肯定。配合全国人大社会委开展《中华人民共和国安全生产法》执法检查调研，强化安全生产工作监督，为亚运会营造安定稳定的社会环境。开展“促进养老托育服务高质量发展”民生实事监督，督办代表建议8件，其中重点督办建议1件。服务中心工作，做好“人大协商日”进恒生LIGHT PARK代表联络站工作，围绕“小修小补回归百姓生活”建议，探索协商模式，拟写《关于开展人大协商助推民生实事项目常态化征集工作制度》。参与亚运保障工作，对亚（残）运会无障碍环境建设情况进行监督。参与基层单元建设，指导部门开展政府机关进基层单元活动。调研区应急管理局述法工作，形成书面报告，促进部门整改落实。

（阮淑慧）

议案建议

【概况】 2023年，区人大常委会在区六届人大二次会议上收到代表提出的建议70件。其中《关于在“办好一个会·成就一座城”中突显滨江力量的建议》《关于加快我区特色产业园区建设的建议》《关于谋划打造“国际零磁科学谷·杭州江南科学城”的建议》《关于加快推进铁路以南商业综合体建设的建议》《关于提升滨江区基层医疗机构诊疗能力的建议》5件建议被列为重点督办建议。3月1日，区人大、区政府联合召开建议交办会，将代表建议分别交26个承办单位办理。6月上旬，各承办单位全部完成建议答复工作，其中A类的54件、B类的13件、C类的1件、D类的2件，答复和办理态度评价满意率均为100%。12月中上旬，人大各街道工委分别开展代表建议办理结果满意度测评会，70件建议办理结果均为满意，满意率为100%。建议解决率为77.1%，比上年的76.8%略有提升。市人大代表孙彦龙提出的《关于加快推进恢复杭州“夜经济”高质量发展吸纳更多就业的建议》和市人大代表沈田丰提出的《关于发挥亚运效应推动杭州城市国际化提升的建议》获评2023年度市人大代表优秀建议。

（刘阳莎）

【在“办好一个会·成就一座城”中突显滨江力量的建议】 2023年，区六届人大二次会议上提交的《关于在“办好一个会·成就一座城”中突显滨江力量的建议》（四类1号）被列为重点督办建议。建议由区人大社会建设工委督办，区文广旅体局承办，区委宣传部协办。相关部门围绕“办好一个会，提升一座城”总体目标，通过开展各类亚运主题文体活动、完善基层体育服务、做足亚运城市宣传、提升智慧化健身体验、加强文旅体融合发展等举措，保障"两个亚运"圆满完成，提升城市能级。建议办理成效明显，评价结果为满意。

（阮淑慧）

【特色产业园区建设的建议】2023年，区六届人大二次会议上提交的《关于加快我区特色产业园区建设的建议》（一类1号）被列为重点督办建议。建议由区人大常委会财经工委督办，区发改局承办。主办单位与相关产业平台、街道等将全区园区（楼宇）资源梳理分类形成若干功能型园区与孵化器，提出《杭州高新区（滨江）特色产业园区（楼宇）产业发展规划导引》。在全区产业园区布局推进暖企小站体系建设，形成特色工作品牌。建议办理成效明显，评价结果为满意。

（戴雨琪）

【铁路以南商业综合体建设的建议】2023年，区六届人大二次会议上提交的《关于加快推进铁路以南商业综合体建设》（二类12号）被列为重点代表建议。建议由城建环保工委督办，由规划资源滨江分局牵头各协办单位共同承办。规划资源滨江分局负责人牵头与代表沟通交流，会同区商务局、白马湖生态创意城管委会、杭州高新技术产业开发区资产经营有限公司、长河街道等研究落实各项工作，高起点规划建设"国际零磁科学谷 · 杭州江南科学城"。按照"2年拉开框架、3年基本成形、5年初显规模、9年总体建成"计划，梳理出38项重点项目清单，结合地铁18号线施工推进，先行启动一批项目建设加快推进铁路以南规划，推动南北区域集聚发展。代表建议办理总体成效明显，建议评价结果为满意。

（范世杰）

【"国际零磁科学谷 杭州江南科学城"谋划打造的建议】2023年，区六届人大二次会议上提交的《关于谋划打造"国际零磁科学谷 杭州江南科学城"的建议》（一类14号）被列为重点督办建议。建议由区人大监察和法制司法工委督办，区发改局承办，区经信局等单位协办。至年底，零磁科学谷建设完成核心规划编制，形成"江南科学城—科学城核心区—零磁科学谷"3个层级；优化空间，摸清土地空间现状、分析问题；协调加快项目建设，形成双周例会调度机制，跟踪解决征迁交地等重要难题。建议办理成效明显，评价结果为满意。

（陈洁茹）

【基层医疗机构诊疗能力提升的建议】2023年，区六届人大一次会议上提交的《关于提升滨江区基层医疗机构诊疗能力的建议》（四类11号）被列为重点督办建议。建议由区教科文卫和民宗侨工委督办，区卫健局承办。至年底，浦沿街道社区卫生服务中心完成主体结构建设，长河街道社区卫生服务中心新院区开工，完成新改迁建社区卫生服务站9个，西兴街道社区卫生服务中心创建浙江省社区医院。签约家庭医生16万余人，建立家庭病床517张。上线慢病数智门诊系统，开具慢病长处方2.14万张。公开招聘医疗专业人员55人，培训43场，参训2300多人次。医联体下沉专家门诊服务3.9万次，开展放射影像、心电远程诊断5630人次。社区卫生服务机构中医处方数69.98万张，占处方总数的36.16%。成功创建中医专（病）科2个。建议办理成效明显，评价结果为满意。

（应明芮）

人大代表工作

【概况】 至2023年底，滨江区有各级人大代表224人，其中全国人大代表1人、省人大代表7人、市人大代表23人、区人大代表193人。滨江区六届人大二次会议收到代表提出的建议、批评和意见70件，均按要求办理答复。全年邀请市、区人大代表列席常委会会议25人次，参加监督、视察、调研等活动1060人次，汇集全区各级人大代表和群众提出的意见建议2650条。《"三式监督"优化营商环境》获评全省各级人大代表助力三个"一号工程"百佳案例。

【代表培训】 2023年，区人大常委会落实中共二十大精神，提升人大代表和干部的依法履职能力，组织保障市人大代表滨江代表团参加市人大履职培训班，配合市人大做好线上培训活动。组织全体人大代表开展为期1天的培训，邀请市委党校教授朱晓明及4名履职经验丰富的市、区代表进行授课分享。根据省人大代表杭州中心组要求，分别组织省代表黄丽珍、邵铭法参加省十四届人大代表第一期、第二期学习培训班。

【基层单元建设】 2023年，区人大常委会推进基层单元建设，迭代升级人大代表联络站。构建"1+3+N"基层民主单元体系，推动1个区级总站、3个街道中心站、67个基层联络站点建设。结合高新特色优势，按照产业、共富、人才、国际、平台、社区"六大类目"，打造西兴街道滨和社区人大代表联络站、长河街道互联网经济产业园代表联络站、浦沿街道恒生LIGHT PARK代表联络站等特色联络站点。西兴街道滨和未来社区人大代表联络站、浦沿街道人大代表联络中心站获评杭州市"最美人大代表联络站"。

（刘阳莎）

人大街道工委工作

【概况】 2023年，滨江区各街道人大工委服务保障区人大常委会及代表履职，组织代表服务保障杭州亚（残）运会，参加街道居民议事会议，听取办事处关于经济社会发展以及民生实事项目情况汇报，测评2022年17项民生实事项目完成情况。票选出2023年民生实事项目18项，对应成立专项监督小组进行跟踪监督。

【区人大西兴街道工委活动】 2023年，区人大西兴街道工委组织代表开展以"我为亚运添光彩 我为发展作贡献""主场迎亚运，代表勇担当""西兴街道全民健康跑启动仪式暨西兴跑团接力""迎亚运 English 一起学"等主题的代表小组活动和监督视察活动10多次，专题听取街道办事处关于环境保护、违规出租房专项整治、食品安全及省级五星级食安办创建工作、托育工作、未来社区建设、拆迁房屋预安置等方面情况的报告，评议相关工作。以进"代表之家"和举办"代表大讲堂"等形式，宣讲中共二十大精神、习近平总书记考察浙江重要讲话精神，开展基层单元数字平台建设、代表联络站工作交流等学习培训活动。以数字化改革的理念、思路、方法引领推动代表联络站迭代升级，重点提升西兴街道人大代表联络中心站和滨和未来社区人大代表联络站，完成滨江区首个"e滨达人大驿站"建设并投用，街道中心站、缤纷站、滨和站形成"一窗一厅一屏"为特色的西兴数智人大展示平台。滨和未来社区人大代表联络站再次获评为杭州市"最美人大代表联络站"。总结工作经验，形成《基层人大践行全过程人民民主的理论思考与实践路径》论文，获杭州市全过程人民民主专题研讨会优秀论文三等奖。2月13日和8月15日，西兴街道召开第二届第三次、第四次居民议事会议，区人大

2023年12月7日，区人大西兴街道工委组织代表到杭州市滨江区晓风印月幼儿园视察托育工作　　（区人大西兴街道工委　供图）

西兴街道工委听取办事处关于经济社会发展以及民生实事项目情况汇报，对街道“八办三中心”及区派驻机构共15个单位（条线）2022年履职情况进行评议，满意率100%。测评2022年6项民生实事项目完成情况，结果均为满意。票选出2023年6项民生实事项目，对应成立专项监督小组跟踪监督；听取办事处关于经济社会发展情况、国有资产管理、财政预决算情况和2023年民生实事项目进展情况的报告，各专项监督小组就上半年街道民生实事项目进展情况出具书面评估报告。6个民生实事项目专项小组分2次开展集中监督视察活动。5月31日和12月22日，区人大西兴街道工委组织部分市、区人大代表定向视察区综合行政执法局2次，听取包括亚运城市环境品质提升、大综合一体化等方面的工作开展及对人大代表建议和民生实事项目承办情况的汇报，提出意见建议。12月8日，区人大西兴街道工委组织代表测评西兴代表团在区六届二次人代会上提出的16件代表建议办理结果满意度，测试结果均为满意。

（于江悦）

【区人大长河街道工委活动】 2023年，区人大长河街道工委组织代表开展以“主场迎亚运 代表勇担当”“我为亚运添光彩 我为发展作贡献”“助力三个‘一号工程’”“全过程人民民主基层单元建设”“全面优化营商环境”“人大协商日”“长河老街提升改造”等主题的代表小组活动、专项监督视察活动和民主议事活动20多次；专题听取街道办事处关于《街道财政预算、经济运行情况的报告》《街道迎亚运整治工作报告》，国有资产管理、安置工作相关情况的报告，以及区驻街单位工作情况、法治政府建设述职报告等。开展“助企纾困”大走访活动，走访企业70多家，解决企业提出的问题30多个，提出意见建议14条。联合街道宣传条线开展常态化法治宣传活动，邀请法律专家对《杭州市优化营商环境条例》进行授课解读，“长河发布”微信公众号推送释法宣传24期。开展特色化、数智化基层单元建设，完成互联网经济产业园人大代表联络站和月明人大代表联络站建设。3月6日和8月25日，长河街道召开第二届居民议事会第三次和第四次会议。居民议事会成员听取街道办事处关于经济社会发展以及民生实事项目情况的汇报。测评2022年6项民生实事项目完成情况，结果均为满意；票选出2023年6项民生实事项目。审议办事处经济社会发展情况、预算执行及编制情况，各专项监督小组就上半年民生实事项目完成情况出具监督评估报告。3月27日，滨江代表在长河老街开展亚运环境提升视察活动。5月30日和10月17日，区人大长河街道工委组织代表定向视察区司法局2次，听取区司法局法治政府建设工作情况汇报，就如何发挥自身职能、主动服务民生，助力优化营商环境，为企业发展保驾护航提出意见建议。12月8日，区人大长河街道工委组织召开代表建议办理满意度测评会，听取建议办理单位主要负责人对建议办理情况的汇报，组织代表测评长河代表团在区六届二次人代会上提出的27件建议办理情况，测评结果均为满意。

（杨　丽）

2023年3月27日，区人大长河街道工委组织代表在长河老街开展亚运环境提升视察活动　（区人大长河街道工委　供图）

【区人大浦沿街道工委活动】2023年，区人大浦沿街道工委召开街道工委季度会议，听取办事处重点工作安排、生态环境保护、国有资产管理情况、街道财政预算执行和编制情况报告等，对街道养老评议方案、街道民生实事候选项目等内容开展商议。根据《杭州市街道居民议事工作规定》，补选第二届居民议事会成员16人，共有成员95人。2月28日，组织召开第二届第三次居民议事会议，对2022年街道民生实事项目进行满意度测评，满意率为100%，票决产生6件街道民生实事项目，提出意见建议13条。4月27日，滨江代表在恒生LIGHT PARK代表联络站开展小修小补专题“人大协商日”活动。8月15日，组织召开第二届第四次居民议事会议，听取并审议街道办事处、街道人大工委相关报告，提出意见建议13条。新建六和·新和（第四）、金盛科技园（第五）、钱塘（第六）人大代表联络站、恒生LIGHT PARK代表联络站、诺基亚代表联络站、东信人大茶议亭共7个联络站点，浦沿街道人大代表联络中心站获评市级最美代表联络站，伟业、恒生LIGHT PARK代表联络站获评区级最美联络站。聘请25个社区154名网格长、64家企业园区楼长组成2支民情观察员队伍，开展人大代表和民情观察员社情民意互动交流活动。中心站每月20日，区域站每季度末月20日开展固定接待，安排人大代表进联络站95人次，协调解决老年食堂、公交线路保留等问题86个。开展“亚运护航”主题活动“随手拍”，发现问题101个。提出“关于让‘小修小补的人间烟火’回归百姓生活”的集体建议，成为区人大闭会期间“1号建议”，作为小组建议首次被列为代表优秀建议进行表彰。通过“1号建议”助推的“浦师傅来啦”便民服务团在浦沿街道实现“365天，天天有服务”。5—6月、11—12月，开展“安置房小区配套提升项目”“迎亚运环境整治项目”“卫生健康服务项目”“为老服务项目”“小区云梯项目”“就业提升项目”6项民生实事项目2次监督活动，6项民生实事项目年度测评均为满意。6月2日和10月27日，组织代表对区统计局开展2次定向视察活动，听取区统计局工作情况汇报，代表们就加快实现数据共建共享、加强统计人才队伍建设、加强统计执法力量等提出意见建议。12月13日，浦沿街道工委召开区六届人大二次会议代表建议办理情况满意度测评会，27件建议测评结果均为满意。开展走进“代表企业”活动。创设代表讲堂活动，开讲《中国的精神秩序选择之我见》5次代表讲堂。组织视察陆家潭河建设情况。走访社区视察社区养老用房情况。踏勘东冠新农村、联庄公寓提升改造工程现场和浦沿地铁站出口停车秩序管理情况。开展人大代表（河道监督员）踏勘永久河、许家河并交流巡河经验。开展街道养老服务工作调研座谈会，参观社区居家养老服务照料中心、老年食堂，围绕加大养老工作宣传力度、提升养老服务覆盖面等提出意见建议。代表参加区、街各类监督、调研等线上和线下活动952人次（其中线下参与活动712人次），人均参与活动13次，报送代表履职风采报道13篇，包括区人大及以上录用8篇、市级及以上新闻媒体报道3篇。

（陈杭露）

2023年4月27日，区人大浦沿街道工委在恒生LIGHT PARK代表联络站开展小修小补专题“人大协商日”活动

（区人大浦沿街道工委　供图）

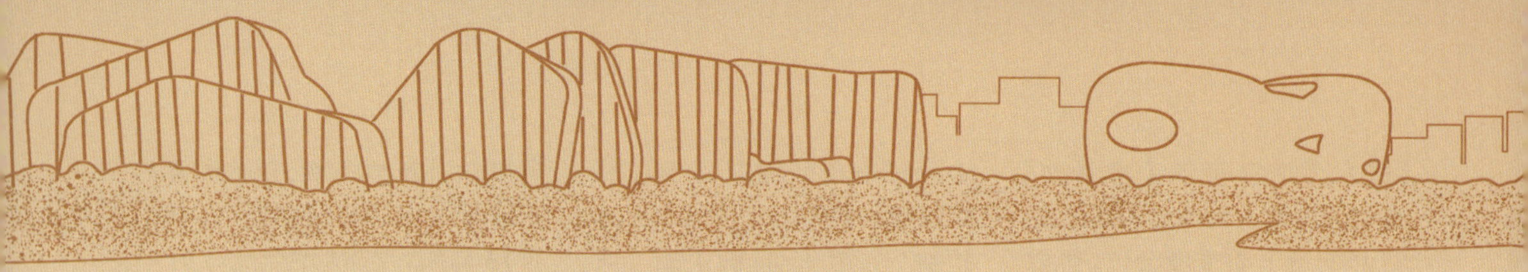

杭州高新区管委会（滨江区政府）

综　述

【综合排名居全国高新区第五位】2023年，杭州高新区（滨江）地区生产总值2467.9亿元，比上年增长8%。固定资产投资331亿元，增长5%。财政总收入462.5亿元，增长6.7%。一般公共预算收入242.1亿元，增长12.8%。城镇居民人均可支配收入83205元，增长5.6%。新增上市公司3家，累计培育72家，总量居全省区县（市）第一位。发布总部经济政策，入选市首批总部企业名单99家，数量居全市第一位。新认定国家级专精特新"小巨人"企业21家、省隐形冠军4家、省专精特新中小企业310家；新增科技领军5家、科技"小巨人"13家，均居全省第一位；新认定国家级高新技术企业515家，有效国家级高新技术企业2601家；新增省级以上孵化器10家，数量居全省第一位；新认定瞪羚企业264家；新设企业2.07万家，增长23.5%，数量居全市第一位。入选首批国家知识产权服务业高质量集聚发展示范区名单，是全省唯一一个示范区；获全省社会治理十佳县和全国社会治理百强县。以全省第一位次夺取"浙江制造天工鼎"，连续3年获省"科技创新鼎"，国家高新区综合排名再次居全国第五。

【亚运服务保障】2023年，杭州高新区（滨江）搭建筹备期"一办两侧一督查"（"一办"指亚运服务保障指挥部办公室，"两侧"指城市侧分指挥部和赛事侧分指挥部，"一督查"指督查督导工作组）架构、战时运作"一中心八领域十专班"（"一中心"指亚运区综合保障指挥中心；"八领域"指综合协调领域、安保维稳领域、城市运行领域、城市宣传领域、城市观光领域、医疗卫生领域、贵宾接待领域、要素保障领域；"十专班"指"大小莲花"外围保障专班、滨江体育馆外围保障专班、马拉松竞走赛事外围保障专班、曲棍球训练馆外围保障专班、海创基地远端集结点保障专班、飞虹路近端落客点保障专班、从开幕式到田径转场保障专班、西兴街道官方接待饭店保障专班、长河街道官方接待饭店保障专班、浦沿街道官方接待饭店保障专班）指挥体系，改造提升杭州奥体中心主体育场（"大莲花"）、网球中心（"小莲花"）、滨江体育馆（"小白碗"）三大赛事场馆和马拉松场地。依托亚运数字专用道等专项基础设施和亚运城市志愿者6.5万人，落实要人警卫、抵离交通、食品医疗等工作，完成火炬传递，开、闭幕式7万余名观众在40分钟内退场，从开幕式到田径赛事24小时快速转场，1144场赛事的志愿服务和保障。

【城市品质提升】2023年，杭州高新区（滨江）提升钱塘江南岸、江南大道等重点区域绿化亮化，92条（段）道路修整复新，64个主题花海景观小品完工投用。推进13个片区"微更新"，提升改造山一农居SOHO，沿江公园改造提升项目入选为省级城市更新试点项目，全区入选为省级城市更新试点城市；拆除违建2.82万平方米，完成拆迁收购15处、交地57.77公顷。完成收储24宗、58.8公顷，出让24宗、62.47公顷。建成第一工业综合体。开工留用地项目4个、投用4个，完成18个村级留用地指标清零。新开工道路10条、完工22条，建成过街天桥3处，新增（优化）公交线路14条、公交站台13个，治理病害道路12.8千米。改造重点公厕25座。江南变、东冠变、协同电力隧道土建完工。入选省减污降碳协同试点，完成"环保E企管"省级试点。建成"无废细胞"60个，扩绿28万平方米，获省全域"无废城市"建设"清源杯"。完成13条河道品质提升，实现市控以上断面水质优Ⅲ比例100%、水功能区达标率100%，再获"大禹鼎"。杭州高新区（滨江）成功创建为国家生态文明建设示范区。

【科技成果转化和产业化水平提高】 2023年，杭州高新区（滨江）发布杭州江南科学城概念性规划，编制完成"国际零磁科学谷"五年行动计划；开工建设极弱磁大科学装置首个交叉研究平台；落地区块链与数据安全、经血管植入器械2个全国重点实验室研究院；浙工大网络安全研究院、浙大城市学院滨江创新中心投用；新获批省级创新联合体2家、市级以上研发载体145家，省级研发载体累计638家、居全省第一位；白马湖低碳节能技术、滨创低空立体交通系统入选为市概念验证中心；南部科创中心分基地、杭州人工智能计算中心二期投用。拨付产学研专项资金9亿余元，全社会R&D（研究和试验发展）经费投入占地区生产总值的10%、居全省第一位。制（修）订人工智能、生物医药、集成电路、智能制造、专精特新等专项政策，下达区级惠企产业资金62.3亿元，新增减税降费及退税缓费56.1亿元。新设产业基金合作子基金8只、规模37.5亿元，带动社会资本31.4亿元。新增发明专利授权量7699件，每万人有效发明专利拥有量700多件，每万人高价值发明专利拥有量390多件，均保持全省第一位。新获批发布国际、国家、行业标准27项。杭州海康威视数字技术股份有限公司获全省首个制造业领域中国质量奖。新立项省"尖兵""领雁"研发攻关计划项目33项、居全省第一位，市重大科技创新项目14项、居全市第一位。完成技术交易额450亿元、居全省第一位。新招引亿元以上项目48个；开工24个、摘牌9个、落点21个；高新产业、制造业投资分别比上年增长22.1%、20.5%（均含滨富、滨萧）；数字安防与网络通信、集成电路、机器人三大产业集群规模均居全省第一位。生物医药产业生态不断完善，新能源实现营业收入457.1亿元，增长46.8%，节能环保实现营业收入460.5亿元，增长41.9%，AIGC产业创新中心建成投用，全市首个智能网联车辆全域开放先行试点启动。新增省级产业数字化服务商、工业互联网平台企业16家，工业企业数字化改造覆盖率86.7%、居全省第二位。全年实现规模以上工业增加值883.4亿元，增长7%，总量居全市第一位；服务业增加值1543.4亿元，增长9.2%；数字经济核心产业增加值1866.1亿元，增长7.3%，占地区生产总值的75.6%。"中国数谷"揭牌，举办"中国数谷"系列峰会，成立数据产业联盟。滨富、滨萧特别合作园（区）新落地项目12个，总投资114.3亿元；富芯一期顺利投产。设立30亿元规模"中国视谷"产业基金，已投项目6个，带动项目总投资3亿元。

【安居工程推进】 2023年，杭州高新区（滨江）续建安置房项目3个、27.5万平方米，交付17个、286万平方米；迭代推出货币化安置、扩面安置等组合安置政策，5年及以上待安置户全面完成安置清零。续建公共租赁房9.3万平方米、新开工8.7万平方米，筹集保障性租赁住房3629套（间），配售人才共有产权保障房632套。建设人才房1.01万间，发放人才购房、租房补贴5.9亿元。帮扶重点群体8872人次，失业人员实现再就业2996人次。缤纷社区入选全国首批完整社区建设试点；建成美好生活共同体6个、省市未来社区21个。

【文体事业发展】 2023年，杭州高新区（滨江）投用学校11

所、完工3所、续建10所、新开工5所，新增学位1.12万个；发布建设“教育硅谷”五年行动方案；启动建设“教育创新改革综合实践区”，组建幼小联盟29个，做强“科技教育大联盟”，实现名校集团化100%，课后服务全覆盖；通过“全国义务教育优质均衡发展区”认定核查、“国家学前教育普及普惠区”督导评估；学生体质健康测试水平继续居全市第一位。长河历史文化街区二期开街并获中央广播电视总台《新闻联播》报道，浦沿渔码头建成开放，西兴过塘行码头专题陈列馆获评市级乡村博物馆，“千年古镇·诗意西兴”传统风貌区、“悠悠长河·创享白马”综合品质区入选省级城乡风貌样板区试点建设名单；完成考古勘探24件；浙江“非遗之家”落户，胡庆余堂获评市级“非遗工坊”；获评省级以上各类重点文化企业18家，规模以上文化企业实现营业收入1831.3亿元，比上年增长17.1%，文化产业竞争力百强区综合指数居全国第二位；发布中国网络作家村五年发展规划，“IP直通车”促成交易额14.5亿元。建成“15分钟品质文化生活圈”10个；新建改建城市书房、智慧借阅点13个；建成嵌入式体育设施41片、健身苑点25处，排舞广场舞国家级赛事活动基地揭牌；入选为省市共富风貌游线2条；举办和服务保障中国国际动漫节、杭州文博会、滨江四季等文化活动。建成文明驿站、基层站点76个，参与文明志愿服务46万余人次；评选“杭州好人”“美丽滨江人”21人。发布健康滨江及卫生健康事业高质量发展三年行动计划；浦沿街道社区卫生服务中心主体结顶，长河街道社区卫生服务中心开工建设，投用社区卫生服务站9家，创新推出海康威视嵌入式卫生服务站。

（刘　超）

重要会议

【概况】2023年，杭州高新区管委会（杭州市滨江区政府）召开区政府全体（扩大）会议2次，召开区政府常务会议16次，召开主任（区长）办公会议16次。会议研究讨论全区社会经济发展有关事项。

【区政府全体（扩大）会议】2023年，杭州高新区（滨江）召开区政府全体（扩大）会议2次，主任（区长）、副主任（副区长）出席会议，人大常委会副主任、政协副主席、人武部部长列席会议，各街道、区级机关各部门、各直属单位、市驻区有关单位主要负责人参加会议。2月9日，第六届区人民政府第三次全体（扩大）会议召开，会议学习贯彻中共二十大精神，落实省市各项决策，执行全区深化作风建设暨“136”主题攻坚活动动员大会工作部署。会议观看警示教育片，就创建具有高新辨识度的服务型政府作工作部署。8月10日，第六届区人民政府第四次全体（扩大）会议召开，会议总结全区落实三个“一号工程”“十项重大工程”进展和《政府工作报告》重点任务推进情况，分析经济形势，加快推进民生实事，部署下阶段经济社会发展各项工作。会议通报上半年三个“一号工程”“十项重大工程”进展情况、《政府工作报告》

2023年2月9日，杭州市滨江区人民政府第六届三次全体（扩大）会议召开

（区委宣传部　供图）

重点目标任务和民生实事项目进展半年度督查情况，部署下半年重点工作。

【区管委会、政府会议】 2023年，杭州高新区（滨江）召开区政府常务会议16次，审议通过议题70项，主任（区长）、副主任（副区长）出席会议，人大常委会副主任、政协副主席、人武部部长列席会议，各街道、区级机关各部门、各直属单位、市驻区有关单位主要负责人参加会议。召开主任（区长）办公会议16次，审议通过议题173项，主任（区长）、副主任（副区长）出席会议，办公室主任、副主任、区监委负责人、区司法局主要负责人、区审计局主要负责人、各街道主要负责人，会议内容相关部门（单位）主要负责人参加会议。会议传达学习中共中央总书记习近平重要讲话和指示精神，中央及省委、市委、区委重要会议精神。会议审议并原则通过经济产业发展、民生保障、城市建设与管理、生态环保等经济社会发展各领域议题。

2023年杭州高新区（滨江）区政府常务会议及主任区长办公会议一览表

表3

日期	会议	会议内容
1月1日	区政府常务会议	审议并原则通过“开门红”等经济政策议题
1月6日	区政府常务会议	审议并原则通过2023年政府工作报告、2022年财政预算执行情况及2023年财政预算（草案）、2022年国民经济和社会发展计划执行情况与2023年国民经济和社会发展计划草案等议题
1月17日	区政府常务会议	传达学习习近平总书记在中共中央政治局民主生活会、二十届中央纪委二次全会、中央农村工作会议、全国政协新年茶话会上的重要精神，审议并原则通过提升杭州高新区（滨江）高层次人才及团队创新创业的实施意见、西兴街道新州社区及长河街道中兴社区调整、延长农转非拆迁人员专项慰问金政策等议题
1月17日	主任区长办公会议	审议并原则通过中兴和园小区外立面抢修工程、东冠新农村整治围墙修复工程项目、中兴花园百合苑地下应急抢险工作、给予企业产业用地支持、博风项目等议题
2月18日	区政府常务会议	传达学习习近平总书记在学习贯彻中共二十大精神研讨班开班式上、在中共中央政治局第二次集体学习时的重要讲话精神，省两会精神、市委十三届三次全体（扩大）会议暨市委经济工作会议精神。审议并原则通过2023年政府民生实事项目实施方案及区管委会、政府2023年重点工作目标任务、区两会建议提案责任分解、扶持推动文化产业高质量发展的实施意见及扶持推动文化事业加快发展的实施意见、2023年全区政府投资项目计划、深化科技体制改革建设创新发展策源地和成果转化首选地行动方案（2023—2026年）、落实严管理稳运行过紧日子的实施意见、全域“无废学校”创建试点实施方案、修订《滨江区相邻地块项目统筹开发建设实施细则（试行）》及《关于推动创新链产业链“两链”深度融合的若干政策》、公墓管理暂行办法、加强政府采购合同和履约验收管理的通知等议题。部署“136”行动相关事宜
2月18日	主任区长办公会议	审议并原则通过杭州安恒信息技术股份有限公司全面深化战略合作协议签订、兑现网易系公司2021年人才专项奖励政策、给予企业扶持政策等议题

续表3

日期	会议	会议内容
3月24日	区政府常务会议	传达学习全国两会精神、中共二十届中央委员会二次全体会议精神、习近平总书记在中国共产党与世界政党高层对话会上的主旨讲话精神、省委书记在杭州指导学习贯彻全国两会精神调研数字经济创新提质工作时的重要讲话精神。传达习近平总书记安全生产工作有关重要指示及上级文件精神，研判全区安全生产形势并布置下阶段重点工作。审议并原则通过2023年度区政府重大行政决策目录编制、推动经济高质量发展的若干政策、第一个工业综合体入驻办法、支持专精特新企业加快发展的实施意见、建设党建统领现代产业社区的实施意见等议题
3月24日	主任区长办公会议	审议并原则通过“Hi TECH！全球青年创业大赛（2023）”筹办方案、与浙江大学共建区块链及数据安全全国重点实验室、2021年度杭州市高层次人才专项奖励兑现、给予企业政策支持、2023年“促消费、稳增长”等议题
3月28日	主任区长办公会议	审议并原则通过给予企业扶持政策，高新后勤服务中心（三）提升改造项目，2023—2026年排舞、广场舞项目战略合作协议等议题
4月19日	区政府常务会议	传达学习习近平总书记在学习贯彻习近平新时代中国特色社会主义思想主题教育工作会议上的重要讲话精神、中共中央政治局会议精神；传达学习国家、省、市廉政工作会议精神，研究部署全区政府系统党风廉政建设和反腐败工作；分析研判全区安全生产形势，研究部署下阶段重点工作。学习浙江省行政合法性审查工作规定。审议并原则通过产业建设项目履约监管核验实施办法、区政府质量奖拟授奖组织名单、贯彻落实省“十项重大工程”工作等议题
4月19日	主任区长办公会议	审议并原则通过给予企业政策支持、2021年度瞪羚企业认定、与北京航空航天大学签署新一轮合作协议、沿用2022年滨江区亚运应急建设项目审批简化流程、泥浆管道延期使用、疫情防控核酸检测费用结算、与浙江大学医学院附属儿童医院及浙江大学医学院附属第二医院继续开展新一轮战略合作、浦沿街道东冠新农村综合整治工程综合管线项目建设、泰顺2023年度山海协作工程合作框架协议等议题
5月20日	区政府常务会议	传达学习习近平总书记在二十届中央政治局第四次集体学习时的重要讲话精神、中共中央政治局会议精神、二十届中央财经委员会第一次会议精神。学习浙江省安全生产条例。传达省政府办公厅关于全省安全生产隐患大排查大整治行动情况的通报精神，研判全区消防安全形势并布置下阶段消防重点工作。审议并原则通过营商环境优化提升“一号改革工程”实施方案、关于打造营商环境最优区若干意见、推动总部经济高质量发展的若干意见等议题
5月20日	主任区长办公会议	审议并原则通过支持恒生电子新一轮发展政策、与国网杭州供电公司签订新一轮合作框架协议、继续与杭州银行及财通证券开展战略合作、给予企业政策支持、推进“古镇+老字号+直播”等工作、新能源汽车消费补贴发放、之江单元学校等3所中学高起点合作办学、停车场经营管理、柴油货车及老旧柴油叉车淘汰置换、奥体中心改造工作及亚运保障事项协调等议题
5月26日	主任区长办公会议	审议并原则通过滨江区迎亚运重要保障道路沿线亮化提升项目等议题
5月27日	区政府常务会议	审议并原则通过数字经济创新提质“一号发展工程”实施方案、推进“地瓜经济”提能升级“一号开放工程”实施方案等议题，传达学习省政府第12次常务会议关于全省安全生产隐患大排查大整治工作的会议精神，研究部署下阶段全区安全生产重点工作

续表3

日期	会议	会议内容
6月21日	区政府常务会议	传达学习习近平总书记在中共中央政治局第五次集体学习时的重要讲话精神、二十届中央国家安全委员会会议精神、习近平总书记在文化传承发展座谈会上的重要讲话精神、习近平总书记关于统计工作的重要指示精神及统计相关法律法规。布置下阶段安全生产及防汛重点工作。审议并原则通过法治政府建设有关工作、深化存量工业用地盘活加快产业发展能级提升的工作方案、贯彻落实省市“315”科技创新体系建设工程实施方案（2023—2027年）等议题
6月21日	主任区长办公会议	审议并原则通过浦乐实业西地块、北京航空航天大学杭州研究院2023年度第二期经费拨付、给予部分企业扶持政策及扶持政策兑现、AIGC产业园运营、城市管理体制改革、博风创意大厦、浦沿公交停保基地复合利用再开发、规范区内限额以下（小额）公共资源交易管理职能等议题
7月20日	区政府常务会议	传达学习中央全面深化改革委员会第二次会议精神、习近平总书记同团中央新一届领导班子成员集体谈话时的重要讲话精神、习近平总书记在上海合作组织成员国元首理事会第二十三次会议上的重要讲话精神、市委宣传部涉亚运意识形态分析报告并研究部署政府系统意识形态相关工作，传达全国、全省、全市统战部部长会议和市委统战工作领导小组全体（扩大）会议精神并研究部署政府系统统战相关工作，传达学习上级有关安全生产和防汛工作文件精神，研判全区面上及城市运行、消防、道路交通、旅游、工业企业等领域安全生产形势并布置下阶段安全生产重点工作。审议并原则通过杭州高新区（滨江）2023年上半年国民经济和社会发展计划执行情况的报告、关于加快产学研平台高水平建设的实施意见、现代产业社区治理委员会选举规程、2022年财政决算（草案）和2023年上半年财政预算执行情况的报告、优化和完善招商引资及投资促进工作机制方案等议题
7月20日	主任区长办公会议	审议并原则通过2023年迎峰度夏电力保供、与杭金投签订战略合作协议、与中移动签订战略合作意向书、与浙江大学及浙江大学附属第二医院合作建设杭州高新区（滨江）经血管植入器械研究院、国家心脑血管植入器械产教融合创新平台、纾困企业部分逾期利息减免、投资设立杭州生物医药成果转化创新中心、给予2023年世界休闲博览会暨杭州西湖国际博览会活动费用补贴等议题
8月25日	区政府常务会议	传达学习中央政治局会议精神、习近平总书记在党外人士座谈会上的重要讲话精神、习近平总书记在全国生态环境保护大会上的重要讲话精神，传达省政府办公厅关于进一步严肃会风会纪提升会议质量的通知和市纪委关于4起党员干部酒驾醉驾问题的通报，传达学习上级有关安全生产文件精神，布置下阶段安全生产重点工作，传达国务院和省市经济普查电视电话会议精神，研究全区经济普查有关工作情况并部署下一步重点工作。审议并原则通过杭州高新区（滨江）国民经济和社会发展第十四个五年规划和二〇三五年远景目标纲要中期评估报告、杭州高新区（滨江）建设“教育硅谷”五年行动方案（2023—2027年）、区第九届优秀人民校（园）长及优秀人民教师、设立物联网产业社区、“迎亚运 促消费 稳外贸”加快内外贸一体化提升发展的若干意见、加强新时代老龄工作的实施意见、入河入江排污口排查整治实施方案、第四届“滨江工匠”认定工作等议题

续表3

日期	会议	会议内容
8月25日	主任区长办公会议	审议并原则通过2023年度上市后备企业认定、与宁波银行杭州分行开展战略合作、区块链与数据安全研究院首期经费拨付、兑现2022年白马湖实验室省级专项建设经费区级配套资金、区管委会与乌鲁木齐高新技术产业开发区管理委员会战略合作框架协议书、亚运提升改造项目、亚运城管综合管理人员力量充实、亚运场馆及涉亚运会酒店周边重要通勤道路雨污水管道和检查井提升修复等议题
9月14日	区政府常务会议	传达学习中共中央政治局会议精神、习近平总书记在金砖国家领导人第十五次会晤上的重要讲话精神。学习浙江省促进科技成果转化条例、促进个体工商户发展条例。传达学习上级有关安全生产和消防安全文件精神，研判全区面上及卫生健康、特种设备、交通运输等领域安全生产形势并布置下阶段安全生产和消防安全重点工作。听取三个"一号工程""十项重大工程""六大攻坚行动"工作进展并研究部署下阶段重点工作。审议并原则通过2023年全区政府投资项目计划调整、促进生命健康产业创新发展的实施意见、促进高新区江北区块高质量发展实施意见、推进产业园区暖企小站（Bin-hub）建设工作的通知等议题
9月14日	主任区长办公会议	审议并原则通过与杭州联合银行开展战略合作、富芯项目一期二阶段新增投资拼盘方案、与省公安厅共建杭州高新区（滨江）公共安全科技创新研究中心、与上海南部创新创业咨询服务中心开展合作、与北京大学第三医院开展合作、给予企业扶持政策、参与投资设立杭州市人才科创小额贷款有限公司、锦亿和VR数字产业园等议题
10月19日	区政府常务会议	传达学习习近平总书记在中共中央政治局第八次集体学习时的重要讲话精神、习近平总书记在进一步推动长江经济带高质量发展座谈会上的重要讲话精神、习近平总书记对宣传思想文化工作作出的重要指示精神、习近平总书记对推进新型工业化作出的重要指示精神。学习《中华人民共和国审计法》《杭州市优化营商环境条例》。审议并原则通过支持连连数字科技股份有限公司上市、2023年度区内工业企业综合评价、修订《杭州高新开发区（滨江）政府投资项目工程变更管理实施意见》、汽车消费券发放、首届区标准创新奖授奖组织和个人等议题
10月19日	主任区长办公会议	审议并原则通过与革命老区湖北省恩施土家族苗族自治州建始县对口合作、与浙江省药品监督管理局战略合作协议、杭州奥体中心场馆群夜景灯光提升项目（滨江段）新增亮化工作、奥体片区商业用地建筑概念设计方案国际征集等议题
10月27日	区政府常务会议	通报全市"打赢经济翻身仗"四季度赛马活动指标并进行全区任务分解。审议并原则通过"扬主场风采 续亚运华章""国际滨"能级跃升专项行动方案、2023年杭州市滨江区财政预算以及政府债务限额调整、调整全区集体土地住宅房屋补偿货币化安置单价等有关事项、荟创人才公寓费用结算及申购区级国有土地拆迁安置专项用房等议题
10月27日	主任区长办公会议	审议并原则通过浙江正泰太阳能科技有限公司土地分宗等议题

续表3

日期	会议	会议内容
11月28日	区政府常务会议	传达学习习近平总书记在中共中央政治局第九次集体学习时的重要讲话精神、中央金融工作会议精神、中央全面深化改革委员会第三次会议精神。传达学习习近平总书记对山西吕梁市永聚煤矿一办公楼火灾事故作出的重要指示精神和省委书记批示精神，部署岁末年初安全生产防范工作。学习《中华人民共和国行政复议法》《中华人民共和国食品安全法》《中华人民共和国药品管理法》。审议并原则通过集体土地拆迁安置户申购国有土地拆迁安置专项用房的实施细则、卫生健康事业高质量发展三年行动方案（2023—2025年）、优化生育政策促进人口长期均衡发展的若干措施、专职社区工作者管理实施办法、设立兴盛及火炬产业社区、修订《关于推进高质量就业工作的意见》、襄贤望府人才共有产权保障住房及地下车位配售等议题
11月28日	主任区长办公会议	审议并原则通过给予浙江浙能天然气贸易有限公司政策扶持、2022年度第一批瞪羚企业认定、与杭州市物联网协会签订合作协议、杭州市数字经济产业知识产权保护中心办公场地、荟鼎智创中心（第一工业综合体）转让与租赁方案等议题
12月11日	主任区长办公会议	审议并原则同意支持举办2023年首届长三角生物医药产业大会、兑现2022年白马湖实验室区级资助、杭州人工智能计算中心三期100P扩容方案、与浙江省新征程财税研究院合作共建财税政策评估中心、给予有关汽车销售企业政策支持、博世杭州公司厂房续租、给予相关企业扶持政策等议题
12月29日	区政府常务会议	传达学习习近平总书记在中共中央政治局学习贯彻习近平新时代中国特色社会主义思想主题教育专题民主生活会、中共中央政治局第十次集体学习、推进长三角一体化发展座谈会、党外人士座谈会上的重要讲话精神和11月27日、12月8日中共中央政治局会议精神。传达学习习近平总书记对低温雨雪冰冻灾害防范应对工作、甘肃省临夏回族自治州积石山县6.2级地震重要指示精神和中共中央办公厅、国务院办公厅关于元旦春节期间安全生产工作要求并部署双节期间安全生产工作。学习专利转化运用专项行动方案（2023—2025年）。审议并原则通过产业政策兑付闭环管理机制改革、街道财政体制改革、关于促进体育休闲产业高质量发展扶持办法、延续农转非拆迁人员家庭大病医疗补助政策等议题
12月29日	主任区长办公会议	审议并通过支持企业发展政策、2022年度杭州市高层次人才专项奖励兑现、与浙江大数据交易中心有限公司《合作备忘录》部分条款修改及协议重签、给予朝天农特产品展销中心政策支持、给予相关企业扶持政策等议题

（刘　超　常天乐）

重要活动

【新增上市公司3家】 2023年，杭州高新区（滨江）新增上市公司3家。9月11日，杭州热威电热科技股份有限公司在上海证券交易所主板上市，股票简称“热威股份”，公司专业制造电加热元件、组件和系统，并提供完整的设计与制造服务。9月18日，交个朋友控股有限公司落地杭州高新区（滨江），公司为香港联交所上市公司，是杭州高新区（滨江）首家直播电商上市公司、全省直播电商第一股。11月2日，杭州立方控股股份有限公司在北京证券交易所挂牌上市，股票简称“立方控股”，公司是以识别为核心的智慧物联解决方案提供商和运营商，主要业务涵盖智能停车、门禁通道、安全应急、运营服务等领域。至年底，杭州高新区（滨江）累计培育72家上市公司，总量居全省各区县（市）第一位。

【"中国数谷"建设】2023年2月24日，"中国数谷"建设启动。"中国数谷"位于杭州高新区（滨江），总体规划面积73.3平方千米（含江北区块），其中核心区面积11.32平方千米，是杭州市为抢抓《中共中央 国务院关于构建数据基础制度更好发挥数据要素作用的意见》政策机遇，打造"数据产业第一城"，围绕"规则+市场+生态+场景"推进数据要素改革，提出的全新谋划。年内，杭州高新区（滨江）发布"中国数谷"总体建设方案，举办春、秋季"中国数谷"杭州峰会系列活动；揭牌杭州数据交易所，发布"数据合规流通数字证书"；成立"'中国数谷'数据产业发展联盟"，授牌"中国数谷"数据产业发展联盟首批成员，出台《"中国数谷"数商企业认定标准及引育政策方向》；落地省级公共数据授权运营试点场景，交付投用全国首批数联网接入一体机，构建起"三数一链"数据可信流通基础设施框架和数据要素治理体系；上线"中国数谷"宣传平台；举办数据要素通识秋季讲堂16场。

【第六届滨江国际人才节】2023年5月26日，第六届滨江国际人才节开幕式暨Hi TECH全球青年创业大赛颁奖仪式在海外高层次人才创新创业基地举行。省、市、区及重点科创平台有关负责人，上市企业、高层次人才、外国专家、高校、大学生、投融资机构、孵化器代表等600多人参加。人才节为Hi TECH全球青年创业大赛10个获奖项目颁奖，为"中瑞联合精密制造研发中心"揭牌。杭州高新区（滨江）与人社部留学人员和专家服务中心举行合作签约仪式。发布"全球数字英才招募令"，公布重点科创平台和头部企业高层次人才招引"百校、千企、万岗"计划。举行"相约在高新"政校企人才交流会、BIA蝴蝶沙龙·生物医药创新分享会、恒生"LIGHT"金融科技杯暨第五届杭州电子科技大学Python程序设计大赛、机器人产业链对接会。人才节期间，举行50场"潮给力"人才月活动，包括北京航空航天大学唯实论坛杭州分论坛暨钱江论坛、滨青UP技能成长、电子商务师职业技能大赛等系列活动，1000多家企业推出2万余个岗位，吸引各行业5万余人次参加。

【2023年网络空间安全大会】2023年6月2日，2023年网络空间安全大会在杭州高新区（滨江）举行，政府部门、高校、科研院所、企事业单位、社会团体等各方代表1000多人参加。大会以"网络空间安全新趋势、新模式、新业态"为主题，举行2场主论坛、9场专题分论坛，从国家政策导向、行业标准、前沿技术、应用前景、产学研结合等维度出发，探讨新理论、发布新成果、交流新经验，凝聚学术界、科技界、产业界共识，聚焦新形势下网络空间安全技术发展新趋势，探索网络空间安全产业发展新模式，打造网络空间安全保障体系新业态，为形成具有中国特色网络空间安全保障方案集智献策。大会发布"数据安全与合规""网络安全保险""内生安全""人工智能安全"等2023年度网络空间安全十大热词，凸显网络空间安全研究最新趋势、模式和业态。大会征集网络空间安全领域优秀案例和优秀论文，通过网络空间安全行业先进产品、技术、方案的推优，展现国内网络空间安全领域的最新成果和趋势，为行业技术发展赋能。

【第十二届中国创新创业大赛新一代信息技术全国赛在杭州高新区（滨江）举行】2023年11月15—16日，第十二届中国创新创业大赛新一代信息技术全国赛开幕式暨新一代信息技术产业发展高峰论坛在杭州高新区（滨江）举行。经选拔，403家参赛企业入围第十二届中国创新创业大赛新一代信息技术全国赛，入围项目涉及卫星通信、雷达探测、透明显示、车载控制器、智慧船舶、智慧诊疗等信息技术应用领域，163家企业入选"中国创新创业大赛优秀企业"。中国创新创业大赛于2012年首次举办，以挖掘、培育和服务科技创新企业为使命，整合各类创新要素向企业集聚，是激发企业科技创新活力、推动科技成果转化、完善科技创新生态的平台。第十二届中国创新创业大赛以“创新引领，创业筑梦”为主题，以提升企业技术创新和成果转化能力为主线，举办大企业创新需求发布及“一对一”对接、公益大讲堂、参赛企业创新创业成果展等服务活动，吸引3.7万家企业参赛。

（刘　超）

民生实事项目

【概况】 2023年，杭州高新区（滨江）10项区民生实事项目经区六届人大二次会议票决产生，内容涉及提升卫生健康服务、推动教育事业高质量发展、促进养老托育服务高质量发展、有效缓解停车难和出行难、优化提升亚运环境、持续推进平安建设、动态推进交通治堵、高标准建设现代社区、加快文体设施建设、加快老旧小区提升改造共10个大项25个子项。至年底，10项民生实事项目全部完成。

【卫生健康服务提升】 2023年，杭州高新区（滨江）开工建设长河街道社区卫生服务中心迁建项目，浦沿街道社区卫生服务中心迁建项目主体工程结顶；建成温馨、杨家墩、海康威视3家社区（企业）卫生服务站（智慧健康站）。实施老年人“光明、口福、失智关爱、营养改善、智慧助老”五大行动，为7389名老年人开展健康评估；为8292名70周岁及以上老年人免费接种流感疫苗。新增13家“杭州市示范小蔬菜门店”；全区13家大中型超市、16家农贸市场全面使用“浙食链”数字化系统，实现食品安全数字化追溯。

【教育事业发展】 2023年，杭州高新区（滨江）投用杭州西兴中学改扩建、物联网幼儿园及人防工程、北塘河小学及幼儿园、永久河单元幼儿园、白马湖单元中学、东冠单元小学、长河单元幼儿园、之江单元幼儿园、浦乐单元幼儿园、滨和路幼儿园、之江单元新和路幼儿园等12个项目；开工建设长江单元小学及幼儿园、江南单元小学及幼儿园等4个项目；推进老旧校区品质提升项目3个，春波南苑幼儿园（北区分园）、明月江南幼儿园迎春分园品质提升完工并投用，杭州浦沿小学拆复建二次结构施工中。开展“明眸皓齿·脊良正姿”青少年健体行动，推进全国儿童青少年近视防控首批试点区建设，全区儿童青少年近视率比上年降低1.54%；完成4326名适龄学生的窝沟封闭；完成全区33所学校2.45万名学生的正脊筛查任务，推广“BIN-GO平衡正脊操”。开展“心怀阳光·未来可期”青少年润心行动，组织心理健康科普讲座进校园活动142场；开展学生心理健康筛查4.55万人，对223名学生开展个案干预。开展“赋能成长”计划，建立幼升小入学体验机制，实现29个幼小联盟全域覆盖；开设幼小衔接课程380场；面向社区散居0~3周岁婴幼儿开设托幼衔接课程367场。开展“赋能家长”计划，为家长提供菜单式、阶段式的课程40讲；举办家庭教育培训班、指导周等系列活动60场；评比“滨江区好家长”716人。

【养老托育服务发展完善】 2023年，杭州高新区（滨江）为老人家庭增设智能门磁感应器、人体红外感应器、主动求助器等物联网设备579户，加装燃气安全装置644户，实现区内户籍孤寡、独居、困难家庭等特需老人“安居守护”全覆盖。新建新浦、官河、彩虹、晶都、襄七房5家婴幼儿成长驿站；新增托位1133个，每千人拥有托位数4.58个；组织育儿课堂392场。

【停车难、出行难改善】 2023年，杭州高新区（滨江）新增停车泊位3746个，其中公共泊位696个。完成502个道路停车泊位的规范化管理。完成冠山路东延（碧水路—规划支路）、冠山路（西浦路—浦西路）、沙虞路（东冠路—生地街）、安置房十一区块扩点项目北侧规划支路、规划一号路（西浦路—浦沿路）5条道路建设；完成建业路（江南大道—滨康路）、冠山路沿线提升改造工程。

【亚运环境优化提升】2023年，杭州高新区（滨江）完成滨文、滨康、东信、区行政服务中心及物联网产业园等13个片区“微更新”。完成4条道路路灯暗区、9座铁路下穿涵洞、10处积涝点位、10座桥梁“桥头跳车”的提升改造与整治。

【平安建设】2023年，杭州高新区（滨江）新建街道应急消防管理站3个；开展街道综合应急和消防救援队伍、社区应急突击队全员培训；加强防汛防台、森林防火、安全生产、防灾减灾等应急救援物资储备；新建应急物资仓储管理系统，实现物资全过程生命周期跟踪管理。完成万轮科技园、杭州活水工业园、正泰量测产业园、笨鸟科技园、三花江虹国际创意园、恒鼎大厦6个试点智慧园区建设并投入使用。

【交通治堵动态推进】2023年，杭州高新区（滨江）完成互联网经济产业园西区、创新大厦周边、兴耀科创园等重点园区的交通综合治理。新增长河路与滨和路天桥、滨盛路育华巷天桥、江虹路与新月路人行天桥3座；新增（优化）公交线路14条；新建（改建）公交站台14处。

【现代社区建设】2023年，杭州高新区（滨江）投用西兴街道丹枫社区、奥体社区、共联社区，长河街道江二社区、钱潮建业社区，浦沿街道华悦湾社区二期等美好生活共同体。西兴街道滨和社区，长河街道江三社区、钱潮社区，浦沿街道六和—新和社区4个未来社区通过省级引领型未来社区验收；长河街道晶都未来社区通过市级未来社区验收。

【文体设施建设】2023年，杭州高新区（滨江）完成嵌入式体育设施40片；新建改建健身苑点20处。新建城市书房1个，提升改造城市书房2个，建成智慧借阅柜（点）10个。

【老旧小区提升改造】2023年，杭州高新区（滨江）完成滨兴家园、联庄公寓提升改造；推进加装电梯工作，完工165台，安置房加梯覆盖率91.3%。完成26个老旧住宅小区二次供水设施改造项目。出台《滨江区农转居安置房小区物业管理考评办法》等5份文件；7个住宅小区入选为市级“美好家园”住宅示范小区；完成四季度物业管理考核，涉及物业企业45家；完成2次物业管理总体满意度测评工作；开展11次业务培训；“和滨江”受理物业调解案件142件，调解成功136件，调解成功率95.8%，协助处理信访件2416件。

（来佳琪）

政务公开

【概况】2023年，杭州高新区（滨江）公开政府信息6.14万条。其中：通过门户网站主动公开信息7500条，“滨江发布”政务微博公开政府信息3500条，“滨江发布”政务微信公开2400条，“滨江发布”App公开4.8万条。根据省、市政务公开考核细则，制定全区政务公开考核评价标准。发布12期政务公开工作通报和政务新媒体运营报告，定期通报工作。不定期印发公开问题情况表，各单位及时响应整改，做好日常工作监督。组织“一对一”政务公开培训，开展专题辅导课，举办各类工作会议5次，150多人次参与。

【主动公开政府信息】2023年，杭州高新区（滨江）细化民生领域和社会公益事业建设领域信息公开，落实食药监管、稳岗就业、养老服务、义务教育、社会救助、公共文化服务、涉农补贴等方面信息公开。开设“政策进万企进万家”专栏，完善“助企纾困”专栏、“营商环境”专栏等栏目，推进各类惠企惠民政策集成、规范公开，增强企业和群众获得感。全年主动公开信息6.14万条。

【依申请公开政府信息】2023年，杭州高新区（滨江）受理政府信息公开申请件240件，上一年度结转1件，在法定期限内按规定答复237件，结转下一年度4件。在办结的237件中，予以公开109件、部分公开40件、不予公开15件、无法提供61件、不予处理1件、其他处理11件。

【政府信息管理】2023年，杭州高新区（滨江）动态调整基层政务公开标准化规范化目录，优化主动公开目录。新增水利领域基层“两化”目录，结合工作实际、机构变动和法律更新情况，修订19个领域基层“两化”目录。根据门户网站栏目调整及信息产生实际，优化区本级及区内24家单位的主动公开目录。做好存量信息清理工作，落实信息发布规范。开展自2022年后在互联网上主动公开的信息清理、新媒体账号历史存量信息清理、行政处罚信息专项清理等工作，做好历史信息清理。落实信息发布“三审三校”制度，更新“三审三校”人员名单，开展信息抽检和审查备案，规范信息发布。

【平台功能和政务新媒体管理】2023年，杭州高新区（滨江）升级门户平台功能，增强信息发布安全。确保信息发布质量，增加发布前纠错功能，开设分级审核，规范发布流程。完成门户网站登录改造，避免账号出现盗用、遗失等情况，减少信息发布不当或不及时的可能性。加强政务新媒体管理，保障账号有序运营。执行新账号开设分级审批备案制度，全年无符合开设条件的新增账号。加强日常运营管理，做好内容审核和监测。开展脱管漏管账号自查和清理工作，清理脱管漏管账号16个。

（谢玲玲）

政务督查

【概况】2023年，杭州高新区（滨江）围绕各级党委、政府重大决策和重要部署，落实省、市政府民生实事项目，市政府工作报告重点工作，市两会建议提案等涉区任务的督办；完成区政府民生实事项目，区管委会、政府重点工作目标任务，区两会建议提案，区政府六届四次（扩大）会议目标任务，服务型政府建设，下半年重点工作攻坚任务及经济工作重点任务等的督查工作。印发督查通知单120件、督查通报40期、督查专报22期。办理落实区长批示件801件、签收件133件，其中督办件61件。

【国务院、省、市政府涉区项目督查】2023年，杭州高新区（滨江）接受国务院办公厅督查室负责人“提振企业信心、促进民营经济健康发展”工作的实地调研，以及国务院办公厅第四督查调研组“推动经济持续回升向好”的调研，办理国务院“互联网+督查”平台交办线索8件和省、市交办任务87件。上报2022年省政府督查激励对象，“深化‘亩均论英雄’改革、稳企业强主体工作有力、成效明显”1项工作获省政府督查激励。自3月28起，对省政府民生实事项目28个涉区子项、市政府民生实事项目17个涉区子项的完成情况开展按月督查，市政府工作报告重点工作2项涉区任务均按要求落实进度填报工作。至年底，2023年省、市政府民生实事项目、市政府工作报告重点工作所有涉区子项全部完成。

【区人大代表建议和政协委员提案办理】2023年2月1—3日，区六届人大二次会议和区政协三届二次会议确定代表建议70件、委员提案97件，其中重点建议5件、重点提案4件。建议提案内容涉及经济发展、城市建设和民生保障等方面。3月1日，区人大常委会、区政府、区政协联合召开2023年区两会建议提案交办会，印发《关于切实做好2023年区两会建议提案办理工作的通知》。3月31日、4月28日及6月1日对区经信局、区发改局、区住建局等34家建议提案承办单位的办理情况开展专项督查。至6月1日，167件建议提案全部如期办复，面商（电话）沟通率、办复率均为100%。70件人大建议中，财政经济类21件，占30%；城乡建设类24件，占34.3%；教科文卫类15件，占21.4%；政法、民政、社会福利类10件，占14.3%。已解决和在本年度内能够解决或基本解决的54件，占总建议数的77.1%；已制定解决举措或列入改进计划逐步解决的13件，占总建议数的18.6%；因条件限制或其他原因暂时不能解决的1件，占总建议数的1.4%；所提问题已有明确规定无法办理的2件，占总建议数的2.9%。建议办理结果满意率为100%。97件政协提案中，经济科学技术类43件，占44.33%；城市建设管理类18件，占18.56%；社会事业类34件，占35.05%；社会法治类2件，占2.06%。已解决和在本年度内能够解决或基本解决的A类件91件，占93.8%；已制定解决措施或列入改进计划逐步解决的B类件5件，占5.2%；因条件限制或其他原因暂时不能解决的C类件1件，占1.0%。提案办理结果评价满意率为97.9%。

【区政府民生实事项目督查】2023年3月1日，区政府召开民生实事项目实施工作动员部署会，印发《2023年政府民生实事项目实施方案》，明确民生实事推进机制和具体方案。在项目推进中，加强科学统筹，做到齐抓共管、相互衔接、整体实施，区政府主要领导和各分管领导通过专题会议、实地调研等方式，在项目建设、运营、管理等方面提出具体要求，协调解决存在的问题和困难；各责任单位根据时间节点，倒排月度工作计划，推动项目实施；区府办运用“现场+非现场”督查工作方法，健全民生实事“清单+闭环”全过程督考机制；邀请人大代表、政协委员、群众代表等社会各界人士参与项目实施的监督工作，吸纳人大代表每季度监督活动及半年度评估中提出的意见建议，形成推进工作合力。至年底，2023年10项区政府为民办实事工程25个子项全部完成。

【市人大代表建议和政协委员提案办理】2023年3月16日，杭州高新区（滨江）收到市十四届人大三次会议代表建议主办件1件、协办件5件，收到市政协十二届二次会议委员提案主办件1件、协办件5件。建议提案承办工作涉及区委宣传部、区发改局、区人力社保局、区商务局、区住建局、区市场监管局、区审管办、区特别合作园管理局、杭州滨江城建发展有限公司9家单位。5月4日，市人大建议、委员提案均已办结。办理市政协社情民意19件。

（来佳琪）

数据资源管理

【概况】2023年，杭州高新区（滨江）以数字经济创新提质、营商环境优化提升“地瓜经济”提能升级三个“一号工程”为总牵引，深化数字化改革进程，推动高效能治理新变革。3月21日，文章《高新区（滨江）围绕“三个一”绘好“一张图”开展“迎亚运护平安”基层治理大排查》在《杭州政法》上刊发。5月，一网统管系统案例获评2022年度城市大脑（智慧城市）场景应用优秀案例。7月5日，《杭州高新区（滨江）创新“一网统管、数智融合”构建基层治理新模式》专报在《杭州政法》上发表。8月3日，《杭州高新区（滨江）构建基层治理新模式 数智融合下的智慧治理生动实践》在《法治日报》上发表。9月，“杭州城市大脑滨江平台基础能力平台密码应用方案”获2023年网络安全优秀创新成果大赛浙江十佳、浙江省数字化改革网络安全优秀案例；《数字招就业人才应用场景》获省级公共数据授权运营试点。9月11日，《城市治理有了数字“流量密码”百姓幸福感再提升》登上“人民网”头条。12月6日，区大数据治理中心获2023年WDD全球数据资源开发者大赛优秀组织奖、最佳贡献奖。

【一体化智能化公共数据平台建设】2023年，杭州高新区（滨江）一体化智能化公共数据平台归集数据694.06万条，省、市回流数据落库数据表130张、数据3.15亿条，各部门调用接口日均调用量3.3万次，数据需求满足率100%。入驻ISV（独立软件开发商）厂家85家，ISV注册率、ISV人员与应用关联率、ISV保密协议签订率100%。全区各部门申请数据工单158项、云资源工单65项、组件工单55项，审批通过率100%。

【应用集约建设】2023年，杭州高新区（滨江）在省组件超市上架组件20个，新建应用统一组件覆盖率、统一组件利用率、应用尽用率均为100%。构建应用成效“三色”分级分类评价指标体系，开展16场路演，完成80个应用排摸，并形成《摸清底数 多维评价——区社会治理中心对全区数字化应用开展全面体检》专报。

【“浙政钉”“浙里办”两端建设】 2023年，杭州高新区（滨江）有“浙政钉”用户7925人，日均活率86.27%，全区单位信息和人员信息完整率100%。6月9日，印发《杭州高新区（滨江）数字化改革项目建设管理办法（修订版）》，实现数字化改革项目全流程规范化管理，引导部门利用“浙政钉”和“浙里办”两大平台发布应用，综合集成，提高效率。至年底，全区在“浙政钉”平台上发布39个移动端应用、36个桌面端应用，在“浙里办”发布13个应用，在浙江政府服务网发布2个应用。

【《滨江区第19届亚运会和第4届亚残运会电子政务系统网络和数据安全保障工作方案》出台】 2023年5月8日，杭州高新区（滨江）制定《滨江区第19届亚运会和第4届亚残运会电子政务系统网络和数据安全保障工作方案》（简称“方案”）。方案包含4个章节19条重要内容，以聚焦“坚决防止发生重大网络安全事件”为总目标，以亚运“网络不能断、系统不能停、数据不能泄”为总要求，最高标准落实各项网络和数据安全保障措施，确保网络安全。根据方案要求开展应用安全能力全覆盖检查，针对区涉及的省回流21张重点数据表，逐表、逐个检查登录系统验证实际防护情况，完成1~12批重点数据13次迎检，检查情况良好。杭州第19届亚运会及第4届亚残运会期间，杭州高新区（滨江）落实7×24小时安全监测与值班值守，核实处置数据安全告警事件75起。

（胥正诚）

电子政务

【概况】 2023年，杭州高新区（滨江）在门户网站发布信息3018条，修改门户网站严重性错别字97个、一般性错别字2153个。处置政务外网业务配置调整、故障排除386次；新增点位15个、移除点位4个、变更点位13个。开通VPN（利用公用网络架设专用网络）账号67个，注销未使用VPN账号67个；新增互联网IP映射及域名解析78条，发放域名证书52个，ssl证书（一种数字证书，用于在客户端浏览器和Web服务器之间建立一条ssl安全通道）73个（含证书续约），关闭未备案域名103个。停用淘汰物理服务器33台，注销释放华通云服务器39台、数据库6台。保障视频会议240场，其中视联网165场、机要系统73场、电信2场。处理维护信息化办公设备358台次、固话401台次，网络点位256个，各类排障维修273次。完成区府办信息化类公开采购项目1个，邀请招标项目3个。

【信息发布】 2023年，杭州高新区（滨江）发布信息3018条，依托浙江省政府网站群运维监测平台和星鸟网站群普查平台，修改门户网站严重性错别字97个、一般性错别字2153个，提高信息质量。清理暗链5333条、模板暗链5条，提升网站链接安全性。4月，按照《浙江省数字化改革总体方案》要求，将网站管理后台登录集成至“浙政钉”，提升集成度和工作便利性。8月，按照市数据局要求，在首页新增“国务院重要政策举措及实施效果专栏”专题链接。10月底，完成区政府门户网站适配浙江政务服务网新版工作。

【基础设施设备管理】 2023年，区信息中心处置政务外网业务配置调整、故障排除386次；新增点位15个、移除点位4个、变更点位13个。规范网络边界管理，控制外部设备接入政务外网，开通VPN账号67个，注销未使用VPN账号67个；新增互联网IP映射及域名解析78条，发放域名证书52个，ssl证书73个（含证书续约），关闭未备案域名103个。集约化配置计算、存储资源，停用淘汰物理服务器33台，注销释放华通云服务器39台、数据库6台，相关系统资源全部迁移至区城市大脑云平台，该举措可每年节约资金60万元。

【政务系统维护】 2023年，区信息中心持续完善党政办公系统，根据区委、区政府办公实际需求，在保留PC端各项功能的同时，协同党委办、区府办秘书科，开发党政办公系统三端（PC端、“浙政钉”移动端、Pad端）功能，实现办事单位直接报送区领导功能，无须经过收发文流程即可直接报送区领导，提高办公效率。区级OA（办公自动化）系统全年收文7331条，发文865条，直报件951件，会议1870场，请假单1627个，接待685个，信息发布9088条。逐步推开公文流转系统，全区50家单位发文使用率82%，收文使用率持续攀升，全年收文8935件，发文1017件，处理直报件810件。及时更新升级系统补丁，确保邮件收发顺畅，停用一批长期不用的邮件账号。

【后勤保障服务】 2023年，区信息中心维护信息化办公设备358台次、固定电话401台次，网络点位256个，排障维修273次，整理大楼井道内电话线路及网络线路，降低故障率。保障视频会议240场，其中视联网165场、机要系统73场、电信2场。杭州第19届亚运会“200天倒计时”活动期间，与市数据局联动，派驻工程师保障杭州奥体中心主会场及滨江体育馆的视联网使用需求，确保现场直播顺畅稳定。杭州第19届亚运会及第4届亚残运会期间，40天全天候安排视频会议值守，确保零差错、零失误。区两会期间，保障杭州白马湖建国饭店会场音响设备正常运行。落实《中华人民共和国政府采购法》和上级相关采购要求，以“依法采购、规范操作、廉洁高效”为宗旨，全年完成区府办信息化类公开采购项目1个，邀请招标项目3个。

【网络安全保障】 2023年4月，区信息中心协同区委网信办、大数据治理中心举办全区“护航亚运”网络和数据安全培训会，提升全区机关干部网络安全意识，49个部门、89人参与会议。8月，针对“高新人才网”开展应急演练，提升机关单位应急处置能力。杭州第19届亚运会期间，杭州高新区（滨江）统筹协调人力资源，抽调技术力量，组建由8人组成的网络安全保障团队，在9月5日至10月31日57天中，实行全天候网络安全值守。通过实时监测、安全告警分析研判，对安全事件监测追溯，对潜在威胁采取安全加固措施。

（阮　静）

行政审批服务和管理

【概　况】 2023年，杭州高新区（滨江）行政审批服务管理办公室（简称“区审管办”）落实省、市、区营商环境优化提升工程和攻坚活动，以杭州第19届亚运会为契机，持续优化提升政务服务环境，聚焦企业全生命周期，开展政务服务增值化改革，打造政务服务最优区。江南、江北办事大厅为群众和企业办理业务226.74万件，比上年增长42.07%；接待群众60.41万人次，增长14.05%。为群众提供免费证照快递送达1.02万件，提供办件材料免费复印服务1.94人次、14.01万张。全年收到企业和市民表扬信60次、锦旗22次。区政务服务中心先后获市委宣传部颁发的市级“最美窗口”和市文明办颁发的“浙江有礼·最美杭州”“有礼窗口”等称号，3名窗口工作人员获全市“最美办事员”称号；区人力社保局、公安滨江分局窗口获全市审管系统“优秀窗口”称号，1名窗口工作人员获全市审管系统“优秀人物”称号。

【迎亚运政务服务保障专项行动】 2023年，杭州高新区（滨江）出台并实施《迎亚运 优环境 展风采 杭州高新区（滨江）政务服务保障专项行动方案》，推出亚运政务服务事项清单便捷服务“跨域办”、重点场所全时服务“自助办”等“十个办”行动。在政务服务中心、出入境大厅和税务大厅设置“亚运服务”专窗，对专窗人员进行涉亚运政务服务培训。建立外语人才库，成立多语种

2023年9月9日，杭州高新区（滨江）“移动审批”到杭州国际学校服务
（区审管办　供图）

亚运服务志愿队伍，健全外语和涉外、涉亚运会业务培训机制，提供英语、西班牙语、日语等多语种外语志愿服务。在全市首推国际化政务服务大厅，通过设置涉外服务专区、涉外业务专窗、建立外语人才库、编制涉外服务手册、双语化标志标识等举措，优化整合涉外政务服务咨询、引导和帮办代办等全流程服务，梳理47个高频涉外事项，形成高频涉外服务事项9个“一类事”清单，重点提供商事登记、就业保障、商务交流、文化旅游等涉外政务服务帮办、代办等服务。对标北京冬奥会期间推出的27项“跨省通办”事项，梳理形成覆盖6个部门共36项亚运会政务服务“跨域通办”事项的清单。全年常态化开展“移动审批”上门服务，为企业、亚运场馆、外籍人士提供咨询解答、提前预审、现场审批办结等服务，到浙江宇视科技有限公司、杭州虹软科技有限公司等企业和杭州国际学校共上门服务24次，服务群众、企业4300多人（家）次。该项目入选2023年度全市审管系统联动攻坚项目，并在全市审管系统推广。

【“一网通办”工作台应用推进】 2023年，杭州高新区（滨江）在浙江省“一网通办”工作台（全省统一收件平台）上线事项1222项，产生办件295.52万件。线上线下“一网通办”办件率99.65%；大厅“一网通办”收件率98.87%，单事项“一网通办”率98.15%。聚焦90个高频涉企服务事项清单，主动与省、市业务部门沟通，按照“减表单、减材料、优流程”的原则，被省级业务部门确认采纳高频涉企服务事项优化建议工单23条。

【投资项目审批制度改革】 2023年，杭州高新区（滨江）探索产业投资项目审批制度改革，落实“总包模式”多证齐发，完善并联审批、预审和容缺受理机制，在项目审批完成后即具备实质性开工条件，压缩简化审批流程，实现13个工作日完成土地摘牌到完成施工审批备案手续开展作业，审批时限比原来节省75%。相关工作经验获省《竞跑者》刊登推广，获市政府主要负责人批示。

【“就近办”工作机制完善】 2023年3月，杭州高新区（滨江）推进社保、民政等高频个人业务向街道、社区“就近办”层级下放，梳理104项下放街道事项清单和75项下放社区事项清单。优化24小时不打烊服务模式，迭代形成区级24小时政务服务大厅，在西兴街道滨和社区试点创设“24小时政务服务e站”。梳理涵盖社保、医保和民政等多条线高频民生事项，试点“远程连线”的方式，实现“家门口办”，逐步构建起“远程帮办服务”体系。

【“跨省通办”战略合作深化】 2023年4月，杭州高新区（滨江）与陕西省咸阳高新区、山东省淄博市博山区签订“跨省通办”战略合作协议，分别梳理企业设立、注销登记、企业变更、备案登记等“跨省通办”可办事项各51项、31项，探索政务服务领域开展对接交流、资源共享。至年底，杭州高新区（滨江）已与贵州省黔东南苗族侗族自治州麻江县、河北省保定市阜平县等6个地区签订“跨域通办”合作协议。

【“陪跑”增值服务推出】 2023年4月，杭州高新区（滨江）成立首批“创新创业陪跑团”，在江北办事大厅设立“创新创业陪跑工作室”，邀请首批成员单位入驻大厅，开设科技、知识产权等8个中介服务窗口。在区政务服务中心设立全市首个“原产地签证陪跑工作室”，现场展示原产地证书申领操作流程和演示视频，变企业“自主填报”为现场“自助填报”，为企业用好各类优惠性原产地证书扩大出口、开拓国际市场、争取最大利益，提供政策咨询解答和18类签证自助打印等增值服务。至年底，组织“陪跑团”到天堂软件园、东部软件园等企业园区开展3次助企活动，开展涉企政策培训，提升江北区块中小型企业及初创型企业政务服务供给；为118家中小型及初创型企业提供政策咨询、法治服务等中介服务。

【政务服务大厅优化】 2023年6月，区政务服务中心办事窗口新增文广旅体窗口和税务“统模式”窗口，增加旅行社设立分社备案、个人与法人申请联合举办文化艺术类校外培训机构设立审批、非违代表性项目名录认定等8个窗口可办事项。大厅新增注视系和多语言统翻译设备，提升为老年人、外国人等特殊群体的服务质量和效率。常态化开展领导坐班和兜底服务机制，及时发现并解决企业群众在办事过程中遇到的难题。

【企业综合服务中心启用】 2023年9月15日，杭州高新区（滨江）企业综合服务中心升级后启用。中心优化设置项目服务、人才服务、自由贸易、共同富裕、商事服务五大板块，下设26个业务窗口，增设政策、法治、科创、金融、兜底5个增值服务专席，提供363项涉企服务。至年底，企业综合服务中心接待群众2.6万人次。

2023年9月15日，杭州高新区（滨江）企业综合服务中心升级后启用
（区审管办　供图）

【政务服务增值能力指数】 2023年12月，杭州高新区（滨江）出台《杭州高新区（滨江）政务服务增值能力指数1.0》，梳理一体化集成服务、全周期服务事项落地、全流程问题闭环处置、常态化会商协调、线上线下融合、政务服务“好差评”、改革创新争优等七大类工作指标，下设板块协同运转值等19项具体指标和39条各类评价细则，以制度创新保障政务服务增值化工作效果。

（马骁骐　吴祎祎）

公共资源交易

【概 况】 2023年，杭州市公共资源交易中心高新区（滨江）分中心［简称“杭州高新区（滨江）分中心”］完成交易项目341个，比上年增长24%；成交总额95.82亿元，增长6.7%。其中：建设工程类［含限额以下（小额）］项目259个，成交额90.43亿元（成交额超亿元项目22个）；政府采购类项目49个，成交额1.84亿元;综合其他类项目33个,成交额3.55亿元。保障全区重点建设、民生实事等项目完成各项交易活动,交易服务零投诉。深化工程保函替代投标保证金机制,全年减免各类投标保证金153.28亿元,惠及企业18.33万家次。杭州高新区(滨江)分中心获评"2023年度全国优秀公共资源交易中心(区县级)全国公共资源交易优秀交易中心",获"2023年度全国公共资源交易科技成果大赛优秀奖"。

【交易服务护航亚运】 2023年,杭州高新区(滨江)分中心落实集成式政务服务护航杭州第19届亚运会专项行动,优化与亚运有关的公共资源交易项目"招投标一件事",提供投标在线通办、场地线上预约、开标云直播等服务,实现投标"零跑路"、进场"零排队"、开标"云监督"。采取前置介入、容缺受理等措施为亚运建设项目开通绿色通道,服务亚运相关的公共资源进场交易项目64个,涉及成交额28.03亿元。

【招投标领域专项整治与提升专项行动】 2023年,区审管办牵头启动首次招投标领域专项整治与提升行动,规范区内招投标活动秩序,优化招投标领域营商环境。出台《杭州高新区(滨江)进一步加强招投标领域专项整治与提升工作行动方案》等18个管理制度(通知),强化组织领导,完善体制机制建设。召开全区专项行动推进会议2次,工作专班专题会议16次,推动专项行动89项,实现杭州高新区(滨江)9个营商环境"无感监测"招投标指标从中部指标提升至标杆指标。推动区内3个街道和7家国有企业建立内控制度45份。推动各主体落实合同信息公开,实现141个合同上传公示,做到"应上尽上"。推动全面落实省库专家评标机制,实现2023年启用省库专家评标项目125个。指导要求招标人应用7个省级招标文件示范文本,强化标前管理。优化小额交易指引规则,制定出台《关于进一步规范我区限额以下(小额)公共资源交易管理的实施意见》,规范小额交易行为。工作经验"深化招投标'廉合治理'改革"获市相关负责人批示,并获省委改革办《竞跑者》刊登。

【交易领域标准化推进】 2023年2月,杭州高新区(滨江)主导的《公共资源交易网上开标直播管理规范》立项并列入2023年第一批省级地方标准目录。6月,提交发布该标准征求意见公告向省内各地市公共资源交易机构进行意见征集,形成标准送审稿并提交审核。组织专家讨论会、市区推进会和编制组专题会等会议,并结合各方意见修改完善标准文本,至年底,形成报批稿。该标准填补公共资源交易平台网上开标直播方面标准的空白,促进公共资源交易工作规范化、标准化、科学化开展。

【"六色智管"现场管理应用场景建设】 2023年3月,杭州高新区(滨江)分中心领办全市审管系统联动攻坚项目——"融合数字交易 推进'六色智管'"[将视频监控、网络语音、数据档案等现场数字化、智能化管理设施与公共资源交易平台融合,形成开评标全流程数字化见证管理机制,实现可视化交易"一键化"归档。建立红、橙、黄、绿、蓝、灰六色管理识别机制,强化开评标过程中招投标代理机构、招标人(采购人)、评审专家、监管人员、交易中心工作人员、技术支撑服务人员6类人员现场管理]党建联建攻坚项目,开展"六色智管"现场管理应用场景建设。7月,运用数字孪生、物联网技术搭建现场虚拟地图,对接各相关系统、平台实现现场软硬件的智能管控。9月,在杭州市数字见证系统现有功能基础上,建设"六色智管"工单中台功能模块,实现现场管理从问题产生、预警、通知、授权到处置、反馈、记录的全覆盖、全闭环。10月,结合"六色智管"现场管理应用场景建设要求,完成交易中心专家评审区提升改造。12月,"六色智管"现场管理应用场景正式在杭州市数字见证系统上线。

【远程评标拓展】 2023年,杭州高新区(滨江)分中心开展远程异地评标工作46场。7月，接入全省远程异地多点评标系统，实现远程异地评标由市内区域合作向全省多区域合作拓展，降低交易成本和围标、串标风险。9月，完成杭州高新区（滨江）首个政府集中采购远程异地评标项目，拓展评标资源辐射面。11月，《“评审e站”助力远程异地评标新常态》工作经验在行业期刊《公共采购》刊登推广。11月27日，杭州高新区（滨江）分中心自主设计创建的“评审e站”获批国家知识产权局外观设计专利。

（李程靓）

外　事

【概况】 至2023年底，杭州高新区（滨江）有常驻外籍人士1300多人，涉及印度、巴基斯坦、美国、加拿大等100多个国家。办理邀请核实单314批473人次，便利外籍人员到杭州高新区（滨江）从事经贸、科技交流合作。审核上报因公出国（境）团组20批55人次，主要是到海外招商、参展等，出访活动拜访企业（机构）55家。

【企业对外交流服务】 2023年，杭州高新区（滨江）在省、市外事部门指导下，推介APEC商旅卡，导入高层级外事资源，服务企业“走出去”“请进来”双向诉求。利用“浙外防”工作联系群做好涉外领事保护工作，转发驻外领馆、省市外办等部门发布的远离高风险地区等安全提醒100多次。

【亚运会外事服务】 2023年，杭州高新区（滨江）服务国家总体外交，做好杭州第19届亚运会、第4届亚残运会外事保障任务。落实杭州高新区（滨江）外国政要接待外事参访点申报工作。配合营造亚运氛围，参与标识标牌国际化规范等工作。

【主要外事接待】 2023年，杭州高新区（滨江）完成主要外事接待8次。3月7日，上海澳大利亚商会首席执行官兼执行董事西蒙·伍兹一行3人到访，与区商务局负责人座谈，介绍澳商会职能，了解杭州高新区（滨江）产业发展情况，探讨合作可行性。5月4日，洪都拉斯主流媒体记者团到浙江访问，参观正泰集团股份有限公司创新体验中心。6月12日，杭州友好城市芬兰奥卢市商务局国际事务负责人柯理宁一行到访，参观滨江物联网小镇，考察杭州医惠科技有限公司。6月19日，日本中部地区主流媒体记者团参访正泰集团股份有限公司，了解城市发展绿色转型。10月30日，美国肯恩大学校长拉蒙·雷波列特一行9人访问杭州，参观浙江吉利控股集团有限公司品牌体验中心。11月16日，韩国釜山媒体记者团一行7人参观杭州奥体中心主体育场（“大莲花”）及网球中心（“小莲花”）。12月14日，泰国七世王学院代表团一行44人参观杭州奥体中心主体育场（“大莲花”）及网球中心（“小莲花”）。12月23日，NHK（日本放送协会）上海支局记者团采访杭州滨江阳光家园养老院，采访“老有所养”的中国式现代化养老模式。

（方明霞）

2023年5月4日，洪都拉斯主流媒体记者团参观正泰集团股份有限公司创新体验中心　（区商务局　供图）

区直机关事务

【概况】 2023年，杭州高新区（滨江）机关事务中心（简称“区机关事务中心”）推动公物仓“线上实体仓+线下虚拟仓”建成投用，上架全市域共享公物仓资产12件；各业务条线护航杭州第19届亚运会，后勤保障工作取得良好成效。全年完成会议接待活动3766场、10.2万人次；保障工作用餐81.05万人次；开展房产清查统计6次，协助区内办公用房权属登记；持续推出暖心小事实事，通过优化物业服务细节、创新菜色品种等措施，持续提升干部职工的幸福感、获得感。

【公物仓建设管理】 2023年，区机关事务中心根据市机关事务管理局《公物仓全市域推进创新试点建设工作实施方案》，成立专门工作小组，加强顶层设计，推动完成公物仓方案设计、选址装修、系统搭建、运营维管、制度出台等一系列工作，实现公物仓实体仓和虚拟仓同步建成落地。全年完成业务26单（批），公物仓在册物资543件，在册资产总值37.96万元，节约资金24.17万元，提高闲置、超标准配置、储备资产等各类空置资产的使用效益。

【亚运会保障】 2023年，杭州高新区（滨江）作为杭州亚（残）运会开、闭幕式主会场所在地，区机关事务中心落实7×24小时值班值守制度，实现全员通力护航亚运。车队在亚（残）运会期间调派近800人次进行24小时备勤，安全出车500单。物业各大楼通过借调人员等方式增加巡逻人数班次。区文化中心、区行政中心会务部分别承担区指挥中心、臻奥苑指挥部的会议保障任务。餐饮项目部保障区指挥部及臻奥苑指挥部工作用餐，完成2633人次的亚运服务保障人员工作餐送餐服务。公物仓保障消防、城管等部门临时借用资产6单（批）208件（套）。

【低碳机关建设】 2023年，区机关事务中心采用合同能源管理方式，在区政府大楼和区文化中心实现屋面光伏电站建设1828平方米，每年可发电25万千瓦时。更新改造区政府大楼办公室LED照明灯具，新型高效LED灯具将照度提升至500Lux（照度），提升干部职工办公体验。改善北向办公室窗台封闭措施，减少空调冷热量损失。坚持贯彻执行反食品浪费制度，张贴反食品浪费标识，推广小份菜和半份菜，减少食品浪费；出台《滨江区机关食堂原辅材料采购管理实施办法（试行）》，提高食堂原材料采购效率。持续推进落实垃圾分类、机关控烟工作，打造绿色低碳机关。

【办公用房管理】 2023年，区机关事务中心落实《浙江省党政机关办公用房管理实施办法》，探索办公用房全生命周期管理，推进党政机关办公用房数字化管理平台落地，实现对区内各单位办公用房的实时数字化监控，做到权属登记“一本账”、调配处置“在线办”、统计分析“一键达”。严格租用审批管理及大中修核准程序，登记机关事业单位租用国有企业房产11单，租用面积1.4万平方米。完成区行政中心、区文化中心、国土大楼、海越大厦、钱塘春晓大厦、民兵训练基地、海外高层次人才创新创业基地等零星维修项目120处，做到应修尽修，有序开展基建工作。

【公务用车管理】 2023年，区机关事务中心出车5720单，安全行驶17.5万千米。更新安装64辆公务用车（含行政执法用车）GPS（全球定位系统）设备，维护和管理公务用车管理集成应用平台系统基础信息。

【机关后勤服务保障】 2023年，区机关食堂在保障机关餐饮服务的前提下，开展传统节日美食节、地方性美食周等活动，组织本地特色产品展销9次，山海协作地区农特产品展销8次，扶贫对接地区农特产品展销7次。全年开展日常维修2478单，基本实现日常维修“零等待”。组织消防演练、防火巡查2950次，排查整治所辖楼宇高空坠物和房屋安全隐患，实现“零隐患”目标。

（王逸慧）

政协滨江区委员会

综　述

【政协委员构成】 至2023年底，滨江区有区政协委员196人。其中：中共党员77人，占39.3%；党外委员119人（民主党派65人、无党派人士35人、群众19人），占60.7%。妇女委员64人，占32.65%；少数民族4人（回族2人、畲族1人、土家族1人），占2%。新的社会阶层人士24人，占12.24%。区政协常委会组成人员35人，占委员总人数的17.86%。

2023年7月14日，区政协开展“同心向党 循迹溯源”活动
（区政协办　供图）

【主题教育】 2023年，区政协开展学习贯彻习近平新时代中国特色社会主义思想主题教育，制定习近平新时代中国特色社会主义思想学习方案和“大走访大调研大服务大解题”活动方案。落实“第一议题”制度，开展党组集中交流研讨8次，到委员工作室、亚运场馆、社区、产业园区宣讲习近平总书记考察浙江重要讲话精神，讲好专题党课。创新推出“结合履职先学”，将学习习近平总书记相关重要论述作为重大协商活动的必备议程。深化“循迹溯源学思想促践行”活动，组织政协委员、机关干部到浙江中控技术股份有限公司、浙江中南卡通股份有限公司、湖州市安吉县天荒坪镇余村开展“同心向党 循迹溯源”活动。主席会议成员完成调研课题6项，召开调研成果交流会，领办发展难题和民生实事10项，推动调研成果转化运用。

【优秀党建案例】 2023年，区政协贯彻落实习近平总书记关于党的建设的重要思想，坚持在区委领导下主动开展工作，发挥政协党组把方向、管大局、保落实作用。培育“同心同杭·青春聚力”党建品牌和“1+6+X”青春系列党建子品牌，修订政协党组、机关党组工作规则，推出有计划、有活动、有案例、有宣传、有总结“五有”工作规范，形成《讲好青春政协故事 聚力建设“两个天堂”》《青春“政”当时“红”心向未来——打造一支高素质政协机关年轻干部队伍》《以党建向心力激活园区发展新动能》等优秀党建案例。

【政协宣传工作】 2023年，区政协学习贯彻宣传思想文化工作会议精神，落实意识形态工作责任制，树立正确舆论导向。在“滨江政协”微信公众号上推送图文203条，视频号发布36条，在人民网、《人民政协报》、《联谊报》等省级以上媒体刊发宣传报道69篇。推出“亚运主场·委员担当”“亚运探馆”等系列报道，打好海报+展板、新闻+专报、直播+视频“组合拳”，形成宣传叠加效应，被省政协办公厅授予2023年度宣传工作先进单位称号。

【数字政协建设优化】 2023年，区政协加强浙江全省数字政协应用“六大在线”（协商在线、提案在线、同心在线、社情民意在线、学习在线、委员履职在线）贯通，归集核心数据374条，将区政协委员履职数据融入省、市政协系统。完善提案系统，实现与区政府“滨政督”系统双向贯通，为委员运用提案履职、及时掌握提案办理信息提供便利。完善“滨协商”应用和滨江数字政协驾驶舱，开发协商驿站、考察交流、委员工作室、个人重要事项等模块。“滨协商”应用全年服务履职活动100场次，委员线上建言295条，活动签到1932人次，访问量1.39万人次。

（余佳玮）

重要会议

【概况】 2023年，区政协召开中国人民政治协商会议第三届杭州市滨江区委员会第二次会议，召开常委会会议5次，召开主席会议15次。会议听取《政府工作报告》，听取审议区政协常委会工作报告和提案工作情况报告；传达学习全国两会精神、中共中央总书记习近平考察浙江重要讲话精神、区委六届三次全体（扩大）会议暨区委经济工作会议精神等，研究部署区政协各项工作。

【区政协三届二次会议】 2023年2月1—3日，区政协三届二次会议在杭州白马湖建国饭店举行。会议应到委员197人，开幕式实到184人。市政协负责人，区四套班子负责人，区法院、区检察院负责人，以及各街道、区级机关和有关单位主要负责人等邀请人员50人，列席人员10人参加大会开幕式。会议听取《政府工作报告》，听取审议政协第三届杭州市滨江区委员会常务委员会工作报告和提案工作情况报告。政协委员通过提案、大会发言、小组讨论等形式，建言资政，凝聚共识。会议选举产生政协第三届杭州市滨江区委员会秘书长，增补3名常务委员，周皓当选为政协第三届杭州市滨江区委员会秘书长，杨清、钟琛琛、虞文华3名委员当选为常务委员。会议收到大会发言材料33篇，8名委员作口头发言；以提案形式提出的意见建议129件，其中各民主党派和政协各界别以集体形式提出34件、委员以个人名义或联名提出95件。

2023年2月1日，中国人民政治协商会议第三届杭州市滨江区委员会第二次会议在杭州白马湖建国饭店开幕 （区政协办 供图）

【区政协常委会会议和主席会议】2023年，区政协召开常委会会议5次，就有关问题进行协商审议。区政协主席、副主席，秘书长和常务委员参加历次会议，区政协办、各专委会主任、副主任和各联络处负责人列席会议。召开主席会议15次，组织集体学习，协商审议重点履职事项、月度工作等事宜。区政协主席、副主席、秘书长，区政协各办（委）主任、副主任参加历次会议。

2023年政协滨江区委员会常委会会议情况一览表

表4

日期	会议名称	会议内容
1月9日	三届四次常委会会议	传达学习区委六届三次全体（扩大）会议暨区委经济工作会议精神，审议通过有关人事事项；审议通过区政协三届二次会议有关事项，授权主席会议审议区政协三届四次常委会会议未尽事宜
2月2日	三届五次常委会会议	听取区政协三届二次会议各组讨论情况汇报，审议通过区政协三届二次会议选举办法、候选人名单、总监票人、监票人建议名单等大会有关事项，审议通过建议案、提案收集和初审情况报告、决议（草案）
3月24日	三届六次常委会会议	传达学习全国两会精神，审议通过区政协全体会议建议案办理规则（暂行），通报区政协2023年度重点工作
6月29日	三届七次常委会会议暨年度提案办理专题协商会	开展年度提案办理专题协商，邀请区委主要负责人作“坚持创新驱动 迈向世界领先 以‘两个天堂’生动实践 奋力开启中国式现代化新征程”专题讲座
9月28日	三届八次常委会会议	传达学习习近平总书记考察浙江重要讲话精神，传达学习省、市政协主席暑期读书会精神，审议通过有关人事事项

（余佳玮）

2023年政协滨江区委员会主席会议情况一览表

表5

日期	会议名称	会议内容
1月5日	三届十六次主席会议	研究讨论区政协三届二次会议有关事项、2022年度优秀委员等各类先进推荐名单、大会口头发言建议名单、区政协三届四次常委会会议方案，审议区政协常委会工作报告和提案工作报告
1月9日	三届十七次主席会议	审议通过有关人事事项
1月29日	三届十八次主席会议	审议关于全力营造亚运城市文化氛围 展示“国际滨江·亚运核心”风采的建议，研究讨论政协第三届杭州市滨江区委员会第二次会议日程（草案）
2月7日	三届十九次主席会议	研究讨论2023年度区政协重点提案建议情况
2月27日	三届二十次主席会议	审议区政协2023年工作要点、区政协2023年协商履职工作计划、关于改进和完善提案办理协商工作机制的实施意见（试行），研究讨论区政协三届二次会议重点提案建议和提案立案审查情况、2023年度委员履职菜单和区政协主席、副主席走访委员计划，交流月度工作
3月20日	三届二十一次主席会议	审议区政协党组2023年工作要点、区政协全体会议建议案办理规则、区政协办公室和专门委员会工作职责，研究讨论杭州市政协新时代协商民主实践中心“滨江周”、推进滨江城市街区微更新“请你来协商”、地下管网建设与管理专题视察、“文明靓城”迎亚运“回头看”、共享法庭诉源治理专题视察、界别活动月、区政协三届六次常委会会议等活动方案，交流月度工作

续表5

日期	会议名称	会议内容
5月23日	三届二十二次主席会议	研究讨论“亚运城市文明共建行动”专项集体民主监督实施方案、“营造法治化市场环境，助力打造营商最优区”专题协商会方案，研究审议区政协委员工作室实施办法和委员工作室星级评定办法、关于推进滨江城市街区“微更新”的调研报告，交流月度工作
5月31日	三届二十三次主席会议	研究讨论关于“营造法治化营商环境 助力打造营商最优区”的调研报告、打造滨江区“15分钟品质文化生活圈”“请你来协商”活动方案
6月27日	三届二十四次主席会议	研究讨论区政协三届七次常委会会议暨年度提案办理专题协商会方案、打造高端服务支撑体系的初步研究“请你来协商”专题协商会方案、高质量打造“15分钟品质文化生活圈”调研报告，交流月度工作
7月28日	三届二十五次主席会议	审议关于2023年上半年工作情况和下半年工作的报告，研究讨论关于开展创新研究院成果转化情况专题视察活动方案，交流月度工作
8月24日	三届二十六次主席会议	传达学习《政协浙江省委员会关于进一步加强和改进提案工作的意见》《政协浙江省委员会客厅星级评定办法》文件精神，交流月度工作
9月15日	三届二十七次主席会议	审议通过有关委员调整事项，研究讨论三届八次常委会会议方案、《滨江抗疫主题纪实》“三亲”史料编写相关事宜，交流月度工作
10月31日	三届二十八次主席会议	传达学习市政协《关于深化推进政协基层协商平台建设的意见》文件精神，研究讨论关于营商环境优化提升“一号改革工作”实施情况的专项集体民主监督报告、亚运“三亲”史料编撰事宜，交流月度工作
11月30日	三届二十九次主席会议	审议关于打造高端服务支撑体系的调研报告、“科研成果转化新模式新路径探索研究”专题议政性常委会会议方案、区政协书画笔会活动方案，研究讨论区政协领导、办公室、各专委会联系指导委员工作室分工安排，交流月度工作
12月27日	三届三十次主席会议	研究讨论区政协三届三次会议日程、议程、参会人员等有关事项，听取区政协三届委员会常务委员会工作报告和关于三届二次会议后提案工作情况报告的起草情况、区政协三届三次会议大会发言建议情况、区政协三届二次会议建议案办理情况的汇报，审议通过区政协2023年度各类先进名单、《关于高新区（滨江）科技成果转化新模式探索的调研报告》

（余佳玮）

协商议政

【概况】2023年，区政协开展协商议政工作，高质量完成区委交办的科技成果转化新模式、打造高端服务支撑体系、关于亚运城市文化氛围的研究3项重点课题，设立首个全会建议案，开展各类协商活动180多场，提交协商建议47篇，获省、市政协负责人批示3件次，区委、区政府主要负责人批示18件次。围绕建设国家数据要素综合试验区核心区、建设杭州国家人工智能创新应用先导区、优化城市综合交通网络开展调研，在市政协全体会议、专题议政性常委会会议、专题（月度）协商会上作交流发言。

【全会建议案】2023年2月3日，在区政协三届二次会议上，区政协召集全体委员提出滨江区政协首个全会建议案——《关于全力营造亚运城市文化氛围，展示“国际滨江·亚运核心”风采的建议》，从文化、科技、环境、体育、文明、宣传6个方面提出对策建议。区委主要负责人作出批示，办理牵头单位区委宣传部结合主题攻坚活动和亚运筹备，将建议分解落实为56条具体工作任务。至11月底，建议案涉及助力滨江区搭建文化构架，多元呈现滨江城市韵味；抢抓亚运契机，彰显滨江科技人才标识度；提升城市品质，打造处处是景“美丽滨”；聚焦文体融合，持续释放滨江城市活力；强化风尚引领，加快打造全域文明高地；精准传播引流，塑造“国际滨江 亚运核心”影响力6个方面均办理完成。

【总部经济高质量发展专题协商议政】 2023年3月24日，区政协召开委员有约·共话高质量发展——助推杭州高新区（滨江）总部经济高质量发展专题调研协商会。区政协主席、分管副主席，区政协经科委、区发改局负责人及部分企业家政协委员、企业代表共22人参加。区发改局负责人汇报《关于推动高新区（滨江）总部经济高质量发展的若干意见》起草有关情况，政协委员和企业代表围绕优化政策、高质量发展总部经济建言献策。15名总部企业委员提交16篇书面建议，为出台总部经济政策出谋划策。

【“街区微更新·匠心迎亚运”专题协商议政】 2023年4月20日，区政协召开“街区微更新·匠心迎亚运”“请你来协商”专题协商会，为匠心提升城市环境品质建言献策。区政府、区政协及各相关职能部门负责人，区政协委员、社区代表、居民代表共38人参加。区住建局、杭州滨江环境发展公司、区政协城建委课题组分别汇报“微更新”工作开展情况及课题调研情况。与会委员和社区、居民代表在体现工匠精神、强化社区参与、加强长效管理、挖掘本地文化等方面提出意见建议。

【营商环境最优区打造专题协商议政】 2023年5月24日，区政协召开营造法治化营商环境 助力打造营商最优区“请你来协商”专题协商会，区政府、区政协及各相关职能部门负责人，区政协委员、企业代表共44人参加。区市场监管局、区司法局、区检察院、区政协社法委课题组分别汇报滨江区营造法治化营商环境的工作情况及课题调研情况。与会委员和企业代表围绕企业现实需求、保护合法权益、维权难点痛点、监管执法力度等方面提出意见建议。

【“15分钟品质文化生活圈”打造专题协商议政】 2023年6月21日，区政协召开高质量打造“15分钟品质文化生活圈”“请你来协商”专题协商会，为健全现代公共文化服务体系建言献策。区政府、区政协及各相关职能部门负责人，区政协委员、社区代表、居民代表共36人参加。区文广旅体局和区政协教文委课题组分别汇报“15分钟品质文化生活圈”建设情况及课题调研情况。与会委员和社区、居民代表围绕强化社区共建共管共享、加强与社会资源合作、普及文化管家模式、增强线上线下社交互动等方面提出意见建议。

【提案办理专题协商】 2023年6月29日，区政协召开三届七次常委会会议暨年度提案办理专题协商会。区政协主席主持会议并就做好提案办理工作提出要求。分管副区长出席并讲话。区政协主席会议成员，相关提案承办单位负责人、提案人及政协常委会其他组成人员、区政协各办（委）负责人参加。区政府办公室、重点提案承办单位、区政协提案委分别汇报年度提案办理、重点提案办理及提案办理督查的情况。区政协三届二次会议共收到提案129件，审查后立案120件，并案交办97件，重点提案4件，涉及承办单位47家。97件提案全部按期办复，面商（电话）沟通率、答复办结率均为100%，委员满意率为97.9%。

【高端服务支撑体系打造专题协商议政】 2023年11月13日，区政协召开打造高端服务支撑体系“请你来协商”专题协商会。区委主要负责人出席并讲话。区政府、区政协及各相关职能部门负责人，区政协委员、企业代表、服务机构代表共56人参加。区发改局、区商务局、区政协经科委课题组分别汇报滨江区打造高端服务业支撑体系的工作情况及

2023年11月13日，区政协召开打造高端服务支撑体系“请你来协商”专题协商会　　（区政协办　供图）

课题调研情况。与会委员、企业代表、服务机构代表围绕招引特色项目、强化政策引导、聚合相关资源、构建全要素服务生态环境、数字赋能推动服务业能级提升、降低中介机构经营成本等方面提出意见建议。

【科技成果转化新模式探索研究专题协商议政】 2023年12月7日，区政协召开科技成果转化新模式探索研究专题议政性常委会会议，助力加快推进科技成果商品化、产业化、国际化，形成更多更优新质生产力。区政府、区政协及各相关职能部门负责人，区政协委员、企业代表、科研机构代表共82人参加。区科技局汇报滨江区科技成果转移、转化工作情况，区政协经科委课题组汇报课题调研情况。与会委员、企业代表、科研机构代表围绕引进第三方价值评估机构、加强校企合作、打通产学研信息鸿沟、加强政策扶持、建立数字化平台等方面提出意见建议。

（余佳玮）

民主监督

【概况】 2023年，区政协首次联合萧山区政协就滨萧联系通道建设开展民主监督，围绕优化提升亚运环境、动态推进交通治堵、推动教育事业高质量发展、持续推进平安建设4个民生实事项目，与区人大常委会联合开展专项监督。围绕营商环境优化提升“一号改革工程”及“迎亚运盛会，助力全省三大提升行动”等主题，开展三级政协联动专项集体民主监督，全体委员运用“现场督”“网络议”“随手拍”等形式就近就便开展监督，提出意见建议700多条。围绕完善人民政协民主监督制度机制开展理论研究，《市县政协开展联动民主监督的探索与思考》获2023年省政协理论研究优秀论文二等奖。

【民生实事项目专项监督】 2023年，区政协根据《2023年政府民生实事项目实施方案》，组织委员专项监督小组，对优化提升亚运环境、动态推进交通治堵、推动教育高质量发展、持续推进平安建设4项民生实事项目开展专项监督。4月26日，区政协教文委委员专项监督小组专项监督“推动教育事业高质量发展”民生实事项目，察看杭州白马湖单元中学、硅谷小学，综合所见所闻针对滨江教育的亮点和存在的问题提出意见建议。12月15日，区政协经科委委员专项监督小组专项监督“动态推进交通治堵”民生实事项目，踏勘互联网经济产业园西区、创新大厦园区，车览2处新增天桥等区域，重点对交通综合治理、天桥使用情况等开展监督并座谈交流。12月22日，区政协教文委委员专项监督小组专项监督“推动教育事业高质量发展”民生实事项目，到物联网小镇幼儿园、杭州市高教园小学就学校建设和发展情况、校园文化、课程设置及办学特色等开展监督并座谈交流。针对“优化提升亚运环境”“持续推进平安建设”民生实事项目，区政协城建委、社法委分别牵头开展书面监督，收到意见建议80多条。

【"迎亚运盛会，助力全省三大提升行动"专项集体民主监督】 2023年，区政协根据省、市政协实施方案，制定本级专项集体民主监督实施方案，组建3个民主监督组，围绕城市品质大提升、城市治理大提升、城市文明大提升，对3个街道开展民主监督。8月4日，第二监督组到杭州奥体中心、滨江体育馆及云渡驿察看周边文明提升情况和游客集散中心情况，对交通标识规范、亚运氛围营造及宣传普及、设施提升、城市人文形象升级、绿化景观改造等工作提出意见建议；第三监督组到西兴街道印月尚庭小区、龙湖春江彼岸小区进行监督，听取社区工作人员介绍，详细了解小区垃圾分类、外立面改造以及环境提升、风险隐患排查等情况。8月9日，第一监督组到浦沿街道社会治理中心、杨家墩社区、智慧新天地沿江、智慧新天地落点企业施工工地等地，对街道应急力量与物资准备、社区活动中心运行情况、马拉松赛事指挥中心筹备情况、沿线绿化环境打造情况等进行监督。

【滨萧联系通道建设民主监督】 2023年6月1日，区政协城建委联合萧山区政协城建委联合开展"滨萧联系通道建设"民主监督活动。监督组到滨和路风情大道交叉口（建设二路项目）、映翠路湘西路交叉口、冠山路江陵路交叉口（冠山路东延项目）、天马路时代大道交叉口、湘滨路延庆寺路交叉口等地，察看工程进度、断头路贯通和道路"三化一平"（洁化、美化、绿化和道路路面平整）等情况并进行座谈交流。区住建局和萧山区住建局分别介绍两区连接道路建设情况，政协委员结合勘察情况和自身体验，从打通"断头路"、优化两区公共交通一体化、有关部门加强论证优化、缓解道路拥堵等方面提出意见建议。

（余佳玮）

视察与调研

【概况】 2023年，区政协围绕地下管网建设与管理、"文明靓城"迎亚运专项"回头看"、共享法庭诉源治理、创新研究院成果转化情况组织委员开展专题视察；围绕营造亚运城市文化氛围、推进滨江城市街区微更新、营造法治化市场环境，助力打造营商最优区、打造滨江"15分钟品质文化生活圈"、打造高端服务业支撑体系、探索研究科技成果转化新模式新路径、建好委员工作室更好联系界别群众等开展课题调研。

【政协委员视察】 2023年，区政协组织委员专题视察2023年区政府部分民生实事项目。围绕优化提升亚运环境、动态推进交通治堵、推动教育事业高质量发展、持续推进平安建设等民生实事项目开展视察，政协委员走进长虹苑扩点三期、硅谷小学、微更新迎春片区、缤纷未来社区、互联网经济产业园西区、创新大厦园区、物联网小镇幼儿园、杭州市高教园小学等地进行视察，55人次参与。针对地下管网建设与管理、共享法庭诉源治理、"文明靓城"迎亚运专项"回头看"、创新研究院成果转化情况等政府重点工作展开视察，51人次参与。

【重点课题调研】 2023年，区政协教文委就滨江区行政执法机构合力、司法机关统筹配合、"集中注册"、"虚拟注册"、新兴产业监管模式、企业合规意识、合规机制、商业秘密维权等难点、痛点问题开展调研，完成《法治"软实力"发展"硬支撑"——关于"营造法治化营商环境 助力打造营商最优区"的调研报告》。经科委就滨江区公共性服务与个性化服务、生产性服务与生活性服务、外在型服务与内涵性服务、便捷型服务与增值型服务的平衡问题开展调研，完成《关于打造高端服务支撑体系的调研报告》。城建委就城市微更新项目问题开展调研，完成《靓城迎亚运 匠心绣滨江——关于推进滨江城市街区"微更新"的调研报告》。教文委就"文化生活圈"聚合效应、资源整合度、"文化生活圈"知晓度、高质量活动、"文化生活圈"体验感、精准化服务等问题开展调研，完成《文化润城 让生活更美好——关于高质量打造“15分钟品质文化生活圈”的调研报告》。经科委就企业与科研院所的结合度、科技成果转化的国际化程度、促进成果转化的服务支撑等问题开展调研，完成《关于科技成果转化新模式探索的调研报告》。委员工作委员会就委员工作室团队委员参与积极性、委员工作室活动的常态化和经常性、委员工作室辐射范围、委员工作室建设发展平衡度等问题开展调研，完成《关于建好委员工作室更好联系界别群众的研究》。

（余佳玮）

委员工作

【概况】 2023年，区政协发挥政协委员主体作用，助力做优协商平台、做实民主监督、做精亚运保障。政协委员和各界代表人士参与二次供水、外立面改造、公交线路优化等“协商议事月”活动88场，1247人次参与，提出意见建议457条，助推民生“关键小事”解决。全体委员运用“现场督”“网络议”“随手拍”等形式，响应营商环境优化提升“一号改革工程”等主题的三级政协联动专项集体民主监督，提出意见建议700多条。政协委员参与迎接杭州第19届亚运会、助力全省三大提升行动、亚运城市文明共建行动等活动40多场、360多人次。

【委员培训】 2023年，区政协根据政协章程和委员退出机制的若干规定等文件精神，围绕“一园三谷五镇”产业新格局，配合区委组织部、区委统战部及时做好届内委员增补，优化调整委员队伍结构。完善委员服务管理，组织委员学习培训，用好“每日一读、每周一学、每月一讲、每季一荐、每年一论”学习机制，邀请区政府、机关部门负责人、政协委员、专家教授等，举办区情类、产业类、政策类、规划类、文化类、履职类“青春讲堂”，依托“硅谷系列·书香政协”委员读书品牌，开展学习活动68场次，参与1900多人次，拓宽知情明政渠道，提高委员履职能力。

【委员履职管理】 2023年，区政协梳理年度工作要点和各界别、联络处履职活动安排，制定委员“履职菜单”45项，每月底对履职活动开展情况进行回头看，及时做好提醒督导。在“滨协商”应用设立委员履职档案，可查看履职积分排名。以出席区政协三届二次会议、区“一府两院”工作报告会、6场“请你来协商”活动作为委员知情明政、参政议政的重点，引导委员参与，做好委员签到考勤工作。发挥界别委员专长和作用，15个界别围绕“亚运会精彩有约 国际滨青春无限”“助解急难愁盼 增进民生福祉”等主题，聚焦高质量创新驱动发展、高水平共同富裕示范、高标准亚运服务保障三大任务，走进市政协协商民主实践中心、民生议事堂、协商驿站，开展界别活动27场次，参与委员385人次。

【委员服务管理】 2023年，区政协制定年度区政协主席、副主席走访委员计划，在“滨协商”应用开通委员个人重要事项上报、委员生日送祝福和走访委员足迹等新功能，及时了解委员学习、工作和生活情况。优化委员知情明政环境，安排更多委员参与区政协重要会议和“请你来协商”活动；组织委员参加不同层面的征求意见会、评议会、听证会等活动，推荐18名委员担任杭州市行政复议监审员和滨江区法治建设监督员、营商环境体验官、行政服务窗口监督员、信访工作专家库成员。全年组织委员参加部门听证会、座谈会、重点经费项目绩效评价、“赛马问效”等履职活动29场次98人次。

【委员工作室建设】 2023年，区政协配合市政协加强对滨江区2家省政协委员会客厅、3家市政协委员工作室的联系服务和业务指导，做好星级评定推荐工作。制定出台《滨江区政协委员工作室实施办法》《滨江区政协委员工作室星级评定办法》《区政协领导、各专委会联系指导委员工作室（会客厅）分工安排表》等文件，对委员工作室的申报程序、建设标准、管理运行与星级评定标准、联系指导等作出具体规范。督导各委员工作室及时制订工作计划，发挥特色优势，围绕中心工作开展学习交流、调研协商、志愿服务等履职活动，并首次组织区政协委员工作室开展星级评定。至年底，全区共建成委员工作室11个（界别型3个、区域型8个），开展履职活动66场次。

（李庆莲　余佳玮）

政协专门委员会

【概况】 2023年，政协第三届滨江区委员会设提案委员会、经济科技委员会、城市建设和人口资源环境委员会、教育文化卫生体育和文史委员会、社会法制民族宗教和港澳台侨委员会、委员工作委员会6个专门委员会。

【提案委员会】 2023年，区政协提案委员会开展提案审查、立案和督办等工作，举办年度提案办理专题协商会。区政协三届二次会议立案提案97件，96件在年度内已经解决或基本解决，1件因条件限制或其他原因暂时不能解决。组织推进“民生议事堂”“协商驿站”建设，在3个街道“民生议事堂”嵌入委员工作室、社情民意信息联系点、硅谷书房，在物联网产业园、互联网经济产业园、智慧新天地、江北科技园4个产业平台和67个社区搭建“协商驿站”，形成全区“街道+社区+园区”的协商平台建设格局。全年指导开展“民生议事堂”和“协商驿站”专题协商议事活动151场次，2391人次参与，提出意见建议627条，被街道、社区和园区吸收采纳254条。

【经济科技委员会】 2023年，区政协经济科技委员会组织委员开展“打造高端服务业体系可行性”“我区科研成果转化新模式新路径初步思考”重点课题调研，开展“创新研究院成果转化情况”对口协商。牵头举办“打造高端服务支撑体系”、“科技成果转化新模式探索研究”专题“请你来协商”、议政性常委会会议，并提交课题成果。聚焦建设国家数据要素综合试验区核心区、建设杭州国家人工智能创新应用先导区开展调研，在市政协会议上作交流发言。探索搭建“政企协商会”平台，开展“委员有约·共话高质量发展”活动，为出台总部经济政策出谋划策。与区人大联合开展“动态推进交通治堵”民生实事项目专项民主监督。

【城市建设和人口资源环境委员会】 2023年，区政协城市建设和人口资源环境委员会针对“滨江城市街区微更新”课题开展调研，组织“街区微更新·匠心迎亚运”专题“请你来协商”并提交调研报告。承担市政协“完善公交地铁接驳体系，优化城市综合交通网络”月度协商子课题并作“关于加强居民小区与地铁站点公交接驳提升出行便利度的建议”的交流发言。开展“地下管网建设与管理”对口协商。联动萧山区政协开展“滨萧联系通道建设”民主监督，开展“迎亚运盛会，助力全省三大提升行动”专项“城市品质大提升”民主监督、“优化提升亚运环境”民主监督。

【教育文化卫生体育和文史委员会】 2023年，区政协教育文化卫生体育和文史委员会开展“营造亚运城市文化氛围”课题调研，形成《关于全力营造亚运城市文化氛围，展示“国际滨江·亚运核心”风采的建议》全会建议案，开展“文明靓城”迎亚运专项“回头看”活动。牵头举办高质量打造“15分钟品质文化生活圈”专题“请你来协商”，聚焦“文化润城，让生活更美好”提交调研报告。与区人大联合开展“推动教育事业高质量发展”民生实事项目专项民主监督，开展“迎亚运盛会，助力全省三大提升行动”专项“城市文明大提升”民主监督。组织“每月一讲”“每季一荐”“四季之声”读书活动，做好文史征编、文史研究等工作。

【社会法制民族宗教和港澳台侨委员会】2023年，区政协社会法制民族宗教和港澳台侨委员会开展“营造法治化市场环境，助力打造营商最优区”重点课题调研，开展“请你来协商”并提交课题研究成果。到缤纷未来社区共享法庭、区法院立案大厅开展“共享法庭诉源治理”对口协商。开展“持续推进平安建设”民生实事项目专项民主监督，开展“迎亚运盛会，助力全省三大提升行动”专项“城市治理大提升”民主监督，围绕营商环境优化提升“一号改革工程”开展民主监督。与区委统战部联合参与“老外不见外相约话亚运”“宗教中国化”专题调研等活动。

【委员工作委员会】2023年，区政协委员工作委员会制定《滨江区政协委员工作室实施办法》《滨江区政协委员工作室星级评定办法》《区政协领导、各专委会联系指导委员工作室（会客厅）分工安排表》等文件，持续推动委员工作室提档升级。制订区政协负责人走访联系委员计划，推进常态化走访，增强委员认同感、归属感，全年走访委员272人次、委员企业160多家次。梳理制定2023年度委员“履职菜单”，完善委员履职管理办法及履职量化考评实施细则，规范服务管理。优化完善政协领导走访看望委员、委员联系界别群众等制度。

（余佳玮）

提案与社情民意

【概况】2023年，区政协提案、建议案紧扣滨江区改革发展的重点、难点、热点问题，涉及经济科技、城市建设、民生事业、民主法治四大领域，兼顾全局性、前瞻性和解决群众切身利益的具体建议。区政协畅通政协委员反映社情民意渠道，通过加强组织领导，完善工作机制；拓宽征集渠道，推动工作落实；立足滨江特色，助推创新发展，引导政协委员报送高质量信息，全年向市政协报送信息14条。

【提案工作】2023年，区政协三届二次会议前和会议期间，收到提案129件，审查后立案120件，经并案处理后为97件。经分类，经济科技类43件，占44.3%；城市建设管理类18件，占18.5%；社会事业类34件，占35.1%；社会法治类2件，占2.1 %。其中《关于以区块链技术助力民企国际化发展的建议》《关于营造良好营商环境，促进高新区（滨江）“专精特新”中小企业创新发展的若干建议》《关于加快我区孵化器高质量发展的对策建议》《关于助推我区生物创新药 临床研究高质量开发的建议》被列为重点提案、优秀提案。97件提案中，96件在年度内已经解决或基本解决，占98.9%；因条件限制或其他原因暂时不能解决的1件，占1.1%。委员对建议落实的满意率为97.9%。

【社情民意反映】2023年，区政协收到各类信息32件，向市政协报送14条，《关于强化国产自主可控AI根技术科技创新支撑作用的若干建议》被全国政协录用，《关于在民事执行程序中统一法律适用、保留未被执行配偶一方在共有财产中份额、保障家庭成员生存权的建议》被民进浙江省委员会录用，《建议建立医生直播管理制度规范医疗行为的建议》被杭州市政协录用，《关于更好推动我区总部经济高质量发展的建议》获区政府负责人批示。

（余佳玮）

文史研究

【概况】2023年，区政协加强政协文史工作，编撰亚运滨江口述实录、滨江抗疫实录。支持文史研究会、书画院等文史社团发挥特色作用，开展文化走读、诗歌朗诵、书画笔会等联络联谊活动，以文化凝聚人心，弘扬滨江精神，汇聚奋进力量。

【文史资料征编】2023年，区政协以习近平文化思想为指引，顺应新时代文史工作“两个转变”（以抢救挖掘为主向抢救挖掘与做好经常性文史工作并重转变，从重视史料征集向史料征集与史料研究利用并重转变）导向，推进文史资政、文史征编、文史研究新发展。区政协文史研究会牵头编写《此间滨纷——杭州亚（残）运会高新区（滨江）采访实录》，提炼总结滨江区作为亚运主场的指挥体系、组织架构、运行机制和做法经验，留下全民亚运一手资料。按照市政协《战“疫”长歌——杭州抗击新型冠状病毒肺炎疫情史料》编写的统一要求，编写滨江篇《秣马厉“滨”共战疫情，风雨同舟“江”山无恙》内容。

【文史社团活动】 2023年，区政协文史研究会、书画院结合“滨江周”“每月一讲”等载体，举办社团活动10多场。4月17日，举办“亚运宋韵连古今”活动，举办传统服饰文化讲座并观看宋韵服饰走秀。4月18日，举办“艺术赋美亚运 文化助推共富”迎亚运文化艺术活动，举办戏曲艺术文化知识讲座和国家级“非遗”项目越剧惠民演出。4月19日，举办“诗里滨江”朗诵交流活动，举办朗诵艺术讲座和即兴朗诵交流活动。7月19日，组织文史研究会会员到杭州市政协文史研究中心、南宋德寿宫遗址博物馆参观学习。8月10日，举办“担当文艺工作者使命，讲好文化传承和‘八八战略’故事”主题讲座，组织观看亚运电影《热烈》。8月29日，组织委员和机关干部听取全国政协委员、中国文联副主席、中国油画协会主席、中国美术家协会副主席许江题为《中国文化精神之征候》的讲座。

（李庆莲　余佳玮）

2023年4月17日，区文史研究会在杭州市政协新时代协商民主实践中心举行“亚运宋韵连古今”活动

（区政协办　供图）

中共滨江区纪律检查委员会 滨江区监察委员会

综　述

【纪检监察制度完善】 2023年，区纪委监委落实"第一议题"制度及时学、"索引学"机制系统学、班子领学等学习46次，组织"循迹溯源"学习交流。落实网络违法言行、压件不查、违规办案等5项内容省纪委部署专项整治，开展涉案财物清理、任职回避交流等6项专项整治。坚持政治监督强基，贯彻落实区委主要负责人重要指示批示精神，梳理习近平总书记到杭州高新区（滨江）视察的19个点位与相关指示，制发提示单，推动闭环监督。围绕"亚运攻坚"，坚持问题一线发现与闭环管理，清廉办亚运规范亚运资金监管，相关做法成效获区委主要负责人批示7次。围绕"经济翻身"，梳理涉营商环境信访投诉2400多条。围绕省委巡视"回头看"问题整改，协助查摆问题18个，提出整改举措40个，完善各类制度23个，专项督查6次，形成合力整改问题并提前销号。围绕压实管党治党政治责任，协助区委抓好全面从严治党主体责任，听取13家单位"一把手"履责情况汇报，督促落实整改意见41项，推行清单化履责114条。协助区委制定常态化开展政治家访实施办法，推动区级部门政治家访471次。加强对"一把手"和领导班子专责监督。协同区委、区委书记做好四责联述，提出整改举措25条，完善相关机制21个。

【纪检监察干部队伍建设】 2023年，区纪委监委召开"勤廉并重暨纪法教育会"4场。向全区区管干部制发14名违纪违法人员的忏悔书。组织6场"庭前说纪"，700多人次接受"身边人"警示教育。分析大部制下各单位的核心职能，以及业务流的关联度、监督工作量等因素，调整综合派驻单位。逐个分析研判干部表现，突出实绩实干导向，提拔区管正职2人、区管副职3人、科级5人，职级晋升4人，新录用公务员2人，内部轮岗交流19人。举办纪检干部传承会，创立纪检"工号簿"制，开展新入职干部举行一次入职廉政知识测试、开展一场违纪违法典型案例教育、观看一部警示教育片、参观一次廉政警示教育基地、参加一次职务犯罪庭审旁听"五个一"培训，区纪委监委领导班子开展谈心谈话100多人次。

【纪检监察工作成效】 2023年，杭州高新区（滨江）纪检监察工作成效获省纪委主要负责人批示肯定2次、市纪委领导批示肯定2次，获区委、区政府主要负责人批示肯定16次，"一坚强三坚持一闭环六提升"（"一坚强"：滨江纪检业务和队伍的成长，得益于上级纪委的坚强领导和区委的大力支持；"三坚持"：坚持敢于斗争、善于斗争，坚持依纪依法、宽严相济，坚持实事求是、不唯数量唯质量，要交付有质量的业绩数据；"一闭环"：围绕省纪委高质量"指引"形成"数据分析—过程管控—质效评估"的管理闭合圈；针对滨江的薄弱点，着力实施"六提升"，提升问题线索的洞察力、案件处置力、案件质量"生命线"、纪法适用的外部共识、"后半篇文章"修复力、"后背有我"的凝聚力)的滨江做法获省纪委主要负责人批示肯定推广。承接全国试点工作1个、省级改革试点3个。承办省级清廉文化主题活动3次。入选为省级典型案例6个、市级典型案例6个、市级优秀场景案例1个。公权力大数据监督工作获省纪委通报表扬2次。建立实施的"清听""廉合治理""庭前说纪""一案双评"等8项机制在省、市先行。经验做法在市级以上会议交流10次。工作被上级纪委刊载19篇次,获中纪委、省纪委及省级以上媒体报道166篇次。获省级荣誉1项,获全市首届报请留置书优秀案例评选第三名,在全市监督检查审查调查业务技能竞赛中获区县(市)第四名。2023年工作质量51个评价项目中,22项居全市前三位、17项居全市第一位,其中作风建设高质量指数评价居全市第二位。

(杨苗森)

重要会议

【概况】 2023年,区纪委监委召开中共杭州市滨江区第六届纪律检查委员会第三次全体(扩大)会议,召开常委会会议51次。会议传达学习二十届中央纪委二次全会和省市纪委全会精神,研究部署全区纪检监察工作。

【区纪委六届三次全会】 2023年2月10日,中共杭州市滨江区第六届纪律检查委员会第三次全体(扩大)会议在区文化中心召开。区四套班子负责人,区法院院长、区检察院检察长出席。会议听取区纪委常委会的工作报告。会议强调要学习中共二十大精神,贯彻中共中央总书记习近平在二十届中央纪委二次全会上的重要讲话精神,落实省、市纪委全会部署要求,纵深推进全面从严治党,以自我革命引领社会革命,打造新时代勤廉并重的滨江样本。

【区纪委常委会会议】 2023年,区纪委召开常委会会议51次。会议学习贯彻上级有关党风廉政建设和反腐败工作的重要会议、文件精神,纵深推进全面从严治党。研究部署全区纪检监察工作,研究决定党风廉政建设和纪检监察重要规章制度的制定和实施,研究处理党风廉政问题,审核区委拟提拔任用领导干部和其他有关干部的廉政情况,讨论对基层上报区纪委区监委批准的违纪党员党纪处分、违法监察对象政务处分等。

【主题教育动员会】 2023年9月15日,区纪委监委学习贯彻习近平新时代中国特色社会主义思想主题教育动员会召开。区纪委监委班子和区委巡察机构、区纪委监委机关各室、各派驻机构全体纪检监察干部参加会议。会议要求与会人员学习领会中共中央总书记习近平关于主题教育重要讲话和重要指示批示精神,把思想和行动统一到中央和省市区委对第二批主题教育的部署要求上,推动主题教育和教育整顿同向共进。区纪委监委班子要加强科学统筹,落实责任,提高履职能力,推动纪检监察工作高质量发展。

(杨苗森)

2023年2月10日,中共杭州市滨江区第六届纪律检查委员会第三次全体(扩大)会议在区文化中心召开　(区委宣传部　供图)

党风廉政建设

【概况】2023年，杭州高新区（滨江）建立由区委书记领衔的区清廉建设领导小组，构建“8+10”（原有8个清廉单元：清廉机关、清廉学校、清廉医院、清廉社区、清廉国企、清廉民企、清廉工程、清廉文化。2023年增加10个：清廉公安、清廉社会组织、清廉财政、清廉市场监管、清廉医保、清廉经合社、清廉平台、清廉生态环保、清廉税务、清廉物业）清廉单元建设体系，明确89项任务，定期复盘提升，清廉建设成果丰硕。清廉学校、清廉社区、清廉国企、清廉物业、清廉知识产权等做法获评清廉杭州建设优秀实践案例，区社区少年宫入选全省首批清廉社会组织建设“百家范例”名单，滨江绿康阳光家园入选杭州市十佳清廉社会组织创新实践案例名单。推进非公有制纪检组织建设，1家企业获评省级清廉民营企业建设示范单位，3家企业相关工作做法获评市级优秀实践案例。探索“校地廉动”机制，与8个省、市属院校纪委常态协作，推动首批7个“廉动”项目。挖掘廉洁文化资源和具有地域特色的廉洁文化建设亮点，建设9个大类32个廉洁文化阵地，评选10个优秀廉洁文化阵地和14个区级清廉建设优秀实践案例。

【亚运专项监督】2023年，区纪委监委做好清廉护航亚运工作，迭代升级《“亚运核心·清廉护航”行动监督工作指引》，开展专项监督检查263次，发现并督促整改问题97个。发出亚运监督提示单12个，形成复盘报告3个，发布亚运监督简报8期。获区委、区政府主要负责人批示11次。在全市亚运监督调度会上作交流发言3次，制定的亚运监督指引纳入市级标准，探索形成大型赛事服务保障“监督七法”（工作指引法、边巡边改法、民呼我为法、沉浸体验法、他山之石法、专业智囊法、数字赋能法）。

【经合社专项治理】2023年，区纪委制发《滨江区经合社领域“以案促治、巡纪联动”专项治理方案》，结合区内经合社领域特点，聚焦突出问题，从机制供给和以案促治两个维度推进清廉经合社建设。出台《关于股社分离股份经济合作社党组织设置的通知》《关于加强滨江区股份经济合作社规范化建设的通知》等文件，依托浙农经管审批中心，实现“五分开”，即组织分设、财务分立、资产分置、权责分离和人员分开，执行会计出纳双代理制度，管住“一把手”。坚持一体推进经合社领域案件查办“后半篇文章”和经合社巡察共性问题整改，从而带动“清廉经合社”单元建设整体提质。全年运用浙农经管审批中心线上审批支付2740笔，支付金额33.25亿元。

【清廉物业工作】2023年，区纪委出台《关于监督推进“清廉物业”建设打造群众身边清廉单元的指导意见》等文件，聚焦群众关心的“关键小事”，发布《滨江区清廉物业治理工具书》，面向业委会、物业服务公司、业主、政府部门四大群体，规范印章管理制度、财务管理制度、对外采购制度等32项制度。在彩虹未来社区彩虹城小区等14家“清廉物业”示范单位开展试点，实施“清廉物业”运行管理机制，推动物业资金、物业服务内容、小区事务监督、印章管理等透明、公开。打造“清·和滨江”物业纠纷调解品牌，选聘专业律师团队，面向全滨江的“大物业”领域开展调解工作，全年化解初级矛盾2000多起，调解成功民事纠纷诉前案件120件，调解成功率95.2%，物业纠纷成诉率比上年下降30%。

【作风建设动员会】2023年1月29日，杭州高新区（滨江）深化作风建设暨“136”主题攻坚活动动员大会在区文化中心召开。区四套班子相关负责人、区法院院长、区检察院检察长出席。会议回顾2022年全区作风建设工作、安排2023年工作，区经信局、区民政局、区审管办、杭州滨江城建发展有限公司、西兴街道作表态发言，与会人员观看作风建设视频短片。会议强调要坚持以习近平新时代中国特色社会主义思想为指导，学习贯彻中共二十大精神，贯彻落实省委、市委决策部署，开创"建设天堂硅谷、打造硅谷天堂"新局面。

【教育整顿】 2023年3月6日，区纪委召开全区纪检监察干部教育整顿推进会。会议传达习近平总书记有关重要指示批示精神，中央纪委、省纪委主要负责人的讲话精神，部署全区教育整顿工作，要求在教育整顿过程中做到"三严"（严的基调、严的举措、严的氛围），落实"三个环节"（学习教育环节2个月、检视整治环节6个月、巩固提升环节2个月）各项任务。至年底，区纪委开展的减证便民工作同时入选主题教育省级、市级正面典型案例，主题教育经验做法获市委主题教育简报刊发。教育整顿工作做法获市教育整顿专刊刊发并获市纪委负责人批示肯定。教育整顿成效获省纪委督导组肯定。

【清廉国企建设】 2023年6月1日，杭州高新区（滨江）清廉国企建设推进会召开。区纪委监委、区委巡察机构、区财政局、区住建局等单位负责人，区内各级国企主要负责人参加会议。会上，杭州高新技术产业开发区资产经营有限公司、农业银行杭州滨江支行、杭州万高科技股份有限公司分别交流清廉国企建设经验成果。区财政局对清廉国企建设任务进行部署。至年底，杭州高新区（滨江）以"清听"（倾听）、纪委党风室的日常监督、派驻监督、巡察监督的"室、组、巡"三联动实现"一听三联动"，完善国企决策监督。优化完善国企廉政风险评估体系，推动出台规范国企管理监督的制度机制，覆盖产权管理类、改革发展类、财务金融类等方面，强化行权规范的刚性约束。市纪委主要负责人到杭州高新区（滨江）专题调研国企清廉建设，肯定杭州高新区（滨江）在国企监督等方面的探索实践。

【校地廉动】 2023年6月2日，杭州高新区（滨江）"校地廉动"启动仪式举行。省纪委省监委驻省教育厅（省委教育工委）纪检监察组、市纪委监委派驻教育局纪检监察组、市纪委监委第六监督检查室负责人到会。浙江中医药大学、浙江警察学院、杭州医学院、浙江商业职业技术学院、浙江机电职业技术学院、浙江艺术职业学院、杭州第二中学、杭州市长河高级中学8个属地学校纪委书记及纪检监察室（纪委办公室）负责人交流各自院校基本情况和廉洁文化特色。会上公布"校地廉动"首批7个重点项目，以项目化方式加强"廉动"合作，推进"一校、一院一品"与"一地一品"加速融合。结合清廉文化宣传和校研学实践，会同浙江商业职业技术学院纪委开展"清风餐进机关"活动；为解决高校纪检干部较少机会接触真实案件庭审的问题，帮助协调浙江商业职业技术学院及二级学院10名纪检干部参与旁听案件庭审，"零距离"接受警示教育。至年底，各属地院校和区纪委监委建立起"组、校、地"之间的重要信息通报机制和定期沟通、日常协作机制，扩大共建共享范围，构建资源共享、项目共建、业务共研、发展共商、清廉共促的工作格局。

【家属助廉活动】 2023年6月11日，区纪委监委开展"一封家书传清风"2023年杭州高

2023年6月11日，区纪委监委开展"一封家书传清风"2023年杭州高新区（滨江）纪检监察干部队伍教育整顿"家属助廉"活动

（区纪委　供图）

新区（滨江）纪检监察干部队伍教育整顿“家庭助廉”活动，委机关、各派驻机构和街道纪工委全体干部及家属参加。活动向全体干部及家属宣读《廉洁齐家倡议书》；传达上级纪委关于纪检监察干部的规范要求和工作禁令。《廉洁齐家倡议书》分共建廉洁家庭，涵养清风正气；共育优秀家训，守住廉洁底线；共树良好家风，守住幸福家庭3块内容。6名纪检干部的家属现场分享“廉洁家书”，15名纪检干部家属进行现场交流。

【纪检传承会】 2023年6月13日，“勤廉新高地 高新最清风”杭州高新区（滨江）纪检传承会举行。省纪委、监委，市纪委、监委，区四套班子主要负责人、法院院长、检察院检察长及杭州高新区（滨江）部分退休老领导参加。活动向杭州高新区（滨江）现任纪委班子成员赠送《中国共产党章程》《中国共产党纪律检查委员会工作条例》《中华人民共和国监察法》，授予“铁的纪律锻造铁的队伍”旗帜。活动强调清廉护航亚运，勤廉助力发展，全力服务省委三个“一号工程”、市委“两场硬仗”和区委“136”主题攻坚活动，打造具有杭州高新区（滨江）辨识度影响力的纪检监察品牌。老一辈纪检人向新生代纪检干部代表传接入党志愿书，代表不忘初心、牢记使命的担当和责任。“创业在这里”“成长爱这里”和“未来看这里”3个篇章展示新时代滨江纪检人的责任担当、大数据监督和未来展望。

【清廉单元建设推进会】 2023年12月13日，区纪委监委召开清廉单元建设工作推进会。区纪委相关负责人、党风政风监督室、各派驻机构、各街道纪工委、部分牵头单位和责任单位负责人参加会议。会上，通报表彰全区清廉建设优秀实践案例和优秀廉洁文化阵地，命名一批区级廉洁文化阵地。清廉单元建设牵头单位、廉洁文化阵地建设责任单位就清廉建设任务推进情况、“十个一”（健全一套组织架构、细化一批工作举措、完善一轮防控举措、开展一批专项整治、细化一批亲清清单、构建一批数据场景、建立一套评价体系、打造一批优秀案例、培育一批廉洁阵地、形成一批制度成果）任务完成情况以及廉洁文化阵地建设特色亮点工作交流发言。各派驻机构、街道纪工委提出监督意见。

2023年6月13日，“勤廉新高地 高新最清风”杭州高新区（滨江）纪检传承会在区文化中心举行　　（区纪委　供图）

【省家风家训主题创作大赛优秀作品发布会】 2023年12月25日，“清风传家·德润之江”浙江省家风家训主题创作大赛优秀作品发布会在区文化中心举行。发布会现场，设优秀作品展览区域。该次大赛由省委宣传部、省文明办、省妇联、浙江日报报业集团主办，《浙江共产党员》杂志集团、《反腐败导刊》杂志、中共杭州市滨江区纪委监委、杭州市滨江区妇联承办。大赛分“绘画”“书法”“家书”“家风故事”4个部分，面向全省征集“说与演”节目，为有创意、有想法的创作者提供全方位的舞台，探寻宣扬好家风的多样化表达。大赛自9月20日启动，收到省内外5199件参赛作品，投稿者涵盖各行各业、各年龄段。滨江区报送作品610件，有14件作品获奖，其中杭州高新区管委会江北发展服务办公室周颖菲报送的《父亲给女儿的寄语》获家书类作品一等奖。

（杨苗森）

执纪审查与监察调查

【概况】 2023年，区纪检监察机关受理问题线索255件，第一种形态处理158人次，立案98件，结案101件（含2022年立案7件）。给予党纪政务处分93人次，其中公职人员58人次，挽回直接经济损失2620多万元，留置11人（含区外），是2019年以后首次要案“破零”、2010年以后首次查办在职区管正职。留置行贿人2人，其中1人已移送检察机关。围绕重点专项，查处“招投标”腐败问题，立案20起，16起涉及公职人员，留置的11人均涉招投标领域问题。围绕巡视整改、区委中心工作，查处“拆违拆迁安置”腐败问题，批评教育帮助和处理40人，其中党纪政务处分27人，有7人涉拆违拆迁安置领域问题。开展漠视群众利益专项整治、医药领域腐败问题集中整治，查处涉“殡葬”“残疾人补贴”等8类问题，批评教育帮助和处理59人，其中党纪政务处分24人、移送司法机关6人。

【违反中央八项规定精神典型问题通报】 2023年，区纪委监委通报违反中央八项规定精神典型问题6起。杭州滨江商业资产经营有限公司高级工程师唐某违规收受礼品、礼卡问题，受到开除公职处分。区人大常委会办公室原二级调研员胡某违规收受礼品、礼金和形式主义、官僚主义等问题，被开除党籍、开除公职。西兴街道办事处公共管理办公室原主任张某违规操办婚宴和收受礼品等问题，被政务警告，后被开除公职。浦沿街道山二社区原党委副书记、山二股份经济合作社原董事长应某违规收受礼品、礼金和形式主义、官僚主义问题，被开除党籍。杭州白马湖生态创意城投资开发有限公司原副总经理徐某违规收受礼品、礼金问题，被党内严重警告。杭州滨江商业资产经营有限公司原经理助理蔡某违规收受礼品、礼金等问题，被党内严重警告、政务撤职，后再次被党内严重警告。

【重大案件办理】 2023年，区纪委监委办理重大案件3件。区人大常委会办公室原二级调研员胡某违反中央八项规定精神；违反组织纪律、廉洁纪律、生活纪律；利用职务便利，为他人谋取利益，其行为已严重违纪违法，并涉嫌受贿罪，被开除党籍、开除公职，收缴其违纪所得；涉嫌犯罪问题移送检察机关依法审查起诉，所涉财物随案移送。原区社发局二级调研员於某违反中央八项规定精神；违反组织纪律、廉洁纪律、生活纪律；利用职务便利，为他人谋取利益，其行为已严重违纪违法，并涉嫌受贿罪，被开除党籍，并按规定调整其享受的待遇；收缴其违纪违法所得；涉嫌犯罪问题移送检察机关依法审查起诉，所涉财物随案移送。西兴街道原党工委委员、办事处副主任沈某违反中央八项规定精神；违反廉洁纪律、生活纪律；利用职务便利，为他人谋取利益，其行为已严重违纪违法，并涉嫌受贿罪，被开除党籍，并按规定调整其享受的待遇；收缴其违纪违法所得；涉嫌犯罪问题移送检察机关依法审查起诉，所涉财物随案移送。

（杨苗森）

巡察工作

【概况】 2023年，中共杭州市滨江区委修订印发《中共杭州市滨江区第六届委员会巡察工作规划》（简称“规划”），规划安排在六届区委任期内对街道、区直单位、区属国有企业党组织巡察全覆盖，一体推进对社区、经合社巡察全覆盖。区委巡察工作领导小组制定《2023年滨江区委巡察工作要点》，全年分3轮对11个区直单位党组织、9个社区党组织开展常规巡察，对政府采购和招投标领域、安全生产领域开展专项巡察。区委巡察发现反馈问题271个，向被巡察单位党组织提出整改意见建议55条，制发区委巡察建议书7份，移交问题线索21件，推动给予组织处理8人，党纪处分4人，移送司法机关14人，督促清退、追缴各类资金2053.87万元。

【区委巡察工作动员部署会】2023年3月20日，区委召开全面从严治党主体责任落实情况专题汇报会暨2023年巡察工作动员部署会。区委主要负责人参加会议并讲话，区纪委监委、区委组织部主要负责人，各街道和区级机关各单位、各直属单位党组织主要负责人等参加会议。会议点评全区主体责任落实情况和巡察工作，宣布六届区委第四轮巡察工作授权任职和任务分工，提出要围绕区委中心工作，把握“三个聚焦”（聚焦基层贯彻落实党的理论和路线方针政策及党中央、省市区委决策部署情况，聚焦群众身边腐败问题和不正之风，聚焦贯彻落实新时代党的组织路线情况）监督重点，精准发现问题，坚持系统观念，强化贯通联动，推进巡察监督具体化、精准化、常态化。

【六届区委第四轮巡察】2023年3—5月，区委采取“常规巡+延伸巡”方式，派出3个巡察组对区教育局、区市场监管局、区应急管理局3家区直单位党组织开展常规巡察。其中：第二巡察组巡察区教育局，第三巡察组巡察区市场监管局，第四巡察组巡察区应急管理局。巡察组听取被巡察党组织情况汇报3次，开展个别谈话193人次，召开座谈会4次，发放问卷调查291份，走访街道、社区、企业及中小学校开展调研。7月6日、7月28日、8月17日，区委巡察工作领导小组会议、区委书记专题会议分别听取审议各巡察组巡察情况报告和第二轮巡察整改进展情况综合报告。巡察发现并反馈问题77个，其中向区教育局反馈问题24个、向区市场监管局反馈问题27个、向区应急管理局反馈问题26个，提出整改意见建议11条。至年底，3家区直单位党组织完成巡察反馈问题整改76个，整改率98.7%。

2023年3月20日，杭州高新区（滨江）全面从严治党主体责任落实情况专题汇报会暨2023年区委巡察工作动员部署会召开

（区委巡察办　供图）

【政府采购与招投标领域专项巡察】2023年3月29日至8月30日，区委第一巡察组对政府采购与招投标领域开展专项巡察。巡察组发挥巡察、纪检、工程、审计等专业力量作用，以发现和查纠问题线索为着力点，综合运用查阅资料、听取汇报、开展座谈、个别谈话、实地走访等方式开展监督。9月29日、10月28日，区委巡察工作领导小组会议、区委书记专题会议分别听取审议专项巡察组巡察情况报告。巡察发现并反馈问题32个，提出整改意见建议13条，制发《区委巡察建议书》4份。

【六届区委第五轮巡察】2023年6月9日至7月24日，根据市委上下联动开展“百村巡察·强基惠民”专项行动要求，区委派出3个巡察组对9个社区党组织开展巡察。其中：区委第二巡察组巡察西陵社区、新州社区、奥体社区3个社区党组织，第三巡察组巡察白马湖社区、月明社区、冠山社区3个社区党组织，第四巡察组巡察六和社区、滨盛社区、东

2023年7月13日，区委第二巡察组对旭江华庭小区消控室进行安全检查（区委巡察办 供图）

监管履职情况进行“回头看”。巡察组抽查重点台账资料276册，个别谈话45人，走访小微企业园区、危化企业、宗教场所、农贸市场、商业综合体、游艺娱乐场所223处。11月27日、12月28日，区委巡察工作领导小组会议、区委书记专题会议分别听取审议专项巡察组巡察情况报告。巡查发现并反馈问题11个，提出整改意见建议4条，制发区委巡察建议书2份，形成《消防技术服务行业乱象潜藏建设工程消防安全隐患亟待关注》专报，获得省委、市委、区委主要领导批示。

信社区3个社区党组织。巡察组查阅台账资料781册、个别谈话261人次、问卷调查373份、召开座谈会16次，发放巡察监督联系卡490份。9月29日、10月28日，区委巡察工作领导小组会议、区委书记专题会议分别听取审议各巡察组巡察情况报告和第三轮巡察整改进展情况综合报告。巡察发现并反馈问题151个，包括西兴街道18个、西陵社区12个、新州社区12个、奥体社区9个，长河街道9个、白马湖社区16个、月明社区16个、冠山社区11个，浦沿街道7个、六和社区10个、滨盛社区18个、东信社区13个。提出整改意见建议27条。至年底，区委第五轮巡察整改处于持续阶段。

【安全生产领域专项巡察】2023年9月15日至10月25日，根据省委、市委开展安全生产领域专项巡察上下联动的要求，区委专项巡察组对尚未开展常规巡察的区经信局、区商务局、区民宗局、区文广旅体局4家单位党组织安全生产监管履职情况实施重点专项巡察，对已开展常规巡察的区住建局、区市场监管局、区应急管理局3家单位党组织安全生产

【六届区委第六轮巡察】2023年12月20日起，区委派出4个巡察组对区委统战部、区人力社保局、区退役军人事务管理局、区统计局、区文广旅体局、智慧新天地、物联网产业园、互联网经济产业园8家单位党组织开展常规巡察。其中：第一巡察组巡察区委统战部、互联网经济产业园，第二巡察组巡察区退役军人事务管理局、区文广旅体局，第三巡察组巡察智慧新天地、物联网产业园，第四巡察组巡察区人力社保局、区统计局。至年底，区委第六轮巡察处于持续阶段。

（吴　为）

民主党派　工商联

民革杭州高新区（滨江）基层委员会

【概况】　至2023年底，中国国民党革命委员会杭州高新区（滨江）基层委员会［简称“民革杭州高新区（滨江）基层委”］下辖社法、高新、综合3个支部，有党员73人（新增5人），其中女性37人。硕士研究生以上学历29人，中高级职称37人，国家人才计划专家2人；担任市政协委员2人，区人大代表1人、区政协委员6人（常委1人）、副区长1人；市管干部1人，区管干部2人，科级干部8人。全年培养发展对象8人。

【参政议政】　2023年，民革杭州高新区（滨江）基层委提交社情民意7篇次，被市政协、民革市委会录用6篇次，其中赖晓烜撰写的信息《关于推动我市平台经济持续健康发展的建议》获市政府主要负责人批示。民革杭州高新区（滨江）基层委获2022年度民革杭州市委会信息工作一等奖。党员赖晓烜获评2022年度民革浙江省委会参政议政工作先进个人，党员沈丽萍、温之豪、赖晓烜、邱林杉、孙敬成获评2022年度民革杭州市委会信息工作先进个人，党员韩俊、赖晓烜获评2022—2023年民革杭州市委会参政议政先进个人。

【社会服务】　2023年，民革杭州高新区（滨江）基层委根据滨江经济发展特色，重点围绕优化营商环境及知识产权保护等方面开展7次主题活动。面向网易（杭州）网络有限公司、杭州海康威视数字技术股份有限公司、新华三技术有限公司、浙江大华股份技术有限公司、浙江中控技术股份有限公司等10多家高新企业，开展知识产权保护法律服务活动，围绕离职员工侵犯商业行为的防范、人工智能的知识产权保护等主题进行研讨。在民革杭州高新区（滨江）基层委的牵头倡议下，杭州民革知识产权法律保护服务基地在杭州知识产权保护中心成立并挂牌。开展“尊老爱老 弘扬美德 共话同心”冬季社会服务活动，展现民主党派的社会服务担当。2023年，民革杭州高新区（滨江）基层委被民革省委会评为民革全省社会服务工作先进集体，被民革市委会评为同心博爱社会服务工作先进集体。党员沈丽萍被民革省委会评为民革全省社会服务先进个人，党员李晶、黄伟、帅玉环被民革市委会评为同心博爱社会服务工作先进个人。

【主题教育】　2023年11月17日，民革杭州高新区（滨江）基层委组织党员到临安区开展“凝心铸魂强根基、团结奋进新征程”主题教育。与民革临安区总支部党员一起参观临安博物馆，回顾钱王事迹，溯源吴越文化，感受风雅杭州、宋韵千年的历史文化魅力。同时参观“清风临·家国安”廉洁文化教育基地，了解廉政文化的内涵和意义，提升自我约束意识。在指南村，参观乡村振兴馆，了解指南村的振兴历史，领悟艰苦奋斗、勇往直前的精神。在座谈交流会上，双方围绕组织建设、思想宣传、参政议政、社会服务等方面展开交流探讨。

【冬季社会服务活动】 2023年12月17日，民革杭州高新区（滨江）基层委综合支部联合民革浙江省直文化基层委二支部、民革上城区基层委医养支部以及九三学社萧山区基层委教卫支社到民革杭州高新区（滨江）基层委“同心·博爱”社会服务基地——滨江绿康阳光家园开展“尊老爱老 弘扬美德 共话同心”冬季社会服务活动。民革杭州高新区（滨江）基层委、综合支部主要负责人及党员代表参加。各民主党派成员与老人亲切交流，赠送“福”字等慰问品，祝愿老人们身体健康。活动现场，民革党员为老人们开设手机摄影讲座。

（徐 杰）

2023年12月17日，民革杭州高新区（滨江）基层委综合支部等到滨江绿康阳光家园开展“尊老爱老 弘扬美德 共话同心”冬季社会服务活动 ［民革杭州高新区（滨江）基层委 供图］

民盟杭州高新区（滨江）基层委员会

【概况】 至2023年底，中国民主同盟杭州高新区（滨江）基层委员会［简称“民盟杭州高新区（滨江）基层委”］有6个支部，盟员134人（新发展5人，病故2人），其中女盟员76人。本科及以上学历128人，中高级职称105人。省政协委员1人，市政协委员2人，区人大代表2人，区政协委员7人（其中区政协常委1人），区管正职1人，区管副职2人。2023年，民盟杭州高新区（滨江）基层委开展“凝心铸魂强根基、团结奋进新征程”主题教育，参加民盟市委会组织的纪念中共发布“五一口号”线下主题知识竞赛；开展“走基地、悟初心”活动，参观沙孟海故居、抗日战争胜利浙江受降纪念馆、中共杭州小组纪念馆、浙江省军区军史陈列馆、浙江革命烈士纪念馆等；开展“书香润盟，共读经典”活动，完成《“浙商精神”如何走向世界》篇章讲述音频录制工作。民盟杭州高新区（滨江）基层委获评民盟省委会2023年度省级十佳示范基层组织、民盟省委会2021—2022年度社会服务工作先进集体、民盟市委会2023年度先进基层委员会。6个支部均获评民盟市委会2023年星级支部，其中五星级1个、四星级3个、三星支部2个。盟员孟晓勤获评民盟省委会2022—2023年度优秀盟员，盟员张钰平获评民盟省委会2021—2022年度社会服务工作先进个人。盟员赵蕾获2023年度中国民族医药学会科学技术奖一等奖，盟员阮伟获中国自动化学会科技进步奖一等奖，盟员裘坤获评2023年度“杭州工匠”。

【参政议政】 2023年，民盟杭州高新区（滨江）基层委围绕区委区政府中心工作及人民群众关心的热点、难点问题，履行参政党职能。在区两会期间提交个人提案建议2篇、书面发言2篇，其中《关于支持高新区（滨江）“专精特新”中小企业创新发展的若干建议》被评为2023年度优秀提案。全年向民盟市委会申报调研课题8个，被立项4个，提交调研报告10篇，其中《关于抓住数字疗法产业发展机遇，挖掘数字经济新增长点的建议》获省委主要负责人批示。

上报录用社情民意信息22篇，其中省级及以上录用7篇，《建议建立医生直播管理制度，规范医疗行为的建议》被民盟中央录用。

【社会服务】 2023年，民盟杭州高新区（滨江）基层委与浙江中医药大学联合举办“党盟同行 送你一把健康伞”活动11次，受益1500多人次。举办“盟心同行·点亮梦想”系列活动启动仪式及“盟宝迎亚运 快乐健身心”亚运专题活动，与杭州低碳科技馆联合举办“科技下乡”活动。持续开展科技支部“护佑童心”盟缘讲堂系列活动、杭州市长河高级中学“杭黔两地书——信好有你”等社会服务，依托观潮社区“社区脑健康测训服务中心”和“社区法律咨询服务中心”，定期开展服务活动，惠及1000多人次。参加民盟市委会组织的消费帮扶，支部和盟员全年帮扶消费金额5万余元。服务政府中心工作，9名盟员参加杭州第19届亚运会服务保障志愿等活动 。

【“盟心同行·点亮梦想”系列活动启动仪式】 2023年5月28日，“盟心同行·点亮梦想”系列活动启动仪式及“盟宝迎亚运 快乐健身心”亚运专题活动举行。活动由民盟杭州高新区（滨江）基层委主办，杭州低碳科技馆、区图书馆、浙江大学医学院附属儿童医院、浙江凡聚科技有限公司、网易有道信息技术有限公司、华数数字电视传媒集团有限公司、浙江泰隆商业银行等单位协办。启动仪式现场，浙江凡聚科技有限公司、网易有道信息技术有限公司向区教育局捐赠注意力专业测评服务卡和有道词典笔。“盟宝迎亚运 快乐健身心”亚运专题活动同步举办，设置Child Life 医生职业模拟体验、IVA-CPT 神经心理测试、亚运知识专业英语学习、“小小银行家”职业模拟体验、少儿益智运动游戏大比拼体验活动5个体验项目，40组线上报名家庭参与体验活动。

【基础教育主题研讨活动】 2023年11月13日，民盟杭州高新区（滨江）基层委和杭州民盟高中教育专委会联合举办基础教育与创新科技人才培养的协同发展专题研讨会。研讨活动邀请杭州中控研究院有限公司、浙江大华技术股份有限公司、浙江凡聚科技有限公司、华数中广有线信息网络有限公司等科技企业代表，浙江省杭州第二中学、杭州学军中学、杭州市长河高级中学、杭州西兴中学等7所学校的教师代表参加。与会人员参观杭州中控研究院有限公司产品生产试验现场，围绕企业创新科技人才未来需求等话题，探讨如何有机融合科技企业和学校资源，协同培养创新科技人才，探索实践模式形成有效成果进行推广。

（孟晓勤　刘晨璞）

民建杭州高新区（滨江）基层委员会

【概况】 至2023年底，中国民主建国会杭州高新区（滨江）基层委员会［简称“民建杭州高新区（滨江）基层委”］下设5个支部，有会员163人（新增

2023年11月13日，民盟杭州高新区（滨江）基层委和杭州民盟高中教育专委会联合举办基础教育与创新科技人才培养的协同发展专题研讨会　［民盟杭州高新区（滨江）基层委　供图］

8人),其中男性116人、女性47人。会员中本科以上学历137人,其中硕士研究生以上33人;机关事业单位29人,公有制经济单位18人,非公有制经济人士72人,新的社会阶层人士44人;各级政协委员12人,各级人大代表2人。新增8人主要为企业创始人或高管。民建杭州高新区(滨江)基层委全年开展“凝心铸魂强根基、团结奋进新征程”主题教育,5个支部均获评年度民建市委会先进支部。会员顾惠波当选民建中央农业与农村委员会副主任,会员李晓军获“国茶人物·制茶能手”、省级乡村工匠名师称号,为杭州第19届亚运会火炬手,会员杨清获评省优秀等次人民监督员,会员徐青青获评民建省委会年度优秀宣传员,会员汤利忠获评民建省委会年度社会服务先进个人,会员杨清、徐青青获评区2023年度优秀政协委员,会员杨清领衔的“基层社会治理委员工作室”获评三星级委员工作室。

2023年8月4日,民建杭州高新区(滨江)基层委开展“喜逐梦无惧荆棘‘热烈’展翅翱翔”活动,为亚组委注册中心所有工作人员送上爱心用品 [民建杭州高新区(滨江)基层委 供图]

【参政议政】 2023年,民建杭州高新区(滨江)基层委向区人大、区政协提交个人的议题案、意见建议12件,向民建市委会提交社情民意74篇、调研报告11篇。会员黄建民的《电子签章发展生态不健全牵制数字化改革掣肘营商环境提升》被民建中央、民建省委会录用;会员陈勇的《关于加油站进入转型阶段强化反恐举措的建议》、会员姜伟的《红十字会公信力重塑的建议》被民建省委会录用;民建杭州高新区(滨江)基层委集体提案《关于引入Web3.0基础设施,打造更加智能高效、公平安全的“零磁科学谷·江南科学城”的建议》被选为区政协三届二次会议发言提案,成为区政协重点督办提案。

【社会服务】 2023年,民建杭州高新区(滨江)基层委落实民建市委会对临安区太阳镇浪山村的结对帮扶工作,组织会员认购临安区畲族浪山村民建共富大米7.5吨;开展“书送希望 筑梦未来”环山中学图书捐赠活动,向学校颁发阅读示范基地铭牌并捐赠图书;开展“喜逐梦无惧荆棘‘热烈’展翅翱翔”活动,为亚组委注册中心所有工作人员送上爱心用品并观看霹雳舞题材影片《热烈》。民建高新二支部在西兴街道残疾人之家开展“残健共融,携手同行”主题帮扶活动,为残友们送去节日关爱;开展“反电诈”集中教育主题活动,提高社区矫正人员的“预防电信诈骗”能力。民建高新三支部走进四川省广元市朝天区两河口镇小学开展“爱心助学”捐赠活动,为100名困难儿童发放爱心助学金;在杭州市儿童福利院开展“慈心护苗、爱心结对”微心愿公益活动,向福利院捐赠物资39种;联合“你好大脑”科普基地为建德市大慈岩的27名留守儿童开展暑期研学活动。民建高新五支部参加“驿路相伴 爱心相随”活动,为环卫工人捐赠“爱心包”,点亮“微心愿”。

【议政日活动】 2023年,民建杭州高新区(滨江)基层委结合“凝心铸魂强根基、团结奋进新征程”主题教育,开展议政日活动5次。2月24日，民建高新四支部开展主题学习暨参政议政活动，学习民建十二大等会议精神，围绕“跨境电商”主题，立足本行业，对电商的未来发展提出意见建议。2月24日，民建高新三支部开展主题学习暨参政议政活动，学习杭州市2023年政府工作报告等文件，会员结合企业业务就创新制胜和共同富裕带来的市场机遇进行探讨，以“快递物流技术”为主题开展专题议政。7月14日，民建高新区三支部开展以“迎亚运，议科技，话未来”为主题的议政日活动，围绕如何发挥自身的产业优势为喜迎亚运添砖加瓦，借此次亚运会的契机，夯实自身行业地位。11月21日，民建高新二支部、五支部联合开展以“关于滨江区打造高端服务支撑体系”为主题的议政日活动，就如何发挥后亚运时代的丰富资源提出可行性建议。12月9日，民建高新二支部举行“两个健康”（即非公有制经济健康发展和非公有制经济人士健康成长）主题活动暨议政日活动，参观会员单位松研科技（杭州）有限公司，丰富和拓展“两个健康”的内涵和形式。

【主题教育暨参政议政工作座谈会】 2023年7月24日，“凝心铸魂强根基、团结奋进新征程”主题教育暨参政议政工作座谈会在杭州光云科技股份有限公司总部举行，活动由民建杭州高新区（滨江）基层委、杭州民建会员企业家联谊会高新分会主办，杭州科技文化政协委员会客厅、滨江区数字经济政协委员工作室协办。与会会员进行“凝心铸魂强根基、团结奋进新征程”专题教育，学习杭州市委十三届四次全体（扩大）会议精神。民建市委会参政议政专委会负责人就“社情民意信息写作要求与思考”展开分享，帮助会员学习提升反映社情民意信息工作水平。与会会员围绕参政议政、结合自身工作经历、企业实情展开探讨分享。

（方冰倩）

民进杭州高新区（滨江）基层委员会

【概况】 至2023年底，中国民主促进会杭州高新区（滨江）基层委员会［简称“民进杭州高新区（滨江）基层委”］下设4个支部，有会员75人（新入会3人，组织关系转出1人），其中54名会员具有中高级以上技术职称。会员中担任区人大代表1人，区政协委员7人，担任副处以上领导职务2人。民进杭州高新区（滨江）基层委获评2023年度民进省委会优秀基层组织、民进市委会第十四届五星示范区级组织、民进市委会2023年度参政议政信息工作先进集体。民进杭州高新区（滨江）一支部获评民进市委会2023年度优秀支部，二支部获评民进市委会2023年度社会服务工作先进集体，三支部获评民进市委会2023年度学习宣传工作先进集体。会员汪姗姗获评民进市委会2023年度“鸿雁远航”优秀支部负责人，会员吴惟明获评民进市委会2023年度“鸿雁远航”参政议政信息工作先进个人，会员阮青萍获民进市委会2023年度“鸿雁远航”新锐会员奖，会员叶凡、莫国群获民进市委会2023年度“青蓝工程”优秀传承奖，民进会员莫国群获民进市委会2023年度“青蓝工程”优秀主委助理奖。

【参政议政】 2023年，民进杭州高新区（滨江）基层委完善健全参政议政先锋队，组织全体会员到建德市参加社情民意工作培训，提升信息撰写、履行参政议政能力，完成《关于健全对浙江省失独家庭的帮扶保障制度的建议》调研课题。民进杭州高新区（滨江）基层委会员全年撰写信息35篇，《推广房产变更登记中“带押过户”规则，提升人民满意度》《我国公务员考试教育培训中的乱象分析及对策建议》2篇被民进中央录用，《保护夫妻共有财产权的建议》等3篇被省委会、省政协录用，另有9篇被民进市委会录用。信息稿《生活噪声污染治理缺乏执法依据和责任主体，建议完善生活噪声投诉处置机制》获民进浙江省委会2023年度参政议政二等奖。

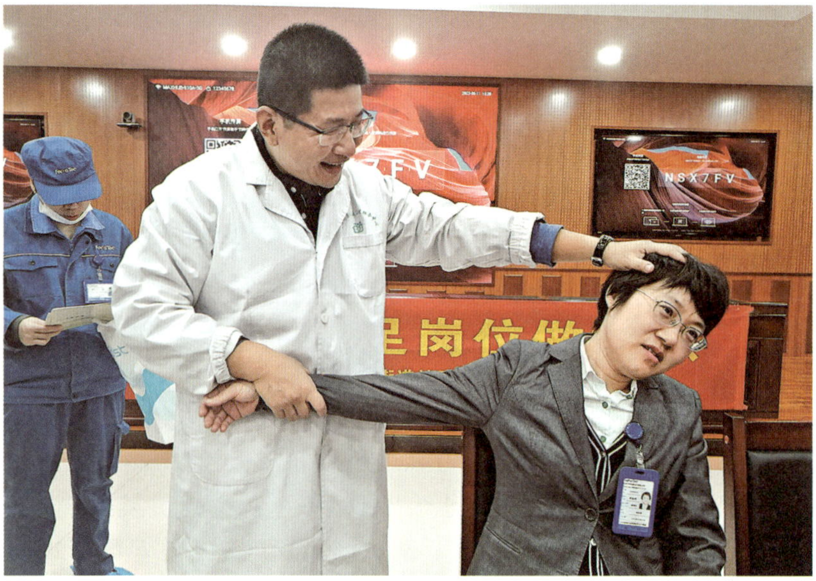

2023年11月17日，民进杭州高新区（滨江）基层委员会第二支部在杭州大和热磁有限公司开展健康义诊活动

［民进杭州高新区（滨江）基委会　供图］

【社会服务】 2023年，民进杭州高新区（滨江）基层委开展社会服务工作60多次。会员阮清萍每月参加区法院导诉台值班，为来访者提供法律咨询、引导等服务。持续开展“快乐创业幸福生活”“大手小手浓亲情、园企合作促早教”“高考志愿填报咨询”等品牌服务活动，民进杭州高新区（滨江）基层委第二支部联合杭州市第三人民医院和浦沿街道社区卫生服务中心党支部，到临安区清凉峰镇和杭州大和热磁电子有限公司开展健康义诊活动，惠及200多人次。开展“冬病夏治”传统文化节活动，服务社区居民1500多人次。

【亚运服务】 2023年，民进杭州高新区（滨江）基层委组织会员参加杭州第19届亚运会服务保障工作。有1名会员担任亚运会城市观光组成员；1名会员担任区亚运环境保障组成员，负责亚运核心区块环境秩序保障，赛期及开幕式、闭幕式市容序化等巡查及执法支撑；1名会员在亚运期间调任亚运专班工作。全年有40多名会员参与亚运志愿服务。

【调研建德民进会员之家】 2023年4月14日，民进杭州高新区（滨江）基层委全体会员到建德市民进会员之家进行交流活动。会员们观看民建建德市委会会员的书画作品，感受民建建德市委会的文化底蕴。双方在参政议政和社会服务等方面的先进经验和做法上做交流和沟通。

【民进杭州高新区（滨江）基层委三届四次全体会员大会】 2023年4月15日，民进杭州高新区（滨江）基层委召开三届四次全体会员大会。民进市委会、中共滨江区委统战部相关负责人，民进杭州高新区（滨江）基层委全体会员参加会议。会议听取民进杭州高新区（滨江）基层委工作报告，总结回顾基层委2022年取得的成绩和成果，部署2023年的工作。会议表彰先进集体和在组织建设、参政议政、社会服务等方面做出成绩的先进个人。

（胡倍铭）

农工党杭州高新区（滨江）基层委员会

【概况】 至2023年底，中国农工民主党杭州高新区（滨江）基层委员会［简称“农工党杭州高新区（滨江）基层委”］有支部3个，新发展党员2人，共有党员73人，其中35周岁以下党员8人。党员中有全国人大代表1人，市政协委员1人（常委1人），区人大代表1人，区政协委员5人（常委2人）。2023年，农工党杭州高新区（滨江）基层委开展“矢志不渝跟党走，携手奋进新时代”主题教育、“创共同富裕，学枫桥经验”主题教育、慰问抗疫一线党员、大型义诊、无偿献血等活动10多场，吸引150多人次参加。农工党杭州高新区（滨江）基层委获评农工党省委会2023年度社会服务工作先进基层组织、农工党市委会2022—2023年度先进集体。党员胡鹭婷获评农工党省委会组织工作先进个人，党员罗红英获评农工党省委会宣传工作先进个人，党员周迪获评农工党省委会参政议政工作先进个人、反映社情民意信息工作先进个人，党员许丽丹获评农工党市委会2022—2023年度优秀党务工作者，党员蔡梦获获评农工党市委会2022—2023年度优秀党员，党员周青苗获评2023年浙江省中小学生艺术节优秀指导教师。

【参政议政】 2023年，农工党杭州高新区（滨江）基层委党员针对民生需求和社会热点现象建言献策，全年撰写社情民意50多篇。《当前我国科技创新支撑构建新发展格局、推动高质量发展存在的主要问题及对策建议》《美国生物医药霸权表现及对策建议》《社交机器人存三方面风险亟待规范管理》3篇稿件被农工党中央录用，《ChatGPT“输入输出”两大风险亟待引起重视》《关于成立物联网高校促进相关产业高质量发展推动双链融合的建议》《关于研究加强网络暴力人工智能监测和干预、提升网络空间治理的建议》3篇稿件被省政协、农工党省委会录用，《关于杭州筹办国际智慧物联博览会的建议》《警惕美国打压我国光伏产业风险》《关于西方“科技霸凌”的显现和建议》等18篇稿件被农工党市委会录用，其中《建议密切关注美国对国内生物技术产业“制裁”风险》获区政府主要负责人批示。针对第六届人口发展战略研讨会，撰写课题论文《关于普惠托育服务体系建设的研究》。与对口联系部门区审管办、区文广旅体局、资源规划滨江分局形成常态化对口联系机制，通过走访调研及座谈交流，就加快推进杭州高新区（滨江）一网统管、县域医共体建设、均衡优质医疗资源布局、建立乡镇生态保护补偿机制等工作建言献策。

【社会服务】 2023年，农工党杭州高新区（滨江）基层委开展社会服务活动20多次，惠及2000多人次。在农工党会员企业浙江花都美容美发培训中心举办新疆妇联“靓发屋”杭州培训班，采取“技能培训+政策宣讲”“理论+实操”的培训模式，涉及美容美发基础、造型设计、服饰搭配等业务知识以及法律常识、科普常识等政策宣讲。举行区残疾人职业技能培训，开展送健康进企业活动，向西部贫困山区学校捐献爱心物资，进社区开设大型义诊、健康讲座，慰问抗疫一线党员、退役军人，组织党员无偿献血，做好亚运服务保障工作等。

【亚运服务保障】 2023年，农工党杭州高新区（滨江）基层委发挥界别优势，带领农工党党员做好亚运会的服务保障工作。农工党杭州高新区（滨江）基层委一支部党员薛沣自市外办（市友协）抽调到亚组委，承担团队对外翻译任务和杭州第19届亚运会开幕式多次全要素彩排演练的统筹组织和整体策划工作，获评杭州第19届亚运会、第4届亚残运会省先进个人。医护党员在医疗服务方面做好监测服务，提供组织保障，党员赵永攀被

2023年6月15日，农工党杭州高新区（滨江）基层委组织医生党员在长河街道长二社区开展“送医到基层 携手迎亚运”义诊活动

［农工党杭州高新区（滨江）基层委　供图］

聘为杭州第19届亚运会和第4届亚残运会特殊设备安全保险应急救援专家。6月15日，农工党杭州高新区（滨江）基层委参与“2023年环境与健康宣传周活动”，组织医生党员联合长二社区开展“送医到基层，携手迎亚运”大型义诊活动。9月8日，农工党杭州高新区（滨江）基层委部分党员到杭州海康威视数字技术股份有限公司，开展“护航亚运 救在身边”主题送健康进企业活动。

【结对帮扶羊甲小学】 2023年6月9日，农工党杭州高新区（滨江）基层委三支部向贵州省黔东南苗族侗族自治州丹寨县羊甲小学捐赠35套苗族服饰和价值2200多元的爱心物资。丹寨县羊甲小学是一所以苗族学生为主的西部山区小学，学校组建的合唱团一直缺少配套的苗族服饰。农工党杭州高新区（滨江）基层委与羊甲小学取得联系，购买对方所需的民族服饰，作为学校合唱团固定演出服和学生的礼仪服饰。

（叶超宇）

致公党杭州高新区（滨江）总支部

【概况】 至2023年底，中国致公党杭州高新区（滨江）总支部委员会［简称“致公党杭州高新区（滨江）总支部”］下设西兴、浦沿、长河3个支部，新增党员4人，转出党员1人，共有党员53人。有市管领导1人、区管干部3人，担任省政协委员1人，市政协委员1人，区人大代表5人，区政协委员7人，常务委员4人，区外区（县）级政协委员1人。致公党杭州高新区（滨江）总支部组织党员学习贯彻中共二十大和致公党第十六次代表大会精神，跟进学习中央、省、市重大会议精神，以集中学、交流学、外出学等形式，加强党性修养，坚持正确的政治方向。2023年，致公党杭州高新区（滨江）总支部获评致公党省委会宣传思想工作先进集体、致公党市委会参政议政工作先进集体，浦沿支部获评市委会同心同廉工作先进集体。党员徐旭丽、董诺获评致公党省委会宣传思想工作先进个人，党员郑昕雨获评致公党市委会宣传思想工作先进个人，党员卢珊获评致公党市委会参政议政工作先进个人，党员易际越、潘冠泽获评致公党市委会海外联谊工作先进个人。

【参政议政】 2023年，致公党杭州高新区（滨江）总支部上报社情民意信息9篇，其中录用转化4篇，完成致公党市委会立项课题调研报告2篇。致公党杭州高新区（滨江）总支部5名人大代表、7名政协委员共向大会提交个人建议（提案）5件、集体提案4件，内容涵盖产业布局、创新联合、人才强区、社会治理、民生福祉等各个领域。致公党杭州高新区（滨江）总支部联合北京航空航天大学杭州创新研究院，开展数字人才产教融合与人工智能大圆桌暨“议政日”活动，邀请省经信厅、省人社厅相关处室负责人、北京航空航天大学计算机学院的教授作政策解读和专题讲座，并邀请市内政产学研用各方代表围绕数字人才、人工智能供需现状、培育痛点和发展建议等展开讨论，提出意见建议。根据主题教育要求，结合年度立项课题，课题组成员到部分企业开展“杭州人工智能人才队伍建设”课题调研，完成调研报告。联合区政协相关界别，邀请区民政局、公安滨江分局、区商务局、区人力社保局、生态环境滨江分局等单位，围绕“探索一核引领、多元协同、五社融合产业社区治理新路径”主题开展调研座谈。

【社会服务】 2023年，致公党杭州高新区（滨江）总支部热心公益，扶贫帮困，担起社会责任。在网易蜗牛读书馆·明志讲堂举办“聚焦数据要素价值 释放数据生产力”主题分享会，邀请区社会治理中心（大数据治理中心）、区商务局、区发改局以及市内不同领域的企业代表、专家学者，共同探讨大数据行业的最新趋势和发展动态。西兴支部联合区疾病预防控制中心、西兴街道社区卫生服务中心等单位共同开展主题为“凝聚社会力量，合力共抗艾滋”的宣传活动。长河支部联合长河街道党群服务中心，走进杭州市滨江实验小学为110名小学生开展“平安迎亚运、普法进校园”宣讲活动，增强学生的法治意识。致公党杭州高新区（滨江）总支部发动党员参与致公党中央贵州毕节消费帮扶任务，认购“优选毕货”1.14万元。党员黄东良购买建德大慈岩镇双泉村大米1万元，所在企业捐赠四川广元朝天区金顶村文化活动中心项目5万元。党员王真震完成主题为“什么是数字文旅，为什么数字化转型重要”致公云讲堂的录制及报送工作，并于11月发布。

【对外联络】 2023年，致公党杭州高新区（滨江）总支部组织党员参与致公党省委会在华数集团举办的古诗词艺术歌曲赏析会暨在华留学生中华传统文化体验活动。协助市委会做好致公党贵州省委会、致公党青岛市委会、致公党合肥市委会、致公党上海市委会到杭州调研的接待工作。联合区侨联、同心·东信国际社区在电魂自在里文化空间·硅谷书房举办“弘扬宋韵文化，喜迎亚运盛会”——“‘宋词新韵’古诗词艺术歌曲音乐会”活动，浦沿支部结对的致公党上城区五支部、致公党杭州高新区（滨江）总支部3个支部，和结对的社区共同参与，弘扬中国传统文化。

【致公党党员发挥侨海优势服务亚运】 2023年，致公党杭州高新区（滨江）总支部党员发挥侨海优势服务亚运。在党员吴青阳协调下，杭州第19届亚运会吉祥物亮相意大利维罗纳嘉年华活动，通过意大利媒体传播杭州第19届亚运会信息。党员徐薇参加“以声聚侨、唱响亚运”音乐会暨杭州侨界喜迎亚运系列活动启动仪式。党员王真震作词并联合制作的歌曲入围杭州第19届亚运会主题曲征集评选的50首名单。党员陶群加入浙江省博物馆志愿者讲解员队伍，弘扬中华文化，助力服务亚运。党员宦文祥为杭州第19届亚运会、第4届亚残运会羽毛球场馆提供法律服务。

（朱　远）

2023年2月9日，杭州第19届亚运会吉祥物亮相意大利维罗纳嘉年华活动　［致公党杭州高新区（滨江）总支部　供图］

九三学社杭州高新区（滨江）基层委员会

【概况】 至2023年底，九三学社杭州高新区（滨江）基层委员会有社员141人，新发展5人，转入2人，转出1人。担任市人大代表1人，市政协委员1人，区人大代表2人，区政协委员6人（区政协常委3人）。有女性社员34人。具有中、高级以上职称109人。2023年，九三学社杭州高新区（滨江）基层委员会被九三学社省委会评为2023年度宣传思想工作先进集体、组织建设先进基层集体，被九三学社市委会授予“社务工作先进集体”称号。社员舒军被九三学社省委会授予“九三榜样”称号，舒军、周明耀被九三学社省委会授予“信息工作先进个人”称号，叶建波、汪源、周明耀被九三学社省委会授予“参政议政工作先进个人”称号，方芳、邱建龙被九三学社省委会授予“2023年全省社会服务先进个人”称号，倪军建被九三学社省委会授予“优秀社务工作者”称号，汪源、邱建龙被九三学社省委会授予“优秀社员”称号，陈荣被九三学社省委会评为宣传思想工作先进个人。二支社、三支社被九三学社市委会评为“五星级”支社，一支社被九三学社市委会评为“三星级”支社。

【参政议政】 2023年，九三学社杭州高新区（滨江）基层委员会围绕市、区两级党委政府中心工作，基层委提交集体提案3件，社员提交提案10件、反映社情民意50多条。社情民意信息被市级以上机关录用30多篇。其中，社员周明耀提交的《加快AI FOR SCIENCE发展 增强我省“创新深化”动力源的对策建议》被九三学社中央等部门录用，获省政府主要负责人批示；其撰写的《对延迟交付的预售房屋业主给予义务教育入学权利的建议》信息被全国政协等部门录用。27篇信息被九三学社中央、九三学社省委会以及中共省委、市委统战部录用。社员叶建波撰写的《关于大力发展高油酸油菜产业的建议》议案，获“九三学社浙江省委员会2023年度优秀参政议政三等奖”。社员蒋滢提交的《守护养老院最后一道防线 保障脆弱老年群体重症防治》获市政府主要负责人批示，周明耀撰写的《进一步推进大模型打造加快杭州国家人工智能创新应用先导区的建议》获中共滨江区委书记批示。基层委集体提案《关于加快推动我区生物医药行业高质量绿色发展的建议》获评区政协优秀提案，社员陈荣在区政协三届二次会议上作题为《关于推动新时代文化建设促进全区精神共富的建议》的发言。

【社会服务】 2023年，九三学社杭州高新区（滨江）基层委员会通过科普讲座、志愿服务、对口援助等形式，在助力基层发展、服务保障亚运、促进共同富裕等中心大局工作中拓展社会服务渠道，全年开展活动21场次，惠及1.9万人次。3月5日，三支社组织成员在杭州低碳科技馆开展“传承雷锋精神，助力绿色亚运”活动。3月8日，在浙江血液中心参加“迎亚运，热血熊猫侠在行动”活动。3月10日，在结对社区新州社区开展“不负春光”植树节特别活动。4月3日，二支社特邀浙江省绿色科技文化协会地区工委主任主讲“垃圾分类心法”。4月25日，在九三学社市委会组织的“我为亚运献一策”主题活动上，基层委主委作题为《让高品质的城市环境成为最大的亚运遗产》的建议发言。

【九阿、九广合作定点帮扶】 2023年，九三学社杭州高新区（滨江）基层委员会发挥人才、资源优势，组织部分社员企业家到新疆维吾尔自治区阿克苏市、四川省广元市旺苍县开展定点帮扶服务。4月7日，九三学社杭州高新区（滨江）基层委员会会员企业杭州惠呗科技有限公司与阿克苏市教科局签订“杭阿协作·爱心助学”框架协议，公益捐赠价值1000万元的数字化校园设备和软件，向受捐学校代表及10名品学兼优的学生发放助学金4万元。5月11—13日，杭州惠呗科技有限公司再次向四川广元旺苍公益捐赠价值300万元的智慧校园数字系统，帮助当地

2023年4月7日，九三学社杭州高新区（滨江）基层委与阿克苏市教科局举行九阿合作数字化援建签约仪式

［九三学社杭州高新区（滨江）基层委员会　供图］

学校建设和升级数智校园，助力当地学校数字化升级。

【迎亚运文艺晚会】 2023年5月26日，“九三同心向未来 魅力滨江迎亚运”暨纪念中共中央发布“五一口号”75周年文艺晚会在区文化中心剧院举行。晚会由九三学社杭州市委会与中共滨江区委统战部主办，九三学社杭州高新区（滨江）基层委员会承办。晚会宣读《讲文明 迎亚运——九三学社杭州市委开展亚运城市志愿行动的倡议书》，为“杭州九三亚运志愿服务队”举行授旗仪式。文艺晚会有诗歌朗诵、舞蹈、相声、器乐合奏、太极表演等节目，展现社员精神风貌，助力实现“办好一个会，提升一座城”。市人大常委会、九三学社市委会、区四套班子负责人，各民主党派市委会和对口联系单位负责人，全区统战系统各单位负责人及九三基层组织代表300多人参加，晚会通过平台进行现场直播，3.2万人观看。

（于亚敏）

杭州高新区（滨江）工商业联合会

【概况】 至2023年底，杭州高新区（滨江）工商业联合会（简称“区工商联”）有会员总数1596个，其中团体会员即基层商（协）会9个（街道商会3个，各行业协会6个）、企业会员1284个、个人会员303个。2023年，区工商联围绕“党的二十大精神”“惠企政策措施”等主题开展学习教育、培训宣讲等活动12场次，邀请专家学者就专精特新企业申报、金融市场环境分析等企业家关心的领域开展授课辅导10场次，组织指导各基层商（协）会开展学习培训、合作交流、资源融合等活动46场次。

【民营经济人士培训教育】 2023年，区工商联以开展“学习贯彻习近平新时代中国特色社会主义思想主题教育”为契机，加强中共创新理论学习武装，利用专题授课、微信群、微信公众号等形式，学习宣传贯彻习近平总书记重要指示和中共二十大精神，依托“新时代民营企业家理论宣讲团”和“新生代企业家青蓝宣讲团”，组织企业家开展理论宣讲6场次。打造“滨滨学堂”新生代企业家培育品牌，第一届“滨滨学堂”分别在杭州、厦门、上海等地开展6期研修培训，在高校、科研机构、集团企业开展学习交流12次，240多人次参与，为企业家建立政治、事业“双导师”制度。组织24名企业家参加省、市举办的新生代企业家、“品质杭商”等研修培训。开展“每月赠书读书”活动，向执委赠送《心力》《解困之道》等书籍2000多册。

【民营经济法律服务】 2023年，区工商联联合区法院打造“共享法庭”，联合区检察院成立“营商环境检察e站”，联合公安滨江分局发挥企业刑事合规会作用，组织35名企业代表到北京开展企业清廉合规交流研学活动，联合区司法局举办“法治化营商环境建设与企业合规”论坛，开展“法护营商”活动。邀请法律专家围绕“企业合规建设”“知识产权保护”等主题授课辅导6场次。制定《杭州高新区（滨江）工商联推进“同心同廉”清廉民营企业建设实施方案》《杭州高新区（滨江）推进建设企业清廉合规积分评价指数创新办法》，与杭州联合银行滨江支行、宁波银行高新支行等6家银行推出“清廉贷”金融惠企举措，增强企业参与清廉建设的内生动力。浙江吉利控股集团有限公司获评省清廉民企建设示范单位。

【民营经济调查研究】 2023年，区工商联接待上级工商联负责人调研工作21批次，其中中央级5次、省级8次、市级9次。走访调研数字经济、智能物联、芯片制造、生物医药等产业发展情况，了解各类型企业当前经营发展状况和困难问题，听取企业对相关政策的意见建议。区工商联制定企业“大走访大调研大服务大解题”活动实施方案，分工走访工商联会员企业，了解企业经营发展的困难问题，协助企业纾困解难。全年走访对接区内各类型民营企业313家，收集梳理意见建议38条。

【商会建设】 2023年，区工商联开展“世界杭商大会省外浙杭商滨江行”“创业赋能行”“科学家企业家面对面”等活动16场，举行第五届世界杭商大会专题活动暨第三届生物医药发展论坛，召开各街道商会理事会、新生代企业家联谊会二届二次会员代表大会、女企业家联谊会二届二次会员代表大会、产业园区联合会一届二次会员代表大会等会议。相关工作被《人民日报》、世界浙商网等媒体报道75篇次。区工商联获评全国“五好”县级工商联、省工商联服务“两个健康”工作成绩突出集体和服务“两个健康”最佳实践案例，西兴街道商会获评省工商联“百家示范商会”和“四好”商会。13名企业家获“风云浙商”“杰出杭商”“优秀杭商”等称号，获奖人数居全市第一位。

【服务民营企业】 2023年，区工商联以“亲清直通”助企行动、“关心关爱”暖心行动、“清廉民企”护航行动、“滨滨学堂”培育行动为载体，为民营企业提供精准服务。联合区商务局、区住建局、规划资源滨江分局等部门举行“亲清直通车·政企恳谈会”“科技型企业金融服务对接会”“专精特新培训会”等8次交流对接活动，聚焦“推动外贸行业健康发展”“楼宇在建企业交流”“金融赋能企业发展”等主题，组织相关部门、金融机构负责人与企业家面对面座谈交流，邀请108家企业参与，对接协调解决61个需求及问题，帮助企业纾困解难，助力企业高质量发展。为187名工商联执委和新生代企业家通过线上和线下送生日祝福，组织执委企业家健康体检，看望慰问企业家16人。

2023年10月25日，区工商联联合区商务局等部门举行“亲清直通车·政企恳谈会”活动　（区工商联　供图）

【民营经济人士参政议政】 2023年，区工商联开展“上规模民营企业调研”“万家民企评银行”等调研工作13次，完成各类调研问卷1137份，界别委员撰写上报提案8篇，2名界别委员在大会上作主题发言。上报的提案中，《关于抓住数字疗法发展机遇 挖掘数字经济增长点的建议》获省委主要负责人批示；《关于推动高新区（滨江）高新技术产业海外技术兼并购的建议》获评省工商联系统优秀调研成果二等奖，《关于持续办好“西湖论剑”，全力推动高新区（滨江）打造“中国信息安全谷”的启示与建议》《促进生物医药产业高质量发展的对策建议》《区工商联全力助推民营经济高质量发展》获区委主要负责人批示。

【民营经济会员企业党建】 2023年，区工商联强化党建统领，实现所属商（协）会党组织全覆盖，动员会员企业加强党建工作，以党建赋能企业发展。开展党建联学联建活动，到聚光科技（杭州）股份有限公司、杭州电魂网络科技股份有限公司等企业开展党课教育4次。深化“红色+”党建品牌打造，与区委组织部联合组织企业党组织负责人到四川大学开展党建学习培训，开展企业之间党建学习交流活动4次，完善政治、事业“双导师”培育机制，开展党建互学、红色研学等活动6场。6名企业党组织负责人获省、市表彰，43名企业党组织负责人被授予市“红领头雁”资质。

【民营经济社会服务】2023年，区工商联组织15名区工商联、新生代企业家代表到四川省广元市朝天区开展产业项目考察、基础设施援建活动，捐赠75万元资助建设村级文体活动中心，引导5家企业与朝天区5个村开展村企结对帮扶。西兴街道商会开展“薪火相传”活动，向20名困难儿童、3名困难教师捐助10万元。组织5名企业负责人在临安区、桐庐县等地任名誉村民委员会主任。3次组织15名企业家到温州市泰顺县开展山海协作暨项目考察活动。组织10名企业家代表到安徽省宿州市泗县开展产业合作对接。浙江中南建设集团有限公司、浙江兴耀控股集团有限公司、祖名豆制品股份有限公司等企业获省、市慈善奖项，明康汇生态农业集团有限公司入选2023定向招工式“共富工坊”省级示范点。

【民营企业服务亚运】2023年，杭州高新区（滨江）的民营企业发挥自身优势，高标准服务保障杭州第19届亚运会和第4届亚残运会，多家民营企业因任务完成出色，获亚组委表彰。区工商联主席企业杭州安恒信息技术股份有限公司作为杭州第19届亚运会官方网络安全服务合作伙伴，提供亚运网络安全保障任务；副主席企业浙江吉利控股集团有限公司旗下车型作为亚运官方指定用车，为亚运会交通出行提供保障；副主席企业浙江兴耀控股集团有限公司组织召开“平安护航亚运”动员大会；副主席企业浙江中南建设集团有限公司承接杭州奥体中心体育场、运河亚运公园、全民健身中心、亚运会媒体村等亚运会重点配套工程建设；副主席企业浙江宇视科技有限公司参与亚运会的“赛、住、行”，以数智力量保障赛事活动；副会长企业滨和环境建设集团有限公司高标准完成亚运会相关场馆的灯光亮化工程建设保障任务。

【区工商联五届三次执委会议】2023年3月31日，区工商联五届三次执委会议在北航杭州创新研究院会议中心召开，区工商联主席、党组书记、副主席、执委等160多人参加会议。区政府、区纪委监委、区委组织部、区委统战部相关负责人出席会议。会议传达学习中共二十大精神、全国两会精神和中共中央总书记习近平在政协民建工商联界联组会上的重要讲话，听取区工商联2022年度工作报告，发布《民企迎亚运 同心向未来》倡议书，推出区工商联联名借记卡，审议通过人事调整事项。

【5家企业入围中国民营企业500强】2023年9月12日，2023年中国民营企业500强公布，浙江吉利控股集团有限公司、网易（杭州）网络有限公司、新华三信息技术有限公司、浙江中南建设集团有限公司、浙江大华技术股份有限公司5家杭州高新区（滨江）企业上榜，浙江吉利控股集团有限公司、新华三信息技术有限公司2家企业登上2023年中国制造业民营企业500强榜单，网易（杭州）网络有限公司登上2023年中国服务业民营企业100强榜单。

（邓　彬）

2023年3月31日，杭州高新区（滨江）工商联五届三次执委会议召开
（区工商联　供图）

群众团体

杭州高新区（滨江）总工会

【概况】 至2023年底，杭州高新区（滨江）有工会3102家，工会会员18.28万人。2023年，新增会员1.4万人。2023年，1个站点获全国“最美工会劳动者服务站点”称号，1人获全国五一劳动奖章；2人获省五一劳动奖章，3个班组获评省“工人先锋号”，4人获评“浙江工匠”，1人获评省巾帼建功标兵；1个园区获评市“2023年构建新时代和谐劳动关系先进产业园区（特色小镇）”，3家企业获评市“2023年度构建新时代和谐劳动关系先进企业”，5个班组获评市“工人先锋号”；获评市劳动模范个人14人、模范集体6家，入选为首届“杭州数字工匠”10人，获提名奖2人，入选为“杭州工匠”5人。获评高技能人才（劳模）创新工作室市级1家（共14家，其中省级4家、市级10家），4名职工被聘为杭州市职业技能带头人，推荐上报市“五小”（小发明、小创造、小革新、小设计、小建议）创新成果16项。落实政府、工会、企业劳动关系三方协商机制，开展工资集体协商“集中要约行动”，全年单建工会工资专项集体合同签订率96.7%，全区百人企业集体合同签订率90%。开展“安康杯”竞赛活动，组织安全演练竞赛和宣讲活动143场。开展安全生产隐患排查企业691家，排查问题隐患371个，均得到整改。

【基层工会组建】 2023年，区总工会依托数智群团组织共建系统和智慧工会平台，推广线上和线下融合组建工会。群团集市平台建会838家，新业态实名制建会19家，新业态会员实名制发展4832人。开展新业态建会入会工作，新业态工会会员实名制新增4990人，累计9015人。开展揭榜挂帅组建攻坚项目“以平台企业为突破口紧盯挂靠代理加盟等关联企业扩面建会入会”工作，以省、市新业态领域重点联系企业和头部企业为重点，加强挂靠企业、外包企业、代理商等关联企业排查摸底。5月，举办新就业形态劳动者暨美团外卖配送员集中入会活动，举行美团外卖滨江站（上海欧楠网络科技有限公司）工会委员会成立授牌仪式，3个街道美团外卖点400多人入会。

【劳动技能竞赛】 2023年，区总工会以“助亚运 展风采”为主题开展各级职工职业技能竞赛活动，其中区级技能竞赛7场，177家单位700多人参赛，活动涉及网约配送、机动车维修、电子商务（网商）、计算机程序设计、劳动关系协调、酒店服务、森林防灭火、防汛防台、社会应急救援等。各街道、园区开展技能竞赛8场，包括智能水表操作、保洁技能、超市技能等项目。规模以上企业工会开展岗位练兵、技能比武19场，涵盖无线技能、工程技能、物业基础服务技能、检验技能等项目。组织职工参加市级职业技能竞赛8场。其中：浙江全世科技有限公司王能在市工业机器人系统操作员职业技能竞赛中获二等奖并被授予“杭州市技术能手”称号，杭州安恒信息技术股份有限公司的章正宇在市区块链应用操作员职业技能竞赛中获二等奖并被授予“杭州市技术能手”称号，宁波极氪智能科技有限公司杭州分公司的李程获三等奖并被授予“杭州市职工经济技术创新能手”称号，另有4名选手获优胜奖，2名选手在市劳动关系协调员职业技能竞赛中获优胜奖，1名选手在市互联网营销师（直播销售员）职业技能竞赛中获优胜奖。

【劳模（先进）关爱服务】 2023年，杭州高新区（滨江）各级工会开展劳模（先进）走访慰问活动，慰问市级以上劳模（先进）170人。组织43名劳模到吉林省长春市、新疆维吾尔自治区阿克苏市等地开展疗休养活动；组织27名劳模开展健康体检活动。

【职工思想政治引领】 2023年，区总工会与区委宣传部联合举办“守好红色根脉·班前十分钟活动”党的二十大精神“回响”主题宣讲会3场，参与职工500人，活动信息在“学习强国”学习平台等媒体平台刊发。依托“滨江工会”微信公众号，开设“二十大学习”专栏，开展线上和线下思想政治类活动46场次，参与职工群众90万余人次。91家企业开展“守好红色根脉·班前十分钟活动”1463场，参与职工7.15万人次。结合第四届“滨江工匠”认定工作，举办第四届“滨江工匠”认定发布会，扩大“滨江工匠”影响力。开展第一届杭州高新区（滨江）劳动模范和模范集体评选、劳动模范宣讲“四进”（进企业、进校园、进社区、进网络）活动，工会干部和劳模工匠开展中共二十大精神宣讲75场，参与职工7366人次。

【职工群众文化建设】 2023年，区总工会创新开展职工“实用文化生活”系列活动，开设课程24个，惠及1100人。在全区33家职工书屋中开展“书香满屋”阅读会活动。举办“周末去哪里”“壹期壹会”单身职工联谊活动和单身职工疗休养活动25场，吸引青年男女1500人参加活动，成功牵手35对。举办足球、篮球、网球、羽毛球4项职工体育赛事406场，全区173支企事业单位队伍、2150名职工参赛。

【和谐劳动关系创建】 2023年，区总工会走访和指导企业开展能级工资集体协商工作，走访规模以上企业31家，推进产业工人队伍建设改革试点企业及新就业形态领域行业企业开展集体协商工作，对全区各级各类产改试点企业能级工资集体协商实现全覆盖，规模以上企业能级工资集体协商覆盖率60%。参加区社会矛盾纠纷调解中心欠薪投诉集中接访行动，入驻“浙里办——浙江解纷码”矛盾纠纷多元化解平台，建立区级劳动争议调解工作室和基层工会劳动争议调解员QQ群，完成3个街道全覆盖，实现10个园区、138家重点企业劳动争议调解网格化管理。

【职工权益维护】 2023年，区总工会将职工权益维护与普法宣传维权服务相结合，维护职工合法权益，开展“尊法守法·携手筑梦”服务新就业形态劳动者法律服务系列活动3场，举办“一周一普法”“一月一讲座”活动，推送法律知识和案例分析37期。加强职工维权服务，通过开通“维权热线”、组建工会法律志愿者服务队、工会法律服务微信咨询群等形式，服务企业539家次、职工1416人次，开展法律宣传服务523次，惠及9万余人次。助力企业完善劳动用工制度，构建新时代和谐劳动关系，引导阿里巴巴（中国）有限公司、杭州龙山化工汽车运输有限公司、杭州迪普科技股份有限公司等25家企业工会委员会申请“工会法律服务包”。开展全区工会护航亚运百日攻坚暨劳动法律夏季专项监督行动，以新就业形态领域、互联网平台企业、劳动密集型企业为重点，对用人单位遵守劳动保障法律法规情况进行监督检查，组织640家企业进行自我体检，10.13万人参与。区总工会重点督查各街道园区规模以上企业175家，集中抽查重点企业15家。开展农民工工资支付情况冬季专项监督行动，联合区人力社保局排查用人单位228家，涉及职工3.64万人。

【工会普惠服务】 2023年，区总工会向295家小微企业返还工会经费54.97万元。发动25家单位为“春风行动”捐款80.7万元，完成“春风行动”反哺救助7人。开展“夏送清凉”高温慰问活动，重点慰问建设工程、城市管理、社会治安、环卫保洁、协辅警等高温露天作业的一线工作人员，各级工会高温慰问经费投入252.6万元，惠及2.6万人次。开展节日送温暖工作，走访慰问困难职工、干部16人，慰问疫情防控一线医务人员810人次。开展春节期间关爱外来务工人员活动，投入经费54.74万元，为留杭企业职工送上2070份新年礼包和1000张畅游卡。杭州第19届亚运会、第4届亚残运会期间，联合省、市总工会到杭州优行科技有限公司（曹操出行），慰问负责亚运保障出行司机等2000人次。结合就业服务月、民营企业服务月等活动，开展招聘活动4场，服务企业273家，服务2400多人次。组织724名一线职工参加免费健康体检活动；组织7万余名职工参加第十二期“在职职工医疗互助”保障活动，筹措资金286.7万元。面向全区职工开展企业人力资源管理师、网络与信息安全管理员、电子商务师、育婴师等工种的技能培训，培训学员236人，其中取证人数189人。

【区总工会四届八次全体（扩大）会议】 2023年3月17日，杭州高新区（滨江）总工会第四届委员会第八次全体（扩大）会议在区文化中心召开。会议学习市总工会第十六届委员会第二次全体（扩大）会议精神，宣布2023年区总工会服务职工十大实事项目，发布《贯彻落实“决战亚运 蝶变滨江”决策部署，工会助力亚运行动计划》，通过与会代表向全区各级工会和广大职工发出《奋勇担当 决战亚运》倡议书。听取区总工会常委会题为《全面贯彻党的二十大精神 为奋力开启高新区（滨江）中国式现代化新征程贡献工会力量》的工作报告，表决通过第四届委员会第八次全体（扩大）会议工作报告和经费审查报告。会议通过区总工会第四届委员会委员替补人选，选举产生新任区总工会第四届委员会替补人选，会议替补黄平、黄新龙、蔡志军3人为杭州高新区（滨江）总工会第四届委员会委员，选举黄平、梁骏2人为区总工会第四届委员会常务委员。

【产业工人队伍建设】 2023年4月，杭州高新区（滨江）召开非公有制企业产业工人队伍建设改革暨“十四五”全国引领性劳动和技能竞赛推进会，浙江吉利控股集团有限公司、网易（杭州）网络有限公司的主要负责人参加会议。7月，浙江大华技术股份有限公司入选“新时代杭州产业工人队伍建设改革成绩突出企业”名单。10月，推荐浙江大华技术股份有限公司上报“新时代浙江产业工人队伍建设改革成绩突出集体”。12月，新华三技术有限公司《保障职工权益 激发职工主动 深化产业工人队伍建设改革见成效》在《推进新时代杭州产业工人队伍建设改革工作交流刊》2023年第28期刊登。同月，全区新时代产业工人队伍建设改革工作推进会召开，部署产业改革工作要点和任务清单。根据前期推荐上报，浙江大华技术股份有限公司和浙江中南建设集团有限公司入选浙江省总工会第二批“幸福共同体领头雁企业”名单。

【劳动模范和模范集体表彰大会】 2023年4月27日，“工心向党 决战亚运 助力高质量发展”杭州高新区（滨江）庆祝五一国际劳动节大会在区文化中心举行，区级机关、街道、总工会、劳动模范、企事业单位工会和职工代表近450人参加大会。会议倡议“携手同心 助力亚运”，宣读2023年杭州高新区（滨江）劳动模范和模范集体入选名单。其中：广脉科技股份有限公司胡斌、浙江万利金刚石工具有限公司曹永铭、杭州联汇科技股份有限公司顾江标、杭州市滨江区浦沿街道东冠社区俞幼明、杭州迪普科技股份有限公司谭天、浙江大华技术股份有限公司邓志吉、阿里巴巴（中国）有限公司陈映平、恒生电子股份有限公司项许欣芃等28人入选劳动模范个人表彰名单，中共杭州市滨江区委政法委员会、杭州市钱塘实验小学、杭州市公安局高新区（滨江）分局、杭州高新技术产业开发区资产经营有限公司、杭州宇树科技有限公司研发部等10家单位入选模范集体表彰名单。

【美团外卖配送员集中入会活动】 2023年5月22日，杭州高新区（滨江）新就业形态劳动者暨美团外卖配送员集中入会活动在西兴街道石门塘社区举行，活动现场设置按摩、家庭教育等咨询点。大会为美团外卖滨江站（上海欧楠网络科技有限公司）工会委员会成立授牌，60名美团外卖滨江各服务站站长、配送员代表入会宣誓，3个街道美团外卖点400多人入会。区总工会依托美团外卖配送员建会入会和美团外卖滨江站（上海欧楠网络科技有限公司）工会委员会成立，组建区网约配送员行业联合工会委员会。至年底，覆盖工会组织5家，有会员（实名制数）705人。

【“工心向党，‘益’起亚运”五大主题志愿服务行动】 2023年6月7日，区总工会发布“工心向党，‘益’起亚运”五大主题志愿服务行动，在街道、园区开展以法律服务、关爱帮扶、共护平安、文明有礼、文艺润色为主要形式的志愿服务活动，展现新时代产业工人队伍风采，营造职工人人参与、全民喜迎亚运的氛围。活动立足亚运保障需求，根据《2023年度滨江区志愿服务工作要点》，联合各街道、园区基层工会，动员全区基层工会干部、工会会员、劳动模范、各级工匠、党员干部等参加，组建工会亚运服务志愿队伍。至年底，开展活动81场，参与职工2480人次。

【工匠公园开园】 2023年9月16日，杭州高新区（滨江）工匠公园开园仪式举行。市总工会、区委区政府、区劳模工匠协会相关负责人共同为公园揭牌。杭州高新区（滨江）工匠公园位于钱塘江大桥东，北邻闻涛路，总面积3.2公顷。公园融入“9·26”工匠日、滨江工匠人物、工匠作品等元素，设工匠博物馆、工匠长廊、工匠集市等，集休憩、参观、游览于一体。园内设工匠馆，建筑面积1200平方米，由“9”“2”“6”数字形态构成，结合微丘地形处理，营造室内空间与室外庭院相互交融的体验。展馆分上下两层，地上一层为展陈区域，地下一层为公用空间。展馆以“初心如炬 匠心匠行”为主题，采用多种展陈方式展示滨江发展、弘扬工匠精神，设置怀匠心、筑匠魂、做匠人三大板块，分固定展览和临展区域。

【第四届“滨江工匠”认定发布会】 2023年9月26日，杭州高新区（滨江）“匠心传承 初心永在”第四届“滨江工匠”认定发布会在“智慧e谷”举行。会议发布第四届“滨江工匠”名单。杭州爱科科技股份有限公司方云科、明度智云（浙江）科技有限公司包卿、杭州脉流科技有限公司向建平、杭州趣链科技有限公司邱炜伟（女）、新华三技术有限公司汪洪远、聚光科技（杭州）股份有限公司俞大海、浙江省第一水电建设集团股份有限公司宫宝军、杭州康恩贝制药有限公司徐秀卉（女）、杭州宏华数码科技股份有限公司葛晨

2023年9月16日，杭州高新区（滨江）工匠公园开园仪式举行
（区总工会 供图）

文、杭州当虹科技股份有限公司谢亚光10人入选。大会现场，对第四届“滨江工匠”入选人进行访谈，播放滨江匠心主题短视频。

【1个爱心驿家入选全国“最美工会户外劳动者服务站点”名单】 2023年12月14日，全国总工会发布2023年“最美工会户外劳动者服务站点”名单，杭州兴耀物业管理有限公司爱心驿家入选。该爱心驿家位于滨盛路与江晖路交叉口，面积120平方米，配备空调、饮水机、电冰箱、微波炉、充电宝、应急医药箱和电子血压计，设置阅读区，购置书报架等文化设施，于2018年投用，累计举办“红色讲堂”“安全作业流动课堂”“健康及安全知识讲座”“文明兑换，烟头兑好礼”等活动70场。爱心驿家立足户外劳动者工作地点分散化、工作时间碎片化等从业特点，为环卫工人、外卖小哥、快递小哥等户外劳动者提供休憩场所，解决其“吃饭难、喝水难、休息难、如厕难”等实际问题，全年服务一线环卫工人等户外劳动者近1000人次。

（孔潇若）

共青团杭州高新区（滨江）委员会

【概况】 至2023年底，共青团杭州高新区（滨江）委员会（简称“团区委”）下设基层团（工）委67个、团总支31个、团支部965个，共有团员2.68万人。承办团中央青年发展型县域试点研讨班、“杭州青年说·我爱杭州 奉献亚运”宣讲大赛等活动，接待上级共青团及少先队调研6次。亚运志愿服务、青年服务、“两新”领域团建等工作被中央广播电视总台等主流媒体和《浙江团情》等刊物宣传报道。1名团员获评全国优秀共青团员，2个集体获评全国红领巾中队。团区委在服务保障杭州亚（残）运会中成绩突出，获嘉奖。青春共治、青年发展型城区建设等工作经验在团省委、团市委会议上作典型发言。西兴街道滨和社区入选共青团城市基层组织改革省级培育试点。

【青年思想建设】 2023年，团区委推进青年思想理论学习，开展“滨滨有理”高新青年学习营品牌建设，指导创建诺基亚“花Young学习”、安恒“青年学”等“两新”青年学习品牌。持续开展“青年大学习”，15.3万人次参与网上主题团课。开展“滨江青年说”宣讲活动30场。推出“滨青之光”“滨滨有你”“我在窗口写青春”等系列宣传100多篇，阅读量10万余人次。

【基层团组织建设】 2023年，团区委新建新华三技术有限公司团委等“两新”领域团组织180个，制定《非公企业团建工作指引》，搭建“青春PLUS”非公有制企业团建矩阵，指导网易（杭州）网络有限公司、杭州安恒信息技术股份有限公司、浙江中南控股集团有限公司等非公企业团组织创建特色品牌。举办“青马工程”基层团干部培训班、少先队辅导员培训，开展“滨团GO”团干部能力提升行动12场，参训133人次。制定《关于加强民办幼儿园团组织建设工作实施办法》《团代表联络站工作制度》等团工作制度，推进共青团工作提升。

【智慧团建】 2023年，团区委依托“智慧团建”系统，新发展团员458人，新建基层团支部305个。545个团（总）支部开展对标定级，792个团支部开展团员评议激励，开展率100%。指导各级团组织、毕业学生团员依托“智慧团建”系统规范开展团员组织关系转接，完成升学、已落实工作单位（含自主创业）、参军人员、未升学或未落实就业去向、出国（境）学习生活、延迟毕业等类型的组织关系“学社衔接”2995人次。

【青年人才服务】 2023年，团区委推进青年发展型城区建设，制定出台《关于推进杭州高新区（滨江）青年发展型城区建设的行动方案》及“三张清单”（预期成果清单、重点政策清单、实事项目清单），召开青年工作联席会议2次，举行杭州高新区（滨江）青年发

2023年6月14日，杭州高新区（滨江）青年发展大会暨“1+1”青春助力亚运誓师大会举行。图为举行“1+1”青春助力亚运行动队授旗仪式　（团区委　供图）

展大会暨“1+1”青春助力亚运誓师大会。发布《融滨一本通》《乐滨一本通》电子手册，开展青年人才音乐节、政策宣讲、亚运项目体验、联谊交友等活动64场。培育钱潮文化社、万象艺术社等区属青年社团6个、各级青年兴趣俱乐部45个。创建市级“青年文明号”3家、市级“青年安全生产示范岗”2家、区级“青年文明号”16家，培育市级“青年文明号”“青年安全生产示范岗”争创集体20家，开展安全生产宣传活动100多场。开展青年直播职业技能大赛等青工技能比武6场，推动“青年岗位能手”纳入区级人才分类认定体系。挖掘优秀青年和集体，11个集体获全国、省、市级共青团及少先队集体，14人获评全国、省、市共青团及少先队个人，2人获评“最美杭州人——青年英才”，1人获评“最美杭州人——十佳来杭创业创新青年”。在浙江青年发展综合指数（2022）中，总评及3项一级指标均居全省第一位。

【青少年权益维护】2023年，团区委制定《滨江区青少年阳光成长三年行动实施方案（2023—2025年）》，召开区青少年阳光成长行动部署推进会。举办“与法同行 平安暑假”等法治教育主题活动25场，服务青少年4000多人。开展“未来关怀·少年的你”系列法治教育活动、“人才大手牵小手”科普教育活动等60多场，各学校少先队员1000多人参加。至年底，“12355”青少年服务台接听线上咨询215件、跟进个案辅导26人。

【青年志愿服务】2023年，团区委举办第一届滨江区志愿服务项目公益创投大赛，评选示范项目4个。组建平安建设专业志愿服务队4支，开展志愿服务活动74场。指导4个志愿服务项目参加省、市青年志愿服务项目大赛，获1个银奖、3个铜奖。组织青年志愿者1000多人次参加元宵烟花大会、中国国际动漫节、杭州文博会、全国排舞总决赛等大型活动保障19场。完成杭州亚（残）运会网球、羽毛球赛事志愿服务保障，1500多名“小青荷”服务杭州奥体中心网球中心和滨江体育馆，服务时长20万余小时，获国家和省市级新闻平台宣传报道53篇。调动高校、非公有制企业、社会组织等力量，以12个“亚运青年V站”为阵地，组织青年志愿者提供亚运火炬传递等城市侧亚运志愿服务保障，参加交通指引、信息咨询、便民物品等志愿服务3000多人次。

【少先队工作】2023年，团区委举办区示范性离队入团仪式，开展“学习雷锋好榜样”“清明祭英烈”等主题活动33场。推进少先队员“向社区报到”工作，开展“迎亚运、伴成长”等特色实践活动300多场。开展“红领巾爱学习”主题教育、“红领巾奖章”争章活动等，选聘红领巾讲解员17人。成立社区少工委22个。浙江中医药博物馆、浙江中南卡通股份有限公司等校外实践教育基地获评杭州市“红领巾e站1013”阵地。全年完成少先队研究课题立项6项，少先队研究论文10篇，其中1篇论文获浙江省少先队工作论文三等奖。2个集体获评全国红领巾中队，1个集体获评省级“优秀少先队集体”，1人获评省级“优秀少先队员”，4

人获评市级“成绩突出少先队员”，4人获评市级“成绩突出少先队辅导员”。

【共青团杭州市滨江区委七届二次全体（扩大）会议】 2023年5月4日，共青团杭州市滨江区委七届二次全体（扩大）会议召开。会议表彰2022年度杭州高新区（滨江）五四红旗团组织、先进团组织、优秀共青团干部、优秀共青团员、青年大学习先进集体。5个直属团组织代表围绕共青团及青年工作做交流发言。会议审议通过《“滨江青廉”系列行动方案（审议稿）》，听取《凝心聚力跟党走 挺膺担当启新程 在以“两个天堂”生动实践奋力开启中国式现代化的新征程中唱响青春强音》工作报告，发布《高新区（滨江）共青团助力亚运工作方案》及工作项目清单。

【团员和青年主题教育】 2023年9月，团区委面向团员和青年开展学习贯彻习近平新时代中国特色社会主义思想主题教育。指导全区各级团组织完成“思想旗帜”“坚强核心”“强国复兴”“挺膺担当”等专题学习，组织团员青年参观大道之行——“八八战略”实施20周年大型主题展，到杭州海康威视数字技术股份有限公司、浙江中南卡通股份有限公司等循迹溯源点现场学习。开设《解码“中国式现代化”》主题党课。开展严守“政治关、道德关、品行关”、“我是窗口团干部”大讨论14期，开展“潮廉青年”系列活动。推进“感恩奋进·青春建功”行动，开展“青春共治 建功基层”高校—街社结对共建活动40多场，聘任第一批社区兼职青年干事和社区辅导员，明确第一批共建项目11个，聘任27名大学生担任结对社区团支部青年干事、13名社工担任社区辅导员，服务1万余人次。

（刘培捷）

杭州高新区（滨江）妇女联合会

【概况】 2023年，杭州高新区（滨江）有街道妇联3个，社区妇联67个，产业社区妇联1个，科技园区（楼宇）妇联组织覆盖企业3500家。区级党政机关配备女性正职领导干部15人，女干部比例占88.46%。社区妇联主席中党员占93%，本科以上学历占77%，平均年龄37.8周岁。3个街道妇联主席均入选为省妇联“最美执委”。“她视界”创新助力发展中心入选市首批“巾帼共富工坊”名单。长河街道冠山社区妇女儿童驿站入选为省三星妇女儿童驿站。西兴街道滨康未来社区妇女儿童驿站、长河街道晶都社区妇女儿童驿站、浦沿街道彩虹社区妇女儿童驿站3个驿站入选为市二星妇女儿童驿站。章欢良、李永乐家庭被授予浙江省“最美家庭”称号。

【亚运系列活动】 2023年，区妇联开展亚运系列活动，举行“‘亚运心遇，@少年’2023年滨江区青少年亚运心理健康系列活动”“亚运优礼”等活动93场，吸引1.97万人参加。开展“百万家庭共跳亚运排舞”大联动，推广亚运健身舞45次，吸引3350人次参加。区妇联文艺健身队参加全市迎亚运100天展演及第六届艺术节闭幕式，获优秀组织奖、优秀推广站、最美家庭奖。

【妇女创业就业】 2023年，区妇联举行第六次妇女代表大会和全区妇女儿童工作培训班，各级基层妇联干部和执委走访家庭3170户、企业26家。依托“伊创荟”基地，组织女性创业主题活动32场。联合区人力社保局举办“春风行动”，组织女性专场招聘会，60家企业提供3600多个就业岗位。

【妇女儿童权益维护】 2023年，区妇联推进普法、反诈工作。举办宣传活动57场，吸引8500多人参加。调解处理来信来访12件，接处“110”联动指挥中心平台家暴案件1001件，出具家庭暴力告诫书695份，发出人身保护令2份。

【家庭文明建设】 2023年，区妇联推进家庭文明建设，举办“清风传家·德润之江”浙江省家风家训主题创作大赛。

邀请市婚姻家庭协会会长开设“以爱之名——家庭幸福从美好关系起步”讲座。开展寻找“最美家庭”活动，获评省“最美家庭”2户，省、市级特色家庭8户。

【困境妇女儿童帮扶】 2023年，区妇联开展关爱赋能困境妇女儿童“四季行”专项工作，走访联系服务困境家庭6次。推进妇女儿童驿站建设，新增省级妇女儿童综合服务驿站1个、市级妇女儿童综合服务驿站3个。至年底，完成2个省级、4个市级、37个区级妇女儿童综合服务驿站的评定和推选。

【“美丽家园 你我同行”活动】 2023年4月28日，“扮靓家园 迎亚运 花满滨江向未来”杭州高新区（滨江）“美丽家园 你我同行”活动启动，活动由区妇联、区住建局、区综合行政执法局主办。现场举行“我在主场迎亚运”城市治理积分系统上线启用仪式，开展“绿意盎然 亚运添彩”互动集市、“书香换花香”添彩亚运等活动。年内，区妇联通过主题行动、入户走访、发放倡议书等措施，调动各级力量参与，结合街道“赛马”评比、卫生清扫行动等环境提升类活动，动员社区组织家庭志愿者队伍加入“美丽家园 你我同行”行动。通过整洁小区楼道、避免公共区域堆积、清理阳台杂物、扮靓阳台楼道等行动，形成3个街道、67个社区全域参与。创建各级“美丽楼道”10个、“美丽阳台”2000户。

【国际家庭日活动周】 2023年5月13日，杭州高新区（滨江）国际家庭日活动周启动。活动由区妇联、区文明办、区教育局、区卫健局主办，以“滨滨有礼迎亚运，家家和美向未来”为主题，250多人参加。活动中，相关负责人为“我的家教小故事”优秀家长8人颁发奖状，为家庭教育讲师团成员15人颁发聘书。5月14日，在杭州江南实验学校教育集团月明校区举行“爱家·爱+”2023年滨江家庭教育活动指导周，围绕情绪管理，举办论坛4场，引导家长科学育儿、依法育儿。活动周期间，3个街道社区妇联开展“饮食安全与健康”“我的中国情结”“老年人心理健康”等主题宣传活动67场。

【主题公益慈善活动】 2023年9月2日，“携手参与慈善，共创美好生活”主题公益慈善活动在滨江银泰百货举行。活动由省妇女儿童基金会、区妇联、区工商联、区红十字会共同主办。区妇联联合省妇女儿童基金会成立“巾帼爱·滨江区妇联共同富裕爱心基金”，深圳市吉叶科技有限公司、浙江东冠资产管理有限公司、英飞特电子（杭州）股份有限公司、她视界（北京）文化传媒有限公司4家企业捐赠首批爱心款物近40万元，捐赠物资定向用于支持区各项妇女儿童公益行动的开展，满足弱势妇女儿童多元化服务需求。

【“未来科创 智慧玩家”家校社联动科技节】 2023年9月19日，区妇联联合华悦湾社区、钱塘山水幼儿园举办“未来科创 智慧玩家”家校社联动科技节。科技节持续1周，通过家校社联动等形式，依托钱塘山水幼儿园智慧园所环境，在沉浸式体验科技场馆开展系列亲子陪伴科普实践活动30多场，吸引120多

2023年9月19日，“未来科创 智慧玩家”家校社联动科技节在钱塘山水幼儿园举行

（区妇联 供图）

人参加。活动以2023年全国科普日暨杭州高新区（滨江）第26届科普宣传周活动为契机，营造热爱科学、崇尚创新的氛围。

【"百米人生路"儿童友好特别活动】 2023年11月18日，区儿童友好特别活动"百米人生路"举行。活动由区妇联主办，网易蜗牛读书馆等承办，3个街道妇联协办。"百米人生路"心理游园活动从心理健康与家庭教育的角度出发，将生活的不同维度浓缩在100米的路程中，分设拥抱自己、拥抱家人、拥抱朋友和拥抱世界4个站点。活动吸引73组家庭、152人参加。

【"共育未来·智能育娃"公益项目启动】 2023年12月9日，"共育未来·智能育娃"公益项目启动仪式暨幼儿家庭善育照护技能大赛在滨兴幼儿园举行。活动由区妇联、区卫健局、省妇女儿童基金会等主办。活动中，30组婴幼儿家庭通过理论知识竞答、海姆立克急救法演示、辅食制作展示3个环节进行比赛，通过线上投票及线下评审打分，评选出一等奖家庭1组、二等奖家庭3组、三等奖家庭6组。主办方为上海阿里宝宝婴儿用品有限公司、宁波塔塔母婴科技有限公司、小熊电器股份有限公司、孕贝实业（香港）股份有限公司、九阳股份有限公司5个商家代表颁发公益捐赠证书。

（曹　仪）

杭州高新区（滨江）科学技术协会

【概况】 至2023年底，杭州高新区（滨江）科学技术协会（简称"区科协"）下属街道科协3个，企业科协30个。2023年，组织科技周科普周、科普大篷车、"银龄跨越数字鸿沟"专项科普、"科普中国"App应用推广、科普讲师团讲座和科普教育基地开放等活动800多场，参与活动3万余人次。浙江宇视科技有限公司科协主席周迪当选为第十四届全国人大代表，是区科协举荐产生的首位全国人大代表。区科协获第三十八届杭州市青少年科技创新大赛优秀组织奖，获评2023年度杭州市"三站"建设组织工作先进单位，"科普中国"App应用连续4年获中国科协通报表扬，2023年全国科普日暨杭州高新区（滨江）第26届科普宣传周启动仪式获评2023年全国科普日优秀活动。

【院士、专家工作站】 2023年，区科协新建北京航空航天大学杭州创新研究院、杭州尚健生物技术有限公司2家院士工作站，浙江财和生物科技有限公司、杭州糖吉医疗（科技）有限公司、元医（杭州）科技有限公司、杭州食方科技有限公司、杭州迅灵生物科技有限公司5家专家工作站，新建博士创新站9家。至年底，全区有院士工作站12家、专家工作站31家、博士创新站19家，全年兑付区级资助190万元。

【"科普中国"App应用推广】 2023年，区科协继续开展"科普中国"App科普信息员注册推广，新增7000多人，为区内居民提供科普信息。至年底，总注册人数5.1万人，居杭州市第五位；文章传播数389万篇，居杭州市第三位；月活跃人数10.6万人，居杭州市第二位。

【"银龄跨越数字鸿沟"专项科普活动】 2023年，区科协继续完善"银龄跨越数字鸿沟"专项科普培训课程内容，帮助老年人走进数字时代，融入智慧社会，享受智慧生活。专项科普培训课程持续6个月，覆盖全区3个街道67个社区，开展培训372场次，其中外景课开展20场次，7859人次参与。为学以致用，举办"相约亚运 留住精彩"长者智能手机摄影大赛，60多人参加。经评选，1人获一等奖，3人获二等奖，5人获三等奖。

【科普大篷车进社区活动】 2023年，区科协开展第10轮以"相约迎亚运 科普进万家"为主题的科普大篷车进社区活动。活动设计制作展板5套共20块，公民科学素质小测试卷3套，播放科普影片10多场。开展击剑亚运互动小游戏，增强广场活动吸引力，扩大公众参与度。活动持续全年，吸引2万余人次参与，发放各类宣传品2万余份，实现3个街道67个社区全覆盖。

【青少年科普教育基地建设】2023年，杭州高新区（滨江）新建3家区级青少年科普教育基地，分别为浙江警察学院毒品防控技术、绿城农科检测食品安全、浙江商业职业技术学院制冷科普教育基地。至年底，全区有青少年科普教育基地19家，其中市级9家。

【反邪教宣传系列活动】2023年，杭州高新区（滨江）八校反邪教联盟举行系列反邪教宣传活动。4月19日，举办“迎亚运 讲科学 当先锋”主题游园会。6月29日，大学生反邪教暑期实践队在滨文社区、长河街道办事处、西兴街道党群服务中心、西浦社区等地开展主题宣讲、问卷调查、问答互动等活动。10月，开展2期主题分别为“反邪有我 科普同行”“勇当反邪科普先行者 谱写平安法治新篇章”的反邪教宣传系列活动。全年开展活动20多场，覆盖高校学生等3000多人。

【区科协五届四次全体委员会议】2023年2月20日，区科协第五届第四次全体委员会在区文化中心召开。会议听取和审议2022年工作报告，围绕“强政治引领，锻造高素质科协队伍”“优创新氛围，助力经济稳进提质”“建特色阵地，壮大科普资源供给”3个方面，回顾总结2022年的工作。会议对部分因工作变动的委员、常委进行改选，选举产生新一任主席。

【科技活动周和科普宣传周】2023年5月24日，“热爱科学 崇尚科学——合力推进创新深化 两翼齐飞浙里先行”2023年杭州高新区（滨江）科技活动周在杭州江南实验学校教育集团滨兴学校举行。9月16日，以“提升全民科学素质 助力科技自立自强”为主题的2023年全国科普日暨杭州高新区（滨江）第26届科普宣传周在北京航空航天大学杭州创新研究院启动，现场表彰“科普中国”落地应用优秀个人和集体。2场活动共组织130多场“线上+线下”形式科普活动，开放青少年科普教育基地19个，供全区居民和广大青少年预约参观，受益3万余人次。

（李明达）

2023年5月24日，杭州高新区（滨江）科技活动周在杭州江南实验学校教育集团滨兴学校举行（区科协 供图）

杭州高新区（滨江）归国华侨联合会

【概况】至2023年底，杭州高新区（滨江）归国华侨联合会（简称“区侨联”）有委员57人，其中主席1人、副主席12人、秘书长1人、常务委员32人。2023年，长河街道中兴社区“侨胞之家”获评“市级侨胞之家”，海外高层次人才创新创业基地“侨胞之家”获评2022年度浙江省“五星级侨胞之家”，聚光科技园获评“省级侨界双创基地”，华业科技园、浙江商业职业技术学院获评“市级侨界双创基地”，浙江中医药博物馆获评第六批“市级华侨文化交流基地”。

【维护归侨侨眷权益】2023年，区侨联承办省欧美同学会“大手拉小手”2023年蒲公英计划留学人员行前分享交流活动。依法依规办理“三侨生”高考加分4人、中考加分6人，做好华侨、归侨身份认定办理。开展全区基本侨情调查专项工作，成立工作组，推进基本侨情数据采集和分析，形成全区基本侨情调查工作报告。

【为侨服务】 2023年，区侨联召开二届一次常委会暨中共二十大精神学习活动。举办“硅谷天堂·同心大讲堂”专题授课活动。组织中国侨联“侨联五洲·海外联谊研修班”走进杭州高新区（滨江）。推荐优秀留学人员代表参加杭州市归国人才研修班。推进基层侨务工作站建设，成功创建长河街道中兴社区市级“侨胞之家”。拓展海外组织覆盖面，在澳大利亚注册澳大利亚杭州滨江同乡会。围绕“大走访大调研大服务大解题”活动，走访杭州康奋威科技股份有限公司、浙江康佰裕生物科技有限公司、杭州乒乓智能技术有限公司、矽力杰半导体技术（杭州）有限公司、浙江盛域医疗技术有限公司等涉侨企业，争取上级资源下沉侨企，为企业纾困解难，为新侨创新创业服务。承办全市侨界创新创业基地建设现场交流推进会、全市侨联系统宣传和文化交流工作现场会，指导浙江中医药博物馆成功创建市级华侨文化交流基地。开展“学长面对面”系列活动，在全省高校统战部长培训班推介“海归浙里”小程序，“海归浙里”数字化项目获评2022年度城市大脑场景应用优秀案例，纳入2023年省委统战部《数字统战培育试点场景应用目录》。

【侨界联谊】 2023年，区侨联开展“庆祝二十大 踔厉向未来”书画展。组织侨企浙江时迈药业有限公司、杭州康奋威科技股份有限公司、杭州精工技研有限公司走进结对村助力共富。成立杭州高新区（滨江）欧美同学会，并将其纳入群团序列管理。承办全省欧美同学会座谈交流现场会。协办浙江省“亲情中华·之江同心”迎亚运民族管弦乐音画《听见江南》云直播活动。承办浙江省侨界“之江同心·侨助亚运”系列活动之海归青年毅行，60多个国家和地区的500多位侨胞参加。举办“老外不见外·相约话亚运”联谊交流活动，邀请侨领、侨眷和国际友人议政建言、推介亚运、宣传杭州。联合亚组委宣传部举办“侨助亚运”系列活动暨“同心杯”国际民间羽毛球交流赛，比赛以“国际眼 看亚运”为主题，华侨侨眷、留学人员、外国友人等50多名羽毛球爱好者组成6支队伍报名参赛。

【市侨联系统宣传和文化交流工作会议在杭州高新区（滨江）召开】 2023年6月27日，市侨联系统宣传和文化交流工作会议暨华侨国际文化交流基地建设经验交流会在杭州高新区（滨江）召开。省侨联、市侨联、区委统战部以及各区（县）侨联、全市华侨国际文化交流基地负责人等100多人参加。大会为浙江中医药博物馆等24家入选杭州市第六批华侨国际文化交流基地名单的单位授牌，杭州高新区（滨江）侨联、拱墅区侨联、杭州胡庆余堂中药博物馆、京杭大运河博物馆代表围绕基地建设、品牌创建、文化传播等方面分享文化交流工作经验。

【区欧美同学会成立】 2023年10月19日，杭州高新区（滨江）欧美同学会[杭州高新区（滨江）留学人员联谊会]成立大会召开。大会听取关于成立杭州高新区（滨江）欧美同学会[高新区（滨江）留学人员联谊会]的筹备工作报告，选举产生第一届理事会班子成员，微笑明天慈善基金会发起人、理事长吴伟当选第一届理事会会长。至年底，吸纳会员129人，其中理事会理事39人，硕士研究生以上学历占会员总数的81.4%。

（朱　远）

杭州市滨江区文学艺术界联合会

【概况】 至2023年底，滨江区文学艺术界联合会（简称“区文联”）下设作家协会、书法家协会、舞蹈家协会、朗诵协会、音乐家协会、美术家协会、摄影家协会7个协会，有会员427人，包括国家级会员35人、省级会员111人、市级会员156人。2023年，各协会举办、承办、协办各类活动近40场次。区文联立项扶持文艺作品57个，兑现资金891.9万元。扶持重点文艺活动15个，兑付资金891万元。向19个社会力量补助217.5万元，举办文化活动，撬动社会资金投入近4亿元。

【文艺作品成果】 2023年，区文联围绕中共二十大、杭州第19届亚运会、忠实践行“八八战略”等主题，推进文艺精品产出。《下姜村的共同富裕梦》《皮皮鲁和鲁西西地球之钟奇遇记第一季》被国家广电总局评为2022年度优秀国产电视动画片，《皮皮鲁和鲁西西地球之钟奇遇记第二季》获评第二季度优秀国产动画电视片。《钱王传奇》入选国家广电总局“中国经典民间故事动漫创作工程（网络动画片）重点扶持项目”名单。电影《红色特工》上线即居“腾讯”热播榜第二位、“爱奇艺”热播榜第四位。网剧《长月烬明》实现影视和文旅深度融合，播出期间，播放量居“优酷”3年内网播第一位。亚运主题歌曲*To Win*入选为杭州第19届亚运会推广曲目，在中央广播电视总台音乐频道播出。音乐项目《阮乐浙韵——浙江本土风格阮族组曲》入选为杭州市文艺精品工程。电视剧《杭州女人》、电影《雨落屋瓦》获浙江省艺术基金扶持。

【文艺人才队伍建设】 2023年，区文联完善文艺人才培养、引进、使用机制，将文艺人才扶持纳入文化事业新政，对文联各协会晋升上级会员、国家级重点奖项单项奖获得者及区紧缺文化人才设立工作室，对文艺骨干和管理干部培训、采风和开展文化交流活动给予扶持。全年吸纳协会会员近200人，加入上级协会会员近50人。组织滨江书画摄影名家到四川省广元市朝天区采风，全年开展采风8批次，组织各类培训10多期，2000多人次参加。推进文化人才评选，2名文艺骨干获评杭州市“西湖明珠工程”人才。中国网络作家村党支部书记王誉蓉、若鸿文化有限公司首席内容官张利华2人入选“杭州青年文艺家发现计划”名单。

【系列文艺品牌活动】 2023年，区文联开展“2023和‘滨滨’一起樱花跑”“不止音乐节”“杭州戏剧节”“金鹊青年电影节”“滨江韵味 共富之声”朗诵大赛等大型文艺活动。举办数字文化嘉年华暨声音文化艺术季系列活动，与“哔哩哔哩”网站旗下“猫耳FM”共建“M·声音实验站”。联动协会和社会文艺团体举办“宋韵国风——浙江亚运油画作品展”、“运河文化情 滨泗一家亲”滨江泗县书画名家作品联展、“潮回西陵 忆上古驿”当代百件优秀书法作品展等。

【文艺惠民系列活动】 2023年，区文联联合协会和民营文艺团体，推动社会力量扶持，加快提供文化供给，开展“千堂万艺”艺术普及课程2250课时、配送“送戏下乡”文化产品70场。形成“西兴韵”“长河头”“浦沿潮”系列文化品牌，统筹文化阵地和文艺人才资源，出版《滨江文化地图》《浙江历史文化丛书（滨江卷）》，启动编纂《滨江文化丛书》。常态化开展“滨滨送欢乐 文艺进万家”文艺志愿服务，在网易蜗牛读书馆、钟书阁等文化场所举办“滨江人文大讲堂”讲座20多场，开展“滨滨有课”社区文化活动100多场。至年底，共设立文化惠民服务点5个，惠及10万多人次。

【“滨江韵味，共富之声”朗诵大赛】 2023年3月1日，“贯彻二十大·喜迎亚运会·奋进新征程——‘滨江韵味 共富之声’全区朗诵大赛”启动。大赛由区纪委区监委、区委宣传部（区文联）、区教育局、区文广旅体局、区总工会、团区委、区妇联主办，区朗诵协会承办。大赛分预赛和决赛两部分，共吸引100件作品参赛。经评委会评比，11件作品进入决赛。4月26日，大赛决赛在“智慧e谷”举行，选手涉及教师、理论宣讲员、社工、居民代表等。经比赛，评选出一等奖1件、二等奖2件、三等奖3件、优胜奖5件。

【滨江之“运”杭州亚运会倒计时百日冲刺系列活动】 2023年6月15日，滨江之“运”杭州亚运会倒计时百日冲刺暨“国际滨·西兴韵”——从西兴出发文化周启动仪式在杭州奥体中心举行。活动由杭州高新区（滨江）党委、管委会（政府），省摄影家协会，市文联主办。活动设主会场和分会场，主会场表演诗音画节目《从西兴出发》、情景器乐表演《古“运”新说》等，国内外65位摄影师创作500多幅作品，展示从西兴出发、辐射“三条诗路”的图景；分会场分别设在钱航游船、白马湖公园以及浦沿街道3处。钱航游船上100名市民代表在船行至杭州奥体中心附近时举起“亚运百分百，滨江欢迎您”的横幅；白马湖公园展现太极拳、武术、宋韵点茶、蓝染等体育和“非遗”项目；浦沿街道组织近1000名市民群众沿着钱塘江毅行5千米迎接亚运。活动期间，举行体育电影展映、纪录剧场《你好，亚运》、主题论坛、影像沙龙、外籍博主打卡滨江等系列活动，2万余人次参加。

【中国网络作家村六周年“村民日”活动】 2023年12月9日，中国网络作家村六周年“村民日”活动暨第六次村民大会举行。大会发布《中国网络作家村五年发展规划（2023—2027年）》，上线数智作家村1.0版小程序，启动“美丽中国 精彩滨江”征文大赛和白马湖全国网络文学出海评论研究大赛，揭牌“中国网络作家村网络文学视听转化孵化基地”和“中国网络作家村助力共同富裕临安联建基地”，举行“文化出海踏浪行、短剧扬帆新征程”网络文学影视化及出海高峰论坛，探讨网络文学影视化及出海的社会价值与市场价值。开展中国网络作家村第二十二期IP直通车活动，6家企业进行数字内容分享，达成意向交易5项，涉及金额1.1亿元。作家村与杭州电魂网络科技股份有限公司、杭州幻电科技有限公司等企业完成“共筑优秀传统文化世界观”“有声助力乡村振兴”“数字文化”3项战略合作签约。

（高　文）

杭州高新区（滨江）残疾人联合会

【概　况】 至2023年底，杭州高新区（滨江）有持证残疾人4134人，比上年增加211人，其中西兴街道1072人、长河街道1463人、浦沿街道1599人。按残疾类别分：肢体残疾2017人，精神残疾388人，视力残疾328人，听力残疾792人，智力残疾451人，言语残疾50人，多重残疾108人。按残疾等级分：一级残疾427人，二级残疾799人，三级残疾1755人，四级残疾1153人，一、二级残疾人1226人，占29%。60周岁及以上残疾人2647人，占64%，老龄化趋势明显，老残一体逐年增多。2023年，谭玉娇在杭州第4届亚残运会上取得女子举重67公斤级冠军并打破世界纪录、在阿联酋迪拜残疾人举重世界锦标赛取得2枚金牌，获第十四届“最美杭州人——青年英才”、第二届“美丽滨江人”称号，获第十届“最美杭州人”提名奖。杭州易视通科技有限公司董事长刘飞获第十届“最美杭州人”、市“自强创业之星”称号。曹永东作品《幽谷听泉》获2023年“与爱通行 以美愈心”杭州市残疾人文化艺术展绘画类三等奖。杭州宇树科技有限公司的电子导盲犬、杭州曼安智能科技有限公司的脑机接口主动康复和孤独症儿童康复等高科技助残产品在《人民政协报》等媒体上进行宣传报道。

【残疾人权益维护】 2023年，区残联受理残疾人来信来访来电19件，办理答复满意率100%。完成残疾人证“跨省通办”147人。受理残疾鉴定511人，其中上门鉴定50人。新办理残疾人证319本，死亡注销177人，变更40人，迁移92人（69人迁入，23人迁出），遗失补证78人。

【民生工作推进】 2023年，区残联推进各项民生实事工作，民生实事资金投入近100万元。完成省、市3项民生实事，其中，救助孤独症儿童33人，新增残疾人稳定就业31人，重要公共服务设施无障碍改造13处。

【残疾人专项扶持救助】 2023年，杭州高新区（滨江）开展残疾人专项扶持救助，实现对残疾人或家庭就业扶持、教育补助、康复医疗（医疗保险）、生活救助、社会保险（养老保险）全覆盖。向4229名残疾人按月发放残疾津贴240.6万元，向292名残疾人机动轮椅车主发放燃油补贴23.49万元。为残疾人家庭开展家电统保服务3806户。为134名残疾人办理残疾人意外伤害保险理赔，获得理赔金额44.41万元。向入住定点托养机构的残疾人补助资金304万元，惠及223人次。联合华数、移动、联通、电信4家通信运营服务商，为2614户残疾人家庭免费安装数字电视和宽带。

【精准康复服务行动】 2023年，杭州高新区（滨江）推进残疾人康复工作，重点推进残疾人"助明、助听、助行"工程、残疾儿童抢救性康复、残疾人辅助器具适配等项目，做到"需求一例、筛查一例、适配一例"。区残联根据康复系统需求数据，完成21名特殊儿童基本服务情况系统录入工作。推进西兴街道残疾人"康复之家"、2家残疾人"康复站"建设，为165户残疾人家庭实施无障碍改造，配发轮椅42辆、小额辅具61具；安装假肢13人，验配助听器41台。

【残疾人就业帮扶】 2023年，杭州高新区（滨江）在残疾人按比例就业、辅助性就业、居家灵活就业的基础上，通过实施优惠政策、加大帮扶投入力度、强化技能培训等手段，多渠道发展残疾人就业创业，新增残疾人就业创业21人。开展残疾人技能培训，培训30多人次，做好失业登记和就业推荐等服务工作，新增就业49人，续签87人。启用全国残疾人按比例就业情况联网认证系统，完成850家用人单位残疾职工审核。区残联与恒生电子股份有限公司的公益基金会签订《助残共富高质量就业合作协议》，拓宽残疾人就业渠道。"微笑咖啡"在恒生电子股份有限公司落地，推进听障人士就业。海亮集团有限公司联合融爱星面馆，推出分布式支持就业服务；联合明康汇生态农业集团有限公司蔬菜加工，集中性支持残疾人就业；联合载家书屋，支持公益性岗位灵活就业。

【亚运惠残服务】 2023年，杭州高新区（滨江）落实"惠残十条"，通过购票补贴和集体观赛两种方式让残疾人参与亚（残）运会。组织区政府残疾人工作委员会成员单位、区残疾人专门协会、残疾人工作者代表等参加杭州第4届亚残运会开（闭）幕式共159人次，观看游泳、轮椅篮球、举重等比赛330人次。组织3个街道"残疾人之家"学员到杭州奥体中心网球中心和滨江体育馆观看软式网球和羽毛球比赛。举行"'我们在一起、就会了不起'滨江区迎亚残运会倒计时100天系列活动"启动仪式，发布首辆亚残运会流动观赛车，向区内各"残疾人之家"均派驻1辆亚残运会流动观赛车，为区手语志愿服务队授旗。

【迎亚残运系列活动宣传】 2023年，杭州高新区（滨江）推进迎亚残运会系列活动宣传，获各类媒体宣传报道80多次。开展喜迎亚残运会倒计时"我参与·我体验"残健携手喜迎

2023年4月3日，"我参与·我体验"残健携手喜迎亚残运会倒计时200天$^{+}$毅行暨2023年圆梦幸福跑活动举行　　（区残联　供图）

亚残运会倒计时200天+毅行暨2023年圆梦幸福跑活动、“残健共融迎亚运‘风’动童年向未来”牵着蜗牛迎亚运系列活动、残疾人趣味“迎亚运”运动会等系列主题活动57场，4200多人次参加。相关活动获中新社浙江分社、中国新闻网、《浙江日报》等20多家媒体宣传报道，其中“喜迎亚残运会倒计时200天+”活动得到亚残奥委员会主席马吉德·拉什德的肯定，获《人民日报》、新华社等媒体报道。

【助残志愿服务和培训】 2023年，杭州高新区（滨江）推进助残志愿服务的培训和宣传，举办无障碍观影活动8场，近200人次参加。开展助残志愿服务活动30次。举办“牵着蜗牛迎亚运”、手语志愿者培训、城市侧志愿者助残礼仪培训等活动5次，620多人次参加。

【无障碍环境建设】 2023年，杭州高新区（滨江）持续加强省级无障碍社区创建和无障碍环境试用体验工作，配合“迎亚（残）运”无障碍环境提升，现场体验新建（扩建、改建）项目54次，配合区住建局和规划资源滨江分局做好新规划，指导新建工程项目无障碍技术63次。长河街道江汉社区作为全省唯一一家“浙江省无障碍社区”入选为杭州第4届亚残运残疾人事业展示点，长河街道冠山社区通过“浙江省无障碍社区”验收。推广“无障碍服务在线”应用场景，实现“无障碍一张图”和“手语姐姐”等服务，为残障人士提供城市无障碍服务资讯、交流和出行导航等信息化服务。至年底，设置手语实时在线翻译、无障碍语音播报、智慧文宣、停车管控、助视、语音病历、导航、导览等系统共166套。

【区残疾人专门协会特色活动】 2023年，区残疾人各专门协会举办特色活动9场，近300人次参加。3月28日，区残联、区残疾人文体协会在市科技交流馆举办“文化传于世 非遗零距离”文化传承体验活动。4月24日，区残联、区聋人协会开展“感受强国力量，凝心聚力前行”主题教育。4月26日，区残联、区盲人协会举办“重返南宋，寻访王朝末代路”主题户外活动。5月16日，区残联、区肢残人协会开展“聚力共赢，喜迎亚（残）运”主题宣传活动，营造人人参与、人人服务、人人奉献亚（残）运的氛围。5月17日，区残联、区智力精神残疾人亲友会开展“共享阳光，同心同行”主题活动，丰富残友的精神文化生活。6月6日，区残联、区残疾人文体协会举办“有爱无‘碍’迎亚运”主题活动，组织参观无障碍小镇。7月26日，区残联、区智力精神残疾人亲友会在西兴街道党群服务中心举办“特奥融合牵手，喜迎亚残运会”融合运动会，庆祝第十七次“全国特奥日”。8月5日，区残联、区盲人协会举办“喜迎亚残运会，融合牵手共赢”板铃球体验活动。12月16日，区残联、区肢残人协会举办“声动人心，唱响自我”卡拉OK友谊赛。

【全国“爱耳日”活动】 2023年3月3日，浙江省第24次全国“爱耳日”活动在杭州高新区（滨江）举行。活动由省残疾人福利基金会、浙江康复医疗中心、省老年事业发展基金会、区残联主办，以“科学爱耳护耳，实现主动健康”为主题。活动中，各主办单位发起“公益助听”项目，联合爱心企业为省内有需要的听障群体提供助听设备及康复服务。区残联与浙江恒生电子公益基金会签订《助残共富高质量就业合作协议》。杭州惠耳听力技术设备有限公司、德通听力科技（杭州）有限公司、瑞声达听力技术（中国）有限公司、杭州爱听科技有限公司、西万拓听力技术（苏州）有限公司、中听科技（深圳）有限公司6家企业捐赠价值200万元（161台）的助听设备。

【残疾人趣味运动会】 2023年6月14日，杭州高新区（滨江）“‘心相约 梦闪耀’残健共融 喜迎亚（残）运”2023年残疾人趣味运动会举行。运动会由区残联、区民政局、区文广旅体局、区妇联联合举办，区、街道、社区三级联动，残疾人、裁判员、社区残疾人专职委员、手语老师、志愿者和工作人员近150人参加。运动会设肢体组、智精组、视力组、听力组4个组别，设趣味冰壶、趣味射箭2个全组别项目，以及轮椅障碍接力赛（肢体组）、一气冲天接力赛（智精组）、蒙面击鼓接力赛（视力组）、欢乐投球接力赛（听力组）4个特色组别项目。

【“全国残疾预防日”活动】 2023年8月25日，区残联联合区卫健局、浦沿街道办事处在滨江宝龙城商业综合体举办“全国残疾预防日”公益宣传教育活动，近100人参加 。活动倡议“预防先天残疾，守护美好未来”，设置“预防残疾，保护健康”知识问答环节。

【“国际残疾人日”活动】 2023年12月3日，杭州高新区（滨江）“奋力拼搏，昂扬人生！”主题分享会暨第32个“国际残疾人日”活动举行。活动由区残联、区残疾人文体协会举办，120多人参加。活动邀请杭州第4届亚残运会67公斤级女子举重冠军、世界纪录保持者——谭玉娇分享打破世界纪录背后的故事。

（贾胜军　杨　青）

杭州高新区（滨江）红十字会

【概况】 至2023年底，杭州高新区（滨江）红十字会（简称“区红十字会”）共有基层组织67个，注册志愿者1.97万人，成人会员1.31万人，团体会员23个，专业化志愿服务队伍3支。2023年，参加志愿服务3152人次，服务时间1.8万小时。接收捐赠款物价值371.3万元，支出捐赠款物价值467.74万元。“5·8”“9·9”公益日开展网络筹资，全年实施3个公益救助项目，帮扶救助困难群众300多人次。开展“救在身边”应急救护培训221场，培训应急救护持证人员5016人，普及培训3.3万人次。新建社区红十字博爱家园2个和标准化街道救护培训基地2个，实现造血干细胞捐献2例，实现器官捐献2例、遗体捐献1例。主办“迎亚运献热血”“红色接力·大爱滨江”无偿献血活动46场，7000多人参与无偿献血，献血总量139万毫升，团体献血完成率、千人献血率居全市第一位。组织救援队参与亚运保障、疫情防控和各类救灾救援行动。开展结对帮扶工作，助力温州市泰顺县开展“红十字圆梦助学”活动，向湖北省恩施土家族苗族自治州建始县卫健局捐赠AED（心脏除颤器）5台。会员来国海获评中国红十字会“会员之星”，陈燕华获评浙江省五星级红十字志愿者，会员企业矽力杰半导体技术（杭州）有限公司获中国红十字奉献奖。

【“红十字与亚运同行”主题活动】 2023年，区红十字会开展“红十字与亚运同行”主题活动，在杭州奥体中心主体育场（“大莲花”）和滨江体育馆等赛事场馆配置AED 23台，为辖区新增AED配置公共场所开展每个点位5名以上的救护员培训。完成体育场馆和涉亚运会酒店相关人员的取证培训和360名志愿者普及培训，提高突发事件的应急和救护能力。成立亚运应急献血队伍，做好亚运期间特殊和常规血型的储备，确保应急血源和后备支持的保障。选拔优秀救护师资组建亚运场馆红十字志愿救护队，为赛时现场观众和运动员开展应急救护志愿服务。亚（残）运会期间，派驻亚运青年微站志愿者1277人次，接待媒体10多家，服务群众3000多人次，开展现场急救31人次。

【博爱家园建设】 2023年，杭州高新区（滨江）实现街道博爱家园建设全覆盖，推行博爱家园“五个一”标准化建设，开展红十字人道服务，传播红十字精神，并依托博爱家园设立体现“互帮互助”和“救急兼顾救贫”的博爱互助金。根据省红十字会等四部门《关于坚持和深化新时代“千万工程”大力推进红十字博爱家园建设的意见》，推进社区博爱家园建设，助推基层治理现代化和高质量发展。新增社区红十字博爱家园2个，累计建立区级博爱家园10个，其中西兴街道共联社区博爱家园被杭州市红十字会评为市级博爱家园。

2023 年 3 月 17 日，区红十字会在杭州奥体中心体育场（“大莲花”）开展“红十字与亚运同行”应急救护培训　　（区红十字会　供图）

【救护培训】 2023年，杭州高新区（滨江）开展街道应急救护培训基地建设，新建标准化救护培训基地2个，明确街道红十字应急救护培训基地的建设要求、管理要求、基地功能等内容，实行“教考分离”机制，完成覆盖全区的应急救护阵地网络建设。在杭州海康威视数字技术股份有限公司、浙江吉利控股集团有限公司等企业探索成立“13520”（1分钟内应急响应、3分钟内红十字救护员到现场、5分钟内医护人员到现场、20分钟内送达就近医院）急救响应机制，打造企业楼宇急救标杆。至年底，开展应急救护培训221场，培训应急救护持证人员5016人，普及培训3.3万人次，培训质量居全市第一位。

【救援队工作】 2023年，杭州高新区（滨江）实行“党建+公益”红十字救援队管理模式，推进党建、队建、业务融合。通过参与应急演练、救援行动、赛事保障等提升团队应急救援能力。海豹救援队和三联救援队参与亚运保障、疫情防控、2023年“迎亚运、庆元宵”烟花灯光秀活动、杭州马拉松、第十七届杭州文博会等重大赛事和活动保障。至年底，开展各类救援演练43次，出勤212人次，出动车辆51辆次，快艇19次，直升机1次。参加亚运保障实战演练3次，出勤53人次。参加钱塘江水域救援打捞行动9次，成功救援11人次。参加富阳山洪暴发救援，成功转移受灾群众350多人。参与河北省涿州市“杜苏芮”台风救援救灾行动，转移受灾群众500多人。

【人道救助】 2023年，杭州高新区（滨江）接收捐赠款物371.3万元，其中资金173.15万元、物资198.15万元。支出捐赠款物467.74万元，其中资金269.59万元、物资198.15万元。“5·8”人道公益防溺水项目筹资10.64万元，用于“一圈一杆一绳”防溺水设备采购和安装。“9·9”公益“滨江博爱救助金”项目网络筹集资金15.85万元，线下筹资30万元，用于开展“红十字博爱送温暖”“暖滨心·启航星”孤独症儿童救助、博爱助老、抗疫英雄慰问等公益项目。发放慰问金124.69万元，受益群众2032人次。到湖北省恩施土家族苗族自治州建始县开展对口帮扶工作，捐赠AED 5台。区内爱心企业向甘肃地震灾区捐赠资金105万元，药品（折算价值）100.15万元。

【“三献”工作】 2023年，杭州高新区（滨江）推进“三献”（献血、造血干细胞捐献、人体器官捐献）工作。区红十字会成立“三献”宣传志愿者队伍，普及“三献”工作常识，落实捐献者优惠政策，加强对捐献志愿者的人文关怀。开展“我为七一献热血”“迎亚运献热血”等主题活动46场，7000多人参与无偿献血，献血总量139万毫升，团体献血完成率、千人献血率居全市第一位。加入中华骨髓库志愿者81人，成功捐献2例。器官遗体捐献新增登记126例，成功捐献器官2例、遗体1例。开展“小桔灯”助学行动，发放助学金1.6万元。慰问器官、遗体捐献困难家庭，发放救助金5万元。

（赵敏真）

杭州高新区（滨江）计划生育协会

【概况】 2023年，杭州高新区（滨江）计划生育协会（简称"区计生协会"）坚持党建引领，加强群团建设，推进街道、社区人口家庭协会工作。通过整合资源，搭建服务平台，向育龄市民提供活动场所和志愿服务，建设省级"向日葵亲子小屋"1个，西兴街道暖心行动项目1个。杭州二中白马湖学校获评年度青春健康教育基地。

【优生优育宣传】 2023年，杭州高新区（滨江）成立"滨滨育儿"医育专家团队，开展生育关怀大讲堂活动20多场，协助推进高危人群指导、免费孕前优生检查、孕产期保健，倡导自然分娩、母乳喂养等优生健康理念。"滨江儿保服务"小程序注册0～3周岁婴幼儿家长2.7万人，发布活动649场。全区储备讲师87人，6名市级"育儿帮帮团"志愿者开展服务35场。区计生协会开展预防出生缺陷日主题宣传活动，针对有计划结婚和备孕的企业员工开展优生优孕咨询服务，倡导年轻人婚前主动参加"优生两免"检查和服用叶酸，降低出生缺陷。

【青春健康高校项目】 2023年2月，中国计划生育协会面向全国开展年度青春健康高校项目申报，经青年和青春健康专家评审，杭州高新区（滨江）5所高校的项目入选，分别是浙江警察学院"沐浴青春朝阳，护航健康成长"、浙江中医药大学"与艾同行，绚丽青春"、杭州医学院"绝'艾'不绝爱"、浙江商业职业技术学院"青春嘉年华，健康伴我行"、浙江机电职业技术学院"青春自护，伴你同行"。区计生协会围绕"迎亚运 展青春风貌""喜迎杭州亚运，追逐青春梦想""我和我的亚运故事""迎亚运 忆江南 青春向未来"等主题开展青春健康高校活动，普及艾滋病和青春健康知识，全年1万余人次参加。

【计生协会会员日活动】 2023年5月29日，区计生协会联合西兴街道，以"倡新时代婚育文化 助家庭健康和谐幸福"为主题，在西陵广场举办"5·29"会员日暨迎亚运西兴街道体育健身舞活动，计生协会代表300多人参与。活动向现场市民提供急救培训、除"四害"、艾滋病防治等科普服务，为3户0～3周岁"暖心袋鼠爸爸"和3户健康家庭代表赠送健康大礼包，发放宣传资料1500多份。西兴街道开展"品宋韵 迎亚运"团扇DIY活动，举办健康知识讲座。长河街道开展义诊、便民服务，举办女性健康讲座。浦沿街道开展亲子阅读、健康科普活动，宣传计生家庭帮扶、权益维护等服务。浙江商业职业技术学院、浙江警察学院、浙江机电职业技术学院、杭州医学院、浙江中医药大学、浙江艺术职业学院6所高校开展不同形式科普宣传活动，普及生殖健康知识，营造健康安全、和谐稳定的校园环境。

（沈红燕）

法　治

政法委与综治

【概况】 2023年，区委政法委围绕三个“一号工程”，落实护航亚运十项机制，发布《滨江区亚运安全稳定组总体方案》。以“基层治理提升行动”为切入点，推进基层基础大排查，按照“一人一册”梳理全区重点人员“一本账”，“网格e排查”获评2023年全国政法智能化建设创新案例。制定《高新区（滨江）亚（残）运会开（闭）幕式社会面管控工作方案》《杭州亚（残）运会重要时段滨江区社会面群防群治防控工作方案》等群防群治方案，开展平安巡防。“企业HR调解联盟”获评全国新时代“枫桥经验”优秀案例，“枫桥式企业园区”获评杭州市共同富裕示范区城市范例最佳实践，园区版“一长二员”工作法获省、市主要负责人批示肯定。基层智治先进做法在人民网头条宣传推广，7项法学会咨政建议获省级以上机关负责人批示，1个首席专家典型案例在《民主与法制》刊发。区委政法委参与保障杭州第19届亚运会、第4届亚残运会4场开闭幕式和火炬传递、赛事活动安全，获评省平安建设先进集体，获“杭州亚运会、亚残运会浙江省五一劳动奖状”。

【亚运平安保障】 2023年，杭州高新区（滨江）作为杭州第19届亚运会维稳安保组的牵头单位，推进亚运平安保障。3月24日，出台《滨江区亚运安全稳定组总体方案》，根据实战、决战、倒计时30天等不同阶段细化任务，以“日会商、周调度、月推进”和“每日双调度”保障重点任务落实。完善《“平安护航亚运”百日攻坚大行动实施方案》《重大安全稳定信息报送工作机制》《杭州高新技术开发区（滨江）安全稳定形势会商研判工作办法》等工作机制，推进亚运维稳安保十项战时措施等。针对消防隐患、沿街商铺、商业综合体等13个领域开展专项排查整治行动。9月4日，杭州第19届亚运会召开前一周，区委政法委进入亚运维稳安保一级响应，保障杭州第19届亚运会、第4届亚残运会4场开闭幕式、赛事和火炬传递的安全稳定。

【平安建设】 2023年，杭州高新区（滨江）调整平安建设领导小组，完善“一办九组”架构，按照“半月一张体检单、每月一个推进会、不定期暗访督查通知书、年底一份考核单”推进“大平安”建设。制发《平安建设工作考评办法》《滨江区开展平安建设基层基础提升年活动实施方案》等文件，梳理平安建设“一单位一清单”，推进平安示范单位和平安社区、园区建设，推动各行各业履行平安建设主体责任。持续巩固单位主体每日自查、社区网格每周巡查、行业（街道）每月检查、专班定期抽查的“四查”机制，加强过程性管控和风险闭环整治，整合区政法单位重点指标形成《平安法治工作简报》24期，结果性指标居全市第一位。开展《浙江省平安建设条例》宣传贯彻，结合宣传展板、海报、平安信、平安点灯、平安课堂、平安法治直通车、消防安全大演练等活动形式，以错峰宣传的方式，提升居民群众的平安共建意识，连续两年获全省平安考核第一名。

【社会治理基层数据排查】 2023年，杭州高新区（滨江）围绕摸清治理要素数据，推进平安护航亚运和后续基层治理质效提升。2月，出台《开展“迎亚运 护平安”社会治理基础数据排查工作方案》，部署推进基层基础数据大排查，按照“摸清底数—查漏补缺—重点攻坚”滚动推进3轮基层基础大排查。全年排查67万人次、6万余家企业。开发建设“网格e排查”，以基层减负和赋能基层为目标，提升排查效能。“网格e排查”获评2023年全国政法智能化建设创新案例。

【平安巡防建设】 2023年，杭州高新区（滨江）动员群防群治力量，组织各级网格力量、区内大学生等18.69万人次参与平安巡防。完善《高新区（滨江）2023年群防群治工作暨平安巡防护航杭州亚运会和亚残运会实施方案》《杭州亚（残）运会开（闭）幕式滨江区社会面防控工作方案》等机制，开展“敲门行动”“守小门”“守护家园”3项行动，维护社会稳定。在杭州第19届亚运会开（闭）幕式期间，对重点场馆、路段划分12个防控片区，统筹调动机关单位、国有企业工作人员5732人次作为补充力量开展巡防。

【“枫桥式”园区治理样板建设】 2023年5月29日，杭州高新区（滨江）的华业科技园“枫桥式”园区治理中心投入使用。该中心以“法律服务进园区、平安创建在园区、矛盾纠纷不出园区”为建设理念，整合园区治理资源，搭建党建引领、平安建设、安全生产、勤务联动、矛盾调解、法律服务六大功能体系，联动其他政府职能部门，增强园区治理合力，实现“网格入企、企业入格”。深化“园长+助企专员+平安专员”的企业园区版“一长二员”工作法，吸纳园区治理力量，首创“企业HR调解联盟”，将园区内高发频发的“劳动纠纷”就近处置，源头化解，提升园区治理水平，打造“企业园区枫桥式经验”样板。至年底，依靠园区治理中心“一长二员”队伍，排查整改各类隐患83处；开展首批26家企业精准服务，包括11个大项和87个小项，投入财政资金500万元；依托“企业HR调解联盟”等专业调解力量，调解劳动争议案172件，占调解总量的34.6%，调解成功率85.4%。

（林佩斐）

法治政府建设

【概况】 2023年，杭州高新区（滨江）推进法治建设，深化调整委员会“一办三组”（法治办，执法协调小组、司法协调小组、守法普法协调小组）人员架构，制定《滨江区党政主要负责人履行推进法治建设第一责任人职责清单式管理制度》，落实依法行政各项工作。持续提升行政复议质效，行政发案量、行政败诉率总体稳定，败诉率5.7%，行政复议调解率47.8%，机关负责人出庭应诉率100%。持续推进“大综合一体化”行政执法改

2023年5月29日，华业科技园“枫桥式”园区治理中心投入使用

（区委政法委 供图）

革，制定《高新区（滨江）推进“大综合一体化”行政执法改革实施方案》，省综合执法统一目录和地方拓展目录事项落实100%划转，综合行政执法事项占整体执法事项比例47%。落实编制，成立区级合法性审查中心，指导3个街道开展合法性审查工作。

【行政执法监督】 2023年，杭州高新区（滨江）出台《滨江区综合行政执法领域轻微违法违规行为免罚清单》，将“企业未依规将项目信息或已备案项目信息变更情况告知备案机关的”等10项违法行为纳入首违免罚清单。落实行政执法“三项制度”（行政执法公示制度、行政执法全过程记录制度、重大执法决定法制审核制度），邀请“两代表一委员”、法治建设监督员全程参与涉亚运配餐企业食品安全检查跟随式执法监督。开展涉企执法“多头检查、重复检查”专项监督，规范各类涉企执法检查行为。开展行政处罚信息公开专项监督，监督排查行政处罚公示信息1.52万条，发现问题信息7393条，均已完成整改。开展全区案卷质量提升行动，采取部门自查和集中评查相结合的方式，检查许可、处罚、强制3类行政执法案卷12.76万卷，完成12个共性问题监督整改闭环。组织执法人员开展学习贯彻习近平法治思想暨强化行政执法能力建设专题培训。加强执法主体及执法证管理，完成全区27个行政执法主体确认公示，组织2次行政执法证考试，行政执法人员持证率90%以上。

2023年3月14日，区委政法委开展涉亚运配餐企业食品安全检查跟随式执法监督 （区委政法委 供图）

【行政复议应诉】 2023年，杭州高新区（滨江）通过多元渠道提升执法规范性，组织全区行政机关旁听庭审和开展行政复议应诉业务培训班，在区市场监管局、公安滨江分局等单位举办专题讲座，从源头减少行政争议。创新推出行政复议特邀听证制度，制定全国首个《行政复议特邀听证实施办法（试行）》，通过实施特邀听证员多元推选机制，提高行政复议办案水平。全年，行政复议发案414件，受理227件（结案218件），纠错20件，纠错率9.2%，实质性化解行政争议182件；行政诉讼发案115件，败诉7件，行政诉讼调撤率29.3%。

【合法性审查】 2023年，杭州高新区（滨江）健全依法决策机制，制发《滨江区重大行政决策源头治理专项行动实施方案（2023年）》，明确决策主体、法律依据、履行程序等决策要求，实现区政府本级及全区20家行政执法单位重大行政决策目录公示全覆盖。加强行政规范性文件及重大行政合同管理，做好合法性审查及备案，全年审查政府常务会议、区长办公会议上会议题218件，审查区政府规范性文件24件、部门规范性文件2件，审查重大行政合同54件。做好涉及市场主体文件的公平竞争审查，评估规范性文件182件，清理26件，其中涉及市场主体2件，行政规范性文件总量比上年下降14%。

【法治化营商环境建设】 2023年，杭州高新区（滨江）推进政务服务增值化改革，成立企业综合服务中心，设置营商环境、共同富裕等五大板块26个业务窗口，可受理高层次人才分类认定、企业开办等363项业务。上线运营“滨好办”为企服务平台。深化审批制度改革，探索“总包模式”多证齐发，完善并联审批、预审和容缺受理机制，审批时限节省75%，完成各类代办项目13个、总投资额77.18亿元。实现“移动审批”上门服务常态化，制定54项亚运专属及35项涉外服务“移动审批”上门事项清单，服务3500多人次。推进知识产权集成服务改革，制定《知识产权“一件事”集成服务规范》，获评首批国家知识产权服务业高质量集聚发展示范区。开展重点产业预防性合规体系建设，举办涉企行政合规论坛，编发《企业合规指南》。出台《杭州市滨江区直播电商合规指引》，成立直播电商合规中心和合规委员会。建立非正常投诉举报人滥诉规制机制，出台《杭州市滨江区非正常投诉举报人滥诉认定实施办法（试行）》，应对和处置平台消费过程中以牟利为目的的投诉举报行为。

【街道法治化综合改革】 2023年，杭州高新区（滨江）推进街道法治保障（监督）中心建设，承担街道法治化改革议事协调机构、合法性审查中心、产业园区合规指导中心职能。3个街道合法性审查中心共审查重大行政决策2件、行政决策议题606件、合同108件。举行复议听证4次，化解行政复议案件4起。开展合法性审查专项监督，完成67个居民公约、29个经济合作社章程核查工作。全面应用乡镇街道合法性审查程序，实现审查事项全流程管理闭环。

【数字法治建设】 2023年，杭州高新区（滨江）依托数字化改革持续深化法治建设，制定出台市级《行政执法与刑事司法衔接指引》，实现“行刑衔接”平台全省贯通使用，获评2023年第一批省数字法治好应用，被司法部《司法行政工作交流》刊物录用。“关爱e家”平台被提级为市级应用并向全市推广使用。制定出台市级《特定关爱对象教育转化评估体系》标准。“浙里安帮”“行刑衔接”“浙里连心”3个应用入选杭州城市大脑运营指挥中心“2050厅”，进行成果展示。

（滕洁洁）

公 安

【概况】 2023年，杭州市公安局高新技术产业开发区（滨江）分局（简称“公安滨江分局”）接处有效警情5万余起，比上年下降26.1%；受理刑事治安案件7185起，打击和处理2781人。整治黄赌乱象，打击和处理970人，捣毁窝点18处。聚焦盗窃、黄赌等民生类违法犯罪，刑事打击和处理163人、行政处罚973人，分别上升21.6%、70.4%，入户盗窃破案率100%。现行命案及重特大案件连续7年全部侦破。全链深化电信诈骗打防，全年打击和处理253人、团伙21个，侦破省公安厅交办的2700万元电诈案件，处置预警信息32万条、止损6828万元。完成第十九届中国国际动漫节、2023年和“滨滨”一起樱花跑、2023年国际（杭州）毅行大会等大型活动安保122场次，完成警卫任务102批次。公安滨江分局获评全省部级先进集体、全省公安机关执法质量优秀单位、区首届模范集体。公安滨江分局3个集体获一等功、2个集体获二等功、8个集体获三等功、1个集体受到嘉奖。公安滨江分局经侦大队获全市公安机关“三能”党建品牌示范点称号，浦沿派出所民警卞小尔获评全国公安机关成绩突出女民警。2名民警立一等功，6名民警立二等功，24名民警立三等功，8名民警受到嘉奖。

【打击侵财犯罪】 2023年，公安滨江分局破获系列盗窃案13串43起，现行重特大案件连续7年全破。打击和处理盗窃类犯罪嫌疑人115人，比上年上升53.33%；移送起诉160人，上升86.05%；入户盗窃破案率100%。开展17轮次电信诈骗专项集中收网，抓获电信诈骗嫌疑人253人、移送起诉270人，分别上升23.85%和91.49%，打掉3人以上团伙20个，追赃挽损1349万元。

全年处置电信诈骗预警32万余条，成功劝阻553起，止损6828万元。

【打击经济犯罪】 2023年，公安滨江分局严打侵害企业利益的突出犯罪，推进案件追赃挽损。破获阿里巴巴（中国）有限公司、网易（杭州）网络有限公司、新华三信息技术有限公司等企业被侵害案件30多起，为企业止损3亿元。破获1起涉及6个省市200多家受票公司、案值10亿余元的特大虚开增值税专用发票案，为全市首例侦破的利用"加计抵减"政策进行暴利虚开的财税领域案件。制定《侵犯企业利益经济案件报案指引》，明确12种常见侵害企业案件管辖分工、构罪标准、报案材料，实现企业报案"最多跑一次"，为全市首创。

【打击毒品犯罪】 2023年，公安滨江分局通过研究污水检测，打掉"4·23"贩卖冰毒、"2·17"大麻埋包犯罪团伙，打击和处理15人，查处吸毒人员18人。其中，"4·23"贩卖冰毒成为全国"污水破案"范例。

【治安管理】 2023年，公安滨江分局聚焦盗窃、黄赌等民生类违法犯罪，刑事打击和处理163人、行政处罚973人，比上年分别上升21.6%、70.4%，入户盗窃破案率100%。全量起底易涉黄场所，实施"打卡"巡查，挤压违法犯罪生存空间，平台下架259家次。每周动态挂牌整治5个重点区域，主题式开展清查整治，全区盗窃、涉黄、涉赌警情分别下降19.5%、26%、13.7%，寻衅滋事、故意伤害、打架斗殴等3类夏季突出案件下降52.9%。公安滨江分局推进大型活动安保管理，完成2023年"迎亚运、庆元宵"烟花灯光秀、杭州国际（杭州）毅行大会、第十九届中国国际动漫节等大型活动安保122场次。

【公安数字新基建建设】 2023年，公安滨江分局持续推进公安数字新基建建设，迭代升级公安算力平台，研发亚运安保综合指挥平台，嵌入分局"智慧巡防·滨江在线"应用，实现一图展示警务要素、全域警力可视调度。推出警用巡逻机器人、柔性执法机器人、智能分贝仪、平衡车、无人机等数字化实战应用成果，推进科技硬实力提升。

【"110"接处警】 2023年，公安滨江分局接报有效警情5.08万起，比上年下降26.1%，刑事、治安警情分别下降25.8%、23.2%。深化熟人间纠纷警情"六必"（重复警情必查询、值班领导必跟踪、前科劣迹必核实、矛盾处置必闭环、综合信息必流转、化解与否必回访）机制，闭环化解2248起，化解率98.93%，实现全年"民转刑""刑转命"案事件零发生。推进"接处警一件事"建设，出台梯次趋紧和警源治理工作措施，全面提级面上巡控。

【亚运安保】 2023年，公安滨江分局成立亚运安保工作领导小组，构建分局亚运安保工作领导小组办公室、开（闭）幕式与火炬传递安保组、赛事安保组、警卫工作组（专项活动组）、社会面管控组、综合保障组"一办五组十七专项组"组织架构，推进"日周旬月"（开工作例会）、"五比十赛"（比基础、比推进、比攻坚、比状态、比实绩，赛重点任务推进、赛安防基础建设、赛安保运行组织、赛实战测试检验、赛专场活动攻坚、赛面上整体防控、赛风险排查化解、赛圈层查控工作、赛创新创优项目、赛综合保障工作）工作机制，完善86项方案预案、明确234项重点任务清单和179项指标导引，确保"一核两侧"（警卫安全，城市侧、赛事侧）工作落地。围绕火炬传递、亚运竞赛等赛事侧任务，投入警力6.3万人次，完成杭州第19届亚运会和杭州第4届亚残运会滨江赛区19个比赛日、76项赛事、1221场赛事活动全程安全有序，实现安保"零纠纷"、案件"零发生"、勤务"零投诉"。

【社会治理机制建设】 2023年，公安滨江分局健全"警网协同"机制，分流非警务报警2.7万起，分流率67.74%，排名居全市第二位，重复报警率比上年下降13.54%。常态落实社区民警与社区党支部书记日沟通、周会商制度，强化"警源"治理。持续加强"长河e警""高新智链"等义警品牌建设，助推基层社会治理。探索全省首创现代产业社区治理工作，健全公安、社区、企业共建共治“最小服务+治理单元”体系。

【警务督察与共建】 2023年，公安滨江分局出台亚运安保战时问责“六条指令”（有令不行、有禁不止，推诿扯皮、弄虚作假，擅离职守、脱岗漏岗，妄议乱评、失密泄密，尺度失准、行为失当，违规请吃、违规饮酒），自主查处民警违纪案件3起、处分3人。推出分局暖警惠警“十条措施”（民辅警就医服务、民辅警子女就医服务、滨警健康服务、警营亲情互助服务、法律咨询援助服务、民辅警子女就学服务、民辅警子女暑托服务、民辅警子女兴趣拓展服务、便利生活服务、心理服务），实体化运转分局“暖警办”（分局落实爱警惠警的各项从优待警举措的实体化运行机构），与浙江大学医学院附属第二医院、浙江大学医学院附属儿童医院签订警医共建合作协议，服务民辅警及子女700多人次。“滨警先锋”评选4批次53人。

【警务助企服务保障】 2023年，公安滨江分局制定《侵犯企业利益经济案件报案指引》，明确12种常见侵企案件管辖分工、构罪标准、报案材料，实现企业报案“最多跑一次”，成为全市首创。推进服务增值式跃升，创新“流动服务大厅”载体，办理“一窗通办”业务32.09万件，“一网通办”率99.99%，高频政务服务线上办理率96.5%。开辟出入境“商务专窗”，向上争取杭州海康威视数字技术股份有限公司、浙江华为通信技术有限公司等60多家重点企业区级审批权限，办证平均耗时比上年缩短50%，助力企业“走出去”。承办省民生实事项目“一窗通拍、全域应用”，成功通过验收。

【警务助企规范建设】 2023年，公安滨江分局举办全市公安机关经侦宣传日现场会，发布全国公安机关首套《企业刑事风险防范指引》。深化“滨企安”建设，研发小程序，研判企业6750家、拦截89家、清退处置32家，获评省公安厅“2023创新引导项目”，相关机制获副省长批示肯定。杭州高新区（滨江）的护航数字经济创新提质工作纳入省公安厅“共富警务”试点项目，成为全市唯一入选区县（市）。

【出入境人员及往来港澳台人员管理】 2023年，公安滨江分局出入境管理大队受理、审批中国公民因私出国（境）申请10.37万件，比上年增长954.89%。其中：护照申请3.94万件，港澳通行证及签注申请5.27万件，台湾通行证及签注申请4229件，其他申请7340件。受理境外人员临时住宿登记4.74万人次，登记量增长352%。其中：派出所登记4648人次，涉外酒店登记4.27万人次。杭州高新区（滨江）有常住境外人员1861人，全年外国人签证窗口共受理、签发外国人居留许可1976件，增长51.07%；受理、签发外国人普通签证71件，增长787.5%；受理、签发外国人停留签证157件，下降27.31%。发生各类涉外案（事）件113起，增长1.8%，其中查处外国人非法居留案件64起、查处非法就业案件20起、其他类案件29起。遣送出境12人。

【户政管理】 2023年，公安滨江分局受理审批各类户口材料8769件，引进人才落户4513件，包括高层次人才引进266件、B类人才1人、C类人才3人。办理杭州市内迁移2.42万件，包括全城通办业务134件、互联网申报业务1.01万件。出生登记户口3508人，死亡注销户口1185人。受理制作二代指纹身份证4.71万张，制作临时身份证3704张；办理全国异地身份证1.93万张，审核签发异地办证683张；办理港澳台居民居住证156张，办理边境管理通行证1306张；为902人办理积分落户迁移手续，接听咨询电话和接受群众口头咨询1万余人次；处理户籍类咨询信访400多件，查询户籍资料3000多次。完成各类信息核查571人次。受理2.0“一窗通办”平台类业务3.29万件。

【公安信访工作】 2023年，公安滨江分局接收初信初访83件，化解71件，化解率85.54%。

建立健全《重要信访办件机制》，提升所队日常办件效率，推动所队领导常态接访，形成信访化解良性循环。“一把手”接访6次，化解信访风险6件；各局领导共接访42次，化解29件。推进信访突出问题攻坚化解，上级部门下发3批积案，第一批48件全部完成化解，实体化解率75%；第二批25件，已化解15件，剔除7件待省公安厅审核，3件未化解；第三批7件，剔除6件待省公安厅审核，1件未化解。

（杜　鹃）

检　察

【概况】 2023年，杭州市滨江区人民检察院（简称“区检察院”）服务保障社会大局安全稳定，做好亚运除险保安工作，打造法治化营商环境。坚持“高质效办好每一个案件”，持续强化刑事检察监督，提高民事行政检察工作质效，履行公益诉讼法定职责，以一体履职、综合履职、能动履职推动“四大检察”融合发展。获评省法治宣传教育基地、市数字检察十佳办案团队、市法治宣传教育基地、杭州高新区（滨江）优秀廉洁文化阵地。6名干警入选杭州“检察官教导团”名单，43名干警获评省、市级以上荣誉。6件案件获评市级以上检察院精品（典型）案例，其中最高人民检察院1件、省检察院2件、市检察院3件。5项检校合作课题获市级以上结项，其中最高人民检察院1件、省检察院2件、市检察院2件。11篇调研文章获市级以上调研成果奖项。

【刑事检察】 2023年，区检察院办理审查逮捕案件177件234人，依法批准逮捕163人；办理审查起诉案件609件862人，提起公诉569人。指控利用上门服务掌握消费者个人隐私信息，以威胁恐吓方式强迫交易、寻衅滋事恶势力犯罪团伙8人。依法严惩放火、强奸、故意伤害等严重犯罪，提起公诉20人。打击电信网络犯罪，起诉诈骗、盗窃等侵财类犯罪260人，涉众型非法集资类案件10人。惩治黄赌毒犯罪，提起公诉47人。维护新技术、新业态、网络空间等领域安全，惩治扰乱直播市场行为，办理涉被害企业200多家、涉案金额1600万余元的吉某合同诈骗案，获评全省检察机关保障民营经济高质量发展典型案例，被新华社报道。加强与纪检监察机关协作配合，完善监检衔接机制，依法起诉贪污贿赂等职务犯罪10人（含区外）。

【民事行政检察】 2023年，区检察院办理当事人申请监督、上级检察院交办等民事检察案件，其中1起民间借贷纠纷案获评全省检察机关专项监督优秀案例。围绕劳动争议、交通事故损害赔偿纠纷等案件，开展支持起诉、调解息诉等工作，支持弱势群体依法维权。发挥民事检察参与社会治理重要作用，办理1起企业买卖合同纠纷案件，针对涉诉企业存在的经营风险隐患，定制检察建议，及时治理企业管理漏洞。推进行政检察工作，办理行政诉讼监督、行政执法监督等各类行政检察案件22件。承担监督公正司法和促进依法行政双重责任，联合区应急管理局出台加强安全生产领域行政执法与检察监督协作配合意见，挂牌成立安全生产检察官办公室，加大安全生产领域联合预防整治力度。常态化开展行政争议实质性化解，加大案件线索摸排力度，加强与相关行政机关沟通联系，化解各类行政争议案件7件。

【公益诉讼检察】 2023年，区检察院办理行政公益诉讼案件35件，民事公益诉讼案件2件，包括生态环境和资源保护、食品药品安全、国有财产保护等传统法定领域公益诉讼案件28件。持续拓展公益诉讼办案范围，探索办理个人信息保护、网络空间治理、文物保护、反电信网络诈骗、反垄断等新领域公益诉讼案件，其中文物保护公益诉讼、反电信网络诈骗公益诉讼工作经验获最高人民检察院推广。成立“检媒公益联盟”，聘请“益心为公”媒体志愿者8人，扩大公益保护队伍，推动检察公益诉讼工作发展。

【检察监督】 2023年，区检察院强化刑事诉讼监督，立案监督100件102人，起诉25件30人，督促撤案9件9人。发挥审前主导作用，推进派驻公安机关侦查监督与协作配合办公室实体化运作，参与公安机关疑难案件讨论40多次，引导侦查重大疑难复杂刑事罪案17件，提出引导取证意见120多条。加强自行补充侦查自觉性，提高指控犯罪精准度，开展自行补充侦查113件次。持续防范和打击虚假诉讼，依法移送监督线索1条、发送检察建议1条，与法院、公安形成惩治虚假诉讼合力，推进诚信社会建设。构建穿透治理专利黑灰产业链类案监督模型，向侦查机关移送线索并监督立案4人，该模型获全市检察机关模型大赛优秀奖。开展数字化专项监督，通过数字模型筛选诈骗安置房补贴、数智护水、特殊群体权益保障等领域线索533条，监督成案57件。陆某民间借贷纠纷执行监督案获评全省专项监督优秀案例，涉车辆查封扣押执行专项监督案获评杭州市民事检察精品案例，区检察院政府补救助资金监管领域监督治理类案获评全市检察机关数字检察精品案例。依法开展社区矫正日常监督12次，对在矫人员开展谈心谈话30人次、检查台账140册；杭州第19届亚运会期间，开展社区矫正维稳安保检察巡查，对1名暂予监外执行人员未及时进行病情鉴定、执行期限等问题开展监督并依法执行收监；通过数字检察社区矫正对象出行数据模型开展监督，对社区矫正对象未请假外出等问题发送检察监督文书16份。开展取保候审保证金与财产刑执行衔接专项监督，与区法院、公安滨江分局共同会签《关于建立取保候审保证金与财产刑执行衔接机制的实施办法（试行）》，形成长效机制。

【未成年人检察】 2023年，区检察院惩治侵害未成年人犯罪，依法起诉猥亵儿童等犯罪5人，起诉未成年犯罪嫌疑人6人，对犯罪情节轻微且有认罪悔罪表现5名未成年人附条件不起诉。落实未成年人犯罪记录封存制度，强化涉案、失管未成年人家庭教育指导，提升家庭教育指导能力，优化未成年人成长环境。以检察融合履职促进未成年人综合司法保护，就危害婴幼儿、青少年食品安全等问题开展行政公益诉讼诉前审查，推动学校、社会、政府等保护主体共同守护未成年人健康成长。推进数字技术与青少年普法工作相结合，“E路守护”青少年互动式法治体验馆入选省法治宣传教育基地、市儿童友好实践基地，全年接待1500多人次参观。

【知识产权保护案件】 2023年，区检察院办理知识产权案件7件34人，涉案金额均超100万元，其中1件侵犯商业秘密案获评全省检察机关典型案例，被《检察日报》报道。引导企业完善规范、填补商业秘密管理漏洞，建立防范机制，推进高新企业挂牌知识产权一体化保护检察联络点建设。针对知识产权案件损失赔偿金额协商难导致矛盾纠纷处理停滞问题，探索综合履职模式。加强跨部门协作，与区司法局、之江公证处联合出台知识产权赔偿保证金提存公证制度，运行5个月累计提存赔偿保证金143万元，平均办案时长缩短33.33%，该制度获评市检察院全力助推三个“一号工程”打好经济翻身仗典型案事例（第三批），工作做法被新华社、《检察日报》报道。

【检务公开】 2023年，区检察院依托“两微一端”等平台，深化检务公开，及时公布案件信息、业务数据、工作动态，发布宣传信息1万余条，在省级以上媒体宣传报道60多篇。推进普法形式创新，结合知识产权保护等主题策划制作普法漫画、动漫等，提升法治宣传实效。《被冒名抵押的房产回来了》《帮企业锁牢核心技术“保险箱”》《企业不再担心胜诉后拿不到赔偿 杭州滨江：在侵犯知识产权案件中适用赔偿金提存制度》《守护钱塘江边集镇的文化“孤岛”》等文章在《检察日报》刊发，《要激活手机卡，需多次刷脸认证？有人借此操作让140人“被办卡”》《促推“限塑令”

2023 年 5 月 6 日，滨江区优化营商环境协作办法会签暨营商环境检察室揭牌仪式在知识产权大厦举行　　（区检察院　供图）

落地》《消除“成长的烦恼”助力“老树开新花”看浙江检察如何护航三个“一号工程”》等文章在《浙江法治报》刊发。

【检务服务】 2023年，区检察院依托区综合治理中心平台、“12309”检察服务中心，接待来信来访来电395人次。落实院领导包案办理首次信访案件制度，办结首次信访案件15件。用好国家司法救助制度，救助因犯罪侵害等致生活陷入困境的被害人及其近亲属63人，发放救助金30.04万元。推进社会治理建设，联合相关部门推进“全域检察e站”落地，打造参与基层治理工作矩阵。推进社会治理建设，发出社会治理检察建议10份。

【营商环境检察室成立】 2023年5月6日，滨江区优化营商环境协作办法会签暨营商环境检察室揭牌仪式在知识产权大厦举行，区检察院、区工商联、园区规模以上企业代表共16人参加。区检察院、区工商联负责人共同为营商环境检察室揭牌。区检察院和区工商联联合出台《关于设立营商环境检察室服务保障企业健康发展优化营商环境的协作办法》，在“杭州滨江检察”微信公众号开设“益企在线”专栏。营商环境检察室采用“线上+线下”相结合的形式，开展与区工商联、各行业协会（商会）、规模以上企业等的共建合作，形成区检察院和区工商联、行业协会、企业“三级联动”模式，实现检察法治服务全覆盖。至年底，区检察院依托营商环境检察室以专题讲座、案例警示、法律培训等形式进行企业普法，与辖区内高新企业开展普法活动，解答企业、员工知识产权疑难问题100多次。

【检媒公益联盟成立】 2023年8月30日，区检察院检媒公益联盟成立仪式暨“益心为公”媒体志愿者聘任仪式举行，市检察院、区检察院负责人，人民监督员、“益心为公”志愿者代表及媒体代表共28人参加。活动为检媒公益联盟成立揭牌，举行“益心为公”媒体志愿者聘任仪式，为8名新闻媒体记者发放聘任证书。该联盟通过建立信息互通、互助协作、宣传合作机制，在公益诉讼线索通报、推广宣传、检察办案等方面开展合作，推动检

2023 年 8 月 30 日，区检察院检媒公益联盟成立仪式举行
（区检察院　供图）

察力量和社会力量相结合、法律监督和舆论监督相融合，共同维护国家利益和社会公共利益。至年底，检媒公益联盟围绕媒体志愿者关注、群众反映强烈的个人信息泄露、骚扰电话频繁等问题，推动打击个人信息买卖黑灰产业链，对非法购买、下载公民网络轨迹信息并出售获利的被告依法提起刑事附带民事公益诉讼。

（叶晓莲　周浩楠）

法　院

【概 况】 2023年，滨江区人民法院（简称“区法院”）受理各类案件9903件，办结1.01万件（含旧存）。一线法官人均结案394件，超出全省法院平均值91件。受理一审刑事案件402件，办结404件（含旧存）。受理一审民商事案件（含知识产权）5642件，审结6061件（含旧存）。监督支持依法行政，受理一审行政诉讼案件139件，审结155件（含旧存），审结行政非诉审查案件179件。推进多元解纷，建设“共享法庭”，实现民商事收案数“六连降”。巩固“基本解决执行难”成果，全年新收执行案件3269件，执结案件2994件，执行到位金额9.63亿元。区法院获区“法护营商 法迎亚运”普法创意大赛组织奖及成人组三等奖，1人获评第三届“最美杭法人”，1人获评市“十佳”公务员，1人获二等功表彰，2人获三等功表彰。区法院立案庭（诉讼服务中心）获评杭州市级青年文明号。

【刑事案件审理】 2023年，区法院新收一审刑事案件402件，审结404件（含旧存）。常态化开展扫黑除恶斗争，审结涉恶势力犯罪案件2件9人，依法审结以夏某为首要分子的恶势力犯罪集团套路贷系列案，维护社会安全稳定。审结故意伤害、强奸等严重暴力犯罪案件44件，保护群众人身安全。审结电信诈骗及其关联犯罪107件142人，涉案金额2313万元，依法审结郑某等侵犯公民个人信息系列案，涉及非法盗取个人信息4.3亿条。审结贪污、贿赂等职务犯罪案件8件8人（含区外人员），其中正处级2人。

【民商事案件审理】 2023年，区法院新收一审民商事案件（含知识产权案件）5642件，审结6061件（含旧存）。深化家事审判方式改革，审结婚姻家庭、继承等家事案件361件。审结交通事故、产品责任、医疗损害等侵权案件514件，审结飞盘运动侵权责任纠纷案，依法适用“自甘风险”原则，合理划分风险运动自愿参与者、组织者等各方责任。审结劳动争议案件491件，依法审结怀孕女职工劳动争议案，认定公司以不符合录用条件为由，借机辞退孕妇的行为违法，保障劳动者合法就业权。审结买卖、承揽、建设工程等合同案件3967件。审结虚拟货币合同纠纷案，认定“挖矿”协议因违反金融秩序及节能环保的“绿色原则”而无效，维护金融产业健康发展。关注房地产业政策变化，审结房屋买卖、租赁等案件489件。

【行政案件审理】 2023年，区法院新收一审行政案件139件，审结154件（含旧存），审结行政非诉案件179件。推动行政争议实质性化解，促成和解撤诉23件。推进行政机关负责人出庭应诉工作，行政机关负责人出庭应诉108件，出庭应诉率100%。健全滥诉联合甄别机制，参与制定《杭州市滨江区关于实施恶意投诉举报人滥诉认定规则的意见（试行）》，联合区市场监管局对10名恶意投诉举报人进行认定上报，遏制滥诉现象，经验在全市推广。开展“送法进机关”活动，组织政府工作人员旁听庭审380多人次，推动行政机关提升依法行政能力。

【执行案件审理】 2023年，区法院新收执行案件3269件，执结2994件，执行到位金额9.63亿元（不含执行恢复、执行保全案件）。加大强制惩戒和失信惩治力度，共纳入失信名单2480人，限制高消费3043人，向公安机关移送涉嫌拒执犯罪案件24件29人，已判处刑罚8件8人。开展“百日集中执行暖春行动”，协同区检察院开展涉车辆查封扣押、涉住房公积金终本案件等专项执行行动，全年执结劳动纠纷、抚养费纠纷、交通事故责任纠纷等涉民生案件378件，执行到位金额1187万元。推进执转破工作，经执行程序移送破产审查案件86件，促进执行积案化解。落实终本案件管理，对符合条件的1063件终本案件及时恢复执行，执行到位标的13.04亿元。把586名已履行义务的被执行人移出“失信黑名单”，推动健全信用修复机制。

【知识产权案件审理】 2023年，区法院新收一审知识产权案件179件，审结198件（含旧存）。依法审结涉侵害“网红”盲盒泡泡玛特著作权、商标权及不正当竞争纠纷案件，打击恶意攀附商誉行为，引导新业态健康发展。严惩知识产权侵权犯罪案件，审结涉侵犯杭州某机器人公司商业秘密等知识产权刑事案件6件，遏制非法获取、利用商业秘密行为，保护高新技术企业创新成果。推动知识产权司法与行政协同保护，与区市场监管局组建工作组，共同推进全区知识产权纠纷诉调对接工作。强化普法宣传，发布白马湖人民法庭宣传视频、知识产权普法案例、举办聚智纳策共创“滨”纷知识产权主题分享会。

【法护营商行动】 2023年，区法院出台《“法护营商、司法助企”专项行动实施方案》，参与制定《开展法护营商专项执行攻坚行动实施方案》，通过立审执协同，细化目标任务，服务保障辖区经济高质量发展。提升商业解纷便捷度，开通涉企买卖合同纠纷立案、审理、执行“绿色通道”，买卖合同纠纷平均审理天数43.3天，比上年缩短42.5%，为企业兑现胜诉资金2.07亿元。发挥破产审判盘活生产要素、转换新旧动能作用，审结杭州梁英实业有限公司、杭州博泰置业有限公司、浙江龙禧投资集团有限公司等疑难复杂破产案件。在杭州梁英实业有限公司破产重整案件中，创新集体资产处置模式，妥善解决村集体留用地项目烂尾问题，使4亿余元重整资金得到合理分配，7万余平方米房产得以续建并投入使用，保障近8000户村民权益，实现保资产、引投资、促民生的共赢效果。

2023年4月26日，区法院举办聚智纳策共创“滨”纷知识产权主题分享会 （区法院 供图）

【杭州亚（残）运会保障】 2023年，区法院护航杭州亚（残）运会举办，动员干警参与亚运服务，选派专人加入亚运专班，参与开幕式彩排、火炬传递保障等志愿工作600多人次，协助做好杭州亚（残）运会滨江赛区保障工作。办理涉亚运案件9件，相关案件纳入“四类案件”监管，确保案件平稳处置。树立责任意识，落实亚运维稳安保工作，对立案、审判、执行等各阶段矛盾风险隐患开展拉网式排查，落实值班备勤工作制，开展“全封闭全闭环”改造，引入智能化访客系统，落实除险保安各项工作。

【基层治理司法体制保障】 2023年，区法院坚持和发展新时代“枫桥经验”，创新探索市场化解纷新模式，引入律师、民办非企业调解组织等专业调解力量参与诉前化解纠纷。全区共设市场化解纷点位15

个，市场化组织收案1.36万件，调解成功7931件，调解成功率58.3%，诉前化解效果明显。对接指导“和滨江”法律服务团队，以政府购买服务的方式，市场化调处建设领域纠纷，强化专业领域市场化解纷工作。宣传市场化解纷项目，院长带队走访企业园区20多次，召开座谈会5次，引导企业主动选择市场化解纷模式化解商事纠纷。推进诉调对接，对调解成功的案件及时进行司法确认，推动调解协议履行。推进“共享法庭”建设，实现3个街道、67个社区全覆盖，完成17个特设“共享法庭”建设。

【司法体制机制改革创新】2023年，区法院深化司法责任制改革，健全完善审判权力和责任清单，构建权责统一审判权力运行体系。落实院、庭长办案机制，院、庭长常态化办理疑难复杂案件，全年办结各类案件4400件。深化“全域数字法院”建设，中标省高院“案件多维监测预警”现代化项目，通过大数据分析，及时预警案件潜在风险，提升法官办案质效。开发“万人成讼率一件事”系统，以分级驾驶舱模式定期通报晾晒万人成讼率情况，督促街道、社区加强纠纷预防与化解工作。推进“共享法庭”（知识产权）子场景建设，融合基层治理及云调解平台，打造网上立案、调解指导、在线诉讼、普法宣传、基层治理五位一体的知产“共享法庭”新模式。完成“智慧警务2.0”建设，升级安防监控综合管理平台，强化警务保障、处置协调等功能，提升法院安保力量和处理突发事件能力。

【综合执法共享法庭揭牌】2023年3月13日，区人民法院综合执法共享法庭揭牌仪式在区综合行政执法局举行。区法院、区综合行政执法局负责人为综合执法共享法庭揭牌。综合执法共享法庭以诉源治理、实质化解、以人为本、数字赋能、强基导向、社会共治为原则，涉及执法纠纷先行调处、人民法院委托调解、人民法院业务指导、引导在线复议诉讼、开展普法宣传培训五大部分工作。综合执法共享法庭是综合执法审判专业特色法庭，汇集各方解纷力量，助力打造基层治理共同体。至年底，收案6件，结案6件，调解成功率33.33%。

【梁英实业公司破产重整案】2023年12月，杭州梁英实业有限公司（简称“梁英实业公司”）实现主要债权人争议一体化解，重整计划基本执行完毕。该案创新集体资产处置模式，妥善解决村集体留用地项目烂尾问题，使4亿余元重整资金得到合理分配，7万余平方米房产得以续建并投入使用，保障近8000户村民权益，实现保资产、引投资、促民生共赢效果。该公司系由村集体经济组织与民营企业共同投资设立的项目公司，主营业务为村集体留用地开发。因工程建设过程中资金链断裂，无法归还贷款、支付工程款从而引发诉讼。债权人于2020年底向区法院申请将梁英实业公司的执行案件转入破产程序进行破产清算，区法院于2022年4月依法裁定梁英实业公司重整。

【涉侵害著作权、商标权及不正当竞争纠纷案】2023年12月19日，区法院依法判决被告浙江某公司停止侵权并赔偿原告损失156.95万元。被告浙江某公司擅自使用原告北京泡泡玛特文化创意有限公司（简称“泡泡玛特公司”）商标、著作权作品进行广告宣传，在被告公司经营、开发的“盲盒星球”平台上销售泡泡玛特公司产品，易使公众误认为其与原告存在关联。被告浙江某公司将二手盲盒当一手盲盒销售的行为违反诚信原则，易误导消费者，法院认定被告行为侵害原告的著作权、商标权，构成不正当竞争，依法作出判决。

（何奕萱）

司法行政

【概况】2023年，杭州高新区（滨江）有律师事务所55家，比上年增加3家；专、兼职律师827人，增加110人；基层法律服务所4家，基层法律服务工作者15人，减少1人；人民调解委员会77个，增加6个；在册调解员405人，增加19人，调解各类矛盾纠纷6005件。办理法律援助案件479件，提供法律咨询9000多人次，为当事人挽回经济损失或取得经济利益156.37万元（其中为农民工讨薪89.46万元）。区司法局被市委、市政府授予“全市全面深化改革成绩突出集体”称号，获评全省“八五”普法中期成绩突出集体。长河司法所成功创建浙江省“枫桥式”司法所。社区矫正管理局局长彭继荣、西兴司法所所长吴国龙均获评杭州市“枫桥经验”传承工作成绩突出个人。《平台经济法治化保障机制探索与实践》被列为年度法治建设主动融入三个“一号工程”揭榜挂帅培育项目。

【普法宣传教育和阵地建设】 2023年，杭州高新区（滨江）围绕《2023年全区普法依法治理工作要点》，推进全区各单位法治宣传工作。结合元宵节、三八国际劳动妇女节、国家安全教育日等，开展系列主题普法宣传活动，发放宣传资料4.5万册，9000多人次参与。开展“小镇与法”公民法治素养观测点普法进楼宇地推活动10场，依托公民法治素养观测点掌上普法应用，对物联网小镇观测点生成首份公民法治素养报告。推进普法宣传阵地和民主法治社区建设，长河街道竹山社区、浦沿街道滨文社区获评2023年度省级民主法治社区。创建省级民主法治社区27个，数量居全市第一位。开展“法律明白人”培育工程，全年新增培育“法治带头人”66人、“遵纪守法示范户”193人；累计培育“法律明白人”321人。

【滥诉规制建设】 2023年，杭州高新区（滨江）针对辖区内恶意投诉举报案件多发，扰乱营商，浪费行政、司法资源等现象，梳理案件特点，化解非正常投诉举报及引发的复议诉讼案件。7月26日，区司法局举行市场非正常投诉举报人滥诉规制研讨会，组织人大代表、政协委员、法治监督员、企业代表等进行专题调研，出台全市首个《杭州市滨江区非正常投诉举报人滥诉认定实施办法（试行）》，明确12条认定依据，确定第一批滥诉人名单并予备案，探索出非正常投诉举报人“购买—索赔—投诉举报—复议—诉讼”全环节治理新路径。杭州高新区（滨江）作为全市唯一试点区县（市），有效规制非正常投诉举报乱象，推进营商环境优化提升。

【社区信用矫正】 2023年，杭州高新区（滨江）完善并运用“浙里连心”综合管理平台，对社区矫正对象进行风险评估，实行“心理评估—建档—分级管理”数字化管理。在杭州第19届亚运会召开前，开展社区矫正“大起底，大排查”专项行动，加强执法监督管理，化解潜在风险。围绕“信用+矫正”主线，创新建立以信用指数为核心的社区矫正对象风险预警体系，优化社区矫正对象“省公共信用分—信用矫正分—地市信用分”的流转机制，实现全省信用矫正信息“一屏总览、一屏统管”。推进数据治理中心和信用矫正管理中心建设，实现信用体系建

2023年7月26日，区司法局召开市场非正常投诉举报人滥诉规制研讨会
（区司法局　供图）

设与社区矫正监管良性互动，信用矫正工作被省司法厅确定为试点建设单位，在杭州市“一区县一特色”信用应用示范场景评选中获全市第二名。完成信用矫正展览馆建设，为加强信用矫正理论研究和实践应用提供实践基地。至年底，接收社区矫正对象、期满解矫人员，无违法犯罪情况发生。

【律师行业管理】 2023年，杭州高新区（滨江）坚持以党建引领促进律师行业规范发展，强化“首题必政治”学习制度，实现100%党建进章程，落实7家联合党支部联系挂包制度及6家无党员律师事务所“党建双指导员”制度，引领律所打造“一支部一品牌”。完成区律师工作委员会换届工作。组织39名律师成立浙江公羊会律师志愿队，参加公羊会救援培训、龙舟竞速等活动。

【人民调解】 2023年，区司法局围绕区委提出“坚决打好矛盾化解攻坚战”的要求，依托街道矛盾调解中心、警民联调室、社区治理微中心开展人民调解工作，开展矛盾纠纷排查化解，推进“三源治理”（警源、诉源、访源）工作，对各类纠纷做到“来即调、调即成”。所有调解员常驻各点、坚守岗位，做到有求必应、有诉必调，化解群众矛盾纠纷。对关系复杂的矛盾纠纷，注重运用“浙江解纷码”，加强多部门协调，妥善地解决问题。至年底，接收矛盾纠纷化解6159件（其中死亡案件纠纷21件），成功化解6005件，涉案金额4179.3万元，调解成功率97.5%。

【法律援助体系完善】 2023年，区司法局持续坚持法律援助、智能服务实时可享，不断加强法律援助窗口规范化和标准化建设，整合公共法律服务智能机器人与“12348”法网中面向群众的各项服务功能，实现3个司法所全覆盖，确保“法律援助零距离”。落实法律援助“市域通办”100%。在区人武部和武警浙江总队医院设立2个法律援助工作站，在3个街道人武部和武警杭州支队船艇大队设立4个法律援助联系点，为军人军属提供法律援助。至年底，办理法律援助案件479件，提供法律咨询9000多人次，为当事人挽回经济损失或取得经济利益156.37万元，包括为农民工讨薪89.46万余元。

（林佩斐）

【公证服务】 2023年，杭州市之江公证处办理公证1.14万件，其中内地公证7113件，涉外公证4051件、涉港澳台公证229件，办证件数比上年增长20.4%。服务杭州高新区（滨江）国有、集体土地房屋拆迁安置、国有商铺招租、国有商铺租金减免、“人才安居”等工作。为6000多户农村住宅安置做好公证服务。提供住房安置、国有商铺摇号等公证法律服务4次，提供商铺招租公证服务100多件。提供500套人才公寓摇号、选房抽号现场监督公证，涉及人数2500多人；为国有企业办理工龄补贴协议公证58件，涉及金额600万余元；办理检察院司法提存公证10件，涉及金额150万元；办理涉企公证2000多件，参与杭州第19届亚运会重要保障道路沿线亮化提升项目招投标公证摇号现场监督，为亚运会的水质检测活动提供保全证据公证服务，为丢失护照的外籍亚运工作人员紧急办理相关公证。推出“容缺受理”、“最多跑一次”、“全省通办”、上门服务、邮寄送达等服务制度，对继承、亲属关系等受众普遍的公证事项推行公证承诺制，通过省大数据局联通公证办证系统共享婚姻信息、户籍信息、死亡信息、不动产信息等各项数据，对学位、学历、驾驶证及纳税状况等事项实行跨省通办，解决市民及外省在杭人员办证难。免费办理遗产小额遗产继承公证5件，为70周岁及以上老年人减免办理遗嘱公证10件。之江公证处获评“2023年度杭州市优秀公证处”。

（蔡燕蓉）

【律师服务多元化】 2023年，杭州高新区（滨江）围绕律师服务多元化，推动律师公益服务走进对口帮扶单位、企业和校园。区司法局与浙江浙经律师事务所、上海申浩（杭州）

律师事务所等区内4家律师事务所组队到安徽省宿州市泗县开展校园反欺凌沉浸式课件宣讲，重启对四川省广元市朝天区派驻法律援助律师。全年常态化推进律师服务进企业、进校园，启动“服务实体经济 律企携手同行”专项行动，为企业提供法律服务；推进“律师走进校园 普法护航成长”主题活动，开展“法治（开学）第一课”活动，举办现场辩论赛等，开展校园普法宣教活动。

【基层司法所建设】 2023年，杭州高新区（滨江）按照“一站式受理、一揽子调处、一条龙服务”的模式，集合法性审查、执法监督、企业合规指导、法律服务保障等内容于一体，开展基层司法所建设。长河司法所建设“云上司法所”，推出集法治建设、法律服务、纠纷化解于一体的“@司法所”平台。建设“开放式司法所”，“硅谷书房”引进藏书5万余册。建设“24小时司法所”，律师值班全时段覆盖，解答法律咨询2312人次，开展法律服务宣传26场次。建立“一长二员”工作机制和以方言沟通为特色的“长河头”调解室，开展矛盾纠纷排查化解，化解矛盾纠纷1537件，其中经济合同纠纷344件、人身侵权纠纷678件（含死亡纠纷6件）、交通事故41件、其他474件，涉案金额4196.21万元。至年底，长河司法所被省司法厅命名为“浙江省‘枫桥式’司法所”；长河司法所协助长河街道17个社区成功创建省级民主法治社区，社区群众满意率95%；培育“全国司法所模范个人”1人、“浙江省社区矫正能手”2人。

【行政复议规范化建设】 2023年3月10日，杭州高新区（滨江）制定全市首个《行政复议特邀听证实施办法（试行）》，实施特邀听证员多元推选机制。对案情重大复杂、存在较大争议的案件，邀请“两代表一委员”“法治监督员”等参与听证，将意见向案涉行政机关、企业制发行政建议书，实现专业论证与民智民意并举，提高行政复议办案水平。全年成功举办行政复议特邀听证会4场，制发行政复议建议书2件，督促整改突出问题5个。多元渠道提升执法规范性，组织全区行政机关旁听庭审和参加行政复议应诉业务培训班，4次到区市场监管局、公安滨江分局等开设专题讲座，重点讲授行政执法风险防范，从源头减少行政争议。发挥行政复议化解行政争议的主渠道作用，推进负责人包案化解制度。至年底，全区行政复议收案377件，结案342件（受理后结案189件），调解成功167件，调解率48.8%。行政诉讼发案105件，败诉6件。

【直播电商合规指引】 2023年9月1日，杭州高新区（滨江）发布《杭州市滨江区直播电商合规指引》（简称“指引”），是行业内首个直播电商合规指引。指引联合11家部门、行业协会共同出台，设置6章81条，从指导原则、内容架构、价值取向、组织体系、路径机制和执行监管6个方面，对直播产业进行规范，为平台、商家、消费者和监管部门提供实际操作指引。指引从公布之日起施行。

（林佩斐）

劳动仲裁

【概 况】 2023年，杭州高新区（滨江）劳动人事争议仲裁院采取滚动式开庭、双休日开庭等模式，开庭5000多次，处理劳动人事争议案件9638件（含不予受理1788件），比上年增长46.2%，结案率95.53%，调解率89.81%；一裁终局率45.23%，上升19.23%；网络办案率50.9%，上升4.7%。劳动人事争议案件中集体争议案件33件，涉及劳动者526人，群体性案件涉案标的5000万余元，为劳动者挽回损失1500万余元。通过区劳动人事争议调解中心［企业人力资源（HR）调解联盟、“来就调”工作室、法视界调解工作室］成功调解劳动争议案1968件，调解成功率54.1%，上升15.7%，为劳动者挽回损失1000万余元。仲裁窗口接待劳动者和企业2.1万人（家）次，接听电话8000多次。

【企业人力资源（HR）调解联盟工作建设】 2023年，区劳动人事争议仲裁院完善企业人力资源（HR）调解联盟“不见面”调解机制，发挥协商、调解在处理劳动争议案件基础性作用。至年底，企业人力资源（HR）调解联盟调解员成功调解劳动争议案件613件，调解成功率49.48%；调解员平均3.14天调解1起劳动纠纷，提速纠纷化解。

2023年10月9日，长河街道仲裁派出庭投入使用

（区人力社保局 供图）

【基层仲裁】 2023年，区劳动人事争议仲裁院推进街道调解组织与仲裁机构的有效衔接，实现劳动争议处理工作重心下移。10月9日，在西兴街道、长河街道、浦沿街道设立派出庭，开展就地解纷、仲裁服务等便民利民服务，至年底，开庭400多次。开展仲裁队伍建设，根据区案件量增长态势及编制现状，向社会公开招聘符合仲裁选聘条件的10名兼职仲裁员和15名法学专业的专职仲裁员，充实队伍力量。

【“数字化”仲裁庭建设】 2023年，区劳动人事争议仲裁院推进硬件基础建设，以数字赋能“智慧仲裁”建设。依据《浙江省劳动人事争议数字仲裁庭建设标准》要求，通过数字化仲裁庭建设，实现对庭审情况实时采集、席位显示、语音识别、人脸身份校验、远程开庭、庭审实况直播等功能。全年，完成2个“数字化”仲裁庭建设并投入使用，案件消化速度从每周90多件上升至200件以上，办案率比上年提升115%。

【企业劳动用工诊断评估】 2023年6月，区人力社保局开展企业劳动用工诊断评估工作。以委托第三方形式，通过上门走访、问卷调查等形式，了解企业离职管理、规章制度、工作时间、休息休假、薪酬管理等方面，为500家企业提供企业劳动用工体检活动，提供个性化体检报告，发现存在问题6类574个，提出完善建议5个方面共554条。企业劳动用工诊断评估从源头上规范企业依法用工，防范企业用工风险，预防劳动争议发生。

（徐 靖）

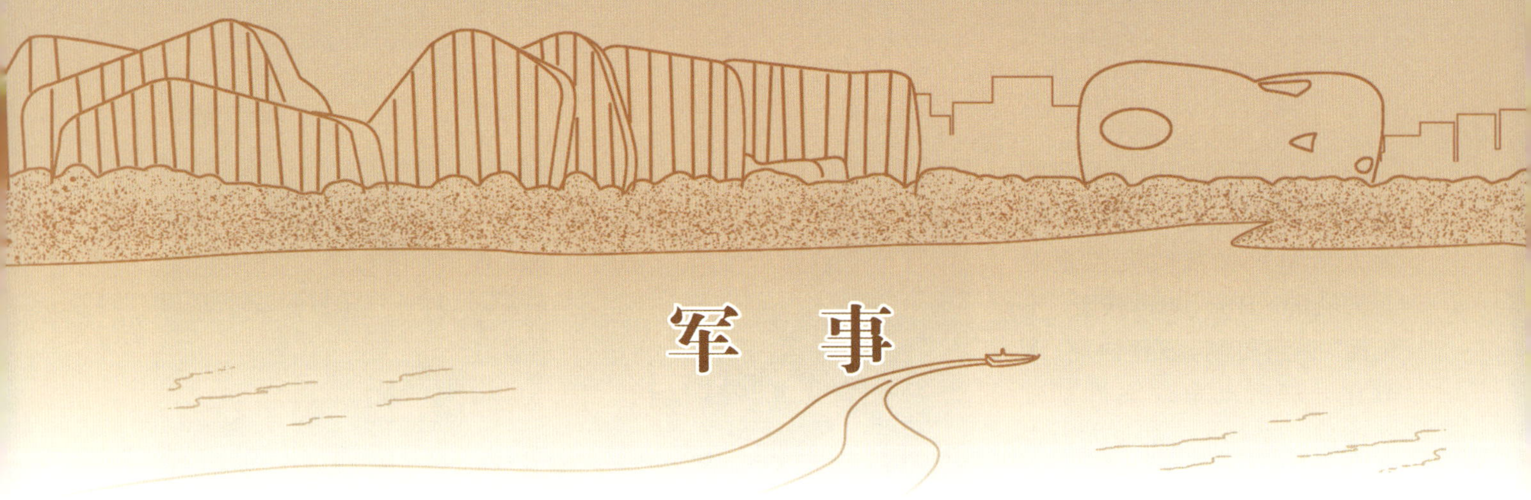

军　事

区人武部

【概况】 2023年，滨江区人民武装部（简称“区人武部”）围绕建设国防动员和后备力量建设“滨江窗口”目标，聚焦“两兵两力”（建一流民兵、送一流新兵，蓄潜力、强战力），持续强基固本，全面做好全区武装工作。区人武部军事科参谋章仁龙获个人三等功。

【思想政治建设】 2023年，区人武部开展学习贯彻习近平新时代中国特色社会主义思想主题教育和“学习强军思想、建功强军事业”教育实践活动，持续学习宣传贯彻中共二十大精神，常态落实集中辅导、讨论交流、“周理论学习日”等制度。举办知识竞赛、心得体会展评、“循迹溯源”参观践学、“迎亚运，担使命”七一主题党日等活动。紧盯重点行业领域监管，对照新规禁令健全日常运行机制，运用监督执纪“第一形态”提醒预防，增强党组织战斗性、党纪军规严肃性。至年底，组织相关领导给机关上党课5次，为街道、高校和民兵理论宣讲6次，开展“铭记历史贡献、再创新的辉煌”建部26周年纪念活动，提升工作人员责任心和工作热情。

【民兵组织建设】 2023年，区人武部优化基干民兵编组任务队伍结构。挖掘区内资源、人才和技术优势，拓展在高新企业、科研院所和新的社会组织编兵力度，组织编兵单位授旗授牌和点验，浙江吉利控股集团有限公司、杭州安恒信息技术股份有限公司、浙江大立科技股份有限公司成为省、市非公有制企业武装工作、新质民兵队伍建设示范点。杭州亚（残）运会期间，配合滨江区政府设立服务区，成立200人组成的安保队伍，参与亚运安保任务11次、908人次。

【学生军训工作】 2023年，区人武部根据年度计划安排推进区内学生军训工作。出动民兵教官358人次，完成杭州长河高级中学、杭州市财经职业学校、杭州市旅游职业学校3所学校2163名学生为期7天的军训帮训任务，同步完成学生军训专项整治活动。

【民兵训练】 2023年，区人武部坚持“整训并行、分级分类、按纲统筹、训考结合”，组织年度训练。部机关参加师团两级首长机关10次集中训练，3名部负责人分别承担授课任务。完成民兵兼职教练员集训和资格认证考核、专武干部和新任民兵连连长集训、基干民兵应急力量和支援力量集中轮训。完成轻武器实弹射击普训普考。完成防空分队训练以及基干民兵应急分队、无人机分队、特种救援连、网络安全防护分队、供水设施抢修排任务行动训练。

【岗位能力提升】 2023年，区人武部组织部首长机关和民兵应急、任务2类分队，参加杭州警备区组织的岗位练兵比武，部首长机关分队获战术作业第二名、堆制沙盘第四名，民兵分队获基础课目第一名、战术课目第二名、团体总分第一名。组织民兵特种救援排参加全区防汛防台应急拉动暨防灾减灾救灾技能竞赛，获综合二等奖。

【兵员征集】 2023年，区人武部履行政府兵役机关职责，通过全网直播形式组织征兵政策宣讲，研究出台应征大学毕业生近视激光手术补贴政策，吸引激励更多高素质青年参军报国。完成两批次新兵征集任务，保持征兵工作零投诉。开展"数智征兵"系统平台开发建设，推动兵员"入伍—在伍—退伍"全周期闭环衔接，提升兵员征集辅助决策、退役军人服务保障的"数智含量"。

【双拥共建】 2023年，区人武部会同区法院、区检察院、区司法局等单位，完成军人军属法律援助"1个中心、2个工作站、4个联络点"布设，实现军地协作"检察e站"挂牌运行。履行全民国防教育和双拥共建军队职能，起草助力全省双拥模范城创建倡议书，协调解决9名现役军人子女入学优待，安置11名随军家属。指导杭州二中白马湖学校举行全国国防教育示范学校揭牌仪式，推动区国防教育主题公园建成完工，全年开展"全民国防教育宣传月"系列活动10多场，被《中国青年报》、中国网等10多家媒体报道。

【重点行业后勤专项整治】 2023年，区人武部开展"五治八查树形象"（"五治"：政治治理、思想治理、组织治理、纪律治理和作风治理，"八查"：查处违反政治纪律、违反组织纪律、违反廉洁纪律、违反群众纪律、违反工作纪律、违反生活纪律、违反战斗纪律和违反法律纪律的行为）、公务事业费、地方政府专项经费、装备项目经费、伙食保障、油料、物资采购、生活费清查8场专项整治工作，集中查纠整改问题，规范重点行业领域。至年底，清理暂收款43笔。通过后勤领域信息管理系统，完成2023年保障社会化项目合同上报备案。

2023年8月31日，区民兵应急水上救援分队在白马湖开展水上救援演练　（区人武部　供图）

【亚运服务保障】 2023年，区人武部推进杭州第19届亚运会安全稳定服务保障工作，参加平安护航亚运城市治理十大攻坚行动。安排部领导进入区亚运服保工作指挥部、相关人员进驻亚运专班常态办公；编组亚运服务保障民兵专属力量200人，开展服务亚运军官编组作业。参加全省"迎亚运"城市安全运行暨杭州市城市内涝应急演练，协助市亚组委完成一站式数字观赛服务平台"智能亚运一站通"航拍和空间数据采集，结合区四套班子"军事日"活动检验民兵亚运服保能力。杭州第19届亚运会期间，出动民兵17批，承担赛事场馆、路线周边外围警戒和巡逻等任务。

（潘　岩）

国防动员

【概况】 2023年，区国防动员委员会办公室（简称"区国动办"）围绕党建引领、体制改革、潜力调查、备战牵引、法治人防、国防宣传6个维度，加强党建，开展备战训练，提升质监效能，落实宣传教育。推动国防动员体制改革落地见效，协调推进机构调整、职责划转、人员转隶和资产移交。常态演习针对性强，警报覆盖率98%，居杭州市第一位；区指挥所在全市评比中获第一名；国防宣传信息获国家级媒体（《中国国防科技报》头版）录用1篇、省级以上录用12篇、市级以上录用27篇，宣传报道工作居全市第一位。区国动办被评为全市国防动员（人民防空）工作先进单位，2人被评为全市先进个人。

【国防宣传】 2023年，区国动办以“五进五面向”（“五进”：进机关、进学校、进社区、进企业、进网络；“五面向”：面向机关工作人员、学生、居民、员工、网民）为着力点，利用“3·1”国际民防日、“5·12”全国防灾减灾日等宣传节点，推进国防动员进学校，开展多元化国防宣传教育活动。全年新增中小学宣传教育学校1所，累计16所，受教育学生6000多人。5月12日，区国动办以信息化战争防空袭人员疏散掩蔽为背景，结合警报试鸣，组织浙江中医药大学滨江学院200多名师生在浙江中医药大学滨文校区开展人员疏散掩蔽演练，提升高校对防空袭斗争组织指挥、协同配合、快速响应、应急处置能力。

【亚运场馆人防工程物联感知项目建设】 2023年6月6日，区国动办启动亚运场馆人防工程物联感知项目建设，对区亚运场馆（浙江中医药大学、浙江警察学院、杭州奥体博览中心主体育场、滨江体育馆）4个人防工程项目、11个单元开展物联感知设备安装工作。利用监控摄像和监测传感器，对工程和设备状态信息进行实时采集、传输，实现对人防设备状态、位置、性能等现状实时监控，确保监管常态化、实时化、高效化。7月31日，项目建设完成并投入使用。

【“军事日”活动】 2023年8月31日，区民兵亚运服保能力展示暨四套班子领导“军事日”活动举行。区四套班子、部门和街道等主要负责人50多人参加。参加活动人员参观装备建设成果展，了解区国防动员和民兵建设等工作，现场观摩基干民兵防空分队战术行动、应急分队遂行安保警戒任务、水上救援分队能力展示3个实兵课目。察看位于人防指挥所的作战指挥区、通信保障区、生活保障区等区域，观看区人防工作宣传片。

【滨江区国防教育主题公园建成】 2023年9月19日，滨江区国防教育主题公园建成。主题公园位于浦沿街道，东至新浦路，西侧紧邻新浦河，南至浦炬街，北至慧炬街，占地4827平方米，有绿化面积3335平方米。公园由军事力量（国防形象展示区）、国防纪念、绿色营地（军事体验活动区）、廉政文化4个区块组成，涵盖国防教育、廉洁文化、休闲功能三大功能，是构建“区街配套、一街一品”国防教育阵地体系重点工程。公园于2022年立项开工建设。

（来　萍）

2023年9月19日，滨江区国防教育主题公园建成

（区发改局　供图）

退役军人事务

【概况】 2023年，区退役军人事务局做好思想政治、就业安置、服务保障、拥军优抚、权益维护、褒扬纪念等工作。推进全国首批退役军人事务员新职业试点工作，开展省双拥模范城（县、区）创建，推进退役军人服务站建设，组织3个街道、67个社区退役军人服务站工作人员开展优抚优待、信访处置等退役军人事务工作。接收2023年退役士兵，为退役士兵提供就业培训、专场招聘会、社工单考单招，完成退役士兵、随军家属的安置工作。按时发放抚恤补助金。西兴街道退役军人服务站、长河街道冠山社区退役军人服务站、浦沿街道江南社区退役军人服务站等10家退役军人服务站获评区2023年度五星退役军人服务站。

【就业创业服务】 2023年，区退役军人事务局推进就业创业服务，开展活动4次，1000多人次参加。3月22日，联合区人力社保局、浦沿街道在世茂缤谷广场举办“春风行动，送岗到家”退役军人专场招聘会，20多家单位参加，提供工作岗位60多个。4月12日，开展2023年春季退役士兵适应性培训、就业招聘活动，组织“一对一”就业定向招聘和线下适应性培训。参观轨道交通实训室，进行地铁模拟驾驶。开设专题讲座“退役士兵怎样适应学校生活”。10月11日，开展2023年秋季退役士兵适应性培训、技能培训活动。讲解适应性培训政策，解读退役安置及一次性经济补助金相关事项、就业创业政策解读，以及“一对一”招聘活动，现场报名技能培训。11月22日，区退役军人事务局与市退役军人事务局、萧山区退役军人事务局联合举办“红星照我心，萧滨崇军情”专场招聘精准对接会，线上同步推荐岗位工作；20多家用人单位推出工程师、设计师、数据师、销售主管等岗位100多个。

【退役军人事务员新职业试点】 2023年，区退役军人事务局推进退役军人事务员新职业试点建设。7月11日，全国退役军人事务员新职业试点工作浙江省启动仪式在滨江区举行。7月12—14日，围绕退役军人事务员新职业试点建设，举办滨江区退役军人事务员新职业培训班，区、街道、社区三级76名工作人员参加退役军人事务员理论知识与操作技能考试，合格率100%。7月31日至10月19日，出台《滨江区退役军人事务员新职业试点工作实施方案》《滨江区“新时代枫桥式退役军人服务站”年度五星评定办法》，明确试点范围和对象，推进考证培训评价机制、管理考核机制、待遇激励机制、经费保障机制建立。至年底，区、街道、社区三级退役军人事务员完成职业资格认定，合格率100%，楼碧帆获评全国首批“优秀退役军人事务员”。

【关爱退役军人协会】 2023年，区关爱退役军人协会在区退役军人事务局指导下开展活动5场。3月17日，开展“迎亚运 强保障”滨江区退役军人志愿服务队春季大练兵活动，涉及水上救助、水下声呐探测、应急救护、森林防火等训练科目，722人次参加。5月5—8日，开展“传承红色基因 赓续红色血脉”辽沈战役战场研学活动。7月17日，召开关爱退役军人协会第二次会员大会，审议修改《杭州市滨江区关爱退役军人协会章程》，新增2家副会长单位、5家理事单位和68家会员单位。11月1—4日，组织协会成员到四川省广元市朝天区扶贫结对活动，慰问朝天区困难退役军人，向朝天区退役军人事务局捐赠慰问金，签署《东西部结对协作框架协议》，围绕如何推动退役军人就业创业工作、完善退役军人服务保障体系以及困难退役军人关爱帮扶等问题进行交流。12月3—5日，区关爱退役军人协会到安徽省宿州市泗县考察调研，走访军创企业安徽泗县拖拉机制造有限公司、双拥示范爱国主义教育基地和县退役军人服务中心，调研泗县在退役军人工作、农旅融合特色产业等方面的经验做法。调研组与泗县退役军人事务局就政策落实、服务保障、双拥工作、招商引资进行交流。

【省双拥模范城(县、区)创建】 2023年,区退役军人事务局推进省双拥模范城(县、区)创建。2月24日,召开区双拥工作领导小组暨全省双拥模范城(县、区)创建任务部署会,部署全省双拥模范城(县、区)创建迎检工作。4月10日至5月2日,完成省级双拥模范区申报事迹材料上报。完成杭州低碳科技馆国防教育、双拥体验区布展,建成3个街道双拥主题公园和4个双拥社区。完成沿江路面、江陵路、双拥公交专线、地铁、公共自行车站点、智慧灯箱的双拥标语宣传和主题灯光秀。收集整理双拥工作台账,完成1本双拥画报、1组双拥展报、1个双拥宣传视频。5月12日,省双拥模范城(县、区)创建考评组到现场开展创建考评,通过听取汇报、查阅资料、实地查看等方式,对滨江区创建浙江省双拥模范城工作进行实地考核验收。至年底,省双拥办将考核结果报送党和国家功勋荣誉表彰工作委员会办公室审核。

【"钱潮老兵"志愿服务】 2023年,区退役军人事务局推进"钱潮老兵"志愿服务。2月24—25日,开展"迎亚运"退役军人志愿服务面试工作,招募"钱潮老兵"志愿者20人。3月8日,开展"平安护航迎亚运 巾帼力量绽芳华"三八国际劳动妇女节活动,招募女兵志愿者30人,举行"钱潮老兵"女兵志愿服务队授旗仪式,社区退役女兵、现役军人家属、"三属"(烈士遗属、因公牺牲军人遗属、病故军人遗属)代表共40多人参加。全年组织志愿者参与助力亚运、文明宣传、医疗救护等工作,开展"关爱认知障碍老兵,共筑温暖记忆家园""护航亚运 全民反诈""喜迎亚运 助力慈善 情暖八一"等活动,67个社区退役军人服务站组织629名"钱潮老兵"志愿者走进基层,配合社工与警力开展亚运宣传、安全检查、信息核查等工作。

【数字化服务提升】 2023年,区退役军人事务局建设贯通市、区、街道、社区四级的云上工作站,推进虚拟指挥室建设。至年底,完成15家社区硬件安装工作。完成退役军人档案数字化工作,从萧山区退役军人事务局、滨江区人武部、滨江区人力社保局,以及职业技能培训承训单位调取纸质档案,整理归集纸质档案4022份。至年底,完成数字化档案系统建设,接待查阅300多次。

【新增3所高校退役军人服务站】 2023年4月26日,滨江区首批高校退役军人服务站揭牌仪式暨迎亚运"钱潮老兵"退役军人志愿服务队授旗仪式在浙江中医药大学举行。活动由区退役军人事务局主办,为浙江中医药大学、浙江商业职业技术学院、浙江机电职业技术学院3所高校退役军人服务站揭牌,向3所高校"钱潮老兵"志愿服务队队长授"钱潮老兵"志愿服务队队旗。

【滨江区获市退役军人健身大赛团体冠军】 2023年8月6日,市退役军人健身大赛决赛举行。大赛以"退役不褪色 健身迎亚运"为主题,由市退役军人事务局主办,杭州科技职业技术学院(杭州退役军人教育培训学院)承办。大赛分团体、男子组、女子组、优秀组织奖4个项目,全市13个区县(市)共257人次参加。大赛于7月30日启动初赛,滨江区有6名选手进入决赛。经比赛,滨江区代表队获健身大赛团体冠军,梁燚获男子组个人季军。

(孙　媛)

经济管理

宏观经济调控

【概况】2023年，杭州高新区（滨江）实现地区生产总值2467.9亿元，比上年增长8%，增速居全市第二位。规模以上工业增加值883.4亿元，增长7%，增速居全市第一位；规模以上服务业营业收入3294.2亿元，增长9.6%，增速居全市第三位。固定资产投资总额331亿元，增长5%。一般公共预算收入242.1亿元，增长12.8%。社会消费品零售总额568.2亿元，增长3.9%。发布《关于加快智造供给产业发展的实施意见》《关于进一步提升杭州高新开发区（滨江）高层次人才及团队创新创业“5050计划”的实施意见》《关于扶持推动文化产业高质量发展的实施意见》《关于支持“专精特新”企业加快发展的实施意见》《关于推动经济高质量发展的若干政策》《关于促进新一代人工智能创新发展、推动产业生态建设的若干政策》《关于推动高新区（滨江）总部经济高质量发展的若干意见》《关于促进高新区江北区块高质量发展的实施意见》《关于进一步促进生命健康产业创新发展的实施意见》等政策。

【年度计划编制与执行】2023年，区发改局制定《杭州市滨江区2023年国民经济和社会发展计划执行情况与2024年国民经济和社会发展计划草案》（简称“计划草案”）、《杭州市滨江区2023年上半年国民经济和社会发展计划执行情况的报告》（简称“报告”），计划草案和报告经区政府同意报区人大常委会审议通过。计划草案明确经济社会发展总体要求，确定地区生产总值、固定资产投资（含区内投资）、一般公共预算收入、新引进人才数、城镇居民人均可支配收入、全社会研究与试验发展（R&D）经费投入相当于地区生产总值比重6项全区经济社会发展主要指标目标。报告对计划执行情况进行阶段性总结并制定下一步工作计划，助推经济高质量发展。至年底，各项经济社会发展指标基本完成。

【经济运行监测】2023年，区发改局按月分析研判经济运行情况和对策研究，持续推动创新驱动高质量发展。出台《关于促进新一代人工智能创新发展、推动产业生态建设的若干政策》《关于推动杭州高新开发区（滨江）总部经济高质量发展的若干意见》，推动经济高质量发展。至年底，实现地区生产总值2467.9亿元，财政总收入462.46亿元。

（章子怡）

【固定资产投资】2023年，杭州高新区（滨江）固定资产投资完成393亿元，比上年增长7.9%，投资增速高于全市平均水平5.1个百分点。其中，区内固定资产投资完成331亿元，增长5%。省重点项目“千项万亿”工程完成年度投资的136.6%；市重点项目开工率100%，完成年度投资的189.2%，完成率居全市第二位。工业投资完成88亿元，增长21.9%，占全区投资22%；高新产业投资完成120亿元，增长22.1%，占全区总投资的30%。

资料："千项万亿" 工程

即围绕先进制造业基地、科技创新强基、交通强省、清洁能源保供、水网提升安澜、城镇有机更新、农业农村优先、文化旅游融合、民生设施等九大领域，每年滚动谋划推进1000个以上省重大项目，每年完成投资1万亿元以上，为全省推进"两个先行"提供强劲支撑。

（张心格）

【产业平台发展】 至2023年底，杭州高新区（滨江）共有6个产业平台。2023年，滨江物联网小镇、滨江互联网小镇获评省级优秀命名特色小镇，白马湖创意小镇、滨江数字健康小镇获评省级良好命名特色小镇。白马湖创意小镇获评第七批省级特色小镇，滨江智造供给产业园入选为市首批"一园一主业"特色产业平台。产业平台内3家企业入选为第三批省级先进制造业和现代服务业融合发展试点，28家企业入选2023年度浙江省服务业领军企业名单，数量居全市第一位。《共建"中国视谷"，探索跨区域产业合作共富新路径》入选市共同富裕示范区城市范例最佳实践名单。

【绿色发展】 2023年，杭州高新区（滨江）主导编写的省级标准《公共建筑暖通空调系统节能量验证技术指南》成功立项。中国杭州低碳科技馆、中控科技园办公园区轻量化数智化节能改造项目入围2023年度杭州市十大低碳应用场景。区机关事务管理服务中心完成"零碳公共机构"创建。全区推进既有公共建筑节能改造工作，全年完成楼宇节能改造项目10个，并网光伏项目15个，投用用户侧储能项目3个，固定资产投资节能审查项目8个。

（徐肖珊）

【营商环境优化】 2023年，杭州高新区（滨江）成立"一号改革工程"专班，制定《杭州高新区（滨江）营商环境优化提升"一号改革工程"实施方案》，推动"营商环境无感监测指标"。召开营商环境优化提升大会，出台《杭州高新区（滨江）关于打造营商环境最优区若干意见》《营商环境优化提升九大专项行动》政策文件，为首批营商环境体验官队伍32人颁发聘书。推进园区暖企小站建设，实现"企业有需求，不出园马上办"，建成暖企小站20多个。依托"亲清在线"平台，兑现涉企资金33.43亿元。至年底，入选为全省营商环境最佳实践案例1项，省级营商环境"微改革"项目1项，市营商环境优化提升最佳实践案例3项；省级"一类事"先行先试清单1项，市级"一类事"试点清单2项。

（雷　霆）

自然资源管理

【概况】 2023年，杭州高新区（滨江）推进节约集约利用工作，成功创建全国首批自然资源节约集约示范县（市）。深化"亩均论英雄"改革，探索集约用地新途径，创新城市工业发展新模式，推进"工业综合体"开发模式改革，首个工业综合体项目——荟鼎智创中心建成完工。荟鼎智创中心被自然资源部列为工业用地开发利用第一批创新典型案例，并向全国推广。

（郭　媛）

【土地使用管理】 2023年，规划资源滨江分局收储经营性住宅用地8宗、26.2公顷，收储经营性商业服务业用地6宗、12.27公顷；收储工业用地10宗、20.35公顷。推进经营性用地出让，出让经营性住宅用地8宗、25.6公顷，收缴出让金166亿余元；出让经营性商业服务业用地6宗、12.27公顷；出让工业用地9宗、23.73公顷。承接市级工业用地出让权限下放工作，承接收储验收、出让方案编制报批、挂牌公告、成交资格审查及成交确认书核发、土地移交等工作。

（夏　莹）

【权籍调查】 2023年，规划资源滨江分局落实《杭州市建设工程竣工规划用地核验规定（试行）》等省、市关于不动产登记、权籍调查规范要求，提前介入政策指导，加快组织资料审查、现场核查，指导测绘单位开展无测绘权籍调查，实现全市首次产业项目用地规划许可证、建设工程规划许可证、不动产证“三证齐发”。全年组织现场踏勘115次；完成权籍调查148宗，其中复核验收类权调项目72宗、储备地块29宗、城镇私房等存量房变更权调项目17宗、预测绘项目13宗、纯土地登记类权调项目7宗、地下空间首次登记权调项目10宗。

【国土空间监测】 2023年，规划资源滨江分局推动年度国土变更调查工作。通过现场调查举证，新增地类图斑更新上图1186个，累计2633个。更新上图面积250.87公顷，更新范围占全区域总面积的3.47%。利用已有资源，结合数字化平台建设成果，挖掘可利用的各项数据，完成2023年城市国土空间监测工作城镇住宅细化及单体房屋提取工作，其中城镇住宅要素215条，单体房屋9730条，所有成果均通过省、市两级核查。

（贺　刚）

【测绘与机构管理】 2023年，规划资源滨江分局开展乙级测绘单位资质申请及变更审查工作。组织单位人员开展工作规范、审查标准等学习。搜集辖区内测绘机构资料，加强联系沟通。全年完成浙江海测科技有限公司等16家单位共105轮初审工作，日常测绘项目备案183宗，测绘成果审核入库162宗。

（陈梁友）

【土地执法监察】 2023年，规划资源滨江分局开展土地执法日常巡查234人次，发送涉嫌违法违规建设情况移送函4份，协助区综合行政执法局开展违法建设行为核查102次，为拟上市企业出具无违法违规证明材料18份。卫星图片遥感执法检查发放图斑186宗，对涉嫌违法用地问题的9宗图斑，督促责任单位全部整改到位，实现卫星图片遥感执法监督检查违法用地耕占比连续8年为零。落实地质灾害易发区防灾责任人和巡查员24人；在台风以及强降雨等重点时段，出动巡查队伍219组301人次排查和巡查全区地质灾害易发区，发出地质灾害气象预警4次；根据区防指办《关于进一步做好防汛防台隐患排查工作的通知》要求，组织18人次对5个涉亚（残）运会场馆（奥体中心体育场、奥体中心网球中心、滨江体育馆、浙江警察学院体育场、浙江中医药大学体育场）和4个酒店（杭州白马湖建国饭店、滨奥皇冠假日酒店、歌山品悦大酒店、世融艾美酒店）进行地质灾害风险隐患巡查排查，未发现有地质灾害风险隐患问题。推进防汛指挥要素图编制和自然灾害风险普查工作，全年收集卫星遥感影像、行政区范围矢量、地质灾害治理点和监测点等矢量数据400兆，为全区防汛指挥要素图编制工作提供数据保障。推进“迎亚运”山体修复景观提升行动，对已完成的5处山体裸露点位做好日常景观养护工作。

2023年12月26日，规划资源滨江分局在长河街道白马湖片区开展土地执法日常巡查　　（规划资源滨江分局　供图）

（许贤鹏）

【林业管理】 2023年，规划资源滨江分局落实森林防火责任制，开展野外火源排查及治理600千米，出动415人次。补充街道、社区森林消防配套设备，包括消防水泵1台、风力灭火机2台、护目镜30副、水带92条、三号工具40套、汽油发电机组2台。开展野生动物救护，接收“110”联动140起，救护野生保护动物100多次。完成新增国土绿化造林27.6公顷，完成千万亩森林质量精准提升工程39.07公顷，助推“绿色滨江”发展。

（倪　达）

【不动产登记】 2023年1月，规划资源滨江分局不动产登记队伍开展“优作风、提素质、创满意”专项行动。3月13日起，杭州市10个区的线上5项和线下8项高频不动产登记事项实现“市域一体化”。6月，设置“办不成事”反映窗口，为办事企业和群众提供兜底服务；开展产业用地“三证齐发”工作，实现建设用地规划许可证、建设工程规划许可证、不动产权证（国有建设用地所有权）齐发；设置不动产登记“一网通办”专窗，主要高频不动产登记事项实现杭州市10个区“市域一体化”通办，3个县（市）“异地受理、属地办理、受办分离”跨区域通办。8月起，对照《不动产登记大厅“体检”指标》提出的84项指标，结合登记队伍作风和素质提升专项行动46项任务，开展不动产登记大厅自查。9月11日起，推行二手房转移一件事全程网上办理、掌上办理。12月1日起，开始承办属地范围内抵押权首次登记及注销登记全流程电子化网办业务。至年底，不动产登记窗口办理不动产登记业务1.54万件，发放不动产权证书1.81万本、不动产登记证明4915份，出具查档件2.13万件。

（周洁莹）

国有资产管理

【概况】 2023年，杭州高新区（滨江）有区属各级国有全资及国有控股公司28家，其中直接监管企业5家，委托监管企业3家，各级子公司20家。国有企业合并资产规模总额1054.82亿元，负债总额480.55亿元，净资产574.27亿元，营业收入24.42亿元。区财政局（国资办）以做强做优做大国有企业为目标，深化新一轮国有企业改革，推动国有企业高质量党建引领高质量发展，形成“1+2+3+X”国资运营管理新体系，即“1”为财政局，“2”为杭州高新国有控股集团有限公司和杭州高新金投控股集团有限公司，“3”为杭州滨江城建发展有限公司、杭州滨江环境发展有限公司和杭州高新技术产业开发区资产经营有限公司，“X”为下设子公司。

【国有企业党建】 2023年，区财政局成立区委国有企业党的建设领导小组，制定《关于全面推进新时代高质量国有企业党建工作的实施意见》《区委国有企业党的建设领导小组工作规则》，把党建工作融入国有企业治理，健全从严治党体制机制。召开全区清廉国企建设推进大会，发布《国企监督体系十五条指导意见》《关于全面实施“七大工程”深入推进清廉国企建设的实施方案》，围绕强根固魂、重大决策、廉洁风险、监督格局、作风建设、清廉文化、国企铁军“七大工程”，制定20项具体任务，构建“135”（“1”个目标，即国企高质量发展廉动力；“3”重任务，即保方向、促效益、护勤廉；“5”维治理，即结构治理、行权治理、风险治理、队伍治理、数字治理）现代化国企监督体系，健全纪检内设组织配置，在杭州滨江环境发展有限公司、杭州高新技术产业开发区资产经营有限公司、杭州滨江城建发展有限公司分别增设纪检室，在杭州高新国有控股集团有限公司和杭州高新金投控股集团有限公司增设监察专员，增强国企纪检组织力量。

【国有企业股权归属调整】 2023年，区财政局推进国有企业股权归属调整。将原杭州高新人力资源服务有限公司、杭州白马湖生态创意城投资开发有限公司股权关系调整至杭州高新技术产业开发区资产经营有限公司，将杭州滨江商业资产经营有限公司股权关系调整至杭州滨江城建发展有限公司。将杭州高新技术产业开发区资产经营有限公司持有的杭州临江环境能源有限公司10%股权、杭州高新技术进出口有限公司14.14%股权、杭州市地下管道开发有限公司4%股权、杭州之江大桥开发有限公司10%股权无偿划转至杭州滨江环境发展有限公司。

【国有资产管理】 2023年，区财政局开展辖区国有资产清查摸底，排摸全区604.09万平方米国有房产、临时借地、临时用房等国有资产及2018—2022年使用情况，形成全区国有房产底数清单。落实区属国有企业房产历史遗留问题处置责任分工，将沿江、北塘河房产等相关资产划转给杭州滨江环境发展有限公司，由杭州滨江环境发展有限公司负责统一运营管理。将区综合行政执法局管理的1.01万个公共停车场和道路停车泊位特许经营权划转至杭州高新国有控股集团有限公司，提升国有资产经营运营管理。划转后，实现经营性资产集中统一监管。

【国有企业引领战略】 2023年，区财政局推动国有企业引领战略实施。全年实施扩大有效投资政府投资项目97.8亿元，其中国有企业承担72.15亿元，占73.76%。围绕建设世界领先科技园区目标，为“一园三谷”（建设世界领先科技园区以及“中国视谷”“中国数谷”“国际零磁科学谷”）建设提供支持。杭州滨江环境发展有限公司投资建设国际零磁科学谷，总投资180亿元，于10月30日启动。杭州高新技术产业开发区资产经营有限公司投资建设杭州人工智能算力中心，总投资2.2亿元。杭州高新金投控股集团有限公司成立杭州高新数商科技集团有限公司支持中国数谷建设。

【国有资本监管】 2023年，区财政局召开政银企交流座谈会和区属国有企业资金协调小组会议，协调区属国有企业资金需求。制定《区属国有企业债券管理办法》，完善《区属国有企业公款存放管理实施办法》，规范区属国有企业债券发行、银行账户及公款存放行为，提升对区属国有企业资金使用监督管理。加强数字化监管，开展国有企业数字化监管平台二期建设，加快推进国企融资模块开发进度，将融资工作、债务明细融入数字化管理。至年底，区产业基金在投金额62.8亿元；在投合作基金30只，认缴出资金额65.78亿元，实缴金额24.30亿元，总规模299亿元；股权直投在投项目30个，认缴投资规模34.44亿元。

（单忆佳）

财　政

【概况】 2023年，杭州高新区（滨江）财政总收入462.46亿元，比上年增长6.7%，其中一般公共预算收入242.14亿元，增长12.8%，占财政总收入的52.4%。一般公共预算收入中税收收入229.07亿元，占一般公共预算收入的94.6%。一般公共预算支出181.88亿元，增长8.4%。全区预算执行情况良好，全年财政收支平衡。

【财政收入培植】 2023年，区财政局提高收入质量，落实与区税务局等部门协同，强化重点税源监测。全年一般公共预算收入占财政总收入的52.4%，占地区生产总值的9.8%；一般公共预算收入中税收收入229.07亿元，占一般公共预算收入的94.6%；非税收入13.07亿元，占一般公共预算收入的5.4%。全年争取中央、省、市级财政资金53.36亿元，比上年增长24.6%。推进土地出让金统筹管理，跟踪出让地块挂牌进程、资金结算进度，实现土地出让金及时入库，全年土地出让金收入129.69亿元。

【经济发展服务】 2023年，区财政局聚焦“8+4”政策体系，联合区发改局、区经信局、区科技局、区教育局等17个部门研究落实举措，拨付资金122.47亿元，拨付率115%。实施数字经济创新提质“一号发展工程”，优先兑付国家高新技术企业认定奖励、瞪羚企业政策资助等政策，重点保障杭州市高层次人才奖励、应届毕业生补贴等人才培育政策。落实中小企业预留、预付款，降低履约保证金，合同及时签订公开等各项政府采购惠企政策，推进“无感检测”营商指数指标提升至标杆指标；重点扶持中小企业发展，中小企业合同金额占政府采购合同金额的97.7%。全年，落实区级惠企产业资金62.33亿元，惠及企业1.15万户次。

资料："8+4" 经济政策

指扩大有效投资、科技创新、先进制造业集群培育、现代服务业高质量发展、世界一流强港和交通强省建设、扩大内需和对外开放、乡村振兴和城乡一体化发展、保障和改善民生8个重点领域政策包和财政金融、自然资源、能源、人才4张要素保障清单。

【亚(残)运会财政服务保障】 2023年，区财政局统筹保障资金，制定赛事资金保障方案，创新"部门预算+专项资金"机制，安排2023年杭州亚(残)运专项经费18.82亿元。组建赛事预算审核团队，构建专项资金拨付机制，实施资金"全生命周期"监管，形成闭环管理。保障设施建设，优化提升亚(残)运场馆，投入奥体中心主体育场、网球中心、滨江体育馆3个场馆改造资金1.24亿元。投入道路基础设施建设13.8亿元，完成江南大道整治和亮化提升、人行天桥工程等4个项目，完成江陵路、西兴路、滨康路、火炬大道、滨盛路5条亚(残)运会场馆周边道路建设。投入环境整治项目资金6.61亿元，完成片区微更新项目14个、沿江区域提升改造项目1个。

【民生投入】 2023年，杭州高新区(滨江)民生支出159.42亿元，比上年增长10.5%，占一般公共预算支出的87.7%。民生支出包括教育、科学技术、文化体育与传媒、社会保障和就业、卫生健康、节能环保、城乡社区、农林水、交通运输、商业服务业、自然资源海洋气象、住房保障、粮油物资储备13类民生相关支出。包括教育支出33.39亿元，增长7.8%；支持投用学校11所、完工3所、续建10所、新开工5所，新增学位1.1万个；支持教学设备采购、合作办学补助、民办教育补助、智慧教育建设、优秀教师培育。卫生健康支出8.61亿元，下降13.5%；支持浦沿街道、长河街道社区卫生服务中心建设，保障新投用社区卫生服务站9家；支持首轮居民营养监测，保障"慢病一体化门诊"建设，助力优化"家门口"健康管理服务。社会保障和就业支出22.1亿元，增长14.1%。支持帮扶重点群体8872人次，助力失业人员实现再就业2996人次。提升"一老一小"服务水平，保障嵌入式养老微机构实现街道全覆盖，通过省级普惠托育基本公共服务试点验收。文化旅游体育与传媒支出4.34亿元，增长19%；保障新建改建城市书房、智慧借阅点13个；支持建设嵌入式体育设施41片、健身苑点25处；助力举办第十九届中国国际动漫节、第十七届杭州文化创意产业博览会等文化活动。

【财政体制改革】 2023年，区财政局推进街道财政体制改革，制定街道财政体制优化完善方案和企业财政收入级次划分管理办法，重新划分企业管理级次，核定收支基数，明确超收分成和专项奖补机制，激励街道、平台优化营商环境。开展政策兑付闭环管理机制改革，以增值化服务为导向，通过"创新兑付模式3种，优化数字系统2个，建立闭环机制1套"机制，在全市率先启动惠企政策"免申即享""即申即享""分批快享"兑付模式。该模式入选2023年度全省财政系统"一号发展工程"标志性成果培育名单。深化绩效管理改革，完善绩效管理机制，优化代表委员参与机制，通过部门协同联动，开展首次联合评审，会同区科技局、区审计局推进产学研平台项目审计与绩效评价。推进预算绩效管理数字化应用，首次实现部门预算项目绩效管理全过程线上全覆盖。深化国有企业改革，优化国企架构业务，完成国有二级企业和参股公司股权归并和调整，鼓励区属国企拓展市场化经营业务。健全国企管理制度，推动出台9个文件制度，形成"1+2+N"国企制度体系。

资料："1+2+N" 国企制度体系

以《关于全面推进新时代高质量国有企业党建工作的实施意见》为引领，出台《关于启动国企"廉动力"行动暨健全国企监督体系的十五条指导意见》《关于全面实施"七大工程"深入推进清廉国企建设的实施意见》2个文件，以及综合考核、薪酬管理、债券管理、公款存放、容错免责等N个业务性制度。

【财政风险防范】 2023年，杭州高新区（滨江）防控地方债务风险，强化全口径债务监管，合理控制债务，实现全口径债务风险等级为绿色。推进隐性债务化解，全年完成化债27.03亿元，累计政府债务化解率87.9%。加强财政监督，组织“财会监督年”活动，开展财经纪律整治、会计信息质量、预决算公开信息、委托第三方服务资金使用等专项检查，规范财经秩序。修订完善区级行政事业单位公款竞争性存放管理办法，防止利益输送。强化政府采购监管，加强政府采购政策宣传，完善政策执行监督机制，制定2023年区政府采购绩效考核标准，按季度检查、通报政府采购项目政策落实情况。

【财政队伍建设】 2023年，区财政局开展主题教育，组织财政、国有企业、注册会计师行业集中学习58次，678人次参加。区财政局党委领衔调研课题1个，督促各国有企业领导班子申领课题9个，制定问题清单，查找问题15条。推进干部能力提升，实施青年“领航”工程，安排年轻干部参与产业项目、亚运项目、改革项目等重点工作，区财政局团委获“2022年度高新区（滨江）五四红旗团委”称号，区财政局青年代表队在全市财政系统学习贯彻习近平新时代中国特色社会主义思想主题教育知识竞赛中获二等奖。加大年轻干部选拔力度，2023年选拔任用干部5人，其中副处级干部1人、科级干部4人。推进清廉单元建设，实施以“固本强基全领域、资金监管全链条、‘数智’赋能全贯通、财政监督全覆盖、清廉文化全浸润”为核心的廉政工程，该工程获评全区清廉建设优秀实践案例。区财政局清廉指数居全区第一位。

（徐琼霞）

税　务

【概况】 2023年，杭州高新区（滨江）各项税收收入481.79亿元，比上年增收16.21亿元，增长3.5%。其中：增值税收入176.57亿元，企业所得税收入120.08亿元，个人所得税收入111.29亿元，土地增值税收入21.55亿元，城市维护建设税收入15.75亿元，契税收入13.83亿元，房产税收入10.11亿元，印花税收入5.87亿元，车辆购置税收入5.43亿元，其他税收收入1.31亿元。组织社会保险费和其他非税收入207.19亿元，增长6.65%。其中：社保费收入191.62亿元，增长7.7%；非税收入15.57亿元，增长1.8%。全年落实新增减税降费及退税缓费政策56.14亿元。

【税源管理模式优化】 2023年，区税务局优化税源管理，推出征管数据“AI质检”，提升征管基础质量，实现强化风险控制前提下征纳双向减负，该举措获市税务局主要负责人批示肯定。创新土地增值税“培训+实训”团队审核模式，提升清算质效，全年可清算项目100%完成。推进深化征管改革基层实践，完成省税务局“减税降费数智综合监督机制”“协定待遇优惠后续管理”2个“揭榜挂帅”试点项目，其中“协定待遇优惠后续管理”项目纳入省税务局“智慧驾驶舱”项目。承接全省首家非居民跨境缴税试点，为非居民纳税人跨境缴税提供全程服务，该试点项目纳入国家税务总局管理创新项目并向全国推广。

【税务法治】 2023年，区税务局以破产案件管理为主，推进税务司法协作建设。参与市税务局与市中级人民法院破产意见制定及司法协作协商会议，配合做好《关于企业破产程序中涉税事务便利化的意见（试行）》完善工作。根据省税务局与省高级人民法院破产纪要文件最新规定，对区税务局破产债权申报流程进行更新完善，明确稽查查补债权申报责任部门及对接方式。开展破产债权申报、破产注销、死欠核销专题业务培训3场。上线“破产债权申报内部台账”内网小程序，依托信息化技术手段实现破产案件规范化管理，为破产便利化注销和死欠核销提供数据支持。至年底，申报破产债权71户，实现入库523.23万元。“出口退(免)税风险管理”案例获评市税务系统风险管理优秀案例一等奖;推广数字化电子发票,上线新办纳税人“全量纯单轨”(全量开具数字化电子发票,不再使用税控设备开具发票)开票系统。

【软件退税监管】 2023年,区税务局为加强软件增值税企业即征即退管理,针对现有软件即征即退电子化审核系统缺失风险管理功能情形,在系统中嵌入预警管理模块,设置进项分摊不合理、软件与服务收入划分不清、嵌入式软件企业组成计税价格不合理等11个疑点指标。针对已办结的软件退税事项,就企业实际经营业务、关联交易定价、发票开具等方面进行回溯分析,综合研判企业是否存在违规申报行为;如发现税款流失风险,系统自动生成预警清册并推送预警任务,任务未办结前,暂不通过对应企业当前的电子化退税审核;对预警任务已办结且申报错误已更正的企业,提醒干部加强日常动态监控和政策辅导。至年底,利用预警功能筛选132户风险企业,其中70户企业自查发现问题并补缴增值税171.96万元,调整进项税额516.34万元。“软件退税闭环式精准监管”项目入选为浙江省税务局指导创新项目,获省税务局主要负责人批示肯定。

【纳税服务】 2023年,区税务局以服务增值为主线,优化营商环境。针对已办结事项,联动辅导下步关联业务,实现对“纳税人迁移事项”等4个大类7个小项关联业务“前瞻式”提醒。针对可“网办”的办理事项,在申报期前对办税员前置推送“网办”指南,减少“网上可办但不懂办”情形。推进“标准化”管理,完成“统一查询口径、统一判断标准、统一反馈规范”电子税务局即办业务审核标准,全年实现14类100多项业务精准指引并向全市推广。结合核心风险排查口径,梳理形成破产债权、发票协查操作等指引,降低执法风险。扩大“协作式”共治,推动建立以政府主导的税费征管协调保障机制、印发区域保障办法。联合区人力社保局、规划资源滨江分局等部门创新“移动审批车”项目,提供不动产转让缴税等“一站式”上门服务。“滨税助飞”服务团队走访企业,检验税费优惠政策落实成效。

2023年1月13日,区税务局“滨税助飞”服务团队到企业检验税费优惠政策落实成效　　（区税务局　供图）

春晓路办税服务厅获评2023年市级“法治宣传教育基地”,“蓝精灵工作室”获评全省纳税宣传辅导优秀品牌。

【城乡居民“两费”征缴】 2023年,区税务局开展城乡居民基本养老保险费和城乡居民医疗保险费(简称“两费”)集中征缴工作。区税务局依据3个街道征缴工作实际情况和工作难点,落实建立分片包干机制,将征缴任务进行层层分解,设置“两费”集中征缴工作联络员,提升征缴工作进度。联合区人力社保局(区医保局)、3个街道、7所高校开展征缴数据清理、核实。区税务局每日关注缴费情况,比对区分未缴费参保户各类数据,通过对批扣户和非批扣户分类精准短信推送进行催缴。至年底,全区城乡居民“两费”(包含大学生医保)征缴14.03万人,征收金额3537.18万元。

【非税收入征管职能划转】 2023年，区税务局接收2项非税收入征管职责划转，分别为森林植被恢复费、草原植被恢复费。划转以依法征收为原则，与区财政局、规划资源滨江分局等部门协调沟通对接，签署交接备忘录，办理交接手续。于1月10日，完成2020—2021年征收明细交接，交接以规范互联互通平台费源信息传递流程，加强对基础资料传递监控和审核，确保费源传递及时畅通。至年底，实现1户企业森林植被恢复费接收申报。

【"枫桥式"办税服务厅】 2023年，区税务局践行新时代"枫桥经验"，转型升级实体权益保护中心，依托区社会治理中心，增加税费问题调解功能，实施基础税费争议立行立办，实现"诉求收集—快速响应—及时反馈"24小时内办结闭环。组建矛盾争议调解专业团队，对确需转办疑难事项，设置"急难愁盼"标识，由业务部门骨干、公职律师、法律顾问组建团队对接处理。完善税费会商制度，搭建"1+N"（1指税务部门，N指各税种征收和管理衔接时的配合部门，如工商、车管所、社保、街道等）服务网格，对于涉及多部门多税种复杂争议开展"圆桌座谈"，助力纳税人缴费人"一揽子"解决问题。收集整理纳税人缴费人意见建议，通过精简办税流程、规范服务用语、完善应急预案等对权益保护机制进行完善提升。开展"前瞻式"辅导，针对已办结事项点对点辅导办理关联业务，完成4个大类7个小项关联业务联动提醒。至年底，解决基础税费诉求261起，开展"圆桌座谈"3次，解决问题16个，前置辅导2342次，区税务局获评浙江省税务系统2023年新时代"枫桥式"税务所（分局、办税服务厅）。

【税务文化建设】 2023年，区税务局做好税收文化建设，助力讲好税收故事、学习兴税资源建设等工作。联合中国财税博物馆推出"税+博"文化探源行动，获国家税务总局、浙江省税务局主要负责人批示肯定。原创动漫作品《诚信纳税 信用中国》入选为省税务系统"优秀税收影视文化宣传作品"。原创微电影《它说》获第30届中国大学生电影节"中国税收"特别单元入围作品奖。

（王　俨）

金融监管

【概况】 2023年，杭州高新区（滨江）完善金融风险防范化解体系。根据《滨江金融安全风险闭环管控机制专项工作赋分办法》，强化考核激励约束，织密风险防控处置工作网，开展社区网格员金融风险防范处置专题培训工作，增强平安金融建设基层队伍力量和专业素养。

【数字化赋能金融风险监测预警】 2023年，区金融办综合运用监测防控系统、"同花顺"金融数据终端、涉众风险企业预警处置平台、基层治理综合信息平台等数字化监测平台，结合省、市印发的风险线索，迅速识别、研判、处置金融风险。全年开展相关疑点排查20次，处理负面舆情8条，联合审查注册、变更及迁入类金融企业132家。

【金融风险防范】 2023年，杭州高新区（滨江）整改风险私募机构7家，其中完成管理人资质注销3家，立案1家，持续整改3家。对新增的30.34亿元区私募基金产生的风险实现较好控制，存量2493万元的私募基金的风险持续减少。开展防范和打击非法集资宣传教育，开展线上、线下宣传，工作报道被市地方金融监督管理局（市政府金融工作办公室）网站刊登3次。全年化解信访投诉239件。

（来　霖）

审　计

【概况】 2023年，杭州高新区（滨江）共实施审计项目12个，查出管理不规范金额4.57亿元，整改落实金额945万元，推动被审计单位制定、完善规章制度16项。审计信息获省、市、区三级批示、采用34

篇次。《杭州市滨江区城市运行管理资金专项审计调查》项目获杭州市优秀审计项目三等奖。区审计局到基层调研2次，形成调研报告1份，上党课4次。结合“三会一课”、主题党日、理论中心学习等形式开展学习教育12次，到结对社区、亚（残）运会保障等开展志愿服务10次。区审计局获杭州市人民政府服务保障杭州第19届亚运会、第4届亚残运会嘉奖表彰，获评中国审计报社2023年度全国审计宣传工作先进单位。

【审计工作管理】 2023年，区审计局围绕“集中统一、全面覆盖、权威高效”监督体系，落实重大事项请示报告制度。召开区党委审计委员会会议3次，审议通过重大审计事项11个。制定出台《中共杭州高新区（滨江）委审计委员会成员单位工作协调制度（试行）》《中共杭州高新区（滨江）委审计委员会办公室审计工作重大事项督察督办办法（试行）》《杭州高新开发区（滨江）党委审计委员会办公室会议制度》《关于明确审计迎检工作流程和职责》等制度，持续完善机制强化规范运作。针对重大问题落实审计整改专项督察等机制，推动提升审计整改质量和实效，至年底，审计整改联合督查领导小组办公室开展审计督办4次。

【财政审计】 2023年，区审计局开展2022年区本级财政预算执行和决算草案编制情况审计。围绕大财政审计监督“资金主线”，融合“N个项目”，设置“财政资金支持融资担保情况”和“科技经费支出管理使用情况”2个专题，提高审计资源融合配置效率。审计整改上缴财政资金879万元，其中1个问题被省审计厅综合报告采用。

【经济责任审计】 2023年，区审计局对长河街道、白马湖生态创意城管委会、区市场监管局、区发改局4家单位5名主要负责人实施经济责任审计，推动领导干部职责守责、担当作为。完成干部监督联席工作涉及的提拔、晋升或转正干部审批10批次，区人大代表意向人选资格审查3批次。完成19家单位20名主要负责人的领导干部离任经济事项交接工作，发挥审计在干部日常监督中的作用。

【政府投资项目审计】 2023年，区审计局对农转居安置房建设、城市基础设施、中小学校等29个超2亿元重大政府投资项目开展跟踪审计，保障区委、区政府重大政策措施落实和项目建设达到预期效果，审计发现问题20个，跟踪审计项目结算复核核减1751.28万元。开展亚（残）运会资金及配套工程跟踪审计，以场馆资金使用、部分亚运配套工程及13个功能片区微更新项目为重点，促进配套工程资金规范管理。《杭州高新区（滨江）EPC项目管理制度亟待进一步完善》《杭州高新区（滨江）开展亚运配套工程服务保障提质跟踪审计》2篇信息专报获区主要负责人批示。

【民生项目审计】 2023年，区审计局关注重大政策贯彻落实执行情况，围绕人才政策落实、创新平台资金使用、新冠

2023年9月3日，区审计局对长河街道实施经济责任审计。图为东江围垦长河区块经济责任审计项目现场　　（区审计局　供图）

防疫资金使用等开展审计，实施政策落实专项审计项目4个。完成省审计厅、市审计局亚运、民生实事、招商引资等领域审计项目5个，追回违规资金15万元，发现问题10个，其中4个问题被市级综合报告采用。

【内部审计】 2023年，区审计局探索国家审计与内部审计协同发展，推进审计“两统筹”（强化审计项目统筹、强化审计组织方式统筹）。完成杭州创新知识产权公共服务平台有限公司对北京航空航天大学杭州创新研究院、浙江大学滨江研究院的扶持资金专项审计调查，专报获区主要负责人批示。推进“一肩挑”村社干部监督，出台《“驻镇（街）审计师”制度助力村（社区）“一肩挑”工作专班实施方案》，明确专班主要职责，加强“一肩挑”组织领导，对街道内审人员政策法规、实务操作等方面进行指导，整合内审资源助力国家审计。

【审计数字化】 2023年，区审计局围绕审计数字化监督改革，持续创新发展，完善重大项目“审改防”平台，突出数据整合与共享，对进入平台全部工程项目自立项批准至竣工投产进行全流程全环节审计监督，形成跟踪审计问题发现、问题整改、共性问题教育防范整体闭环管理，发挥投资审计最大效应。推进“浙江省审计整改一体化系统”应用建设，完善审计问题挂号销号等全链条管控机制，落实审计整改质量三级把关，建立问题、责任、措施、时限“四张清单”把控销号进度，系统整改率100%。

【审计质量制度建设】 2023年，区审计局制定《全员全流程审计业务质量控制图》《审计质量分级控制职责分解》《审计质量分级控制主要职责分解图》等制度文件，细化审计全流程环节要素，明确事项权责清单。制定《杭州市滨江区审计局印发〈关于开展审计项目后评估工作的实施意见（试行）〉的通知》，指导各项目主审落实研究型审计，提升审计质量，推动审计工作服务经济社会发展大局。

【审计整改】 2023年，区审计局以“重大审计问题清单”为切入点，构建从清单生成到问题销号全链条闭环管理。全年制定“重大审计问题清单”相关文件3项，推动整改出台区级制度2项。1篇专报被《杭州政务信息（专报）》录用，并获市级领导批示。1个案例入选市级典型案例库。全年审计清单指数排名居全省第18位。

【审计队伍建设】 2023年，区审计局推进干部队伍建设。外派12人次参与省、市、区审计项目及专班锻炼学习。采取以老带新“结对”方式发挥“传帮带”作用，开展审计干部日常廉政教育。全年，提拔干部6人，获评市审计局“最美审计人”1人，获市政府“亚运先进个人”表彰1人。

（单梦晶）

统　计

【概况】 2023年，区统计局围绕“建设天堂硅谷、打造硅谷天堂”建设要求，推进统计服务经济社会发展。全年形成专报25篇，其中获区主要负责人批示21篇，获全省优秀统计分析报告一等奖1篇、全市二等奖1篇、三等奖1篇。连续16年获评火炬统计工作先进单位。完成工业、服务业、批零住餐业等1800多家单位常规统计调查工作及人口抽样、住户、采购经理、生产经营、工业生产者价格等调查工作。开展“共同富裕示范区建设浙江民众感受度调查”等28项民意调查，助力共同富裕示范区样板区建设。推进第五次全国经济普查工作，共清查法人单位、产业活动单位6万家，个体工商户9951家。推进区本级满意度评价办法制定，牵头开展区直单位、街道（平台）、区属国企、公办学校（幼儿园）、街道卫生服务中心等领域满意度评价调查。通过“统计可视化平台”“滨江发布”等发布《统计月报》《统计快报》《统计公报》《统计年鉴》，为区委、区政府、社会公众提供统计数据。保障数据质量，全年通过“双随机”统计执法检查，完成分专业自查自纠1520家次、掌上核查517家次、统计执法检查88家。以“先进制造业和现代服务业深度融合发展研究”为主题，承接共同富裕统计监测体系市级专项试点并结题。

【数据质量建设】 2023年，区统计局将3个街道、5个平台、1800多家“四上”（指规模以上工业、有资质的建筑业、限额以上批发和零售业、限额以上住宿和餐饮业、有开发经营活动的全部房地产开发经营业、规模以上服务业法人单位）企业纳入统计单元化管理，对街道平台、企业统计员进行统一管理。加强统计业务培训，通过线上线下联动对工业、服务业、批零住餐、投资、劳动工资等专业1800多家企业开展38场次业务培训，专题组织街道、平台统计人员对报表指标、填报口径等内容做解读，实现区级部门、平台、街道和规模以上企业全覆盖，提升统计基层业务水平。发挥统计监督职能，在完成各类常规报表和调查基础上，对“一套表”直报企业上报的数据进行实时跟踪，做到“即报即审”，对数据异常单位及时联系核实修正。至年底，撰写专报25篇，其中21篇专报获区主要负责人批示。

（马佳慧　潘军建）

【统计监测】 2023年，区统计局围绕创新驱动高质量发展目标，聚焦全区国民经济全领域，加强对月度、季度、半年、年度经济指标监测，强化地区生产总值核算相关基础指标监测分析，夯实核算基础资料，推进数字经济核心产业及相关产业核算研究，对重要领域、行业和地区开展跟踪分析，撰写高质量调研分析报告，全年撰写专报25篇，其中21篇专报获区主要领导批示。编纂《统计月报》《统计公报》《统计年鉴》等各类统计产品。开发线上数据发布渠道，优化内部数据发布产品，利用“滨江驾驶舱”平台，推进“滨江统计可视化”2.0迭代升级，开发实时取数、多维展示功能，推进《统计月报》由“数库”向“智库”转变。

（徐苹苹）

【国家统计调查】 2023年，区统计局以数据质量为核心，针对新一批“为国记账”家庭开启为期5年的记账，做好全区记账户的月报、季报、年报工作。开展入户陪访，全年走访住户调查样本点20个，实现到点走访、入户访问全覆盖，为助力全区高质量建设共同富裕示范区样板区提供收入类调查数据支撑。开展8个社区128户劳动力调查、87家采购经理调查及24家工业生产者价格调查工作。开展24个社区5‰人口变动抽样调查。围绕共同富裕建设，捕捉社会热点和民生焦点问题，完成“共同富裕示范区建设浙江民众感受度”、民营企业发展环境等28项民意调查，为区委、区政府决策提出意见建议。

（孔华婷）

【统计法治】 2023年，区统计局加强各项监督贯通协调机制，推进统计法治建设。印发《杭州高新区（滨江）强化统计执法监督提升统计数据质量行动实施方案》，通过专项会议、自查自纠、梳理案件、专项核查等方式提升数据质量，全年核查企业1520家。开展统计执法“双随机”检查，通过区市场监管局、区应急管理局等部门开展联合执法，提升统计数据质量，全年完成掌上核查517家、统计执法检查单位88家。制定《关于开展加强统计监督与纪检监察监督组织部门职能监督巡察监督审计监督贯通协调工作的通知》，加强与区纪委监委、区委组织部、区委巡察办、区审计局协同配合，强化统计监督。推动普法宣传，以第五次全国经济普查和杭州第19届亚运会为切入点，通过入户调查、入企调查、企业培训环节，以发放资料、发表文章、组织统计法律法规知识竞赛、播放法治动漫视频等方式宣传统计法律知识，解析违法案例。

（丁　柯）

【第五次全国经济普查单位清查】 2023年，区统计局分阶段、有序推进第五次全国经济普查单位清查工作。组建区级经济普查机构，指导3个街道67个社区完成基层经济普查机

2023年8月11日，区统计局在浦沿街道滨之社区开展第五次全国经济普查单位清查（区统计局 供图）

构组建。开展普查区划分与绘图工作，共划分普查区67个、普查小区308个。推进单位清查登记，建立进度晾晒、每日答疑、“点对点”联络等工作机制。至年底，区统计局共清查法人单位、产业活动单位6万家，个体工商户9951家；单位清查登记工作全部完成。

（陈瑜洁）

市场监督管理

【概况】 2023年，杭州高新区（滨江）新设企业2.07万家，比上年增长23.54%，数量居全市第一位。推进信用监管减负，“双随机、一公开”监管考核指标排名居全省第20位、全市第三位。开展企业信用信息自愿承诺公示试点，在电子营业执照“一码通展”微信、支付宝小程序模块设置专栏，公示市场主体自愿公开的信息。优化“职业打假”，创新治理优环境，联合5个部门出台《杭州市滨江区非正常投诉举报人滥诉认定实施办法（试行）》，以法治建设促进企业合规发展。新增养老机构“阳光厨房”3家、“五化”（便利化、智慧化、人性化、特色化、规范化）市场3家。浙江省放心农贸市场5家。三星级以上规范市场5家。“示范小蔬菜门店”13家。“放心肉菜超市”1家。社区药事服务站2家。实现大中型食品批发企业、集中食品配送企业、社区生鲜店等新兴食用农产品销售者“浙食链”应用覆盖面100%。落实放心消费创建标准，全年服务放心消费单位1132家，受理市场监管领域投诉举报12.39万件。受党中央、国务院表彰肯定11项，包括深化知识产权服务业集聚发展改革、知识产权质押融资模式创新、以知识产权服务业集聚区建设支持区域创新发展3个项目获国务院推介肯定，获批首批质量认证“小而美”国际互认合作优秀案例、商事制度改革促进政务环境提升标准化工作、智能制造标准应用试点项目3个国家级试点。受省委、省政府表彰肯定36项，包括深化知识产权服务业集聚发展改革获评省营商环境优化提升第二批“最佳实践案例”、标准“一件事”集成服务改革获省第二批营商环境“微改革”项目等省级三个“一号工程”最佳实践案例和试点。受市委、市政府表彰肯定17项，包括知识产权“一类事”获评市政府服务增值化改革“一类事”试点。区市场监管局获市知识产权强市建设推进工作集体三等功等。

【质量建设】 2023年，杭州高新区（滨江）围绕区委“136”主题攻坚活动要求，建设“有感服务，无感监管”质量发展新格局，推进全区产品、工程、环境、服务“四大质量”建设。8月24日，全省“质量月”启动大会召开，推广高质量发展的“滨江”经验，杭州高新区（滨江）的浙江吉利控股集团有限公司获评“省级先进质量管理孵化基地”。新增主导和参与制定国际标准17个、国家标准13个、行业标准9个。全年兑现标准、品牌类奖励资金704万元。全区累计主导参与制定并发布国际标准24项、国家标准271项、行业标准258项，数量居全省区（县）第一位。全区质量建设得分102.7分，居全市质量工作考核第一位。

（吴元阵）

【特种设备及产品质量监管】2023年，区市场监管局检查特种设备2458台（件），发现安全隐患117个，封停设备92台，发出安全监察指令书65份，完成整改117个，整改完成率100%。受理特种设备安装维修告知959台（件），处罚特种设备违法案件3件，罚款9万元。开展产品质量监督抽查83批次，处理产品质量“后处理”（指对抽检不合格产品的处理）119批次，处罚产品质量不合格企业43家，罚款40.7万元，检查工业产品许可证企业2家。全年未发生特种设备及工业产品安全事故。

（赵伯银）

【亚运会特种设备监管】2023年，区市场监管局对核心区的亚运场馆和接待酒店使用的特种设备及核心场馆周边1000米以内的重点使用单位开展全覆盖安全检查，对商场、车站、医院等人员密集场所使用的电梯、锅炉等设备开展不间断的日常巡查，采取“线上预警+线下核查”的方式，依托“浙江特种设备在线”处置高风险隐患，做到处置及时率及闭环整改率100%。召开协调保障会议4次，指导协调核心区电梯制造厂家及使用单位做好贵宾电梯的试运行与安全性能测试，邀请国家级特种设备领域专家对开（闭）幕式场馆特种设备进行风险识别，针对专家们提出的问题及建议，督促使用单位与电梯制造厂家逐项落实整改。在滨江银泰商场开展“人人讲安全、个个会应急”安全宣传暨电梯伤人应急救援演练，召开核心区竞赛场馆、接待酒店特种设备安全保障调度会，专题交流研讨重点保障单位“一场馆一预案”，逐家指导3个竞赛场馆及5家保障酒店全流程、全要素开展应急救援演练25场次。指导杭州奥体中心场馆电梯困人的6种情形，逐项进行演练。亚运会赛事期间，落实核心场馆以维保人员为主的现场驻点值守队伍，定人定点实施保障，每日对设备进行不间断巡查，及时向场馆方与监察人员报告设备运行情况。监察人员与特种设备专家组在外围定点保障，及时响应，确保遇突发情况1分钟之内响应，5分钟到场处置。依托市应急处置中心在滨江建立的18个社会救援点及“110”联动处置，建立完善维保单位、应急处置中心、公共救援机构组成的“三级救援保障”机制建设，确保3分钟之内响应，15分钟之内到场处置。

（赵伯银　吴元阵）

【平台治理】2023年，杭州高新区（滨江）成立全国首个共享经济标准技术委员会平台治理工作组，推动平台治理国家标准建设。平台直播间管理规范、直播营销合规指南、平台运营者竞争合规风险评估指南3项国家标准提案通过首轮答辩，其中《平台运营者合规风险评估指南》已提交国家标准技术审评中心立项审评。指导区直播产业联合会编写发布《杭州市滨江区直播电商合规指引》，启动“课桌+圆桌”系列活动，举办平台经济合规发展课堂3期、平台经济政企恳谈会3期，参与企业180多家次；开展“增动能提信心”平台企业专项服务行动，市、区两级联动走访平台企业16家，回应企业问题和诉求11个。

（陆　斌）

【“上马石”助企服务】2023年，区市场监管局深化“上马石”（企业线上综合服务平台）运营与研发，完善在线融资定额、创业门诊专家入驻、地址自主核验等功能模块线上服务。至年底，服务平台汇集产业政策、金融产品、服务机构、办事指导等双创资源要素1033个、服务用户3.82万人次。该应用获评浙江省2022年度城市大脑（智慧城市）场景应用优秀案例。

（赵志升）

【“浙江制造”品牌培育】2023年，区市场监管局推进“浙江制造”品牌培育，围绕制造业供给端改革，完善品牌培育新路径，形成以“机制驱动、质量升级、标准提档和品牌增效”四位一体为特色的品牌培育新模式，推进信息技术产业、高端装备制造业、智能机器人、新能源等领域“浙江制造”品牌建设工作。至年底，全区新增“浙江制造”标准7项，累计54项；新增“品字标”认证证书7张，累计89张，“品字标”认证证书拥有量居全市前三位。

（赵伯银　吴元阵）

【商事登记确认制改革】 2023年，区市场监管局推进商事登记确认制改革，以股权转让“一件事”为重点，实现企业股权变更“跑多部门线下办”到“一次不跑全程网上办”，推进商事主体跨区域迁移全流程“一件事”网上办，迁移时间压缩至1个工作日。至年底，通过股权转让“一件事”联办方式，新增办结股权转让登记6037件，累计办结1.2万件。

（胡晔颖）

【行业协会协作】 2023年，区市场监管局指导完成区民营企业协会换届。区民营企业协会与浙江泰隆商业银行股份有限公司杭州滨江支行、宁波银行股份有限公司杭州高新支行、中国建设银行股份有限公司杭州滨江支行签订战略合作协议，获得授信260亿元，为协会会员单位开通信贷审批快捷通道等特约服务，推进民营企业改革发展金融环境建设。依托个体劳动者协会，推进条例宣讲、志愿活动、资源供给，开展“个体工商户宣传月”系列活动7场。做好“名特优新”个体工商户分型分类工作，全年完成45家优质个体户的申报审核入库；按季度常态化开展个体工商户发展状况监测分析，进行精准帮扶。

（赵志升）

【网络交易大数据监测平台建设】 2023年，区市场监管局推进网络交易大数据监测平台建设，提升监测覆盖面、优化监测准确性，开发直播间分级分类监测模块，综合分析直播间运行时间、品类、违规情况，科学分配监测频次，实现日常监管智能化、无感化。至年底，监测各类网络交易信息总计12.71万条次，发现涉嫌违规问题236个，开展行政指导30多家次。

（陆　斌）

2023年11月2日，杭州高新区（滨江）民营企业协会第四届会员代表大会召开　　（区市场监管局　供图）

【广告监管】 2023年，区市场监管局开展“护航亚运”“宣贯《互联网广告管理办法》”“借主题教育开展不当营商活动”“神医神药违规广告”等专题治理行动，监测直播场次4350场、时长6733小时，发现涉嫌违规问题134个。处置全国广告互联网监测平台、省市市场监管局交办涉嫌广告违法违规线索278条，立案查处广告违法案件34起，罚没款72.02万元。亚（残）运会期间，推进户外广告监管，开展户外电子广告屏日常巡查，实地检查156家次，排查相关广告168条次。

【消费领域合同格式条款专项整治】 2023年，区市场监管局对房产交易、住房租赁、住宅装修、物业服务、医疗美容、教育培训、汽车销售等消费领域重点行业，开展消费市场秩序即合同行政监管专项治理。加大八大类法定备案合同及校外培训机构合同的催报力度，从源头严控显失公平的条款，至年底，督导格式条款提供方删除或修改免除自身责任、排除消费者法定权利的不公平格式条款284条，出动检查人员79人次，行政约谈企业11家次，送达责令整改通知书12份，查处合同违法案件3起。

（叶震林）

【标准“一件事”集成服务改革】 2023年，杭州高新区（滨江）针对企业标准制定的难题，实施标准“一件事”集成服务行动，以标准集成服务改善营商环境。搭建标准“一件事”服务集成平台，实现日常使用频次高的12个网站、2000个标准官网集成优化、一站链接。在平台设立特色产业专区，引入标准化业务服务机构、标准化专家库、专家工作站，为企业对接资源。持续对接、吸引标准技术委员落户。全年引进1个国际标准技术委员会、2个全国标准技术委员会工作组、8个省级以上标准技术委员会。加强专利融入标准试点创新，重点围绕智能物联、智能制造、数字健康三大产业生态开展试点创新，探索核心专利与技术标准有效融合路径，提升区内企业和产业的核心竞争力和优势地位。至年底，转化形成国际标准、行业标准10项并融入专利200多件。杭州高新区（滨江）标准“一件事”集成服务改革入选为省2023年第二批营商环境“微改革”项目（市场环境）。

（郭梦舟）

【药品质量检查】 2023年，区市场监管局开展药品监督检查，完成17项专项检查，完成药品监督抽样省抽28批次、市抽80批次，每季度特殊药品管理监督检查11次。配合省、市市场监管局对16家药品生产、批发企业飞行检查或换证检查31次。受理麻醉药品、精神药品邮寄证明24件，麻醉药品、精神药品运输2件，药品零售经营许可127件，执业药师注册197人次，器械许可187件、备案478件，医疗器械网络备案292件。完成药品不良反应报告573例。推进民生药事服务站建设，完成2家，完成率100%。

【医疗器械质量监管】 2023年，区市场监管局检查医疗器械生产企业90家次，其中全项目检查31家次；指导2022年一类产品核查需整改的5家企业完成整改。组织对2023年的一类产品核查并对整改情况进行复查，完成二类医疗器械“双随机”检查和网络销售医疗器械“双随机”检查。对9家医疗器械网络销售第三方平台进行梳理，确定4家平台不展示销售医疗器械、2家平台不对外销售医疗器械。全年，处置网络销售协查件3起，发出行政执法协助通知书2份，警告1份；完成国抽17批次，省抽10批次，市抽23批次；上报医疗器械不良事件225例；要求443家医疗器械生产经营企业签署并张贴《浙江省医疗器械生产企业质量安全主体责任承诺书》。

【化妆品安全监管和宣传】 2023年，区市场监管局以生产企业和备案人监管为重点，检查化妆品生产企业和备案人266家次，审查备案产品755（个）次，完成化妆品生产环节监督抽样36个批次，责令整改问题67个。结合化妆品“一号多用”违法行为等专项检查工作，加强对美容美发机构、宾馆、超市以及网络经营企业的监督检查，检查化妆品经营企业370多家次，完成化妆品流通环节监督抽样23个批次，清理问题产品15个。落实化妆品不良反应监测工作，上报化妆品不良反应56例。开展化妆品法规宣传活动，结合“3·15”国家消费者权益日和“5·25”护肤日等活动，通过深入企业宣讲、微信公众号发布消息推送、公益图片滚动播放和现场分发宣传资料等形式，发放宣传手册100多份，设立化妆品宣传易拉宝8幅，入企宣传20多家，组织企业培训2次，通过微信公众号发送化妆品安全知识信息2条，利用辖区1900多台智慧电梯监管装置循环播放宣传图片计4000多小时，受益10万余人次。

（赵正业）

【食品安全体系建设】 2023年，区市场监管局牵头制定《食品安全现场检查工作手册》，分10个业态明确日常检查重点，为督导相关人员实地操作提供依据。修订《滨江区食品安全事故应急预案》，规范食品安全应急处置工作，开展2次应急安全事故演练。指导西兴街道、浦沿街道进行五星级食安办建设，至年底，西兴街道、浦沿街道2个街道食安办获评五星级食安办，加上已获评的长河街道食安办，杭州高新区（滨江）成为全省唯一实现基层食安办全域五星的区县（市）。

【食品安全监管】 2023年，区市场监管局开展食品安全“守底线、查隐患、保安全”行动，出动人员1500多人次，排查各类食品经营主体9732家次，发现问题隐患929个，全部完成整改。建立全区亚运食安保障组、应急处置小组、食品安全专班等机制以及亚运场馆食药安全监管队伍，统筹协调各部门、街道力量，亚（残）运会期间，开展6轮次重点区域安全大排查大整治行动，共检查食品生产经营主体1.7万家次，发现并整改各类隐患3973个，实现亚运期间食品安全领域“零投诉”“零举报”“零事故”。开展食品生产加工环节、流通环节、餐饮服务环节的“你点我检”食品抽检工作，全年完成监督抽检1899批次，涵盖34个食品品类，其中，合格样品1841批次，不合格样品58批次，不合格发现率3.05%，闭环处置率实现100%。1899批次抽检中，生产环节共抽检11批次，合格率为90.91%；流通环节共抽检1454批次，不合格54批次，不合格率3.71%；餐饮环节共抽检434批次，不合格3批次，不合格率0.69%。开展“浙里点检”等活动，全年，完成群众快检260批次，检测结果全部合格。

【食品安全满意度建设】 2023年，区市场监管局开展“食品安全宣传周”“四个你我”“浙里点检”等系列活动，推进食品安全宣传和引导，提升群众满意度。利用食品安全宣传月、食品安全“六进”等各载体、阵地，宣传食品安全。3个街道发挥食品安全员和监督协会会员在日常监督和“护航亚运”城市侧食品安全治理中的“监督员、宣传员、信息员”作用，推动食品安全宣传进小区、进校园、进园区等活动，引导社会公众关心、支持、参与食品安全治理。每月按时将食品抽检监测结果在政府官网和微信公众号上向公众发布，保障群众知情权，提升食品安全知识知晓率。至年底，在杭州市平安办组织的“群众安全感”满意度调查中，杭州高新区（滨江）食品安全满意度指标为99%，居全市第二位。

（宣　诚）

2023年10月11日，区市场监管局工作人员在杭州奥体中心网球中心（“小莲花”）检查茶点　（区市场监管局　供图）

【全国首个“CCC免办”系统上线】 2023年5月11日，杭州高新区（滨江）的“CCC免办及特殊用途进口产品延期备案系统”上线。该系统由区市场监管局和市市场监管局联合开发，是全国首个“CCC免办”（免予办理强制性产品认证工作）延期备案系统。企业通过使用“CCC免办”程序，缩短原1周操作周期至即时办，省去备案系统企业邮寄成本和人力成本，实现通关流程加速。监管部门通过备案系统数据实时更新、台账一键拉取、申请材料追溯等功能，实现“全链条、全过程、全周期”监管。至年底，全区有4家企业开通便捷通道，共有100多家企业申请“CCC免办”业务，累计办理通关证明1500多份。

资料："CCC"和"CCC免办"

强制性认证（简称"CCC"）是中国的一项技术性贸易措施，主要涉及家用电器、汽车等17个类别103种产品。按规定，未获"CCC"认证的相关产品不得进口、出厂与销售。为加大改革开放力度，中国政府规定对用于维修、科研测试、商业展示等六类情形的产品，企业向市场监管部门申请"CCC免办"证明即可进口使用，海关凭证明办理通关手续，即称"CCC免办"。

【首届标准创新奖发布】 2023年10月20日，杭州高新区（滨江）首届标准创新奖发布。大赛根据《杭州高新开发区（滨江）标准创新奖评审管理办法》规定，经组织申报、资格审查、专家评审、现场答辩和审议表决，最终确定获奖组织和个人。浙江吉利控股集体有限公司、聚光科技（杭州）股份有限公司、浙江大华技术股份有限公司、浙江省疾病预防控制中心、杭州海康威视数字技术股份有限公司5家单位被授予标准创新奖组织奖，潘建根、李晓军、万晓兰3人被授予标准创新奖个人奖。首届标准创新奖大赛旨在实施标准强区战略，引导全区各行各业加大标准技术创新引领力度，促进标准、规制、规则开放和提质增效升级。大赛自6月初启动，共吸引60多家企事业单位、科研院所参加。

（吴元阵）

【首席质量官结对起航会】 2023年12月14日，杭州高新区（滨江）举办"卓越绩效 导师领航"首席质量官结对起航会。杭州市首席质量官专委会、区市场监管局负责人、杭州市首席质量官专委会滨江分会成员单位、质量奖企业首席质量官和其他企业代表共52人参加。大会上，杭州海康威视数字技术股份有限公司、新华三信息技术有限公司等8家企业首席质量官获颁"领航导师"聘书，与浙江大华技术股份有限公司、德施曼机电（中国）有限公司等8家竞跑者单位开展首席质量官结对。导师单位围绕卓越绩效模式导入、质量提升、品牌培育、标准制定、实验测试、数据共享和人员培训等12个方面为竞跑者单位提供帮助。建设银行杭州滨江支行、泰隆银行杭州分行征求首席质量官金融服务需求，以"首席质量官联盟"专项授信10亿元资金为基础，推出针对首席质量官的专项金融产品。

（应露怡）

【"检测认证与标准专利质量基础服务高质量发展"对接会】 2023年12月14日，区市场监管局联合市工商联、杭州文广集团等组织"检测认证与标准专利质量基础服务高质量发展"对接会，开展《标准和专利：打开企业高质量发展的钥匙》电视直播，国际认证机构、检验检测机构、标准化服务机构、知识产权服务机构负责人及杭州高新区（滨江）企业代表共50多人参加。活动中，区市场监管局分别与省计量与标准化学会、中国检验认证集团浙江有限公司签订《推动企业标准对标达标与创新发展》《推进内外贸产品"同线同标同质"》战略合作协议。市首席质量官专委会滨江区集成电路产业分会与浙江制造国际认证联盟签订《支持滨江区集成电路产业品牌建设与国际互认》战略合作协议。市专精特新企业培育基地能力发展中心专家讲解国家级专精特新"小巨人"申报要点、介绍区级专精特新政策。现场有18家机构与企业达成合作意向，解决企业检测认证与标准专利问题28个，后续跟进指导工作13项。

（吴元阵）

价格管理

【概况】 2023年，区发改局履行价格监管职能，对区内公共服务设施收费进行监管。会同杭州滨江水务有限公司，申报滨江水价调整，落实全区商超、宾馆、品牌餐饮店月饼价格监测上报工作。对滨江体育馆、滨江青少年宫游泳馆开放项目收费标准核价。全年完成价格认证案子207件，标的1558种，涉案金额2396.3万元。

【价格监测】 2023年，区发改局定期分析、研判价格形势。根据省、市发改委要求，完成月饼价格监测及农贸市场摊位费、中小学课后服务性收费和代收费调研。根据市发改委亚（残）运会期间旅游市场专项价格监测工作要求，完成全区住宿、餐饮企业价格监测报送。

【涉案财物价格认定】 2023年，区发改局价格认证中心做好涉案财物价格认定工作。至年底，区价格认证中心完成价格认证案子207件，标的1558种，涉案金额2396.3万元。其中：协助公安机关完成刑事涉案物品价格认证报告204份，标的1554种，标的金额1850.58万元；协助区纪委监委做好涉纪财物价格认定，完成涉纪财物价格认定报告3份，标的4种，标的金额545.72万元。

（来建国）

【教育收费检查专项行动】 2023年，区发改局联合区市场监管局、区教育局、区财政局，开展“教育收费重点抽查检查”专项行动。该行动依据《关于印发2023年浙江省教育收费自查自纠和重点抽查检查实施方案》，组建重点抽查小组，以民办教育机构检查为重点，对工作措施、时间节点、工作要求等事项进行分解。全年，出动执法人员20人次，对辖区内1家公办幼儿园、3家公办中小学、1家民办非营利九年制学校、1家学科类校外培训机构进行检查，未发现存在违法违规乱收费问题。

（肖建军）

知识产权保护

【概况】 2023年，杭州高新区（滨江）围绕“两个天堂”建设，深化知识产权“一类事”集成改革，以增值化服务护航高质量发展。全区专利授权量1.83万件，其中发明专利授权量7699件，比上年增长3.48%，企业发明专利授权量居全省第一位。有效专利发明拥有量3.86万件，每万人发明专利拥有量730件，每万人高价值发明专利拥有量400多件，均居全省第一位。全年专利合作协定（PCT）申请量757件，占杭州市申请总量的32.32%，居全省第一位。全区知识产权质押365件，惠及企业270家，知识产权质押金额63.77亿元，增长4.49%。区市场监管局获评浙江省知识产权保护工作成绩突出集体。获批设立首批国家级知识产权强国示范园区、首批国家级专利导航服务基地2个国家级试点。杭州高新区（滨江）获批全国首批国家知识产权服务业高质量集聚发展示范区。杭州亚运会首张特殊标志许可合同备案通知书落地滨江。

【知识产权服务】 2023年，杭州高新区（滨江）优化知识产权综合服务中心布局，引进杭州服务贸易投资促进会等机构，强化服务支撑。梳理各级各类知识产权事项，包括专利导航、知识产权保险及证券化、云上商标指导站等增值化服务，打造知识产权“一类事”服务场景，知识产权服务“一类事”改革被列为杭州增值化改革试点。建设全国首批国家知识产权服务出口基地，编写《海外知识产权纠纷防范和应对手册》，为120多家重点企业提供重点商标海外监测等增值服务，协助国家海外知识产权纠纷应对指导中心浙江分中心在菲律宾设立知识产权公益服务点，为美国欧夏梁律所等3家机构授牌建设“海外知识产权公益服务站”，构建知识产权服务出口体系。

【知识产权保护推进】 2023年，杭州高新区（滨江）开展专利非正常申请行为集中整治工作，与多部门签订《滨江区知识产权战略合作协议》，建立协调联动机制，共同推进知识产权保护工作。加强亚运知识产权保护，组建杭州第19届亚运会和第4届亚残运会知识产权保护工作专班，制定专项行动方案。200多人次参与执法行动，检查线下经营主体40多家；通过数据监测、网络巡查，排查亚运商品2089件，检查线上经营主体229家，涉嫌违规线索5条，立案调查侵犯亚运知识产权案件1起。开展2023年“雷霆1号”地理标志保护、2023年“雷霆2号”“西湖龙井”茶保护等专项行动，开展2023年度知识产权代理行业“蓝天”专项整治行动，对区内近30家知识产权服务机构进行“双随机、一公开”检查，规范知识产权代理机构行为。全年，共立案处罚知识产权类案件12起，罚没款115.65万元，移送公安机关2起；1件商业秘密案入选杭州市场监管局典型案例。联合杭州市市知识产权保护中心获批建设第三批海外知识产权纠纷应对指导地方分中心。

【知识产权保护经验与案例】2023年，杭州高新区（滨江）的“深化知识产权服务业集聚发展改革”“知识产权质押融资模式创新”“以知识产权服务业集聚区建设支持区域创新发展”3项改革试点经验经国务院向全国推广，其中，“以知识产权服务业集聚区建设支持区域创新发展”工作入选国务院全面深化服务贸易创新发展试点第四批“最佳实践案例”名单。数据知识产权制度改革入选国务院知识产权联席办印发知识产权强国建设第二批典型案例名单。“有组织编造、倒买倒卖专利”案例入选国家知识产权局打击非正常专利申请典型案例名单。“打造数据知识产权质押融资新模式 释放数据要素内在价值”入选国家服务业扩大开放综合试点示范建设第二批最佳实践案例名单。“创新‘服务’出口，打造对外开放新高地——杭州自贸片区加快国家级特色服务出口基地建设”获评第一批28个“地瓜经济”提能升级“一号开放工程”最佳实践案例。深化知识产权服务业集聚发展改革入选浙江省营商环境优化提升第二批“最佳实践案例名单。区市场监管局参与制定《数据知识产权质押业务规范》《知识产权“一件事”集成服务规范》两项省级地方标准。浙江吉利控股集团有限公司被授予杭州第19届亚运会首张特殊标志许可合同备案通知书。

【知识产权宣传周】2023年4月23日，杭州高新区（滨江）知识产权和质量发展大会暨知识产权宣传周启动仪式在“智慧e谷”举行。省、市、区市场监管局负责人和企业代表等100多人参加。活动以“强化知识产权法治保障，助力创新深化改革攻坚开放提升”为主题。仪式上，发布《全球物联网产业知识产权发展白皮书》《杭州高新区（滨江）2022年度知识产权发展报告》《杭州高新区（滨江）海外知识产权布局与保护报告》，成立全国共享经济标准技术委员会工作组；举行国家知识产权强国建设示范园区、国家专利导航服务基地授牌仪式，杭州高新区（滨江）与全国共享经济标准化技术委员会签订支持杭州高新区（滨江）平台经济高质量发展框架协议，为获得2022年滨江区政府质量奖企业、获评国家知识产权示范企业和优势企业、获浙江省知识产权示范企业获奖代表颁奖。知识产权周期间，杭州高新区（滨江）举办“护航亚运知识产权保护杭州市场在行动”等活动，成立“加强知识产权法治保障 有力支持全面

2023年5月25日，AIPPI中国分会人工智能合规与知识产权保护论坛在“智慧e谷”举行　（区市场监管局　供图）

创新”暨公共法律服务知识产权保护分中心、“同心·博爱”知识产权保护法律服务基地。

【人工智能合规与知识产权保护论坛】 2023年5月25日，国际保护知识产权协会（AIPPI）中国分会（杭州）人工智能合规与知识产权保护论坛在杭州高新区（滨江）“智慧e谷”举行。论坛由区市场监管局承办，国际保护知识产权协会会员、杭州市部分企业、知识产权服务机构、协会组织、院校及科研机构代表共100多人参加。论坛以“聚焦人工智能合规，保护知识产权”为主题，开展《人工智能时代科技与人文结合的挑战与机遇》《人工智能企业的技术保护途径选择》《人工智能知识产权案件审判难点问题》等多个主题演讲，联合法制出版社发布《中国人工智能合规建设与知识产权法律实务》新书。

【数据知识产权制度改革】 2023年7月5日，2023年度第一期杭州高新区（滨江）数据知识产权定向资产支持票据（ABN）在中国银行间市场交易商协会成功发行，是全国首单数据知识产权证券化产品，发行金额1.02亿元，票面利率2.8%，发行期限358天。产品采用资产支持票据形式进行融资，推动数据知产变资产，探索浙江自贸试验区数据要素产权化实现途径。8月12日，落地全省首单基于浙江省区域保险条款的数据知识产权被侵权损失保险，为企业合法拥有并在数据知识产权登记平台取得证书数据知识产权提供风险保障。全年，完成数据知识产权登记551件、数据质押6700万元。

【重点企业培育】 2023年7月17日，省市场监管局、省经信厅制定《浙江省创新管理知识产权国际标准实施国家试点工作方案》，确定杭州高新区（滨江）为重点试点区域、区内企业新华三技术有限公司等22家企业为重点试点企业，企业数居全市第一位。全年，杭州高新区（滨江）引导企业申报各级知识产权优势示范企业等，获评国家知识产权优势示范企业8家，获中国专利奖4项，获评省知识产权示范企业10家、市试点示范企业69家，登上浙江省创造力百强榜27家，上榜第二批杭州市重点商标保护名录15家，通过杭州市2023年高价值专利组合培育验收3家。

【专利导航典型案例入选数居全省第一位】 2023年8月2日，省市场监管局公布2021—2023年度浙江省专利导航典型案例。杭州高新区（滨江）企业中化蓝天集团有限公司、中控技术股份有限公司分别以高电压电解液、功能安全系统的高可用性技术专利导航入选为全省专利导航最佳典型案例，杭州鸿雁电器有限公司以智慧交互屏产品专利导航入选为优秀典型案例。入选案例数量居全省第一位。

【“IP数智领航”行动发布会】 2023年8月28日，2023年度“IP数智领航”行动发布会在“智慧e谷”举行。省、市、区市场监管局、杭州高新区（滨江）主要负责人和100多家企业机构代表参加。活动发布国家级物联网产业知识产权运营中心“IP数智领航”行动计划，升级国家级物联网产业知识产权运营平台，发布《全球量子传感专利技术洞察与价值投资分析报告》。北京航空航天大学杭州创新研究院、浙江大学滨江研究院、浙江工业大学、中国计量大学4家高校院所与杭州高新区（滨江）、六棱镜（杭州）科技有限公司达成三方战略合作，签署《开放许可专利战略合作协议》。区发改局、区经信局、区科技局、区市场监管局（知识产权局）为浙江夕尔科技有限公司、城云科技（中国）有限公司、蔚复来（浙江）科技股份有限公司等10家企业颁发入库企业培育证书。

【省知识产权奖企业获奖数量居全市第一位】 2023年9月7日，省政府印发《关于表彰第一届浙江省知识产权奖获奖者的决定》，杭州高新区（滨江）企业获专利奖——发明专利、商标奖、版权和其他知识竞赛奖、集成电路布图设计奖4个门类共19项荣誉，企业获奖数量居全市第一位。其中，一等奖2个。

2023年杭州高新区（滨江）入选浙江省知识产权奖企业一览表

表6

类别	项目名称	专利权人（注册人、著作权人）	奖项
专利奖——发明专利	一种高黏结性偏氟乙烯共聚物	浙江蓝天环保高科技股份有限公司、中化蓝天集团有限公司	一等奖
专利奖——发明专利	一种混合动力汽车怠速发电控制方法及系统	吉利汽车研究院（宁波）有限公司、浙江吉利控股集团有限公司	二等奖
	一种功能安全的开关量输出模块和诊断处理方法	浙江中控技术股份有限公司	
	结合CD47蛋白的融合蛋白及其应用	杭州尚健生物技术有限公司、尚健单抗（北京）生物技术有限公司	
	平坦度的补偿方法和装置、存储介质和电子设备	三维通信股份有限公司	
	视频编码方法及其相关装置	浙江大华技术股份有限公司	
	一种具有洗涤柔软功效的透明洗衣液组合物及其制备方法	纳爱斯集团有限公司、纳爱斯浙江科技有限公司	
	一种订单完成系统和方法	浙江国自机器人技术股份有限公司	
	晶圆的测试方法、晶圆测试机、电子装置和存储介质	杭州长川科技股份有限公司	
	肺动脉支架及具有该肺动脉支架的肺动脉瓣膜置换装置	杭州启明医疗器械股份有限公司	
商标奖	Alibaba 阿里巴巴（阿里巴巴Alibaba）	杭州阿里巴巴广告有限公司	一等奖
	a/hua（@hua）	浙江大华技术股份有限公司	二等奖
	祖名（祖名）	祖名豆制品股份有限公司	三等奖
	HONYAR（HONYAR）	杭州鸿雁电器有限公司	
版权和其他知识竞赛	动画剧本《下姜村的绿水青山梦》	杭州友诺动漫有限公司	文学作品三等奖
	《白素贞》剧本+人物小传	杭州流彩动画有限公司	
	大华高清报警音视频网络摄像机开发平台软件V2.1（简称：高清报警音视频网络摄像机平台）	浙江大华技术股份有限公司	计算机软件二等奖
	基于国产化软硬件支撑的电子税务系统业务服务平台软件V2.0	税友软件集团股份有限公司	计算机软件三等奖
集成电路布图设计	CJ6200layout（基于PUF技术的信息安全SOC芯片）	杭州旗捷科技有限公司	集成电路布图设计二等奖

（张丽清）

【5家企业入选年度省数据知识产权专业服务机构名单】 2023年10月15日，杭州高新区（滨江）的杭州链城数字科技有限公司、杭州信与义专利代理有限公司、广东华进（杭州）律师事务所、浙江零七优服科技有限公司、浙江裕阳科技有限公司5家机构，入选2023年浙江省数据知识产权专业服务机构名单。加上之前入选的浙江大数据交易中心有限公司、杭州国际数字交易中心有限公司、杭州趣链科技有限公司，杭州高新区（滨江）共有8家省数据知识产权专业服务机构，数量居全省第一位。

（张丽清）

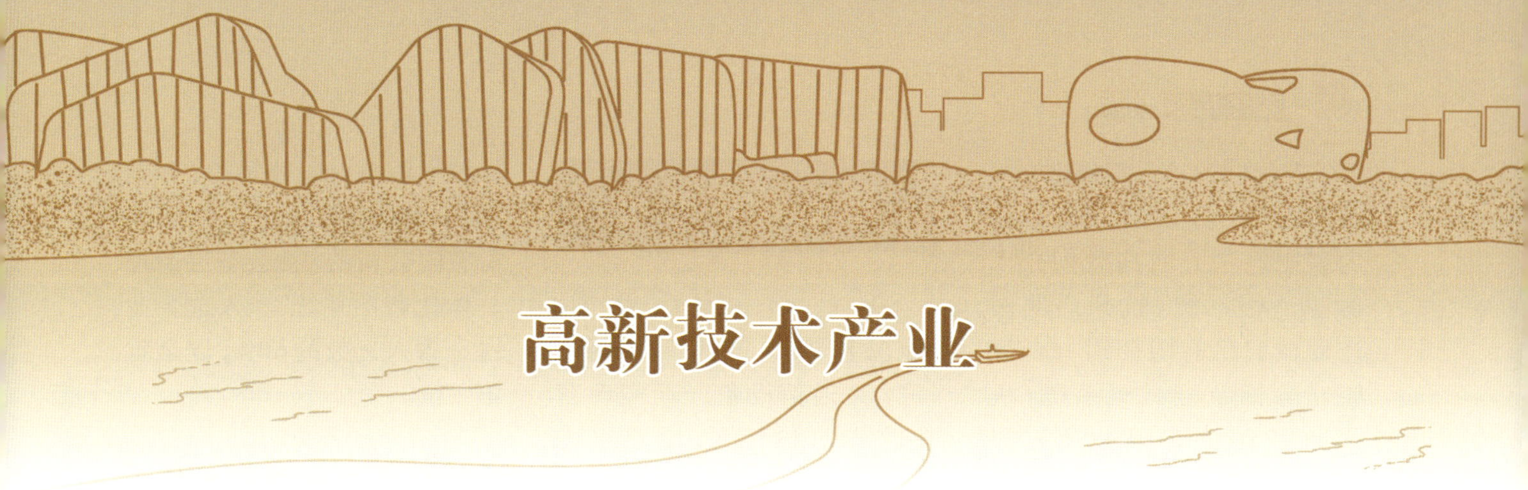

高新技术产业

综　述

【高新技术产业规模】2023年，杭州高新区（滨江）规模以上工业增加值883.4亿元，比上年增长7%，高于全市4.6个百分点，其中高新技术产业、战略性新兴产业和装备制造业生产总值分别为742.5亿元、829.7亿元、818亿元，分别下降0.8%，增长7.3%、7.4%，占规模以上工业增加值的92.6%。信息技术产业稳中有进，营业收入、利润总额和出口额分别为5028.3亿元、889.3亿元和389.1亿元，分别增长6.2%、41.2%和1.1%。数字经济核心产业增加值1866.1亿元，增长7.3%，占地区生产总值比重的75.6%，数字经济综合评价总指数152.2，居全省第一位。

【高新技术产业成果】2023年，杭州高新区（滨江）新增上市企业3家，累计培育上市企业72家，总量居全省各区县（市）第一位。新增注册企业2.07万家，增长23.5%。新认定国家高新技术企业515家、有效数2601家；新认定国家级专精特新“小巨人”企业21家、省“隐形冠军”企业4家、省专精特新中小企业310家；新增科技领军企业5家、科技“小巨人”企业13家；新认定瞪羚企业264家；新增省级以上孵化器10家。发布总部经济政策，99家企业获杭州市总部企业认定。发布杭州江南科学城概念性规划，编制完成“国际零磁科学谷”五年行动计划。极弱磁大科学装置首个交叉研究平台开工建设。区块链与数据安全、经血管植入器械2个全国重点实验室研究院落地。浙工大网络安全研究院、浙大城市学院滨江创新中心投用。白马湖低碳节能技术、滨创低空立体交通系统入选市概念验证中心。南部科创中心分基地、杭州人工智能计算中心二期投用。科创平台新获批省级创新联合体2家、市级以上研发载体145家；共有省级以上研发载体638家，居全省第一位。新引进省顶尖人才2人，新增市领军型创新创业团队6个，数量居全市第一位。新增发明专利授权量7699件，每万人发明专利拥有量700多件，每万人高价值发明专利拥有量390多件，均保持全省第一位。完成技术交易额450亿元，居全省第一位。知识产权4项改革经验获国家、省、市推广，杭州高新区（滨江）获评首批国家知识产权服务业高质量集聚发展示范区。新立项省“尖兵”“领雁”研发攻关计划项目33项，居全省第一位。入选省首台（套）产品工程化攻关项目5个，数量居全市首位。获市重大科技创新项目14项，数量居全市第一位。新获批国际标准、国家标准、行业标准27项。杭州海康威视数字技术股份有限公司获全省首个制造业领域中国质量奖。科技成果转化指数居全省第一位，杭州高新区（滨江）获省2023年度“科技创新鼎”。

【5个项目入选年度省首台（套）产品工程化攻关项目名单】2023年，杭州高新区（滨江）有5个项目入选2023年度浙

江省首台(套)产品工程化攻关项目名单,分别是经皮经心内膜肥厚型心肌病微创介入射频消融系统(杭州启明医疗器械股份有限公司)、低温脱脂除油节能减碳系统(杭州路弘科技有限公司)、冠脉造影血流储备分数分析仪(杭州脉流科技有限公司)、基于5G标准的NB-IoT智能水表通信性能在线自动测试装置(华信咨询设计研究院有限公司)、船舶航行智能管理系统及产业链(杭州雅格纳科技有限公司)。至年底,累计认定首台(套)装备42项,总量居全市第一位。

【国家知识产权服务业高质量集聚发展示范区】 2023年杭州高新区(滨江)获批国家知识产权服务业高质量集聚发展示范区,系全省唯一,全国首批国家知识产权服务业高质量集聚发展示范区、试验区。该评选经地方申报、各省(区、市)知识产权管理部门推荐、第三方机构审查、专家评审等程序,由国家知识产权局于12月8日公布,确定10家国家知识产权服务业高质量积聚发展示范区、15家国家知识产权服务业高质量积聚发展试验区。杭州高新区(滨江)于2016年启动建设国家知识产权服务业集聚发展试验区,2019年启动建设国家知识产权服务业集聚发展示范区,2022年获批国家知识产权服务出口基地。

(金铁城)

通信设备产业

【概况】 2023年,杭州高新区(滨江)通信设备产业实现营业收入2143亿元,比上年增长2.7%;利润总额265.2亿元,增长29.7%;出口298.8亿元,下降9.6%。网络通信设备领域形成从元器件制造供应到系统设备对接到通信网络技术服务的产业链条,在网络通信设备制造、系统平台开发、网络信息安全和通信服务保障等领域有核心技术积累和市场竞争优势。基础器件材料、网络通信软件领域集聚杭州中芯微电子有限公司、杭州华为企业通信技术有限公司、诺基亚通信系统技术(北京)有限公司浙江分公司等22家企业,通信设备、信息设备、配套设备及网络终端制造领域汇聚新华三信息技术有限公司、杭州迪普科技股份有限公司、三维通信股份有限公司等35家企业,通信工程服务与电信业务运营领域培育杭州广脉科技股份有限公司等26家企业。

【3家企业项目入选大数据产业示范名单】 2023年,工业和信息化部公布年度大数据产业示范名单,杭州高新区(滨江)3家企业的项目入选。项目分别是城云科技(中国)有限公司的“面向城市治理的大数据智能治理平台及应用示范”、浙江浙大网新国际软件技术服务有限公司的“和谐用工预警监测平台”、银江股份有限公司的“社会基层治理一体化智治系统”。入选企业占全省入选数的60%,居全省第一位。

【4家企业入选企业数据管理国家标准试点企业名单】 2023年5月30日,省经信厅公布浙江省第一批企业数据管理国家标准(DCMM)试点企业名单,创业慧康科技股份有限公司、浙江鸿程计算机系统有限公司、八维通科技有限公司、浙江中控信息产业股份有限公司4家杭州高新区(滨江)企业入选。该评选经各区县(市)、市经信局推荐,省经信厅审核认定,共122家企业入围。评选旨在加快数据价值化改革,贯彻国家《“十四五”数字经济发展规划》、“数据二十条”等国家大数据战略行动,落实工业和信息化部《企业数据管理国家标准贯标工作方案》《浙江省推进产业数据价值化改革试点方案》要求,推进数字经济创新提质。

【迪普科技公司解决方案获评“浙江十佳”】 2023年9月11日,2023年网络安全优秀创新成果大赛“浙江十佳”公布,杭州迪普科技股份有限公司(简称“迪普科技公司”)的“基于零信任架构在金融行业的安全访问方案”获评。该方案由迪普科技公司针对金融行业实际需求和困境而开发,方案核心技术架构依托社会化分销平台（SDP）技术实现，由“客户端+管理平台+安全网关”组成，新增个人工作空间实现终端数据防泄露、双重单包认证机制保证资源只对授信终端可见、应用虚拟化实现数据不落地及满足信创改造要求、现代化身份安全机制避免越权访问现象等创新功能。

【新华三公司获中国通信学会科学技术特等奖】 2023年11月24日，中国通信学会公布《2023年度中国通信学会科学技术奖奖励公告》。新华三集团有限公司（简称“新华三公司”）以确定性网络领域技术研发成果首次规模化场景应用示范，获中国通信学会科学技术奖特等奖。该项目研究成果面向互联网下半场生产型业务、数字经济、东数西算战略等网络差异性服务、确定性服务等需求挑战，在国际上率先原创性提出服务定制网络（SCN）新型体系架构，实现微服务化大网级网络操作系统突破。

【4家企业入选省首批企业首席数据官试点企业名单】 2023年12月4日，省经信厅公布浙江省首批企业首席数据官试点企业名单，杭州高新区（滨江）企业浙江大华技术股份有限公司、浙江吉利远程新能源商用车集团有限公司、浙江鸿程计算机系统有限公司、银江技术股份有限公司4家入选，占全市入选企业的40%。该评选根据《浙江省企业首席数据官制度建设指南（试行）》标准，经前期企业申报、市级初审推荐、省级专家评审，确定省级企业首席数据官（简称“CDO”）试点企业，评选推动省内企业开展CDO制定体系建设，引导企业用好数据要素，挖掘数据要素价值，加快企业数字化转型、构建数字生产力。

【杭州人工智能计算中心参与项目入选省“领雁”研发攻关计划】 2023年12月18日，省科技厅发布年度“尖兵”“领雁”研发攻关计划项目立项公示，杭州高新区（滨江）的杭州人工智能计算中心与杭州电子科技大学等单位联合申报的项目——“支持多模态模型训练与推理的软硬件一体化系统”入选“领雁”研发攻关计划。杭州人工智能计算中心于2022年5月20日上线并投入运营，位于海外高层次人才创新创业基地，由杭州高新技术产业开发区资产经营有限公司投资建设，依托自主可控的国产算力底座，发挥平台优势，与各合作伙伴协作，推进项目实施，为科研机构、高校以及各类人工智能企业提供算力支持。

（杨千慧）

信息软件产业

【概况】 2023年，杭州高新区（滨江）信息软件产业营业收入4302.7亿元，比上年增长7.4%；利润总额843.8亿元，增长35.3%；出口217.7亿元，下降6.5%。基础软件领域集聚阿里巴巴（中国）有限公司、杭州趣链科技有限公司等39家企业，工业软件与应用软件领域集聚明度智云（浙江）科技有限公司、银江技术股份有限公司、浙江邦盛科技股份有限公司等244家企业，软件技术服务领域培育杭州安恒信息技术股份有限公司等47家企业。举办2023西湖论剑·数字安全大会、2023年网易未来大会。杭州高新区（滨江）入选中国电子信息百强、软件和信息技术服务竞争力百强，首批认定的浙江省数字工厂标杆企业数连续三年居全省第一位，信息化发展水平居全省第一位。

【西湖论剑·数字安全大会】 2023年5月7—8日，2023西湖论剑·数字安全大会在杭州举行。大会由市政府、中国信息通信研究院、滨江区政府等单位联合主办，以“数字安全@数字中国”为主题，设1个主论坛、1个数字安全成果展、10个平行论坛和1个科普讲坛。政府部门、科研机构、高校以及数字生态从业者等2000多人参加大会。大会围绕“数字安全赋能数字中国”开展100多场专题报告，发布西湖论剑·数字安全大会新十年规划，为国内首个网络安全标准化人才实训基地揭牌，发布《2023数字安全能力洞

2023 年 5 月 7 日，2023 西湖论剑·数字安全大会在杭州举行

（区经信局　供图）

察报告》，举行“守护每一分荣耀，保障每一份安全——亚运赛事网络安全保护联合启动仪式”，举办2023西湖论剑数字安全创新成果展等。大会通过西湖论剑·数字安全大会官网以及新华网、光明网、浙江在线等30多家媒体平台同步直播，总观看量超过1816万人次。

【首版次软件产品认定】 2023年12月15日，省经信厅下发2023年首版次软件产品应用推广指导目录名单，32家杭州高新区（滨江）企业入围。其中，杭州数知梦科技有限公司、浙江贵仁信息科技股份有限公司2家企业入围国家级首版次软件产品应用推广指导目录，税友信息技术有限公司、杭州安恒信息技术股份有限公司等12家企业入围省级首版次软件产品应用推广指导目录，浙江华诺康科技有限公司、纳里健康科技有限公司等18家企业入围市级首版次软件产品应用推广指导目录。

【网易未来大会】 2023年12月22—23日，2023网易未来大会在杭州高新区（滨江）举办。大会由市政府和网易（杭州）网络有限公司联合主办，以“智能涌现·发现未来”为主题，分为3天的思想之夜和2天的线下峰会，各个行业的学者、产业专家、行业精英等2000多人参加。大会设置思想之夜、未来局、未来公开课、主论坛、AGI论坛、汽车科技论坛、灵感无界等环节，围绕未来科技、新能源、文化等前沿话题，链接科技、人文、时尚元素，传播跨界思想，推动数字经济发展。网易未来大会于2014年首次举行，是一个融合科技、文化、时尚艺术的综合性大会。

（郑轶楠）

物联网产业

【概况】 2023年，杭州高新区（滨江）物联网产业实现营业收入2069.1亿元，比上年增长1.1%；利润总额266.2亿元，增长18.9%；出口301亿元，下降5.8%。物联网产业以发展云计算、大数据、移动互联网、信息安全、5G及先进传感设备、核心元器件制造等物联网基础性支撑产业为主，建成覆盖关键控制芯片设计研发、无线射频识别、传感器、存储器和终端设备制造、网络安全等关键环节的数字经济全产业

2023 年 12 月 22 日，2023 网易未来大会在杭州高新区（滨江）举行

（区经信局　供图）

链，并在数字安防、信息安全、关键芯片、区块链、智慧医疗、环境能源、智能驾驶等7个细分产业处于行业领先地位。培育聚光科技（杭州）股份有限公司等一批具有国际竞争力和行业领导力的领军企业，形成较为成熟的数字经济产业链和产业生态。

【宇视科技公司启动种子合作伙伴计划】 2023年6月9日，浙江宇视科技有限公司（简称“宇视科技公司”）举行“梧桐”大模型种子合作伙伴签约会。国健云创科技（北京）有限公司、山东嘉扬信息科技有限公司、苏州万店掌网络科技有限公司、北京城建智控科技股份有限公司4家企业成为首批种子合作伙伴。双方在智慧城市、智慧交通、教育、零售、体育公共服务等领域开展合作，推动行业大模型的实践落地，拓宽宇视科技公司和合作伙伴AI产品及解决方案的应用场景。宇视科技公司为合作伙伴搭建完备的训练环境和行业基础算法，持续提供培训、技术支持，赋能合作伙伴训练细分场景算法，以公共云或私有化部署的方式，让训练后的算法在线上和线下得到安全高效的应用。

【大华公司通过“可信数据库”评测】 2023年7月4日，浙江大华技术股份有限公司（简称“大华公司”）的数据库产品通过“可信数据库”评测认证，获得行业及用户认可。大华公司的数据库产品通过基础能力、运维能力、兼容性能力、安全性能力、高可用能力、扩展能力六大专项共50多项评测内容，获得数据库能力评测证书。可信数据库系列评估评测是中国信息通信研究院推出的第三方权威评估评测体系，是数据库服务能力的权威标准。

【新华三公司服务器产品登上“中国算力榜”】 2023年11月25日，由中国信息通信研究院主办的首届“华彩杯”算力大赛全国总决赛发布“中国算力榜——服务器榜”，新华三集团有限公司（简称“新华三公司”）服务器产品位列服务器榜单前三名（排名不分先后），包揽计算性能、内存性能及硬盘性能测试的第一名。“中国算力榜”由中国信息通信研究院在2023年8月牵头启动，面向服务器、交换机、存储阵列、分布式存储等算力产品，旨在构建国内最完整、专业、权威的产品测试榜单。服务器测试针对计算性能、内存、硬盘、能效等维度展开，对服务器的综合能力进行全面评测，为产品研发、用户选型、市场推广提供重要参考。

（金轶城）

安防产业

【概　况】 2023年，杭州高新区（滨江）安防产业实现营业收入1792.1亿元，比上年增长2.9%；利润总额259.2亿元，增长21.4%；出口304.6亿元，下降2.7%。杭州高新区（滨江）加快以数字安防产业为基点、向智能物联产业链跃升的发展路径，建设国内领先、全球重要的智能物联高新技术策源地、智能物联高端产业集聚地、智能物联产业环境最优地，培育世界级数字产业集群。核心领域视频监控规模全球领先，硬盘录像机（DVR）、网络硬盘录像机（NVR）、摄像机等产销量居全球市场前两名。杭州海康威视数字技术股份有限公司、浙江大华技术股份有限公司、浙江宇视科技有限公司入选2023年度“全球安防50强”榜单，分别居第一位、第二位、第九位，整体占有率超50%。全区数字安防领域上市公司35家，数量居全省首位。

【海康机器人公司产品获国际行业大奖】 2023年3月29日，杭州海康机器人技术有限公司（简称“海康机器人公司”）的窄体叉取机器人（F4-1000C）被国际年度内部物流和叉车奖（IFOY）组委会授予2023年度“最佳内部物流”证书。该产品是海康机器人公司专为极窄通道运行工况设计的窄体叉取机器人，可代替传统叉车作业，轻松通过狭小通道，将仓储空间利用率提升30%以上；最大能支持1吨载荷托盘的堆垛，可有效减少搬运次数，提升仓库作业效率；

多重安全防护的设计和高容量电池，满足制造业复杂的安全交互场景，确保长时间稳定运转。

【中国视谷产业生态大会】 2023年4月22日，“有界无域 洞视未来”中国视谷产业生态大会暨首届“中国视谷杯”创新创业挑战大赛启动仪式在杭州举行。省、市、区有关部门负责人，省内外视觉智能产业链企业、科研院校、金融机构及参赛者代表等200多人参会。大赛以“中国视谷”产业集群化发展实际需求为导向，聚焦工业视觉、医学影像、自动驾驶、智能生活四大领域，面向全球招募视觉领域顶尖创业项目及精英人才团队。大会上，启动总规模30亿元的“中国视谷”产业投资基金，举行“中国视谷”产业生态联盟项目签约，发布“中国视谷”徽标。“中国视谷”以视觉智能产业为核心，以数据共享和场景开放为关键，是以多级联动为路径的国家经济地理新地标，整体建设已被纳入工业和信息化部与浙江省的新一轮部省合作协议。

【易思维公司入选年度省科技“小巨人”企业名单】 2023年11月3日，省科技厅、省经信厅公布2023年度浙江省科技“小巨人”企业名单，杭州高新区（滨江）的易思维（杭州）科技股份有限公司（简称“易思维公司”）入选。科技“小巨人”企业根据企业的产品技术及企业发展的先进性、创新性、增长性等方面进行评价。易思维公司成立于2017年，专注于工业机器视觉领域，是一家集机器视觉产品设计、研发、制造及应用于一体的高新技术企业，业务涉及汽车制造领域、轨道交通运维等领域。

（金轶城）

集成电路产业

【概况】 2023年，杭州高新区（滨江）集成电路产业实现营业收入294.8亿元，比上年增长4.5%；利润总额22.3亿元，下降40.3%；出口32亿元，下降19.9%。杭州高新区（滨江）集成电路产业是国内最早获批的7个国家级集成电路设计产业化基地之一，有集成电路相关企业150多家，其中，国家重点规划布局内集成电路设计企业4家，数量占全省的40%。集聚杭州中科微电子有限公司、杭州长光辰芯微电子有限公司、中昊芯英（杭州）科技有限公司、浙桂（杭州）半导体科技有限责任公司等82家集成电路设计企业，杭州士兰微电子股份有限公司、矽力杰半导体技术（杭州）有限公司2家芯片IDM（垂直整合制造）企业，杭州长川科技股份有限公司、杭州大和热磁电子有限公司等12家半导体装备材料企业，杭州广立微电子股份有限公司、杭州行芯科技有限公司等4家集成电路EDA（电子设计自动化）工具企业，形成较完善的“芯片—软件—整机—系统—信息服务”产业生态。集成电路产业集群被认定为第一批“浙江制造”省级特色产业集群核心区。

【全省首条12英寸集成电路制造产线投产】 2023年6月18日，杭州富芯半导体有限公司12英寸模拟集成芯片生产线项目（一期）投产，为全省

2023年6月18日，杭州富芯半导体有限公司12英寸模拟集成芯片生产线项目（一期）投产 （区经信局 供图）

首条12英寸集成电路制造产线。该项目总投资180亿元，用地面积21.4公顷，总建筑面积32.76万平方米，其中地上建筑面积31.9万平方米，地下建筑面积0.86万平方米。项目于2021年3月开工建设，27个月实现投产，创造同等体量半导体建厂并投产的最快时速。项目填补国内高端模拟芯片再造工艺空白，解决国内高科技企业模拟芯片关键技术和供应链自主可控问题。

【士兰微电子公司入选2022年中国半导体行业功率器件十强企业名单】 2023年7月20日，第十七届中国半导体行业协会半导体分立器件年会暨2023年中国半导体器件技术创新及产业发展论坛在杭州举行。大会公布2022年中国半导体行业功率器件十强企业名单，杭州士兰微电子股份有限公司（简称“士兰微电子公司”）入选。士兰微电子公司的功率器件产品性能为业内领先，分立器件和大功率模块广泛应用在大型白电、工业控制等市场，同时进入电动汽车、新能源等市场。

【集成电路产业集群（浙江）创新发展大会】 2023年12月12日，2023集成电路产业集群（浙江）创新发展大会在杭州高新区（滨江）召开，全国集成电路领域的专家、企业家、产业平台负责人等300多人参加。大会以“勇立潮头，谱芯篇章”为主题，由省发改委、市政府、中国半导体行业协会指导，市发改委、区政府、浙江省支持浙商创业创新服务中心联合主办。大会为2023年集成电路领域省级工程研究中心授牌，区政府、杭州广立微电子股份有限公司、杭州行芯科技有限公司、华芯程（杭州）科技有限公司签约共建浙江省半导体签核中心。专家、企业代表结合“构建特色协同创新体系，打造浙江省半导体产业集群”主题，围绕模拟与功率芯片及化合物半导体、半导体材料、半导体装备及零部件3个细分领域进行研讨和分享。

（金轶城）

生物医药与健康产业

【概况】 2023年，杭州高新区（滨江）生物医药产业实现营业收入305.5亿元，比上年下降10.6%；利润总额7.3亿元，下降75.9%；出口4.2亿元，下降79.1%。杭州高新区（滨江）生物医药与健康产业已形成数字健康、高端医疗器械、生物创新药等产业集群，集聚500多家生命健康产业重点企业。其中：在药品领域引育赛诺菲（杭州）制药有限公司、浙江康恩贝制药股份有限公司、浙江时迈药业有限公司、杭州尚健生物技术有限公司等制药研发企业；在医疗器械领域培育杭州启明医疗器械股份有限公司、杭州由莱科技有限公司等高端医疗器械企业；在数字健康领域集聚杭州脉流科技有限公司、杭州脉象健康科技有限公司等生物技术与信息技术融合技术领域企业，以及杭州健海科技有限公司、杭州芝兰健康有限公司等数字疗法领域企业；在医药研发服务领域建设杭州环特生物科技股份有限公司、杭州医学院安评中心等涵盖前期研究、临床前研究、临床试验、产业化的公共服务平台。修订发布《关于进一步促进生命健康产业创新发展的实施意见》，加快生物技术与信息技术（BT+IT）融合创新发展，重点发展生物大数据、医药大数据、医疗人工智能、数字健康、数字疗法等领域，催生面向生命健康领域的突破性新技术、新工具、新产品。至年底，全区新增获批2类医疗器械注册证41个，获批3类医疗器械注册证23个，18项1类新药进入临床试验阶段。

【生物医药创新联合会蝴蝶沙龙】 2023年3月25日，生物医药创新联合会蝴蝶沙龙在智慧新天地举行。大会由省高新技术企业协会、生物医药创新联合会（BIA）、智慧新天地发展服务中心共同举办，生物医药与信息科技领域专家学者、企业家代表共20多人参加。该沙龙是“BIA蝴蝶沙龙”系列首场活动，以主题报告、交流对话等形式开展。活动中，西湖大学副校长许田、浙江大学教授朱峰、华为高级技术专家周明耀、纽安津信息算法总监张增明作主题报告，探讨生物医药和数字信息科技的结合及生命健康产业的创新发展。

【康恩贝公司产品入选《创新优质杭产药械推荐目录产品名单》】 2023年4月12日，市经信局公布2023年杭州市优质产品推荐目录（简称“目录”），杭州康恩贝制药有限公司（简称“康恩贝公司”）生产的黄蜀葵花总黄酮提取物等31个产品入选目录中的创新优质杭产药械推荐目录产品名单。该名单是根据《关于加快生物医药产业高质量发展的若干措施》《关于组织申报创新优质杭产药械推荐目录的通知》等要求，经征求意见及杭州市卫健系统临床急需推荐，通过企业申报、区（县）初审、市级审核、公开公示等程序形成，助力提高产品市场竞争力和市场占有率。

【杭州医健国际创新创业大赛】 2023年4月17日，2023年杭州医健国际创新创业大赛在杭州高新区（滨江）启动。大赛由杭州泰珑投资合作有限公司、杭州市国有资本投资运营有限公司、杭州高新金投控股集团有限公司、杭州泰煜投资咨询有限公司共同主办，以“聚焦临床需求医健创新的高质量转化”为主题，在全球范围内征集行业中优秀的创新成果或产品转化落地杭州。大赛历时9个月，200多个项目报名参选，经遴选，5个创新药类项目、3个创新医疗器械类项目获优胜奖，其中6个项目拟落户或已落户杭州高新区（滨江）。12月14日，杭州高新区（滨江）举行优胜奖颁奖与签约仪式，开展优胜项目路演。泰鲲基金对8个优胜项目投资，投资金额总计1.8亿元。2023年医健国际创新创业大赛旨在挖掘生物医药、创新医疗器械、数字化医疗等早期项目，孵化及培育专精特新医疗企业，促进杭州市医疗健康高精尖产业创新发展、完善产业生态体系、打造万亿级产业集群。

【长三角数字驱动创新生物医药产业链联盟成立大会】 2023年9月4日，长三角数字驱动创新生物医药产业链联盟成立大会在杭州高新区（滨江）举行。中科院院士、联盟名誉理事长陈凯先，省、市、区有关负责人，联盟企业代表共40多人参加。大会成立长三角数字驱动创新生物医药产业链联盟，与会人员围绕“如何基于数据驱动实现长三角生物医药产业协同发展”开展专题研讨。长三角数字驱动创新生物医药产业链联盟是在省工商联指导下，基于长三角企业家联盟，由浙江大学、西湖大学、中国医学科学院肿瘤医院肿瘤研究所等单位共同筹备发起，辅助政府决策，汇聚产业资源，服务企业需求，推动生物医药产业创新发展。

【时迈药业公司登上省级榜单】 2023年11月5日，2023浙江省创业投资高峰论坛暨创业资本与创新成果对接会举行，会议公布“2023浙江最具投资价值创新企业TOP50”，杭州高新区（滨江）企业浙江时迈药业有限公司（简称“时迈药业公司”）凭借源头技术、创新水平、产品硬实力、未来潜力等优势入选。时迈药业公司成立于2017年，是浙江省专精特新中小企业，致力于以临床需求为导向，构建具有全球竞争力的抗体药物开发核心技术平台。

2023年9月4日，长三角数字驱动创新生物医药产业链联盟成立大会在杭州高新区（滨江）举行　（区经信局　供图）

【第三届生物医药发展论坛】 2023年11月18日，第五届世界杭商大会专题活动暨第三届生物医药发展论坛在瑞德设计·白马湖未来创新中心举行，市、区有关负责人、生物医药行业领域专家、企业家代表等120多人参加。大会由区党委、区管委会、区政府主办，区生物医药创新联合会执行承办，以“医启创新 滨赋未来”为主题，通过政策介绍、合作签约、学术报告、圆桌讨论等形式探讨生物医疗产业的发展趋势、技术创新、市场机遇。该论坛为第五届杭商大会区专题活动。

【《经导管植入式人工肺动脉瓣膜》团体标准发布】 2023年12月4日，杭州启明医疗器械股份有限公司牵头制定的《经导管植入式人工肺动脉瓣膜》团体标准获中国生物材料学会批准发布，是全国首个经导管植入式人工肺动脉瓣膜团体标准。标准规定经导管植入式肺动脉瓣膜的通用要求，帮助评价相关器械的安全性及有效性，适用于所有预期经导管植入的用于替换原生肺动脉瓣膜的器械。标准从风险评估和设计输入的要求中选择适当的验证方式，包括基本材料的力学性能、物理特征、化学特征和生物相容性等评估，并对经导管植入式人工肺动脉瓣膜及其输送系统临床前体内评价方法提出指导意见。该团体标准是中国首个相关领域的团体标准，对于规范经导管人工肺动脉瓣膜疾病治疗领域的产品研发、生产质量控制，解决行业共性问题，持续推动产业升级意义重大。标准自2024年5月4日起实施。

【生物医药产业高质量发展推进会】 2023年12月28日，生物医药产业高质量发展推进会在“智慧e谷”召开。省药品监督管理局、市市场监管局、区委区政府有关部门负责人和区药品医疗器械企业代表共100多人参加。会上，举行浙江省药品监督管理与产业发展研究会落地滨江揭牌仪式；省药品监督管理局与杭州高新区（滨江）签订《浙江省药品监督管理局与杭州高新区（滨江）管委会、政府战略合作协议》，加强双方在生物医药产业体系建设、人才培养、技术研发、产品上市、交流合作等领域合作；杭州高新区（滨江）发布新一轮生命健康产业政策《关于进一步促进生命健康产业创新发展的实施意见》，包含3个大类、共19条具体政策支持条款，专家围绕生物医药成果转化与未来趋势、医疗器械注册审评政策进行解读和探讨。

（杨千慧）

2023年12月28日，浙江省药品监督管理与产业发展研究会落地滨江揭牌仪式举行

（区委宣传部　供图）

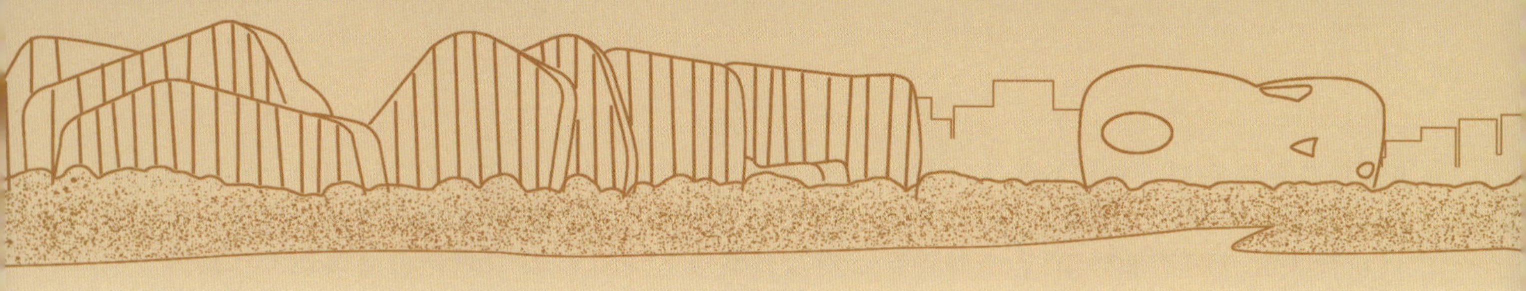

产业平台

白马湖生态创意城

【概况】2023年，白马湖生态创意城管委会实施新建工程项目8个，完成政府项目投资3.26亿元。新签约、引进企业637家，园区企业实现税收2.82亿元。北京航空航天大学量子实验室、北京航空航天大学杭州研究生院教师宿舍竣工交付。农居SOHO提升改造工程基本完工。网易三期主体结顶。白马湖实验室（能源与碳中和浙江省实验室）开工建设。白马湖和院东地块、第三工业综合体项目开工。白马湖实验室能源科技创新中心基地启用。滨江创意小镇获评第七批省级特色小镇。白马湖党群服务中心获评全区唯一省级示范区域性两新党群中心。华数数字电视传媒集团有限公司、杭州瑞德设计股份有限公司入围2023年浙江省服务业领军企业名单。北京航空航天大学杭州创新研究院空天地一体化应急保密通信系统创新研究平台的《杭州城市大脑滨江平台基础能力平台密码应用案例》获"2022年度杭州商用密码应用优秀案例"一等奖。白马湖生态创意城位于杭州高新区（滨江）南部，总规划面积20.5平方千米。其中核心（启动）区块8平方千米，东、南与萧山区接壤，西至时代大道，北至白马湖路（含柴家坞、章苏自然村及马湖社区）。

【中天模型公司获省级专精特新中小企业认定】2023年1月30日，省经信厅公布2022年度浙江省专精特新中小企业名单，杭州中天模型有限公司（简称"中天模型公司"）获评2022年度浙江省专精特新中小企业。中天模型公司总部位于白马湖生态创意城，建筑面积4.6万平方米，主要研发制造航空航天、航海、车辆、建筑、科学等主题模型并提供相关师资培训、创客空间等校园科技模型整体解决方案，有近100项发明、实用新型专利。

【"文化产业园区携行计划"结对签约】2023年2月23日，杭州白马湖生态创意城与重庆国盛数字创意产业园举行"文化产业园区携行计划"结对签约仪式。双方以市场为导向，围绕产业链、供应链等重点项目，探索建立长期长效合作机制，共同建设园区合作发展新模式。"文化产业园区携行计划"是文化和旅游部为落实国家区域协调发展战略，开展以文化产业园区为联结，以东、中部地区同西部和东北地区文化产业园区合作为重点，确定对应园区开展结对合作，促进区域文化产业协同发展。

【瑞德工业设计产业基地投用】2023年3月17日，瑞德工业设计产业基地投用。瑞德工业设计产业基地东至规划空地，西至腾龙路，南至刺棱河绿化，北至石�弄，建设用地面积1.11万平方米，总建筑面积3.2万平方米，其中地上建筑面积2万平方米、地下建筑面积1.2万平方米。基地致力于挖掘数字贸易、跨境电商及数字文化创意等项目，提供全方位运营服务体系，以"科技、设计、数字、品牌、创新、文化、社群、共创”为核心，开展新办公空间超级场景整体规划，促进园区企业发展，驱动产业转型升级。瑞德工业设计产业基地由杭州瑞德设计股份有限公司投资设立。

【白马湖实验室获批浙江省博士后工作站】 2023年4月20日，经浙江省人力资源和社会保障厅及省博士后管理办公室审核批准，白马湖实验室获批设立浙江省博士后工作站。白马湖实验室博士后工作站依据国家和省、市的科技与经济发展要求，围绕实验室科研布局与发展战略，通过产学研联合等方式进行博士后人才培养。至年底，共有企业导师8人，在站博士后3人，专业涉及绿色燃料制备、发电厂智能运维、二氧化碳捕集与利用等。

【2家驿站获评省二级旅游驿站】 2023年5月22日，浙江省文化广电和旅游厅公布第二批浙江省旅游驿站名单，白马湖动漫广场旅游驿站、白马湖旅游驿站获评二级旅游驿站。白马湖动漫广场旅游驿站位于滨江区长江南路336号，占地面积1800平方米，包含嘻番图书馆、宋韵文化阅读空间、中央庭院等多元化功能区。白马湖旅游驿站位于白马湖景区，一楼为游客接待中心，建筑面积300平方米；二楼为会议室及大数据中心等。驿站设有书架，放置旅游宣传手册、周边酒店宣传手册等，为游客提供信息咨询，配有专业导游，可根据游客需求安排“一对一”精准导游服务，个性化定制景区游玩线路、提供杭州特色农产品礼包定制服务等。

【中国国际网络文学周】 2023年5月27—29日，由中国作家协会、省政府、市政府共同主办的“2023年中国国际网络文学周”在杭州白马湖建国饭店举行，世界各地知名网络作家、网络文学行业代表、专家、读者等近300人参加。活动以“多彩亚洲 精彩世界——中国网络文学在亚洲的传播”为主题。文学周期间，发布《中国网络文学亚洲传播发展报告》，总结2022年中国网络文学国际传播发展情况，展示网络文学在亚洲各地传播现状、发展特点、传播路径等；表彰网络文学国际传播表现突出的16位网络作家、7家网络文学平台，其中浙江省作协获优秀组织奖；举办为期3天的网络产业博览会，展现中国网文创作成果；举行“IP直通车”，网络文学国际传播论坛、中国文化走出去座谈会等网络文学主题活动，提升网络文学国际传播能力。

【华数集团入选“全国文化企业30强”】 2023年6月7日，第十五届“全国文化企业30强”名单发布，华数数字电视传媒集团有限公司（简称“华数集团”）入选。名单依据社会效益和经济效益指标进行综合考评，经光明日报社、经济日报社等单位联合评选后认定。华数集团是大型国有文化传媒产业集团、有线电视网络和新媒体运营商。旗下有10家子公司入选国家高新技术企业。全年实现营业收入120.59亿元，比上年增长4.36%；研发费用投入7.6亿元，增长17.45%。

【白马湖论“碳”大会】 2023年6月24日，白马湖论“碳”2023大会在杭州高新区（滨江）举行，省、市、区政府相关部门、重点企业、高校、科研单位等近300名代表参加。大会以“科技赋能、共创未来”为主题，由白马湖实验室（能源与碳中和浙江省实验室）主办。活动中，成立滨江区双碳产业联合会、浙江国资国企创新联合会绿色低碳专业委员会；发布《浙江省碳达峰碳中和科技发展蓝皮书》，推进提升绿色低碳发展能级；汤广福、潘德炉、杨德仁3名院士分别围绕“以系统工程论视角构建新型能源体系”“海洋蓝碳测评人工智能”“太阳能光伏硅材料产业的现状和发展”主题作主旨报告。

【白马湖实验室总部基地开工建设】 2023年9月19日，白马湖实验室总部基地开工建设。基地位于白马湖畔南侧，占地面积8.9万平方米，建筑面积16.3万平方米，由科研综合区和科研配套区组成，项目总投资21亿余元，预计于2026年竣工。白马湖实验室于2022年6月7日挂牌成立，是一家由省属国企牵头、高校共建和各创新主体相互协同的能源与碳中和领域高能级科创平台。

【量子传感大楼启用】 2023年10月16日，杭州极弱磁场国家重大科技基础设施研究院量子传感大楼启用。量子传感大楼由杭州白马湖生态创意城投资开发有限公司开发建设。工程总建筑面积8773.4平方米，于2021年4月10日开工，2023年8月22日竣工。量子传感大楼作为杭州极弱磁场国家重大科技基础设施研究院的主要科研场所，重点开展极弱磁场大设施的科学装置与仪器、磁屏蔽舱的关键技术前期攻关和工程化样机研制，为未来量子传感技术的成果转化奠定基础。

【网易杭州软件生产基地三期项目结顶】 2023年12月8日，网易杭州软件生产基地三期项目结顶。基地位于滨江区白马湖生态创意城，腾龙路以西，天马路以南，由网易（杭州）网络有限公司负责建设。项目占地面积7.97万平方米，总建筑面积24.5万平方米，总投资10.12亿元，设计建筑高度36米，共8层。项目于2021年9月13日摘牌，2022年3月25日完成桩基备案。网易杭州软件生产基地用于重点互联网领域的软硬件研发。

【滨江创意小镇获评第七批省级特色小镇】 2023年12月12日，省政府发布《关于命名第七批省级特色小镇的通知》，滨江创意小镇获评第七批省级特色小镇。滨江创意小镇位于杭州白马湖生态创意城内，规划面积3.8平方千米，主要发展“文化+数字”产业，2016年1月入选省特色小镇第二批培育名单，2020年9月升格为创建类小镇，是杭州高新区（滨江）“一园三谷五镇”中的重要产业平台。至年底，小镇集聚规模以上企业45家、国家级高新技术企业47家、省级科技型中小企业15家。

（迟玉婷）

互联网经济产业园

【概况】 2023年，互联网经济产业园产业项目投资15.15亿元，其中制造业项目投资5.86亿元。规模以上工业企业产值1055.18亿元，比上年增长8.86%，其中23家主要企业产值32.17亿元，增长13.47%。规模以上服务业营业收入2210.96亿元，增长5.26%。规模以上贸易企业零售额182.42亿元，增长18.99%。新增上市企业2家，累计上市企业25家。“独角兽”和准“独角兽”企业共25家，其中上榜胡润全球“独角兽”榜5家。新认定国家级高新技术企业114家，累计510家。新认定国家级科技型中小企业37家，累计498家。新认定国家级专精特新“小巨人”3家，累计10家。新认定省级专精特新中小企业47家，累计65家。新认定国家级孵化器2家，累计7家；省级孵化器1家，累计7家；市级孵化器4家，累计15家。新型节能材料生产基地、正邦科技产业化基地、新零售电商直播产业基地、宸帆人工智能新电商产业基地4个产业项目开工建设。当虹科技智能视频产业基地项目竣工投用。景业高端智能装备及机器人制造基地、广脉科技产业化基地、恒生金融云产品基地二号楼、大立智能光电探测系统制造基地4个产业项目主体结顶。互联网经济产业园位于杭州高新区（滨江）中部区块，东至江晖路，西至南川路，南至滨康路，北至闻涛路，总规划面积6.37平方千米。

【互联网现代服务业创新发展区】 2023年，互联网经济产业园推进互联网现代服务业创新发展区建设。互联网现代服务业创新发展区规划范围东至江晖路，西至南川路，南至滨康路，北至闻涛路，总规划面积6.78平方千米，聚焦信息技术服务、数字贸易、生命健康服务三大主导产业，打造现代服务业创新发展区。其中：信息技术服务区规划面积1.82平方千米，培育形成面向未来、具有国际竞争力信息技术服务产业集聚高地；数字贸易区规划面积1.09平方千米，建成全省新型数字贸易服务核心承载地；生命健康服务区规划面积0.78平方千米，建设以“互联网+医疗”为特色的智慧化生命健康服务集聚高地；创新创业区规划面积0.55平方千米，成为以互联网相关产业为主导的创新创业集聚地；综合配套服务区规划面积2.54平方千米，成为集居住、商业、办公、休闲、娱乐等于一体的综合配套服务集聚地。至年底，互联网现代服务业创新发展区入驻单位1623家，包括规模以上企业226家，个体工商户197家，上市企业25家，高技术服务业企业593家。实现营业总收入2504亿元，营业利润637亿元，税收179亿元，实际完成投资8亿元。

【滨江互联网小镇】 2023年，滨江互联网小镇完成固定资产投资8.81亿元，其中特色产业投资8.79亿元，占99.8%。实现营业总收入3253亿元，税收186亿元，科技投入360亿元。新引进互联网科技企业345家，新增有效发明专利2061件，累计有效发明专利1.57万件。新增国内外顶尖人才3人，累计20人。有国家级领军人才37人，省级领军人才7人。新增国家级孵化器2家，省级孵化器1家，累计集聚国家级孵化器7家、省级6家、市级11家。累计集聚众创空间2家（国家级1家、省级1家）。认定国家级科技型中小企业445家。新认定国家高新技术企业83家，累计385家；新增省级研发中心16家，累计115家；新增省级重点实验室2家，累计4家；新增省级企业研究院2家，累计15家。新增上市企业3家，累计21家，其中“科创板”企业3家，新增“新三板”挂牌企业1家，累计5家。互联网小镇入选2022年度省级特色小镇优秀小镇名单。互联网小镇规划范围东至江晖路，西起建业路，南起滨康路，北至江南大道，规划总面积3.91平方千米，包括核心区规划面积1.51平方千米，其中东部核心区面积0.53平方千米，西部核心区面积0.98平方千米。

【滨江智造供给小镇】 2023年，滨江智能供给小镇实现规模以上工业和服务业营业总收入81.8亿元，完成有效固定资产投资14亿元，其中特色产业投资9.6亿元。滨江智造供给小镇位于长河街道和浦沿街道交界处，东至时代大道，西至火炬大道，南至冠山公园，北至浙赣铁路。小镇依照“一心两轴四区”［“一心”：智创核心（小镇客厅）；“两轴”：产业联系发展轴、智创长廊；“四区”：产业片区、居住片区、文化片区、生态智谷］的规划结构建设，规划面积3.75平方千米，以提供智造供给解决方案为重点产业方向，培育产品与装备智能化技术集成开发商、“数字化制造”技改工程承包商、多种智能产品联网使用工程承包商、多个应用系统集成工程承包商与平台服务商、工业物联网安全在线服务商六大智能制造系统解决问题供应商，构建和谐共生的产业生态，形成智造供给产业集群。至年底，智造供给小镇集聚规模以上工业企业6家，服务业企业13家，贸易类企业4家，国家级高新技术企业41家，上市企业4家，市级以上孵化器1个。

【“周四下午茶”活动】 2023年，互联网经济产业园继续推出“周四下午茶”活动，每周定期为企业提供产业对接、技术交流、政策解读、项目申报等服务，为园区企业搭建政企交流新平台，助推中小微企业成长。至年底，举办35场“周四下午茶”活动，300家企业参加，服务376人次。

2023年互联网经济产业园“周四下午茶”活动情况一览表

表7

序号	日期	活动主题	参加企业
1	1月12日	以青年创新之力 促大创产业成长	杭州森恒景观设计有限公司、赢叁（杭州）文化传播有限公司、杭州米涂文化传播有限公司、杭州啡丽咖啡贸易有限公司、杭州像必棒文化传媒有限公司

续表7

序号	日期	活动主题	参加企业
2	2月9日	心中有数 真凭实据	杭州铭盾数据安全技术有限公司、杭州食方科技有限公司、杭州枫惠投资管理有限公司、杭州明烨资产管理有限公司、山泰科技集团（杭州）有限公司、浙农控股集团有限公司、杭州枫惠六和桥创投科技有限公司
3	2月16日	高企发掘与培育中介企业座谈会	杭州正策信息技术有限公司、浙江火炬生产力促进中心有限公司、山泰科技集团（杭州）有限公司、杭州彩宏科技有限公司、杭州昊博知识产权咨询有限公司、杭州枫惠六和桥创投科技有限公司、杭州全科科技有限公司
4	2月23日	互助关怀 合作交流 共迎新机遇新挑战	杭州玄襄科技有限公司、杭州君合文化传媒有限公司、核心资本管理（杭州）有限公司、杭州枫惠知识产权咨询有限公司
5	3月2日	数“短”论长，解码互联网产业发展底气	厦门蝉声网络科技有限公司、郑州先防时代健康管理有限公司、翰皇（杭州）网络科技有限公司、杭州伴宇科技有限公司、杭州格聂科技有限公司、杭州果写伊科技有限公司、杭州艺雏电子商务有限公司、天竺良品纺织有限公司、烟台尚讯商贸有限公司、杭州昌迪科技有限公司、浙江创信科技产业服务有限公司、北京鑫全域大数据技术有限公司、海南全材贸易有限公司、杭州莉蓉柯科技有限公司、哈尔滨锄禾尚品电子商务有限公司、杭州椿屋奈科技有限公司
6	3月9日	神机妙算 想方设法——算法篇	浙江中易慧能科技有限公司、浙江瓯速科技有限公司、杭州亮通网络工程有限公司
7	3月16日	聚力合作 助企腾飞	浙江华仕管道科技有限公司、浙江信网真科技股份有限公司、杭州联汇科技股份有限公司、浙江迪福润丝生物科技有限公司、绍兴市柯桥区雅阁纳家纺经营部
8	3月22日	“可持续消费”私董会	杭州大播会网络科技有限公司、杭州开心工作科技有限公司、浙江融哲律师事务所、宝龙地产控股有限公司、杭州程宇企业管理有限公司、杭州传送门网络科技有限公司、杭州超有戏网络科技有限公司、杭州耘禾网络科技有限公司、杭州森恒景观设计有限公司、中国民生银行、浙江兆能电力建设有限公司、杭州有想法网络科技有限公司、杭州檬果网络科技有限公司、木欣（杭州）茶业有限公司、北京知家信息科技股份有限公司、杭州知考生涯教育科技有限公司、杭州善格文化创意有限公司
9	4月6日	乘风破浪、和创未来	和创孵化器、杭州枫惠知识产权咨询有限公司、杭州吴侠科技有限公司以及杭州雪瑞姑姑文化传媒有限公司
10	4月20日	浅谈Chat GPT在市场中的应用潜力	杭州锐颖科技有限公司、杭州弧聚科技有限公司、杭州经纬物联科技有限公司、星目科技（杭州）有限公司、杭州优驿网络科技有限公司、浙江创丰智能电子科技有限公司、杭州实在智能科技有限公司、杭州拾米网络科技有限公司
11	4月27日	高企申报培训交流会	杭州探奥科技有限公司、杭州明威视觉文化科技有限公司、杭州千珩汇美医疗科技有限公司、杭州同优家居科技有限公司、杭州东北人家农业科技有限公司、杭州合之美智能科技有限公司、杭州耘盛农业科技有限公司

续表7

序号	日期	活动主题	参加企业
12	5月11日	电商产业分享交流会	杭州猫宁科技有限公司、杭州翼麦在线科技有限公司、内蒙古伊苏河牧业有限公司、杭州海辰园区管理有限公司
13	5月18日	医疗大健康产业对接会	杭州浚惠生物科技有限公司、杭州荣谷生物科技有限公司、浙江广晟医疗科技有限公司、浙江迪福润丝生物科技有限公司、言和基金、陆鼎基金、杭州明烨投资管理合伙企业（有限合伙）、上海弘晖资产管理有限公司
14	5月25日	杭州市人才分类认定及中高级职称申报培训会	杭州晶华微电子股份有限公司、杭州程视视觉科技有限公司、杭州彤云晓聚网络科技有限公司、杭州众联创芯科技有限公司
15	6月1日	合理优化股权架构 助推企业长效发展	上海泽鸣鑫服饰有限公司杭州分公司、杭州洲际广告有限公司、杭州略懂极智信息科技有限公司、浙江慢慢买网络有限公司、杭州杭歌国际贸易有限公司
16	6月8日	鲤越双循环·淘宝直播产业交流会	杭州达人说供应链管理有限公司、杭州兰桔生物科技有限公司、杭州好旺推网络科技有限公司、杭州智峰机器人有限公司等15家
17	6月29日	电商赋能，共商发展	杭州巧之梅电子商务有限公司、杭州沃虎科技有限公司、杭州慕雅丝绸有限公司、杭州扫地僧文化传媒有限公司、交个朋友优选科技有限公司等7家
18	7月6日	新媒体产业新机遇	乐麦信息技术（杭州）有限公司、浙江信网真科技股份有限公司、五翼果（杭州）网络科技有限公司等4家
19	7月13日	科技、文创企业政策汇编讲解	杭州夕子科技有限公司、杭州探奥科技有限公司、鸿川（杭州）科技有限公司、杭州陆单网络科技有限责任公司、浙江天矶智能科技有限公司、多鱼猫（杭州）健康科技有限公司等
20	7月20日	生物医药产业对接会——销售渠道新玩法	杭州电子科技大学、浙江康佰裕生物科技有限公司、杭州糖吉医疗科技有限公司、博序医学科技（杭州）有限责任公司、京美生命科技（杭州）有限公司等
21	7月27日	走进企业 蓄能企业	杭州幸耀科技有限公司、杭州佳合网络科技有限公司、杭州丞橘科技有限公司等
22	8月3日	AI智能——重塑虚实结合	浙江网经社信息科技有限公司、杭州天菱菱网络科技有限公司、杭州匠心如艺网络科技有限公司、绍兴市悦兰文化创意有限公司等
23	8月4日	智慧园区数字管理、低碳绿色高效服务	杭州致成电子科技有限公司、杭州园钉科技有限公司、中联西北工程设计研究院有限公司、杭州市公共交通云科技有限公司、虹软科技股份有限公司、杭州乒乓智能技术有限公司、阿里中心、杭州风马牛西可科技有限公司、浙江上峰房地产有限公司、杭州天和高科技产业园有限公司等
24	8月10日	AIGC——数字智能大模型	杭州快萃小茶智能科技有限公司、鹏摇（浙江）科技有限公司、浙江支点数字科技有限公司等
25	8月17日	产业创新之走进园区	杭州虎格文化传媒有限公司、杭州时阁科技有限公司等

续表7

序号	日期	活动主题	参加企业
26	8月24日	金税四期下AIGC、科技企业、直播电商等的税收实务	杭州大腕文化传媒有限公司、杭州科能工控技术有限公司、杭州申乾财务有限公司、杭州名希电子商务有限公司、拓森电子（杭州）有限公司等11家
27	9月7日	新电商、新金融、兴产业	灼岩语言文化传播有限公司、杭州淘粉吧网络技术股份有限公司、杭州钧沐进出口贸易有限公司、杭州安泓贸易有限公司等10家
28	9月14日	流量打法从0到1	杭州初新文化传媒科技有限公司、杭州宸帆电子商务有限责任公司、江西秋田满满食品科技有限公司等10家
29	10月12日	人才申报政策宣讲	恒生电子股份有限公司、浙江大华技术股份有限公司、杭州东忠科技股份有限公司等11家
30	10月19日	初创企业交流——财务梳理	杭州玉锦荣科技有限公司、杭州求知数字技术有限公司
31	10月26日	导师分享——创业路上的故事	杭州枫惠六和桥创投科技有限公司、东冠科技产业园、浙农科创园、杭州弈无忧科技有限公司、杭州海蜗牛生物科技有限公司、杭州铂赛生物科技有限公司、杭州园钉科技有限公司7家
32	11月2日	全力打造孵化器之城，推动孵化载体高质量发展	浙江东冠资产管理有限公司、杭州渡口网络科技有限公司、杭州天和高科技产业园有限公司、杭州江虹文化创意有限公司、拓森电子（杭州）有限公司等20家
33	11月16日	专精特新企业复核培训暨资本市场政策宣讲	英姿医疗科技（杭州）有限公司、杭州北冥星眸科技有限公司、杭州剂泰医药科技有限责任公司、杭州缔蓝生物技术有限公司、浙江康伯裕生物科技有限公司、杭州熙容科技有限公司等10家
34	11月30日	2023的机遇与困难——企业交流	杭州飞速记科技有限公司、杭州求正科技有限公司、杭州枫惠六和桥创投科技有限公司
35	12月20日	“互联e家·下午茶”集成电路产业对接会	浙江大华技术股份有限公司、杭州长川科技股份有限公司、杭州晶华微电子股份有限公司、中昊芯英（杭州）科技有限公司、易兆微电子（杭州）股份有限公司、浙江芯昇电子技术有限公司、杭州领芯微电子有限公司、杭州凌晟微电子科技有限公司、纳晶科技股份有限公司、浙江国微检测技术有限公司、杭州行芯科技有限公司、杭州广立微电子股份有限公司、杭州电子科技大学滨江研究院、杭州高新金投控股集团有限公司

（项　磊）

【4个产业项目主体结顶】 2023年，互联网经济产业园有4个产业项目主体结顶。5月，景业高端智能装备及机器人制造基地项目主体结顶。项目于2022年5月开工建设，位于月湾路以东，百仁路以西，乳泉路以南，冠山路以北。总投资3亿元，用地面积1.39公顷，建筑高度40米，层数9层，容积率2.1，总建筑面积5万平方米。8月，广脉科技产业化基地建设项目主体结顶。项目于2022年6月开工建设，东至月湾路，西至规划绿地，南至冠山路，北至规划乳泉路。总投资1.8亿元，用地面积0.93公顷，建筑高度40米，层数9层，容积率2.5，总建筑面积3.96万平方米。9月，恒生金融云产品基地项目二号楼主体结顶。项目二号楼于2021年3月开工建设，位于时代大道与滨兴路交叉口，总投资12亿元，用地面积3.8公顷，建筑高度155.9米，层数35层，容积率4.15，总建筑面积10.12万平方米。

12月，大立智能光电探测系统制造基地项目主体结顶。项目于2022年6月开工建设，东至规划绿地，西至南川路，南至冠山路，北至乳泉路。总投资5.5亿元，项目用地面积1公顷，建筑高度39.95米，层数10层，容积率为2.8，总建筑面积4万平方米。

【新型节能材料生产基地开工】 2023年4月12日，浙江省水电建筑安装有限公司的新型节能材料生产基地开工建设。项目位于浦沿街道，东至火炬—冠山地块环境提升整治项目，西至常学街，南至浦乐单元M1-30（2）地块，北至彩虹河绿地。项目用地面积1公顷，总投资2亿元，容积率2.8，总建筑面积4.69万平方米。项目为2幢高层生产大楼，2幢楼之间通过底部群房及高空连廊连接。建筑物结构形式为框架结构，建筑高度40米内。浙江省水电建筑安装有限公司前身是浙江省水电建筑第二工程处，组建于1965年，公司有5年被评为“浙江省建筑业先进企业”，连续8年被评为“浙江省优秀水利企业”，已获“杭州市建设行业市级企业技术中心”“省级高新技术企业研究开发中心”“国家高新技术企业”的评审与认定。

【互联网经济产业园“协商驿站”授牌】 2023年4月20日，互联网经济产业园“协商驿站”授牌暨“青年企业家面对面”活动在三花江虹国际创意园举行。活动以“探索 共生 向未来”为主题，区政协、互联网经济产业园、青年创业者以及10多家园区优质初创企业代表共20多人参加。活动上，举行互联网经济产业园“协商驿站”揭牌仪式；组建“双创”服务“陪跑导师团”，举行导师聘任仪式，为8名青年政协委员企业家颁发聘书。区政协委员青年企业家与初创企业负责人围绕创业困难等进行交流，聚焦资金、资源、企业核心竞争力等问题，探讨发展策略。至年底，“协商驿站”举行2场次活动。

【正邦科技产业化基地项目开工】 2023年5月16日，正邦科技产业化基地项目开工建设。项目东至火炬—冠山地块环境提升整治项目，南至规划诚业南路，西至浦乐单元学校南侧规划支路，北至浦乐单元M1-30（1）地块，总用地面积0.93公顷，总投资2亿元，容积率2.8，总建筑面积4.29万平方米。浙江正邦新基建设科技有限公司成立于2020年5月22日，是一家自主研发软硬件、通信设备制造，提供综合性智能解决方案的企业。公司集研发、生产、销售、技术服务于一体，交叉融合人工智能、通信、大数据、物联网、软件等多学科多领域技术，为客户提供整体解决方案、先进产品、创新技术等。

【2023年“直播+”跨境电商上峰论坛】 2023年6月9日，2023年“直播+”跨境电商上峰论坛在上峰电商产业园举办。论坛以“直播中国 链接全球”为主题，由互联网产业园发展服务中心、区商务局主办，上峰电商产业园、区直播产业联合会承办。省商务厅、市商务局、区委等负责人，专家，跨境平台、直播机构，跨境电商供应链、产业链服务商和行业协会、专业机构、企业代表等200多人参加。大会为“直播滨团跨境电商研究中心”

2023年6月9日，“直播+”跨境电商上峰论坛在上峰电商产业园举办
（互联网产业园发展服务中心 供图）

揭牌，该中心由浙江省钱塘数字贸易研究院和区直播产业联合会共建；举行“直播滨团跨境电商研究中心”首批研究员、专家聘任仪式；制定首个“跨境直播电商选品标准”；区直播产业联合会与深圳市跨境电商协会等跨境生态机构签约发布“跨境电商数字赋能全球合伙计划”。

【高新技术企业申报暨职称认定评审培训】 2023年6月15日，高新技术企业申报暨职称认定评审培训在滨江区滨安路1181号王道公园举行。活动由互联网产业园发展服务中心、区科技局联合举办，20多家意向申报企业代表参加。培训从高新技术企业认定基本情况及政策、认定管理办法和工作指引、申报实操讲解、注意事项4个方面，为企业代表全面分析认定申报难点，重点解读申报的最新变化及易错点；从职称的作用、类别、申报方式、申报程序等方面进行全面系统介绍，明确E类人才申报评定标准和中高级工程师评审条件，帮助企业人才明晰政策、规范程序。

【谦寻电商直播产业基地项目开工】 2023年7月21日，谦寻（杭州）控股有限责任公司新零售电商直播产业基地项目开工建设。项目东至恒生电子股份有限公司，西至立业路，南至滨兴路，北至浙江网盛控股集体有限公司及江南大道，用地面积1.6公顷，总投资5亿元，容积率2.6，总建筑面积6.66万平方米。谦寻（杭州）控股有限责任公司是一家以“数字化、平台化、国际化”为方向，打造直播电商产业生态集群的数字科技公司，业务涵盖直播服务、超级供应链基地、数字系统、全域营销、自主品牌孵化等，是国内引导成交规模最大的直播电商企业之一。

【创新型中小企业和第二批专精特新中小企业申报培训】 2023年9月6日，“北塘河大讲堂——创新型中小企业和第二批专精特新中小企业申报认定解读”培训会举行，园区内20多家企业代表参加。围绕国家、省、市三级政策，解读最新专精特新企业培育政策体系，讲解不同类型中小企业的评价和认定流程，提升企业对相关政策内容的认知度，为企业申报创新型中小企业、第二批专精特新中小企业提供指导和可行性建议。

【宸帆人工智能新电商产业基地开工建设】 2023年10月9日，宸帆人工智能新电商产业基地开工建设。项目东至共享路，南至空地、中兴单元M1-28地块，西至江虹路，北至兴才街，用地面积1.67公顷，总投资4亿元，容积率5，总建筑面积10万平方米。项目以建设“品牌总部基地+数字化供应链中心+新零售时尚打卡点”为目标，拟建成国际潮流社区和时尚人气打卡园区。杭州宸帆电子商务有限责任公司创立于2016年，定位以“AI技术+达人”驱动的多品牌快时尚集团，主营业务涵盖服饰、美妆、生活家居、亲子等垂直领域，涉及AI核心技术研发销售、网络达人培养、电商平台运营推广、物流仓储供应链、服装等品类研发设计及销售。

（项　磊）

物联网产业园

【概况】 2023年，物联网产业园完成固定资产投资11.08亿元，均为特色产业投资。园区企业营业收入3051.37亿元，比上年增长13%。上市企业19家，世界500强企业及其投资项目15个，“独角兽”企业、准“独角兽”企业15家，国家高新技术企业232家，科技型中小企业324家，瞪羚企业32家。全年新设企业885家，迁入企业233家，迁出企业195家，净迁入企业38家，顺差率16.3%。国家级众创空间累计3家；新认定省级众创空间1家（天钥众创空间），累计3家；新认定国家级孵化器1家（江南智谷科技孵化器），累计2家；新认定市级孵化器1家，累计6家。物联网产业示范基地连续5年获评国家五星级评价。物联网小镇连续5年获评省级特色小镇年度考核优秀单位。国家数字服务出口基地杭州高新区（滨江）物联网产业园复审成绩91.9分，居全国第一位。物联网产业园发展服务中心获评浙江自贸试验区建设工作业绩突出集体。《围绕优势产业链链主企业打造数字服务发展高地》入选为国家数字服务出口基地首批创新实践案例。“董秘圆桌会”新的社会阶层人士统战工作品牌获评市委统战部“同心最美范例”。国家数字服务出口基地杭州高新区（滨江）物联网产业园获评全省十佳开放平台。物联网产业园位于杭州高新区（滨江）的东部区块，东至风情大道，西至江陵路，南至滨和路，北至滨盛路，总规划面积3.66平方千米。

【滨江物联网小镇】 2023年，物联网小镇以做强做精做深特色产业为核心，推动小镇产业、功能、形态、体制机制全面升级。小镇连续5年获得省级特色小镇年度考核优秀。物联网产业公民法治素养观测点入选浙江省公民法治素养观测点十大最佳实践案例名单，被评为“浙江省提升公民法治素养培优项目”，被浙江卫视《了不起的家乡》栏目宣传报道。小镇传播力指数5次获全省特色小镇第一名。《关于加快建设数字特区的对策建议研究课题》入选市共同富裕示范区城市范例理论课题“赛马”优秀名单。小镇推进产业社区迭代升级，9月实现实体化运营。围绕政务服务、民生服务、增值服务三大功能布局，引入暖企小站（Bin-hub）等，完善产业社区服务。承办现代产业社区现场会，巩固深化“e谷早餐会”“e谷创享惠”“e谷投融汇”“e谷菁英荟”“e谷成长营”5项对企服务举措，做好“物联企培库”“物联政策箱”“物联资源仓”“物联企服团”“物联企服通”建设工作，推进政务服务增值化改革，其中“e谷早餐会”被中央广播电视总台《东方时空》栏目宣传报道。推进“小升规”工作，指导达标企业申报“小升规”，完成29家企业“小升规”申报。全年开展62场消防演练活动、86场平安法治直通车及“平安第一课堂”等平安宣传活动。推动反诈工作提质增效，在杭州海康威视数字技术股份有限公司、正泰量测科技园楼宇设立“杭小智”反诈工作站。联合小镇法律驿站开展“送法进楼宇、普法零距离”普法宣传活动，全年提供服务576小时，其中线下咨询128次；开展“民法伴生活法治迎亚运”——全市打卡公民法治素养观测点活动和“亚运法律知识线上有奖答题活动”，小镇获评亚运法律知识线上竞答活动优秀组织单位。

【4个项目开工建设】 2023年，物联网产业园有4个项目开工建设，推进园区总部集聚和产业化基地建设。3月1日，浙江德施曼科技智能股份有限公司智能家居安防产业基地项目开工建设。项目东至规划工业用地，西至物联网感知之轴，南至腾蕙弄，北至联慧街。占地面积1.35公顷，总建筑面积6.3万平方米，总投资额3亿元。10月30日，杭州宏杉科技股份有限公司大数据存储产品制造基地项目开工建设。项目东至联众智慧项目，西至规划公园，南至规划支路，北至月明路，占地面积1.12公顷，总建筑面积5.18万平方米，总投资额2亿元。11月1日，联众智慧科技股份有限公司智慧医疗产品产业化基地项目开工建设。项目东至共联路，西至宏杉科技项目，南至规划支路，北至月明路，占地面积0.98公顷，总建筑面积4.63万平方米，总投资额2亿元。11月1日，杭州神甲科技有限公司物联网流量安全产业基地项目开工建设。项目东至风情河绿化带，西至协同路，南至物联网街，北至解放河绿化带，占地面积1.14公顷，总建筑面积5.06万平方米，总投资额3亿元。项目的开工建设，有助于推进物联网产业园总部集聚和产业化基地建设。

【2个公司总部大楼投入使用】 2023年，物联网产业园有2个公司总部大楼投入使用。4月17日，浙江宇视科技有限公司总部大楼投入使用。大楼于2019年9月18日开工建设，2021年4月9日大楼主体结顶。项目东至协同路，西至物联网感知之轴，南至月明路，北至腾蕙弄，占地面积3公顷，

总建筑面积13.8万平方米，总投资5.6亿元。8月1日，杭州联络互动信息科技股份有限公司总部大楼投入使用。大楼于2017年10月9日开工建设，2019年1月21日大楼主体结顶。项目东至风情河绿化带，西至协同路，南至矽力杰大厦，北至物联网街，占地面积2.23公顷，总建筑面积10.1万平方米，总投资5亿元。

【清廉园区建设】 2023年，物联网产业园制定《物联网产业园清廉园区建设监督员制度》，建立健全廉政风险动态监督机制，聘请园区内区人大代表、政协委员、楼宇代表、"两新"纪检书记共12人，成立清廉园区建设监督员队伍。引导和推动各类非公有制企业清廉队伍建设，浙江吉利控股集团有限公司入选杭州市清廉建设优秀实践案例名单，浙江宇视科技有限公司、明康汇生态农业集团有限公司入选区清廉建设优秀实践案例名单。推进"清风物联"廉洁文化阵地建设，物联网产业园入选区首批廉洁文化阵地名单，相关工作做法被浙江省纪委监委网站刊登。制定《物联网产业园清廉园区建设评价体系》，明确权责界限，指导工作开展，形成评价标准，推进清廉园区建设。

【"中小企业服务月"活动】 2023年7—8月，物联网产业园围绕企业梯度培育"蹲苗育林"计划，与区发改局等部门及第三方服务机构开展联合服务，推进"中小企业服务月"活动开展。联合区人力社保局，为有招聘需求的中小企业发布招聘岗位，帮助企业解决招聘难问题；联合区发改局、区科技金融服务中心，举办项目投融资路演，推进人工智能项目，与20多家专业创投机构开展融资对接；举办"e谷早餐会"人工智能专场，邀请人工智能企业、杭州人工智能计算中心开展产业对接。服务月期间，走访园区中小企业100家，收集反馈表100份，在"物联企服通"平台收集录入企业需求157项，其中政策服务需求51项、人才招聘需求37项、融资需求24项、法律服务需求14项、财会服务需求14项、企业管理需求10项、产学研合作需求7项，问题回应率96.3%。

【园区党建品牌创建】 2023年8月，《非公有制企业党建》杂志发起"年度百佳园区党建品牌案例"征集评选活动，物联网产业园"红色智领 物联未来"党建品牌获评全国"年度百佳园区党建品牌案例"。物联网产业园党委创设"红色智领 物联未来"党建品牌，坚持政治领航、发展领跑，打造数字经济核心区，围绕组织联建、党企联合、产业联动、难题联解、市场联拓，推动党建工作与经济发展互通互融、共同促进。聚焦聚力"三网（党建网、治理网、服务网）合一"工程，创新培育浙江吉利控股集团有限公司"红色引擎"、杭州聚光科技股份有限公司"红色传感"、杭州安恒信息技术股份有限公司"红色卫士"、杭州优行科技有限公司"红色里程"、杭州趣链科技有限公司"红色基石"等党建品牌，推动园区党建整园建强、全域创优。

【吉利公司服务亚运会交通保障】 2023年9月3日，杭州第19届亚运会官方指定用车交车仪式举行，浙江吉利控股集团有限公司（简称"吉利公司"）入选。吉利公司从20万名"曹操出行""礼帽出行""耀出行"的司机中优选出2000多名司机，驾驶旗下品牌吉利、领克、极氪、雷达、远程等2000多辆智能精品车型，组成"吉利交通保障天团"，串联场馆、驻地、机场、车站之间的交通，以优质服务构成覆盖亚运会各赛区的交通网，其中"曹操出行"投入专职司机1700多人。成立亚运服务保障专班临时党组织，设立党员示范岗38个，党员责任区15个，组建党员突击队5支，做好出行保障服务，乘用车服务总里程140万余千米。

【安脉盛公司项目入选"首台（套）"名单】 2023年10月24日，国家能源局发布公告，杭州安脉盛智能技术有限公司（简称"安脉盛公司"）参与研发的"基于大数据的核电站典型关键设备（SPV）健康管理系统"入选第三批能源领域首台（套）重大技术装备（项目）

名单。该系统以提高核电机组运行安全性和经济性为设计目标，采用安脉盛公司的工业增强智能技术（IAI），将工业机理、大数据分析技术及人工智能技术结合，实现信息技术（IT）、运行技术（OT）、数据技术（DT）和分析技术（AT）的融合应用。该系统作为能源领域新型设备健康管理系统，提升安脉盛公司在能源智能化领域优势地位。

【4家企业入选省科技领军企业、科技“小巨人”名单】 2023年11月3日，省科学技术厅公布2023年度浙江省科技领军企业及科技“小巨人”企业名单，物联网产业园4家企业入选。其中：杭州安恒信息技术股份有限公司（简称“安恒信息公司”）入选为浙江省科技领军企业，浙江时空道宇科技有限公司（简称“时空道宇公司”）、杭州宏杉科技股份有限公司（简称“宏杉科技公司”）、杭州康奋威科技股份有限公司（简称“康奋威公司”）3家公司入选为浙江省科技“小巨人”企业。安恒信息公司成立于2007年，累计获得发明专利700件、软件著作权255件。时空道宇公司是吉利控股集团旗下的科技创新企业，成立于2018年，致力于成为全球领先的航天信息与通信基础设施和应用方案提供商，推动中国卫星产业链商业化升级、中国航天技术商业化应用。宏杉科技公司成立于2010年，提供企业级存储产品和解决方案，自研存储技术，参与多项行业标准制定，承担浙江省尖兵研发攻关计划、杭州市人工智能重大科技创新计划等重点科研项目。康奋威公司成立于2005年，专注于自动化控制、机械设计、信息化方面的技术研究，为光伏新能源、智慧物流等行业客户提供先进智能装备和自动化生产集成解决方案。

（朱华逸）

零磁科学谷（智慧新天地）

【概况】 2023年7月22日，杭州高新技术产业开发区（滨江）智慧新天地发展服务中心转设为杭州高新技术产业开发区（滨江）零磁科学谷（智慧新天地）发展服务中心[简称“零磁谷（新天地）中心”]。零磁科学谷（智慧新天地）位于杭州高新区（滨江）西部，由国际零磁科学谷和智慧新天地组合而成，东至浦沿路、火炬大道，西至钱塘江江堤，南至紫红岭山脊线、区界，北至冠山路、连江街，总规划面积7.6平方千米。2023年，零磁谷（新天地）中心坚持建设侧、亚运侧、产业侧一体化推进，重点开展滨江数字健康小镇创建、招商引资、产业集聚、企业服务、基础建设、亚运保障等工作，小镇完成固定资产投资17.43亿元，营业收入89.95亿元，税收5.29亿元。零磁科学谷（智慧新天地）在建产业项目15个，完成投资10.99亿元，比上年增长26.1%。自建项目7个，完成政府投资2.13亿元。协助区科技局推动浙江大学医学院第二附属医院经血管植入器械研究院落点。协助区经信局推动杭州尚健生物技术有限公司、杭州德同生物技术有限公司、杭州浙大迪迅生物基因工程有限公司等5家企业签订滨江区数字健康加速器入驻意向协议。推动贝遨大厦引进企业，达成5份入驻意向协议书。零磁谷（新天地）中心被国家体育总局、中国残联、浙江省委省政府评为“杭州亚运会、亚残运会先进集体”。

【企业综合服务】 2023年，零磁谷（新天地）中心联合创新平台或企业，打造“BIA蝴蝶沙龙”，通过“线上+线下”形式开展“BT+IT+AI”（“BT”指生物科技，BIO-TECHNOLOGY；“IT”指信息技术，INFORMATION TECHNOLOGY；“AI”指人工智能，ARTIFICIAL INTELLIGENCE）产业融合创新音乐沙龙、生命健康创新分享会等活动，共吸引9万余人次参加。走访对接企业550多次，建立74家重点企业名录库，完善“园区、企业、人才”服务，完成《杭州高新区（滨江）生物医药创新服务平台手册》编制。梯度管理与服务园区内285家企业，解决重大关切问题50多个。上门服务人才企业31家，为37家企业解读人才政策，服务各类人才政策兑现250多人次，服务高端人才申报20人次，成功申报16人，超额完成人才申报工作。全年，服务业营业收入增速比上年增长9%；新增税收500万元以上企业1家，累计3家；新增上市后备企业1家。

【重点产业项目建设】 2023年，零磁科学谷（智慧新天地）推进重点项目建设，完成投资10.99亿元。杭州三汇物联网与大数据生产基地、广立微集成电路EDA（电子设计自动化）产业化基地、滨江区数字健康加速器3个项目摘牌开建，其中，滨江区数字健康加速器项目进行围护桩施工，杭州三汇物联网与大数据生产基地项目和广立微集成电路EDA产业化基地项目开展土方开挖。银江生产基地、丁香园医疗大数据中心、盛域医疗产业化生产基地、泰格生物医药和医疗器械生产基地及配套设施4个项目开展地上部分建设；启明医疗生命健康产业园01、02项目开展地下部分建设。税友税务软件产品产业化生产基地、光云软件生产基地、长典医药产品产业化生产基地、高新兴创联智慧交通生产基地4个项目主体结顶。贝遨大厦（智慧新天地创新中心）项目开展内部二次装修工程。智慧健康科技产品产业化基地项目完成规划验收。

【3个项目竣工】 2023年，零磁科学谷（智慧新天地）有沙虞路（东冠路—生地街）工程、冠山路（西浦路—浦西路）工程、振浦中学（竺可桢学校）北侧桥梁工程3个项目完成竣工验收。沙虞路（东冠路—生地街）南起东冠路，北至生地街，长430米，宽20米，为城市支路。工程于2022年11月开工建设，2023年9月完成建设任务，完成投资919万元（不含用地成本），项目自开工累计完成投资1175万元（不含用地成本）。冠山路（西浦路—浦西路）西起西浦路，东至浦西路，长205米，宽35米，为城市次干道。工程于2022年11月开工建设，2023年7月完成建设任务，完成投资791万元。振浦中学北侧桥梁工程南至振浦中学，北起浦湖街，长35米，宽9米。工程于2023年3月开工建设，2023年8月完成建设任务，全年完成投资280万元，项目自开工累计完成投资428万元。

【亚运会服务建设】 2023年，零磁科学谷（智慧新天地）围绕杭州第19届亚运会马拉松、竞走赛事进行配套服务建设。赛事筹备期间，零磁科学谷（智慧新天地）配合奥体运行团队打造马拉松、竞走赛事指挥中心；完成之江大桥南侧闻涛路东侧（贝遨大厦西）2000平方米绿地景观提升工作；联合其他部门成立内围服务保障属地配合小组，下设市政维护等8个工作岗位，编制《马拉松、竞走赛事内围服务保障工作方案》；参与赛事演练及联调演习，共参与演练2次。

【《三年行动计划》编制】 2023年4月，零磁谷（新天地）中心启动编制《杭州高新区（滨江）智慧新天地高质量发展行动方案暨三年行动计划（2024—2026年）》（简称《三年行动计划》），《三年行动计划》根据“江南科学城”规划、全市重大交通项目规划等，依托前十年积累的发展基础，对照世界级湾区和知名生物医药产业园，完成区域内产业、土地、人口规划编制，明确3年内七大攻坚行动。编制工作于9月完成。

【全区首个“拿地即开工”总包模式项目】 2023年4月13日，杭州广立微电子股份有限公司的广立微集成电路EDA产业化基地项目拿地，5月4日开工。该项目为全区首个“拿地即开工”总包模式项目，项目在一天内完成项目备案、用地规划许可、工程规划许可、消防设计审查、施工许可证等12项施工审批手续，从土地摘牌到完成施工审批备案手续并具备实质性开工条件仅需13个工作日，审批时限节省75%。项目位于之江大桥绿化带以南，潮涌路以西，总用地面积0.82公顷，总建筑面积3.28万平方米，其中地上建筑面积2.05万平方米、地下建筑面积1.23万平方米，建筑高度59.8米，容积率2.5，计划总投资3.45亿元。至年底，第二道支撑完成100%，土方完成90%，完成投资4881万元。

【1个工程获市“断头路”三年行动计划绩效奖励三等奖】2023年11月27日，新生路（闻涛路—西浦路）工程获市“断头路”三年行动计划绩效奖励三等奖。该项目位于零磁科学谷（智慧新天地），东起西浦路，西至闻涛路。道路长611米，宽32米，为城市支路。项目总投资2.29亿元，实付项目投资2904万元。项目于2020年3月18日开工建设，2021年1月22日完成建设任务，工程内容包括道路、给排水、路灯、通信、交通设施、苗木绿化。

（彭　钦）

特别合作园

【概况】2023年，特别合作园完成产业投资62.55亿元，比上年增长26.5%；工业总产值45.28亿元，增长220.3%。德博曼智能家居、视谷之窗产业综合体、芯通半导体等10个项目落地，总投资112.2亿元。矽测微芯片测试、芯海芯片测试等6个项目开工，总投资72.46亿元，总建筑面积67.51万平方米。全省首条12英寸集成电路制造产线投产。新增省级专精特新企业3家、省创新型中小企业3家、市级研发中心1家。“一区多园”跨区域产业合作新实践入选省《忠实践行“八八战略”百法百例》、市《“八八战略”杭州实践100例》，《共建“中国视谷”，探索跨区域产业合作共富新路径》入选市共同富裕示范区城市范例最佳实践名单，特别合作园管理局获市“共同富裕工作先进集体”称号。

【滨富特别合作区】2023年，滨富特别合作区完成产业投资44.81亿元，比上年增长1.9%；工业总产值12.59亿元，增长482.1%。落地芯通半导体等项目4个，总投资61.2亿元。全省首条12英寸集成电路制造产线投产，新开工项目3个、供地项目3个。召开滨富特别合作区联席会议，审议通过规划修编、项目招引（建设）三年行动计划、集成电路产业高质量发展实施方案等事宜。滨富特别合作区位于富阳区灵桥镇行政区划范围，规划面积5.8平方千米，东至杭新景高速，西至小源溪和杨元坎村，南至杭新景高速，北起富春江，由杭州高新区（滨江）和富阳区共同建设。

【滨萧特别合作园】2023年，滨萧特别合作园完成产业投资17.74亿元，比上年增长224.3%；工业总产值32.69亿元，增长173.1%。依托省部共建“中国视谷”，举办首届“中国视谷杯”创新创业挑战大赛，发布“中国视谷”产业图谱与人才图谱，组建“中国视谷”产业基金，新落地德博曼智能家居、视谷之窗产业综合体等项目6个，总投资51亿元。新开工项目3个、供地项目4个。召开滨萧特别合作园联席会议，审议通过干部交流、中国视谷“一园窗口”三年行动计划等事项。推进两区边界互联互通工程7项，完成浦沿路—万达路区界绿化和美女山、井山湖区域改造提升工程。滨萧特别合作园位于萧山区，规划面积13.48平方千米，包括三江创智新城（5.36平方千米）、未来产业社区（7.13平方千米）及湖头陈产业园、紫橙产业园和蓝橙产业园（合计0.99平方千米）。

【重点项目建设】2023年，特别合作园管理局推进重点项目建设。杭州宏华软件有限公司工业数码喷印设备智能化生产线项目一期投产；二期完成主体结构和砌体工程，外立面施工完成95%，完成投资3.19亿元。杭州东信科瑞电子有限公司智能自助设备制造基地建设项目完成主体结构和内墙粉刷，外墙涂料完成60%，幕墙门窗工程完成70%，完成投资1.05亿元。杭州正泰锦绣光伏科技有限公司新能源智能制造项目（一期）开工，完成投资72万元。杭州智核智能科技有限公司机器人及智能装备生产基地项目完成主体结构和砌体工程，玻璃、铝板安装完成96%，完成投资7523万元。杭州原正工程技术装备有限公司高性能流体混合设备项目完成五方责任主体竣工验收，完成投资3210万元。

【2个重点项目开工】 2023年3月18日，杭州芯海半导体集成电路先进测试基地项目开工建设。项目位于滨富特别合作区，总投资11亿元，用地面积3.74公顷，总建筑面积8.6万平方米，其中地上建筑面积7.8万平方米，地下建筑面积0.8万平方米。至年底，项目主体结构结顶，完成投资4.99亿元。杭州芯海半导体集成电路先进测试基地主要从事国产自主可控的高端芯片全流程测试。6月28日，杭州矽测微电子有限公司项目开工建设。项目位于滨萧特别合作园未来产业社区，总投资18.2亿元，总用地面积2.87公顷，总建筑面积12万平方米，其中地上建筑面积9.5万平方米，地下建筑面积2.5万平方米。至年底，项目主体施工，完成投资8303万元。杭州矽测微电子有限公司由矽力杰半导体技术（杭州）有限公司持股，是一家从事车规级芯片测试的企业，产品广泛用于工业、消费类、计算和通信设备。

【3个重点项目土地摘牌】 2023年7月31日，"视谷之窗"产业综合体项目土地摘牌。项目位于滨萧特别合作园，总投资20亿元，用地面积4.56公顷，用于建立视觉智能产业基地。10月23日，德博曼智能家居及海外总部项目土地摘牌。项目位于滨萧特别合作园，总投资10亿元，用地面积2.07公顷，用于建立世界级智能锁生产、研发生产基地，形成500万套智能锁的生产能力。12月21日，杭州芯通半导体技术有限公司产业化项目土地摘牌。项目位于滨富特别合作区，总投资4亿元，用地面积1.99公顷，用于建设车用功率模块封装基地。

（汪　洁）

江北科技园

【概况】 2023年，江北科技园税收收入36.4亿元，比上年增长7.69%。新增省级专精特新企业99家、上市后备企业31家，新增国家专精特新"小巨人"企业4家、国家高新技术企业82家、等级认定试点企业2家、规模以上工业企业3家、规模以上服务业23家。江北发展服务办公室走访企业500多家次，解决诉求100多条。举办公益讲座、企业家沙龙、产业链对接等活动40场，在项目申报、政策答疑、人才招聘、产业基金、股改上市、产业链协同等方面为企业提供服务。江北科技园是杭州高新技术产业开发区管理委员会的政策区域，东至莫干山路，西至丰潭路，南至天目山路（含浙江大学玉泉校区），北至余杭塘河，区域面积11.44平方千米。

【1282家企业落户江北科技园】 2023年，江北科技园与高校、科研院所、中介机构、人才团队、创新平台等创新资源对接，通过以企引企、以才引企、以友引企、以介引企、以楼引企等方式拓展招商渠道，引进企业1282家，注册资本32.8亿元。其中：新设企业911家，注册资本20.4亿元；区外引进371家，注册资本12.4亿元。新引企业中有75家注册资本1000万元以上，5家注册资本5000万元以上。重点引入杭州悟川创新科技有限公司、杭州诺禾网络科技有限公司、浙江意竞网络科技有限公司等7家注册资本1000万元以上，拥有核心技术能力，具备申报国家高新技术企业、瞪羚企业、市级研发中心等资质条件的高新技术产业项目。

【318家企业南迁】 2023年，江北科技园通过开展"高新之光、心向滨江"主题活动，宣传"天堂硅谷"，讲好"滨江故事"，推进"北企南迁"。道富信息科技（浙江）有限公司、浙江中正智能科技有限公司、浙江泰源科技有限公司等12家江北重点高新技术企业完成整体南迁，使用江南区块楼宇面积6.1万平方米。推进江南区块供地，虹软科技股份有限公司、杭州当虹科技股份有限公司等5家企业竣工，杭州游卡网络技术有限公司、银江技术股份有限公司等8家企业开工在建，浙江邦盛科技股份有限公司、浙江微能科技有限

公司等8家企业落点。全年，“北企南迁”企业318家，注册资本81.5亿元。

【招才引智】 2023年，江北科技园加快人才集聚，完善人才培育。新引入杭州纳镜科技有限公司、亿联康（杭州）智能医疗科技有限公司、脉砥微电子（杭州）有限公司等6个人才计划项目。组织推荐申报领军人才项目31个，比上年增长82%，其中国家级12个、省级5个、市级14个。推动杭州优迈科技有限公司、杭州中尔网络科技有限公司2家企业申报技能人才等级认定试点企业，新增技能人才100多人。联合区委组织部（人才办），组织42家人才企业参加杭州人才之家政策宣介会。

【产业链对接系列活动】 2023年，江北发展服务办公室围绕产业链协作，以实操培训、专家门诊等形式开展专精特新“小巨人”企业申报培训暨产业链对接活动3场。2月28日，组织江北专精特新企业申报培训会暨信软服务业产业链对接活动，市经信局中小企业发展处专家授课答疑，30家企业参加。3月11日，举办国家专精特新“小巨人”企业申报研讨暨高新汇企业家产业对接活动，中国高科技产业化研究会专精特新“小巨人”专家和华岳商学院联合创始人作经验分享交流，27家企业参加。9月19日，举办省级专精特新企业申报实操培训会，省科技厅技术专家以“专家门诊”的形式对企业进行现场“一对一”辅导，30家企业参加。至年底，新增省级专精特新企业99家，国家级专精特新“小巨人”企业4家。

【“党建+公益”爱心助学活动】 2023年10月30日，江北科技园党委、基层党组织及企业负责人代表组成爱心团队到四川省广元市朝天区两河口镇小学开展“爱心助学”捐赠活动，为100名困难儿童发放安心助学金。至年底，江北科技园党委向四川省广元市朝天区两河口镇小学捐资10万元，捐赠图书角2.2万元，资助100名学生共计5万元；22家企业党组织助力“图书角计划”，为全校师生捐赠400多套书籍；维修改建学生公寓36间，更换全校教师办公桌、校园音响设备；增添办公电脑和打印机及幼儿园设施设备，改善学校办学求学环境。

【江北企业家交流活动】 2023年11月17—18日，江北发展服务办公室联合区委人才办、区经信局开展“天堂硅谷”精英人才沙龙系列活动之“浙”里高新 同梦共创——“高新汇”企业家交流活动，31家浙大系企业共46位人才、金融服务机构负责人参加。活动现场，江北发展服务办公室宣传介绍新修订的《关于促进高新区江北区块高质量发展的实施意见》及高层次人才申报要点，与会企业家就各自企业的发展历程、产业协作等进行经验分享。

（黄　珏）

2023年11月17日，“天堂硅谷”精英人才沙龙系列活动之“浙”里高新 同梦共创——“高新汇”企业家交流活动举行

（区江北发展服务办公室　供图）

工业　建筑业

工业经济运行

【概况】 2023年，杭州高新区（滨江）有规模以上工业企业281家，工业增加值883.4亿元，比上年增长7%，其中高新技术产业、战略性新兴产业、装备制造业分别占84.1%、93.92%、82.6%。出口交货值445.4亿元，下降8.8%；利润总额370.4亿元，增长20.1%；应付职工薪酬363.6亿元，增长8.9%；平均用工人数12.2万人，下降0.6%；工业用电量8.1亿千瓦时，增长14.7%；综合能源消耗量24.77万吨标准煤，增长13.4%。电子信息（物联网）·杭州高新区（滨江）获评五星级国家新型工业化产业示范基地。杭州高新区（滨江）富阳特别合作区入选浙江省制造业五星级园区（制造业高质量发展示范园区），制造业高质量发展指数居全省第一位。

【3个产业集群获批"浙江制造"省级特色产业集群核心区协同区】 2023年，杭州高新区（滨江）3个产业集群获批"浙江制造"省级特色产业集群核心区协同区。2月9日，浙江省制造业高质量发展领导小组公布第一批"浙江制造"省级特色产业集群核心区协同区名单，集成电路产业集群获批，获省财政厅2700万元专项激励支持。6月19日，第二批"浙江制造"省级特色产业集群核心区协同区名单公布，数字安防与网络通信产业集群、机器人与数控机床产业集群（机器人整机）获批。杭州高新区（滨江）围绕省市"415X"（4个世界级先进产业群、15个"浙江制造"省级特色产业集群、X个高成长性"新星"产业群）先进制造业集群建设行动方案（2023—2027年）要求，开展集群建设、空间腾换、招大做强、企业优强、品质提升、数字赋能、创新强工等专项行动。全年，全区"415X"先进制造业集群总营业收入2978.7亿元，包括数字安防与网络通信产业集群营业收入2247.6亿元、集成电路产业集群营业收入212.1亿元、机器人与数控机床产业集群营业收入82.6亿元。

【杭州高新区（滨江）获首批"浙江制造天工鼎"】 2023年5月18日，浙江省加快建设全球先进制造业基地大会公布浙江制造业领域最高荣誉"浙江制造天工鼎"，杭州高新区（滨江）入选。首批"浙江制造天工鼎"县（市、区）获奖单位共20个，杭州高新区（滨江）居综合评价全省第一位。"浙江制造天工鼎"以省委、省政府名义颁发，引导和激励各地加快制造业高质量发展。

【五星级国家新型工业化产业示范基地】 2023年7月31日，工业和信息化部发布2022年国家新型工业化产业示范基地发展质量评价结果通报，电子信息（物联网）·杭州高新区（滨江）获五星。在全国445家示范基地中，五星示范基地共28家，占全部示范基地比重为6.3%。电子信息（物联网）·杭州高新区（滨江）是浙江省唯一入选的五星示范基地，已连续4年入选。国家新型工业化产业示范基地（简称"示范基地"）是中国制造业集聚发展的重要载体和制造强国建设的支撑力量，工业和信息化部为加强对示范基地的分级分类指导和动态管理，每年开展示范基地发展质量评价工作，五星为最高等级。

【21家企业入选专精特新“小巨人”名单】 2023年9月28日，工业和信息化部公布第五批专精特新“小巨人”名单，浙江盛域医疗技术有限公司、广脉科技股份有限公司等21家杭州高新区（滨江）企业入选。新增入选企业数量居全市第二位。杭州高新区（滨江）构建完善创新型中小企业—省级专精特新中小企业—省级隐形冠军—国家级专精特新“小巨人”企业—国家级制造业单项冠军的梯度培育体系。至年底，累计培育省级专精特新中小企业477家、省级隐形冠军27家、国家级专精特新“小巨人”企业65家、国家级制造业单项冠军7家。

【99家企业通过杭州市总部企业认定】 2023年10月26日，杭州高新区（滨江）99家企业通过年度杭州市总部企业认定，占全市总部企业的21%，数量居全市第一位。杭州市首次总部企业认定评选于5月31日启动，评选根据总部企业的营业收入、研发费用投入、从业人员、发明专利等情况进行加权综合评分。区内上榜总部企业涉及智能物联、医疗器械大健康、食品等行业。根据规模体量、增长贡献、引领示范作用等维度，区内有5家企业被评定为五星级总部企业，5家企业被评定为四星级总部企业，6家企业被评定为三星级总部企业；根据企业营业收入规模，区内有12家企业被评为百亿元以上总部企业，包括浙江吉利控股集团有限公司、杭州海康威视数字技术股份有限公司2家千亿元级总部企业，数量占全市千亿元级总部企业的33%。

（张 瑜）

工业转型升级

【概况】 2023年，杭州高新区（滨江）实现规模以上工业增加值883.4亿元，增长7%，战略性新兴产业占规模以上工业94.9%；数字经济核心产业增加值1866.1亿元，增长7.3%，占地区生产总值的75.6%，居全省第一位。连续2年在国家级高新区排名中居全国第五位，获省政府“深化‘亩均论英雄’改革”督查激励，规模以上工业亩均增加值居全省第一位，规模以上亩均税收居全省第二位。“滨江区+泰顺县”结对入选为省制造业促共富示范创建，“产业链‘链长+链主’协同生态提升”入选为省“一号开放工程”试点。

【制造业高质量发展综合指数居全省第一位】 2023年5月22日，浙江省制造业高质量发展领导小组发布《关于印发2022年浙江省高质量发展评估报告的通知》，对全省制造业高质量发展总体情况、十大重点产业、11个设区市和64个区县（市）（不含山区26个县）的制造业高质量发展情况进行综合评价。评价体系主要由质量变革、效率变革和动力变革三项一级指标和20项具体指标构成。杭州高新区（滨江）制造业高质量发展综合指数86.4，居全省第一位，其中质量变革指数82.6，效率变革指数84.1，动力变革指数82.3，均居全省第一位。

【明度智云公司案例入选“2023年物联网赋能行业发展典型案例”名单】 2023年8月14日，工业和信息化部公布“2023年物联网赋能行业发展典型案例”名单，明度智云（浙江）科技有限公司的基于AIoT的医药行业数字化平台案例入选智能制造领域典型案例名单。“2023年物联网赋能行业发展典型案例”依据《物联网新型基础设施建设三年行动计划（2021—2023年）》关于融合应用发展行动工作部署，征集案例聚焦行业应用、社会治理、民生消费三大领域12个产业融合应用方向，入选案例139个，其中智能制造方向典型案例47个。基于AIoT的医药行业数字化平台案例以数字化工厂业务为基础、软件和控制技术为核心、工业物联网平台为载体，根据医药企业全生命周期不

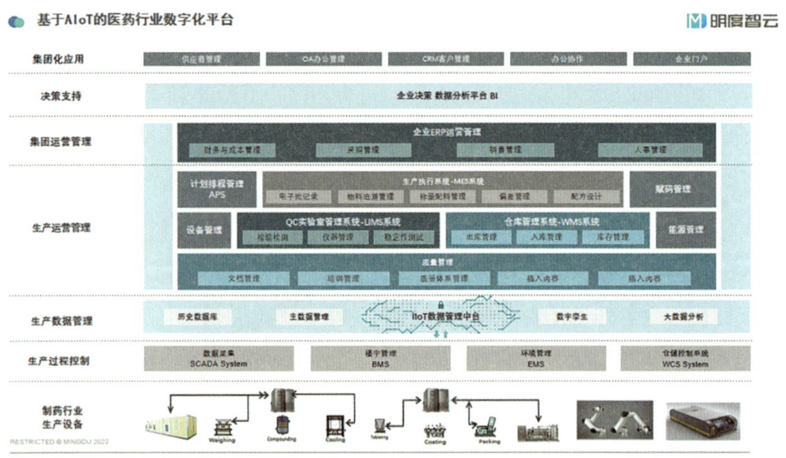

2023 年 8 月 14 日，基于 AIoT 的医药行业数字化平台案例入选为“2023 年物联网赋能行业发展典型案例”　（区经信局　供图）

同场景数字化需求，推出涵盖研发、生产、质量、物流全栈式数字产品矩阵。

【海康威视公司登上“中国标杆智能工厂百强榜”】 2023年9月，杭州海康威视数字技术股份有限公司（简称“海康威视公司”）登上“2023年第二届中国标杆智能工厂百强榜”。该奖项由智能制造咨询和研究机构e-works（数字化企业网）组织评选，于2023（第九届）国际智能制造论坛上发布。标杆智能工厂评选从管理基础、工业互联、工厂数字化、物流与供应链、工业自动化、工业智能6个评价维度对参评的智能工厂进行综合评估。海康威视公司作为智能物联领域的代表性企业，在智能工厂实现自研的智能分析技术及工业相机设备应用，助力智能装配、智能检测、智能包装等；在排产、订单预测、工艺编制、物流配送、质量管控等领域应用数据挖掘、知识图谱、智能算法、仿真等先进技术，帮助业务持续改善。

【新华三公司工业互联网平台入选“新一代信息技术与制造业融合发展示范名单”】 2023年12月14日，工业和信息化部公示“关于2023年新一代信息技术与制造业融合发展示范名单”，新华三集团有限公司（简称“新华三公司”）的工业互联网平台入选“面向特定技术领域的专业型工业互联网平台”名单。该项目是工业和信息化部围绕深化新一代信息技术与制造业融合发展，探索形成可复制、可推广的新业态和新模式，为制造业数字化转型赋能，推动新一代信息技术与制造业全要素、全产业链、全价值链深度融合，加快制造业技术、模式、业态等创新和应用。新华三公司工业互联网平台集成新华三公司数字底座能力、工业场景化应用以及生态伙伴组件，通过数据的采集、汇聚与流通，形成全面感知、深度学习、挖掘分析、智慧决策与智能控制等能力，可为政府、园区、企业的数字化转型提供一站式服务。

【2个智能制造系统解决方案入选部级名单】 2023年12月28日，工业和信息化部公布“关于2023年度智能制造系统解决方案揭榜挂帅项目名单”，中控技术股份有限公司的“动态风险集控安全解决方案”和“数据和模型融合驱动的能碳智能管控解决方案”入选。“动态风险集控安全解决方案”针

2023 年 9 月，杭州海康威视数字技术股份有限公司登上“2023 年第二届中国标杆智能工厂百强榜”。图为公司车间　（区经信局　供图）

对石化化工行业中安全生产需求，突破设备异常和外部威胁关联风险分析等技术难题，构建风险动态评估模型，实现网络和数据安全威胁、过程安全危险相关要素实时综合感知和风险预警，保障生产过程长周期安全运行，提升石化化工行业的安全生产水平，降低事故发生率。“数据和模型融合驱动的能碳智能管控解决方案”通过能耗和碳排放可视化建模与仿真、多尺度能效动态评估等技术攻关，解决工厂绿色低碳和节能减排的关键需求，实现能碳信息综合监控等目标，降低工厂能耗和碳排放量。

（范畝晨）

新能源产业

【概况】 2023年，杭州高新区（滨江）新能源产业营业收入457.09亿元，比上年增长46.8%；利润总额21.29亿元，下降30.3%；出口总额16.17亿元，下降43.4%。新能源产业重点研究太阳能、地热能、生物质能等新能源技术，推进新能源产业化进程。区内有正泰安能数字能源（浙江）股份有限公司（简称“正泰安能公司”）、浙江零跑科技有限公司、杭州铂科电子有限公司、杭州铮泰进出口贸易有限公司等新能源企业。正泰安能公司获市制造业高质量发展大会发布的二星“鲲鹏企业”称号，连续7年获评“中国十大分布式光伏系统品牌”。区内首个用户侧光储一体项目——杭州康恩贝光储一体项目成功并网发电。

【正泰新能源公司获第十届“光能杯”2项大奖】 2023年2月16日，由索比光伏网主办的第十届“光能杯·跨年分享会”在苏州举行。浙江正泰新能源开发有限公司（简称“正泰新能源公司”）获评2022年“最具影响力光伏EPC企业”“最具影响力光伏投资企业”。正泰新能源公司拥有集中式电站、工商业分布式等各类电站设计建设经验，创新农光、沙光、渔光、牧光等“光伏+”锦绣光伏电站模式，参与“一带一路”共建，助力世界共享绿色能源。至年底，正泰新能源公司在全球累计投建集中式和工商业分布式光伏电站近700座，装机容量12多吉瓦，遍布40多个国家，年均减碳1200万吨。

【正泰安能公司获第十七届亚洲光伏展4项大奖】 2023年3月8—10日，第十七届亚洲太阳能光伏创新展览会暨合作论坛在绍兴举行，300多家企业参展、1000多家行业代表参会。论坛对获奖企业进行颁奖，正泰安能数字能源（浙江）股份有限公司（简称“正泰安能公司”）获“2022亚洲光伏创新企业奖”“2022中国分布式光伏创新品牌奖”“2022中国分布式光伏整县推进卓越贡献企业奖”，正泰安能公司总裁卢凯获称“2022亚洲光伏创新人物”。正泰安能公司依托集团全产业链优势，通过打造标准化流程、定制化设计体系，创新升级大阳房、彩光屋、金屋顶、沐光庭等户用分布式光伏应用场景。至年底，正泰安能公司累计建设超过100万座屋顶电站。

【零跑科技公司获“CTC技术全球首创奖”】 2023年3月23—24日，“第十四届新能源汽车国际论坛2023”在上海举行，论坛由华星管理咨询（深圳）有限公司主办，300多家主机厂商、500多名行业专家参加。大会公布10家在新能源行业做出杰出贡献的企业，浙江零跑科技股份有限公司（简称“零跑科技公司”）获“CTC技术全球首创奖”。零跑科技公司的CTC（Cell To Chassis）电池底盘一体化技术，即将电芯直接整合到车辆底盘结构内，实现硬件创新和软件创新，成为全球第一家实现量产落地“无电池包化”电动汽车企业。

【英飞特电子公司收购数字系统业务】 2023年4月4日，英飞特电子（杭州）股份有限公司（简称“英飞特电子公司”）宣布收购艾迈斯欧司朗公司欧亚数字系统业务。艾迈斯欧司朗欧亚数字系统业务利用传统LED照明电源、相关光模块、软件和可连接组件，提供智能照明解决方案，实现专业照明应用数字化。英飞特电子公司是一家从事LED驱动电源的研发、生产、销售和技术服务的企业。通过收购，英飞特电子公司扩大区域影响力和产品组合范围。

【正泰智维公司获首届能源电子产业创新大赛大奖】 2023年12月16日，第一届能源电子产业创新大赛新型储能产品及重点终端应用赛道颁奖仪式举行。大赛由工业和信息化部产业发展促进中心举办，经形式审查、初赛、决赛，共183项作品获奖。浙江正泰智维能源服务有限公司（简称"正泰智维公司"）的"'风光氢储充'一体化绿色降碳解决方案"获三等奖，"针对存量光伏电站的效益型技术改造方案"获优秀奖。"'风光氢储充'一体化绿色降碳解决方案"是对电站绿色低碳发展的探索，实现"风光氢储充"交直流混合微网技术研究及应用的关键性突破，形成高度集成的新能源低碳园区控制、保护、数据采集和通信、数据展示、能源管理一体化的解决方案，提升能源安全性和利用效率。"针对存量光伏电站的效益型技术改造方案"对电站发电效能偏低的情况进行运维改造，通过用无人机巡检、后台精细化识别、数据平台管理等智能数字化运维模式，最大化利用资源，提高企业经济效益及运营管理水平。

（陈　凯）

节能环保产业

【概况】 2023年，杭州高新区（滨江）节能环保产业营业收入460.53亿元，比上年增长41.9%；利润总额28.46亿元，下降30.3%；出口总额6.96亿元，下降52.6%。节能环保产业以节能技术和产品研发、节能工程集成服务为主，利用互联网技术提升环境治理能力。杭州高新区（滨江）集聚中国空分工程有限公司（简称"中国空分公司"）、聚光科技（杭州）股份有限公司、英飞特电子（杭州）股份有限公司（简称"英飞特电子公司"）、浙江英诺绿能科技有限公司、浙江环茂自控科技有限公司等节能环保企业。年内，英飞特电子公司获评2022年度"电源/智能控制20强企业"，中国空分公司获石油工程金奖和优质工程奖，杭州瑞利声电技术有限公司的浙江省瑞利声电油气勘测设备高新技术企业研究开发中心被认定为省高新技术企业研究发展中心。

浙江正泰智维能源服务有限公司　（区经信局　供图）

【浙江浩普公司参与项目获环境技术进步奖一等奖】 2023年2月3日，中国环境保护产业协会发布2022年度环境技术进步奖名单，"高盐有机废液高值清洁利用关键技术研究与应用"项目获一等奖。该项目由浙江浩普环保工程有限公司（简称"浙江浩普公司"）和浙江大学、浙江新安化工集团股份有限公司、大连海伊特重工股份有限公司联合申报，首创定向转化法有机废液资源化利用技术并工业化应用，实现精细化工危废清洁利用过程中焚烧烟气的超低排放，解决制约国内精细化工行业领域高含盐有机废液处理难题，创新高盐有机废液高值清洁利用模式，引领行业绿色发展。

【聚光科技公司参与项目获教育部"高等学校科学研究优秀成果奖"】 2023年6月6日，教育部颁发2022年度高等学校科学研究优秀成果奖（科学技术），聚光科技（杭州）股份有限公司（简称“聚光科技公司”）参与的“太赫兹等离子体增强技术及其在有机痕量检测中的应用”项目获技术发明一等奖。该项目受中国工程院院士庄松林指导，由上海理工大学太赫兹技术创新研究院，聚光科技公司子公司——杭州谱育科技发展有限公司参与完成。研究成果利用太赫兹进行痕量有机物检测，涉及国家的生物安全、食品药品安全、军事安全等领域，实现对高灵敏度有机痕量检测技术及其关键元器件（芯片）自主研制，实现便携式太赫兹检测芯片、太赫兹聚焦器件、太赫兹宽频吸收器等核心器件全部国产化。

【1项成果入选国家绿色低碳先进技术成果目录】 2023年7月6日，科技部发布国家绿色低碳先进技术成果目录，杭州泽天春来科技有限公司“基于复合光谱技术的机动车污染排放动态精准监测技术及系统”入选。该项目作为环境监测与监控领域仅有的6项技术之一，适用于机动车尾气监测，以复合光谱技术的柴油车污染排放动态监测方法为基础，开发出高频调谐半导体激光光谱（ETDLAS）技术，设计互为收发系统的ETDLAS和紫外差分吸收光谱（UV-DOAS）双光谱检测单元，研发出成套高适应、宽范围的机动车排放监测装置和仪器设备，实现机动车尾气多种排放参数精准监测。至年底，该项技术应用至河北省、江西省、山东省、广东省等尾气排放监测项目中。

【中国空分公司项目获中国农药创新贡献奖】 2023年10月24—25日，第二十三届全国农药交流会在上海召开。大会公布第十六届中国农药工业协会农药创新贡献奖获奖名单，“农化行业多源数字化安全管控技术及应用”项目获技术创新奖三等奖。该项目由中国空分工程有限公司、浙大城市学院、杭州中空工程管理有限公司联合开展，聚焦农化行业全流程安全管控数字化和智能化升级，研发出农化行业多源数字化安全管控技术及应用，推动提升农化行业对安全生产事故预防和应急救援能力，避免和减少农业化学品生产、储存、运输、使用等环节恶性事故发生。

（陈　凯）

新材料产业

【概况】 2023年，杭州高新区（滨江）新材料产业工业总产值36.2亿元，比上年增长78.3%；营业收入39.9亿元，增长90.9%；利润总额2.3亿元，增长429%；企业总数19家。新材料产业承接市级新材料产业链生态圈，结合区域实际，发展先进半导体及其配套材料、生物材料、功能膜材料、微纳材料、化工化纤材料。杭州高新区（滨江）集聚纳晶科技股份有限公司（简称“纳晶科技公司”）、杭州大和热磁电子有限公司、杭州盾源聚芯半导体科技有限公司、杭州路先非织造股份有限公司、杭州亚慧生物科技有限公司（简称“亚慧生物公司”）等新材料产业企业。纳晶科技公司产品“量子点封装LED灯（QD-LED）”、亚慧生物公司产品“医用黏合剂”被纳入2023年市重点新材料首批次应用示范指导目录。

【中科国生公司呋喃生物基材料获“双碳星物种”大赛冠军】 2023年10月26日，第二届“双碳星物种·可持续创新大赛”决赛在上海举行，中科国生（杭州）科技有限公司（简称“中科国生公司”）的呋喃生物基材料获“双碳星物种”大赛冠军。大赛由36氪（科技创新创业综合服务集团）与东方证券股份有限公司联合举办，聚焦新能源材料、新型储能方案、节能减碳三大领域，共165个项目参选。经评选，12个项目入围决赛。中科国生公司研制的呋喃生物基材料具备良好化学反应活性，可制备出上千种衍生物。中科国生公司成立于2021年7月，专注呋喃类生物基材料的开发，在生物质催化转化和呋喃类材料开发领域拥有近20年的研究基础和产业化经验。

【纳晶科技公司参与项目获省自然科学奖一等奖】 2023年11月10日，浙江省创新深化大会公布2022年度浙江省科学技术奖获奖名单，由浙江大学、纳晶科技股份有限公司（简称“纳晶科技公司”）合作完成的量子点激发态合成控制及应用研究项目获浙江省自然科学奖一等奖。纳晶科技公司研究团队自2009年起开展系统探索研究，在国际上率先提出“量子点激发态合成控制”新概念，发展出“合成化学配体化学与激发态谱学相结合”的新手段，取得系列创新性成果，项目部分成果在纳晶科技公司得到产业转化。纳晶科技公司紧跟市场需求，已推出全系列液晶量子点背光源产品，包括量子点管、量子点膜、量子点扩散板、量子点芯片封装（下一代产品）等。

【优思达公司HIV病毒定量检测系统在非洲展出】 2023年12月4—9日，第22届非洲艾滋病和性传播感染问题国际会议在津巴布韦举行。杭州优思达生物技术有限公司（简称“优思达公司”）的HIV病毒定量检测系统展出。系统依托荧光定量PCR技术，将全套复杂的分子检测流程集成化，实现“样本进，结果出”，操作的简易性有效减轻医护人员操作负担。检测系统提升医疗机构艾滋病的诊断能力以及检测效率，具有非常高的临床应用价值。

（应中来）

建筑业行业管理

【概况】 2023年，杭州高新区（滨江）建筑业总产值729亿元，比上年增长0.3%；省内产值543亿元，增长0.7%。税收收入13.3亿元，增长5.52%，占财政总收入的2.9%。全区有建筑业企业455家，其中，特级资质企业3家、一级资质企业55家、二级资质企业157家、三级及劳务企业226家，监理企业14家。

（沈　君）

【建筑施工】 2023年，杭州高新区（滨江）有建筑工程项目133个，河道、道路等市政项目21个，总造价22.23亿元。新开工项目65个，其中：房屋建筑工程41个，总建筑面积251.66万平方米；市政工程24个，总造价18.4亿元。竣工工程92个，其中：房屋建筑工程50个，总建筑面积462.39万平方米；市政工程42个，总造价20.42亿元。

（党晨凯）

【企业和人员审核备案】 2023年，杭州高新区（滨江）落实企业审核备案管理工作。通过浙里工程建设数字化管理系统办理企业备案117家、企业变更备案139家，人员备案审核4135人、人员变更备案1573人、预注册人员入库1208人。实地核查总承包业绩29家，施工业绩总承包入库13家，施工业绩专业承包入库2家，技术负责人入库审核34人。规范企业资质审核，其中重组分立28家。做好区内建筑工程中、高级职称评审工作，审核正高级职称28人次，通过初审17人；审核高级职称592人次，通过初审311人；审核中级职称1503人次，通过初审638人。经专家评审，通过正高级工程师11人、高级工程师98人、中级职称418人。

【市场信用体系建设】 2023年，区住建局根据《浙江省建筑施工企业信用评价的实施意见》《浙江省住房和城乡建设厅关于工程监理企业信用评价的实施意见》，推进建筑市场信用体系建设，规范建筑市场秩序，提高建筑施工企业综合素质，营造诚实守信市场环境，促进建筑市场健康发展。至年底，审核通过施工企业良好信息79项，监理企业良好信息27项。

【建筑市场监管】 2023年，区住建局落实现场与市场联动检查、加强合同履约等事中事后监管，抽查在建受监项目160个，发放整改单125张。对接区纪委公权力大数据监督预警信息系统，借助杭州市智慧工地实名制系统等互联网手段，结合现场检查，落实合同履约和市场行为行业监管职能，对公权力大数据疑似存在转包或挂靠行为红色预警的36个项目进

2023年4月4日，区住建局工作人员在滨江智造供给小镇开展市场行为和无欠薪检查　　（区住建局　供图）

行核查。根据《杭州市进一步加强招投标领域专项整治与提升工作行动方案》，开展全区招投标工程建设项目合同履约情况大排查，组织建设单位自查2022年度报监管的在建工程33家。

【建设工程劳务综合管理】 2023年，区住建局加强工地实名制管理，要求落实工地码扫码率，实施全覆盖检查，督促企业落实各项工作。针对建设工地防欠薪工作特点，开展春节前防欠薪专项检查、农民工工资季度结算专项检查、根治欠薪夏季行动专项检查等，检查建设工程防欠薪工作160家次。对新开工76个项目进行市场行为规范及无欠薪工作摸排。针对建设工程人工费与工程款分账管理协议备案56次，民工工资、农民工工资专户注销48次，及时消除发生欠薪行为的隐患。全年，区住建局入驻区矛盾调解中心的工作人员成功处理建设工地劳资纠纷56起，涉及217人，金额751.4万元。

【新型建筑工业化】 2023年，区住建局加快推进新型建筑工业化。新开工装配式建筑项目32个、240.9万平方米；新开工装配式住宅项目10个、108万平方米。浙江中南建设集团有限公司获评市新型建筑工业化示范产业基地（施工类产业基地），智造谷产业服务综合体项目获评市新型建筑工业化示范项目。推进杭州市绿色建筑（建筑工业化）专家申请推荐工作，推荐申报117人，进入市建筑工业化专家名单45人，通过率38.46%，占市专家名单人数的12.3%。

（沈　君）

工程质量安全监督

【概况】 2023年，杭州高新区（滨江）召开全区建设系统安全生产工作会议4次。开展施工现场质量安全隐患大排查大整治、安全生产文明施工大检查、起重机械、深基坑、特种作业、垃圾分类、视频监控、支模架、防汛防台、违规堆载堆料、消防安全等专项检查25次。专项检查实现发文、自查、检查、通报、处罚等流程的规范化、制度化。申报考评省、市级标化工地的项目26个，获评省级标化工地14个、市级标化工地18个，获市结构优质奖26个、省级“钱江杯”5个、市级“西湖杯”13个。

【数字化平台监管】 2023年，杭州高新区（滨江）通过“平安工地通”和“浙里建”数字化平台，联合第三方监理巡查机构，对工地质量、安全、文明施工方面进行线上和线下全面监督检查。至年底，监督检查工地2088次，发放整改通知书1162份，其中局部停工整改通知书220份，提出整改意见3062条，完成整改率100%。约谈146个项目、566个企业责任负责人；利用“滨江住建”微信公众号发布15期曝光台，通报批评项目48家次，行政处罚移交18起；信用扣分惩戒72家企业，扣分72分。

【建筑工程网格化监管】 2023年，杭州高新区（滨江）对建筑工地质量安全实现网格化监管。安排质量安全监督站10名一线监督人员，联合2家第三方监理巡查服务机构，组建由26名监理人员组成的监督队伍，将3个监督片区小组划分3个大网格、10个小网格，对全区133个建设工程进行全覆盖网格化管控，全面落实行业监管责任。

【建筑工地文明施工管理】 2023年，区住建局牵头制定并出台《滨江区建设工地文明施工标准化实施细则》，重点推进亚运场馆及重要路线周边建设工地围挡提升及亚运视觉形象元素规范工作。新开工工地按照最新要求进行围挡提升及亚运视觉形象元素规范，在建项目均按要求进行规范，竣工项目及时拆除围挡并实现工完场清。至年底，全市“美丽杭州”共通报39期，区建筑工地环境秩序上半年排第一名4次，排第二名6次，排第三名3次。

【建筑大型设备管控】 至2023年底，杭州高新区（滨江）在建工地有塔吊166台、人货梯70台、井架6台。全年，塔吊新增安装138台，拆卸114台；人货梯新增安装114台，拆卸140台；井架新增安装7台，拆卸9台。区住建局委托第三方检测机构开展4次起重机械专项检查，检查818台（塔机、施工升降机、物料提升机），其中合格725台，合格率88.6%；对发现传动齿条明显松动、标准节螺栓松动等24个问题，落实各方主体整改；对安装、拆卸行为不规范、维保工作不到位9家起重机械安装单位实施6个月停止业务承接的处罚。

【安全生产培训】 2023年，区住建局委托区建筑业协会开展建设工地从业人员安全教育培训163次，培训2.54万人次。在符合办学条件的106个建设工地均设立民工学校，制订教学计划，开展教学活动。全年，各建筑工地依托民工学校、红色温馨小屋等载体培训民工2.35万人次。

【“红色工地”创建】 2023年，杭州高新区（滨江）推进“红色工地”创建工作。在建工地利用会议室、民工学校和党建活动室等区域定期开展党员活动，通过展板和横幅等方式，对党的最新思想和政策进行宣传展示，实现全区“红色工地”建设宣传全覆盖。定期开展党建引领和党员活动工作检查，利用民工学校、党员活动室、廉政小屋等场地，开展各类党员活动，营造“红色工地”氛围。至年底，全区在建工地实现“红色工地”全覆盖，其中杭政储出〔2021〕57号地块商业商务项目获浙江省“优秀红色工地”称号。

【建设工程“星期天互查互比”活动】 2023年，区住建局开展建设工程“星期天互查互比”活动，每周末不间断轮流组织建设工地项目建设单位、施工单位、监理单位项目负责人现场检查学习，对最新文件及通知进行宣传贯彻，形成“学先进经验、共同提升”“查隐患不足共消短板”的氛围，推进建设行政主管部门与企业主体良性互动、形成工作合力，提升区域工程质量安全管

2023年7月20日，区住建局质安站开展年度第13期建设工程“星期天互查互比”活动　　（区住建局　供图）

理水平。至年底，共开展“星期天互查互比”活动38期。

【基坑工程技术标准施行】 2023年4月1日，《杭州市滨江区基坑工程技术标准》（简称《标准》）施行。《标准》由区住建局牵头，与省建筑设计研究院共同编制，由省中小建筑企业协会批准实施。标准对基坑的勘察、设计与施工、检测与监测、基坑工程影响评估等做出规定，阐述基坑工程勘察、影响评估、设计与施工等方面要求及控制要点，对区内各类地质条件下基坑的勘察、设计、施工、监测与检测等各阶段的技术要求起到有效规范作用，推动基坑施工安全监督管理的规范化、标准化。

【特种工种作业专项检查】 2023年5月1—31日，区住建局通过监督组随机抽查与第三方监理巡查相结合的方式，对全区133个项目特种工种作业人员持证上岗情况开展专项检查。重点检查施工现场特种作业人员数量是否满足实际施工需要、特种作业人员人证是否一致、特种作业人员是否通过云平台进行上报等情况。专项检查期间，发现并移交无证电焊作业9起，完成责任人、企业“一案双罚”8起。联合区应急管理局、区消防救援大队、公安滨江分局开展电气焊、动火作业专项执法联合整治行动1次，查处街道限额以下小型工程等违规动火作业10起，行政拘留5人。

【电焊设备“加芯赋码”】 2023年8月7日，杭州电气焊安全监测监控预警平台“浙里焊”在杭州高新区（滨江）上线投用。电焊设备操作人员通过登录平台、核实焊工证、上传动火审批手续，实现电焊设备开机。电焊设备“加芯赋码”消除电气焊违规动火作业、人机失管漏洞，将电焊设备、动火审批手续和持证人员进行有机整合，实现电气焊作业“以码管机、以机管人、以智管焊”的创新监管模式。至年底，全区133个建筑工地落实电焊设备“加芯赋码”工作，安装电焊芯片365个，实现电焊设备“加芯赋码”制度化。

【亚（残）运会期间建设项目监管】 2023年9月8日至10月28日，杭州亚（残）运会期间，区住建局根据区域划分、施工状态等情况对全区133个建设项目进行分类分级管理，建立分级分类管控体系。针对进行危大等施工的重点建设工地，实施人员驻点值守；组建由区住建局与16家行业企业技术人员组成的“滨江区护航亚运滨匠志愿者服务队”，划分7个网格巡查组，对全区建设项目进行每周2次以上的全覆盖检查，对检查中存在问题较多或存在重大隐患的一律责令停工整改。亚（残）运会期间，共对检查情况较差的42个项目责令局部停工整改。

（党晨凯）

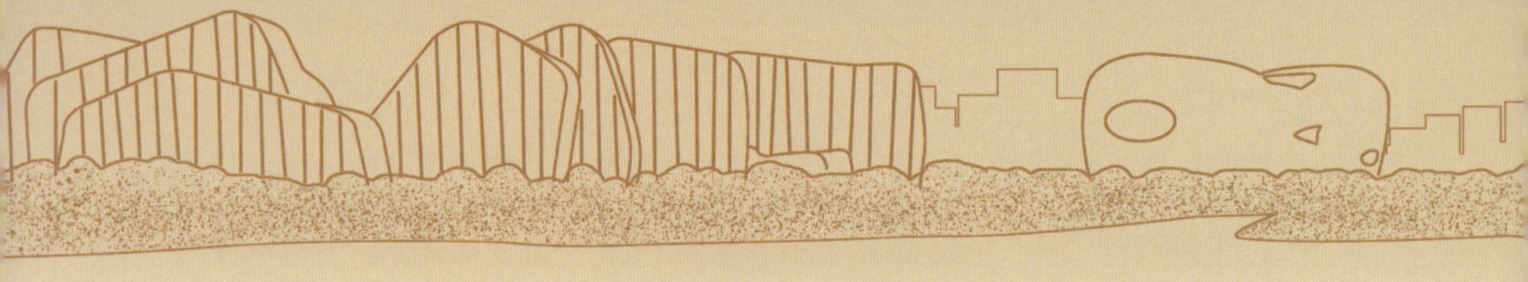

商贸服务业

进出口贸易

【概况】 2023年，杭州高新区（滨江）自营进出口总额1082.48亿元，其中自营出口764.55亿元，比上年增长2.4%，占全市、全省、全国比重分别为14.9%、2.1%、0.32%，自营进出口总额和出口规模均居全市第二位。全区有出口实绩企业1749家，增长5.4%，省、市级出口名牌企业30家，前20名企业出口额为466.8亿元，占全区出口总额的61.1%。高新技术产品出口额413.8亿元，占全区出口总额的54.1%。其中音视频设备及零件出口额259.3亿元，增长1%；集成电路出口额30.9亿元，下降1.9%。首批推出“数贸滨江”区域产业品牌、“数字滨江”线上服务平台、外贸资讯推送平台。

（莫　兰）

2023年杭州高新区（滨江）出口名牌企业一览表

表8

序号	企业名称	类型
1	杭州海康威视数字技术股份有限公司	省、市出口名牌
2	浙江大华技术股份有限公司	省、市出口名牌
3	英飞特电子（杭州）股份有限公司	省、市出口名牌
4	中财招商投资集团有限公司	省、市出口名牌
5	杭州士兰微电子股份有限公司	省、市出口名牌
6	浙江宇视科技有限公司	省、市出口名牌
7	三维通信股份有限公司	省、市出口名牌
8	杭州热威电热科技股份有限公司	省、市出口名牌
9	杭州萤石网络有限公司	省、市出口名牌
10	杭州博日科技股份有限公司	省出口名牌
11	浙江华睿科技股份有限公司	省出口名牌
12	杭州华橙网络科技有限公司	市出口名牌
13	浙江富瑞浦建材进出口有限公司	市出口名牌
14	杭州爱科科技股份有限公司	市出口名牌
15	贝因美集团有限公司	市出口名牌
16	浙江中控技术股份有限公司	市出口名牌

续表8

序号	企业名称	类型
17	杭州市粮油食品土畜产进出口有限公司	市出口名牌
18	浙江苏泊尔家电制造有限公司	市出口名牌
19	杭州久积控股有限公司	市出口名牌
20	杭州庄诚进出口有限公司	市出口名牌
21	东方通信股份有限公司	市出口名牌
22	杭州盛宏进出口有限公司	市出口名牌
23	浙江国自机器人技术有限公司	市出口名牌
24	浙江浙大阳光科技有限公司	市出口名牌
25	杭州朗鸿科技股份有限公司	市出口名牌
26	杭州康榕进出口有限公司	市出口名牌
27	浙江肯特科技股份有限公司	市出口名牌
28	杭州安致电子商务股份有限公司	市出口名牌
29	浙江倍生进出口有限公司	市出口名牌
30	杭州厨意科技有限公司	市出口名牌

（莫　兰）

【外贸政策支持】 2023年，杭州高新区（滨江）持续优化政策支持体系，出台“抢抓先机 拼经济 稳中求进开门红”政策32条、“迎亚运 促消费 稳外贸”内外贸一体化提升发展等政策。鼓励外贸企业持续扩大出口规模，对外贸企业给予实际支付出口信用保险保费最高65%的资助；到境外参展或商务洽谈出国报备区商务局的团组，对参加外贸企业、跨境电商企业人员，给予往返经济舱机票最高70%的支持；对境外参展、境外注册商标、认证等企业项目给予最高70%的补助。至年底，兑现中央、省、市、区各级外贸政策资金。

【海外市场拓展】 2023年，杭州高新区（滨江）开展“双百双千”（全年组织150个外贸团组，参加100个以上境外展会，实现出境企业3000家）行动，实现跨境线上和线下融合办展等新模式，助推海外市场拓展。区商务局带经贸交流团到阿拉伯联合酋长国参加迪拜国际医疗器械展，推动企业“走出去”“引进来”。鼓励企业参加第二届全球数字贸易博览会、中国国际服务贸易交易会、中国国际进口博览

2023年2月4日，杭州优思达生物技术股份有限公司参加迪拜国际医疗器械展（区商务局　供图）

会、中国进出口商品交易会等大型国际展会，帮助企业拓展海外订单渠道。至年底，组织企业参加出海拓市场行动360多家次，开展商务洽谈，参加各类展会100多个。

【“送服务、解难题、促发展”系列活动】 2023年，杭州高新区（滨江）持续优化“送服务、解难题、促发展”系列活动，助力外贸主体扩量提质。开展外贸攻坚行动，围绕“条块联动、楼宇排查、组团指导、每日调度”框架，调动各街道和平台力量，开展企业走访、楼宇摸排，建立“存量”（区内现存外贸企业出口情况）、“增量”（新引入外贸企业出口情况）、“减量”（外贸企业外迁等情况）重点企业清单，引导杭州由莱科技有限公司、浙江麦瑞克科技有限公司等高新技术企业开拓国际市场，优化出口产品结构，扩大高附加值产品出口规模。至年底，联合海关、银行等单位开展重点外贸企业座谈会等各类线上和线下服务活动30场，覆盖企业1000多家次。

【外贸“冲刺一季度”工作部署会】 2023年3月10日，杭州高新区（滨江）召开外贸“冲刺一季度”工作部署会，钱江海关萧然办事处、中国出口信用保险公司浙江分公司、杭州港务集团有限公司、杭州新丝路数字外贸研究院等合作单位及80家重点外贸企业代表参加会议。会上，区商务局与杭州新丝路数字外贸研究院联合共建的“滨江外贸高质量发展服务中心”揭牌；推出“数贸滨江”区域产业品牌、“数字滨江”线上服务平台、外贸资讯推送平台等服务内容。会议介绍区内外贸政策和服务举措，助力外贸企业业务增长。

（莫　兰）

服务贸易

【概况】 2023年，杭州高新区（滨江）服务贸易出口额54.95亿美元，占全市服贸出口总额的30%，比上年增长7.6%。其中外包离岸执行额38.47亿美元，服务贸易直报16.48亿美元。全区服务外包离岸执行额1000万美元以上企业有33家，完成外包离岸执行额37.36亿美元，占服务贸易出口总额的68%。杭州听春雨网络科技有限公司、胖达信息技术（杭州）有限责任公司、矽力杰半导体技术（杭州）有限公司、杭州热威电热科技股份有限公司入选杭州市服务贸易示范企业名单，杭州趣编网络科技有限公司入选杭州市服务贸易成长型企业名单。

【服务贸易系统申报】 2023年，杭州高新区（滨江）组织服务外包企业登录商务部服务外包业务管理系统备案并上报数据，重点对离岸执行额前10名的企业建立重点联系制度，按照合同执行进度申报数据。至年底，新入库商务部服务外包业务管理系统企业9家，服务外包业务管理系统入库企业372家，年末合同执行金额54.7亿美元，其中离岸执行金额38.47亿美元。

【服务贸易企业扶持】 2023年，杭州高新区（滨江）加大对技术先进型服务企业及拥有自主知识产权的服务外包企业的扶持力度，落实技术先进型服务企业税收优惠政策，组织企业申报国家、省、市服务贸易专项资金，配套区级资金。至年底，从录用新人员、培训机构、国际认证、离岸执行额奖励、示范园区、成长型企业奖励等方面，受惠企业近100家次。

（莫　兰）

批发零售业

【概况】 2023年，杭州高新区（滨江）社会消费品零售总额568.2亿元，比上年增长3.88%，增速居全市第九位；限额以上社会消费品零售额489.42亿元，增长4.46%。至年底，全区有农贸市场18个（星级市场10个），总经营面积4.6万平方米，固定摊位数961个。家居市场1个，大型超市11家，商业综合体4家，其中银泰百货滨江店被认定为2023年浙江省绿色商场，“滨江银泰客服中心”获评2023年杭州市“最美窗口”，浙江永辉超市有限公司1人获评2023年杭州市“最美办事员”。百世物流科技（中国）有限公司、明康汇生态农业集团有限公司、杭州大希地科技股份有限公司3家公司入选2023年全国商贸物流重点联系企业名单。

2023年杭州高新区（滨江）农贸市场基本情况一览表

表9

序号	名称	开业时间	面积（平方米）	摊位数（个）
1	杭州西兴农副产品综合市场	1993年11月1日	4800	110
2	杭州市浦沿农副产品综合市场	1998年9月7日	5308	29
3	杭州东冠农贸市场	2006年9月1日	2040	33
4	杭州江南豪园农贸市场	2008年12月12日	2200	78
5	杭州白金海岸农贸市场	2011年9月7日	2215.7	76
6	杭州浦沿六和农贸市场	2012年10月25日	2292	42
7	杭州长一农贸市场	2013年10月30日	2634	78
8	杭州缤纷农贸市场	2013年11月29日	3600	65
9	杭州长二农贸市场	2015年2月20日	2410	62
10	杭州市滨江区共联农贸市场	2017年5月15日	2250	36
11	杭州长河晶都农贸市场	2017年7月5日	2494	84
12	杭州江二农贸市场	2018年4月1日	500	20
13	杭州滨康农贸市场	2019年10月1日	1600	36
14	杭州彩虹农贸市场	2019年12月31日	2695	66
15	杭州长河冠山农贸市场	2020年10月29日	2380	53
16	杭州白鹤苑农贸市场	2020年12月10日	1600	30
17	杭州市江一农贸市场	2021年4月18日	800	32
18	杭州新生农贸市场	2021年4月18日	4590.34	31
合计			46409.04	961

（朱华萍）

【家居市场】 至2023年底，杭州高新区（滨江）有杭州第六空间大都会家居市场1个家居市场。2023年，杭州第六空间大都会家居市场根据市场需求和定位规划，将8090家居生活馆其中2万平方米调整为电器中心，灯饰软装馆调整为整家定制馆，调整后有国际馆、现代家具馆、8090家居生活馆及电器中心、整家定制馆、国际建材馆、高定馆、品牌大道七大主题场馆，入驻国际国内品牌商位580多个。至年底，杭州第六空间大都会家居市场销售额2.64亿元，比上年下降46.67%；获“杭州市先进消防示范点”“四星级市场”等称号。

【大型超市】 至2023年底，杭州高新区（滨江）有大型超市11家，其中世纪联华3家、物美2家、永辉超市3家、盒马鲜生3家。各超市主要经营食品、生活必需品、家居及日用品等。2023年，11家大型超市总销售额9.72亿元，比上年下降8.3%。

【综合商场】 至2023年底，杭州高新区（滨江）有华联星光大道、滨江宝龙城、龙湖滨江天街和银泰百货滨江店综合商场4家。2023年，华联星光大道销售额12亿元，客流量1400万人次，获“杭州市高品质步行街”“市级夜间经济集聚示范区”授牌，登上“浙里来消费”潮头榜单和高品质消费场景榜单“浙里名街”TOP10，华联星光大道布鲁市集入选浙江省首批重点培育文旅市集名单。滨江宝龙城销售额35亿余元，客流量2800万余人次，会员72万人，获评“2023年度杭州市十大放心消费示范商圈”，登上“2023中国（国际）购物中心‘金鼎奖’华南购物中心主流榜”“联商网2023高质量商业项目TOP30”等。龙湖滨江天街主营收入26亿余元，总客流量2883万人次，新入驻品牌100多家，媒体曝光量5亿余次，会员量200万余人，获评“大众点评2023年度五星级购物中心”“2023年度大众点评、美团年度热门商场”“2023CCFA金百合购物最佳实践案例”，获“新商网2022年最具影响力商场”四大奖项等。银泰百货滨江店年销售10亿元，客流量1200万余人次，其中12月31日跨年日客流量16.61万人次；获评“2023年杭州市十大放心消费商圈示范体验点”“滨江区优秀崇军商圈”。

【首批星级社区家政服务网点】 2023年，杭州高新区（滨江）根据《关于开展2022年社区家政服务网点星级评定工作的通知》，组织7家网点申报社区家政服务网点星级评定。经过网点申报、区县推荐、专家评审、部门联审和名单公示，7月31日，市商务局公布首批社区家政服务网点星级评定名单，杭州高新区（滨江）7家家政服务网点被认定为首批星级社区家政服务网点，分别为江一社区爱来家家政服务网点、共联社区爱来家家政服务网点、晶都社区爱来家家政服务网点、温馨社区爱来家家政服务网点、协同社区爱来家家政服务网点、中兴社区优贝姆家政服务网点和金东方社区爱来家家政服务网点。

（朱华萍）

【首店经济】 2023年，杭州高新区（滨江）推广首店经济，吸引品牌开设门店，形成新的消费增长点。银泰百货滨江店引进“ONE BAGEL”“椰叙椰子鸡”杭州首店2家。龙湖滨江天街引进“茉莉奶白”“炙柒”等杭州首店8家，其中“茉莉奶白”店于2023年6月3日开业，主营东方特色茶饮，开业3天销售3000多单，销售额6万元。滨江宝龙城引进“锦色冒菜”“王小笨”等杭州首店5家。华联星光大道引进“鼎义丰”“湖新居”等杭州首店8家。

【特色步行街申报】 2023年，区商务局根据《杭州市商业特色街规划建设协调小组关于命名市级高品质步行街、市级特色商业街（区）的通知》，组织企业进行申报。经专家评审和公示，长河历史文化步行街获评“杭州市高品质步行街”。长河历史文化步行街位于长河街道，有民生区、匠心区、休闲区和艺术区四大区块业态，占地面积18.8万平方米，由泽街（直街）、槐街（横街）组成。长河历史文化街区宽2米，店面多为2层，以砖木结构为主。文化遗存以“九厅十三堂”遗迹、革命历史纪念馆、乡贤馆等为代表。

【亚运会消费服务保障】 2023年，区商务局持续做好亚运会期间金融服务和生活必需品保障服务。亚（残）运会期间，区商务局支持采取零钞备付、移动支付、刷卡支付等多元化的支付方式，联合中国人民银行组织263家重点商户开展并完成外卡受理改造工作；协调164辆生活必需品货运车辆纳入商贸流通领域亚运保供白名单。

【2家综合体开业】 2023年，杭州高新区（滨江）有海威领界和开元广场2家商业综合体开业。海威领界位于浦沿街道东信大道1228号，紧邻地铁4号线联庄站，于4月7日开业，总建筑面积10万平方米，引入星光嘉映影城、蕃茄田艺术等60多个品牌入驻，是集餐饮娱乐、亲子教育、休闲运动于一体的区域社区综合体。开元广场位于浦沿街道滨文路868号，由杭州新生股份经济合作

社投资建设、开元商管集团整体承租运营，总建筑面积23.3万平方米，于12月30日开业，开元广场引入万达影院、海底捞等160多个品牌入驻，是集购物、休闲、运动、美食、教育等业态于一体的综合体。

（董　恒）

【内外贸一体化工作推进】2023年3月，区商务局助推国内国际双循环战略建设，根据《浙江省商务厅浙江省财政厅关于组织实施2023年度内外贸一体化高质量发展项目计划的通知》，组织企业进行申报。经专家评审核对和公示，浙江吉利控股集团有限公司的吉利C2M出海数字化能力平台（一期）建设项目和杭州工联进出口有限公司的“方寸间——好运之家”App项目纳入项目库。5月，区商务局根据《浙江省商务厅关于开展第五批内外贸一体化“领跑者”企业、内外贸一体化改革试点产业基地培育工作和内外贸一体化典型案例征集工作的通知》，组织企业进行申报。经专家评审核定和公示，杭州由莱科技有限公司、浙江麦瑞克科技有限公司、浙江华睿科技股份有限公司、联芸科技（杭州）股份有限公司和杭州久积控股有限公司5家企业获评浙江省第五批内外贸一体化“领跑者”培育企业。至年底，累计有15家企业纳入“领跑者”企业培育名单，1个“数字安防”基地被列为改革试点产业基地。

【6人获杭州市商贸服务业职业技能称号】2023年5月16日，市商务局召开2023年“迎亚运·岗位大练兵、技能大比武”动员部署暨2022年技能竞赛总结表彰大会，杭州高新区（滨江）有6人获表彰。杭州辰范网络科技有限公司新零售运营师余倩获评“2023年杭州市商贸服务业技术标兵”，杭州辰范网络科技有限公司新零售运营师陈佳倩、杭州谦业科技教育有限公司新零售运营师张蕾、杭州市滨江区奥体中心幼儿园保育师罗红美、杭州优贝姆健康管理有限公司保育师张坤和银泰百货滨江店万事利营业员方甜获评“2023年杭州市商贸服务业技术能手”。

【滨江Bingo消费节】2023年8月10日，“亚洲美食季·不夜天堂 乐购杭州仲夏夜嘉年华 滨江Bingo（购物在滨江）消费节”启动仪式在华联星光大道举行。活动内容以“趣玩夏夜大富翁”“趣逛Yeah市集”“趣看夏夜奇遇记”等主题呈现，联合“饿了么”“美团”“建行生活”三大平台启动线上亚洲美食季，联动区域内特色餐厅推出“亚洲美食季·滨江特色美食周”优惠活动，线下市集集合浙江美食、中华美食、异国风味特色餐厅、咖啡轻饮等多元化的餐饮品类。活动现场发布2023“杭州十大夜地标”，与“高德地图”联动，线上发布以“新潮夜购、风情夜游、时尚夜娱、精品夜秀、动感夜健、饕餮夜宴、品味夜学、烟火夜市、文创夜赏、特色夜宿”为主题的杭州夜间消费电子地图，助力夜经济，促进线上和线下餐饮消费。

（朱华萍）

【夜间经济样板城市】2023年12月4日，省商务厅公示关于2023年度省级高品质消费集聚区名单，杭州高新区（滨江）获评2023年度省级夜间经济样板城市。杭州高新区（滨

2023年8月10日，“亚洲美食季·不夜天堂 乐购杭州仲夏夜嘉年华 滨江Bingo消费节”启动仪式在华联星光大道举行

（区商务局　供图）

江）围绕“夜食、夜购、夜游、夜娱、夜宿、夜健”六大主题，打造具有滨江特色的夜消费场景和夜生活集聚区，给市民游客带来融合美食、趣玩、夜购为一体的消费新体验，形成联动发展、多元融合的夜经济发展格局。全年全区夜间消费824.65亿元，比上年增长34%，夜间消费占全天消费的58.28%。

（董　恒）

2023年7月21日，2023滨江特色美食餐厅颁奖仪式在华联星光大道举行

（区商务局　供图）

住宿餐饮业

【概况】 2023年，杭州高新区（滨江）有限额以上住宿餐饮企业75家（含住宿企业经营餐饮），餐饮收入14.3亿元，比上年增长14.05%。在2023年“舌尖上的杭州”厨神争霸赛上有1人获区县（市）冠军。9个项目登上“浙里来消费·百街千品万店”高品质消费场景榜单。建成养老机构“阳光厨房”3家，“五化”（便利化、智慧化、人性化、特色化、规范化）市场3家，累计12家；放心农贸市场5家，累计12家；三星级以上规范市场5家，累计13家；社区药事服务站2家，累计8家；“示范小蔬菜门店”13家，累计27家；“放心肉菜超市”1家，累计5家；实现大中型食品批发企业、集中食品配送企业、社区生鲜店等新兴食用农产品销售者“浙食链”应用覆盖面100%。

（朱华萍　傅佳琪）

【2家酒店入选市无障碍文化旅游服务示范单位名单】 2023年，杭州高新区（滨江）的杭州白马湖建国饭店和歌山品悦大酒店2家酒店入选“杭州市无障碍文化旅游服务示范单位”名单。杭州白马湖建国饭店为解决特殊宾客“通行难”的问题，开展低位服务台、无障碍电梯、无障碍卫生间、无障碍客房（配有与轮椅高度持平的床）、公共区域内无障碍标识牌等无障碍设施升级工作。歌山品悦大酒店开设无障碍房间、无障碍卫生间、爱心服务台、无障碍电梯和大堂1楼无障碍洗手间，加强对员工进行无障碍服务技能培训，为宾客提供个性化服务，实现设施、信息、服务无障碍。

（区志编研室）

【2家餐厅入选杭州亚运美食餐厅】 2023年1月，杭州高新区（滨江）根据《杭州亚运美食餐厅评选实施方案》要求，组织5家企业申报“杭州亚运美食餐厅”评选。经过公开征集、资格审核、专家评审、网络投票等环节，最终杭越海鲜（星光大道店）、银壶食府2家餐厅入选杭州亚运美食餐厅。

【特色美食餐厅评定】 2023年8月10日，区商务局公布2023年“滨江特色美食餐厅”评选活动名单，50家特色餐馆入选。评选活动前期通过“滨江发布”和杭州电视台生活频道微信公众号发布，杭州高新区（滨江）有500多家餐饮企业报名，经公开征集、资格审查、专家评审、四大维度考察（营业业绩、平台评价、稳定经营、亲民程度，各维度占25%）和网上公示环节，评选出十大江浙美食特色餐厅、十大中华美食特色餐厅、十大子夜食堂特色餐厅、十大饮品甜品特色店和十大异国风味特色餐厅共50家特色餐馆。

【4个项目入选杭州餐饮业“六名”工程名录】 2023年10月，杭州高新区（滨江）根据《杭

州市商务局关于印发〈2023年度杭州餐饮业“新六名”工程实施方案〉的通知》，组织8家企业申报“名菜”“名街”“名礼”“名店”4个项目。经评选，杭州新滨安餐饮管理有限公司的“菜蒲头煮江虾”入选“新杭帮名菜”名录，杭州锋味派食品有限公司的“锋味派爆汁烤肠”和祖名豆制品股份有限公司的“祖名豆制品礼盒”入选“杭州美食特色伴手礼（预制菜）”名录，杭州玲壶餐饮有限公司的银壶食府谷丰店入选“杭帮菜品牌餐厅”名录。杭州餐饮业“六名”（“名厨”“名服务师”“名店”“名菜”“名礼”“名街”）工程评定工作由市商务局和市市场监管局组织实施。

【2家企业入选首批预制菜产业示范企业】 2023年10月，杭州高新区（滨江）根据《杭州市商务局关于组织开展首批预制菜产业示范企业等认定工作的通知》，组织3家企业申报“杭州市预制菜产业示范企业”“杭帮菜‘产学研’”平台2个项目。经过公开征集、资格审核、专家评审、网上公示，杭州大希地科技股份有限公司、杭州锋味派食品有限公司2家企业入选首批预制菜产业示范企业。

【9个项目登上“浙里来消费·百街千品万店”高品质消费场景榜单】 2023年12月4日，省商务厅公布2023“浙里来消费·百街千品万店”高品质消费场景榜单。杭州高新区（滨江）的华联星光大道商业步行街获评“浙里名街TOP10”，杭州配方师科技有限公司的“菜鸟和配方师姜黄素精华液二代”“菜鸟和配方师B5胚芽唇部美容液”“菜鸟和配方师蓝铜肽祛痘凝胶二代”、杭州大希地科技股份有限公司的“大希地筒料滋然系列牛排”、杭州艺福堂茶叶有限公司的“口碑龙井茶EFU12+”获评“浙里优品”，物美浦沿店、银壶食府、新滨安·钱塘江畔（玲珑府店）获评“浙里潮店”。

（朱华萍）

电子商务

【概况】 2023年，杭州高新区（滨江）网络零售额2488亿元，比上年增长60.1%，居全省各区县（市）第三位、杭州各区县（市）第二位。跨境电商进出口总额118.12亿元，增长16.7%，其中出口116.32亿元，增长16.8%。招引跨境电商企业85家，在统跨境电商企业总数452家，其中出口额1000万美元以上的跨境企业12家，出口总额占全区总额的69.4%。出口产品主要为摄像器材、服装配饰、家具、户外用品等。召开跨境电商专题服务会，为区内重点跨境电商企业开展“点对点”帮扶活动，协调解决100多个难题，惠及企业30家。

（饶志鹏　莫　兰）

【跨境电商企业扶持】 2023年，杭州高新区（滨江）组织企业申报国家、省、市跨境电商项目资金，并配套区级资金，加快培育跨境电子商务新业态新模式，鼓励企业参与国际经济合作与分工，发展数字经济。至年底，从自主品牌境外销售、境外商标注册、跨境电商平台广告、数字推广等方面，惠及企业30家。

（莫　兰）

【直播电商共富工坊】 2023年，杭州高新区（滨江）打造直播电商发展，助力直播电商共富工坊建设。协助浙江农博数字技术有限公司开通“网上农博”平台建设，覆盖浙江省11个地市、90个区县（市）及16个对口帮扶地区，开设高素质农民培训课程7期。培训以“多维度培训+平台实操+电商服务”为基本模式，通过理论教学、现场实操、游学考察等对商家主体进行培训，助力浙江省涉农经营主体掌握农产品电商技能、学会抖音平台全流程运营。全年开展直播520场次（农博会期间直播267场次），实现商品交易总额3.03亿元，销售额9600万元。

（饶志鹏）

【3家企业入选商务部电子商务示范企业】 2023年6月，商务部发布电子商务示范企业名单，杭州网易严选贸易有限公司、乐麦信息技术（杭州）有限公司和连连数字科

技股份有限公司3家杭州高新区（滨江）企业入选。3家企业在技术创新、业务模式创新、市场影响力等方面具有示范作用，通过其电子商务平台运营，促进商品和服务的在线销售，推动电子商务领域发展。

【4家企业参加第十届中国（杭州）国际电子商务博览会】 2023年6月10—12日，第十届中国（杭州）国际电子商务博览会在杭州白马湖国际会展中心举行。博览会以“新电商·新跨境·新突破”为主题，包括1场开幕式和7场产业论坛，线上和线下同时开展。杭州宇树科技有限公司、杭州由莱科技有限公司、浙江麦瑞克科技有限公司和浙江田螺云厨科技有限公司4家杭州高新区（滨江）企业参加，杭州宇树科技有限公司是一家专注于消费级、行业级高性能四足机器人、灵巧机械臂自主研发、生产及销售的世界知名机器人公司。杭州由莱科技有限公司是全球首个将院线冰点脱毛科技家用化的脱毛仪品牌，专注于根源性脱毛。浙江麦瑞克科技有限公司是专业研发跑步机、动感单车、椭圆机、划船机、筋膜枪等硬件产品的运动科技公司。浙江田螺云厨科技有限公司是一家专注于AI智能技术与高度集成技术的科技企业，自主创新研发出高端智能厨电产品——AI烹饪机器人。

【3人在2023年浙江省直播电商大赛上获奖】 2023年7月28日，2023年浙江省直播电商大赛启动。经选拔赛、进阶赛等环节，于10月25日举行总决赛。总决赛采用“盲盒直播模拟赛+直播答辩赛”复合比赛模式。经比赛，杭州高新区（滨江）交个朋友教育科技有限公司的丁一、杨锐2人获评直播优秀名师，杭州谦业教育科技有限公司的梁景皓获评直播金牌导师。

【杭州配方师科技有限公司入选市新电商品牌名单】 2023年12月19日，市商务局公布《2023年杭州市新电商品牌、新电商供应链项目名单的通知》，杭州配方师科技有限公司的“菜鸟和配方师”品牌被认定为2023年杭州市新电商品牌。杭州配方师科技有限公司位于长河街道江南大道618号东冠大厦，主营护肤品、化妆品、运动用个人防护装备、一般个人卫生用品、甜食产品、护肤品组合装、口腔卫生用品等。

【“杭城好物”选品对接会】 2023年12月20日，“杭城好物”选品对接会在兴耀科创城·杭州双碳技术产业园会议中心举行，市商务局、区政府主要负责人、企业代表参加对接会。活动以“政府搭台、企业唱戏、全民参与”形式开展。谦寻（杭州）控股有限责任公司、杭州辛选网络科技有限公司、杭州君盟新媒体科技集团有限公司、浙江创信数智科技有限公司等12家直播电商与浙江麦瑞克科技有限公司、杭州美兮美学生物科技有限公司、杭州当贝网络科技有限公司、杭州由莱科技有限公司等95个“杭产品牌”的500多款“杭城好物”进行现场对接。直播电商为选中的产品直播推广，助力杭产品牌开拓市

2023年6月10日，浙江麦瑞克科技有限公司参加第十届中国（杭州）国际电子商务博览会　　（区商务局　供图）

场，提升竞争力，激发消费市场动能。

【创信数智电商产业基地获评省电子商务产业示范基地】2023年12月27日，省商务厅公布关于2023年度浙江省电子商务产业示范基地名单，杭州高新区（滨江）的创信数智电商产业基地入选。创信数智电商产业基地位于浦沿街道滨文路868号创信数智大厦，入驻企业以大数据、数字经济、电子信息软件研发、电子商务等产业为主。至年底，创信数智电商产业基地累计孵化企业167家，获得投融资企业17家、有效知识产权企业85家、培育及引入国家高新技术企业8家、"雏鹰计划"企业4家、浙江省科技"小巨人"企业53家。

（饶志鹏）

旅游业

【概况】2023年，杭州高新区（滨江）接待境内外游客1793.33万人次，比上年增长31.69%，居全市第三位。43家旅行社接待游客43.59万人次，增长395.72%。景区无营业收入和门票。旅游酒店接待游客52.46万人次，增长58.52%，营业收入3.4亿元，增长54.08%；平均客房出租率为64.9%，增长17.14%，其中星级酒店平均客房出租率60.44%，增长18.23%。

【文旅融合专项资金】2023年，杭州高新区（滨江）争取和申报2023年度杭州市文旅融合发展专项资金，共获资金81.29万元。其中：重点旅游行业数据采集补助2.26万元，文旅咨询服务6.2万元，智慧交互沉浸式项目7000元，旅游驿站（旅游厕所补助资金）26.03万元，公共文化服务项目资金46.1万元。

（高青青）

【旅游市场专项整治】2023年，区文广旅体局开展旅游市场"三不"问题（不合法、不合规、不安全）专项整治行动，确保全区旅游市场平稳有序。通过日常巡查、联合执法、"双随机"抽查、视频监控等形式，整治旅游目的地环境秩序。召开旅游目的地整治工作部署会议，对旅游市场规范用车、旅游目的地环境秩序、不合理低价游等旅游市场重点整治工作进行部署。开展旅行社规范用车安全专项检查，对43家旅行社全覆盖巡查，出动检查人员126人次，巡查场所63家次，检查总体情况较好，各旅行社均规范经营、安全用车。

【旅游市场秩序维护】2023年，区文广旅体局推进旅游目的地综合监管常态化执法和联合整治工作，联合公安、消防、市监等多部门开展检查工作，推动旅游市场秩序平稳运行，做好节假日、旅游旺季重点时段领域管理，增加线上旅游服务平台涉旅游产品检查。对业务经营中存在问题或投诉量较多的2家旅行社负责人进行约谈，针对旅行社投诉问题及市场检查中发现的问题提出告诫和整改建议。全年出动执法检查人员154次，检查旅行社68家次，景点8家次、导游38人次；针对旅行社及相关人员立案7件、结案7件，罚款5家次合计8.5万元，停业整顿1家。

2023年11月7日，区文化市场行政执法队西兴驿站人员在温馨社区开展文化市场普法宣传活动　（区文广旅体局　供图）

【文旅普法宣传】 2023年，区文广旅体局通过微信群、视频、LED屏、海报折页等形式开展线上和线下各类法规宣传活动，推进文旅普法进社区、进学校、进企业，联合专业师资力量开设旅游高质量服务讲座，向市民讲解不合理低价游等法规知识，提升市民法律意识，净化旅游市场环境；在日常检查中，向场所工作人员宣传旅游市场相关法规知识。全年开展旅游市场法规宣传活动6场，发放宣传资料4800多份。

（彭欣欣）

会展业

【概况】 2023年，杭州白马湖会展中心举办各类展会活动11场，其中展览8场、演练1场、演唱会2场。展览面积29.22万平方米，收入1000万元。其中，2023年世界休闲博览会暨杭州西湖国际博览会［由中国国际丝绸博览会、第十届中国（杭州）国际电子商务博览会、“潮起钱塘”第七届全球跨境电商峰会、2023年中华老字号展4场会展组成］有2万余人参会，实现营业收入193.64万元。“杭州白马湖国际会展中心”微信公众号关注人数5500人。

【中国国际丝绸博览会】 2023年6月10—12日，中国国际丝绸博览会在杭州白马湖国际会展中心举行。博览会由商务部和市政府主办、商务部流通产业促进中心、市商务局、杭州市商旅运河集团和区政府承办，浙江、江苏、湖北、山东、广东等12个省份的160多家丝绸品牌企业参加。展览以“东方潮流 美好生活”为主题，面积3万平方米，设主题展、丝绸时尚展、设计创新展、丝鹿东方展、新电商展、老字号展6个展区，举办开幕论坛，邀请丝绸品牌企业、国际机构等组织开展专题推介、产业对接以及研讨交流等活动，推动丝绸文化融入大众生活。

2023年6月10日，中国国际丝绸博览会、亚洲消费季、全球跨境电商峰会、第十届中国（杭州）国际电子商务博览会、中华老字号博览会在杭州白马湖国际会展中心开幕 （区委宣传部 供图）

【第十届中国（杭州）国际电子商务博览会】 2023年6月10—12日，EBE China电商中国·第十届中国（杭州）国际电子商务博览会（简称“电博会”）在杭州白马湖国际会展中心举行。嘉宾、电商头部企业和观众共3万多人次参加。电博会分展览区和论坛活动两部分。展览区内设立成果趋势区，展示杭州电商之都产业生态；设立跨境电商生态展区，展出多元海外平台，跨境支付、跨境物流等内容。举办20多场垂直于电商各领域的会议论坛活动，聚焦不同领域，通过“主题演讲”“圆桌论坛”等形式展开讨论；举办新渠道选品对接会、直播带货等，为平台、品牌、机构方嫁接交流平台。博览会期间，吸引近300家企业对接交流，达成战略合作签约项目10多个，签约投资金额近10亿元；150多家媒体参与电博会的宣传报道。电博会聚焦杭州电商产业生态，探索产业数字化转型、跨境直播融合发展、数字场景应用等方面，共同提升内外贸电商产业。

【2023年中华老字号展】 2023年6月10—12日，2023年中华

老字号展在杭州白马湖国际会展中心举行。展会由商务部指导，市政府主办，市商务局、区人民政府共同承办，浙江省老字号企业协会执行。博览会面积9000平方米，以“品味老字号 乐享新生活”为主题，由特色主题展、中华老字号掌门人大会暨中华老字号高峰论坛、国潮秘境、老字号国潮线上博览会等活动内容组成。活动现场有安徽、重庆、江苏、贵州、广东、浙江6个省（直辖市）的200家老字号企业参展。

【第七届全球跨境电商峰会】2023年6月11日，2023年“潮起钱塘”第七届全球跨境电商峰会在杭州白马湖国际会展中心举行。峰会由市商务局、中国（杭州）跨境电子商务综合试验区建设领导小组办公室、滨江区政府承办，以“高质量与全球化”为主题，分产业创新主题论坛、新兴市场产业创新发展主题论坛、品类创新发展主题论坛三大分论坛，呈现跨境出海从产业供应链到蓝海市场、消费者触达到选品战略的全方位模式，现场企业决策者针对品牌海外起步关键分享实战经验。

【第十九届中国国际动漫节】2023年6月20—24日，第十九届中国国际动漫节主会场在杭州白马湖生态创意城举行。活动采取线上和线下相互结合模式，设有会展、论坛、商务、赛事和活动五大板块105个项目，推出“云上国漫”平台。动漫节设立主会场1个、副会场1个、分会场6个，主会场、副会场展览展示活动面积6.5万平方米，举办动漫彩车巡游、东巢动漫游园会、稻香小镇艺术节、西溪动漫龙舟赛等系列动漫体验活动。67个国家和地区的567家中外企业和机构、2305名展商客商和专业人士参展参会，集聚120多家国内外动漫游戏企业，其中动漫游戏商务大会（iABC）吸引448家中外企业机构、4682人次参与16场专业活动，开展“一对一”洽谈3538场，现场意向签约金额1.89亿元；“金猴奖”入围作品跨界合作对接会吸引39家平台、企业参与，颁奖现场13个产业项目签约合作，意向金额1070万元；新时代十年百部中国网络文学作品暨IP直通车专场活动，促成合作项目6个，合作金额1亿元；浙江数字文化国际合作区发布18个项目，意向签约金额达11.86亿元；现场意向签约总金额14.85亿元。参与动漫节1081万人次，其中线下参与动漫节各项活动95.5万人次，主、副会场观众21.3万人次。

【2023年中国（杭州）工艺美术精品博览会】2023年11月3—6日，2023年中国（杭州）工艺美术精品博览会在杭州白马湖国际会展中心举行，活动由中国文化产业协会、浙江省工艺美术行业协会主办，杭州市工艺美术行业协会承办，市经信局、杭州市劳模工匠协会支持，以“工美智造·守正出新”为主题。活动现场，邀请21名杭州市工艺美术行业的“浙江工匠”“杭州工匠”代表，助力该届中国（杭州）工艺美术精品博览会。展会聚集北京、深圳、大连、福州、洛阳、江苏、浙江等省（直辖市）和城市同行组团参展，展览面积2万平方米，国际标准展位600个。

【第十七届杭州文化创意产业博览会】2023年11月23—27日，第十七届杭州文化创意产业博览会在杭州白马湖国际

2023年11月23日，第十七届杭州文化创意产业博览会在杭州白马湖国际会展中心开幕（区委宣传部　供图）

会展中心举行。保加利亚驻沪总领事馆、英国工艺设计协会、凡尔赛宫博物馆、中意创新中心等海外机构和协会负责人、名家大师等100多名境外嘉宾参加各项活动，博览会分“奇遇法兰西”“艺术翡冷翠”“格调英伦”“童趣北欧”等10多个国际潮品馆展区，现场开展“创意对话创意”文创青年话未来交流及文创精品展等活动。活动期间，主会场杭州白马湖国际会展中心、分会场杭州中国动漫博物馆参观及参与相关活动15.2万人次；66个国家和地区、6500名展商客商和专业人士参与，现场签约及成交金额29.02亿元，比上年增长37.21%。

（宋琦麒）

2023年杭州白马湖国际会展中心会展情况一览表

表10

序号	开展时间	会展名称	主办/承办方	规模（平方米）	收入（万元）
1	4月7—9日	2023年华晨宇火星演唱会	北京亚美时代文化有限公司 中懿文澜商业管理有限公司	46700	15
2	6月10—12日	中国国际丝绸博览会	杭州西湖国际博览有限公司	10000	55
3	6月10—12日	第十届中国（杭州）国际电子商务博览会	杭州西博文化传播有限公司	10000	55
4	6月10—12日	2023年中华老字号展	浙江省老字号企业协会	10000	45
5	6月11日	“潮起钱塘”第七届全球跨境电商峰会	杭州西博文化传播有限公司	10000	45
6	6月20—24日	第十九届中国国际动漫节	杭州市文化创意产业发展中心	65000	370
7	8月15日	亚运安全涉邪教突发事件应急处置演练	区委政法委	3000	2.5
8	11月3—6日	2023年中国（杭州）工艺美术精品博览会	市工艺美术行业协会	20000	100
9	11月4—5日	华数不止音乐节	华数传媒网络有限公司	45500	15
10	11月14—16日	第十二届中国创新创业大赛新一代信息技术全国赛	浙江火炬生产力促进中心	7000	26
11	11月23—27日	第十七届杭州文化创意产业博览会	市委宣传部	65000	225

（宋琦麒）

金融业

综　述

【金融机构】 2023年，杭州高新区（滨江）有银行分支机构98家，证券公司23家，保险公司16家，小额贷款、融资担保、典当、融资租赁等非银行业金融机构13家。非银行业金融机构中有小额贷款公司4家，注册资金6亿元，发放贷款业务总额10.08亿元，业务125笔；融资性担保公司4家，注册资金29.73亿元，担保业务金额15.04亿元，担保户数1098户；融资租赁公司2家，注册资金16.04亿元，发生融资租赁业务金额5.99亿元，业务2397笔；典当法人企业3家，注册资金0.66亿元，发生典当业务金额1.99亿元，业务1139笔。全区银行业、证券业、保险业归属于杭州市统一管辖，统一由“一行两会”负责监管。

【金融服务】 2023年，杭州高新区（滨江）协调解决企业融资难、融资贵等问题，助推企业发展。组织金融顾问、专家走访企业408次；搭建“滨江金融”系列活动体系，举办入园服务、投融资路演、培训等活动55场；推进解决区内158家中小企业综合金融服务需求，落实各类融资金额27.5亿元，帮助110家科技型企业获得4.68亿元担保支持。

【科创金融改革试验区建设】 2023年，杭州高新区（滨江）持续推动全国高新区首创科技积分贷，为科技企业量身定制金融方案，发布《滨江区参与杭州市建设科创金融改革试验区实施方案》，为科技金融高质量发展提供制度性保障。完成全国高新区首创企业创新积分贷授信5.1亿元，全国首创数据知识产权质押贷款实施，全省首个“质量”贷“滨质授信”一期授信1000万元。鼓励自贸专营机构贴合企业需求创新金融服务，实施浙江自贸区杭州片区首批外汇NRA（境外机构境内外汇账户）远期结汇、外汇NRA+期权等创新业务。助力8家自贸支行新开立NRA不落地结汇账户47户，结算量9000万美元。支持杭州高新金投控股集团有限公司2023年度第一期杭州高新区（滨江）数据知识产权定向资产支持票据（ABN）在中国银行间市场交易商协会成功发行，发行金额1.02亿元。

（来　霖）

银行业

【概况】 2023年，杭州高新区（滨江）为打造钱塘江金融港湾核心区扩区，与金融机构总行（公司）、省分行（公司）合作，共同构建契合全区金融需求的广覆盖、专业化、特色化、普惠型金融服务体系。银行有98家分支机构，其中自贸支行8家，科技支行4家。

【银企对接服务】 2023年，杭州高新区（滨江）以科技金融服务中心为载体，与区内多家银行建立信贷受理直联，开设高新担保、转贷基金直联服务，根据企业需求情况不定期组织银企对接会，帮助企业多种选择匹配银行与产品。全年开展投融资对接活动7场，服务企业100多家。

【北京银行浙江自贸区杭州高新支行开业】 2023年7月5日，北京银行浙江自贸区杭州高新支行开业，是第八家在自贸试验区杭州片区滨江区块成立的银行机构。北京银行浙江自贸区杭州高新支行围绕区委、区政府战略规划部署，聚焦自贸区制度创新，助力数字自贸区建设，以金融赋能优化营商环境，为客户提供自贸区特色金融服务。至年底，依托自贸区政策优势，探索金融产品与服务模式创新，针对专精特新企业、“小巨人”企业、上市公司，推出“领航e贷”“领航贷”等线上业务产品，满足企业资金周转需求。

2023年驻杭州高新区（滨江）银行机构一览表

表11 单位：个

序号	银行机构名称	下辖分支机构数量	机构地址
1	中国工商银行钱江支行	7	滨江区江晖路1761~1767号
2	农业银行杭州滨江支行	10	滨江区江南大道288号
3	中国银行杭州滨江支行	4	滨江区江南大道3806号
4	建设银行杭州滨江支行	6	滨江区江南大道480号
5	交通银行杭州滨江支行	0	滨江区江南大道588号
6	中国邮政储蓄银行杭州西兴镇支行	0	滨江区滨安路162～168号
7	中国邮政储蓄银行杭州市滨江区支行	0	滨江区滨盛路2077号
8	中国邮政储蓄银行杭州市景江苑支行	0	滨江区江南大道4372号、4374号
9	中国邮政储蓄银行杭州市滨文路营业所	0	滨江区滨文路637号
10	中国邮政储蓄银行杭州市浦沿营业所	0	滨江区新浦路97号
11	中国邮政储蓄银行杭州市泰安路营业所	0	滨江区江南大道泰安路135号
12	中国邮政储蓄银行杭州市滨盛路营业所	0	滨江区滨盛路4207、4209号
13	浙商银行杭州滨江支行	0	滨江区新联路625号
14	中信银行杭州滨江支行	0	滨江区江南大道1090号
15	华夏银行杭州滨江支行	0	滨江区江南大道288号
16	光大银行杭州滨江支行	0	滨江区江南大道123～127号
17	民生银行杭州滨江支行	2	滨江区江南大道588号
18	渤海银行杭州滨江支行	0	滨江区江南大道380号
19	恒丰银行杭州滨江支行	1	滨江区泰安路9号
20	浦发银行杭州自贸区支行	0	滨江区共鸣巷299号
21	浦发银行杭州滨江支行	0	滨江区江陵路2028号
22	兴业银行杭州滨江支行	0	滨江区江南大道90号B座
23	兴业银行滨江科技支行	0	滨江区聚工路17号1幢一楼101室

续表11

序号	银行机构名称	下辖分支机构数量	机构地址
24	招商银行杭州西兴科创支行	0	滨江区阡陌路459号
25	招商银行杭州钱塘支行	0	滨江区滨盛路1869号
26	招商银行杭州滨江支行	0	滨江区滨盛路4305号
27	招商银行杭州滨康支行	0	滨江区聚工路19号
28	招商银行杭州滨兴支行	0	滨江区众创路30号
29	平安银行杭州滨江支行	1	滨江区滨和路566号
30	广发银行杭州滨江支行	0	滨江区江南大道1088号
31	杭州银行滨江支行	6	滨江区钱龙大厦1~2楼
32	杭州银行科技支行	0	滨江区江南大道3850号创新大厦1~2层
33	杭州银行自贸江南支行	0	滨江区联慧街88号联慧科创中心
34	北京银行滨江小微企业专营支行	1	滨江区滨盛路1509号
35	北京银行杭州高新支行	0	滨江区智慧之门中心商铺
36	上海银行滨江支行	0	滨江区江南大道380号
37	南京银行杭州滨江科技支行	0	滨江区滨盛路1508号
38	江苏银行杭州滨江小微企业专营支行	0	滨江区滨盛路1786号
39	宁波银行杭州高新支行	1	滨江区滨康路308号聚才大厦2幢
40	台州银行杭州滨江支行	0	滨江区滨康路308号聚才大厦1幢
41	稠州银行杭州滨江小微企业专营支行	0	滨江区滨盛路1501、1503、1505号银丰大厦203室
42	泰隆银行杭州滨江支行	0	滨江区江南大道3850号
43	民泰银行杭州滨江小微企业专营支行	0	滨江区滨康路228号
44	杭州联合银行西兴支行	5	滨江区固陵路12号
45	杭州联合银行长河支行	3	滨江区长江路21号
46	杭州联合银行浦沿支行	5	滨江区东冠路793号
47	杭州联合银行滨江区支行	0	滨江区新月路507号

（来　霖）

证券业保险业

【概况】 2023年，杭州高新区（滨江）放大金融集聚效应，扩充特色化专营金融机构。有证券公司23家，保险公司16家，其中专业科技保险公司省级分公司2家。

【科技金融服务中心升级】 2023年，杭州高新区（滨江）科技金融服务中心建设集融资对接、项目推介、培训咨询、上市培育等于一体的线上综合服务平台，完善线上平台搭建和公众号服务模块。做好金融服务工作，盘活金融资源，创新服务形式，先行先试推进项目推介、贷款担保、股权投资、业务培训等金融服务入企入园，提高金融服务覆盖度，探索协同办公、金融信息共享、业务融合有效模式。科技金融服务平台全年为30家企业提供解决方案。

（来　霖）

【杭州高新区（滨江）与财通证券达成战略合作】 2023年7月14日，杭州高新区（滨江）与财通证券股份有限公司（简称“财通证券”）举行战略合作签约仪式，区政府、财通证券共8位主要负责人共同出席仪式。双方探索政企联动新模式，财通证券发挥省属券商的资源、人才和专业等优势，加大对杭州高新区（滨江）重点项目、产业和企业的金融支持力度，提升综合金融能力。杭州高新区（滨江）支持财通证券开展业务，合力形成定制化合作服务、特色化合作项目、制度化合作成果。财通证券是一家综合性证券集团，2017年10月在上海证券交易所上市，经营证券业务、融资融券、资产管理、公募证券投资基金销售、证券投资基金托管等业务。

（区志编研室）

2023年驻杭州高新区（滨江）证券机构一览表

表12

序号	机构全称	机构地址
1	财通证券股份有限公司杭州通和路证券营业部	滨江区西兴街道通和路68号11楼A区1118室
2	华福证券有限责任公司杭州江南大道证券营业部	滨江区西兴街道江南大道88～96号（双号）1–A楼2层1–3室
3	华创证券有限责任公司杭州东信大道证券营业部	滨江区浦沿街道东信大道1188号海威领界大厦2幢1701–1、1701–2室
4	国泰君安证券股份有限公司杭州滨江科技馆街证券营业部	滨江区长河街道科技馆街1505号凯瑞金座101室
5	中信证券股份有限公司杭州火炬大道证券营业部	滨江区浦沿街道火炬大道581号C座114、115室、701室
6	浙商证券股份有限公司杭州滨江威陵大厦证券营业部	滨江区江南大道380号505、506、507号房
7	方正证券股份有限公司杭州滨 江通和路证券营业部	滨江区通和路68号4楼B区403室
8	诚通证券股份有限公司杭州江 虹路证券营业部	滨江区江虹路1750号信雅达国际创意中心1幢2406室
9	金通证券有限责任公司	滨江区东信大道66号5幢D座A区3层
10	国元证券股份有限公司浙江分公司	滨江区长河街道江汉路1785号网新双城大厦4幢2201–1室
11	华泰证券股份有限公司浙江分公司	滨江区长河街道滨盛路1766号星光城2801~2808室
12	中信证券股份有限公司杭州滨盛路证券营业部	滨江区西兴街道滨盛路1508号海亮大厦104、202、203、204室
13	安信证券股份有限公司杭州滨盛路证券营业部	滨江区滨盛路1688号明豪大厦7层705室
14	中泰证券股份有限公司杭州滨和路证券营业部	滨江区西兴街道滨和路598号星澳商务中心1幢1805室
15	东莞证券股份有限公司浙江分公司	滨江区西兴街道丹枫路788号1幢101室

续表12

序号	机构全称	机构地址
16	国联证券股份有限公司杭州江汉路证券营业部	滨江区长河街道江汉路1785号网新双城大厦1幢103室、105室
17	海通证券股份有限公司杭州滨江阡陌路证券营业部	滨江区西兴街道阡陌路333号
18	民生证券股份有限公司杭州长河路证券营业部	滨江区长河路1318号1幢2102室
19	国信证券股份有限公司浙江互联网分公司	滨江区长河街道滨盛路1688号明豪大厦1002、1005、1007室
20	国融证券股份有限公司杭州江汉路证券营业部	滨江区长河街道江汉路1785号网新双城大厦1幢603室
21	中信建投证券股份有限公司杭州滨盛路证券营业部	滨江区长河街道滨盛路2077号潮上中南银座2幢111室
22	东海证券股份有限公司杭州江南大道证券营业部	滨江区长河街道江南大道288号1幢702-8室

（来　霖）

2023年驻杭州高新区（滨江）保险公司机构一览表

表13

类型	机构全称	机构地址
财险	中华联合财产保险股份有限公司杭州市滨江支公司	滨江区江南大道380号1幢8层801-802室
	渤海财产保险股份有限公司浙江分公司杭州营业部	滨江区江南大道618号东冠大厦701室
	阳光财产保险股份有限公司滨江支公司	滨江区西兴街道聚业路25号3层G、H、I室
	浙商财产保险股份有限公司滨江支公司	滨江区西兴街道丹枫路788号1幢5层508室
	中国太平洋财产保险股份有限公司杭州市滨江支公司	滨江区滨康路222号
	中国人民财产保险股份有限公司杭州市滨江支公司	滨江区西兴街道启智街36-201号、36-202号、36-203号、36-204号、36-205号、38号、40号、42号
	中国人民财产保险股份有限公司杭州市分公司浦沿营销服务部	滨江区浦沿街道东冠路801、803号
	中国平安财产保险股份有限公司浙江分公司滨江支公司	滨江区西兴街道聚工路19号8幢13层1309室
	中国大地财产保险股份有限公司杭州市滨江营销服务部	滨江区长河街道江南大道518号兴耀大厦1603室

续表13

类型	机构全称	机构地址
人身险	中国人寿保险股份有限公司杭州市滨江支公司	滨江区西兴街道江陵路1916号兴祺大厦1幢一层112~114室、四层401~406室、五层501~506室
	中国太平洋人寿保险股份有限公司杭州市滨江支公司	滨江区江南大道380号1幢五层504室、13层1309室
	中国平安人寿保险股份有限公司浙江分公司滨江区营销服务部	滨江区长河街道江南大道380号1幢9层903室、10层1003-2室、1004~1007室
	泰康人寿保险有限责任公司浙江电话销售中心	滨江区浦沿街道东冠路611号10幢（金盛科创大厦）A座13层
	华夏人寿保险股份有限公司浙江分公司杭州滨江营销服务部	滨江区西兴街道滨盛路1509号天恒大厦1902室、2502室
财险（省公司）	太平科技保险股份有限公司浙江分公司	滨江区长河街道泰安路239号11层1103～1104
	渤海财产保险股份有限公司浙江分公司	滨江区江南大道618号东冠大厦702～705室

（来　霖）

上市公司

【概况】 2023年，杭州高新区（滨江）新增上市企业3家，累计培育上市公司72家，其中北京证券交易所3家、深圳证券交易所主板13家、深圳证券交易所创业板16家、上海证券交易所主板10家、上海证券交易所科创板12家、境外上市18家。上市公司数量居全省区县（市）第一位，总市值4.68万亿元。“新三板”挂牌企业45家，数量居全省各区县（市）首位。杭州高新区（滨江）鼓励企业抢抓全面注册制、“北交所深改19条”等改革机遇，稳步推进上市进程。通过排摸上市资源，形成多层次、密度型上市梯队培育，全年认定上市后备企业104家。

【上市企业体系构建】 2023年，杭州高新区（滨江）构建全链条上市护航服务体系，建立拟上市企业服务闭环管理机制。优化形成拟上市企业包干联系服务体系，设置上市辅导员专员服务重点拟上市企业。联合区经信局、区商务局、杭州高新金投控股集团有限公司等部门组建上市专项协调小组，实现企业诉求及时上报、精准交办、实时跟踪、按时反馈的闭环管理，提供“一站式”上市服务，协调上市后备企业资质认定、合规证明等事宜。全年走访对接上市后备企业180多次，按照“简单事项立等可取，一般事项当日解决”要求，第一时间响应企业诉求，实现企业上市诉求办结率100%。

【上市后备企业培训】 2023年，杭州高新区（滨江）加大企业上市培育力度，整合优质上市指导资源。深化与三大交易所、浙江证监局战略合作，协调深圳证券交易所选派干部到杭州高新区（滨江）挂职，为拟上市企业解决恶意诉讼、外汇登记等关键堵点寻求解决方案。至年底，组织上市后备企业实务培训、北交所专题座谈、全面注册制改革沙龙等活动34场。

【热威股份公司上市】 2023年9月11日，杭州热威电热科技股份有限公司（简称“热威股份公司”）在上海证券交易所主板上市。热威股份公司从事电热元件和组件的研发、生产及销售，专注电热元器件领域，响应绿色低碳发展、新能源转型的国家战略，助力下游民用与商用电器、工业装备和新能源汽车等行业发展。

2023年9月11日，杭州热威电热科技股份有限公司在上海证券交易所主板上市 （区委宣传部 供图）

在电热元件领域产量居行业全球前三位。2023年，实现营业收入16.76亿元，纳税1.49亿元。

【交个朋友控股公司】 2023年9月18日，交个朋友控股有限公司（简称“交个朋友控股公司”）落地杭州高新区（滨江）。交个朋友控股公司是电商直播和新媒体营销机构，通过平台为明星、品牌和消费者搭建销售渠道，围绕直播电商产业链上下游持续布局及合作，提供电商全生命周期产品和服务。交个朋友控股公司为香港联交所上市公司，是杭州高新区（滨江）首家直播电商上市公司、全省直播电商第一股。至年底，已经签50名明星达人，播出时长超过1000小时资深电商主播运营直播账号有20个，全平台粉丝数量超5000万。2023年，实现营业收入10.74亿元，纳税8816.35万元。

【立方控股公司上市】 2023年11月2日，杭州立方控股股份有限公司（简称“立方控股公司”）在北京证券交易所挂牌上市。立方控股公司成立于2000年4月，是一家以提供出入口控制与管理产品和服务为基础，致力于为客户提供智慧物联综合解决方案的高新技术企业。公司主营业务包括智慧停车系统、智慧门禁系统、安全应急系统以及停车运营服务四大板块，各类产品和服务应用于政府机关、企事业单位、智慧园区、智能楼宇、交通枢纽、住宅小区、商业物业以及旅游景区等场所。2023年，实现营业收入4.81亿元，纳税3985.48万元。

（来 霖）

基 金

【概况】 2023年，杭州高新区（滨江）产业基金有存续合作基金27只，规模296.26亿元。杭州高新金投控股集团有限公司作为区产业基金管理人，助力安恒基金、容腾基金、芯泉微基金、天堂硅谷基金等8只基金的过会及设立工作，总规模37.5亿元；存续股权直投项目30个，设立首支“市场化直投基金”——杭州高新科创一期股权投资合伙企业（有限合伙），累计决策投资项目13家，直投项目7家。区产业基金登上“2023年中国区县级

2023年11月2日，杭州立方控股股份有限公司在北京证券交易所挂牌上市 （区委宣传部 供图）

政府引导基金30强”“2023年度新锐政府引导基金TOP30”等7个行业榜单；居杭州市创投协会成员单位“IPO成绩单”第六位。

（来　霖）

【安恒基金】 2023年，安恒基金由杭州高新金投控股集团有限公司联合杭州安恒信息技术股份有限公司、杭州市科创集团有限公司共同发起设立，由杭州安恒信息技术股份有限公司全资子公司杭州德源安恒私募基金管理有限公司作为基金管理人，总规模2亿元，其中区产业基金认缴出资4000万元。安恒基金聚焦数字经济，发挥政府产业基金引导作用，带动社会资本投资大数据、网络信息安全等数字经济细分领域企业，提升数字经济产业综合竞争力和经济发展水平。至年底，平稳运行。

【容腾基金】 2023年，容腾基金由杭州高新金投控股集团有限公司联合浙江容亿投资管理有限公司共同设立，规模17.5亿元，其中区产业基金以同股同权形式投资8000万元。容腾基金是杭州高新区（滨江）“中国数谷”发展规划工作参与者，协助起草“中国数谷”总体方案等。容腾基金重点投向契合杭州高新区（滨江）产业的半导体、高端制造、数字经济等方向，助推新兴产业高质量发展。至年底，已投资项目28个，出资7.43亿元。

【芯泉微基金】 2023年，芯泉微基金由杭州高新金投控股集团有限公司联合杭州矽芯股权投资有限公司共同设立，规模5亿元，其中区产业基金以同股同权形式出资3000万元。芯泉微基金重点投资半导体装备、封装测试、IC设计、新材料等泛半导体上下游产业链，助推新兴产业的高质量发展。杭州矽芯股权投资有限公司是区内上市公司矽力杰半导体技术（杭州）有限公司设立的基金管理公司。矽力杰半导体技术（杭州）有限公司是亚洲最大独立模拟芯片设计企业。至年底，芯泉微基金已投资7个项目，投资金额1.58亿元。

【天堂硅谷基金】 2023年，天堂硅谷基金由杭州高新金投控股集团有限公司联合天堂硅谷资产管理集团有限公司成立，规模5亿元，其中区产业基金以同股同权形式出资1亿元，由天堂硅谷资产管理集团有限公司管理，天堂硅谷资产管理集团有限公司是浙江省首批成立的私募基金管理人。杭州高新金投控股集团有限公司联合天堂硅谷资产管理集团有限公司共同开展投资与招引合作，重点聚焦硬科技、数字经济、医疗健康等领域，提升杭州高新区（滨江）金融科技服务水平。至年底，天堂硅谷基金投资12个项目，投资金额1.77亿元，入选浙江省科技创新母基金参股对象。

（来宁泽　杨升杰）

投资促进与区域合作

招商引资

【概况】 2023年，杭州高新区（滨江）新引进外资企业及中国港澳台资企业167家，投资总额1000万美元以上项目24个；实际利用资金9.27亿美元，其中：制造业实际利用资金5.56亿美元，占实际利用外资及港澳台资总额的57.8%；实际利用资金1000万美元以上项目11个，实际利用资金8.72亿美元，占实际利用外资及港澳台资总额的94.02%。至年底，杭州高新区（滨江）有外资企业及中国港澳台资企业1356家，世界500强企业投资项目40个。外商投资企业历年投资总额累计527.89亿美元，实际利用外资及港澳台资累计129.69亿美元。6个产业园区暖企小站投入使用。

2023年杭州高新区（滨江）新引进中国香港、澳门、台湾地区投资企业情况一览表

表14　　单位：万美元

序号	企业名称	投资总额	注册资本	合同金额	备案日期
1	杭州乒乓智能技术有限公司	5016	5016	5	1月14日
2	浙江一指天下科技有限公司	7179	7179	1436	1月18日
3	杭州缇可电子商务有限公司	3	3	3	2月14日
4	集睿社（杭州）文化传媒有限公司	74	74	18	2月16日
5	杭州正颉科技有限公司	15	15	15	2月16日
6	杭州至鹰传媒有限公司	14	14	14	2月28日
7	杭州奇普斯数码科技有限公司	1	1	1	2月28日
8	杭州波比供应链有限公司	14	14	14	2月28日
9	杭州常定文化传媒有限公司	7	7	7	3月5日
10	杭州阿艾弗文化传媒有限公司	14	14	7	3月5日
11	杭州当影科技有限公司	144	144	144	3月11日
12	杭州成远派盾数字科技有限公司	17	17	2	3月11日
13	杭州彼尔空间装饰设计有限公司	14	14	7	3月12日
14	逸飞迅智能科技（杭州）有限公司	29	29	7	3月16日
15	杭州异想科技研发有限公司	11	8	8	3月16日
16	杭州西乾餐饮管理有限公司	7	7	4	3月17日

续表14

序号	企业名称	投资总额	注册资本	合同金额	备案日期
17	杭州盛泰管理咨询合伙企业（有限合伙）	14	14	14	3月17日
18	杭州星耀天俪贸易有限公司	43	43	5	3月23日
19	杭州歇歇角落创意设计有限公司	1	1	1	3月24日
20	杭州英明向太多媒体有限公司	144	144	144	3月28日
21	杭州靖媛品牌管理有限公司	7	7	7	3月29日
22	杭州迅擎科技有限公司	15	15	10	3月31日
23	杭州杰尼思美容美发有限公司	3	3	1	3月31日
24	杭州奕双耳多供应链管理有限公司	15	15	7	4月4日
25	杭州优米美学文化传播有限公司	3	3	3	4月16日
26	真的翔（杭州）网络科技有限公司	29	29	29	4月16日
27	杭州十三媚科技有限公司	15	15	15	4月16日
28	浙江陆特能源科技股份有限公司	1459	1459	104	4月18日
29	杭州不过拾企业策划有限公司	15	15	15	4月23日
30	坤载（杭州）品牌管理有限公司	15	15	15	4月27日
31	杭州禾黍堂餐饮管理有限公司	1	1	0.4	5月7日
32	杭州红阳优选电子商务有限公司	72	72	29	5月7日
33	杭州海茵电子商务有限公司	43	43	43	5月18日
34	杭州莱瑟儿日用品有限公司	1	1	1	5月20日
35	杭州丰惟企业运营管理有限公司	1	1	1	5月25日
36	杭州新威拉能源技术服务有限公司	50	50	50	5月25日
37	杭州令运电竞科技有限公司	14	14	14	5月25日
38	杭州安懋电子商务有限公司	0.4	0.4	0.4	5月31日
39	杭州马蹄朝西科技有限公司	14	14	14	6月7日
40	杭州喜象音乐文化有限公司	14	14	14	6月7日
41	杭州野童网络科技有限公司	45	45	2	6月10日
42	浙江港丽科技发展有限公司	14120	4942	4942	6月10日
43	杭州光合联美医疗管理有限公司	14	14	14	6月10日
44	杭州澳丰网络科技有限公司	1	1	1	6月11日
45	浙江观澜酒店管理有限公司	282	282	85	6月11日
46	杭州洪德管理咨询有限公司	1	1	0	6月13日
47	杭州爱拉设计有限公司	7	7	7	6月17日
48	杭州远景文化科技有限公司	141	141	141	6月28日
49	海纳星空健康产业（浙江）有限公司	692	692	692	7月4日
50	皓云科创产业发展（浙江）有限公司	138	138	138	7月4日
51	皓微科技发展（浙江）有限公司	138	138	138	7月4日
52	杭州海美特商贸有限公司	14	14	12	7月13日

续表14

序号	企业名称	投资总额	注册资本	合同金额	备案日期
53	杭州龙五传媒有限公司	14	14	13	7月17日
54	杭州芯芯半导体技术有限公司	0.06	0.06	0.02	7月17日
55	杭州宝惠多科技有限公司	69	69	21	7月23日
56	浙江智能时空文创科技有限公司	138	138	95	7月26日
57	杭州立展网络科技有限公司	7	7	4	7月26日
58	杭州极高点科技有限公司	14	14	14	7月27日
59	杭州模芯四号企业管理合伙企业（有限合伙）	67	67	5	7月27日
60	杭州网际独角兽网络科技有限公司	28	28	14	7月27日
61	杭州时运通达智能科技有限公司	1282	1282	1282	8月9日
62	杭州荣至高科技合伙企业（有限合伙）	210	210	11	8月9日
63	浙江惠必达实业有限公司	701	701	701	8月9日
64	杭州巨宇教育信息咨询有限公司	14	14	3	8月9日
65	杭州颂摩鲸文化传媒有限公司	14	14	14	8月9日
66	浙江种果家农业科技有限公司	175	175	35	8月13日
67	杭州梅思凯瑞贸易有限公司	1	1	1	8月15日
68	杭州壹颗赛艇企业管理有限公司	100	100	100	8月18日
69	自由量级（杭州）智能科技有限公司	421	421	421	8月25日
70	浙江衡机商业管理有限公司	140	140	140	8月26日
71	杭州联讯通科技有限公司	14	14	14	8月31日
72	杭州梓宏贸易有限公司	14	14	14	8月31日
73	杭州梓桑贸易有限公司	14	14	14	8月31日
74	杭州爱欢腾动力科技有限公司	100	100	100	9月12日
75	杭州泰莞商务咨询有限公司	100	100	100	9月12日
76	日之升（杭州）餐饮管理有限公司	1	1	0.1	9月12日
77	杭州美柿科技有限公司	15	15	1	9月13日
78	念念设计咨询（杭州）有限公司	14	14	14	9月13日
79	杭州天亮时代科技有限公司	100	100	100	9月13日
80	杭州九谷能源合伙企业（有限合伙）	14	14	9	9月28日
81	杭州游一卡文化创意有限公司	139	139	139	10月12日
82	杭州搞得定科技有限公司	3	3	2	10月12日
83	奇诺机器人科技（杭州）有限公司	14	14	14	10月13日
84	杭州申虹茂科技有限公司	3	3	3	10月22日
85	杭州涵曦生物科技有限公司	14	14	10	10月22日
86	杭州楚润智能科技合伙企业（有限合伙）	10	10	1	10月22日
87	杭州天狐文化传媒有限公司	14	14	14	10月23日
88	传滨科技（杭州）有限公司	38087	18508	1232	10月26日

续表14

序号	企业名称	投资总额	注册资本	合同金额	备案日期
89	杭州本芯电子科技有限公司	70	70	36	10月26日
90	传航科技（杭州）有限公司	57859	28115	18724	10月26日
91	杭州灏月企业管理有限公司	877603	426447	28394	10月26日
92	逸城软件（杭州）有限公司	14	14	14	11月11日
93	杭州创道网络科技有限公司	7	7	7	11月11日
94	浙江雪诺建设发展有限公司	697	697	697	11月11日
95	杭州天帅会计咨询有限公司	14	14	14	11月12日
96	杭州灌灌传媒有限公司	70	70	21	11月14日
97	杭州毫厘创享科技合伙企业（有限合伙）	14	14	2	11月28日
98	杭州清杉品牌管理有限公司	70	70	70	11月30日
99	杭州三只狼文化传媒有限公司	14	14	8	12月6日
100	杭州向往臻选电子商务有限公司	14	14	14	12月10日
101	浙江秦商控股集团有限公司	704	704	70	12月13日
102	杭州云睿涵文化传媒有限公司	28	28	11	12月13日
103	中奢（浙江）控股集团有限公司	704	704	106	12月13日
104	杭州星咖互娱文化传媒有限公司	42	42	2	12月27日
105	杭州合思迈达科技有限公司	1500	1500	1500	12月27日
106	杭州英明向太供应链服务有限公司	1	1	1	12月27日

（来笑艳）

2023年杭州高新区（滨江）新引进外商投资企业情况一览表

表15　　单位：万美元

序号	企业名称	投资总额	注册资本	合同外资	备案日期
1	杭州路特斯科技服务有限公司	210	147	7	1月5日
2	杭州米忆贸易有限公司	14	14	14	1月12日
3	杭州晟思网络科技有限公司	7	7	3	1月12日
4	杭州舒罗商贸有限责任公司	0.3	0.3	0.2	1月31日
5	杭州赫海企业管理合伙企业（有限合伙）	1	1	1	1月31日
6	浙江绿元能源发展有限公司	148	148	74	2月16日
7	杭州叉林餐饮有限公司	7	7	6	2月28日
8	周永木浦（杭州）餐饮管理有限公司	72	72	65	3月5日
9	杭州纳度咖啡有限公司	4	4	4	3月5日
10	杭州泽盈外贸有限公司	0.14	0.14	0.14	3月12日
11	博西科（浙江）科技有限公司	144	144	29	3月16日
12	杭州荷声科技有限公司	14	14	2	3月23日
13	韩夜（杭州）餐饮有限公司	1	1	1	3月24日
14	浙江美味美食餐饮管理有限公司	144	144	144	3月25日

续表15

序号	企业名称	投资总额	注册资本	合同外资	备案日期
15	杭州陆德文化传媒有限公司	1	1	1	3月30日
16	杭州觉策一号股权投资合伙企业（有限合伙）	756.72	756.72	0	4月5日
17	杭州当当网信息技术有限公司	1455	728	728	4月16日
18	杭州贝里纳丝科技有限公司	1	1	1	4月23日
19	浙江会长汇商务服务有限公司	146	146	29	4月27日
20	斯温罗（杭州）网络科技有限公司	1	1	1	4月27日
21	杭州亥午电子商务有限公司	14	14	14	5月23日
22	浙江灵南品牌管理有限公司	144	144	14	5月25日
23	杭州萨拉姆餐饮服务有限公司	8	8	8	5月26日
24	杭州喇博贸易有限公司	141	141	141	6月28日
25	杭州森林猫互联网科技有限公司	1	1	1	6月28日
26	杭州普成商贸有限公司	14	14	14	7月18日
27	杭州纤秾文化传媒有限公司	1	1	0.2	7月23日
28	卡勒芙（杭州）国际贸易有限公司	69	69	14	7月27日
29	杭州昕西餐饮管理有限公司	3	3	3	7月27日
30	杭州度都电子商务有限公司	1	1	1	7月31日
31	杭州爱卓凯教育咨询有限公司	14	14	7	8月9日
32	杭州灵感火花传媒有限公司	1	1	1	8月11日
33	杭州米哦泰克自动化设备有限公司	1	1	1	8月11日
34	浙江丽妍长品牌服务有限公司	140	140	28	8月16日
35	杭州赢运文化服务有限公司	14	14	14	8月18日
36	浙江惠必通科技有限公司	701	701	701	8月18日
37	杭州百立特生物制药有限公司	70	70	70	9月5日
38	杭州派盾信安科技有限公司	26	18	2	9月12日
39	杭州维美生物材料有限公司	139	139	28	9月12日
40	杭州振惠贸易有限公司	7	7	7	9月21日
41	杭州埃科思新能源科技有限公司	7	7	7	9月21日
42	杭州科斯托叔餐饮管理有限公司	42	42	21	9月28日
43	杭州矩宝盆科技有限公司	139	139	42	9月28日
44	杭州泰旸生物科技有限公司	8	8	7	10月12日
45	杭州速卖通信息咨询有限公司	14	14	14	10月12日
46	杭州朗润泰程股权投资合伙企业（有限合伙）	1393	1393	97	10月13日
47	杭州快速传球体育文化有限公司	14	14	14	10月19日
48	杭州一诺德健康管理有限公司	14	14	7	10月31日
49	杭州友蓝企业管理有限公司	139	139	139	10月31日

续表15

序号	企业名称	投资总额	注册资本	合同外资	备案日期
50	杭州泰波通讯科技有限公司	14	14	7	11月11日
51	杭州速卖通技术咨询有限公司	14	14	14	11月12日
52	杭州浩夫网络科技有限公司	7	7	3	11月22日
53	杭州赫鸣企业管理合伙企业(有限合伙)	1	1	1	12月8日
54	杭州泰滢文化传媒有限公司	7	7	3	12月8日
55	杭州籽行科技有限公司	14	14	4	12月12日
56	杭州迪迅优光电科技有限公司	140	140	56	12月22日
57	杭州驷杭科技有限公司	14	14	2	12月23日
58	杭州丝露格露贸易有限公司	141	141	141	12月23日
59	杭州酒多多网络科技有限公司	14	14	3	12月23日
60	杭州非乐贸易有限公司	14	14	14	12月23日
61	杭州合思迈达科技有限公司	1500	1500	1500	12月27日

(来笑艳)

2023年杭州高新区(滨江)投资总额1000万美元以上中国香港、澳门、台湾地区投资企业一览表

表16　　单位:万美元

序号	企业名称	投资总额	注册资本	合同外资	备案日期
1	杭州乒乓智能技术有限公司	5016	5016	5	1月14日
2	浙江一指天下科技有限公司	7179	7179	1436	1月18日
3	浙江陆特能源科技股份有限公司	1459	1459	104	4月18日
4	杭州时运通达智能科技有限公司	1282	1282	1282	8月9日
5	传滨科技(杭州)有限公司	38087	18508	1232	10月26日
6	传航科技(杭州)有限公司	57859	28115	1871	10月26日
7	杭州灏月企业管理有限公司	877603	426447	28394	10月26日

(来笑艳)

2023年杭州高新区(滨江)投资总额1000万美元以上外资项目情况一览表

表17　　单位:万美元

序号	企业名称	投资总额	注册资本	合同外资	备案日期
1	杭州当当网信息技术有限公司	1455	728	728	4月16日
2	杭州朗润泰程股权投资合伙企业(有限合伙)	1393	1393	97	10月13日
3	杭州合思迈达科技有限公司	1500	1500	1500	12月27日

(来笑艳)

【外商投资企业信息报告】2023年，杭州高新区（滨江）根据《中华人民共和国外商投资法》《外商投资法实施细则》《外商投资信息报告办法》，要求外国投资者或外商投资企业需通过提交初始报告、变更报告、注销报告、年度报告等方式报送投资信息。全年全区外商投资企业初始、变更、注销信息报告787条，外商投资企业年度报告企业950家，“双随机”跨部门联合检查外商投资年度报告企业27家。

2023年11月，华业科技园暖企小站（Bin-hub）投用

（区委宣传部　供图）

【产业链项目引进】2023年，杭州高新区（滨江）聚焦智能物联、生物医药、高端装备、新材料、绿色低碳五大产业生态圈项目，组建招商引资小分队，到北京、上海、深圳、成都等地招商100多次。全年各地总投资1亿元以上项目48个，其中五大产业生态圈项目34个。新引进虹瑞视创（杭州）科技有限公司、杭州洪悦原智能科技有限公司等智能物联项目，浙江鸿桔医药科技有限公司、励缔（杭州）医药科技有限公司等生物医药项目，杭州憬知梦蓝科技有限公司、浙江爱力浦工控科技有限公司等高端装备项目，中化蓝天电子材料（杭州）有限公司、璞璘科技（杭州）有限公司等新材料项目，升能能源（浙江）有限公司、浙江全维度能源科技有限公司等绿色低碳项目。发布AIGC产业先行区行动计划并落地AIGC产业创新中心，引进比邻宇宙（杭州）科技有限公司、杭州元形水滴智能科技有限公司、杭州谦贞数字科技有限公司等项目。打造直播电商产业新优势，引进杭州当当网信息技术有限公司、杭州港中颜生物科技有限公司、浙江好物捕手电子商务有限公司等项目。新增德意志银行参投的浙江陆特能源科技股份有限公司项目1个。

【暖企小站平台建设】2023年，杭州高新区（滨江）在区内产业园区布局暖企小站（Bin-hub）建设，以“构建高质量园区服务、扩大高品质园区供给、提升高价值园区贡献”为导向，建设“一园区一小站”助企服务最小单元。至年底，首批试点盛大科技园、华业科技园、金盛科技园、天和高科技产业园、聚光中心、动漫广场研发楼6个产业园区暖企小站建设完成并投入使用。

（来笑艳）

境外投资

【概况】2023年，杭州高新区（滨江）境外投资总额28.67亿美元，其中中方投资额10.29亿美元。完成投资备案项目100个，其中新设（并购）项目76个、增资项目24个。境外投资中方投资额在1000万美元以上项目15个。企业对外投资覆盖21个国家和地区，分布于美国、新加坡等国家和地区市场，覆盖54个国家和地区。

2023年杭州高新区（滨江）境外投资中方投资额1000万美元以上项目一览表

表18

序号	投资主体	投资地	注册公司名称
1	杭州氢行企业管理合伙企业（有限合伙）	开曼群岛	闪送开曼有限公司
2	英飞特电子（杭州）股份有限公司	德国	德国光电有限公司
3	杭州巴氏共创企业管理合伙企业（有限合伙）	开曼群岛	巴奴国际控股有限公司
4	浙江正泰太阳能科技有限公司	葡萄牙	葡萄牙索卡波特一人有限公司
5	英飞特电子（杭州）股份有限公司	荷兰	英飞特荷兰有限公司
6	浙江中控技术股份有限公司	荷兰	霍布雷国际有限公司
7	杭州启明医疗器械有限公司	以色列	全球心脏瓣膜创新中心
8	杭州剂泰医药科技有限责任公司	美国	剂泰医药公司
9	浙江金恒旺锂业有限公司	阿根廷	汉查有限公司
10	浙江正泰太阳能科技有限公司	韩国	正泰太阳能韩国有限公司
11	中控技术股份有限公司	新加坡	中控国际商务公司
12	中控技术股份有限公司	沙特阿拉伯	中控制造（沙特）有限公司
13	中控技术股份有限公司	马来西亚	中控制造（马来西亚）有限公司
14	中控技术股份有限公司	哈萨克斯坦	中控技术（哈萨克斯坦）有限公司
15	中控技术股份有限公司	英属维尔京群岛	和利时自动化技术有限公司

（莫　兰）

【省数字贸易高质量发展项目】 2023年，杭州高新区（滨江）组织企业申报浙江省数字贸易高质量发展项目，加大对主体培育、人才培养、平台建设等的政策支持力度，发挥重点项目的产业支撑和示范引领作用，探索新业态新模式新应用，提升进出口规模和质量。连连宝（杭州）信息技术有限公司、虹软科技股份有限公司、杭州电魂网络科技股份有限公司、新华三信息技术有限公司、博世电动工具（中国）有限公司、浙江大华技术股份有限公司、杭州海康威视数字技术股份有限公司、网易（杭州）网络有限公司、联芸科技（杭州）股份有限公司、浙江中南卡通股份有限公司10家公司入选浙江省数字贸易高质量发展项目。

【“投资浙里”浙江—芬兰经贸合作交流会】 2023年6月15日，“投资浙里”浙江—芬兰经贸合作对接交流会在杭州白马湖建国饭店举行。由省商务厅、芬兰驻沪总领事馆、芬兰国家商务促进局联合主办、杭州高新区（滨江）承办。交流会邀请杭州海康威视数字技术股份有限公司、浙江正泰新能源开发有限公司、杭州康恩贝制药有限公司等健康医疗、能源环保、智能制造等领域的企业代表60多人及浙江省相关企业、投资促进机构、开放平台代表共170人参会。交流会上，杭州高新区（滨江）主要负责人作招商引资推介，推动开放型经济发展，坚持高质量“引进来”和高水平“走出去”，打造外商投资的聚集地，鼓励企业开展全球化的布局；会后，芬兰代表团考察浙江吉利控股集团有限公司、网易（杭州）网络有限公司等，促进双方企业经贸交流，推动合作。

（莫　兰）

浙江自由贸易试验区杭州片区滨江区块建设

【概况】2023年，中国（浙江）自由贸易试验区杭州片区滨江区块（简称“滨江区块”）数字服务贸易进出口额746.07亿元，比上年增长20.05%，占全省的28.84%，居全省各区县（市）第一位；实际利用外资总额、新增企业数等自贸区晾晒指标居全省前二位、全市第一位。滨江区块以“中国数谷”建设为着力点，实施自贸试验区提升战略，经国务院向全国推广首创改革试点经验2项。1个案例入选2023年省“地瓜经济提能升级一号开放工程”最佳实践案例。“创新‘服务’出口打造对外开放新高地——加快国家级出口基地建设的实践做法”。“跨境支付服务网络助力多业态跨境贸易发展”获评2023年第一批省级制度创新成果优秀案例。“‘标准一件事’集成服务改革打通企业标准制定难点堵点”“探索便利化数据跨境流动安全管理机制为企业出海保驾护航”2项案例获评2023年第二批省级制度创新优秀案例。“浙江省数据要素统一流通平台‘1+N’统分结合运营模式创新”“数智化出海解决方案”“企业汇率风险管理云脑——汇率风险管理制度科学决策体系化建设平台”“构建规范高效的数据交易场所”4个案例入选2023年第一批杭州自贸片区及联动创新区优秀改革试点经验。制度创新获省自贸区单项考核优秀。入选国务院全面深化服务贸易创新发展试点第四批“最佳实践案例”2项，入选国家服务业扩大开放试点示范最佳案例1项（全市唯一）。获批全国首批国家知识产权服务业高质量集聚发展示范区（全省唯一）。受邀参加省自贸办召开对标学习上海制度型开放文件研讨会。

【浙江省数据跨境服务联盟筹备会议】2023年2月22日，区商务局（自贸办）在自贸大厦召开浙江省数据跨境服务联盟筹备会议。国家互联网应急中心浙江分中心、市自贸委、数据安全实验室负责人及浙江数智交院科技股份有限公司、杭州国际数字交易有限公司、连通（杭州）技术服务有限公司、蚂蚁科技集团股份有限公司等区内外30家企业参加。会议讨论并通过联盟的章程、组织架构、服务职能、入会条件等内容。至年底，收到首批27家企业入会申请，区商务局（自贸办）与入会联盟成员（企业）共同学习对数据出境相关法规制度，探索数据跨境安全评估。

【中国（浙江）自由贸易试验区生命健康产业推介会暨第七届国际生物医药（杭州）创新大会】2023年7月6—7日，中国（浙江）自由贸易试验区生命健康产业推介会暨第七届国际生物医药（杭州）创新大会在杭州开幕。会上发布《2023中国（浙江）自由贸易试验区第一批制度创新优秀案例》《关于支持滨江区、钱塘区开展双自联动试点工作的若干举措》《中国新药创新榜单——中国ADC抗体药领域》；国家自主创新示范区、自由贸易试验区“双自联动”试点揭牌；中国（浙江）自贸试验区企业创新发展联盟生物医药子联盟成立；省欧美同学会生物医药专委会与杭州医药港管理办公室合作共建启动。峰会由1场主论坛、10场分论坛组成，汇聚100位院士、世界知名企业和新锐企业代表，围绕“融合促创新·转化向未来”主题展开研讨。

【两项首创改革试点经验在全国推广】 2023年7月10日，国务院印发《关于做好自由贸易试验区第七批改革试点经验复制推广工作的通知》，在全国范围内和特定区域复制推广第七批共24项自贸试验区改革试点经验，涉及投资贸易便利化、政府管理创新、金融开放创新、产业高质量发展、知识产权保护五大领域，滨江区块首创的“知识产权质押融资模式创新”与“深化知识产权服务业集聚发展改革”两项改革试点经验经国务院向全国推广。滨江区块打造企业知识产权和综合创新能力评价为核心的知识产权质押融资产品，全国首创基于知识产权区块链存证平台的数据知识产权质押融资新模式，优化升级知识产权服务业集聚发展区，线下建设知识产权综合服务中心，聚集28家公共服务机构和30多家市场化服务机构，跨部门、跨区域协调联动，形成多元化主体协同共治模式，拓展线下知识产权综合服务内容，建设重点产业知识产权大数据平台，集成知识产权交易、许可、专利导航、质押保险等功能，实现知识产权服务“最多跑一地”。

2023年10月31日，杭州高新区（滨江）“奋战60天 夺取全年胜”动员部署暨数字自贸区建设推进大会在“智慧e谷”召开

（区商务局 供图）

【数字自贸试验区建设推进会】 2023年10月31日，杭州高新区（滨江）“奋战60天 夺取全年胜”动员部署暨数字自贸区建设推进大会在“智慧e谷”召开，150人参会。大会发布《杭州高新区（滨江）数字自贸区建设成果》《关于推动杭州高新开发区（滨江）总部经济高质量发展的若干意见》，为滨江区块2023年度获评省、市自贸试验区优秀制度创新案例，高标准对标DEPA（数字经济伙伴关系协定）典型案例颁奖；集中签约海外高层次人才、五大产业生态圈、战略合作基金、产业总部基地4批项目；数据安全实验室、诺基亚（中国）投资有限公司等企业代表交流发言，聘任杭州高新区（滨江）数字自贸区建设首席顾问。

（张 俊）

区域合作

【概况】 2023年，杭州高新区（滨江）山海协作结对地区为浙江省温州市泰顺县。两地以“山海协作、产业共富”为主线，共建“滨泰智谷”“滨泰共富”数字经济产业园等数字经济产业，助推泰顺县乡村振兴内生动力。“滨江区+泰顺县”结对促共富创建联合体入选省经信厅制造业高质量发展结对促共富示范创建名单，获财政专项激励1亿元。3家社区卫生服务中心与泰顺县乡镇医疗中心结对签约，8所学校结对协作。杭州高新区（滨江）联合泰顺县举办低收入农户技能专题培训班，受众455人次。根据《关于深化新时代区县（市）协作高质量推进山区4县跨越式发展的实施意见》等要求，做好区县协作、“联乡结村”、“三百帮促”（百社百企结百村帮促活动）、镇街结对工作，创新协作载体、拓展协作内容，推进项目共建、产业共兴和资源共享，形成城乡区域发展一体化新格局，实现优势互补，促进城乡融合、协调发展。

【消费帮扶】 2023年，杭州高新区（滨江）持续做好山海协作结对地区消费帮扶工作，通过政府引导与社会参与、线上平台+线下渠道、集中发动与持续推进相结合等方式，拓宽农产品销售渠道。至年底，帮助泰顺县完成消费帮扶1550万元；按照“企业+企业+基地+农户”四方共建模式，推动10家企业“认领”泰顺县“共富茶园”66.67公顷，提升泰顺茶叶产品价值，为农民增收5000万元。

【产业合作和资金帮扶】 2023年4月21日，杭州高新区（滨江）与温州市泰顺县山海协作联席会议在杭州高新区（滨江）召开。会上，两地签订2023年山海协作工程合作框架协议、山海协作卫生健康合作框架协议、两地文旅合作战略框架协议，举行财政援建资金捐赠仪式。会后，泰顺县党政代表团走访杭州高新区（滨江）展厅和网易（杭州）网络有限公司。5月18—19日，杭州高新区（滨江）与温州市泰顺县山海协作联席会议在泰顺县召开。杭州高新区（滨江）代表团走访文祥湖产业带、滨泰共富数字经济产业园和山海协作产业园华东大峡谷，了解泰顺县城镇化建设、“一湖六园五配套”产业布局、数字经济产业发展等情况。山海协作联席会议上，举行帮扶资金捐赠仪式，杭州高新技术产业开发区资产经营有限公司向泰顺县电子商务协会捐赠100万元，西兴街道商会向共青团泰顺县委捐赠30万元，杭州金盛集团有限公司向泰顺县残联、罗阳洲岭社区分别捐赠20万元和10万元。至年底，两地完成山海协作新建产业合作项目7个，到位资金8.05亿元；推进“滨泰智谷”招商引智，启动泰顺县“创二代薪火工程”，签约入驻企业23家，其中，国家高新技术企业7家、科技创新型企业3家，招引硕博人才7人。

（韩利红　杨继友）

2023年4月21日，杭州高新区（滨江）与温州市泰顺县签订山海协作工程合作协议。图为签约仪式现场　（区发改局　供图）

【区县产业协作】 2023年，杭州高新区（滨江）为区县协作地区桐庐县安排帮扶资金4000万元，实施镇街结对双包双引、共赢项目、村集体增收化债奖励、农产品批发市场等7类协作共建项目，助力桐庐县开展城乡共富建设。开展组团式教育对口帮扶、教育合作办学，推进“互联网+”智慧教育，成立名师工作室。重点推进产业转移，全年，完成投资额20.56亿元。

【“联乡结村”帮扶】 2023年，根据市委、市政府统一部署，杭州高新区（滨江）为第26帮扶集团牵头单位，帮扶对象为淳安县汾口镇。杭州高新区（滨江）印发2023年度帮扶项目计划，与帮扶集团各成员单位做好沟通和协调工作，落实集团帮扶项目资金527万元，用于“祝家村共富工坊”等项目建设。集团成员单位协助

2023年，杭州高新区（滨江）帮扶淳安县汾口镇完成浙西农贸市场屋顶光伏消薄增收项目　　（区发改局　供图）

汾口镇拓宽低收入农户增收路径，全年动员409户低收入农户从事产业发展，走访慰问困难群众162户，为汾口镇低收入农户争取126个公益性岗位。

【“村社结对”帮扶】 2023年，杭州高新区（滨江）推进“三百帮促”，即百社百企结百村帮助活动。杭州高新区（滨江）7个经合社与桐庐县7个帮促村建立“村社结对”帮扶关系，结对经合社为相应的7个帮促村各提供5万元用于村基础设施建设和成立农产品发展基金。西兴街道星民经合社、西兴经合社分别与桐庐县莪山乡的瑶山村、龙峰村签订“百社百企结百村帮促框架协议书”，开展党建共建、基层治理交流活动，优先采购帮促村农特产品，协同发展村级集体经济。

（杨继友）

对口帮扶

【概况】 2023年，杭州高新区（滨江）东西部协作结对地区为四川省广元市朝天区，革命老区对口合作地区为湖北省恩施土家族苗族自治州建始县，对口合作地区为吉林省长春市长春新区，结对合作帮扶地区为安徽省宿州市泗县，战略合作地区为河北省保定市阜平县。杭州高新区（滨江）与结对地区在资金支持、人才支援、产业合作、劳务协作、消费帮扶等领域开展对口帮扶、对口合作和战略合作，以助推、巩固、拓展脱贫攻坚成果同乡村振兴有效衔接为重点，落实合作协议，推动各项任务落实。

【人才交流和就业帮扶】 2023年，杭州高新区（滨江）选派干部2人、专业技术业务骨干13人到四川省广元市朝天区挂职交流。聘请高校教授到朝天区举办乡村振兴干部、专技人才培训班15期，培训干部1124人次、专业技术人才（含教师、医生）592人次。聚焦东部企业事业单位劳务岗位缺口，对帮扶地区职业学校学生、有劳动能力农村群众开展订单、定向式培训，举办技能培训班33期，培训农村劳动力492人次（其中脱贫人口268人）。开展网络直播招聘、送岗上门等东西部协作专场招聘活动7场次，提供就业岗位3300个，助力有就业能力和需求的农民实现灵活就业。

【资金帮扶和消费协作】 2023年，杭州高新区（滨江）落实东西部协作帮扶资金和推动消费协作工作。与四川省广元市朝天区开展对接交流互访2次，召开联席会议2次，坚持“上下联动、力量联合、跨界联手”，推进多点联动，实现两地乡镇（街道）结对3个、学校结对12个、医院结对2个、村企结对20个、村社结对4个。安排帮扶资金3900万元，完成帮扶项目12个。引导6家企业落地投资，实际到位投资11.5亿元，吸纳农村劳动力226人（其中脱贫人口72人）。共建产业园区2个，引导入驻园区企业2家，实际到位投资1.31亿元，吸纳农村劳动力就业40人（其中脱贫人口9人）。通过线上和线下共推共销等多种方式，帮助朝天区销售农特产品8211.46万元。

【革命老区对口合作】 2023年9月26日，杭州高新区（滨江）与湖北省恩施土家族苗族自治州建始县联席会在杭州高新区（滨江）召开。11月16日，杭州高新区（滨江）与湖北省恩施土家族苗族自治州建始县联席会在建始县召开。双方主要负责人签订革命老区对口合作框架协议、劳务协作框架协议、生态环境领域框架协议，加强产业帮扶，巩固脱贫攻坚。杭州高新区（滨江）安排财政援建资金200万元、企业帮扶资金60万元，用于支持建始县乡村振兴示范村等项目建设。依托明康汇平台，为建始县特色农产品打通“好货出山”的“最后一公里”，助力建始农产品进入杭州消费市场，助力当地农产品增收2亿余元。全年，两地联合举办劳务协作技能集中培训班4期，共120名学员参加培训并全部结业。在“建始就业信息发表”平台，定期发布杭州高新区（滨江）就业岗位，发布岗位3期，31家企业提供作岗位935个。两地30所中、小学，幼儿园建立对口合作关系。杭州高新区（滨江）教育研究院选派11人到建始县开展送教送培活动，1000名建始县乡村教师参加培训。两地卫健部门及基层卫生服务中心分别签订合作框架协议，杭州高新区（滨江）卫健局组织两批次街道医疗机构到建始县落实对口合作工作，捐助医疗设备，开展义诊活动。

（韩利红　杨继友）

2023年6月15日，杭州高新区（滨江）通过线上和线下共销方式帮助四川省广元市朝天区销售农特产品。图为朝天区农户在基地采摘辣椒　　（区发改局　供图）

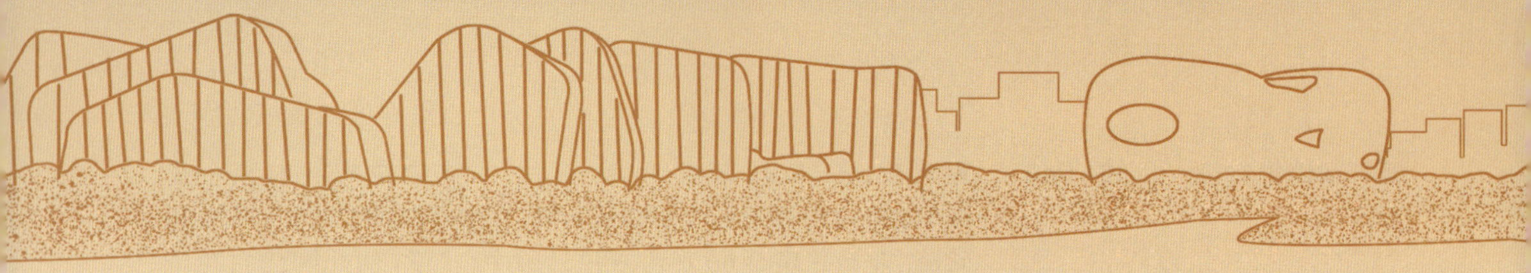

城区建设与管理

规划管理

【概况】 2023年，杭州高新区（滨江）围绕建设“国际零磁科学谷·杭州江南科学城”总体目标，推进“未来科技城+江南科学城”南北联动创新发展格局建设，编制《杭州江南科学城概念性规划》。联动区零磁谷·科学城规划建设指挥部，完成“江南科学城核心区”城市设计，编制片区内交通、电力等专篇，指导详细规划修编与项目开发。西兴单元、长河单元、浦沿单元详细规划修编获得市政府批复。完成《滨江区社区用房布局专项规划》，实现公共资源分级配置和公共服务优化布局。落实《杭州市工业空间规划（2024—2035年）指导意见》要求，划定杭州高新区（滨江）工业园（片）区规划布局“一张图”，为产业高质量发展奠定规划基础。配合开展《杭州市竖向专项规划》《杭州市钱塘江综合保护与发展实施导则（修订）》《杭州市轨道交通近期沿线用地控制规划》《杭州市滨江区商业发展规划》《杭州市历史文化名城保护条例实施细则》《杭州市城乡风貌样板区产业风貌特色提升导则》《杭州市第九批历史建筑保护名录和保护图则》《杭州高新区（滨江）污水工程专项规划修编》等规划研究。

【规划项目审批】 2023年，杭州高新区（滨江）核发建设项目用地预审与选址意见书80份，规划条件33份，建设用地规划许可证24份。核发建设工程规划许可证（含市政类）86份，总建筑面积320.76万平方米。完成新浦河小学、国防主题公园等划拨供地项目40宗、142.48公顷；组织召开40个项目的方案联合技术指导评审会，批前公示项目69个。完成中小学幼儿园、城市道路用地、公园绿地、轨道交通用地等划拨供地审批42宗、143.82公顷（含消化“批而未供”21.5公顷）。发放建设用地规划核实确认意见书50份，总建筑面积393.02万平方米。加强临时用地审批管理，审批临时用地43宗、15.69万平方米，清退到期临时用地26宗、14.58万平方米。地下市政基础设施普查完成地下空间7.5万平方米、地下管线708.25千米，普查工作成果全部通过浙江省自然资源厅组织的质检验收，获评全省城市地下市政基础设施普查工作成绩突出集体。

（许海峰　金名铭）

【《杭州江南科学城概念性规划》发布】 2023年10月16日，《杭州江南科学城概念性规划》发布。《杭州江南科学城概念性规划》以建设“国际零磁科学谷·杭州江南科学城”为总体目标，基于“山、水、科、城、人”五元共生的规划理念，构建“两轴三片连两翼、山水智链串多点”的规划结构，按照“源头创新+技术开发、成果转化+产业落地”的空间模式，将江南科学城打造成为原始创新策源地、未来产业引领区、科教融合示范区、山水品质公园城、智慧城市新地标。杭州江南科学城规划总面积37平方千米，其中科学城核心区5平方千米，核心区的核心——国际零磁科学谷2平方千米，拥有四大类共48项重点项目清单，其中在零磁科学谷内26个，总投资226亿元。

资料："两轴三片连两翼、山水智链串多点"

"两轴"为彩虹快速路和时代大道两大空间主轴。"三片"为零磁科学谷、智慧新天地和白马湖生态创意城。其中：零磁科学谷为源头创新与技术研发区，将汇聚世界一流基础科学研究机构，打造"基础科学领航源，前沿技术创智芯，未来产业主阵地"；智慧新天地是协同创新与综合服务区，将汇集技术研发集团总部；生态创意城是基础研究与综合服务区，将导入关联科技企业总部及科研院所。"两翼"为智造供给小镇和杭州高新区（滨江）萧山特别合作园的视觉智能园区。其中：智造供给小镇是成果转化与智造服务区，融合人文体验、生态休闲等特色，打造科创智造园；视觉智能园区是成果转化与高端智造区，承接零磁科学谷产业转化输出，打造未来产业社区。依托福源河、小砾山输水河廊道打造"山水智链"，链接蓝绿公共空间与多元创新设施。

（全名铭）

建设投资

【概况】 2023年，杭州高新区（滨江）加强政府投资项目计划管理，按照"保亚运、保重点、保民生、保续建"的原则，政府投资项目计划安排497个，安排资金118亿元。其中：区财政预算保障资金56.2亿元，占47.6%；各国资公司自筹资金61.8亿元，占52.4%。政府投资新建项目66个，安排资金13.5亿元。其中：财政保障资金项目37个，安排资金5.6亿元；自筹资金项目29个，安排资金7.9亿元。包括教育设施项目9个，资金9000万元；道路基础设施项目15个，资金2.1亿元；环境提升工程整治项目4个，资金1亿元；公共服务设施项目20个，资金3.1亿元；产业配套项目18个，资金6.4亿元。政府投资续建项目116个，安排资金73.8亿元。其中财政保障资金项目71个，安排资金25.4亿元；自筹资金项目45个，安排资金48.4亿元。包括教育设施项目20个，资金9.7亿元；道路基础设施项目26个，资金2.2亿元；环境整治提升工程项目12个，资金5.1亿元；公共服务设施项目29个，资金13.3亿元；安置房项目14个，资金15.5亿元；产业配套项目15个，资金28亿元。另安排竣工决算项目192个，安排资金25.25亿元；前期储备项目123个，预留资金5000万元；迎亚运应急项目预留资金5亿元。

【城市建设成果】 2023年，杭州高新区（滨江）完善城市路网，新开工道路13条（段），完工25条（段），建成长河路滨和路、江虹路新月路、滨盛路育华巷过街天桥3座。完善城市配套设施，电力设施220千伏协同变电力管沟完工，110千伏中兴变电力隧道工程开工建设，污水第二通道风情大道完工，长河泵站DN800出水压力管连通工程开工建设。制定"花海杭城"实施方案，完成64项绿化景观工作，新增绿地28万平方米。9个花海景观完工。133个工地围挡完成环境提升。之江绿道（滨江段）被评为杭州市最美绿道。完成13个街区微更新。白马湖单元中学地下停车场等4个项目完工，新增机动车泊位3746个。

（骆佳佳）

【杭州奥体中心"最后一公里"体验区建设项目】 2023年，杭州奥体中心"最后一公里"建设以亚运主场馆为核心，按照"一心"（围绕亚运奥体核心）、"两片"（西兴大桥区域亚运形象展示区、奥体中心地铁商业片区）、"十路"、"一廊"、"多点"策略，打造辐射半径1千米，面积1.88平方千米的亚运风情体验区。建设内容包括整理西兴大桥两侧绿地6万平方米，打造大型"杭州"标识和杭州第19届亚运会标识，周边绿地中增加象征五环颜色的五色花带3万平方米，增设2个运动主题大型绿雕，渲染亚运氛围。项目总投资9769万元，于2022年4月开工，2023年8月30日竣工。项目获评市级"迎亚运""精彩点位”优秀项目，建设飞虹路（滨盛路—奔竞大道）获评“迎亚运”城市基础设施建设百日攻坚行动样板示范道路。

【13个街区“微更新”】 2023年，杭州高新区（滨江）根据亚运城市“微更新”三年行动计划，推进13个街区“微更新”，通过更新街区道路路面、嵌入口袋公园、完善公共设施、优化交通系统等举措，构建“街道可漫步、建筑可阅读、城市有温度”图景。13个街区为行政服务片区、闻涛片区、物联网片区、时代大道东片区、滨文片区、彩虹片区、钱潮片区、春波片区、滨康片区、东信片区、长河片区、白马湖冠山小区片区和西兴古镇片区，提升92条（段）城市道路，全长72.88千米，改造总面积155.3万平方米；打造口袋公园和绿化景观节点等25处，于2023年6月30日竣工。项目总投资10.3亿元。

（张兰岚）

城区建设

【概况】 2023年，杭州高新区（滨江）推进亚运配套项目建设，完成无障碍设施改造，拆除违法建筑242处2.82万平方米，推进老旧小区改造，完成2条河道清淤工程、1条河道综保工程，推进河道景观融入亚运元素，提升改造江南大道人行下穿地道工程和市政景观美化，打造精品亮点公园。建设完成闻涛路通勤线3座天桥连廊亚运元素安装，持续开展“平路整治”专项行动，完成滨兴桥、江虹桥、滨安路建设河桥等10座城市桥梁伸缩缝等病害问题整治。改造彩虹快速路高架互通匝道外立面美化涂装工程，完成4164米匝道内侧防撞墙外立面涂装及混凝土箱梁表面露筋处理、裂缝修补等问题，助力亚运服务。

（谢涵聪　张国桥）

【无障碍设施改造】 2023年，杭州高新区（滨江）加大公共场所和城市道路障碍设施建设改造力度。至年底，完成障碍坡道、无障碍卫生间、无障碍电梯、无障碍停车位等设施改造；各卫生服务中心手语实时翻译系统安装到位；完成公交站台无障碍设施20个，改造人行道缘石坡道1012处，提示盲道1237处，行进盲道30千米。

（郑　非）

【老旧小区改造】 2023年，杭州高新区（滨江）持续推进老旧小区改造项目，完成滨兴家园、联庄公寓共26幢、1874套的改造工作，改造面积15万平方米。滨兴家园改造包括修缮屋顶1600平方米，整治外立面14万平方米，新增电动自行车充电棚22个，提升改造绿化面积3300平方米，改造道路300米、排水管网2千米。联庄公寓改造包括修缮屋顶4400平方米，整治外立面2.37万平方米，加装电梯24台，实现加梯全覆盖，新增汽车地面停车泊位38个，提升改造道路770米。

（吴诗涵）

【电梯加装项目】 2023年，杭州高新区（滨江）完成安置房

2023年3月1日，滨康小区整体加梯项目建设完工

（区住建局　供图）

小区电梯加装165台，累计加装1330台，安置房小区加梯覆盖率91.3%。其中迎春小区、滨兴北苑等16个小区实现加梯全覆盖，为1.7万户居民提供上下楼的便捷。

（沈秋燕）

【“三改一拆”工作】 2023年，杭州高新区（滨江）拆除违法建筑242处2.82万平方米。完成铁路沿线两侧管养工作，出动养护工5475人次，清理轻漂浮物6.77万平方米，清理硬漂浮物2.41万平方米，清理卫生死角3.38万平方米，清理堆积杂物9.19万立方米，清运垃圾1230吨，清理乱停车辆706辆，清理菜地5.65万平方米，恢复绿化面积13.1万平方米。

【“顶部风景”专项整治】 2023年，区综合行政执法局开展“迎亚运城市环境大提升”第五立面（顶部风景）专项整治工作。整治工作主要围绕杭州中心体育场、杭州奥体中心网球中心、滨江体育馆、浙江中医药大学、浙江警察学院、马拉松和竞走项目赛道沿线、亚运官方接待酒店周边小区，其中大部分为利用框梁搭建的楼顶阳光房，共排查采集问题60个。至杭州第19届亚运会开幕式前，全部完成整治。

（金欣怡）

【河道养护】 2023年，区综合行政执法局持续对10套分散式就地污水处理设施进行运行维护及污泥处置，运行维护智慧河道管理平台、6套引水预处理设备、9条河道水生植物。完成2条河道清淤工程、1条河道综保工程建设项目。其中，善庆庄横河综保工程为滨康综合体内部水系连通工程，由滨康综合体建设单位实施。工程范围河道全长504米，为新开挖河道，建设内容包括河道开挖、新建驳坎、新种植水生植物。工程于2022年10月开工，至2023年底，善庆庄横河工程进度完成80%。

（杨可栋　张国桥）

【河道景观改造】 2023年，杭州高新区（滨江）结合亚运元素，推进河道景观改造。设计“体操”“举重”“击剑”“足球”“篮球”“羽毛球”等新型生态浮岛造型12款，布置于十甲河、建设河、解放河、官河等重点河道景观节点处；更新配置生态浮岛水生植物，选种适应能力强、净化效果好、花期持续长水生植物，并选用虹韵紫、映日红、水光蓝3种亚运色彩，在生态浮岛上铺设LED彩色灯带。全年共完成亚运浮岛造型12款，面积113平方米；种植美人蕉400多株，鸢尾281株，翠芦莉72株，千屈菜156株；铺设LED灯带280米。

（童丹飞　张国桥）

【江南大道人行下穿地道工程改造】 2023年1月28日至3月30日，杭州高新区（滨江）提升改造江南大道人行下穿地道工程。项目位于泰安路与江南大道交叉口，主通道南北向，共6个出入口，呈“工”字形分布。改造内容包括裂缝修补堵漏，更换集水槽及漏水处装饰顶板和破损地道面瓷砖及排水盖板瓷砖，安装不锈钢铺装井盖；更换地道主体内照明灯具及破碎雨棚玻璃板。通过改造解决渗漏水、地砖开裂、灯光昏暗等问题，确保下穿地道安全稳定运行。

【江畔绿地公园项目】 2023年6月5日至7月20日，区综合行政执法局委托杭州滨江环境发展有限公司打造精品亮点公园——江畔绿地公园项目，以“够好玩”“够时尚”“够简洁”为设计目标，打造集运动性和趣味性于一体的滨江迎亚运互动光影空间。江畔绿地公园东至通和路，南至滨盛路，北至闻涛路区块；公园内设亚运传递、互动自行车、发光秋千及跷跷板等互动板块，有10米长、6.25米宽的LED大屏及形状为“BINJIANG”（滨江）拼音LED字母屏，提供亚运赛事转播服务，新增透明帐篷及亚运元素多种趣味灯光设备，增设7万株香彩雀与1万支芦苇灯打造夜光草场，供市民休闲聚会、直播打卡。

【西兴大桥桥下空间美化项目】 2023年7月7日至8月2日，区综合行政执法局实施西兴大桥桥下空间美化项目。项目利用多种植物配植和新增装饰性护栏提升视觉效果，在场地内种植海桐球32棵，青珊瑚230棵，八角金盘、洒金珊瑚、大吴风草1515平方米，新增装饰性护栏140米；美化北侧桥墩立柱墙面73平方米；拓宽人行道；铺设花岗岩地砖140平方米；利用环保漆对原检修平台喷涂。项目提升西兴大桥通行环境质量。

【市政景观美化改造项目】 2023年9月1—15日，区综合行政执法局提升改造马拉松、竞走比赛沿线跑道以及赛事预检、颁奖场馆园区市政景观美化项目。项目包括维修翻新智慧新天地园区栏杆扶手200米、沿江马拉松及竞走赛事塑胶跑道253米；美化之江绿道儿童游乐园，清洗塑胶地面629.4平方米，喷涂硅PU面漆塑胶地面629.4平方米，改造沙坑斜坡79.32平方米。项目为市民提供亲子互动空间，保障杭州第19届亚运会马拉松、竞走比赛项目举行。

（谢涵聪）

城区管理

【概况】 2023年，区综合行政执法局开展流动摊贩专项整治行动，早、晚重点时段在主要道路、窗口地段、背街小巷等区域，整治机动车贩卖水果摊贩、简易早点摊、夜间大排档等流动摊贩，出动检查人员3860人次。开展无证摊整治431次，查处流动摊贩结案484件，罚款12.09万元。办结行政许可1728件（包含养犬许可889件）、行政备案213件、行政处罚2289件，一般程序案件532件，行政复议6起，行政诉讼4起，无被纠错、败诉案件。完成基层智治贯通11个领域，确立“工地扬尘”“餐饮油烟”两件重点监管“一件事”，总结工作成果完成线上台账填报。

（张婉婷　胡　迪）

【市政雨水管网检测养护】 2023年，区综合行政执法局汛期出动人员1594人次参与防汛抗台工作，保证汛期管网行排通畅，路面无重大积水和重大事件发生。强降雨期间在立交、下穿、涵洞、过街通道、地铁施工附近等易积水点实行“一点一方案”，解决内涝情况；气象预警时，上路巡查，清查、清除雨水边井及周边的垃圾，消除积水隐患。全年检测雨水主管网209.67千米，检测率39.2%。针对检测发现管网结构性缺陷问题，同步落实修复工作，确保管网运维安全。完成雨水管网清淤疏通1737.34千米、吸污检查井3.25万座、清掏雨水口8.24万座。

（占建良　吕紫蕾）

【市政污水管网检测养护】 2023年，杭州高新区（滨江）排放污水总量5599.31万吨，其中东输萧山污水5341.93万吨，比上年上升4.52%，最高日污水输送量20.88万吨；接管启智街（协同路—风情河绿化带）等11条道路污水管线4.96千米；完成污水泵站清淤养护11座；1～3号污水泵站12台潜水泵的更新工作。检测滨盛路、滨康路、江虹路等122条道路100.7千米污水管网，疏通滨盛路等142条道路123.98千米污水管网，累计完成污水管改造修复总长28.93千米。完成杭州第19届亚运会保障和杭州第4届亚残运会期间排水保障工作。

（吴玉华　赵德玉）

【“污水零直排”项目】 2023年，杭州高新区（滨江）开展“污水零直排”提升整治工作，涉及小区58个，其中西兴街道19个、长河街道22个、浦沿街道17个。项目实行“雨污分流”，改造排水单元内的排水管网，避免污水直排入河道；整治老旧小区厨房返水、管网老化破损问题，提升小区排水能力。

（吴玉华）

【“综合查一次”执法行动】 2023年，西兴、长河、浦沿街道综合行政执法队，通过例会制对各支队伍实现统一协调和管理，在商业综合体、工地、未来社区、安置房、在建工地、出租房等场所，开展垃圾分类、燃气设备安装等“综合查一次”问题。至年底，开展“综合查一次”执法行动460多次，出动执法人员1900多人次，发现并整改问题1000多处。

（胡　迪）

【餐饮油烟监管】 2023年，区综合行政执法局指导督促各街道餐饮企业安装油烟在线监测设备，提高空气质量和油烟排放的监管效率，严控餐厨油烟污染源。全年安装经营性餐饮油烟在线监测设备790台。

【渣土运输管理】 2023年，区综合行政执法局加强渣土运输管理，对重要区域、重要节点、重要时段实施针对性检查。至年底，检查工地561次、运输企业464次、车辆596辆次，立案57起、罚款48万元。

【噪声扰民整治】 2023年，区综合行政执法局防治城市管理领域噪声污染，加强城市城管领域噪声污染的执法查处，制定环境噪声污染专项整治工作方案，开展排查整治。针对建设施工噪声，出动执法人员6054人次，检查点位3129个，教育劝导3922次，立案31起，罚款148.16万元；针对社会生活噪声，出动执法人员1118人次，检查点位393个，教育劝导397次。

【燃气安全隐患排查】 2023年，区综合行政执法局开展燃气安全执法专项整治行动，做好燃气安全知识宣传工作，加大各店铺燃气安全宣传力度，登记并落实相应台账，提高市民燃气安全防范意识。全年出动检查人员1974人次，检查餐饮场所店铺971处，结案292起，处罚金额21.5万元。

（金欣怡）

房地产业管理

【概况】 2023年，杭州高新区（滨江）核发12个商品房项目28次预售许可，预售面积69.3万平方米。其中：住宅4393套，预售面积59.54万平方米；非住宅276套，预售面积9.76万平方米。商品房成交5188套，比上年增长7.1%；成交面积82.8万平方米，增长23%；成交均价3.53万元，下降16.75%。房地产企业开户11家、变更6家。建成安置房项目12个，总建筑面积190.74万平方米、房源1.13万套；组织集中交房安置房小区17个，总建筑面积286万平方米、房源16034套；投入征迁建设资金投资33.96亿元；回迁安置房源5852套、实物安置面积54.09万平方米，货币化安置1677户、安置面积12.19万平方米，专项用房申购1163户、申购面积8.53万平方米；新增接收商业用房8387平方米，管理商业用房24.21万平方米，年租金收益1.26亿元。出台《关于印发〈滨江区农村多层住宅建设管理中心加强公司监管的暂行管理办法（试行）〉的通知》，完善安置房招投标、工程变更、资金管理等"三重一大"监管制度，规范审批流程。备案登记物业管理项目285个，其中住宅项目198个（商品房100个、安置房63个、零星老旧住宅35个）、非住宅项目87个。登记备案的业主委员会（物管会）166个。收缴物业保修金8277.28万元（7个项目）、物业维修基金7339.1万元（7个项目）。审核同意246个项目（批）使用维修资金，金额2162万元。物业管理区域划分25个。物业用房竣工确认9件，预缴确认9件。前期物业招投标13件。受理并处理信访2600件（含装修信访1371件）。印发《关于印发2023年推进安置房物业提档升级民生实事项目实施方案的通知》等文件。完成2次物业管理总体满意度测试工作。创建杭州市"美好家园"小区7个、省级红色物业4个。举行"清·和滨江"物业纠纷矛盾调解中心授牌仪式，发布《清廉物业治理工具书》。

（陈　刘　沈　燕）

【住房租赁市场管理】 2023年，区住建局持续做好住房租赁市场管理工作。8月31日，印发《滨江区住房租赁和房地产中介市场专项治理行动实施方案的通知》。9月4日，区住建局牵头成立专项治理工作联络组，明确专项治理内容及分工，以自查与抽查相结合方式开展整治工作。至年底，收到房地产经纪机构自查自纠报告105份，均无问题；现场检查中介服务门店50家，对检查中发现的个别问题已责令限期完成整改；对1家经纪机构（住房租赁企业）在租赁活动过程中出现提前收取看房费（登记费、信息费、服务费等名称）未承租不退且未提前约定的不规范行为，向社会公开发布风险提醒。

【直管公房管理】 2023年，杭州高新区（滨江）有直管公房住宅270户，建筑面积1.3万平方米。通过走访及时向承租户进行安全提醒，定期对消防、水、电、燃气等设施设备进行入户检查，确保承租户的生命财产安全。全年，走访4939户次，维修119户次，维修面积6097平方米；租金收缴率100%，上缴财政专户。

【白蚁防治】 2023年，杭州高新区（滨江）受理新建房屋白蚁预防公共服务项目40个，面积312.5万平方米；完成白蚁竣工验收项目33个，面积323.6万平方米，埋设监控盒3596个；回访排查历年项目130个，更换补缺监控盒1644个；既有房屋白蚁灭治免费服务87户，面积3.32万平方米。完成39.3万平方米的5个亚运场馆白蚁预防工作，埋设监控盒362个。全年无1起关于白蚁防治服务效率、服务治理及服务态度方面的投诉。

（陈晓雷）

【安置房项目建设管理】 2023年，杭州高新区（滨江）建成安置房项目12个，总建筑面积190.74万平方米、房源1万余套。分别是六区块扩点五期（启越府）8.19万平方米、房源512套；长二区块（长二景庭）14.61万平方米、房源784套；十一区块西扩（忆东枫里）10.66万平方米、房源512套；马湖区块（马悦名府）8.42万平方米、房源626套；十三区块扩点五期（臻涛名府）13.5万平方米、964套房源；江二区块（齐虹雅园）28.29万平方米、房源1792套；十区块五期二期（山秀景苑）14.46万平方米、房源816套；十五区块扩点塘子堰地块（映翠雅苑）34.39万平方米、房源1751套；长河区块（忆长和府）15.76万平方米、房源910套；九区块四期（运初尚府）18.04万平方米、房源993套；九区块五期（浦翠景庭）13.22万平方米、房源1072套；九区块六期（臻到豪庭）11.2万平方米、房源586套。

【安置房品质提升】 2023年，杭州高新区（滨江）坚持安置房项目建设品质，10个安置房项目获省、市级称号。臻涛名府获评浙江省房屋建筑和市政基础设施工程“优秀平安工地”，望水华庭、臻涛名府、马悦名府3个项目获评浙江省建筑施工安全生产标准化管理优良工地，望水华庭、臻涛名府、马悦名府、滨诚云府、启越府、齐虹雅园6个项目获评杭州市建设工程安全生产标准化管理优良工地，忆联庄阁、浦联名府2个项目获评杭州市建设工程西湖杯奖（优质工程）工程，望水华庭、明乐府、江照华庭3个项目入选为2023年度杭州市“最美安置房”共富宜居类小区。

【“一站式”交房活动】 2023年，杭州高新区（滨江）落实“一区一驻点”，即每个项目区域明确一个驻点项目工程师，参建单位、监理单位设专人负责，组织安置房“一站式”交房活动，提供现场集中交房服务。全年完成“一站式”安置房小区交房17个，包括2023年度建成的12个安置房小区和2022年底建成的明乐府、

2023年5月15日，安置房齐虹雅园小区项目建成移交

（区建管中心 供图）

滨诚云府、江照华庭、望水华庭、冠新佳苑5个安置房小区，总建筑面积286万平方米、1.6万套房源集中交房。

【安置政策完善】 2023年，由区建管中心、规划资源滨江分局等部门主要负责人组成的区征迁安置工作专班学习相关政策、召开专题会议，征求部门、街道、社区、“两代表一委员”及群众代表意见，拟定安置政策，经过区政府常务会议审议同意后，发布《关于滨江区集体土地拆迁安置户申购国有土地拆迁安置专项用房有关事项的通知》《关于印发〈滨江区集体土地拆迁安置户申购国有土地拆迁安置专项用房的实施细则〉的通知》《杭州市滨江区人民政府办公室关于调整滨江区集体所有土地住宅房屋补偿货币化安置单价有关事项的通知》《杭州市滨江区人民政府办公室关于进一步完善滨江区集体所有土地安置房扩面安置有关事项的通知》等系列政策。全年完成货币化安置1677户，涉及货币化安置资金40.88亿元，超历年货币化安置总和。2023年度回迁安置和拆迁安置房建设完成情况居全市第一位（并列）。

【房源回迁安置】 2023年，杭州高新区（滨江）依托“安置房建设安置智慧平台”，改善街社、户型限制，形成10多种组合安置方案，推进回迁安置工作。全年回迁安置房源5852套、实物安置面积54.09万平方米，货币化安置1677户、安置面积12.19万平方米，专项用房申购1163户、面积8.53万平方米，实现在外5年及以上（含动态5年）未安置户全面清零，存量闲置房消化率超过80%。

【商业用房管理服务】 2023年，杭州高新区（滨江）安置房的商业用房信息纳入数字化监管平台，覆盖国有资产运营动态，助力安置房国有资产底数理清。杭州滨江商业资产经营有限公司管理安置房小区商业用房24.21万平方米，完成长虹南苑、浦联名府、冠新佳苑等新交付小区共8387平方米商业用房公开招租，出租运营安置房小区商业用房19.45万平方米，租金收入1.26亿元，比上年增长7.6%。

（刘晓娟）

【物业服务企业考核】 2023年，区住建局牵头组织成立考评委员会，联合公安、消防、城管等部门及各街道实施物业管理项目考核。分4个季度对98个项目物业公司给予考核扣分惩戒，共扣466分。针对“三大提升行动”（城市品质、城市治理、城市文明提升行动）开展情况，区住建局成立督查组，不定期进行暗访督查，重点督查安全秩序管理、小区环境秩序整治、文明城市创建、亚运氛围营造等方面，对工作开展不积极、落实不到位的物业管理项目公开曝光，曝光24期、住宅小区81个、物业企业45家。

【安置房满意度调查】 2023年，杭州高新区（滨江）对全区48个安置房小区居民生活满意度展开入户调查。调查采用“一对一”入户问卷调查方式，从秩序维护、公共清洁卫生等5项物业服务满意度进行评价。全年完成2次物业管理总体满意度测评工作，其中：1—6月获取有效调查问卷样本量2770份，物业管理总体满意度75.68分（满分为100分），比上年同期提高1.36分；7—12月获取有效调查问卷样本量2805份，物业管理总体满意度为76.78分（满分为100分），提高2.07分。

【“美丽杭州”环境整治】 2023年，区住建局根据《滨江区“美丽杭州”创建暨“城市环境大整治、城市面貌大提升”百日集中攻坚行动工作方案》要求，督促物业公司对市专班、区专班印发的问题进行专项整改。推进“城市品质、城市治理、城市文明”三大提升行动，开展住宅小区环境秩序整治工作，建立动态监管模式，对照整治标准全面开展整治。至年底，通过小程序上报问题302个，通过“城市环境在线”系统上报1391个，均已按时整改完成。

【城乡房屋安全排查整治】 2023年，杭州高新区（滨江）结合第一次全国自然灾害综合风险普查数据，完成第三次城镇房屋调查。排查城镇房屋7502处，发现城镇危房19处，其中完成实质性解危10处、维修加固2处、文物保护点腾空7处；排查自建房3280处，发现存在安全隐患房屋26处，其中完成实质性解危16处、落实管控措施10处；完成整治信息录入，督促各街道完成销号。

【“和滨江”矛盾纠纷调解】2023年3月，区住建局将法律调解专业力量引入“和滨江”物业矛盾纠纷调解中心，处理群众诉求。10月19日，《法治日报》刊登《把难调的物业纠纷交给律师来处理——杭州“和滨江”专业法律服务团队直击物业纠纷源头》，长篇报道“和滨江”项目取得的工作成果。至年底，“和滨江”物业矛盾纠纷调解中心针对街道、社区、业委会、物业公司等，开展以业委会换届选举、《杭州市物业管理条例》、消防安全相关法律知识、物业纠纷调解案例及物业企业对违规装修的处置责任、“民法典中物业管理、邻里纠纷”等为主题的业务培训11次。调解矛盾纠纷142件，调解成功136件，调解率95.8%；协助处理信访2416件。

【“美好家园”住宅示范小区】2023年10月，杭州高新区（滨江）有7个小区入选杭州市“美好家园”住宅示范小区名单，其中商品房小区2个，分别为闻涛诚苑和君景庭；保障房小区5个，分别为秋波名府、迎春南苑、迎春北苑、白马湖凤凰苑（鸿雁苑）、浙新小区。至年底，杭州高新区（滨江）累计创建市级“美好家园”住宅示范小区50个。

（沈　燕）

供水排水

【概况】2023年，杭州滨江水务有限公司（简称“区水务公司”）年售水总量6248.57万立方米，比上年下降4.55%，出厂水质水压合格率100%；新增自来水用户2.66万户，供水总用户11.06万户；排放污水总量5599.31万吨，其中东输萧山污水5341.93万吨，上升4.52%，最高日污水输送量20.88万吨。全区有排灌站5座，雨水泵站14座，河闸站3个。排灌站引配水2.19亿立方米，排水4.61亿立方米，配调水总量6.8亿立方米，优化水资源配置。雨水泵站外立面及标准化整治工程通过竣工。华家排灌站10千伏双路供电及高配房高压柜完工。十甲河—风情河水系水质提升设备采购项目实施。推进辖区江面保洁工作，海塘运行管理以及防潮安全宣传活动。供排水运行安全稳定。

（程　余　孙丹洁）

【制水保障】2023年，区水务公司维护清洗浊度仪、余氯仪等水质在线仪表2500多次；维修维护阀门、定位器等设备140次、自控系统104次；电力设施设备60次。做好低压配电箱（108处）与低压变频器（55台）季度性维护、高压电力设施设备（57处）与出水泵高压变频器年度性维护保养等工作。大修计划完成率100%，设备总完好率99%以上。接待上级部门检查指导59次，安全专项检查19次，完成各类安全隐患排查整改，整改完成率100%。全年水厂电耗比上年下降0.52%，矾耗下降11.12%，次钠耗下降3.89%。

（程　珉　余　莉）

【二次供水设施改造】2023年，杭州高新区（滨江）推进二次供水设施改造工作。做优做细改造方案，依托攻坚小组、“小区大事”等办事平台，按照“应改必改”“愿改尽改”原则，联动3个街道，形成改造合力，做到“样板看一次、综合改一次、最多跑一次、服务多一点、管理一体化”，实施居民住宅二次供水改造，确保城市供水“最后一公里”安全。至年底，完成二次供水改造小区42个。

（施　渊　章　敏）

【水质监测】2023年，区水务公司遵循水质三级检测机制，实时关注钱塘江原水、出厂水水质变化情况。亚（残）运会保障期间，加密水质检测频次，发现异常及时调整制水处理工艺，确保供水安全。完成

2023年9月22日，区水务公司工作人员在扬帆路进行排水管线检测 （区水务公司 供图）

钱塘江源水、出厂水全分析检测12次，白马湖备用源水全分析检测3次，水系调查钱塘江上游、中游、下游全分析检测各1次，滨江水厂源水和出厂水16项指标二级检测各420次，白马湖备用源水15项指标二级检测各58次，厂内各类水质指标检测2.43万次，出厂水合格率100%。

【供水服务】 2023年，区水务公司受理用户来信、来电、来访求助及咨询件3.38万件，其中24小时服务热线3.23万件、市长公开电话874件、数字城管627件、公安"110"应急联动62件，一次解决率99.4%，用户满意率99.4%，无用户重大投诉。长河营业厅获评杭州市城投集团的"二星级窗口"，客户服务中心、长河营业厅及滨江水厂"水之旅"科普教育基地再次获杭州市文明办及城投级"星级服务窗口流动红旗"。《水处理混凝烧杯实验自动化技术规范》《水质、氯化物的测定全自动硝酸银滴定法》两个团标通过省水协立项；氯化物自动检测获评2023年杭州市建设系统"五小"创新成果。

【水务营商环境优化】 2023年，区水务公司推进"最多跑一次"改革，用水报装实现"102"（1个工作日、0份材料、2个环节）服务标准，完成"零跑次"业务11项、"跑一次"业务4项，办理业务2084件、用水报装190件。实行客户经理制，并与"亲清"平台、省用水用气报装管理系统、浙江省城市建设综合服务管理系统完成数据对接；实行容缺受理制，全程跟踪用水装表业务190件。实施水资源费减征政策，减免水费用水户表4881个，减免水费130.96万元。

（程 珉 余 莉）

【排水许可核查与批后监管】 2023年，区综合行政执法局核查排水许可证申请304本。其中在建和新建工地排水许可证74本，竣工申请项目排水许可证43本，投入使用项目排水许可证187本。完成排水许可用户批后监管（水质检测）311家，每月不少于22家，受检单位494家，其中工业企业77家（重点工业企业14家、污水处理泵站1处）、综合楼350家。

（沈益民）

【水务安全管理】 2023年，区水务公司持续开展安全生产（消防）制度建设工作，新建制度4个，修订制度12个，签订安全生产（消防）"一岗双责"责任书。开展安全生产检查与隐患排查98次，整改隐患169处；安全生产应急演练16场，亚运保障综合应急演练1场，安全生产培训18场。完成亚运保障安保综治维稳工作，开展安全生产主体责任年等专项行动7场，获区委平安办"平安示范单位"称号。

【亚运水务保障】 2023年，区水务公司成立重大赛事保障工作领导小组，设9个专项保障组，承担3个比赛场馆、2个训练场馆、6家接待酒店、1家定点医院、22条通勤道路的供排水重点保障。开展工作检查督查19次，安全检查72次，参加应急演练17次、受训1053人次，全要素演练3次、参练389人次。配置各类应急抢修车辆、物资，安排10人进驻区亚运保障指挥中心24小时值班值守，值班人员1416

人次。有应急抢修队伍9支，外协保障力量2494人次，24小时保障全区供排水运行。亚（残）运会期间，设置应急抢修驻点10处。

【供水管网综合漏损率降低】 2023年，区水务公司优化处置时代大道东滨安路南、杭州市财经职业学校西侧、新和路水泥管等老旧给水管5.3千米。开展全区管网探漏与违章用水查处行动，检测、修复漏点386处，查处违章用水145件，结算违章用水量27.94万立方米。至年底，供水管网漏损率10.14%，比上年下降1.82%。

（程　珉　余　莉）

【钱塘江管理】 2023年，杭州高新区（滨江）制定《2023年“护航亚运”钱塘江滨江区防潮安全管理工作预案》《滨江区钱塘江防潮安全管理工作预案》《滨江区2023年农历八月十八观潮期间管理工作方案》，明确区各防潮成员单位职责及任务分工。提升环境，对银杏汇、彩虹城两处下堤通道设置隔离门，西兴码头隔离门重新油漆；对60块防潮宣传牌进行重新油漆并更换宣传牌牌面等防潮设施维修，改善防潮设施。落实潮前潮后各1小时的巡查管护，劝导下堤人员132批次，共360人，救起轻生、落水等人员4人。防潮宣传进工地、学校、社区6次，防潮应急演练2次，通过毅行向沿江群众进行防潮宣传1次，组织各成员单位防潮安全培训1次。钱塘江水面出动保洁人员4344人次、保洁船399船次，打捞漂浮物647吨。在辖区16.5千米海塘进行人工拉网式普查，对4处土栖白蚁进行防治，施药3800平方米，达到堤塘白蚁的防治标准。开展海塘汛前、汛中、汛后专项检查，台风特别检查，安全生产大检查，共出动巡查人员190人次，保障海塘正常运行。

（孙丹洁　陆　剑）

【雨水泵站外立面及标准化整治工程验收】 2023年6月28日，杭州高新区（滨江）雨水泵站外立面及标准化整治工程验收。整治工程内容包括火炬大道雨水泵房、一桥雨水泵房等11个泵站的标识牌、遮阳窗帘、金刚网纱窗标准化改造提升，外立面及标准化整治范围为三桥滨盛路雨水泵房、阡陌路雨水泵房、长河路雨水泵房、长江路雨水泵房、聚工路雨水泵房、江晖路雨水泵房、滨康路雨水泵房。工程于2023年4月10日开工建设，施工51天。

（孙丹洁）

2023年5月19日，区综合行政执法局工作人员到滨兰实验学校开展防潮宣传活动　（区综合行政执法局　供图）

电力供应

【概况】 2023年，杭州高新区（滨江）电网有220千伏变电所2座（变电容量114万千伏安），110千伏变电所11座（变电容量137.6万千伏安），变电总容量为251.6万千伏安。10千伏配电线路319条，专用线路54条，其中中压线路2428.98千米，低压线路2148.39千米。配电变压器5942台，其中公用

2023年4月24日，滨江供电分公司工作人员在长江路10千伏塘堰站对供电设备、线路开展特巡检查维护　　（滨江供电分公司　供图）

变压器2531台。电力用户21.94万户，其中高压用户1300户，低压用户21.81万户（低压居民19.61万户，低压非居民2.2万户）。用电量43.47亿千瓦时，比上年增长3.19%。全区每千瓦时电产值为56.77元，增长9.47%。

【亚运电力保障】 2023年，滨江供电分公司保障杭州第19届亚运会、杭州第4届亚残运会等重大活动电力任务。安排247名保电人员坚守岗位，配备20辆应急专业车辆，派专员到区亚运会综合保障指挥中心，组织17名骨干组成保电团队全力保障滨江体育馆赛事，开展场馆侧隐患排查治理，确保亚运期间工作有序高效运行。重要场所隐患排查22家，清零各类隐患448项，完成临电接入点26个、末端负荷1200个，实现保电到灯头、到插座、到话筒。完成比赛场馆直供开关站停役试验，安装65张防爆毯，54段亚运线路电缆震荡波试验。赛前对全域2674座开关站按照保电等级不同进行频次不一的超声波局放测试，赛时对涉亚的64条线路、128座开关站开展每日特巡工作，开展特巡108次，红外测温1.4万次，超声波局放检测2.7万次。

【电力主配网建设】 2023年，杭州高新区（滨江）推进电网建设。实施电网建设攻坚三年行动，开展电力廊道专项规划编制工作，配合滨江首条电力隧道——协同隧道完工验收，协调中兴隧道开工建设，谋划南环路综合管廊实施方案。完成滨南变、浦乐变、滨安变、闻涛变、坚塔变等变电站重新选址工作，完成西兴北变、萧闻变等变电站的局部调整工作，保障规划变电站落址。实体化运作电力负荷管理中心和能源大数据中心，构建需求响应资源池，开展公共建筑空调负荷管控。推动综合能源项目建设，完善电网网架结构，出台迎峰度夏措施32项，保障全区电力可靠供应。

【供电营商服务】 2023年，滨江供电分公司率先开展电力接入与政务审批全过程联动，土地出让前实施超前一体化服务，助力“拿地即开工”试点样板。政企协同落地电力接入工程费用分担政策，服务28个项目电力外线完成“零成本”接入，减少企业投资900多万元。助力共富示范，加强供电服务质量管控，保持全年零投诉。配合杭州高新区（滨江）完成老旧小区改造29个、电梯安装165台，惠及用户2000多户。开展全国供电可靠性最优区建设，全域年均停电时长缩减至4.26分钟。

（赵　强）

燃气供应

【概况】 2023年，杭州高新区（滨江）天然气供气量7575.14万立方米，12月21日，全区日供气量达到最高值，为62.76万立方米。实施八区块四期、十区块北扩七期、六区块五期、十一区块扩点（马湖区块）等17个小区天然气接入工程，竣工验收居民用户1.58万户。滨江银泰、星耀城等206家非居民用户（包括工商、工业用户）53.87吨锅炉实现点火使用。至年底，有天然气居民用户15.36万户，非居民用户1579家，其中工业用户7家。投运的燃气管线长913.03千米，其中中压369.49千米、低压543.55千米，中低压调压器827台。实现居民、工商用户燃气全覆盖，主干管网燃气全敷设并成环供应。

【安全用气保障】 2023年，杭州高新区（滨江）深化“330”（3分钟上车30分钟到达）燃气抢修保障服务，接单后第一时间主动联络用户告知拟到达时间，并实现服务长效。受理抢维修任务7333起，抢修报修3分钟出车率100%，“110”“119”抢修30分钟内到达率100%。提前对区域内268台调压器进行防冻保暖，维护保养调压器827台，维护阀门井300个，破损点修复8处。对1205户居民用户进行灶前压力检测抽查，确保燃气安全平稳运行。

【亚运燃气保障服务】 2023年，杭州高新区（滨江）围绕“平安护航”工作主线，组建亚运保障专班，推动燃气“消除隐患”工作。实现非居调压器超期隐患整改56家，清零率100%。保障滨江体育馆等5个场馆、杭州白马湖建国饭店等5家酒店的燃气安全运行。对区域内133条道路、194个小区、894千米管线、5193个最小管理单位开展3轮无死角巡查，保证燃气设施设备安全性。

【燃气服务升级】 2023年，杭州天然气有限公司滨江分公司深化安全用气建设。推出“燃气客服员”精细化、网格化管理，率先试点实施温度管家政策。通过多工种协同，做好用户安装、拆改、抄表、安检、维修抢修、燃气具置换、超期胶管更换等服务。深化非居民用户区域化管理，推出非居民用户“管家式服务”，客户经理负责辖区1547家非居民用户全生命周期管理，推动燃气安全管理。持续深化校园拆改“017”（即校园燃气拆改工程零上门、1个电话全流程服务对接、7天完成所有拆改工程）承诺服务，为学校提供绿色服务通道，开展容缺受理、预约服务，落实“校园服务月”活动，开展中高考保障服务全覆盖，学前专项燃气安检实现全覆盖。以“小手拉大手，燃气安全进课堂”形式开展燃气安全用气培训，培训12场次、620人次。

【“瓶改管”项目服务】 2023年，杭州天然气有限公司滨江分公司推进“瓶改管”工作，引导使用瓶装液化石油气的餐饮场所改用管道天然气，防范和遏制瓶装液化石油气泄漏燃爆事故发生。联合浦沿街道杨家墩社区推进美食街（啦喜街）“瓶改管”，完成美食街“瓶改管”项目示范街打造，提升餐饮场所燃气安全使用水平。至年底，完成“瓶改管”项目107个。

【“三社联动”服务】 2023年，杭州天然气有限公司滨江分公司推进社区、社会组织、社会企业等“三社联动”服务，组织100多名党团员志愿者走进24个社区开展燃气安全现场服务活动，联动城管、街道、社区等力量深化燃气安全“最后一公里”守护行动，提升市民安全用气意识。至年底，出动党团员志愿者1436人次，更换橡胶软管3700多根，消除燃气安全隐患3800多个，实现管道燃气居民用户金属软管使用率99.36%，开展燃气安全检查走进社区127个、用户1.7万户，确保燃气管线安全运行。

【燃气迁改工程】 2023年，杭州天然气有限公司滨江分公司优化燃气管线保护迁改工程。配合东冠新农村综合整治提升工程，组建专班协调管位，统筹施工力量，组织施工员现场驻点与设计，解决小区道路狭窄、管道密集、管位紧张、工期紧迫等问题，完成燃气管道铺设1.09万米。协助滨康二苑、凤凰苑、鸿雁苑等8个小区37个单元实施加梯迁改施工燃气安全用气项目。完成区域内人行天桥燃气改迁及第一条电力隧道燃气迁改项目。

（杨文君）

环境卫生

【概况】 2023年，杭州高新区（滨江）有区管道路222条，总面积832.73万平方米。其中：一类道路27条，321.68万平方米；二类道路65条，380.21万平方米；三类道路130条，130.84万平方米。区管公共厕所74座，其中一星级1座、二星级10座、三星级56座、四星级6座、五星级1座，总厕位1148个。区管道路及公共厕所清扫保洁工作实施市场化运作，分6个标段，投入车辆149辆，包括新能源车20辆、天然气车20辆。更新快保车辆、果壳箱等，提升整体环卫形象。

【省级"美丽公厕"创建】 2023年，区综合行政执法局推进省级"美丽公厕"创建工作，升级改造六和东信公厕。改造内容包括提升公厕内部设施设备，设置智能化控制系统及除臭设备、自动感应出纸设备、干手器，冬季供应热水；针对特殊需要人群，完善公厕信息化、无障碍设施，规范设置通道、扶手、呼叫器等。六和东信公厕24小时开放，保洁时间16小时，保洁工作全方位覆盖，并设置信息告示牌，实现透明化管理，受群众监督。12月15日，六和东信公厕入选浙江省城市"美丽公厕"（115座）名单。

（孙梦洁）

【固废处置】 2023年，杭州高新区（滨江）清运处置生活垃圾27.42万吨，其中，其他垃圾20.24万吨、易腐垃圾7.18万吨，日均751.17吨，生活垃圾无害化处理100%。收运装修垃圾（大件垃圾）5.9万吨，处置5.82万吨（含余量），其中分拣出木材、废铁、塑料、石粉等可利用量为5.37万吨，资源化利用后剩余物全部焚烧发电。

（来诗瑶）

2023年12月15日，六和东信公厕入选浙江省城市"美丽公厕"名单

（区综合行政执法局　供图）

【垃圾分类示范点创建】 2023年，杭州高新区（滨江）推进垃圾分类十佳社区、示范点、星级点位创建工作。推进社区、物业企业垃圾分类主体责任落实，完成小区入户宣传工作及"一小区一方案"制定，提升投放点、垃圾房等分类设施。制定《滨江区生活垃圾分类十佳社区评比方案（2023修订版）》，根据各社区日常工作、宣传工作、示范创建等方面综合评比出江三社区、东信社区、六和社区等10个生活垃圾分类十佳社区。制定《滨江区生活垃圾分类高标准示范点创建方案（2023年修订版）》，根据申报情况结合全年日常管理检查成绩评定出迪普科技园、浙江省科技大市场、浙江大华技术股份有限公司等35个生活垃圾分类高标准示范点。制定《滨江区生活垃圾分类星级点位评定方案（2023年修订版）》，通过各类型点位申报、设施配置情况，同时结合全年日常检查，综合评定出滨盛金茂府、中海云之宸府、东和云第等星级集置点26个，瑞立东方花城、风雅钱塘、银杏汇等星级投放点87个，明月江南、闻涛诚苑、超级星期天等星级再生资源回收站点9个。深化垃圾分类工作，制定《2023年度滨江区生活垃圾分类管理考核办法》等11个针对性文件。至年底，检查小区（含过渡房）4680家次、企业1303家次，发布红黑榜12期、工作专报28期，发放抄告单122份。

（金宇佳）

【铁路下穿环境整治】 2023年7月5日至8月21日，区综合行政执法局实施9座铁路下穿环境整治项目。通过美化、亮化、洁化等措施，开展照明设施增加、标识标牌更新、道路平整、护栏更换等工作，完成聚工路、江晖路、长河路、信诚路、伟业路、火炬大道、白马湖等9座铁路下穿涵洞环境整治。项目更换灯带480米，粉刷墙面5500平方米，铺设道砖1300平方米，更换栏杆1100米，更新涵洞墙面彩绘800平方米。

（谢涵聪）

【市容环境亚运保障】 2023年9—10月，区综合行政执法局完成市容环境各项亚运保障任务。火炬传递期间，安排保洁单位6家，按时按量完成区域内19个点位68座流动公厕、26组104个垃圾桶设置。赛事期间，完成飞虹路沿线垃圾桶80个、12座流动公厕的保洁工作；保障智联街等候场、转场点定点保洁；实施重要道路洒水12次，核心区块保洁卫生持续至凌晨。

（孙梦洁）

绿化美化

【概况】 2023年，杭州高新区（滨江）绿化养护项目实施市场化招标，共分10个养护标段，由10家养护单位负责道路绿地、滨水绿地、公园绿地、高架绿化和时花等公共绿地养护工作。公共绿地养护面积为370万平方米，包含150多条道路、10座公园、2条滨水绿地、4万余只高架挂箱。增设铁艺护栏3200米，更新道路花箱765米；修剪绿地45.5万平方米，防治病虫害21万平方米；全年施肥150吨；冬春两次共修剪香樟1.3万棵。对高架花箱漏水问题进行整治，完成花箱迁移1.2万米，花箱拆除1200米，管道铺设2142米，防水布铺设3693平方米。路灯亮灯率99%以上，故障路灯7天内及时修复率99.7%以上，当月及时修复率100%。完成67处建筑（景观）节点135栋楼宇亮化。智慧照明“一把闸刀”控制系统通过二级平台方式接入市级平台，灯光秀系统通过政务云专线由市级控制，杭州奥体中心主体育场和网球中心场馆“一把闸刀”接入市级平台，通过平台对接，实现亚运场馆、重要保障道路等照明设施的统一管控。完成陈家河（孔家河—湖西路）市级“美丽河湖”创建。

（江琪琪　张婉婷）

【绿化整治】 2023年，区综合行政执法局实施9处绿化整治项目。2月，对时代大道白马湖路上桥口东侧绿化进行整治，补植麦冬草420平方米。3月，对滨安路新华三北面篮球场进行整改，去除原破损地面，铺设新型篮球场复合地面400平方米。5月，对闻涛路冠山路口沿江景观带香樟、桂花等部分遮挡视线的19株苗木进行迁移。6月，助力亚运氛围，东信大道南环路口增设景观花箱258.6米，并种植彩叶薯，提升景观效果。7月，提升改造江二路（长河路—江虹路）周边景观，疏空中层，更换下层灌木为亮晶女贞和杜鹃；提升改造市民南广场，更换广场内塑胶地面220平方米，重新粉刷景观亭外立面，更换老化红花檵木165平方米。9月，清理书香世家酒店周边绿化带内垃圾，平整场地，种植大叶黄杨65平方米、红花檵木32平方米、麦冬草20平方米。12月，提升丹枫路道路景观，增设花箱47个，根据时令及花卉状态，完成花箱内花卉日常更换工作。

【口袋公园建设】 2023年，区综合行政执法局根据《杭州高新区（滨江）“花满杭城，香飘亚运”工作实施方案》，推进口袋公园建设。5月1日至6月15日，建设完成永久河与江南大道东北侧、永久河与平乐路东南侧、聚业路与滨康路东北侧、时代河与滨文路西北侧、火炬大道与滨安路西北侧、江南大道与育华巷东北侧、火炬大道与闻涛路西南侧、时代大道与滨盛路东北侧8个口袋公园增设项目。

（江琪琪）

【亮化养护】 2023年，杭州高新区（滨江）亮化养护工作实施市场化养护管理，包含194

条道路1.97万杆路灯、2.7万个光源、195个路灯控制柜、168台10千伏路灯专用变电站。实现路灯亮灯率99%以上，故障路灯7天内及时修复率99.7%以上，当月及时修复率100%；景观灯设施质保期内总体亮灯率99.8%以上，断亮、失控问题3天内及时修复率100%；发现并整改路灯缺亮问题1万余处，设施缺损问题36处，检修盖缺失问题298处，灯杆保洁问题86处，处理设施安全问题15处，清理排查照明设施2万余处。做好钱塘江南岸全线长11.8千米的南堤岸和沿线45组95栋建筑楼宇，江南大道沿线9.7千米87组169幢建筑楼宇，滨安路、滨康路、滨文路沿线23组84幢楼宇，时代高架4.5千米、彩虹快速路滨江段高架及沿线25组100栋楼宇，白马湖路、白马湖桥、滨盛路、闸站河桥等夜景亮灯项目的日常养护工作。

2023年，杭州高新区（滨江）专项提升迎宾路线沿线建筑景观亮灯。图为提升后的智慧之门　（区综合行政执法局　供图）

【亚运道路亮化工程】 2023年4月，杭州高新区（滨江）联合市城管局，按照“繁华时尚”的设计理念，对区内重要迎宾路线沿线建筑景观亮灯现状查漏补缺。根据迎亚运城市环境品质提升要求，迎亚运重要保障道路沿线亮化提升项目方案涉及67处建筑（景观）节点135栋楼宇，包括住宅、商业、写字楼等多种类型，重点对中兴立交西侧恒生大厦、网盛大厦、华业发展中心节点，机场城市快速路北高架桥体、西兴立交转盘、智慧之门、区政府节点及江南大道、飞虹路、闻涛路沿线绿化带等重要点位进行专项提升。该项目在亚运会期间亮相。

（张婉婷）

【自然花境增设】 2023年4月10日，根据《高新区（滨江）“花满杭城，香飘亚运”工作实施方案》要求，区综合行政执法局以亚运通勤道路、重要保障路线为重点，选点设计增设24处自然花境。完成滨盛路机场城市大道西南角及东南角、白马湖路江虹南路西北角及南角、滨文路高教园区、江虹路体育馆周边等点位增设自然花境15个。区综合行政执法局委托杭州高新硅谷建设管理运营有限公司以“花漾花滨”为主题，营造江滨花境景观，对闻涛路西兴路东南角交叉口北侧、闻涛路江陵路东南侧、闻涛路江虹路西南角、闻涛路江虹路北侧、闻涛路建业路口、闻涛路信诚路口西南角、江南大道一桥入城口临桥巷西北角、江南大道一桥入城口临桥巷东北角、通和路府前路西北角9处点位增设自然花境9个。项目于4月17日开始，5月30日竣工。

（江琪琪）

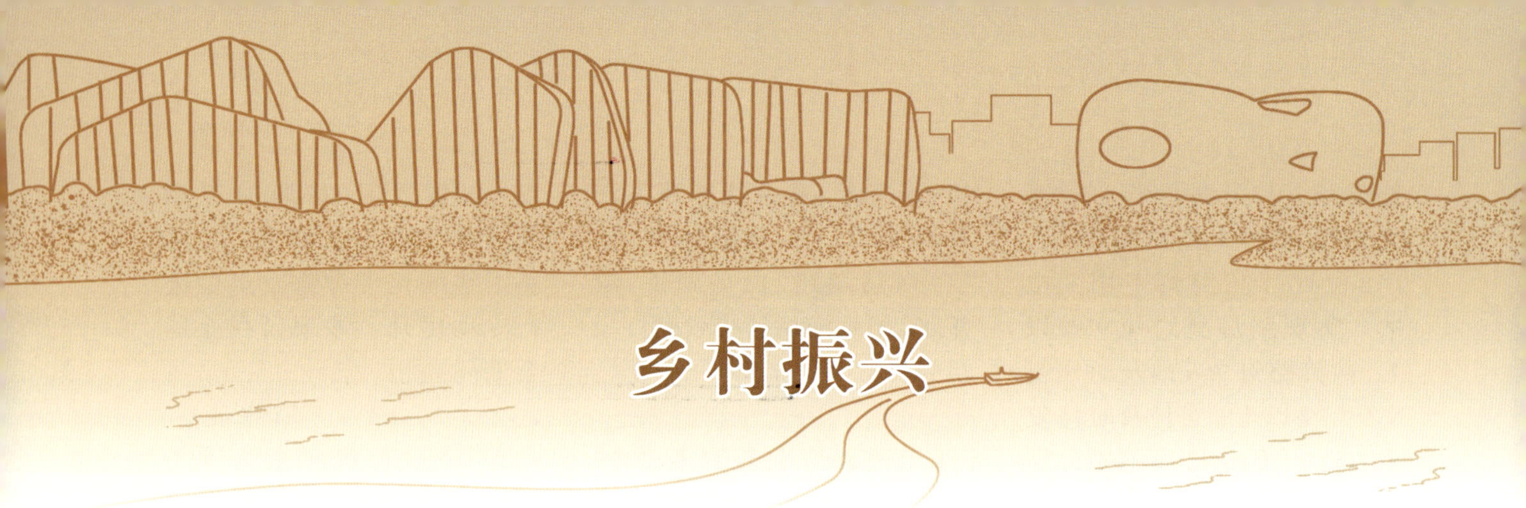

乡村振兴

综　述

【农业经营主体】 2023年，杭州高新区（滨江）新增四维生态科技（杭州）有限公司1家市级农业龙头企业，有市级以上农业龙头企业19家，其中国家级1家、省级4家、市级14家。

【第三次全国土壤普查】 2023年，区发改局（农业农村局）根据省、市关于做好第三次土壤普查工作的通知要求，成立区第三次土壤普查领导小组及其办公室，拟制实施方案，确定3家中标单位，开展外业调查采样、土壤制备和测试化验。至年底，完成29个表层和剖面样检测，为全面摸清全区土壤底数、形成普查成果提供依据。

【“双强”行动助推农业高质量发展】 2023年，区发改局（农业农村局）根据省、市关于农业“双强”（科技强农、机械强农）建设要求，做强做精总部农业，大力发展品牌品质，制定《杭州市滨江区都市农业高质量发展资金补助办法》，鼓励企业提升改造、参加展会和开展结对地区农产品消费帮扶。全年共兑现农业产业扶持资金299万元。四维生态科技（杭州）有限公司董事长华桂潮和浙江甲骨文超级码科技股份有限公司执行总裁岳晓兰获评浙江省“十大数字乡村先锋人物”，杭州市明康汇生态农业集团有限公司总裁时嵩被评为浙江省“数字乡村优秀人物”。中科粮油（杭州）有限责任公司的高油酸菜籽油入选为杭州第19届亚运会运动员餐厅供应食用油。

（柯　胜）

农村产业发展

【概况】 2023年，杭州高新区（滨江）以“稳产保供、农业安全”为主线，以打造特色品牌、护航亚运为根本，坚持科技强农、数字助农，推动农业生产建设，助力农业企业发展。完善种植业、都市农业等政策，支持企业创新发展农业经济。

【粮油稳产保供】 2023年，区发改局（农业农村局）落实省、市“粮食产量稳定度”考核指标，分解下达粮食播种任务，加强粮油产销政策宣传贯彻，鼓励农户扩大粮油种植规模，开展农业技术服务，完善细化防灾减灾预案，及时发布预警信息，强化政策性农业保险落实，实现粮油种植面积和产量“双增长”。全年，粮食（稻麦）播种面积225公顷，比上年增加24.87公顷，粮食产量增长近30%，在市对区粮食产量稳定度指标考核中获满分。

【农业安全生产】 2023年，区发改局（农业农村局）根据杭州第19届亚运会水上交通保障任务，围绕“防风险、除隐患、保安全”总体目标，开展渔民安全教育培训和渔船年度检验，落实定人管江面、管渔船、管渔民，开展渔船和集中停泊点隐患排查，组织亚运主场馆钱塘江水域控制区内渔船及辅助船共52艘全部进入内河，确保周边控制区滨江段水域管控时间内无作业渔船。开展防汛防台针对性隐患排查，落实各项措施，按照应急预案，会同3个街道组织渔船避险，将大江东“飞地”农业从业人员转移，减少农业损失，确保农业防台人员安全。

【渔业增殖放流】 2023年11月29日，区发改局（农业农村局）联合区纪委、区“五水共治办”和浦沿街道，邀请渔民和群众代表，在浦沿街道渔码头开展增殖放流活动，投放鲢鱼、鳙鱼和三角鲂鱼苗共50万余尾。渔业放流改善钱塘江水域生态环境，促进渔业资源可持续发展，维护水域生物多样性和水生态平衡。

（柯　胜）

农业管理

【概况】 2023年，杭州高新区（滨江）推进农业管理，开展动物防疫管理等，开展甲鱼、鲈鱼、芹菜、茶叶4个品种源头治理，全年共完成70个批次的农产品质量检测，检测结果全部合格。

【犬类狂犬病强制免疫】 2023年，区发改局（农业农村局）根据滨防指办统一要求，完成全区春、秋两季重大动物疫病集中防控；通过“官方+社会化”的模式，利用“一个政府点位+19家授权的动物诊疗机构”，开展常态化犬类狂犬病疫苗免费接种服务，实现辖区街道覆盖率100%，从源头阻断狂犬病毒传播途径，助推优质动物疫苗接种服务均衡化。至年底，共有免疫犬8059只；采集狂犬血清样品40份，送达杭州市兽医实验室进行检测，掌握强制免疫效果和风险隐患。

【动物防检疫监管】 2023年，区发改局（农业农村局）加强对动物检疫合格证明开具和监管。规范动物诊疗机构和兽药企业经营管理行为，对辖区内动物诊疗机构、兽药经营企业开展“双随机”检查，完成监管事项覆盖率100%。至年底，共核发免疫证3218份，动物检疫合格证明193份，动物诊疗许可8份，动物诊疗变更4份，兽药经营许可2份，兽药经营变更1份；执业兽医备案67人，落实行政检查83次，出动230人次。

【宠物诊疗秩序专项整治】 2023年，区发改局（农业农村局）根据《关于印发杭州市规范宠物诊疗秩序专项整治行动实施方案的通知》，制定《滨江区规范宠物诊疗秩序专项整治行动实施方案》，围绕“许可内容、诊疗条件、诊疗活动、从业人员”4类19项内容，共出动92人次，对全区39家动物诊疗机构进行全覆盖专项检查。专项检查增强从业人员依法防控宠物疫病、守法从事宠物诊疗的意识；对“12345”和网络舆情反映的问题接诉即办，直接处理信访27件；针对部分诊疗机构污水处理设备陈旧未替换，处方笺使用管理不够规范，卫生管理台账、采购记录、消毒记录、无害化处理记录有缺失，执业兽医资格证

2023年11月29日，区发改局（农业农村局）在浦沿街道渔码头开展增殖放流活动　　（区发改局　供图）

未上墙公示等各项问题为诊疗机构开出“问题清单”,“动态式”追踪整改进度,强化专项整治“闭环”,确保问题整改到位。

【亚运会无疫区建设】 2023年,区发改局(农业农村局)按照《杭州桐庐无规定马属动物疫病区生物安全通道(滨江段)建设方案》的要求,加强部门联动,常态落实非洲猪瘟、无疫区建设24小时应急值班、生物安全通道日常巡查和马属动物疫病零报告等各项制度,强化监管手段和长效管理。重点开展马属动物的防疫条件监管、免疫监测和检疫监管,落实重点防控,按照《2023年度杭州市马属动物疫病强制免疫方案》要求,针对区内唯一一家马术训练场——杭州骏加马术运动管理有限公司,展开重点巡检17次,落实场馆虫媒消杀24次,完成马抗凝血、马血清采样各52份和日本脑炎、马流感的强制免疫。全年,共完成生物安全通道巡查1157次,2520人次出动,发现并整改隐患问题19起;加强协同处置应急演练,提高应对突发动物疫情的处置能力;对辖区内动物病原微生物实验室进行生物安全检查;协调街道定期对生物安全通道开展虫媒消杀;禁止亚运期间马属动物调入生物安全通道外的行政区域;为无疫区的高效运维和亚运马术办赛打造优良的生物安全环境。

2023年8月25日,杭州高新区(滨江)重大动物疫情应急演练暨动物诊疗机构管理培训班举行 (区发改局 供稿)

【重大动物疫情应急演练】 2023年8月25日,区发改局(农业农村局)举办杭州高新区(滨江)重大动物疫情应急演练暨动物诊疗机构管理培训班,动物防疫检疫工作人员和辖区内动物诊疗机构、兽药经营企业负责人共60多人参加。市畜牧业执法大队负责人对动物诊疗机构管理相关案例进行解读,内容涵盖《中华人民共和国动物防疫法》《兽药管理条例》《动物诊疗机构管理办法》《执业兽医管理办法》等法律法规。通过理论学习和实操演练,规范动物诊疗行为,提高依法处置动物防疫突发事件能力。

(乔伟峰)

股份经济合作社

【概况】 2023年,杭州高新区(滨江)通过党建引领、统筹开发、年度审计和数智监管,保障全区股份经济合作社(简称“经合社”)运行,推进清廉经合社建设,促进村级集体经济高质量发展。全区29个经合社集体总资产181.04亿元,比上年增长4.5%;实现总收入9.85亿元,其中经营性收入8.27亿元,增长21.3%。29个经合社村级经营性收入均超过615万元,其中1000万元以上有28个,6000万元以上有3个。全区经合社收益5.65亿元,依规足额提取公积公益金1.82亿余元,参与分配股东11.13万人,按股分配总额2.94亿元。

【重大事项审核审批制】 2023年4月26日,杭州高新区(滨江)党委组织部、区民政局党委和区发改局党组联合印发《关于新时代社区组织规范运行实施意见》文件,提升街道党工委对股社分离后经合社的统一领导和监管。围绕留用地项目开发、工程项目建设、资产资源评估租赁出让、收益分配、大额资金使用等股份经济合作社及其成员利益重大事项，实行经合社重大事项审核审批制。至年底，街道党工委完成审批75笔，审批通过率100%。

【清廉经合社建设】 2023年，区发改局（农业农村局）党组建立以局主要领导为组长的区清廉经合社建设工作专班，印发《滨江区村经济合作社领域腐败和作风问题专项治理方案》，明确投诉举报途径。全年受理经合社的信访5起，全部进行核实和答复。开展对全区29家经合社上年度财务收支等情况进行全面审计，根据审计发现问题编制问题清单，联合第三纪检监察组对3个街道和重点经合社进行督查指导，保障村级集体经济高质量发展和股东的合法权益，促进清廉经合社建设。

【数智赋能集体经济】 2023年，区发改局（农业农村局）推进浙江省农村集体经济数字管理系统（简称“浙农经管”）全面应用，完成集体“三资”（资金、资产、资源）全量纳仓、规范管理。通过浙农经管实时规范股份经济合作社阳光运行，指导股份经济合作社做好资产管理、资源管理、合同管理和会议管理等模块数据实时更新，举办农村集体经济新旧会计制度衔接培训班。至年底，运用浙农经管审批中心开展线上审批2892笔，支付金额39.39亿元。

（杨继友）

乡村治理

【概况】 2023年，杭州高新区（滨江）推进乡村治理。成立东冠新农村整治（拆违）工作攻坚专班，提升东冠新农村综合环境。杭州高新区（滨江）获2023年中国社会治理百强县（市、区）第五名，2023年浙江省社会治理十佳县（市、区）第二名。

【东冠新农村综合环境整治】 2023年，杭州高新区（滨江）完成浦沿街道东冠新农村综合环境整治提升工作。成立东冠新农村整治（拆违）工作攻坚专班，组建100多人社区网格队伍，制定4大类违建拆除方案，处理违章建筑涉及539户。组建拆违信访专班，化解上访20多次。开展公共区域堆积物清理，完成社区文化长廊、民主议事厅改造及公园缺绿区块绿化补种，新增绿化3500平方米，完成7个出入口提升改造。推进共创共享共富村建设，提升公共设施品质和服务质量。

【2个社区被命名为省“民主法治村（社区）”】 2023年，杭州高新区（滨江）的长河街道竹山社区、浦沿街道滨文社区2个社区被命名为浙江省2023年度省级“民主法治村（社区）”。该评选由省司法厅、省民政厅、省普法办联合主办，通过为符合一定条件的村（社区）命名，发挥示范村（社区）的示范引领作用，推动广大村（居）民深入开展基层民主法治实践，健全党组织领导下的自治、法治、德治相结合的基层治理体系。全市共有79个社区（村）入选。

【杭州高新区（滨江）入选中国社会治理百强县】 2023年12月24日，“2023中国社会治理百强县（市、区）暨2023浙江省社会治理十佳县（市、区）”发布会在杭州举行，大会由浙江大学社会治理研究院主办。杭州高新区（滨江）登上2023年中国社会治理百强县（市、区）第五名、2023年浙江省社会治理十佳县（市、区）第二名。该评选有349个县（市、区）入围参选，评委会接收数据回函96份。经数据计算和专家评估，22个县（市、区）登上年度社会治理全国百强榜单。

（区志编研室）

交通　邮政　通信

公共交通

【概况】 至2023年底，杭州高新区（滨江）有钱江湾花园、南环路公交站、滨文中心站、东冠公交站、长河公交站、长河湘滨公交站、江汉路公交站、地铁江陵路A口，地铁西兴公交站、滨江物联网公交站、地铁滨康路站、塘子堰公交站12座公交首末站。常规公交线路44条，地铁接驳线路43条，区内公交线路28条，总配车辆334辆，日均客运量3.82万人次。有1号、4号、5号、6号、7号、18号（在建）6条地铁线路，总长43.9千米。全区在运营公共自行车服务点378个，营运锁止器1.02万个，在运营自行车5976辆，日均租用量1.15万人次。2023年，新增（复建）公共自行车服务点22个，新投放公共自行车2000辆。

【10条公交线路开通】 2023年，杭州高新区（滨江）新增公交线路10条。连接地铁7条为1519M路（长虹南苑至聚才路地铁站A口）线路，1506M路（地铁江陵路站A口至科技馆街西兴路口），7586M路（江一村至安业路闻涛路口），170M路（江汉路公交站至江南大道江陵路口），7170M路（江边至地铁滨和路站B口和C口），7171M路（地铁江陵路站A口至星飞路北/光辉路科技馆街口），7173M路（江南大道江陵路口/地铁江陵路站A口至协同路滨和路口）；“六进”线2条为长河地铁站临时接驳线（地铁长河站B口至安业路闻涛路口），东方花城至协同村临时接驳线（东方花城至协同村）；常规线1条为173路（滨文中心站至新生）。

【12条公交路线优化】 2023年，杭州高新区（滨江）优化公交线路12条。1504M（路地铁江陵路站A口至省儿保滨江院区）调整部分线路。1505M路（地铁江陵路站A口始发至奥体街飞虹路口、奥体街飞虹路口始发至地铁江陵路站A口）优化线路。137路调整（长河湘滨路公交站至地铁江陵路站A口）首末班时间。7176M路调整（钱江路飞云江路口至滨安路南川路口）首末班时间。171路调整起讫站，调整后为滨文中心站至滨江海创园。1521M路南环路公交站至诚品路闻涛路口调整为（南环路公交站始发至南环路公交站）。7175路调整（江汉路公交站至陆家潭）法定工作日首末班时间。1508M路（江陵路南环路口至网商路滨康路口）优化法定工作日发车时间。195路调整为地铁西兴站D口至一公园。1503M路调整为滨康小区东至越城巷滨文路口，调整线路运营模式为仅法定工作日高峰运营。522M路（塘子堰至滨江文化中心）调整线路走向。172路（江汉路公交站至滨江海创园）调整首末班时间。

【公共自行车点位建设】 2023年，杭州高新区（滨江）有378个公共自行车服务点在运营。新建、复建公共自行车服务点22个，其中新建（编号6404）奥体中心站C出口、（编号6405）庙后王路中国空分大厦、（编号6406）滨盛路潮上银座和江南

2023年，杭州高新区（滨江）新建（编号6404）奥体中心站C出口公共自行车服务点　（区住建局　供图）

大道沿线9个公共自行车服务点；恢复江南大道沿线公共自行车服务点10个。

（杨　瑾）

【地铁四期滨江段建设】 2023年，杭州高新区（滨江）加强统筹协调，推进4号线三期南延和18号线一期工程。其中：4号线南延线路长1.1千米，设置浦炬街站1座车站；18号线线路长9.6千米，设置江汉路站、江晖路站、白马湖站3座车站。至年底，地铁四期的2条线4个站点开展绿化迁移、管线迁改等工作，项目进入实质性施工阶段。

（戴　毅）

道路建设

【概况】 2023年，杭州滨江城建发展有限公司承接任务11个，其中新建项目5个、续建项目6个，完成投资1.59亿元。全区首个异形钢结构天桥江虹路与新月路人行天桥工程建成投用，长河路与滨和路人行天桥工程建成投用，冠山路东延（碧水路—规划支路）及周边河道提升改造工程完工，东冠单元小学西侧规划支路、乳泉路（月湾路—时代大道）工程、百仁路（创智街—冠山路）、屏北路（江虹南路—章家里路）工程、章家里路（屏北路—滨文路）工程、彩霞路（信诚路—百仁路）、联庄路及江涛阁东侧支路工程、创智街（火炬大道—百仁路）8条（段）配套道路竣工。

（郝富强）

【冠山路沿线提升改造工程】 2023年3月13日，冠山路沿线提升改造工程开工建设，该工程东至江陵路，西起浦沿路，全长6.3千米。工程以杭州第19届亚运会为契机，打造区域内标杆迎宾大道、杭州主城南部主干道。提升改造内容包括景观工程、亮化工程、道路工程、交通设施、驿站工程等。8月25日，冠山路沿线提升改造工程竣工。项目总投资1.6亿元。

【建业路（江南大道—滨康路）整治工程】 2023年3月8日，建业路（江南大道—滨康路）整治工程开工建设。工程南至滨康路，北起江南大道，全长1.06千米。主要建设内容包括机动车道四车道拓宽为六车道、新建非机动车道和人行道、交通设施及智能交通提升改造、桥面整治、排水管线整治、现状管线保护、多箱合一、道路及沿线绿化提升、新建路灯、城市家具更新等，整治后道路宽度为40米，设计车速50千米每小时。项目总投资7600万元，于7月13日竣工。

（张兰岚）

【长河路与滨和路人行天桥工程】 2023年3月14日，长河路与滨和路人行天桥工程开工。工程主桥采用钢箱梁结构，主跨采用60米异形钢结构，连续横跨长河路与滨和路四个方向，整体呈“工”字形布置。天桥长227.3米，宽4.8~10.63米，机动车通行限高4.5米。长河路与滨和路路口4个象限分别配有自动扶梯1对、垂直升降梯1部、步梯1道。11月20日，长河路与滨

2023年11月20日，长河路与滨和路人行天桥工程竣工

（杭州滨江城建发展有限公司　供图）

和路人行天桥工程竣工。工程总投资6275万元。

【江虹路与新月路人行天桥工程】2023年3月14日，江虹路与新月路人行天桥工程开工。工程主桥采用钢箱梁结构，呈"L"形布置，连续跨越江虹路和新月路。天桥长92.3米，宽6.5～10.46米，机动车通行限高4.5米。江虹路和新月路丁字路口东北、东南，西南3个象限分别配有自动扶梯1对、垂直升降梯1部、步梯1道。项目建成投用后，有效缓解浙江大学医学院附属第二医院滨江院区主入口拥堵现象，保障行人过街安全，提高江虹路、新月路的通行效率。11月20日，江虹路与新月路人行天桥工程竣工。工程总投资3406万元。

【冠山路东延（碧水路—规划支路）及周边河道提升改造工程】2023年4月3日，冠山路东延（碧水路—规划支路）及周边河道提升改造工程开工。工程东起规划支路，与萧山区规划思学路相接，西至碧水路，与已建成的冠山路连通，横跨畈里孙河，长360米，标准段宽36米，双向六车道，设计时速60千米，桥梁长20米，宽42米，新建游步道700米。项目建成有利于滨江区南部区域与萧山区西部区域互联互通。11月30日，冠山路东延（碧水路—规划支路）及周边河道提升改造工程完工。工程总投资1.82亿元。

【创智街（火炬大道—百仁路）整治工程】2022年5月15日，创智街（火炬大道—百仁路）整治工程开工。工程东起百仁路，西至火炬大道。道路呈东西走向，长1739米，宽20米，双向四车道，设计时速30千米。项目于11月21日竣工，总投资9932万元。项目建成后，有助于杭州市火炬小区等住宅区、杭州市长河高级中学、荟鼎智创中心产业园区缓解交通压力。

（郝富强）

交通养护

【概况】2023年，杭州高新区（滨江）有市政道路199条，长259千米，面积879万平方米，隧道4座，高架桥2座，随路桥梁172座，穿铁桥梁涵洞11座，人行下穿通道3座。区综合行政执法局完成日常养护道路、桥梁隧道，人行道板有机更新、无障碍设施改造等工作。

（陈红秀）

【市政道路养护】2023年，区综合行政执法局对全区道路进行日常养护维修，修复沥青路面13.8万平方米，人行道11万平方米，修复平侧石8600多米，修复井圈井盖436个。开展道路地下隐患检测，对区内3个亚运场馆、2个训练场馆周边道路、亚运通勤道路及重点道路进行地下隐患检测，检测道路长度124千米，检测发现空洞6处、脱空95处、土体疏松413处，病害全部整改修复并加强日常巡查，确保市政设施安全运行。

（占来波　张　靓）

【高架养护】2023年，区综合行政执法局对彩虹高架、时代高架定期检查，确保市政设施的运行安全。更换隔音屏18块、排水管42处、伸缩缝12处、防眩板120块，疏通排水口160处，维修沥青路面2300平方米，铁质护栏除锈刷漆2200米，爬山虎清理1200米，高架挡墙清洗3000米，支座保养68个，为迎接亚（残）运会对褪色防眩板刷漆7600块。

【桥梁涵洞养护】 2023年，区综合行政执法局加强对全区172座桥梁、11座铁路下穿涵洞、3座人行地道的管理养护。完成破损伸缩缝更换50米，桥面沥青修复8600平方米，道板修复1800平方米，铁质栏护栏除锈刷漆550米，石质护栏修复加固300米，集中清洗防撞挡墙和桥梁拉锁，江虹跨铁4部电梯年检和拉力测试；铁路下穿增设涵洞16座拦车道闸和10套电子水尺，安装调试联网接入智慧平台；做好3座人行地道照明、监控、电梯及消防设施的维修、保洁、巡检等日常维护。

【隧道养护】 2023年，区综合行政执法局加强对彩虹快速路隧道、冠山隧道、江南大道隧道、滨盛路隧道的管理养护，对隧道土建、机电、通风、监控等系统设施进行安全检查，定期开展安全生产教育和培训工作，落实隐患整改，避免安全事故发生。彩虹快速路隧道全年累计清理横截沟边沟136千米，修补沥青路面2326平方米，维修应急指示灯道源灯505盏；冠山隧道全年累计维修照明灯及示廓灯530盏，修补沥青路面50平方米、检修道2100平方米、隧道顶600平方米；江南大道隧道更换照明灯及应急指示灯455盏、陶瓷钢板70平方米，修补沥青路面500平方米、挡墙油漆460平方米；滨盛路隧道养护工作自9月开始，完成维修照明灯10盏、消防箱门15处，涂刷墙体1000平方米。

（马立斌）

交通管理

【概况】 至2023年底，杭州高新区（滨江）有客运企业2家，备案车辆97辆。货运企业86家，货运车辆300辆（含挂车）。危化品运输企业5家，危化品运输车辆175辆。有备案汽车租赁企业80家。有注册驾培企业5家，训练场地14块，面积11.31万平方米，教练车229辆。有机动车维修及配件企业176家。2023年，杭州市公安局交通警察支队滨江大队（简称“滨江交警大队”）完成“迎亚运、庆元宵”烟花灯光秀、第19届中国国际动漫节等大型群众文体活动安保任务。全年发生各类交通事故2.45万起，比上年下降16.39%。发生道路内亡人事故3起，死亡3人；发生伤人事故779起，受伤854人，减少135起171人。货运企业事故得到有效控制，未发生涉及重点货车企业亡人事故，下降200%。收到群众来信、来电、锦旗73次，市级以上媒体报道34次。全区新建9条10.48千米的绿波道路，累计建设绿波道路49条，总长74.64千米；辖区绿波道路早高峰时速38.2千米、平峰时速38.66千米、晚高峰时速35.75千米，比未建绿波时的速度分别提升28.6%、15%、14.6%。

（胡　颖　任　豪）

【道路隐患排查治理】 2023年，滨江交警大队持续做好辖区内道路隐患排查治理，推进亚运通勤道路隐患专项治理。完成亚运重点道路隐患排查16条、竞赛场馆2个、训练场馆2个、驻地酒店周边2个隐患排查的治理工作，329个隐患问题治理完成率100%。依托事故溯源系统，推行事故隐患溯源机制，机动车与行人、机动车与非机动车事故以及其他一般程序事故复勘1191起，三类事故复勘率、治理率均为100%。建立道路隐患综合治理机制，利用视频巡查、路面巡检、事故勘查等常态化路面检查、巡查手段，出动检查人员351人次，检查场所339处，发现道路交通领域各类隐患60起，均已落实整改，治理率100%。

【路面交通设施优化】 2023年，滨江交警大队开展交通标志国际化提升行动。围绕亚运通勤道路、场馆周边道路，完成飞虹路、滨文路、闻涛路、东信大道的50块标志牌、43块地贴、98块车道屏的安装、接入，施划标线52.5平方米。更换江晖路、闻涛路等15条亚运通勤道路标牌782块。审查建筑方案82个，道路方案初步设计审查5个，道路工程施工图审查16条，竣工验收52条；建筑工程验收40个，占道挖掘195个，临时出入口78个；交通设施维护漆画热熔标线4.03万平方米，水除线2933平方米；安装栏板式护栏2437片，设置标志牌199块，标志杆油漆5089.5平方米。

（任　豪）

【"两客一危"专项整治】 2023年，滨江交通执法大队牵头制定杭州高新区（滨江）道路运输专委会工作任务清单，对"两客一危"隐患排查整治实行清单化管理。现场核查危化品运输车辆安全性能、车辆是否落实二级维护、日常保养内容，检查企业停车场地设施设备及日常管理情况、客运企业安全生产制度、动态监控落实情况、车辆技术状况等。联合13个部门制定《滨江区校园及周边安全防控"一件事"工作方案》，加大学校、旅行社和社会团体包车行为的服务指导、监督处置力度。开展成品油、瓶装液化气运输路面执法，重点排查、打击非法运输燃气行为。联合滨江交警大队等部门对辖区在建工地开展渣土处置领域专项治理，全面落实企业安全生产主体责任，检查企业115家次，排查整改一般隐患52起，实施行政处罚10起。至年底，"两客一危"和重载普货运输企业均签订安全生产责任书，其中"两客一危"企业填报"浙运安运输安全监管"应用系统100%，通过异常推送、系统抽查、入户检查等方式，查处涉动态监管不到位行为14起，均处罚并整改到位。杭州高新区（滨江）"两客一危"智控指数居全市第一位。

（胡　颖）

【交通秩序整治】 2023年，滨江交警大队加强重点时段管控，开展波次行动27次，重点围绕"一早一晚"时段和"两客一危"、电动自行车等车辆，查处交通违法27.06万起，其中查处机动车斑马线不礼让8980起、开车使用手机2.82万起、黄牌货车和工程车"七定"违法1.78万起、电动自行车重点违法11.62万起、电动车闯红灯5.93万起、酒驾醉驾违法396起、二轮摩托车闯禁385起、其他3.93万起。联动城管、交通、交警、公安等部门开展常态化地铁口专项治理，形成《滨江区平安护航亚运地铁口电瓶车"揽客、载客"长效治理工作方案》，出动警力70多人次，联合查扣非法营运行为14起，驱离违法载客电动车76辆。

【区域交通综合治理】 2023年，滨江交警大队加强学校、医院、园区周边交通综合治理，保持道路秩序畅通。针对辖区科技园区内企业交通出行的实际需求，制定等交通组织方案8个，实现科技园区周边道路早高峰拥堵指数从3.12下降至2.63，平均拥堵时间减少30分钟以上。以解决停车难为抓手，通过"六大治理"（数据治理、公交治理、拥堵治理、道路治理、停车治理、慢行治理），提高浙江大学医学院附属第二医院滨江院区、浙江大学医学院附属儿童医院周边通行水平。探索"护·接·引·育·通"护学新模式，推动辖区34所中小学周边交通安全治理，获公安部交管局主要负责人肯定。

（任　豪）

【地铁口运输秩序整治】 2023年，滨江交通执法大队牵头开展杭州高新区（滨江）平安护航亚运地铁口电瓶车"揽客、载客"整治工作。通过全面摸排、集中整治、逐人约谈、公交疏导、文明宣传等方式，开展巡查134次，出动执法人员646人次，查处违法行为14起，约谈教育120人次，维护地铁口运输秩序。

【巡游出租车和网约车管理】 2023年，滨江交通执法大队开展网约车"卫士"行动和出租车行业"五条红线"（拒载、故意绕道、途中甩客、改装和不按规定使用计程计价设备、侮辱殴打乘客）专项行动，实行出租车行业"一域一策"专项治理。对辖区内"红线行动”重点监管名单进行梳理排查和视频巡查，对巡游出租车企业开展专项督导，其中对亚运会指定车辆服务单位多次上门宣教检查。全年“红线行动”内责任车辆数从12辆降至3辆。

【出租车企业和汽车租赁企业管理】 2023年，滨江交通执法大队对出租车企业和汽车租赁企业进行安全监督检查。检查内容包括企业安全生产制度是否落实，安全管理台账是否齐全等。全年检查汽车租赁企业27家次、出租车企业11家次，实施行政处罚7起，确保出租车企业和汽车租赁企业安全运行。

【驾培和维修行业监管】 2023年，滨江交通执法大队强化重点驾培机构实训阶段现场监管，开展驾培行业异地培训专项治理行动，共处罚“异地班”5起。到钱塘区开展“异地班”全域联动专项治理指导工作，协助其他区县提升驾培行业监管治理水平。联合团区委、区总工会开展“助亚运　展风采”2023年杭州市滨江区机动车维修行业应急演练暨青年职工技能比武实操大赛。开展机动车维修行业环境保护专项行动，落实维修行业防污染工作宣传，检查维修企业101家次。全年处理机动车维修投诉57起，发放整改通知书6份，实施行政处罚19起；处理驾培投诉105起，实施行政处罚34起。

（胡　颖）

【赛事保障】 2023年，滨江交警大队参与重要勤务路线实战演练5次，完成要人警卫任务285批次。提升15条道路849块标牌国际化标识建设，协调建设亚运数字专用道5条，实现亚运期间道路时速120千米，专用道运行时速39.3千米（提升20%）。156套亚运绿波方案运行良好，通勤线路时速38.25千米，保障赛事期间赛事班车通勤3.2万辆，实现零延误100%。亚运会开幕式当日投入963名现场警力，完成开幕式10类客户群、7.3万人、119批次1237辆大巴车和闭幕式6.5万人集散组织，实现进场3小时、散场40分钟效果。完成杭州奥体中心万人以上热点比赛32场、3万人以上高热赛事10场（5个场馆同时比赛时最高峰11万名观众）的交通安保工作，赛事期间出动警力2624人次，实现杭州奥体中心场馆群周边道路交通管制影响最小。

2023年10月25日，滨江交通执法大队执法人员对机动车维修企业开展检查　（滨江交通执法大队　供图）

【交通民生服务】 2023年，滨江交警大队持续深化“最多跑一次”改革，落实“三长”走访制度，大队长、中队长定期走访全区工商、货物运输企业。区行政服务中心滨江交警大队窗口接待市民5.4万人次，受理业务6.26万件。其中：办理补换驾驶证6615个，行驶证、号牌619个，非现场违法业务3.55万个；办理临牌1.1万个，核发机动车检验合格标志5599件；办理一窗通办2629件，办结率100%；发放非机动车云申领号牌305个，其他业务374件。

【交警技能培训】 2023年，滨江交警大队围绕着装携装、警容警姿、言行举止等方面，以岗前训示、三级督导等工作为载体，开展每日提醒、每日督导、每日点评，加强作风建设和习惯养成，提升交警形象。运用《杭州交警教育训练课程》，开展TPTU（交通巡逻警察机动队）培训16期，组织全警普训2.5万人次；围绕亚运安保重要任务场景开展“比拼亮晒”活动26场次。突出核心能力持续提升训练，开展现场急救、消防技能、警务英语等培训7场次，530人次参与。

【“政治建警”系列活动】 2023年，滨江交警大队党总支紧扣“平安护航亚运”交通安保主线，围绕战时要求开展亚运政治动员1563人次，家访62人次，谈心谈话365人次，在重要节点举行重温入党入警誓词、亚运安保主题党日活动等36场。实施党支部建设整体提升工程，组建党员先锋队6支，青年突击队6支，组织政治学习144场次，举办“书记讲党课”12场次，红色根脉主题游学活动8场次。

【交通安全知识宣传教育】 2023年，滨江交警大队通过进企业、进社区、进学校等方式开设交通安全知识宣传讲座。完成辖区5家“四客”（公路客运、旅游客运、出租客运、公交客运）企业和5家危化品企业上门检查，并签订“安全生产承诺书”，签订率100%。实施“一老一小”源头治理工程，依托全区3个街道中心交通治理工作站（简称“交治站”），65个社区交治站，72个企业交治站，发挥宣教职能，宣传教育24.47万人次，其中电动车驾驶员19.28万人次、60周岁及以上老年人10.14万人次。利用65个三级在线责任防，向职业司机传授防御性驾驶技能，发布信息213次。完成辖区出租车及网约车驾驶人8.2万人次、“活跃”外卖骑手2万人次的交通安全宣教。联合各行业主管部门约谈需整改隐患企业83家。

（任　豪）

邮　政

【概况】 2023年，中国邮政集团有限公司杭州市分公司滨江区分公司（简称“滨江邮政”）有从业人员136人，总业务收入7616万元，其中邮务收入5773万元，寄递业务收入1843万元。泰安路投揽部投揽员沈涛获2023年全国五一劳动奖章。滨江邮政滨安揽投部获评浙江省“普遍服务示范网点”（全省唯一）。

【滨江邮政新媒体业务】 2023年，滨江邮政发展传统邮政服务与新媒体技术融合，拓展业务范围，创新服务模式，推进新媒体业务发展。滨江邮政与区委政法委、区委宣传部、公安滨江分局、区审管办、浙江省血液中心、上城区凯旋街道、上城区四季青街道等单位建立合作关系，通过提供传统邮件递送服务、线上媒体推广、线下媒体制作安装、主题活动参与、慰问礼品定制等，把新媒体关键词投放、白名单广告投放整合到线下海报广告、KT展板广告、桌贴广告等载体，满足宣传需求，实现线上线下资源互补和优势整合。全年，滨江邮政实现新媒体业务收入58.12万元。

【滨江邮政寄递业务】 2023年，滨江邮政持续优化前序

2023年12月1日，滨江邮政滨安揽投部获评浙江省“普遍服务示范网点”
（滨江邮政　供图）

寄递末端服务体系建设，新建"中邮驿站"3个，优化各揽投站点选位。率先在全国邮政系统开展无人车投递配送，入驻亚运场馆，为会场提供邮政服务。西兴、浦沿揽投部接受《中国邮政报》等媒体采访调研，《坚守一线保"春运"》《我们在长三角，进行了一次快递测速》等关于春运期间加派人员保障服务、快递时限全面提升的内容在《中国邮政报》《浙江邮政报》等国家及省级媒体刊发。泰安路揽投部揽投员沈涛获2023年全国五一劳动奖章，并接受"杭州工匠""杭工e家"等媒体专访报道。滨江邮政滨安揽投部获评浙江省"普遍服务示范网点"（全省唯一）。

【滨江邮政助力绿色发展】2023年，滨江邮政致力于绿色低碳发展战略实施。在各网点、揽投部加快无人配送车和无人仓库的场景化应用，有效降低人力成本，减少因运输而产生的碳排放，使用可降解塑料胶带和塑料包装袋，推广科学打包法，坚持适度包装，减少废物产生。利用可循环快递箱应用于银行凭证寄递、商企同城快递、医药配送、法院检察院文书配送等领域，在网点设置包装废弃物回收装置，回收和重复利用包装材料。至年底，实现电子运单全覆盖、瘦身胶带封装比例95%、电商快件不再二次包装比例75%、循环中转袋使用率92%。

（陈明琪）

通 信

【概况】2023年，中国电信滨江分局（简称"滨江电信"）宽带用户总数14.5万户，移动出账用户29.1万户，天翼高清用户7.3万户，Wi-Fi全屋覆盖5.3万户。各类门店70家，其中核心厅1家、社区店20家、合作卖场11家、电信（快递）38家，实现10分钟通信服务和业务办理。新建5G基站186个，5G室分29个，累计建设5G基站652个，5G室分295个；建设光纤网络技术（XGPON）端口7048个，实用XGPON端口6587个。中国移动滨江分公司（简称"滨江移动"）有核心营业厅9家，实体服务门店90多家，手机通信用户数82万户，移动有线宽带15万户。有局端机房44个，4G基站3430个，5G基站1570个。完成智慧新天地综合业务接入区建设、四层网格归位、光缆割接、OLT升级等，提升有线、无线通信服务质量。中国联通杭州市滨江区分公司（简称"滨江联通"）有营业厅、服务渠道及网点92家，其中营业厅7家。手机用户、固定电话、家庭宽带及企业宽带16.3万户。光纤宽带覆盖212个小区，宽带总端口6.2万个，宽带用户1.9万户。移动网络用户12.8万户，比上年新增2.4万户。有4G基站1998个，其中宏站559个、室内分布系统543个。有5G基站1096个，其中宏站335个，室内分布系统363个，基本实现区域内的信号全覆盖。华数传媒网络有限公司滨江分公司（简称"滨江华数"）建有服务站2个，员工92人，配备应急抢修服务车10辆。建有长河、春波、联庄3个骨干机房、10个基站机房、15个接入机房、122个小区机房。至年底，发展华数有效用户（大众+集客）14.8万户，广电5G开卡量1.18万张，实现区域内广电5G网、光纤宽带网、数字电视网全覆盖。全年经营性业务收入2.53亿元。

（翁 徐 李 周）

【滨江电信通信保障】2023年，滨江电信完善有线网通信保障服务，提升区域网络质量。聚焦人口密集区域和重点楼宇，通过建设、维护、优化一体化团队作业，建设5G宏站85个，5G（800M）站点101个，5G室分29个。至年底，完成滨江高教新型综合业务接入区建设，浙新小区电源改造、光线路终端（OLT）建设、光缆割接，室内基带处理单元（BBU）改挂，缩短用户到OLT的距离，提升通信质量。实现光纤网络技术端口楼宇园区、小区100%覆盖。

【滨江电信保障大型活动】2023年，滨江电信服务保障杭州第19届亚运会、杭州第4届亚残运会。打造亚运通信保障智慧大脑——天目通信保障系统（5G-A网络、5G新通话、5G智能通感、电信数字人、亚运元宇宙），推出“八大服务举措”，打造5G手语视频专席，派驻通信专业服务团队到各个场馆、接待酒店，服务亚运赛事。出动保障人员1500人次，其中现场保障人员1250人、远程保障人员250人；出动抢修保障车辆325辆次，全程保障3个竞赛场馆162场赛事、2个训练场馆、2家接待酒店、3家重保单位。赛事期间，落实备品备件128件，开通光纤、宽带、传输、固话、Wi-Fi、手机等10类业务，全程保障2000多个网元电路安全稳定运行，实现零重大云网故障、零重大网信安全事件、零群体投诉事件和零负面焦点。

【滨江电信数字化应用】 2023年，滨江电信聚焦重点行业、领域，推进数字化应用，提升公共服务水平。派10名技术专家驻场各单位、街道，助力数字化改革应用落地。参与数字化改革平台项目和未来社区数字化场景打造，其中协助公安滨江分局提供智慧安防服务991处。助力“一老一小”研发落地“通学路”“乐居安养”两个场景，其中“乐居安养”场景于3月24日启动，“乐居安养”三件套（智能门磁、人体红外感应器、主动求助器）守护老人700多户，打通社区养老“最后一公里”。

（翁兰鹰）

【滨江移动亚运保障】 2023年，滨江移动服务保障亚（残）运会4次转场和各项赛事的通信保障任务。打造AGIS网、互联网、Wi-Fi网、固话专网、公网对讲等10张10星网络，推出具备超密组网能力的弹性自呼吸网络，提升容量能力，确保重要节点网络体验。派驻1000人的服务团队到各个竞赛场馆和42处重保点位驻点，检查电视安全播出相关的业务管理平台等64项内容，推进亚运会网络安全备战。开展国际漫游业务体验系列检查，完成45个国家和地区126家运营商的测试验证，确保国际漫游投诉绿色快速处理通道畅通，全程保障移动通信安全平稳，实现“四零双优”（零重大网络事故、零重大安全事件、零重大客户投诉、零负面焦点事件，客户感知优、社会评价优）。

【滨江移动助力智驾云算力服务】 2023年，滨江移动依托中国移动集团打造高速互联、泛在融智的算力网络底座技术，为浙江零跑科技股份有限公司提供完整算力部署与调度技术支持、云端存储和计算资源，提升汽车的感知、决策和控制能力。滨江移动针对智能驾驶领域建立统一的数据库，实现流水线自动化业务流程和数据自动分级；基于算力平台进行数据处理、模型训练；对接存储系统，支持百亿级、100PB级数据管理，涉及训练系统、数据管理系统、流水线作业系统、离线分析系统等。项目为5年期，提供智驾云能力及配套集成设施一体式服务，助力零跑汽车实现自主研发PIOT自动驾驶系统，环境感知、路径规划、运动控制等功能。

（徐 莉）

【滨江联通中标生态智卫和危险废物数字化项目】 2023年2月3日，滨江联通中标生态环境滨江分局生态智卫项目；6月5日，滨江联通中标生态环境滨江分局危险废物数字化项目；两个项目合同总金额189.6万元。项目依托省政府数字化改革体系和架构，建设生态环境监测网络全域覆盖，提升环境质量、大气防治、环境事故预防和应急管理能力，解决问题难发现、难处置、难解决的现象。至年底，项目通过验收，服务企业65家，安装监控点位208个、电子秤65台。

【滨江联通中标长河革命历史纪念馆展陈更新项目】 2023年8月4日，滨江联通中标长河革命历史纪念馆展陈更新项目，合同金额193.66万元。项目利用3D渲染、数字人技术和全息投影技术，还原坤记理发店等革命历史场景，提供沉浸式革命历史体验。项目将红色文化与元宇宙技术结合，打造信息化的红色教育基地，推动纪念馆发挥社会教育功能。至年底，完成长河革命历史纪念馆上、下层设备装修

2023年12月28日，长河街道工作人员验收长河革命历史纪念馆展陈更新项目　（滨江联通　供图）

200平方米，空房间的元宇宙投影改造，通过验收。

（李中锁）

【滨江华数“智慧”服务项目】 2023年，滨江华数参与亚运场馆数字建设、滨江智慧楼宇、东信未来社区建设等项目，新签约公安滨江分局天网工程、滨江区智慧园区建设、浦沿街道未来社区数字化建设等项目。结合亚运会安保需求，建成覆盖面全、相互衔接的城市立体感知体系。助力滨江区“试点6个智慧园区建设项目”民生实事工作，根据未来社区数字化总体要求和指引，建设浦沿街道社区智慧服务平台，实现全场景供给，为市场化服务和管理提供支撑。

【滨江华数通信保障】 2023年，滨江华数持续做好通信保障工作，助力滨江区“最多跑一次”惠民服务项目工作推进。完成“杭州办事自助服务终端”巡检清洁462次，维修670多次，户外大屏安全巡检104次，滨江华数机房、道路光交箱和重要客户巡检60多次，保障市级以上重大联防联播活动3次。建成天网项目点位建设1475个，智慧安防项目点位214个，智慧医保项目改造点位92个。参与杭州第19届亚运会开幕式、马拉松赛、竞走赛、滨江体育馆亚运测试赛等重大活动的安全和通信工作。

【滨江华数智慧安防项目运行】 2023年，滨江华数日常维护公安滨江分局智慧安防项目，协助公安滨江分局各类智慧安防异常问题的跟踪处理和分公司智慧安防项目实施及验收。每日开展平台巡查智慧安防小区车闸、MAC（收集设备的媒体访问控制地址）采集、自建监控、水位水压等工作，完成设备故障、运维平台的划归、更新、数据纠错等问题。至年底，电源线路优化改造613处，巡检维修监控点位3.83万次，监控平均在线率99%以上，全年人脸、车辆活跃度考核率99.31%。完成前端监控巡检日报365份，平台巡检1465次，美化及隐患处理461处。

（周　露）

生态环境保护

综　述

【亚运环境质量保障】 2023年，杭州高新区（滨江）围绕“绿色”办会，保障亚运赛事期间的环境质量和环境安全。环境质量总体优良，$PM_{2.5}$平均浓度18.8微克/立方米，空气优良天数19天，9个亚运核心水域水质达标率100%，开、闭幕式当日空气质量为优，$PM_{2.5}$日均浓度分别为9微克/立方米和13微克/立方米。

【生态环境治理】 2023年，杭州高新区（滨江）推进全域“无废城市”建设，推进“无废工厂”“无废学校”等示范点建设，创新探索“无废商超”“无废饭店”等新型“无废细胞”，建设“无废亚运场馆”“无废亚运酒店”等各类“无废亚运细胞”。鼓励各类社会单元参与创建，创建完成“无废细胞”60个，累计创建完成“无废细胞”164个。推进“五水共治”，创新赋能“五水智治”，迭代升级“滨江数智治水”系统，实现“一网统管”；开发智慧治污新模式，长河街道成功试点智慧管网动态管理系统，实现雨水、污水、油水“三水平衡”；创新生物治水新举措，在西兴后河采用智能生物链靶向治水技术和原位生物清淤技术，优化河道。6月30日，浙江省美丽浙江建设领导小组办公室公布2022年度全域“无废城市”建设评估通过名单，杭州高新区（滨江）获“无废城市”建设“清源杯”。8月8日，浙江省生态环境保护大会暨美丽浙江推进会上，杭州高新区（滨江）被授予2022年度“五水共治”工作优秀市县“大禹鼎”铜鼎。

【国家生态文明建设示范区】 2023年，杭州高新区（滨江）坚持绿色发展、生态发展、高质量发展相结合，实现数字经济发展综合评价、制造业高质量发展综合评价等指数均保持全省第一位。成立科技治水联盟，迭代“数智治水”云平台，通过数字建模打造治水新模式，创建省级“美丽河

2023年10月26日，杭州高新区（滨江）被生态环境部授予第七批国家生态文明建设示范区称号　（生态环境滨江分局　供图）

湖”片区3个、“美丽河湖”1个、市级“美丽河道”33条，获治水“大禹鼎”。开展“黑匣子”智慧监管系统试点，建设“物联网+工地”等智慧监管平台，推进大气精细化管控。深化全域“无废城市”建设，2所学校获评全国无废公众教育试点学校，获省级“无废城市”建设“清源杯”。实施数字经济创新提质“一号发展工程”，构建数字产业、新能源产业与节能环保产业为支柱的绿色产业体系，创新推进“双碳”科研平台建设，鼓励企业绿色低碳核心技术攻关，实现低碳技术开发应用48项。首创“工业综合体”发展模式，通过建设产业特色明显、配套设施完善、公共服务完备的工业综合体，实现产业项目供地与供楼双轨并行。建设滨水公共空间改造提升工程，推进老旧小区综合改造提升工程。10月26日，杭州高新区（滨江）被生态环境部授予第七批国家生态文明建设示范区称号。

（古欣蕊）

环境质量

【概况】 2023年，杭州高新区（滨江）环境质量保持稳定。全区空气质量优良率82.2%。全区省控断面平均水质为Ⅲ类，市控断面平均水质为Ⅱ类，饮用水水源地水质达标率100%。声环境质量基本稳定，区内生活噪声年均值为51.8分贝。土壤环境质量良好，污染地块安全利用率100%。

【大气环境质量】 2023年，杭州高新区（滨江）环境空气质量总体良好。空气质量优良率82%，比上年上升3.8%；$PM_{2.5}$年平均值为28微克/立方米，下降9.1%；PM_{10}年平均值为54微克/立方米，上升1.9%；臭氧年平均浓度171微克/立方米，下降1.7%。

【水环境质量】 2023年，杭州高新区（滨江）提升全区水质，全年地表水环境质量状况为优。省控断面北塘河风情大桥年均水质为Ⅲ类，市控断面年均水质新浦河新浦河闸、永久河、海外高层次人才创新创业基地为Ⅱ类，饮用水水源地水质达标率100%。

【声环境质量】 2023年，杭州高新区（滨江）声环境质量状况稳定，环境噪声的主要来源为道路交通噪声和社会生活噪声。区内生活噪声年均值为51.8分贝，质量等级为较好。区内道路交通噪声年均值为62.5分贝，质量等级为好。全区各类标准适用区昼间噪声均达标。

【土壤环境质量】 2023年，杭州高新区（滨江）加强土壤环境质量监管，土壤环境质量总体良好。全区有土壤污染重点监管单位1家，完成隐患排查、有毒有害性物质报告、自行监测工作，监测报告向社会公开。开展土壤用地性质变更初步调查评审8次。全面推进“无废城市”建设，获评2022年度省全域“无废城市”建设最佳实践案例，获2022年度全域“无废城市”建设“清源杯”。

（古欣蕊）

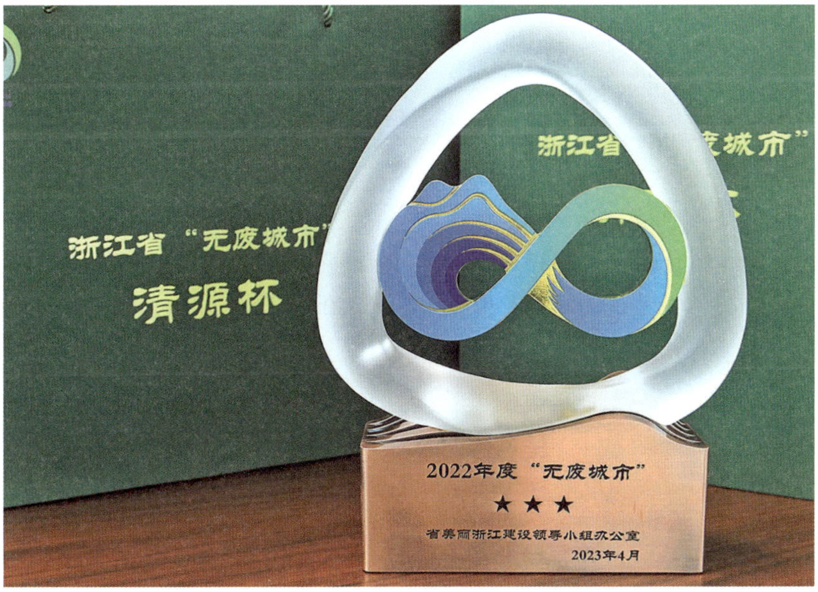

2023年6月30日，杭州高新区（滨江）获2022年度全域“无废城市”建设“清源杯”

（生态环境滨江分局 供图）

污染治理

【概况】2023年，杭州高新区（滨江）持续开展污染防治攻坚战，坚持精准治污、科学治污、依法治污，统筹提升水、气、土、声等污染治理水平。落实大气精细化管控工作，推进“五水共治”，创新赋能“五水智治”。打造“宁静试点”。推进全域“无废城市”建设，提升土壤环境治理水平。

【大气环境治理】2023年，杭州高新区（滨江）开展蓝天保卫战，落实“问题发现—及时整改—有效反馈”闭环处置机制，做好精细化管控。巡查点位837个，发现并整改问题746个，完成产业结构调整、低VOCs（挥发性有机物）原辅材料源头替代和低效VOCs治理设施改造升级任务。推进“两车”（国四及以下柴油汽车和国二及以下柴油叉车）淘汰工作，淘汰国四及以下柴油汽车1572辆、国二及以下柴油叉车68台。

【水环境治理】2023年，杭州高新区（滨江）持续推进“五水共治”工作，创新开展“五水智治”。编制《滨江“污水零直排区”建设长效运维工作方案（2022—2025）》《2023年滨江区“五水共治”（河长制）工作任务书》《滨江区入河入江排污口排查整治实施方案》等文件，提升治水工作规范性。完成市政智慧管网平台迭代升级、滨江水域监管“一件事”场景建设，完善街道级智慧管网。开展“污水零直排区”月度自查自纠，联合区、街道、第三方开展全区涉水问题督查、异常排口排查、“一月一自查”等专项排查行动。至年底，发现各类零直排问题617个，完成整改617个。

【声环境治理】2023年，杭州高新区（滨江）建设“宁静试点”噪声管理工作。开展“宁静园区”打造，针对海外高层次人才创新创业基地噪声信访问题，开展噪声模型预测，构建监测地图，编制噪声控制方案，落实防噪措施，实现园区噪声信访投诉大幅减量，在区内推广试点经验。开展“宁静工地”试点，将噪声监测系统纳入“平安工地一码通”平台，接入噪声监测设备10个，噪声监控设备预警1766次。

【土壤环境治理】2023年，杭州高新区（滨江）持续推进“净土”保卫战，开展疑似污染地块调查评估与污染地块治理修复，污染地块安全利用率100%。推进全域“无废城市”建设，创建“无废细胞”60个，制作浙江省“无废”卡通形象“绿芽儿”表情包3套，并上线推送。至年底，通过土壤用地性质变更初步调查评审地块8个，完成1家重点监管企业的土壤和地下水监测，统计调查化学物质环境信息企业21家；加强危险废物管理，完成危险废物数字化视频监控、计量设备安装和联网工作企业65家。

（古欣蕊）

环境监管与执法

【概况】2023年，杭州高新区（滨江）持续做好环境监管与执法工作。依托“规划环评+环境标准”清单式管理改革，提升企业排污许可与辐射管理能力。推进生态环境领域信访处置工作。开展专项生态环境执法行动，以数字化为重点搭建智慧监管平台，提升监管能力。全年办理生态环境类信访件603件，比上年下降31.3%。

（古欣蕊）

【环境监测】2023年，杭州高新区（滨江）完成滨江水厂各类水质指标检测2.43万次，出厂水16项指标二级检测各420次，水质合格率100%。开展疑似污染地块调查评估与污染地块治理修复工作。对全区有放射源使用单位和射线装置使用单位进行监督管理。完成“规划环评+环境标准”清单式管理改革试点备案项目50个，持续推进规划环评改革。

（程　珉　古欣蕊）

【辐射管理】2023年，杭州高新区（滨江）持续优化辐射管理，确保区内辐射安全。全区

2023年8月29日，生态环境滨江分局联合市生态环境局开展杭州市辐射事故应急演习（生态环境滨江分局 供图）

有放射源使用单位6家，新增1家；射线装置使用单位152家，新增49家。办理辐射安全许可证事项58件，常态化开展辐射安全许可现场抽查61家次。联合杭州市生态环境局开展杭州市辐射事故应急演练，提高突发环境事件应急处置水平。开展核技术利用单位风险隐患排查，巡查企业70家，发现问题20个。至年底，均整改完成。

【环保审批服务】 2023年，杭州高新区（滨江）落实“三线一单”（生态保护红线、环境质量底线、资源利用上线和生态环境准入清单），提升企业排污许可业务能力，召开排污许可企业培训整改会议5次，常态化开展排污许可现场抽查53家次，排污许可“双百”（排污许可证质量检查率和执行报告提交率均为100%）任务质量审核与整改均已完成。依托“规划环评+环境标准”清单式管理改革，完成改革试点备案项目50个，登记表备案项目88个，报告表审批项目6个，服务重点项目落地。

【生态环保督察问题整改】 2023年，杭州高新区（滨江）持续推进“七张问题清单”（重大巡视问题、重大审计问题、重大督查问题、重大生态环保督察问题、重大安全生产问题、重大网络舆情问题和重大信访问题）重大生态环保督察问题工作，全年清单指数得分99.3分，居全市第四位，全省第17位。“杭州市滨江区辖区内企事业单位设施设备噪声问题突出问题整改典型案例”入选为省级“重大生态环保督察清单”典型案例。中央生态环保督察和省委督察反馈问题均已完成整改销号。开展突出生态环境问题整改“啄木鸟”行动，开展问题自查、交叉检查和市级督察，出动检查人员200多人次，发现问题5个，立案3起。至年底，均已完成整改。

【生态环境执法检查】 2023年，杭州高新区（滨江）开展“雷霆行动”“空气质量提升专项执法检查”“零点行动”“绿箭行动”等专项执法行动，检查点位300多个，发现并整改问题104个。落实“双随机、一公开”日常监管制度，检查企业92家次，发现并整改问题18个。开展移动源执法检查，完成非道路移动机械执法监测209台，联合交警开展柴油车路检94台，完成柴油车入户执法监测111台，完成加油站油气回收执法监测5家，检验机构现场检查3家，维修企业现场检查4家，联合区市场监管局油品抽测7批次。

【“环保e企管”生态环境管理平台】 2023年，杭州高新区（滨江）迭代升级“环保e企管”生态环境管理平台。拓展点源管理，产生油烟的餐饮企业纳入监管，开展餐饮油烟一件事子场景，禁开区内减少油烟餐饮企业34家。新增环境教育模块，向企业推送环境教育服务，提升企业环保水平。通过“环保e企管”生态环境管理平台发送预警提醒1598次，发送问题55个。企业通过“浙里办”App学法6493次。亚（残）运会期间，通过“环保e企管”执法在线模块接收问题13个，滚动式开展重点企业核查50家次。至年底，全部完成整改，整改率100%。

【“黑匣子”智慧监管】 2023年，杭州高新区（滨江）率先开展环保“黑匣子”智慧监管省级试点工作。“黑匣子”智慧监管聚焦技术创新，实现用数据跑路代替现场检查、用模型算法代替人工鉴别，形成非现场、全过程监管的预测预警模型和技术路线。“黑匣子”智慧监管针对垃圾焚烧行业设置14种违法行为算法，VOCs重点排放企业设置8种违法行为算法。设置24小时数据执法岗哨，实时采集生产工作情况、污染治理和污染排放全过程关键数据，实现企业行为可回溯、能复盘，提高源头治污水平，减少现场执法检查频次，其中亚（残）运会期间减少现场检查1800人次。实现垃圾焚烧、VOCs排放企业“无事不扰又无时不在”的全过程、非现场的智慧监管模式。“黑匣子”智慧监管试点工作获省生态环境厅主要负责人批示肯定，在全省推广使用。

（古欣蕊）

五水共治

【概况】 2023年，杭州高新区（滨江）以亚运水环境保障为牵引，治水“十大行动”为重点，系统提升治水能力，治水新成效助推区域品质提升、美丽滨江示范先行。开展流域共治工作，联合萧山区、西湖区签订区级流域共治协议，构建联合共同体，落实区域共治行动。单个流域共治协议履行率100%，全年开展流域共治活动165次，500多人次参与。实现市控及以上断面年均优III比例100%，再次获“五水共治”工作最高荣誉——“大禹鼎”铜鼎。

【东冠新农村排水系统整治提升工程】 2023年，杭州高新区（滨江）以“一区一品”（每一区县打造一个特色治水品牌）为载体，推进东冠新农村排水系统整治工程，助力新农村升级。该项目重新布设给水管道和消防管道，解决困扰居民老旧管道水质差、水压低的问题；宅间横向道路重新布设雨污管道，分别与每户居民雨污收集井连通。经过改造，东冠新农村排水系统由雨污合流变为雨污分流，每年减少污水排水30万吨以上。

【护航亚运水环境质量】 2023年，杭州高新区（滨江）多跨协同、数字赋能，做好亚运水环境质量保障。利用无人船巡航、“智能河长”智慧管网管控系统等智慧动态把控实时情况；联合萧山区开展“清水入城”项目，实现钱塘江外江取水水质净化处理。亚（残）运会期间，每日对全区水体进行巡查检测，出动巡查队伍1500多人次，发现并整改问题2000多处。

【“五水智治”数字化改革】 2023年，杭州高新区（滨江）聚焦数字化治水，持续深化“五水智治”改革。拓展街道级智慧管网，搭建智慧管网系统“一主两场景”（主驾驶舱、污水管网溯源场景、雨水管网诊断场景），对管网的全生命周期健康状况进行监测告警和漏损分析，为精细化城市治水提供量化数据支撑；完成滨江体育馆周边8.3平方千米区域布设前端感知设备，建设智慧管网系统，对24个排水单元雨污排水口分布和雨污水管网进行

2023年9月7日，杭州高新区（滨江）开展护航亚运水环境质量保障工作。图为工作人员在亚运会场馆及周边管线巡查检测

（生态环境滨江分局　供图）

监测，发现管网养护不及时导致管网问题进行处置。

【“污水零直排”管理】2023年，杭州高新区（滨江）推进“污水零直排”长效管理。以零直排为抓手，发现各类涉水问题617个，整改完成率100%。完成全区58个生活小区零直排提质增效工作，推进全区智能雨污分流装置长效运维，完成大型雨污分流装置181套，维修及运行小型雨污分流装置855套，提升区域内排水系统。长河街道被评定浙江省城镇“污水零直排区”建设第一批标杆镇（街道）。

【水环境治理“找寻查挖”专项行动】2023年，杭州高新区（滨江）开展水环境治理“找寻查挖”专项行动，查找问题隐患、整改整治、主体责任等情况。通过街道自查及区级自查，查处上报问题860个并完成整改。制作涉水问题警示片4部，在每季度区级治水例会中持续播放，制作2023年度“五水共治·找寻查挖”微电影《净水清源》。开展媒体宣传曝光工作，设置媒体曝光渠道，每月发微信公众号，接受群众曝光投诉；在“滨江发布”、《天堂硅谷》报发布每月曝光，督促整改进度，曝光问题并完成整改22次。

【入河入江排口整治行动】2023年，杭州高新区（滨江）推进入河入江排口排查整治工作。召开排查工作培训会与排口工作推进会4次，形成区内多部门及技术三方共同组成的7支高效排查队伍，采用无人机、探地雷达、全地形机器人、荧光溯源仪等设备，提高排查精度和效率。全年入河入江排查排口1127个、原始排口1166个，筛查错误排口256个，其中新增排口217个。

（古欣蕊）

节能减排

【概况】2023年，杭州高新区（滨江）持续推动绿色发展，助力节能减排。开展工业减排管理工作，结构关停相关生产线2家企业，3家企业完成低效挥发性有机物设施提升改造；推进排污权交易工作，完成排污权交易企业2家。

【总量减排管理】2023年，杭州高新区（滨江）持续做好减排管理工作。结构减排即关停相关生产线企业2家，分别为杭州航天电子技术有限公司（烟粉尘减排量0.01吨/年，挥发性有机物减排量0.14吨/年，化学需氧量减排量0.21吨/年，氨氮减排量0.01吨/年）和杭州中诚塑料包装有限公司（挥发性有机物减排量2.1吨/年，化学需氧量减排量0.1吨/年）。工程减排企业3家，分别为浙江苏泊尔家电制造有限公司（挥发性有机物减排量1.5吨/年）、万利金刚石工具有限公司（挥发性有机物减排量2.8吨/年）、博世电动工具有限公司（挥发性有机物减排量12.3吨/年），增加工程治理设施，处理污染物。至年底，3家企业均完成低效挥发性有机物设施提升改造。

【排污权交易】2023年，杭州高新区（滨江）推进排污权交易工作，即在区域内，在污染物排放总量不超过允许排放量的前提下，内部各污染源之间通过货币交换的方式相互调剂排污量，达到减少排污量，保护环境的目的。至年底，完成排污权交易企业2家，分别为浙江苏泊尔家电制造有限公司和浙江普康生物技术股份有限公司。其中，浙江苏泊尔家电制造有限公司二氧化硫交易量0.23吨/年；浙江普康生物技术股份有限公司化学需氧量交易量2.25吨/年，氮氧化物交易量2.19吨/年。

（古欣蕊）

【电力环保】2023年，滨江供电分公司深化低碳楼宇研究，低碳楼宇项目申报“中国能源研究会管理创新奖”、浙江省营商环境优化提升最佳实践案例，参加第六届“绽放杯”5G应用征集大赛，获“智慧城市专题赛”一等奖。“电动汽车有序充电”创新成果获中国能源研究会能源创新奖一等奖等10个奖项，发表论文4篇，申请发明专利3项，软件著作权2项，滨成科创公寓安装40套电动汽车有序充电成套装置并投入使用。

（赵　强）

科技创新

综　述

【产业链创新链融合】 2023年，杭州高新区（滨江）深化产业链创新链“两链”深度融合，拓宽创新通道，落实《关于推动创新链产业链“两链”深度融合的实施意见》及若干政策。推进研发载体建设，新认定市高新技术研发中心74家；推荐上报省高新技术企业研究开发中心62家，省企业研究院18家，省级重点企业研究院8家，全省重点实验室14家。推荐浙江省双尖双领重大研发需求137项、杭州市人工智能重大攻关需求51项。上报省“尖兵”“领雁”攻关计划项目62项、市重大科技创新项目26项、市农业和社会发展领域重点项目3项。新立项杭州市农社重点研发项目（亚运）2项，国家、省、市配套项目92项，市生物医药专项6家。完成省重大项目验收16家、省重大项目中期检查25项、农社科研引导项目验收6家。至年底，获国家、省、市各类科技创新资助资金4.2亿元。

【孵化体系建设】 2023年，杭州高新区（滨江）优化民营经济发展环境，完善孵化体系建设，为企业创业助力。引导孵化器品牌输出，支持区科创中心等3家国家级孵化器牵头帮扶4家孵化器创建单位新增4家国家级科技企业孵化器，1家市级众创空间；支持兴耀科创城等9家企业备案为区级孵化器。推荐上报市级孵化器10家，省级孵化器6家，省级众创空间3家。全区有市级以上孵化器85家、众创空间45家，居全省第一位。全区在孵企业3988家，吸纳就业人数2万余人，新增孵化面积7.79万平方米。

【政策扶持】 2023年，杭州高新区（滨江）持续完善“1+X+N”产业政策体系，发挥财政资金的激励和引导作用，支持科技企业加大基础研究投入力度，聚焦企业技术研发，构建多元化的创新投入体系。平均按企业研发投入的20%予以资金补助。优化企业服务，持续推进杭州人工智能算力中心建设，为企业、高校、科研院所提供人工智能算力支撑，对接企业、高校、科研单位190多家，签约用户22家。通过搭建融资平台、推广融资产品、加强与金融机构合作等方式，为企业提供融资渠道和支持。深化“企业创新积分”试点，160家企业通过创新积分获得贷款，融资信贷金额超5.2亿元。“浙科贷”系统项目通过终验。

资料：“1+X+N”产业政策

“1”：《关于打造数字经济和新制造业发展“双引擎”加快世界一流高科技园区的若干政策意见》总体明确产业政策体系的目标任务、政策措施。

“X”：围绕人才、重点产业、科技创新、重点企业、科技金融、招商引资等方面的各专项政策，实现对企业不同发展阶段、不同产业类别、不同功能平台、全生命周期的政策支持。

“N”：共7条政策，主要区分新制造业、智造供给、集成电路、5G产业、文化创意、直播经济等不同产业修订新增扶持政策。

【科技企业认定】2023年，杭州高新区（滨江）持续培育创新主体，打造科技企业成长梯队。实施国家高新技术企业倍增计划，做好国家高新技术企业“后备梯队”建设，国家科技型中小企业自评入库2204家，数量居全省第一位；省科技型中小企业通过976家，数量居全省第二位。国家高新技术企业申报两批共受理1142家，推荐上报1129家，认定通过1032家，其中新申报525家，通过率86%，居全市第一位，认定数量居全省第二位。针对领军企业，实施科技领军企业和科技“小巨人”企业培育计划，重点面向“315”科技创新体系战略领域，助力民营高新技术企业、民营专精特新“小巨人”企业成长。至年底，全区省科技“小巨人”企业、省科技领军企业推荐上报45家，认定上榜省科技“小巨人”企业13家、省科技领军企业5家，认定数均居省、市第一位。

（郑雅文）

科技管理

【概况】2023年，杭州高新区（滨江）推荐上报国家级、省级、市级各级科技计划项目195项，比上年增长13%。其中，国家项目配套项目推荐60项，省级重大科技专项62项，争取国家、省、市科技资金4.2亿元，增加1亿元。

【92个项目获批国家、省重大科技专项市级配套项目】2023年5月16日，杭州高新区（滨江）根据市科技局《关于组织征集2023年度国家、省重点研发计划市级配套补助项目的通知》，开展2023年度国家、省重大科技专项资助市级配套项目的征集工作。杭州高新区（滨江）推荐申报项目97个，92个项目获批立项，获市级财政资金9547万元。

（吕子夜）

2023年杭州高新区（滨江）获批国家、省重大科技专项市级配套项目一览表

表19

序号	项目名称	承担单位
1	经导管二尖瓣瓣膜夹系统的研发	杭州德晋医疗科技有限公司
2	数据驱动的新型介入心脏瓣膜材料和器件研究	杭州德晋医疗科技有限公司
3	经导管微创介入心衰治疗可注射水凝胶及输送器械关键技术研究	杭州德柯医疗科技有限公司
4	柔性显示加工关键装备工艺技术开发	浙江华睿科技股份有限公司
5	智能化老年人失能防控技术平台研发与验证	纳里健康科技有限公司
6	基于多模态信号的癫痫发作智能监测与预警系统研发	杭州妞诺科技有限公司
7	基于组合医疗原理的介入心脏瓣膜制造和示范应用	杭州启明医疗器械股份有限公司
8	燃煤电站烟气非常规污染物短流程高效耦合治理协同碳减排技术装备	浙江天地环保科技股份有限公司
9	社会治理与智慧社会科技支撑	信雅达科技股份有限公司
10	基于“互联网+”的康复辅具应用服务云平台构建	医惠科技有限公司
11	高精度多频肺部电阻抗并行检测部件研制	杭州永川科技有限公司
12	光场辐射测量核心部件研发与校准技术研究	杭州远方光电信息股份有限公司
13	扫描式光场辐射度计的产业化应用示范	杭州远方光电信息股份有限公司
14	服务智能监管共性理论与技术	浙江大学滨江研究院
15	公共服务普惠供给共性关键技术研究	浙江大学滨江研究院
16	特色果蔬品质无损检测及智能分选装备创制与应用	聚光科技（杭州）股份有限公司
17	高性能紫外成像探测器	聚光科技（杭州）股份有限公司

续表19

序号	项目名称	承担单位
18	面向城市宜居的认知计算与一体化服务平台及其应用示范	聚光科技（杭州）股份有限公司
19	安全弹性的区块链网络关键技术	杭州趣链科技有限公司
20	基于区块链的社会治理与风险防控技术及应用	杭州趣链科技有限公司
21	非开源联盟链基础平台	杭州趣链科技有限公司
22	基于区块链的老年主动健康智能照护平台研究与应用示范	杭州趣链科技有限公司
23	基于区块链的互联网信息服务监管关键技术	杭州趣链科技有限公司
24	异构融合类脑计算研究平台	杭州海康威视数字技术股份有限公司
25	物联网智能开放服务运行支撑系统	杭州海康威视数字技术股份有限公司
26	智慧司法数字大脑共性支撑技术研究	杭州海康威视数字技术股份有限公司
27	视频感知新一代人工智能开放创新平台	杭州海康威视数字技术股份有限公司
28	基于混合器件的神经形态计算架构及芯片研究	杭州海康威视数字技术股份有限公司
29	大规模异构物联网威胁可控捕获与分析技术（一）	杭州海康威视数字技术股份有限公司
30	大规模异构物联网威胁可控捕获与分析技术（二）	杭州海康威视数字技术股份有限公司
31	潜在风险研究项目	杭州海康威视数字技术股份有限公司
32	学习环境智联计算关键技术研究及应用示范	杭州海康威视数字技术股份有限公司
33	自主无人系统的开放通用高端智能控制器（一）	杭州海康机器人股份有限公司
34	自主无人系统的开放通用高端智能控制器（二）	杭州海康机器人股份有限公司
35	智慧物流管理与智能服务关键技术项目	杭州海康机器人股份有限公司
36	基于V2X的城市智能交通系统关键技术联合研发与应用示范	银江技术股份有限公司
37	中国和欧盟主要婴幼儿食品安全生产监控技术研究	贝因美（杭州）食品研究院有限公司
38	人工智能辅助的先进工艺数字集成电路EDA关键技术及工具研究	杭州行芯科技有限公司
39	快递高速智慧安检智能识别技术研究	浙江啄云智能科技有限公司
40	面向共同富裕的公共服务普惠供给技术及应用	杭州金智塔科技有限公司
41	城市重大市政设施智能化运维与管控平台构建及应用示范	浙江国自机器人技术股份有限公司
42	全价值链产品质量精益管控智能分析软件	浙江中控技术股份有限公司
43	面向产品质量精益管控的多信息融合智能算法与模型研究	浙江中控技术股份有限公司
44	智能网联工业控制安全一体化增强技术研究与应用	浙江中控技术股份有限公司
45	测控装备智能化水平关键参数物理实体测评装置研制	浙江中控技术股份有限公司
46	面向智能工厂的以太网技术验证及示范	浙江中控技术股份有限公司
47	社会风险实时监测、分析、预警、与存证技术研究	浙江邦盛科技股份有限公司
48	全域多场动态信息仿生感知与模型表示	北京航空航天大学杭州创新研究院
49	高性能自适应跨链互通关键技术及试验验证	北京航空航天大学杭州创新研究院
50	开放式智能客服平台研建及应用示范	杭州中软安人网络通信股份有限公司
51	知识驱动的拟人化多轮对话关键技术	杭州中软安人网络通信股份有限公司
52	柔性显示用无镉无铅量子点发光显示关键材料及器件研究（一）	纳晶科技股份有限公司
53	柔性显示用无镉无铅量子点发光显示关键材料及器件研究（二）	纳晶科技股份有限公司

续表19

序号	项目名称	承担单位
54	印刷OLED/QLED柔性显示产业化关键技术	纳晶科技股份有限公司
55	实时高逼真孪生数字人关键技术研发与应用示范	网易（杭州）网络有限公司
56	面向工业环境的高灵敏宽动态图像传感器应用研究及产业化	浙江大华技术股份有限公司
57	基于人工智能的新型图像火灾探测技术研究	浙江大华技术股份有限公司
58	粮食产后质量分类判别和定级检验技术研发与应用	绿城农科检测技术有限公司
59	绿色低碳先进适宜技术与装备成果转化——零碳氢能应用与高精度碳足迹碳标签技术研发及其示范	浙江省白马湖实验室有限公司
60	煤炭清洁高效利用关键技术、装备及示范——低碳燃料耦合能源储供智能调控的低碳供能关键技术、装备及示范	浙江省白马湖实验室有限公司
61	数据驱动的光伏电站智能评估及预警技术研究	浙江省白马湖实验室有限公司
62	基于动态环境信息理解的智能服务机器人研发及应用	浙江省白马湖实验室有限公司
63	高速高性能SoC芯片专用测试系统研发及产业化	杭州长川科技股份有限公司
64	三温ATC平移式集成电路测试分选装备研发及应用	杭州长川科技股份有限公司
65	基于物联感知的民航飞机四舱立体监测关键技术研究	北京航空航天大学杭州创新研究院
66	实时毫米波成像芯片与设备研制	北京航空航天大学杭州创新研究院
67	基于动态环境信息理解的智能服务机器人研发及应用——人机共融的智慧协作服务机器人系统平台	北京航空航天大学杭州创新研究院
68	云边端一体化工业机器人操作系统研发及应用示范	北京航空航天大学杭州创新研究院
69	视频监控专用微型大容量存储器	杭州海康威视数字技术股份有限公司
70	高可靠性高端多控存储系统	杭州宏杉科技股份有限公司
71	基于“双碳”目标的新型能源系统柔性控制技术及平台	杭州中恒电气股份有限公司
72	自主可控工业互联网边缘智能安全防护系统和平台	杭州迪普科技股份有限公司
73	城市出行方式链智能辨识与主动调控关键技术及应用	杭州诚智天扬科技有限公司
74	融媒体协同传播模式下内容多模态采集、智能生产和融媒体传播链研究与应用	华数传媒网络有限公司
75	基于车网融合的电动汽车运行安全关键技术研究及产业化应用	浙江零跑科技股份有限公司
76	基于BCD模拟工艺平台车载同步降压电源芯片研发及应用	矽力杰半导体技术（杭州）有限公司
77	智慧教育与终身学习关键技术及产品研发——智慧教育与终身学习关键技术研究及产品示范应用	杭州施强教育科技有限公司
78	双边产业联合研发计划项目——面向码头典型煤种的大型高效智能螺旋式卸船装备关键技术研发及应用	杭州华新机电工程有限公司
79	数据中心主被动复合冷却系统关建技术研究与应用	华信咨询设计研究院有限公司
80	污废水减污降碳协同处理及再生利用关键技术、装备研发及示范——电镀废水减污降碳协同处理及再生利用关键技术、装备研发及示范	浙江海拓环境技术有限公司
81	高端植介入器械和组织工程产品研发——经导管主动脉瓣膜系统创新技术与新产品开发	杭州启明医疗器械股份有限公司
82	智能监管与合规风险监控一体化平台研发与应用	恒生电子股份有限公司

续表19

序号	项目名称	承担单位
83	基于代谢组学的黄蜀葵花总黄酮品质及作用机制研究	杭州康恩贝制药有限公司
84	基于国产化NP的自主可控确定性网络路由器研制项目	新华三技术有限公司
85	面向高精度激光雷达的大尺寸大转角MEMS振镜技术研发及示范	杭州士兰微电子股份有限公司
86	高(快)速道路路空立体感知与协同管控关键技术研究与应用——广域交通立体感知与协同管控关键技术研究与应用	浙江中控信息产业股份有限公司
87	通用流程模拟软件	浙江中控软件技术有限公司
88	公共服务领域智能化、情感化人机交互关键技术研究及示范应用	杭州中软安人网络通信股份有限公司
89	高比例新能源虚拟电厂云边端智能协同运行关键技术与装备研究	国网浙江新兴科技有限公司
90	面向海量物联感知数据汇聚的大数据分析治理平台	浙江大华技术股份有限公司
91	基于机会捕手数字工具加速零售快反主航道	杭州览众数据科技有限公司
92	集成电路高电压、大功率晶圆级电性能测试设备及系统	杭州广立微电子股份有限公司

（吕子夜）

【33个项目获批省研发攻关计划项目】 2023年9月5日，杭州高新区（滨江）根据省科技厅《关于组织申报2024年度“尖兵”“领雁”研发攻关计划第一批项目的通知》、市科技局《关于做好2024年度省“尖兵”“领雁”研发攻关计划项目组织申报评审推荐工作的通知》，开展2024年度“尖兵”“领雁”研发攻关计划项目申报工作。项目分“尖兵”“领雁”“科技合作”和“社会公益”四大类。经组织申报、评审推荐、上级立项等流程，12月28日，省科技厅公布获批立项名单，杭州高新区（滨江）有33个项目获批，其中“尖兵”项目11项，“领雁”项目18项，“科技合作”项目3项，“社会公益”项目1项。

（吕子夜）

2023年杭州高新区（滨江）获批省“尖兵”“领雁”研发攻关计划项目一览表

表20

序号	项目名称	项目承担单位	榜单类型
1	复杂工业场景多模态大数据智能分析决策的关键技术研究	中控技术股份有限公司	“尖兵”项目
2	新型蛋白类药物关键技术和产品研发——新型创新抗体药物SG301关键技术开发和产品研发	杭州尚健生物技术有限公司	“尖兵”项目
3	领域大模型构建与优化关键技术及工具链平台	杭州中软安人网络通信股份有限公司	“尖兵”项目
4	面向大规模训练、集群推理的AI国产算力异构服务器研制及应用	新华三技术有限公司	“尖兵”项目
5	智能算力中心网际互联与云际协同关键技术研究与验证	浙江宇视科技有限公司	“尖兵”项目
6	车载红外图像信号处理芯片研发	浙江芯昇电子技术有限公司	“尖兵”项目
7	面向领域大模型的数据准备、优化与增广	杭州网易数之帆科技有限公司	“尖兵”项目
8	跨学科集成的多物理场融合仿真一体化平台及应用示范	浙江大华技术股份有限公司	“尖兵”项目

续表20

序号	项目名称	项目承担单位	榜单类型
9	面向全球贸易的跨境支付数据治理与智能分析关键技术研发与应用	杭州乒乓智能技术有限公司	"尖兵"项目
10	面向领域大模型的数据准备、优化与增广	北京航空航天大学杭州创新研究院	"尖兵"项目
11	基于数字载体与移动机器人的智能生产物流场景模型与应用平台	北京航空航天大学杭州创新研究院	"尖兵"项目
12	面向无人驾驶的感知决策一体化模型及类脑计算方法研究	浙江零跑科技股份有限公司	"领雁"项目
13	面向网格现代化治理场景的数字生活公共服务平台关键技术研究及应用示范	城云科技（中国）有限公司	"领雁"项目
14	钢带电梯智能感知故障预警与运维决策关键技术研发——钢带电梯智能感知故障预警与运维决策关键技术研发	浙江新再灵科技股份有限公司	"领雁"项目
15	跨模态AIGC体积视频生成关键技术——跨模态AIGC体积视频生成关键技术研究及示范应用	杭州当虹科技股份有限公司	"领雁"项目
16	人工智能安全机理与风险防控技术研究	浙江大学滨江研究院	"领雁"项目
17	重大疾病智能化数字诊疗系统——融合血管造影影像与血流动力学检测的一站式多维度颅内动脉粥样硬化狭窄评估装备的研制	杭州脉流科技有限公司	"领雁"项目
18	动力电池安全高效梯次利用技术研究	杭州中恒电气股份有限公司	"领雁"项目
19	跨时空泛在数据分布式计算与智能决策的关键技术研究——跨时空泛在数据分布式计算与智能决策的关键技术研究及应用	浙江邦盛科技股份有限公司	"领雁"项目
20	高分辨率多光谱红外成像气体智能检测系统研发	浙江大立科技股份有限公司	"领雁"项目
21	云边端一体化智能控制的柔性化工装备关键技术研究——基于云边端一体化智能控制的柔性化工装备关键技术研究	浙江中控研究院有限公司	"领雁"项目
22	重大疾病智能化数字诊疗系统——心房颤动智能化数字诊疗系统关键技术研究与应用	纳里健康科技有限公司	"领雁"项目
23	智能控制系统全自主安全防御体系研究——智能控制系统全自主安全防御体系研究及产业化	杭州迪普科技股份有限公司	"领雁"项目
24	基于可信共享和授权运营的数据生态系统关键技术研究	数字浙江技术运营有限公司	"领雁"项目
25	高性能微流控生物检测芯片与POCT设备研发——全自动微流控核酸芯片检测系统及过敏分子POCT试剂研制	杭州浙大迪迅生物基因工程有限公司	"领雁"项目
26	面向地磁环境应用的高灵敏芯片化原子磁强计研制	杭州极弱磁场重大科技基础设施研究院	"领雁"项目
27	高性能电极浆料的制备技术研究——高性能电极浆料的制备技术研究项目	芯体素（杭州）科技发展有限公司	"领雁"项目
28	在线式工业CT智能检测装备研发	杭州睿影科技有限公司	"领雁"项目

续表20

序号	项目名称	项目承担单位	榜单类型
29	高色牢度、高精度纺织品数码印花关键技术研发——高色牢度、高精度数码喷印涂料墨水与高效短流程技术装备研发	杭州宏华数码科技股份有限公司	"领雁"项目
30	双边产业联合研发计划项目——用于电镀废水重金属深度处理的EPSETM技术转移、产业化研发及工程示范	浙江海拓环境技术有限公司	"科技合作"项目
31	双边产业联合研发计划项目——基于绿色算力的数字视网膜技术研发与应用	帕科视讯科技（杭州）股份有限公司	"科技合作"项目
32	双边产业联合研发计划项目——基于跨境电子合同的签署网络关键技术研发及应用	杭州天谷信息科技有限公司	"科技合作"项目
33	基于区域医疗中心的代谢性疾病数智化管理平台关键技术研究及应用示范	浙江和仁科技股份有限公司	"社会公益"项目

（吕子夜）

【第十二届中国创新创业大赛】 2023年9月7日，2023年第十二届中国创新创业大赛（浙江赛区）暨第十届浙江省"火炬杯"创新创业大赛总决赛在杭州白马湖建国饭店举行。大赛以"创新引领，创业筑梦"为主题，分新一代信息技术、高端装备制造、新材料、生物医药、新能源、新能源汽车、节能环保7个领域。比赛于5月启动，共收到全省567家企业报名参赛，全省21支队伍进入决赛。总决赛中，杭州高新区（滨江）的浙江科睿微电子技术有限公司获成长组铜奖。

【第八届中国创新挑战赛】 2023年12月12日，第八届中国创新挑战赛（浙江）暨2023年浙江省技术需求"揭榜挂帅"大赛总决赛在杭州高新区（滨江）结束。总决赛由5场行业赛的一等奖获得者角逐"金点子奖"，采用现场答辩、现场评审、现场亮分的评选方式，按解决方案评价、技术评价、技术合作可行性评价、商业模式和现场点评问答5个维度评分。挑战赛于7月启动，全省共征集235项真实有效的技术创新需求，通过需求对接、梳理、分析、评审等工作流程，向全国发布技术创新需求179项，收到全国280支挑战团队报名参赛，征集解决方案300项。大赛促成需求意向签约30项，签约金额4.2亿元，签约金额是上年的4倍，为历年最多。

（白永萱）

科技企业孵化器

【概况】 2023年，杭州高新区（滨江）新认定浙江浙农科创资产管理有限公司、浙江东冠电源技术有限公司、浙江功量控股有限公司、杭州楼搜网络科技有限公司4家国家级科技企业孵化器；新认定杭州生物医药科技创业园有限公司、保亿集团有限公司、威陵集团有限公司等6家省级科技企业孵化器；新认定杭州兴耀科创集团有限公司等10家市级科技企业孵化器。至年底，杭州高新区（滨江）有市级及以上科技企业孵化器95家，其中省级42家、国家级18家，居全省第一位。

【区科创中心】 至2023年底，杭州高新区科创中心（简称"区科创中心"）累计孵化企业1300家，其中新入孵企业15家。培育"创业板"上市企业7家，"科创板"上市企业1家，"新三板"上市企业5家。"独角兽"企业1家，"隐形冠军"企业1家，瞪羚企业45家；省科技型中小企业204家，其中新培育6家；国家高新技术企业177家，其中新培育4家；"雏鹰计划"企业182家。引进国家人才2人，省级人才3

人。帮助160多家企业获得投融资。区科创中心是杭州高新区（滨江）江北区块的核心区域，位于江北区块文三路199号，集聚以浙江大学为代表的30多所科研院所、大中专院校，突破传统孵化器在物理空间、资源聚合、服务提供方面的局限，加大对科技型团队、小微企业的招引力度，构筑创新创业新优势。

【杭州华业高科技产业园】 至2023年底，杭州华业高科技产业园累计引进培育上市企业及全资子公司10家，"新三板"挂牌企业6家，专精特新"小巨人"企业8家，专精特新中小企业18家，准"独角兽"企业8家，规模以上企业39家，"瞪羚"企业86家。累计培育国家高新技术企业201家，引进国家、省、市人才计划专家9人，引进区人才计划项目96个。华业高科技产业园位于建业路511号，孵化面积3万平方米。采用"众创空间+孵化器+加速器+产业园"发展模式，探索"天使投资+孵化培育"产业培育模式，打造创新企业孵化基地、创新人才培养基地、创新技术研发基地的国家级综合型科技企业孵化器。

【海外高层次人才创新创业基地加速器】 至2023年底，海外高层次人才创新创业基地加速器即"5050计划"（人才引进计划名称）加速器新入孵企业28家，累计孵化企业430多家，服务企业2800多家。培育"新三板"上市企业3家；投资孵化"独角兽"企业2家，准"独角兽"企业8家；培育科技型中小企业15家，累计125家；有市级高新技术企业31家；新培育国家高新技术企业13家，累计62家。引进国家人才计划专家7人、省级人才计划专家3人，培育国家人才计划专家1人、省级人才计划专家2人、市级人才计划专家2人。海外高层次人才创新创业基地加速器采用"政策扶持+创业导引+持股孵化+创业投资"运营模式，通过建设"5050"创新创业大赛、六和桥投融资平台，为企业提供创业、投资、技术转移、市场资源配置服务。在加拿大、法国、英国、日本等国家成立国际双子星孵化器4个。

【杭州天和高科技产业园】 至2023年底，杭州天和高科技产业园累计孵化企业近300家，服务企业1000多家次。累计培育国家高新技术企业42家，国家科技型中小企业62家，浙江省科技型中小企业69家，"雏鹰计划"企业48家，区人才计划企业35家，准"独角兽"企业3家，大学生创业企业7家，省级研发中心企业4家，市级专家工作站4家；引进高层次人才58人。杭州天和高级科技产业园位于滨安路688号，是国内首家以体外诊断产品（IVD）为特色的生物医药与智慧健康专业科技园，聚焦生物医药行业孵化器、加速器、产业化的生物医药诊断试剂科技园，是集原料、试剂、器械、研发、营销、检测、服务于一体的平台型特色科技园。

【金绣国际孵化器】 2023年，金绣国际孵化器新入孵企业15家，累计孵化企业224家，服务企业300多家。新增国家高新技术企业7家、科技型中小企业23家，浙江省科技型中小企业14家。累计培育国家高新技术企业36家，浙江省科技型企业54家，杭州市高新技术企业15家，科技型中小企业69家，"雏鹰计划"企业20家，海外高层次人才创新创业企业5家，市级研发中心2家，"瞪羚"企业4家。金绣国际孵化器由杭州金绣花边有限公司自主建设、自主运营和管理，以Wi-Fi产业、IoT（物联网）、物联网+、AI为主导产业。提供空间基础服务、创业辅导、投融资、科技咨询、市场开拓、研发共享服务等。

【杭州人工智能产业园孵化器】 至2023年底，杭州人工智能产业园孵化器内在孵企业50家，累计孵化企业135家，毕业企业35家。2023年，新增孵化企业11家，毕业2家；申请知识产权数量99件，拥有有效知识产权86件，其中发明专利4件、实用新型专利4件、软件著作权47件。培育或引进浙江省科技型中小企业6家，国家级科技型中小企业9家，国家高新技术企业1家，创新型中小企业3家；开展创新创业活动20多场，覆盖企业1000多人次。杭州人工智能产业园是专业运营以人工智能为主的产业发展创新平台；专注于人工智能、大数据、集成电路等高科技领域的高成长性中小型科技企业孵化，构建专业化人工智能创业创新服务体系，打造低碳节能数智化管理园区，为入驻孵化企业，提供政策、法律、财务、投融资、企业管理、人力资源、市场推广等企业全生命周期全要素一站式服务。

【东冠科技企业孵化器】 2023年，东冠科技企业孵化器新入孵企业12家，累计孵化企业191家；培育杭州“雏鹰计划”企业21家，国家高新技术企业17家，“新四板”挂牌企业2家，准“独角兽”企业1家，“专精特新”中小企业3家，专精特新“小巨人”企业1家，有高级工程师20多人；帮助17家企业获得投融资。东冠科技企业孵化器以培育小微企业为核心，围绕企业成长生命周期形成全过程陪伴式服务体系，落地创业苗圃—孵化器—小微园—产业园创业孵化生态，结合自身外部资源优势建立针对青年、女性创业特色服务平台。

【浙农绿色双创孵化器】 至2023年底，浙农绿色双创孵化器累计孵化企业124家，培育“新三板”上市企业1家，省科技型中小企业27家，国家高新技术企业13家，“雏鹰计划”企业5家，引进省级人才2人。培育科技中小企业5家，国家高新技术企业7家。孵化器通过自建及联合的方式设立7300万投资基金，与杭州联合银行合作为入孵企业提供的融资授信10亿元，帮助企业融资1860万元，累计帮助13家入孵企业获得投融资6208万元。浙农绿色双创孵化器依托浙农产业背景，通过与浙农集团涉农主业结合、与省供销社系统资源联合、与省农合联产业资源配合，形成“以企业需求为依据、以一企一档孵化体系为支撑、以孵化成果追踪制度为保障”的运营工作模式。

【创之海科技园】 2023年，创之海科技园新入孵企业10家，累计孵化企业95家，新培育省科技型中小企业21家，累计培育61家；新培育国家高新技术企业9家，累计培育31家；有“雏鹰计划”企业1家，区人才计划企业1家，专精特新企业3家，规模以上企业1家。创之海科技园位于西兴街道聚园路8号，坚持“做创业者的时间合伙人”孵化理念，以暖企小站为基地开展党群服务建设，坚持“培育中小型科技企业，培养科技人才、企业家，发展现代化科技产业”主线，定向聚集物联网、智能制造、网络信息技术等有影响力的高科技企业。

【江南智谷科技孵化器】 至2023年底，江南智谷科技孵化器累计孵化企业87家，其中新入孵企业9家。培育瞪羚企业2家；省科技型中小企业12家，其中新培育3家；国家高新技术企业4家，“雏鹰计划”企业2家。累计帮助10家企业获得投融资777万元。江南智谷科技孵化器由浙江功量控股有限公司运营管理，依托物联网小镇的战略优势，重点引进和培育云计算、移动互联网、人工智能、信息软件、电子商务、文创六大产业方向的高新科技企业。园区采取“公益性+市场化”相结合运营机制，配备培训室、会议室、员工餐

浙农绿色双创孵化器　　（区科技局　供图）

厅、健身房、商务洽谈区等公用辅助设施，满足科技企业创业基本需求。

【博济·钱江汇谷】 2023年，博济·钱江汇谷新入孵企业18家，累计孵化企业66家。新培育省科技型中小企业3家，累计培育9家；新培育国家高新技术企业2家，累计培育7家。累计帮助4家企业获得投融资60多万元；园区备有种子资金300万元，用于优质企业投融资。博济·钱江汇谷园区采取“天使投资+创业导师+平台服务”孵化模式，设有信息服务、创业辅导、投融资、创新支持及商务中介五大公共服务平台。

【亚科生物医药科创园】 至2023年底，亚科生物医药科创园累计孵化企业47家，其中新入孵企业9家；省科技型中小企业6家，其中新培育3家；国家高新技术企业3家，其中新培育3家；“雏鹰计划”企业1家，其中新培育1家。累计帮助5家企业获得投融资。亚科生物医药科创园以亚科中心为产业孵化载体，结合浙江金石亚药医药科技有限公司的人才团队、研发平台和检测设备，重点孵化生物医药及人类健康事业相关的高新技术产业。

【保亿·创艺科技园】 至2023年底，保亿·创艺科技园累计孵化企业67家，其中新入孵企业10家。培育省科技型中小企业17家，其中新培育6家；国家高新技术企业5家，其中新培育2家；创新型中小企业1家；“雏鹰计划”企业3家。累计帮助6家企业获得投融资。保亿·创艺科技园用于孵化器场地总面积1.6万平方米，科技创业人员创业预孵化和在孵企业场地面积（包括公共服务场地面积）1.3万平方米，占孵化场地总面积80.08%，配备科技研发、办公、会议、展示、教育培训、配套餐饮等硬件配套设施；有孵化器基础服务平台、孵化器在线综合服务平台、孵化器公共服务平台、孵化器产业技术服务平台四大平台，从政策保障、创业辅助、资金资助、技术交流与合作等方面为企业提供支撑。

（吕思思）

亚科生物医药科创园　　（区科技局　供图）

众创空间

【概　况】 2023年，杭州高新区（滨江）新备案浙江东冠资产管理有限公司、上峰（杭州）创业服务有限公司、浙江天钥企业服务有限公司3家省级备案众创空间，新备案杭州朗峰商业管理有限公司为市级备案众创空间。至年底，有市级及以上备案众创空间37家，其中国家级备案众创空间19家、省级备案众创空间14家、市级备案众创空间4家。

【楼友会众创空间】 2023年，楼友会众创空间新增入孵企业36家，有在孵企业66家，其中大学生创办企业数量8家，互联网+创青春大赛金奖项目3家，银奖项目3家，留学人员创办企业数量3家。新增高新技术企业3家，累计培育8家；创新型中小企业新增4家；新增国家科技型中小企业3家，累计培育25家；新增浙江省科技型中小企业3家，累计培育28家；区人才计划人才项目引进2家。新增申请知识产权60件，新增知识产权授权数15件，在孵企业拥有有效知识产权数45件，其中拥有知识产权的在孵企业数占在孵企业总数的比例为85%。在孵企业吸收就业人数316人，其中大专以上人员298人，应届大学毕业生18人，留学人员2人；毕业企业30家，累计毕业企业180家。楼友会位于江北科技园黄姑山路29号颐高创业大厦，空间孵化面积3113.33平方米，孵化“互联网+”初创型创业项目，为创业者提供优质项目落地、高端人才引进、投资融资、行业产业交流等服务。至年底，楼友会众创空间先后被认定为国家备案众创空间、国家高新技术企业、杭州市国际化示范众创空间、省级优秀众创空间、市级优秀众创空间。

【Nihub众创空间】 2023年，Nihub众创空间新增入孵企业35家，有在孵企业53家，其中国际化企业20家，高新技术企业2家，省科技型中小企业3家，区人才计划项目1家。新增申请知识产权20件，新增知识产权授权数25件，在孵企业拥有有效知识产权数35件，其中拥有知识产权在孵企业数占在孵企业总数的20%。在孵企业吸收就业人数153人，其中大专以上人员153人，应届大学毕业生15人；毕业企业12家，累计毕业企业135家。Nihub众创空间由杭州你创网络科技有限责任公司投资建设并运营，专注于引进海外优质项目和企业落地中国，构筑海外优质项目与国内资本间的桥梁，构建国际化创新创业生态系统，完成国际引才、外资引进、国际交流及项目人才服务等工作，为企业提供一站式孵化服务。至年底，Nihub众创空间被认定为国家备案众创空间、杭州市国际化示范众创空间。

【鲲AI空间】 2023年，鲲AI空间新增入孵企业6家，累计孵化企业57家，其中大学生创办企业数量14家，高新技术企业7家，“雏鹰计划”企业3家，国家科技型中小企业6家，省科技型中小企业6家；累计服务企业200多家；有在孵企业吸收就业人数128人；毕业企业9家，累计毕业企业64家。鲲AI空间由杭州鱼昆投资管理有限公司投资建立，孵化场地面积1200平方米。鲲AI空间与科大讯飞股份有限公司、杭州华为企业通信技术有限公司等企业展开合作，为企业搭建各种公共技术服务平台，打造具备国际化合作特色的人工智能领域专业众创空间。鲲AI空间整合国家高新区政策资源、全球创投资源、科技实业系列的上市公司资源、全球人才资源，促进人工智能领域快速高效发展。鲲AI空间先后被认定为国家备案众创空间、杭州市国家专业化众创空间。

【独角兽众创空间】 2023年，独角兽众创空间服务创业企业和团队48家，成功入孵初创企业8家。至年底，累计入驻企业280多家，入孵企业100多家，服务企业240多家。独角兽众创空间由杭州独角兽投资管理有限公司投资建立，为企业搭建各种公共技术服务平台，打造具备科技与信息共享的众创空间。独角兽众创空间集六和桥创服体系、六和桥创投天使系列基金之力，打造双创服务生态体系，重点打造“新材料+”、“互联网+”、“生命健康+”、新一代信息技术、未来产业的硬科技创新和新消费、现代服务、数字文化、传媒娱乐、社交电商、直播、短视频、游戏、虚拟人的新经济领域。

【天和众创】 2023年，天和众创引进入驻服务创业团队和企业的机构54家，举办创新创业活动18场。天和众创位于国内首批民营生物医药国家级孵化器——杭州天和高科技产业园，以引进孵化培育优质的生物医药源头创新项目为目标，致力于打造全球生物医药创新孵化生态圈。天和众创通过杭州市标准化众创空间、浙江省众创空间、杭州市专业化众创空间认定，获评省级优秀众创空间、国家备案众创空间。

【LinBox滨江创客营】 2023年，LinBox滨江创客营新增入孵企业11家，累计孵化企业223家。有留学归国人员创办企业1家，博士学位创办企业1家，获得投融资企业1家，

LinBox 滨江创客营　　（区科技局　供图）

举办路演、创业活动24场，签约创业导师20人。LinBox中太创业空间孵化场地面积1876.9平方米，孵化产业方向为人工智能、软件研发、生物医疗；由杭州拎包客资产管理有限公司和投资机构联合建设，发挥"空间运营+股权投资"的优势，以投资和孵化相结合的模式，采用市场化运作方式，利用自有资金、合作基金，为在孵企业提供创业沙龙、创业路演、资本对接、政策申报等服务。

【浙工大创业梦工场】 至2023年底，浙工大创业梦工场累计孵化企业121家；培育高新技术企业6家，"雏鹰计划"企业3家，省科技型中小企业7家，中国国际互联网+创新创业大赛金奖1家。浙工大创业梦工场位于西兴街道聚工路11号，以创新滨江、数字滨江、国际滨江为指导，加快构建成浙江工业大学校友创新创业实践基地和服务基地。浙工大创业梦工场入选2022年度杭州市第五批杭州创业陪跑空间名单。

【Forte孵化器】 至2023年底，Forte孵化器累计入孵企业62家，入孵项目26项，其中省科技型中小企业7家，国家高新技术企业2家，大学生创业企业7家，留学人员创业企业4家。Forte孵化器前端提供基础办公、交流、住宿等硬件服务，为空间配备物业服务、运营团队；中端设有专业财税、技术开发、设计等服务，创建企业服务生态圈；上端设立投融资服务部，空间常设天使投资基金300万元，计划第一期投资基金规模3000万~5000万元，主要面向领域为医疗科技、建筑管理类项目。

【东冠空间（东冠大厦）】 2023年，东冠空间（东冠大厦）新入孵企业12家，累计孵化企业27家，帮助2家企业获得投融资。东冠空间（东冠大厦）位于江南大道618号东冠大厦3层，为企业构建集创业辅导、投融资、科技咨询、物业管理、共享平台服务5个模块于一体的服务体系，是"东冠燕·同心荟"统战活动场地、浙江中医药大学创新创业实践教育基地、"伊创荟·滨江基地"妇联女性创业合作共享平台。

【π空间】 2023年，π空间新增入孵企业7家，在孵企业22家，其中大学生创办企业数量6家。有3项软件著作权，筹备申报省科技型中小企业及"雏鹰计划"。新增申请知识产权13件，在孵企业拥有有效知识产权数64件，其中拥有知识产权的在孵企业数13家，占在孵企业总数的59%。在孵企业吸收就业人数112人，其中大专以上人员95人，应届大学毕业生74人，留学人员3人；毕业企业2家。π空间位于长河街道江虹路611号上峰电商产业园，以项目孵化业务、科技金融业务、产业资源整合和增值服务业务为支撑，聚焦数字经济、电子信息、文化创意三大产业，提供全生命周期、高匹配度的服务和支持。π空间被认定为浙江省备案众创空间、杭州市备案众创空间。

【E线梦空间】 2023年，E线梦空间新增入孵企业20家，有在孵企业45家，其中大学生创办企业6家，留学人员创办企业1家，省科技型中小企业2家。新增申请知识产权3件，知识产权授权数1件，在孵企业拥有有效知识产权数6件，拥有知识产权在孵企业数占在孵企业总数的13%。在孵企业吸收就业人数110人，其中大专以上人员90人，应届大学毕业生10人，留学人员2人；毕业企业3家，累计毕业企业6家。E线梦空间位于西兴街道江陵南路312号，园区面积1500平方米，以科技型、文创类、设计类企业为主，为企业提供工商、财税等服务以及法律、人力、金融需求等资源对接。年内，E线梦空间获批杭州市众创空间。

（吕思思）

创新主体培育

【概况】 2023年，杭州高新区（滨江）有1032家企业通过国家级高新技术企业认定，其中新认定企业525家、重新认定507家。有效国家级高新技术企业2601家，居全省第二位。新认定省级科技型中小企业976家，有效累计认定3930家，居全省第二位。国家科技型中小企业自评入库2204家，入库数居全省第一位。

【高新技术企业培育】 2023年，杭州高新区（滨江）与街道、平台协同，明确高新技术企业服务分管负责人、责任科室及具体服务人员。与街道、平台联合开展高新技术企业培训、企业排摸、组织推荐，提升街道、平台相关人员业务水平。发挥孵化器众创空间作用，宣讲孵化器绩效评价、培育高企奖励、楼宇政策、毕业房补政策和企业自身奖励、税收优惠政策。编印《高新技术企业认定政策汇编》和高新技术企业宣传单及海报，制作高新技术企业申报短视频，开展楼宇排摸等，形成514家企业意向申报高新技术企业；启动新引进意向申报企业备案工作，从区外迁入新申报企业54家。开展“一个问卷调查”“一期走访调查”“一批辅导培训”“一次专家门诊”“一段预约指导”，动员新申报企业624家，比上年增长4.6%。举办线下培训15场，其中江南13场、江北2场；“钉钉”线上直播培训5场；培训范围实现江北、江南、街道平台、重点园区楼宇全覆盖。开展高新技术企业申报服务需求问卷调查，收集需求35个，回访指导49家次。采取专家指导、科技服务机构“一对一”“一对多”“多对一”辅导方式，实施精准化培育服务。邀请高新技术企业评审技术、财务专家78人，确定江北、物联网、浦沿、江北天堂软件园、西兴兴耀科创城、浦沿金盛科技园6个点位，分别安排164家、99家、245家、118家、86家、205家企业，对948家申报企业材料逐家服务，规范申报材料，助推国高新技术企业高质量申报。区科技局、区财政局、区税务局等部门做好初审工作。至年底，杭州高新区（滨江）高企管理工作协调小组完成1142家企业申报终稿审查，推荐上报1129家，通过省专家评审1037家，其中新申报528家，通过率86%，居全市第一位。推荐数及省评通过数均居省市第二位。通过认定国高企1032家，其中首次新认定525家，重新认定507家，创历史新高。

（李　丽）

【国家科技型中小企业培育】 2023年3月，科技部火炬中心启动2023年科技型中小企业评价工作，区科技局按照《科技型中小企业评价办法》，开展企业数据对比、分析，做好数据挖掘，筛选建立科技型中小企业培育库，动员科技型企业申请入库评价；编制“一图清”申报手册，对扶持政策、认定条件、认定流程、申报流程及申报材料等进行解析，规范评价材料，提高入库通过率；做好科技型中小企业加计扣除100%优惠政策宣传，举办专题培训会，动员孵化器及众创空间等协助宣传，宣传政策覆盖3500多家企业。组织2244家企业申报，经过企业评价信息形式审查，入库科技型中小企业信息集中抽查，杭州高新区（滨江）2204家企业入库2023年科技型中小企业，比上年增长15.21%，居全省第一位。

【省科技型中小企业培育】 2023年3月16日，市科技局启动杭州市2023年浙江省科技型中小企业认定工作。杭州高新区（滨江）组织1608家企业申报，经材料审核及行政审查后，推荐上报976家。经省科技厅认定，杭州高新区（滨江）976家企业被认定为2023年度浙江省科技型中小企业，比上年增长6.2%。根据《关于促进科技企业创新创业的实施意见》，区科技局给予新认定的浙江省科技型中小企业每家奖励1万元。

（徐丽媛）

【省科技“小巨人”企业认定】 2023年6月27日，省科学技术厅发布《关于组织开展2023年度浙江省科技小巨人企业、科技领军企业申报工作的通知》，杭州高新区（滨江）对标筛选全区2271家有效高新技术企业，在营业收入2亿元以上的212家高新技术企业中，动员初步符合条件的68家参与申报。经过企业申报条件形式审查［包括但不限于：市场占有率位于全省前三位或全国前五位；上一年度营业收入2亿元（含）以上；近3个会计年度营业收入或净利润复合增长率达15%以上，或近3个会计年度累计获得股权融资超过8000万元（或等值外币）］和重大安全质量事故等信用核查，推荐40家高新技术企业上报。经省科技厅审核，杭州广立微电子股份有限公司、浙江时空道宇科技有限公司、浙江华锐捷技术有限公司、连连银通电子支付有限公司、杭州启明医疗器械股份有限公司、易思维（杭州）科技有限公司、杭州宏杉科技股份有限公司、浙江国自机器人技术股份有限公司、杭州康奋威科技股份有限公司、杭州万高科技股份有限公司、杭州芯云半导体技术有限公司、杭州国芯科技股份有限公司、杭州景业智能科技股份有限公司13家公司被认定为2023年省科技“小巨人”企业，占全省的10.4%，占全市的35%，全区累计认定省科技“小巨人”企业24家，数量居全省第一位。

【省科技领军企业认定】 2023年6月27日，省科学技术厅发布《关于组织开展2023年度浙江省科技小巨人企业、科技领军企业申报工作的通知》，杭州高新区（滨江）组织5家企业申报省科技领军企业，经过企业申报条件形式审查［包括但不限于：市场占有率位于全国前三位或全球前五位；上一年度营业收入原则上20亿元（含）以上，其中人工智能等未来产业领域的，营业收入可放宽至10亿元（含）；近3个会计年度研究开发费用、营业收入、实缴税金、净利润和高新技术产业投资5项主要经济指标中至少有2项指标的平均增速高于全省同期生产总值平均增速］和重大安全质量事故等信用核查，推荐5家高新技术企业上报。经省科技厅审核，浙江中控信息产业股份有限公司、杭州长川科技股份有限公司、杭州安恒信息技术股份有限公司、杭州士兰微电子股份有限公司、网易（杭州）网络有限公司5家企业被认定为2023年省科技领军企业，占全省总认定量的12.5%、占市认定量的33.3%，全区累计认定省科技领军企业14家。浙江中控信息产业股份有限公司聚焦基础设施的自动化、信息化、数智化建设和服务，涉及城市交通、公路交通、轨道交通、水环境、建筑智能体等领域。杭州长川科技股份有限公司专注集成电路封测装备研发，检测设备在新能源、汽车电子、5G通信、云计算、人工智能等领域的芯片检测中应用。杭州安恒信息技术股份有限公司是以数字经济为安全基石的网络信息安全企业。杭州士兰微电子股份有限公司从事集成电路芯片设计以及半导体微电子产品生产，应用于功率半导体、模拟集成电路芯片、MEMS传感器、高端LED芯片等领域。网易（杭州）网络有限公司拥有在线游戏开发与发行、在线音乐、智能学习、自营品质电商品牌、资讯传媒平台等的互联网技术企业。

【省技术先进型企业认定】 2023年7月4日，省科技厅等五部门启动2023年度浙江省技术先进型服务企业申报工作。杭州高新区（滨江）组织59家企业申报，经材料审核及信用审查后，推荐上报19家。经省科技厅审核，杭州高新区（滨江）的连连宝（杭州）信息技术有限公司、英飞特电子（杭州）股份有限公司等18家企业被认定为2023年度浙江省技术先进型服务企业，占全省总认定数的66.67%，数量居全省第一位。

（李　丽）

【科技型企业研发费用补助】2023年7月，杭州高新区（滨江）开展2023年市科技型企业研发费用投入财政补助企业信息核查工作。7月24日，市科技局审核后，发布《关于下达2023年第三批杭州市科技发展专项资金的通知》，杭州高新区（滨江）185家企业获补助资金1.04亿元，其中科技型中小企业补助36家1874.7万元、国家高新技术企业补助149家8523.3万元。

（赵忠源）

科技研发载体

【概况】2023年，杭州高新区（滨江）新增市级研发中心74家，累计667家；新增省级研发中心50家，累计453家。新增杭州市概念验证中心2家。新增省级重点企业研究院4家，累计52家。新增省级企业研究院17家，累计133家。

（吕子夜）

【杭州人工智能发展中心】2023年，杭州高新区（滨江）推动新一代人工智能高质量发展，发挥数字经济发展优势，平稳运行杭州人工智能计算中心（简称“计算中心”）。计算中心由杭州高新智能科技有限公司负责运营，一期40P（P为千万亿次）算力于2022年5月正式投入运营，二期100P算力于2023年8月上线运营，总投资3.33亿元，建成算力规模共计140P。计算中心采用华为昇腾910AI芯片，可以更快进行图像、语音的AI模型训练，提高人工智能企业工作与研究效率，为各种复杂的人工智能任务提供强大的计算能力。杭州高新区（滨江）通过打造公共算力服务平台、应用创新孵化平台、产业聚合发展平台、科技创新及人才培养平台4个生态平台，支撑打通“政—产—学—研—用”的闭环。至年底，华为技术有限公司派驻15名辅助运营团队人员提供技术支撑和商务拓展，与浙江大学、北京航空航天大学杭州研究院等、网易（杭州）网络有限公司、杭州安恒信息技术股份有限公司等开展项目前期的适配。

（马　也）

【市级企业研发中心】2023年2月9日，市科技局启动2023年杭州市企业高新技术研究开发中心申报工作。杭州高新区（滨江）推荐74家企业申报。5月23日，市科技局印发《关于认定2023年杭州市企业高新技术研究开发中心的通知》，杭州高新区（滨江）有74家研发中心被认定为杭州市企业高新技术研究开发中心。

【省级企业研发中心】2023年6月19日，省科技厅启动2023年省高新技术企业研究开发中心申报工作。杭州高新区（滨江）推荐62家企业申报。11月24日，省科技厅印发《关于公布2023年新认定省级企业研发机构名单的通知》，杭州高新区（滨江）有50家研发中心被认定为省级高新技术企业研究开发中心。

（吕子夜）

2023年杭州高新区（滨江）新认定市级企业研发中心一览表

表21

序号	新认定市级企业研发中心名称	依托单位名称
1	杭州市微影软件红外智能感知终端企业高新技术研究开发中心	杭州微影软件有限公司
2	杭州市华橙物联网企业高新技术研究开发中心	杭州华橙软件技术有限公司
3	杭州市广脉信息通信及行业应用企业高新技术研究开发中心	广脉科技股份有限公司
4	杭州市长光辰芯高端CMOS图像传感器企业高新技术研究开发中心	杭州长光辰芯微电子有限公司
5	杭州市玄机三维数字动画企业高新技术研究开发中心	杭州玄机科技股份有限公司

续表21

序号	新认定市级企业研发中心名称	依托单位名称
6	杭州市胡庆余堂食养产品创新企业高新技术研究开发中心	杭州胡庆余堂天然食品有限公司
7	杭州市铂科电子数字能源企业高新技术研究开发中心	杭州铂科电子有限公司
8	杭州市配方师生物技术企业高新技术研究开发中心	杭州配方师科技有限公司
9	杭州市诚泰智能警用装备与软件系统一体化企业高新技术研究开发中心	杭州诚泰科技有限公司
10	杭州市银江智能交通企业高新技术研究开发中心	浙江银江交通技术有限公司
11	杭州市蓝鲸智能手游开发企业高新技术研究开发中心	杭州蓝鲸网络科技有限公司
12	杭州市龙即企业管理软件企业高新技术研究开发中心	杭州龙即信息技术有限公司
13	杭州市谱育检测环保检测企业高新技术研究开发中心	杭州谱育检测有限公司
14	杭州市商智数智化财富管理企业高新技术研究开发中心	商智神州（杭州）科技有限公司
15	杭州市凯保罗癌症早诊早筛企业高新技术研究开发中心	杭州凯保罗生物科技有限公司
16	杭州市希科产品安全与环境保护检测企业高新技术研究开发中心	杭州希科检测技术有限公司
17	杭州市天戟手游产业企业高新技术研究开发中心	杭州天戟信息科技有限公司
18	杭州市绿色慧联绿色运力和智慧车联网平台企业高新技术研究开发中心	浙江绿色慧联有限公司
19	杭州市熙羚信息数据安全企业高新技术研究开发中心	杭州熙羚信息技术有限公司
20	杭州市广卓电力数字化检测仪器产品开发企业高新技术研究开发中心	杭州广卓电力科技有限公司
21	杭州市东天虹“三废”防治企业高新技术研究开发中心	浙江东天虹环保工程有限公司
22	杭州市华诺康微创外科视觉企业高新技术研究开发中心	浙江华诺康科技有限公司
23	杭州市研智智能控制系统企业高新技术研究开发中心	杭州研智科技有限公司
24	杭州市蓝川科技快递物应链服务企业高新技术研究开发中心	杭州蓝川科技有限公司
25	杭州市爱客能源5G网络能源管理企业高新技术研究开发中心	浙江爱客能源设备有限公司
26	杭州市欧盾电动液压企业高新技术研究开发中心	欧盾科技有限公司
27	杭州市精进精确进料系统企业高新技术研究开发中心	杭州精进科技有限公司
28	杭州市火石数智医学智能企业高新技术研究开发中心	杭州火石数智科技有限公司
29	杭州市喜悦悟悦引擎动漫企业高新技术研究开发中心	喜悦娱乐（杭州）股份有限公司
30	杭州市明度智能装车系统企业高新技术研究开发中心	杭州明度智能科技有限公司
31	杭州市源创智能控制企业高新技术研究开发中心	浙江源创智控技术有限公司
32	杭州市必易微高性能模拟及数模混合芯片企业高新技术研究开发中心	杭州必易微电子有限公司
33	杭州市青橄榄泛园区智慧生活企业高新技术研究开发中心	杭州青橄榄网络技术有限公司
34	杭州市新绿盾智慧环卫服务企业高新技术研究开发中心	浙江新绿盾环境技术工程有限公司
35	杭州市乐湾智慧养老企业高新技术研究开发中心	杭州乐湾科技有限公司

续表21

序号	新认定市级企业研发中心名称	依托单位名称
36	杭州市云趣数科供应链金融服务平台企业高新技术研究开发中心	杭州云链趣链数字科技有限公司
37	杭州市中尔网络与数据安全合规检测企业高新技术研究开发中心	杭州中尔网络科技有限公司
38	杭州市远方检测校准技术企业高新技术研究开发中心	杭州远方检测校准技术有限公司
39	杭州市深度视觉产品外观缺陷检测企业高新技术研究开发中心	杭州深度视觉科技有限公司
40	杭州市彼盟医疗建筑数智可视化服务企业高新技术研究开发中心	杭州彼盟建筑科技管理有限公司
41	杭州市浚惠肿瘤单细胞诊断企业高新技术研究开发中心	杭州浚惠生物科技有限公司
42	杭州市万雾数据中心流量智能调度企业高新技术研究开发中心	浙江万雾信息科技有限公司
43	杭州市华仕流域水环境数字化赋能企业高新技术研究开发中心	浙江华仕管道科技有限公司
44	杭州市天科应用微生物研究企业高新技术研究开发中心	浙江天科高新技术发展有限公司
45	杭州市芯体素电子增材企业高新技术研究开发中心	芯体素（杭州）科技发展有限公司
46	杭州市简捷物联企业高新技术研究开发中心	浙江简捷物联科技有限公司
47	杭州市聪宝中医人工智能企业高新技术研究开发中心	杭州聪宝科技有限公司
48	杭州市高田生物核酸药物企业高新技术研究开发中心	杭州高田生物医药有限公司
49	杭州市浙科睿微中短距无线通信芯片企业高新技术研究开发中心	浙江科睿微电子技术有限公司
50	杭州市希德智能演播室智能化控制系统企业高新技术研究开发中心	杭州希德智能科技有限公司
51	杭州市同趣科技游戏数字内容开发企业高新技术研究开发中心	杭州同趣科技有限公司
52	杭州市中科国生生物基新材料企业高新技术研究开发中心	中科国生（杭州）科技有限公司
53	杭州市艾名医学肿瘤类器官企业高新技术研究开发中心	杭州艾名医学科技有限公司
54	杭州市剂泰医药人工智能驱动药物发现及递送企业高新技术研究开发中心	杭州剂泰医药科技有限责任公司
55	杭州市禾泰健宇创新类肽活性分子企业高新技术研究开发中心	杭州禾泰健宇生物科技有限公司
56	杭州市泽达体外诊断试剂企业高新技术研究开发中心	泽达精准（杭州）生物医药有限公司
57	杭州市诺驰极弱磁测量企业高新技术研究开发中心	杭州诺驰生命科学有限公司
58	杭州市中昊芯英AI大模型训练芯片企业高新技术研究开发中心	中昊芯英（杭州）科技有限公司
59	杭州市舞环互联网+再生资源回收技术企业高新技术研究开发中心	杭州舞环科技有限公司
60	杭州市网易有道人工智能企业高新技术研究开发中心	网易有道信息技术（杭州）有限公司
61	杭州市心光流美次世代网络游戏企业高新技术研究开发中心	杭州心光流美网络科技有限公司
62	杭州市海心智惠肿瘤智能诊疗企业高新技术研究开发中心	浙江海心智惠科技有限公司
63	杭州市芯迈先进功率器件企业高新技术研究开发中心	杭州芯迈半导体技术有限公司
64	杭州市勃锐思莫药物非临床评价企业高新技术研究开发中心	杭州勃锐思莫生物医药科技有限责任公司
65	杭州市宇称超高精度单光子探测企业高新技术研究开发中心	杭州宇称电子技术有限公司
66	杭州市北冥星眸类人人工智能研究与应用企业高新技术研究开发中心	杭州北冥星眸科技有限公司

续表21

序号	新认定市级企业研发中心名称	依托单位名称
67	杭州市迪福润丝重组病毒技术企业高新技术研究开发中心	浙江迪福润丝生物科技有限公司
68	杭州市金智塔隐私计算企业高新技术研究开发中心	杭州金智塔科技有限公司
69	杭州市比科奇小基站系统级芯片企业高新技术研究开发中心	比科奇微电子（杭州）有限公司
70	杭州市福祉科创智慧康养企业高新技术研究开发中心	浙江福祉科创有限公司
71	杭州市亿纳谱多组学高通量临床质谱企业高新技术研究开发中心	浙江亿纳谱生命科技有限公司
72	杭州市嘉天隆楠智能诊断企业高新技术研究开发中心	杭州嘉天隆楠智能科技有限公司
73	杭州市铭信农业数字化供应链企业高新技术研究开发中心	杭州铭信信息科技有限公司
74	杭州市荣谷生物溶瘤病毒和细胞治疗企业高新技术研究开发中心	杭州荣谷生物科技有限公司

（吕子夜）

2023年杭州高新区（滨江）新认定省级企业研发中心一览表

表22

序号	新认定省级企业研发中心名称	依托单位名称
1	浙江省盾源聚芯硅部件高新技术企业研究开发中心	杭州盾源聚芯半导体科技有限公司
2	浙江省视洞智能视觉云平台高新技术企业研究开发中心	杭州视洞科技有限公司
3	浙江省曙光大数据应用高新技术企业研究开发中心	浙江曙光信息技术有限公司
4	浙江省华橙物联网高新技术企业研究开发中心	杭州华橙软件技术有限公司
5	浙江省广脉科技信息及通信系统集成高新技术企业研究开发中心	广脉科技股份有限公司
6	浙江省登虹科技视觉多模态大模型云平台高新技术企业研究开发中心	杭州登虹科技有限公司
7	浙江省芯云半导体高端芯片先进测试高新技术企业研究开发中心	杭州芯云半导体技术有限公司
8	浙江省宇树科技四足机器人高新技术企业研究开发中心	杭州宇树科技有限公司
9	浙江省恒生芸泰网络医疗云高新技术企业研究开发中心	杭州恒生芸泰网络科技有限公司
10	浙江省驿公里智能无人洗车机器人高新技术企业研究开发中心	浙江驿公里智能科技有限公司
11	浙江省绿城信息数智城市高新技术企业研究开发中心	杭州绿城信息技术有限公司
12	浙江省玄机三维数字动画高新技术企业研究开发中心	杭州玄机科技股份有限公司
13	浙江省工保科技智慧保证金高新技术企业研究开发中心	工保科技（浙江）有限公司
14	浙江省国瑞小分子药物开发高新技术企业研究开发中心	杭州国瑞生物科技有限公司
15	浙江省高田生物核酸药物高新技术企业研究开发中心	杭州高田生物医药有限公司
16	浙江省路先产业用纺织品高新技术企业研究开发中心	杭州路先非织造股份有限公司
17	浙江省羊绒世家功能性羊绒制品高新技术企业研究开发中心	浙江羊绒世家服饰股份有限公司
18	浙江省冰虫空气净化产品高新技术企业研究开发中心	浙江冰虫环保科技有限公司
19	浙江省宏鹰地毯数码喷印高新技术企业研究开发中心	杭州宏鹰数码科技有限公司

续表22

序号	新认定省级企业研发中心名称	依托单位名称
20	浙江省龙即企业数智管理软件高新技术企业研究开发中心	杭州龙即信息技术有限公司
21	浙江省领信数科数据安全高新技术企业研究开发中心	杭州领信数科信息技术有限公司
22	浙江省甘之草中医互联网诊疗服务高新技术企业研究开发中心	杭州甘之草科技有限公司
23	浙江省浙数数据要素市场建设高新技术企业研究开发中心	浙江大数据交易中心有限公司
24	浙江省网新国际数智化技术高新技术企业研究开发中心	浙江浙大网新国际软件技术服务有限公司
25	浙江省华立电力智慧能源高新技术企业研究开发中心	杭州华立电力系统工程有限公司
26	浙江省中昊芯英AI大模型训练芯片高新技术企业研究开发中心	中昊芯英（杭州）科技有限公司
27	浙江省喜悦悟悦引擎动漫高新技术企业研究开发中心	喜悦娱乐（杭州）股份有限公司
28	浙江省源创智能控制高新技术企业研究开发中心	浙江源创智控技术有限公司
29	浙江省乐湾智慧养老高新技术企业研究开发中心	杭州乐湾科技有限公司
30	浙江省棱镜全息新型光场显示高新技术企业研究开发中心	浙江棱镜全息科技有限公司
31	浙江省康吉森工业自动化技术高新技术企业研究开发中心	杭州康吉森自动化科技有限公司
32	浙江省精英在线智慧教育高新技术企业研究开发中心	杭州精英在线教育科技股份有限公司
33	浙江省聪宝中医人工智能高新技术企业研究开发中心	杭州聪宝科技有限公司
34	浙江省图洋三维可视化GIS系统高新技术企业研究开发中心	杭州图洋信息科技有限公司
35	浙江省天垂科技工业互联网平台高新技术企业研究开发中心	浙江天垂科技有限公司
36	浙江省东天虹“三废”防治高新技术企业研究开发中心	浙江东天虹环保工程有限公司
37	浙江省杰翎精神心理数智化高新技术企业研究开发中心	浙江杰翎健康科技有限公司
38	浙江省比科奇小基站系统级芯片高新技术企业研究开发中心	比科奇微电子（杭州）有限公司
39	浙江省迦智科技智能移动作业机器人高新技术企业研究开发中心	杭州迦智科技有限公司
40	浙江省海心智惠肿瘤智能诊疗高新技术企业研究开发中心	浙江海心智惠科技有限公司
41	浙江省脉流科技心脑血管病智能诊疗高新技术企业研究开发中心	杭州脉流科技有限公司
42	浙江省像素元智慧交通高新技术企业研究开发中心	杭州像素元科技有限公司
43	浙江省北冥星眸类人人工智能研究与应用高新技术企业研究开发中心	杭州北冥星眸科技有限公司
44	浙江省华迈高性能骨再生医学材料高新技术企业研究开发中心	杭州华迈医疗科技有限公司
45	浙江省小牛医药数智化临床试验平台高新技术企业研究开发中心	杭州小牛医药科技有限公司
46	浙江省杭州光粒科技AR显示光学技术高新技术企业研究开发中心	杭州光粒科技有限公司
47	浙江省心光流美次世代网络游戏高新技术企业研究开发中心	杭州心光流美网络科技有限公司
48	浙江省铭信农业数字化供应链高新技术企业研究开发中心	杭州铭信信息科技有限公司
49	浙江省迪福润丝重组病毒技术高新技术企业研究开发中心	浙江迪福润丝生物科技有限公司
50	浙江省盾源聚芯硅部件高新技术企业研究开发中心	杭州盾源聚芯半导体科技有限公司

（吕子夜）

【国际科技合作载体】 2023年4月27日，省科技厅启动2023年度国际科技合作载体申报工作。杭州高新区（滨江）推荐2家企业申报。12月25日，省科技厅印发《关于给予2023年度省企业海外研发机构和外资研发中心研发投入激励的通知》，杭州高新区（滨江）企业杭州启明医疗器械股份有限公司被立项。

【市级概念验证中心】 2023年4月28日，市科技局启动2023年杭州市概念验证中心征集工作。杭州高新区（滨江）推荐5家企业申报。经市科技局认定，浙江省白马湖实验室有限公司的杭州市白马湖低碳节能技术概念验证中心和浙大城市学院滨江创新中心的杭州市滨创低空立体交通系统概念验证中心被列入创建名单。

【省级重点企业研究院】 2023年6月21日，省科技厅启动2023年省重点企业研究院申报工作。杭州高新区（滨江）推荐8家企业申报。11月23日，省科技厅印发《关于公布2023年新认定省级企业研发机构名单的通知》，杭州高新区（滨江）有浙江中控信息产业股份有限公司依托的浙江省中控信息智慧交通重点企业研究院、杭州大和热磁电子有限公司依托的浙江省集成电路用关键材料及零部件重点企业研究院、浙江众合科技股份有限公司依托的浙江省众合科技轨道交通重点企业研究院和杭州广立微电子股份有限公司依托的浙江省集成电路EDA（电子设计自动化技术）技术重点企业研究院4家被认定为省重点企业研究院。

【省级企业研究院】 2023年6月21日，省科技厅启动2023年省企业研究院申报工作。杭州高新区（滨江）推荐18家企业申报。经省科技厅认定，杭州高新区（滨江）有浙江省海康机器人智能技术企业研究院等17家被认定为省级企业研究院。

（吕子夜）

2023年杭州高新区（滨江）新增省级企业研究院一览表

表23

序号	新认定省级企业研究院名称	依托单位名称
1	浙江省海康机器人智能技术企业研究院	杭州海康机器人股份有限公司
2	浙江省海康存储闪存研发及应用企业研究院	杭州海康存储科技有限公司
3	浙江省萤石智能视频物联云企业研究院	杭州萤石软件有限公司
4	浙江省芯昇视频编解码芯片企业研究院	浙江芯昇电子技术有限公司
5	浙江省三汇数字大数据智能应用企业研究院	杭州三汇数字信息技术有限公司
6	浙江省德施曼智能锁企业研究院	浙江德施曼科技智能股份有限公司
7	浙江省纵横移动通信技术及无线互联技术企业研究院	杭州纵横通信股份有限公司
8	浙江省山科智能智慧水务企业研究院	杭州山科智能科技股份有限公司
9	浙江省康恩贝新型药物制剂企业研究院	杭州康恩贝制药有限公司
10	浙江省东信软件新一代移动通信运营支撑系统企业研究院	杭州东方通信软件技术有限公司
11	浙江省e签宝电子签名企业研究院	杭州天谷信息科技有限公司
12	浙江省华创视讯智能音视频技术企业研究院	浙江华创视讯科技有限公司
13	浙江省世平信息数据安全企业研究院	杭州世平信息科技有限公司
14	浙江省机电产品检测企业研究院	浙江省机电产品质量检测所有限公司
15	浙江省朗迅科技集成电路先进测试企业研究院	杭州朗迅科技股份有限公司
16	浙江省海康汽车软件多传感器融合感知企业研究院	杭州海康汽车软件有限公司
17	浙江省蔚复来废弃物绿色物联技术企业研究院	蔚复来（浙江）科技股份有限公司

（吕子夜）

科技合作与交流平台

【概况】 2023年，杭州高新区（滨江）持续深化“1+2+6+N”（“1”指极弱磁大设施国家重大科技基础设施，“2”指白马湖实验室和智能感知中心2个省级平台，“6”指由原6家新型研发机构延伸出的虚指概念，已增加至区块链数据安全研究院、北京航空航天大学杭州研究院、浙江大学滨江研究院、浙江工业大学滨江网安院、杭州电子科技大学滨江创新中心、杭州长光产业技术院、杭州中科转移中心等8家创新研究院，“N”是指全区各类研发机构等企业载体）创新平台体系建设。启动建设杭州高新区（滨江）区块链与数据安全研究院，新落地浙大城市学院滨江创新中心并入驻启用。出台《加快产学研平台高水平建设的实施意见（试行）》，建立区创新平台分级分类管理制度及绩效评估与扶持力度挂钩的动态管理机制。新落地区块链与数据安全等2个全国重点实验室研究院。推进北京航空航天大学杭州创新研究院等4家牵头的市级概念验证中心建设。推进杭州中科等技术转移平台建设，打造一站式全链条服务。

（章　莉　仲曼菁）

【省智能感知技术创新中心】 2023年，浙江省智能感知技术创新中心围绕物联网感知，物联网传输、存储及计算，精密加工与新型材料开展关键技术攻关，建设实现多模态信号感知、传输、存储、分析等关键技术创新和前沿引领的高能级技术创新平台。浙江省智能感知技术创新中心是省政府批复的首批6家省技术创新中心之一，于2022年6月13日揭牌成立，依托杭州海康威视数字技术股份有限公司建设。浙江省智能感知技术创新中心组成的“海康威视创新团队”获首届“国家卓越工程师团队”奖，被认定为国家级人才2人。技术成果获2022年度浙江省科技进步奖一等奖1项，申请智能感知相关发明专利110件，牵头承担浙江省“领雁”攻关项目1项，参与“领雁”项目2项。

【北京航空航天大学杭州创新研究院】 2023年，北京航空航天大学杭州创新研究院在原有六大研究中心基础上新增“智能交通研究中心”，启动建设“智能交通技术与系统研究平台”“工业互联网与智能系统平台”“复杂关键软件环境平台”3个平台。新组织申报各级各类纵向项目97项、立项30项，与企事业单位新签署横向项目37项，新申请专利63项，新增授权专利71项。“无人飞行器风险识别、灵巧与安全操控关键技术及应用”获中国仪器仪表学会科技进步奖一等奖。获批杭州市院士工作站1个，获批建设杭州市首批概念验证中心，将概念验证中心工作纳入院级战略，设立独立运营部门，组建专业化团队，推进产学研用专业化发展。与浙江省机场集团共建“浙江省航空产业发展联合创新中心”，与杭州齐芯智光科技有限责任公司共建“信创算力与安全联合实验室”。研究院职称自主评聘入选浙江省2023年人社领域创新深化改革攻坚开放提升试点项目。北京航空航天大学杭州创新研究院是北京航空航天大学和杭州高新区（滨江）于2017年签订战略合作协议成立的，于2023年5月30日，签署第二轮协议。

【浙江大学滨江研究院】 2023年，浙江大学滨江研究院新引进科研人员80人，累计有人员300人，其中全职人员200人。新培育国家级人才1人，累计培育省级领军人才3人，市级领军人才2人、市钱江特聘专家10人，入选为市创新团队1个。获评2023年度杭州市十大典型博士后工作站，获批国家自然科学基金依托单位。研究院作为共建单位筹建的“全省数智服务技术重点实验室”，被认定为首批全省重点实验室。新获批立项各级各类纵向项目27项，新申请专利49项，新增授权4项。与杭州博日科技股份有限公司、中国核电工程有限公司等区域企业联合攻关，新签署横向项目36项、新增联合研究中心5个，全年实现技术合同登记交易额1800万元，累计2400

万元。新引育企业18家，累计55家，其中入选区人才计划项目21项。承办CCF第一届先进计算与新兴服务高峰论坛、中国服务型制造大会等活动，促进学术和产业交流。

【杭州中科国家技术转移中心】 2023年，杭州中科国家技术转移中心组织举办“携手青科 链接未来”中国科学院上海硅酸盐研究所青年科学家暨杭州高新区（滨江）高端装备产业链项目路演活动、杭州高新区（滨江）中科系大健康项目路演专场等4场路演活动。举办“面向经济主战场 共建科技创新生态”科技创新驱动高质量发展研讨会等高层次研讨会议活动、成果转化活动5场。新引进落地企业11家，落地区内企业累计36家；新增融资7000万元。中心促成入驻企业与高校院所、企业签订合作协议33项。参与浙江省“三会”（省工业经济联合会、省企业联合会、省企业家协会）专精特新企业促进分会的筹备和建设，并当选分会常务副会长单位。1家企业获评2023年杭州市准“独角兽”企业，2家企业获批市级高新技术企业研发中心。

【杭州长光产业技术研究院】 2023年，杭州长光产业技术研究院通过产品联合测试、商务谈判、合作模式探讨、拟定合作协议等实现对接企业90多家，助力企业实现核心元器件国产替代化。举办入驻企业融资对接会，为企业与投资人提供交流平台。与中电海康成果转化（浙江）中心、杭州技术转移中心、金盛科技园等单位签订战略合作协议，发现、筛选优质企业落地杭州高新区（滨江）。8月，杭州长光产业技术研究院完成工商变更，成为杭州高新金投控股集团有限公司全资子公司。至年底，杭州长光产业技术研究院共引入企业7家。

【杭州电子科技大学滨江研究院有限公司】 2023年，杭州电子科技大学滨江创新中心（于2021年5月成立）运营实体更名为杭州电子科技大学滨江研究院有限公司。研究院发布独立研发的领域大模型HduChat，初步构建面向医疗健康、科技教育、政务服务垂直领域的底层大模型能力。举办“区校互联AI智荟”技术交流沙龙、程序设计大赛等各类活动8场。与企业合作新建研发中心2家，累计8家。新申报专利7项，累计申报17项。新孵化引进企业5家，累计12家。至年底，研究院有科研团队11支、技术转移团队1支，在成本管理系统软件开发、集成电路设计科研、物联网技术研发、数字孪生、智能巡检机器人等领域开展科技创新工作。

（章　莉）

【浙大城市学院滨江创新中心】 2023年2月8日，杭州高新区（滨江）与浙大城市学院签订产学研合作协议，共同打造滨江创新中心。3月，浙大城市学院滨江创新中心（简称“中心”）成立，位于长河街道聚才路239号火炬创新中心。中心以未来交通与轻量化材料制造联合创新实验室、滨江产业学院、大学科技园滨江分园为支撑，围绕飞行汽车与未来城市空中交通、轻量化材料结构设计制造与智能运维检测（中德合作）、车路协同感知与自动驾驶、先进通信器件与芯片研发、新能源动力技术研发等技术领域，与区内企业联合打造开放式实验室体系，联合承担省级以上重大科研攻关任务，开展行业关键技术联合攻关、产业应用技术联合创新与成果转化，高端应用型人才培养与产业人才培训等。10月23日，中心举行入驻仪式，并与杭州城投富鼎投资管理有限公司、中国联合网络通信有限公司滨江分公司签约；杭州低空无人机运行服务中心、未来交通和轻量化技术联合实验室和杭州市滨创低空立体交通系统概念验证中心揭牌。至年底，中心举办低空飞行器与城市智慧立体交通国际学术会议、启动轻量化联合实验室工作，入选为“中国数谷”数据产业发展联盟首批成员单位等。

（区志编研室）

【杭州高新区（滨江）区块链与数据安全研究院】 2023年5月，杭州高新区（滨江）区块链与数据安全研究院完成事业单位法人登记设立，成为区块链与数据安全全国重点实验室的地方唯一共建单位。研究院聚焦区块链与数据安全理论、技术与应用，开展技术攻关及产业化应用。7月18日，研究院第一次管理委员会（领导小组）会议召开，审议确定研究院组织架构、基本制度、工作计划等内容。至年底，与5家企业开展合作，引进落地企业2家；发表论文4篇，发布标准4项，研发的AxiomPay隐私钱包产品获2023年Web3.0创新大赛香港赛区一等奖。

【浙工大网络空间安全创新研究院】 2023年5月，浙工大网络空间安全创新研究院投用。研究院位于滨江区湖西路575号，入驻人员170人，其中专职人员40多人，有公共互联网安全、人工智能应用与安全等创新创业团队9个。至年底，获批建设浙江省博士后工作站，2名博士后入站；获批省级科技计划项目1项，签约横向项目12个，合同金额4000万元；申报专利25项，与杭州安恒信息技术股份有限公司、杭州永川科技有限公司等企业成立联合实验室3家，在人才培养、项目攻关等领域开展合作；引育企业5家；承办第十一届中国指挥控制大会电磁环境认知与利用论坛、“人工智能+”交叉学科研讨会等活动。

【杭州极弱磁场国家重大科技基础设施研究院】 2023年8月2日，杭州极弱磁场重大科技基础设施研究院（于2020年12月设立）更名为杭州极弱磁场国家重大科技基础设施研究院。至年底，研究院引进人才200人，专职人员400人，持续推动“超高灵敏极弱磁场和惯性测量装置”国家重大科技基础设施及交叉研究平台建设、科研成果转化等工作。大设施项目可行性研究报告获省发改委批复。依托阶段科研成果及大设施项目，打造大型磁屏蔽空间技术、超高灵敏极弱磁场与惯性测量装置与仪器、芯片化量子传感器工艺技术、零磁科学装置技术（国际零磁科学中心）、量子传感器应用系统技术5个交叉研究平台（成果转化平台），提升科研成果转化效能。首个交叉研究平台基建项目开工，启动与浙江大学医学院附属第二医院等医院的心磁科研装备联合验证项目。开展科研创新平台建设，申报国家自然科学基金依托单位资质，获浙江省自然基金依托单位资质及杭州市一级科研机构认证，量子传感及应用系统浙江省工程研究中心被列入省发改委2023年省级工程研究中心名单。

（章　莉）

浙工大网络空间安全创新研究院　　（区科技局　供图）

【白马湖实验室】 2023年9月，位于白马湖傅家峙区块的白马湖实验室总部项目开工。白马湖实验室按照“国家所需、浙江所长、未来所向”原则，聚焦绿色能源的质能转化与传递，重点布局太阳能转化与催化、零碳能源转化与存储、能源低碳转化与多能耦合三大研究方向。11月28日，白马湖实验室能源科技创新中心基地（过渡场地）启用。该基地建筑面积1.8万平方米，位于滨江区聚才路239号火炬创新中心，集学术交流、科学研究、小型实验、行政办公等功能于一体，已入驻科研团队20支。至年底，基地有科研与管理人员200多人，科研岗博士研究生比例超过60%，其中省级及以上高层次人才30人（院士2人、国家级人才18人），"80后"高层次人才5人。成立省级博士后工作站1家。承担国家重点研发计划项目6项、省级项目30项，获批建设工业和信息化部新型节能低碳材料生产应用示范平台，实现多项技术应用转化和国产替代，其中研发的绿色甲醇燃料技术成果应用于杭州第19届亚运会主火炬。

（马　也）

科技成果及应用

【概况】 2023年，杭州高新区（滨江）企业承担和参与的成果获2022年度浙江省科学技术奖励28项，其中自然科学奖一等奖1项、三等奖1项，技术发明奖二等奖1项、三等奖2项，科学技术进步奖一等奖7项、二等奖10项、三等奖6项，全区科技成果转化指数和四项分指数均居全省首位。技术合同登记共7209项，技术交易额453.6亿元，居全省第一位。推进杭州市成果转化员试点工作，审核通过企业成果转化员430人。对接中国人民财产保险有限公司，推动科技保险业务在杭州高新区（滨江）落地，助力科技成果转移转化首选地建设。

（白永莹　仲曼菁）

【技术合同登记】 2023年，杭州高新区（滨江）按照"保存量、挖增量、点对点"原则，提升技术合同登记活跃度，推进技术交易额稳步增长，助推成果转化首选地建设。全年各类技术合同登记共7209项，技术交易总额453.6亿元，比上年增长7.56%，年度技术交易额居全省第一位。

【成果转化员工作】 2023年，杭州高新区（滨江）作为杭州市企业成果转化员工作的首批试点之一，率先启动企业成果转化员队伍建设，以人才结构优化和素质的提高带动科技成果转化和产业化水平的提升。至年底，杭州高新区（滨江）举办成果转化员培训4场，培训内容包括首选地政策宣讲与解读、技术合同登记实操、高能级研发平台成果推介、成果转化基础知识、解读《浙江省民营经济32条落地细则》，审核通过企业成果转化员430人。

【28个项目获省科学技术奖】 2023年11月10日，全省科技创新大会上公布2022年度浙江省科学技术奖获奖名单。杭州高新区（滨江）有量子点激发态合成控制及应用研究等28个项目入选浙江省科学技术奖名单。

（白永莹）

2023年杭州高新区（滨江）获浙江省科学技术奖励项目一览表

表24

序号	项目名称	参与单位名称	获奖等级
1	量子点激发态合成控制及应用研究	纳晶科技股份有限公司	自然科学奖一等奖
2	核酸和蛋白修饰对成体神经发生的调控作用和机制	浙江大学滨江研究院	自然科学奖三等奖
3	面向多场景的互联网内容风控关键技术与应用	阿里巴巴（中国）有限公司	技术发明奖二等奖
4	煤矿电力线密集载波抗强干扰物联协作传输方法与系统	杭州奇霖科技有限公司	技术发明奖三等奖
5	大规模、低时延、高安全视讯关键技术及应急指挥调度系统	浙江华创视讯科技有限公司	技术发明奖三等奖
6	物联网智能终端安全防御关键技术及规模化应用	杭州海康威视数字技术股份有限公司、杭州萤石网络股份有限公司	科技进步奖一等奖
7	大型高炉炼铁系统高性能智能运行控制关键技术及应用	杭州哲达科技股份有限公司	科技进步奖一等奖

续表24

序号	项目名称	参与单位名称	获奖等级
8	跨海长大桥船撞风险评估、智能监控与安全防护关键技术	浙江交工集团股份有限公司大桥分公司	科技进步奖一等奖
9	面向异构硬件的视觉算法自动开发关键技术及平台应用	浙江大华技术股份有限公司	科技进步奖一等奖
10	复杂环境下多目标跨域智能检测与跟踪关键技术研究及应用	浙江大华技术股份有限公司	科技进步奖一等奖
11	大口径光学元件微纳缺陷检测技术及产业化应用	浙江大华技术股份有限公司	科技进步奖一等奖
12	肺癌精准诊疗关键技术创新及应用	浙江今复康生物科技有限公司	科技进步奖一等奖
13	冶金工业烟气污染物高效协同治理关键技术研发及应用	浙江省白马湖实验室有限公司、浙江浩普智能科技有限公司	科技进步奖二等奖
14	大型制水场景下多水源水质安全预警与协同管控关键技术及其应用	浙江中控信息产业股份有限公司、浙江全世科技有限公司	科技进步奖二等奖
15	高速大规模视觉计算引擎关键技术及应用	浙江大华技术股份有限公司	科技进步奖二等奖
16	面向未来工厂的数据智能技术创新及产业化应用	新华三技术有限公司	科技进步奖二等奖
17	千兆级全光接入网传输系统的关键技术及产业化	杭州飞畅科技有限公司	科技进步奖二等奖
18	工厂化种植智能管理技术装备研发与产业化应用	新华三技术有限公司	科技进步奖二等奖
19	面向分级诊疗的智慧医疗健康服务关键技术研发与推广应用	纳里健康科技有限公司	科技进步奖二等奖
20	工程扰动下节理岩体失稳风险预测与灾变防控关键技术及应用	浙江交工集团股份有限公司	科技进步奖二等奖
21	多级跨域考试系统关键技术及应用	杭州恒生数字设备科技有限公司	科技进步奖二等奖
22	高可靠供电保障协同控制和数智化服务关键技术与应用	国网浙江省电力有限公司双创中心	科技进步奖二等奖
23	多模态三维人脸防伪识别设备关键技术研究及应用	品茗科技股份有限公司	科技进步奖三等奖
24	大型复杂空间网格结构高效建造关键技术与应用	杭州滨江城建发展有限公司	科技进步奖三等奖
25	基于物联网的高速电梯安全技术与应用	杭州优迈科技有限公司	科技进步奖三等奖
26	知识数据混合驱动的城市交通AI管控关键技术研发与产业化应用	银江技术股份有限公司	科技进步奖三等奖
27	大型接地网腐蚀的成像诊断及防治技术	杭州意能电力技术有限公司	科技进步奖三等奖
28	基于信息反馈的特长公路隧道智能化建造关键技术	浙江交工集团股份有限公司	科技进步奖三等奖

（白永萱）

教 育

综 述

【学校及教师人数】 2023年，杭州高新区（滨江）有各类幼儿园38所，义务教育阶段学校34所，其中公办初中8所，公办小学20所，公办九年一贯制学校5所，民办九年一贯制学校1所。市属普通高中2所，职业高中2所，省属高校6所。区教育研究院1所，社区学院1所，社区学院街道分院3所。全区中小学、幼儿园及进修学校、社区学院、街道分院等有教职工6430人，包括幼儿园专任教师1825人，小学（含民办学校）专任教师2076人，中学（含民办学校）专任教师1147人。专任教师具有研究生学历868人，本科学历4093人，专科学历138人。教师资格证持有率100%，园长持证上岗率100%。

【教育经费投入】 2023年，杭州高新区（滨江）地区生产总值为2467.9亿元，国家财政性教育经费占地区生产总值1.39%。全区地方教育经费总收入36.63亿元，公共财政教育支出34.19亿元，其中：教育事业费25.11亿元，占总收入的73.44%，教育税费7.73亿元；其他公共财政安排的教育经费1.34亿元。

【新校区建设】 2023年，杭州高新区（滨江）投用11个项目，其中幼儿园7所、小学2所、中学2所。完工幼儿园3所，包括产业园区嵌入式幼儿园1所，新增学位1.11万个。续建项目13个，其中幼儿园4所、小学5所、中学2所、九年一贯制1所、特殊学校1所。开工项目5个，其中幼儿园3所、小学2所。

（陈 艳 陈 园）

【特色办学】 2023年，杭州高新区（滨江）特色办学取得系列成绩。其中，校园足球的“滨江模式”在全省校园足球工作推进会上作交流，杭二白马湖学校获评全国国防教育示范学校，杭州春晖小学、浦沿幼儿园创建为全国无废学校教育基地，杭州江南实验学校再获世界级机器人大赛冠军，杭州高新实验学校女排队获省、市冠军，杭州东冠小学健美操队登上中央广播电视总台等。数改赋能工程现成果，推进“云守护通学路（已有5条）”“数智体育”“学生身心健康数据中心”“精准教学应用”“滨乐通课后服务平台”“智安校园全覆盖”等项目，成功申报为省“技术赋能智慧教育试点区”。产业园区嵌入式幼儿园、云守护通学路、科技教育大联盟、人工智能课程、课后服务、“学生中餐这件事”、“无废课程”融入德育体系等创新工作先后被《人民日报》《中国教育报》《中国青年报》《浙江教育报》等媒体报道，10项案例入选省“双减”优秀实践案例。教育现代化发展水平监测结果居杭州市第二位。

【学生健康维护】 2023年，杭州高新区（滨江）开展“明眸皓齿·脊良正姿”青少年健体行动，为2.44万名义务教育段学生进行正脊筛查，任务完成率101.54%。开展第35个“爱牙日”宣传活动，为4326名适龄儿童进行窝沟封闭。开展“爱眼月”等活动，加强近视防控工作，学生近视率比上年下降1%。引进专业特教教师为区内62名特殊儿童开展免费课后康复训练服务。学生体质健康测试水平居杭州市第一位。

【教育均衡服务】 2023年，杭州高新区（滨江）获评省“社区教育示范基地”。成人初、高中学历提升337人，完成率110%。开设5个老年学堂、60多个社区教学点，惠及1万余名居民。解决7736名流动人口随迁子女就读公办学校，入学比例96.1%。做好高层次人才子女入学工作。新增城乡义务教育共同体5个。开设托班79个，提供托位1580个，实现托幼一体化的幼儿园41所，占57.8%。印发《“托班课程环境”创设指导手册》，提升幼托保教质量。组建29个幼小联盟，开设托幼衔接、幼升小适应周期课程570场。发布新时代滨江好家长标准及家长成长攻略资源包，组织家庭教育指导周等活动，赋能孩子成长和家长育儿能力。继续开展对四川省广元市朝天区、安徽省泗县、湖北省建始县、山区四县与大走廊地区等地学校的结对帮扶工作，牵手中西部教育，推动“教育共富”；100%完成山区四县城乡义务教育共同体帮扶项目。

（区志编研室）

学前教育

【概况】 2023年，杭州高新区（滨江）有幼儿园38所71个园区，在园幼儿1.87万人。其中：公办幼儿园30所63个园区，在园幼儿1.69万人，占90.4%；部门办幼儿园3所，在园幼儿707人，占3.8%；民办幼儿园5所，在园幼儿1094人，占5.8%。等级幼儿园占100%，优质学前教育覆盖率98.32%。全区幼儿园有教职工3144人，包括园长32人。专任教师1825人，在编专任教师1095人，在编专任教师占60%。公办幼儿园教师1534人，在编教师占65.31%。教师资格证持有率100%，园长持证上岗率100%。实施普惠性幼儿园增量扩容行动，公办幼儿园入园率占93%，居全市第一位。举行2023年学前教育评价学术研讨会，发布《杭州高新区（滨江）儿童友好学校行动标准细则二十条》。

【托幼衔接研讨会】 2023年3月23日，杭州高新区（滨江）托小衔接入园适应研讨活动在滨江区钱江湾幼儿园海创分园举行。活动特邀省特级教师王芳、区内各幼儿园托幼一体化分管负责人共100多位教师参加。研讨会包括《托幼一体化实践与思考》专题报告、《幼有善育背景下托幼一体化的积极应对策略》专题讲座、托班环境参观、活动观摩、托班教师经验分享、入园·入营·入户体验等内容。研讨会促进构建优质、普惠的托幼一体化办学体系，提升教育质量。

【“一园一品”研讨活动】 2023年4月28日，杭州市幼儿园“一园一品”特色品牌建设研讨活动在杭州高新区（滨江）晓风印月幼儿园举行。市、各区县（市）教育行政部门分管负责人、幼儿园园长代表共100多人参加。活动围绕“加速度·共创品质教育”主题进行研讨，钱塘春晓幼儿园、滨兴幼儿园、钱江湾幼儿园、大华幼儿园以及海康威视幼儿园作幼儿园品牌创建工作优秀案例交流分享。研讨会期间，与会人员参观杭州高新区（滨江）幼儿园品牌文化展台。

【区域性推进的市级规划课题结题】 2023年8月，杭州高新区（滨江）教育研究院教师董英姿负责的市级教师教育规划课题《“在场”研修：基于幼儿教师混合式学习的新样态探索》结题。课题为构建高质量教师研修模式，组织五大项目组，开展教师研修活动29场，全区1857位教师参与研修活动，通过“‘在场’研修方式”推动区域幼儿教师集群成长。课题成果《“场域运行”：推动幼儿教师集群成长的区域研修创新与实践》获2023年杭州市教育科研教师教育课题成果二等奖。

【全国学前教育评价学术研讨会】 2023年11月3—4日，2023年全国学前教育评价学术研讨会在杭州高新区（滨江）举行，省教育厅、浙江师范大学及全国的学前教育专家、代表共1000多人参加会。研讨会主题为"《评估指南》背景下的学前教育评价：研究、经验、挑战"，分"线上+线下"方式举行。线下在白金海岸幼儿园、丹枫幼儿园、钱塘帝景幼儿园、海康威视幼儿园、白马湖实验幼儿园同步开展研讨活动。专家、代表聚焦学前教育评价领域各个方面的理论、方法与技术参与研讨。区学前教育教研员员董英姿携团队在学术研讨会做题为《基于幼儿发展性评价塑造高质量的在园生活》的发言，线上1.36万人观看。

（蒋邵静）

义务教育

【概况】 2023年，杭州高新区（滨江）义务教育阶段学校有34所，其中公办初中8所，公办小学20所，公办九年一贯制学校5所，民办九年一贯制学校1所。在校学生4.91万人，其中初中301个班、学生1.22万人，小学861个班、学生3.69万人。新增丹枫实验小学"寰宇湾"通学路、春晖小学通学路、钱江湾小学通学路，累计有5条"云守护"通学路。召开老校提质振兴专题会。区教育局党委获评"红色领航·奉献亚运"滨江区大考大赛先进集体。杭州高新区（滨江）列杭州市义务教育阶段学生体质健康抽测总平均分第一名。杭州市春晖小学、浙江省杭州滨文中学、浙江省杭州江南实验学校、杭州市第一批数字教育标杆学校、杭州市春晖小学、浙江省杭州滨文中学等6所学校入选为浙江省首批中小学优秀智慧校园案例。杭州二中白马湖学校、杭州高新实验学校获评"2023年浙江省健康促进学校（金牌）"，杭州市长河小学获评"第四批浙江省近视防控特色学校"，杭州市滨江实验小学、杭州高新实验学校入选为2023年杭州市儿童青少年近视综合防控特色学校。杭州市滨江区钱塘山水幼儿园（总园）、杭州市闻涛小学、杭州滨和中学3所学校、幼儿园入选为第二批杭州市儿童友好学校。

【学生参加比赛及活动】 2023年，杭州高新区（滨江）在2023年杭州市中小学生舞蹈、戏剧比赛中获一等奖3项，二等奖1项，优秀创作奖2项；在2023年浙江省中小学生艺术节比赛中获18个奖项，其中一等奖6项、二等奖7项、三等奖5个，11人次获评优秀指导教师，区教育局获"优秀组织奖"。在杭州第19届亚运会开幕式上，3所学校学生参演开幕式暖场环节和开幕式三大篇章的演出，其中杭州江南实验学校参与暖场节目《快乐家园》、杭州市钱塘实验小学参与暖场节目《梦想家园》、杭州市滨文小学参加《灯火耀古今》《钱塘潮涌》《万里尚为邻》3个篇章的演出。

【"双减"优秀实践案例】 2023年，杭州高新区（滨江）推进高质量"双减"深化行动。区教育研究院连续第三年开展区"双减"优秀案例评审活动，做好"双减"优秀实践案例征集和培育，提炼"双减"特色经验做法，全区中小学参与率100%。至年底，征集"双减"实践案例178项，其中学习服务场景及其应用18项，创新作业形式35项，校社企有机衔接5项，课后服务6项，中小学生阅读活动设计22项，课后服务优化8项，课间10分钟22项，科学教育21项，其他41项。入选为省"双减"优秀实践案例6项，其中，创新作业形式1项，学习服务场景及其应用1项，课后服务优化1项，课间10分钟1项，课后服务优化1项，科学教育1项。

【城乡义务教育共同体学校典型案例】 2023年1月13日，省教育厅公布第二批浙江省城乡义务教育共同体区域和学校典型案例，杭州市春晖小学的《AI辅助观课：教共体智慧网络研修的春晖下宅案例》获评。杭州市春晖小学与衢州市龙游县下宅小学结对建立教育共同体。案例通过使用AI辅助观课做法，让传统的听课本下岗，用“智慧教研平台”中的在线教研功能共同记录和评价教学，提升两校教师整体的教育教学和教研水平，实现两校教师跨时空线上教研，资源共享、信息互通、师生互动、差异互补，助推义务教育优质均衡发展。

2023年8月，区教育局汇编的“幼小衔接课程”系列图书印发

（区教育局 供图）

【“白马湖之春”教育活动】 2023年4月8—12日，杭州高新区（滨江）2023年“白马湖之春”教育活动在杭州江南实验学校举行。活动由区教育局主办，以“共富背景下的滨江教育创新”为主题，全程线上直播，安徽、四川、新疆等结对县市参加，近200万人次线上和线下同步参与。活动开设“白马湖好课”学术专场、小学综合评价改革专场、“幼有优育”学前教育专场、省“双减”优秀案例推广专场、“科研共富”优秀科研成果推介专场5场活动。区内的校园长、学科名师以学术报告、观点分享等形式，展现高质量推进深度学改的区域架构、学校经验及学科行动。“白马湖之春”教育活动重在学理探讨，组织区内外教育专家以“坐而论道”的形态，交流、展示、辐射杭州高新区（滨江）义务教育最新育人改革成果、研究方向。

【“幼小衔接”实践案例】 2023年6月，杭州江南实验学校的“幸福衔接：指向儿童幸福力的幼小衔接体系构建与实施”实践案例入选为2023年浙江省“幼小衔接”实践案例，成为杭州高新区（滨江）首例入选案例。杭州江南实验学校持续深入“幼小衔接”研究，创新迭代“幼小衔接”活动课程与实施路径，开发衔接课程体系，带领幼儿熟悉、适应和认可小学环境，借助游戏提升幼儿的思维能力，在课程实践中培养学生创造力和应用能力，从幼儿的适应力、思维力、创造力、应用能力，培养幼儿形成正确的自我认知，提高交流、沟通和适应的能力，科学学做好双向衔接工作。至年底，22位老师推出37堂幼小衔接课程；学校接待4所幼儿园、34个班级、1020名幼儿到校参观。

【白马湖之秋“数智未来”教育创新活动】 2023年10月21日，2023年白马湖之秋“数智未来”教育创新活动在杭州滨和中学举行。活动采取线上和线下相结合模式，由省中小学教师培训中心、区教育局联合主办，省中小学教师培训中心、区教育局负责人以及国内外高校、区域教育科研机构专家、学者与教师参加。“数智未来”教育创新论坛从学界动态、省域特色、区域实践三维层面分析教育数字化转型的深刻意义及未来发展，传播教育数字化背景下的浙江经验，展示数字教育引领“教育硅谷”高质量发展的创新路径。线上和线下40万余人参与。

【校园足球特色学校】 2023年11月28日，省教育厅公布2023年省级校园足球特色学校名单，杭州高新区（滨江）的杭州滨文中学、杭州二中白马湖学校、杭州市闻涛小学3所学校入选。杭州滨文中学把足球纳入体育课的日常教学中，保障每班每周不少于1小时的足球时间，各班均建立足球队，每年开展两次班级足球联赛，每年举办足球班旗设计大赛、世界足球名人展、世界足球俱乐部展等活动；学校编写《足球智商》《足球训练总集》足球校本课程。杭州二中白马湖学校推进足球教学课程化、常态化，每个年级每周都设足球课，参加足球活动的学生占在校学生总数的60%以上，每周足球活动时间不少于3小时。杭州市闻涛小学成立校园足球工作领导小组，安排每班每周1节足球课，各年级每班均设有男女各一支5人制足球队，每年举行校园足球联赛、亲子足球赛等活动，建立师资培训制度。至年底，全区中小学校均配备高质量足球场，23所学校被评为各级校园足球特色学校，其中全国校园足球特色学校5所、省级6所、市级12所。

（郭凯琳）

普通高中教育

【概况】 2023年，杭州高新区（滨江）有浙江省杭州第二中学、杭州长河高级中学2所普通高中，属市教育局直属公办高中。两所学校面向全市招生，经费来源为财政补助，有在校学生5600多人。

【浙江省杭州第二中学】 2023年，浙江省杭州第二中学内设办公室、教学处、学生处、总务处、教科室五大部门。学校编制数为354人，包括在编人员340人，编外人员5人。滨江、东河两校区占地面积11.12万平方米，校舍建筑面积8.59万平方米，教学及辅助用房3.65万平方米，行政办公用房9456平方米，学生3612人。学校为市教育局直属公办高中，公益二类事业单位。高考成绩创历史新高，全省排名前十名有2人，其中学生何梓源717分获浙江省理科第一名，全省前100名有13人，其中680分以上161人，660分以上422人。奥赛入选国家队1人，入选国家集训队12人，集训队人数位居全国第一。

校长蔡小雄获评2023年全国教书育人楷模，教师李建被浙江省教育厅评为浙江省教坛新秀，教师钟小平被省教育厅评为“浙江省师德楷模”，教师黄雄伟、陈满娜被市教育局评为2023年杭州市优秀教师，教师金燕、王唐燕、任佳菁、刘亮被评为第19届杭州市教坛新秀，教师边玉臣被评为第19届杭州市德育与心理类教坛新秀，教师俞珊、郑鹏被杭州市人民教育基金会评为杭州市大中小学思政课模范教师。模拟政协社团获评2023年全国青少年模拟政协展示活动优秀提案与优秀展示团队，辩论社问鼎2023年华东·华语辩论邀请赛；机器社获VEX世锦赛高中组冠军，航天航空项目获2023年世界航天模型锦标赛团体冠军，步天工程社的太空城市设计大赛与上海交通大学智能无人车大赛获全国冠军；Shake Thunder街舞社获2023年“迎亚运”杭州市中小学生阳光体育街舞比赛亚军；学生毛炜杰获化学国际金牌，获得3项世界第一名；连续4届学生进入国家队（全省唯一）。

学校获评浙江省清廉建设成绩突出单位、北京大学博雅人才共育基地（全国最高级别）、清华大学优质生源基地等，获中国科学院“科教结合协同育人突出贡献奖”。媒体新闻报道50多篇次。

（边玉臣）

【杭州市长河高级中学】 2023年，杭州市长河高级中学有教职工177人，其中男性教职工68人，女性教职工109人；专任教师162人，高级教师86人。学校有42个班，在校学生2016人。学校是市教育局直属公办高中，占地面积8.23万平方米，校园建筑面积7.69万平方米，绿化面积2.95万平方米。

2023年，学校开展迎接亚运系列校园活动。承办2023年杭州市大中小学思政教育一体化建设工作主题宣传暨现场教学活动。举办第4届班主任节。开展社团建设，成立模拟政协社，学校模拟政协社团在杭州市模拟政协比赛中获一等奖。学生在各项学科竞赛中近300人次获全国奖项。组织学生参加全国第一届学生运动会、全国中学生田径锦标赛、浙江省中学生田径锦标赛等10多项赛事，共获得各级各类名次和成绩100多项。开展具有学校特色的美育浸润和劳动教育活动，举办首届“劳yì节”，开展以杭州市中小学生家庭劳动清单为基本指引的家庭劳动实践活动。聚焦“双新”、实现育人方式转型升级。举行以“双新领航共研共促，教育共富肇画新篇”为主题的“双新”展示暨四校联盟“同课异构”活动。举行杭州市语文教数学研讨和以“对标新高考，赋能新征程”为主题的高三年级教师教学研讨活动。以推进共享优课为契机，打造精品课堂，组织14位老师参加“2023基础教育精品课”；报送课题13项，立项10项。在2023年市中小幼教学研究评比中获奖12人次，创学校历史新高。

学校对“智慧校园”进行总体规划，完成实验楼一期，体育馆、班级教室、班主任办公室、BC楼景观等9个项目改造。中考招生录取分数线在重点高中排第六名。高考特控线上线人数比上年增加近100人，重点大学录取人数创新高。学校被评为浙江省现代化学校、2023年度杭州市教育改革创新校、2023年杭州市大中小学思政教育一体化先行校。

（方乃峰）

中等职业教育

【概况】 2023年，杭州高新区（滨江）有杭州市财经职业学校、杭州市旅游职业学校2所职业高中，属市教育局管理。2所学校面向全市招生，有在校学生3900多人（含新疆中职班学生）。

【杭州市财经职业学校】 2023年，杭州市财经职业学校有42个班级，其中41个在校班级，1个实习班级，在校学生1658人，其中中高职一体化班学生1031人。有教职工153人，其中专任教师136人。专任教师副高级职称64人，占专任教师总数的47.06%，中级以上职称110人，占专任教师总数的80.88%。专业课教师53人，占专任教师总数的38.97%，“双师型”教师48人，占专业课和实习指导教师的90.57%。学校升入高职院校学生比率为95.5%，升入“双高”高校学生比例为58.8%，其中五年一贯制升学率98.9%，3年制班级共313名学生通过单独考试、提前招生等形式，被浙江省各级各类高校录取，录取率99.1%。学校开设会计事务、金融事务、动漫与游戏制作、物流服务与管理、国际货运代理五大专业，其中金融事务、物流服务与管理通过金融事务专业、物流专业高水平专业建设群评比。

学校推动教育教学高质量发展的文化建设，被评为2022年度杭州市“平安示范单位”。拓展优化学校劳动教育新路径，开设“财躬园”校劳动教育实践基地。在全国、省、市技能大赛中，获奖牌数50多枚，其中会计、金融专业部获2023年全国职业院校技能大赛中职组“智能财税基本技能”赛项银牌，实现学校在该项目历史上奖牌零的突破；在全国中职财经类专业学生金融职业能力大赛中获金牌5枚、银牌4枚；在省中职教师信息化教学设计和说课大赛中获一等奖2个；在杭州市中职教师信息化教学设计与说课大赛中，获一等奖4个、二等奖1个、三等奖2个。连续三年开展校“嗨！ SEE”动漫节并承办杭州市中学生动漫作品大赛，连续14年参展中国国际动漫节，推动教育与产业深度融合，培养适应行业需求的创新实践人才。

2023年，学校开展社会化培训，培训人数2711人次。组织6个批次、150多名中小学生走进校园，参加点钞、传票、动漫人物DIY、货币鉴赏、AR物流实训等活动，通过“体验职业、发现自我、规划未来”的方式，使学生了解职业知识，接受职业启蒙教育。

（吴婧斐）

【杭州市旅游职业学校】 2023年，杭州市旅游职业学校占地面积11.3万平方米，校舍建筑总面积5万平方米，分滨江、葵巷两个校区和义桥园林实训基地。学校设旅游服务与管理、茶艺与茶营销、康养休闲旅游服务、高星级饭店运营与管理、航空服务、园林技术、金融事务、商务助理、会展服务与管理九大专业，其中省级示范专业2个，省级骨干专业2个，省级品牌专业1个，省级优势特色专业1个，省改革示范校重点建设专业2个，省高水平建设专业2个，省级创新创业实验室1个。旅游服务与管理、高星级饭店运营与管理和园林技术专业均为省级示范专业与实训基地，园林技术专业实训基地是中央财政支持的国家级实训基地。学校有全日制在校生2280人，其中新疆中职班学生130人，中高职一体化班学生1362人，中本一体化班学生118人。2023年招生808人（含新疆中职班46人），学生年入学巩固率100%；毕业生729人（含新疆中职班31人），包括“中高职一体化”五年制班416人，三年制中职普通班276人，毕业率为99.7%。有教职工208人，其中专任教师182人；专任教师100%具有本科及以上学历，具有硕士及以上学历69人，占专任教师数的37.9%；中级职称及以上教师数168人，占专任教师数的92.3%；高级职称教师102人，占专任教师数的56%；专业课教师数92人，占专任教师总数的50.5%；“双师型”教师86人，其中技师及以上职业资格教师数为53人，占“双师型”教师比例61.6%。持续推进课程建设，将思政教育、文化知识教育、专业技能教育和职业素养教育融为一体的思路建设课程，优化各专业人才培养方案，架构“公共基础课程+专业核心课程+专业任选课程+跨专业共享课程”课程体系，开设非遗杭绣杭扇、陶艺、纸艺、茶艺等跨专业共享课程18门。推进“1+X”证书制度试点，4个专业开设研学指导师、会展管理、智能财税、设施蔬菜生产4类证书，156位学生参加考试，通过率100%。推动思政课程和课程思政同向同行守好思政课主阵地，将教学情境从学校和课堂延伸到社会、社区、企业和家庭中。

学校聚焦文旅与农林两大专业集群，匹配文化旅游与都市园林产业的特征，探索构建集杭旅特区、产学高地、示范窗口于一体的校企合作、产教融合新范式。学校是杭州市旅游教育联盟理事长单位，浙江省旅游产业、长三角旅游产业联盟副理事长单位，有合作企业80多家，深度合作企业40多家，全年开展活动30多项。学校在原有酒店“新洛桑”、园林“绿手指”实训车间基础上，新增“茶专业”实训车间，共计车间企业10家。学校申报省重点课题《文化光合场》1项，《内地新疆中职班“融情·融文·融技·融扶”育人模式的构建与实施》入选2023年浙江省职业教育白皮书、2022年国家级教学成果奖案例集等。

学校开展职业体验项目8个，服务1500人次，开发职业体验教学项目5个，开展非遗传承和职业体验公益活动20场。开展2023年浙江省文旅·农经专业教育共富联盟活动10多次。“晴歌”志愿者社累计签到活动347次，信用时长4.5万小时，累计活动4790人次，参与2591人。学校学生志愿者服务亚运保障等大型活动100多天，服务1万人次，参与173人。开展杭州市成人教育优秀公益课程帮扶送教活动中，送教课程4次，服务乡镇社区50多个，服务400人次。

（李　越）

高等教育

【概况】 2023年，杭州高新区（滨江）有1个滨江高教园区，于1998年建立，位于浦沿街道滨文路两侧，用地134万平方米，总建筑面积82.6万平方米，是浙江省最早建立的省级高教园区。有浙江中医药大学、浙江警察学院、浙江商业职业技术学院、浙江艺术职业学院、杭州医学院6所高等院校，有全日制在校学生5万余人。

【浙江中医药大学】 至2023年底，浙江中医药大学有滨文和富春2个校区，设有二级学院20个，1个独立学院（滨江学院），有3所直属附属医院、2所质化管理附属医院。有全日制在校生2.3万余人（含独立学院），其中硕士、博士研究生5200多人、留学生1000多人；校本部教职工1500多人，正高级专业技术人员395人

（含直属附属医院）。学校开设本科专业34个，其中11个专业入选国家一流本科专业建设点，建有国家中医临床教学培训示范中心、国家级实验教学示范中心等省部级以上教学平台和2个省级现代产业学院。累计获国家级教学成果奖5项。中医类执业医师资格考试通过率2017—2023年均居全国高校第一位。建有教育部医药基础研究创新中心和2个国家中医临床研究基地，拥有国家中医药管理局协同创新中心、浙江省重点实验室、浙江省哲学社会科学重点培育研究基地等省部级平台53个。累计获得国家科技成果奖5项、省部级科技成果一等奖14项。主办卓越新刊*Clinical Traditional Medicine and pharmacology*和《浙江中医药大学学报》《浙江临床医学》3种学术期刊。学校在2023软科中国大学排名居全国中医药院校第五位。推进高水平大学和一流中医药大学建设。入选省高水平大学建设计划，中医学入选省登峰学科建设计划，中药学、中西医结合入选省优势特色学科建设计划，出台人才新政十八条，推进人才强校战略。制定《师资质量提升奖励办法（试行）》，设立“纳贤奖”和“育才奖”。新增省特级专家1人，海外优青等高层次人才5人。开展学校第五批“远志人才工程”遴选，新增远志名师A类人才6名。新增校聘研究员5人，校聘副研究员11人。全年招聘全职博士后37人，在站博士后规模增至80人，11人获国家自然科学基金青年项目，10人获中国博士后科学基金面上资助和特别资助。

聚焦中医学、中药学、中西医结合3个优势特色学科，推进实施以产出标志性成果为目标导向的“揭榜挂帅”机制。9个学科入选为国家中医药管理局高水平中医药重点学科建设项目。ESI学科全球绝对排名继续大幅度前移，临床医学、药理学与毒理学均进入全球3‰。首次参加泰晤士排名，2个学科进入世界前1000名。获批教育部医药基础研究创新中心等省部级平台7个。全年立项国家级科研项目85项，其中重大重点项目7项，获批省部级重大重点项目16项。获省部级及全国性学会科技成果奖10项。以第一署名单位发表SCI论文1485篇，中科院分区表大类一区论文141篇，二区论文412篇，均创历史新高。实现科技成果转化7项。入选首批浙江省高校学生心理健康教育工作标准化建设示范高校名单，获省高校体育工作最高奖项“校长杯”。新设本科专业2个，新增国家级一流本科课程11门，立项主编“十四五”各级各类教材28部。完成护理学专业认证。成立中医师承教育中心，新设中药学创新实验班。获批省级基础学科拔尖学生培养基地2个，康恩贝中药学院入选省级重点支持现代产业学院建设点。牵头成立全国中医药数字化教学联盟和全国中医药院校中医药博士研究生交叉创新联合培养联盟。

学校拓展交流合作，新增10个合作伙伴，与马来西亚林肯大学合作申请举办生物技术专业本科4+0双证项目。发起成立“浙派中医”国际化联盟。获批浙江省国际学生国情教育名师工作室。牵头成立浙江省山区海岛县中医药发展联盟。与衢州市衢江区等4个山区海岛县新签合作协议，新建景宁畲医药研究院等合作平台2个，获评省科技特派员工作先进集体。新增温州市中医院为同质化管理附属医院。附属第一医院与嘉兴市秀洲区人民政府签约共建国家中医医学中心，与温州市卫健委和新疆生产建设兵团签约建设2个国家区域医疗中心。附属第二医院以新院区二期项目为依托推进国家中医药传承创新中心项目建设。附属第三医院获批国家中医康复中心建设单位。

（杜　磊　金聪伟）

【浙江警察学院】 2023年，浙江警察学院有教职工473人，其中教师247人，包括高职称28人、副高职称74人，有博士学位95人。全日制在校学生4029人。招收全日制普通本科学生1069人，招录首届全日制警务硕士专业学位研究生50人，毕业学生871名，获学士学位证书871人。学校获立国家社科基金项目4项、国家重点研发计划项目子课题2项、省社科规划重大项目1项，1项成果获2023年度公安部科学技术奖三等奖，19项智库成果获省部级以上领导肯定性批示；5门课程入选第二批国家级一流本科课程；2名民警入选公安高等教育部级名师，2名民警获评“平安护航党的二十大成绩突出个人”，1名民警获评2023年浙江省师德楷模。全年完成全省优秀年轻干部培训、警衔晋升、新警入警、教官能力提升、“护航亚运”安保等培训工作，单月和年度培训量均创历史新高；学员满意度超过95%。

学校以公安实战需求为导向，有组织开展科研攻关。围绕公安部“科技兴警”行动计划、新时代“枫桥经验”、公安工作现代化、“11087·亲清在浙里”为企服务品牌等课题开展研究，全年获国家发明专利授权9项，出版专著3部；发表期刊论文60篇，其中顶级期刊论文8篇，创历年新高；新增共建浙江省社会科学普及基地2个。举办2023年全球公共安全合作论坛（连云港）分论坛暨2023年“警察与科学”国际讲坛、浙江省法学会数字法治研究会2023年会暨数据要素流通利用与安全治理法律研讨会、第二届“智慧警务与治安治理现代化”研讨会以及新时代“三民工程”和基层社会治理现代化研讨会暨浙江省法学会社会治理研究会2023年学术年会等学术会议。完成“十四五”省一流学科A类（公安学）培育期建设方案、B类（公安技术、网络空间安全）建设方案编制工作。围绕公安中心工作，抓住办学治校主要矛盾变化，提出实战化体系化办学总体方向。构建“厅校局共建、战斗力标准、数字化赋能、一体化育人”公安实战化教学新体系，创新“1+2+3”新公安人才培养模式，修订印发《2023版本科专业人才培养方案》，创新“大思政”育人格局，实战化教学改革工作获《人民公安报》报道，“英模带教”实践育人模式获《法治日报》《平安时报》《浙江在线》等媒体专题报道。

学校选派师生增援杭州第19届亚运动会、杭州第4届亚残运会安保任务、群演工作和曲棍球场馆运维工作。学校获浙江省公安厅“集体嘉奖”，增援杭州亚运会安保团队获集体二等功，学生工作处、团委、体育场运行团队获评杭州市亚运会、亚残运会先进集体，4人获评“杭州亚运会、亚残运会浙江省先进个人”。

（沈　跃）

【浙江商业职业技术学院】 2023年，浙江商业职业技术学院有专业二级学院6个，其他教学单位6个，设置35个专业及方向；有中国特色高水平专业群1个，中央财政支持重点建设专业2个，教育部高等职业教育创新发展行动计划骨干专业7个，省级重点专业2个，省级示范院校重点专业5个，省级优势专业5个，省级特色专业9个。学校有全日制在校生1.4万人，成人专科学生5394人，留学生83人；教职工688人，二级教授4人，专任教师589人，正高职称68人，副高职称161人。学校当选第七届浙江省高教学会招生委员会高职分会理事长单位。毕业生毕业去向落实率98.39%，其中专升本录取1217人。全年引进博士10人，硕士37人；培育“全国技术能手”1人、省级有关人才计划1人、省“高校辅导员年度人物”提名奖1人、“浙江青年工匠”1人；培育省级教师教学创新团队1支、省首批职业院校技能大师工作室1个。持续推进“双师型”队伍建设，聘请22位能工巧匠为学校企业导师，建立教师企业实践流动工作站1个。

学校把开展主题教育与推进学校中心工作紧密结合，《守正创新善用善为以主题教育推进“大思政课”建设》被中央主题教育官网刊用。发挥“精神的力量”展示馆作用，开展各类研学活动300多场次，全年接待1万余人次。先后获评全国高校数字马院联盟“大思政课”实践教学研训基地、省习近平新时代中国特色社会主义思想研究中心调研基地、省红色文化弘扬基地、省社科普及基地、杭州市中小学生研学旅行基地。1项课题获教育部高校思想政治理论课教学方法改革择优推广项目立项。学校被列为全国雷锋精神职业教育联盟副理事长单位。被列为中国职业教育学会2023年全国职业院校党委书记论坛优秀案例1项。学校在国家级“双高计划”建设中期绩效评价中获评“优秀”等级。获国家级教学成果二等奖3项，获奖数量在全国职业院校中排名第14位、全省第二位。入选为职业教育国家在线精品课程3门、首批职业教育国家规划教材21部，立项省教学改革项目12项、省职业教育在线精品课程8门。师生竞赛获国家级一等奖6项、二等奖5项、三等奖6项；省级一等奖65项、二等奖113项、三等奖140项。承办省级及以上职业技能大赛和科技竞赛赛项16项，其中国家级赛项1项。

学校当选“长三角数字技术创新产教融合共同体”“全国数字餐饮行业产教融合共同体”副理事长单位、省高教学会招委会高职分会理事长单位。入选为工业和信息化部产教融合典型案例1个。为山区26县培训2156人。与20多个社区共建继续教育培训基地、社区银龄教育学堂，为居民提供“社区+”全域服务，合力深耕校社联动，聚力发挥高校社会服务功能。获各类纵向课题立项129项，其中厅级及以上课题83项。签订横向技术合同90多项，实际到款金额1020万元。获得专利授权56项，成果转化率达57%，比上年增长21%。组织591名志愿者服务杭州亚运、亚残运会。“以青春之名+奋进之志 献礼党的二十大”主题策划宣传获“浙江省教育新闻媒体优秀案例奖”。获浙江省高校好新闻作品评选奖项4项。学校坚持以“一号开放工程”为牵引，聚焦聚力高水平对外开放，提升开放能级和水平。持续推进中国华侨国际文化交流基地和浙江省海外中餐人才培训基地建设，举办海外中餐烹饪技能培训班2期；举办“亲情中华·之江同心”浙江省华侨国际文化交流基地现场交流活动。学校国际化办学成果获国家级教学成果二等奖2项，承办新发展格局与高质量创新商贸职业教育国际研讨会，完成5个“汉语桥”线上冬令营项目，2个“老挝国家职业标准共建”项目，获批“浙江省国际学生国情教育名师工作室”。学校入选浙江省数字教育试点单位名单，获评2023年浙江高校网络信息化建设先进单位。改造智能数字化教室18间。对接业务系统30多个，创建100多项网办服务。搭建“数智商院”数据平台。推动“智慧班牌”系统在全校教学管理中的试点应用。

（李　薇）

【浙江机电职业技术学院】 2023年，浙江机电职业技术学院有全日制在校生9724人，专任教师600多人，其中“双师型”教师占90.23%。持续推进人才强校战略，完成第二批高层次人才年薪制选拔，入选教育部新时代职业学校名师（名匠）名校长培养计划候选人1人、第八届黄炎培职业教育奖杰出教师1人、省首批中高职一体化教师教学创新团队1支、省第二批职业教育教师创新团队1支、省师德楷模1人、省特殊支持科技创新领军人才候选人1人、省高层次人才特殊支持计划教学名师候选人2人、教学英才候选人2人。

学校推进本科层次职业学校申办工作，通过省高校设置评议委员会专家组评审及省教育厅公示，完成教育部专家组考察评估、审议及教育部公示。加强校地联动，推进海宁校区二期建设，项目可研报告已取得省发改委发文批复，并列为2023年省级政府投资项目年度计划实施类项目和2023年省重点建设项目。推进“双高计划”建设，国家“双高计划”建设中期绩效评价获评教育部“优秀”等次。完成高职高专校长联席会议“双高计划”中期建设成果展参展布展工作。承担教育部首批重点领域职业教育“高档数控机床和机器人”专业课程改革试点。新增国家教学成果奖获奖3项。聚焦服务浙江全球先进制造业基地发展战略，牵头成立全国数字化设计与增材制造行业产教融合共同体。落实“职业教育现场工程师专项培养计划”，面向先进制造业、战略性新兴产业培养现场工程师。获批教育部首批“十四五”职业教育国家规划教材20种、省高职教育“十四五”第一批教学改革项目13项、省高职院校“十四五”首批重点教材建设立项21种，推荐参加优质教材推荐国家评选、国家一流核心课程等6项。在中国国际大学生创新大赛、全国大学生“挑战杯”、省“互联网+”竞赛中获得国家级、省级金奖10项。毕业生综合评价质量、毕业生用人单位满意度调查、（三年后）毕业生综合评价质量连续两年排名全省第一位。

学校贯彻“主动服务、市场运作、提高层次、创建品牌”的继续教育工作方针，服务国家区域战略和社会经济发展需要，精准对接企业需求，优化“分级分类递进式”培训体系，持续擦亮社会服务“浙江机电”品牌，入选为教育部国家级职业学校校长培训基地、省编办批准浙江工匠学院机电智造分院、2023年省高校干部教育培训单位。组织实施各级各类培训项目265个班次，培训规模数2.8万人次，实现经济创收5937万元，比上年增长26.7%。学校坚持教育、科技、人才三位一体理念，精准对接高端产业和产业高端，以应用研究为主攻方向，以产品研发、工艺改进、技术推广为重点，响应装备制造国家重大战略，主动服务中小企业车间智能化改造和数字化升级。建设“工业数字化技术研创中心”和“数字化制造与检测技术中心”，逐步构成以浙江省工程研究中心为核心的“六大省级平台+六大校级平台”技术技能创新服务大平台。科研到款总额4537万元，增长41%，立项“尖兵”“领雁”项目5项（主持1项）。授权发明专利87项，创历史新高，中国高校专利转让排行榜全国高校50强，居全国高职院校第一位。获浙江省科学技术进步奖三等奖1项、浙江省农业机械科学技术奖二等奖1项。重点参与制定发布《蠕墨铸铁金相检验》（GB/T 26656—2023）等国家标准2项。获评省级教育评价改革典型案例1项。学校获评2023年度全省综合考核先进单位，获第八届黄炎培职业教育杰出贡献奖。浙江机械工业博物馆获评省部属企事业首批产业工人思想政治教育基地、浙江省第二批产业工人思想政治教育基地。

（陈　宇）

【浙江艺术职业学院】 2023年，浙江艺术职业学院内设机构30个，开设专业32个，有全日制在校生6026人，教职工591人，其中具有高级技术职务资格160人、中级技术职务资格221人。毕业生毕业去向落实率98.67%。学校有省级教学创新团队2支，省级文旅导师工作室2个，省级文旅创新团队11支。引进省级C类高层次人才1名，推荐认定省级高层次人才D类15名、E类16名。聘请特聘教授40名，校外专家6名。2名教师入选浙江省舞台艺术“1111”人才计划第二批培养对象名单。1名教师获第二届浙江省德艺双馨文艺工作者称号。1门在线精品课程获国家级认定，4门在线精品课程获省级认定，9本教材立项省高职院校“十四五”首批重点教材建设。

学校紧扣“高质量发展”主题主线，紧抓职业教育大发展和新时代文化高地建设，聚焦关键办学能力提升、教师人才队伍建设、目标责任考核改革，落实立德树人根本任务，助力文化浙江、诗画浙江建设。持续开展“党建铸魂强基专项行动”，培育党建工作品牌。1个二级学院党总支、1个二级学院教工党支部通过省教育厅“标杆院系”“样板支部”验收。1个二级学院教工党支部书记工作室获评全省高校“双带头人”教师党支部书记工作室。获评全省“双建争先”优秀案例1个。推进“立德树人十件小事”示范活动，构建具有浙艺特色的“三全育人”体系。获评浙江省职业教育“三全育人”典型学校，1个二级学院获评浙江省“三育人”岗位建功活动先进集体，1个二级学院负责人获评先进个人。做好省文化和旅游厅党组巡察工作，针对反馈的50项问题制定132项整改措施。学生获2023年全国职业技能大赛（高职组）声乐、器乐表演赛项一等奖第一名。4件作品参加浙江省第十四届大学生职业规划大赛，获1枚金牌、1枚银牌、2枚铜牌。7项成果参加十三届“桃李杯”展演，“双高”重大专项《今夜南风吹宋》南戏折子戏引发关注。持续开展长三角戏曲产教联盟系列活动，共建戏曲表演专业教学资源库。舞蹈《西施别越》获第十二届中国舞蹈“荷花奖”古典舞奖。音乐剧《即刻启程》等4个项目入选浙江省文化艺术发展基金，话剧《梦想天堂》入选浙江省舞台艺术重大主题创作“揭榜挂帅”项目。

学校推进目标责任考核机制改革，制定《高质量发展规划（2023—2027年）》。中外合作办学专业机构申报、舞美行业产教融合共同体建设、话剧《梦想天堂》创作排演等6个项目成功立项。上线“数智浙艺”校务大数据平台，升级改造“到课啦”“生均成本”等项目，新建和优化“最多跑一次”线上流程35条。获评浙江高校网络信息化建设“网络安全方向先进单位”“数字治理方向先进单位”。学校牵头建设非遗创意产业学院、文化共富产业学院、舞台美术行业产教融合共同体，整合行业优质资源与教育学科资源，对接市场需求，提供技术与艺术管理人才支撑。加强校企合作，与开元旅业集团、宋城演艺发展股份有限公司等文旅企业达成合作意向项目16个，与文亮教育集团、西培教育集团共同开展专升本培训项目。建立校企合作项目备案制度，各二级学院校企合作项目共163项。开展“英才浙疆”项目，推进浙阿艺术院校合作共建系列活动，选派22人前往阿克苏职业技术学院进行文旅援疆工作。开展山区26个县文化特派团结对工作，以文化赋能推进龙游县基层文化生产、文化供给和文化服务“三提升”。

组织836名师生助力杭州第19届亚运会、杭州第4届亚残运会群演等，获评2个“先进集体”。完成高雅艺术进校园、戏曲进校园、文化礼堂演出30多场，开展文艺赋美活动240场。持续推进乡村文旅融合研究中心工作，举办浙江省大学生助力旅游业“微改造 精提升”创意策划大赛。助力文化传承，联合浙江京昆艺术中心培养2023级京剧班（京小班）50名学员。挂牌成立浙江非遗传习院，制订非遗专业建设五年规划，编写《非遗与生活》双语（汉语、英语）教材，1个案例获评浙江省国际交流与合作年度工作典型案例。与杭州高新区（滨江）共同举办第六届金鹄青年电影节。面向社会、市场开展多种形式的职业技能培训服务，继续开展职业技能等级认定、“1+X”职业技能证书报考等工作。开展63场“送教下乡”系列活动，培训2328人次。

（单　烨）

【杭州医学院】 2023年，杭州医学院有滨江、临安、黄龙、青山湖4个校区，占地面积95.72万平方米，校舍建筑面积40.36万平方米。学校在职教职员工1073人。全年招引录用各类人才90人，选派教师参与“青年学者攀登计划”1人、国内外访学8人，青年教师攻读博士学位7人，参加思想政治教育理论教师“名师导学”计划2人，新增进站博士后3人；新增国家卫生健康突出贡献中青年专家1人，浙江省杰出青年科学基金获得者1人。有全日制在校硕士研究生、本科生、专科生1.18万人。开设本科专业21个，其中国家级一流本科专业建设点3个、省级一流本科专业建设点4个，一级学科硕士点3个、专业学位硕士点3个。省级重点实验室8个、省工程研究中心5个，其中新增省工程研究中心1个（脑认知与疾病数字医疗器械浙江省工程研究中心）；博士后科研工作站1个；有直属附属医院1家（浙江省人民医院）、非直属附属医院14家，校外实践教学基地近200家。学生第一作者公开发表论文70篇，立项厅局级及以上学生科技创新创业项目162项，获纵向科研经费171.6万元，入围教育部第十五届全国大学生创新创业年会项目1项，获批2023年度浙江省产学合作协同育人项目2项，存济口腔医学院入选为省级重点支持现代产业学院建设点，学校成为中国高校众创空间联盟会员单位。学生获省级以上竞赛奖118项，其中国家级14项。面向全国27个省（自治区、直辖市）招生3779人，其中，本科、专科层次学生3466人，研究生313人。

学校深化与省疾病预防控制中心联合办学，打造高水平公共卫生学院，公共卫生与预防医学学科成为“十四五”省一流学科A类，新增硕士研究生导师120人。健全“校级—

省级—国家级”进阶式建设和培育体系，入选为国家级一流课程4门。口腔医学、法医学、医学信息工程、精神医学、生物技术、智能医学工程、麻醉学7个本科专业获学士学位授予权。完成杭州亚运会志愿服务工作，抽调13名教师志愿者，组织1344名学生志愿者参与各类亚运志愿服务，服务时长6627小时。完成本科教学合格评估工作。加强与浙江大学等单位的科研合作，作为第二完成单位获浙江省自然科学奖一等奖1项，作为第一完成单位获浙江省科学技术进步奖二等奖、三等奖各2项。获厅局级及以上纵向科研项目立项483项，其中，国家自然科学基金项目38项。省重点研发计划7项，省部共建重大、重点项目5项，中医药局省共建项目7项。学校建成华东唯一一家大动物高等级生物安全实验室（P3实验室），新增脑认知与疾病数字医疗器械浙江省工程研究中心，组织申报国际合作重点实验室1项、省重点实验室4项。完成安全评价服务264项，助力浙江省20多个新药产品获批上市或临床试验。新增授权专利188个，其中发明专利57个；授权软件著作权86个；实现成果转化金额46.3万元。成立学校社会科学联合会、卫生健康政策研究院，与玉环市人民医院健共体集团开展健共体和发展研究院建设工作，获批教育部人文社科项目2项、省哲社科常规课题2项。学校与美国杜肯大学、日本静冈县立大学等10所高校签署合作协议，与泰国清迈大学合作成立“心血管研究联合实验室”。组织19名学生参加国（境）外交流项目，到校交流访问学生2批；派遣出访团组3个，接待国（境）外到校访问交流33人次。与日本静冈县立大学互聘客座教授7人，引进荷兰籍教师1人。

持续开展“数字杭医”建设。以建设“杭医云大学”为总体目标，提高校园数字智治水平，形成“数字杭医”“1+4+X+1”（即基于1个杭医大脑，聚焦智慧教育、智慧服务、智慧科研、智慧管理四大集成应用，推动“X”项重大改革，推动“数字杭医”理论和体系探索）架构体系。

（徐晶晶）

成人教育

【概况】 2023年，区社区教育机构有区社区学院1所、区社区学院街道分院3所、社区市民学校63所，嵌入式园区学院1所。有公办教职工21人，专任教师20人，聘请校外兼职教师120人，志愿者9854人。全区社区教育机构完成非学历培训17.86万人次，其中企业职工培训1215人次、家庭教育培训8.36万人次、老年教育培训3204人次、青少年校外培训2327人次、线上培训8.34万人次、其他培训4846人次。“智慧助老 银龄乐学的共富之路”获评2023年浙江省终身学习品牌项目、杭州市终身学习品牌项目；区社区学院浦沿分院“银龄乐学浦沿课堂”获评浙江省社区教育品牌推荐项目。浦沿街道东信社区齐中豪和西兴街道共联社区戴月娥获评杭州市“百姓学习之星”，被评为“浙江省老年学习达人”。西兴街道金东方社区老年学堂——“芯愿”太极队等3个社团被评为杭州市示范社区学习共同体，长河街道晶都社区老年学堂——“晶之韵”葫芦丝队被评为杭州市最佳社区学习共同体，长河街道闻涛社区老年学堂的杨倩被评为杭州市社区学习共同体最佳核心成员。长河街道月明社区老年学堂的邹洁获杭州市杭学通“亚运时刻”老年摄影大赛一等奖。

【成人高中学历培训班】 2023年3月，区社区学院及各街道分院开设的“双证制”（学历证书、技能证书）成人高中学历提升教育培训班开课，385名学员参加培训。培训通过线上和线下学习，学员交流讨论，教师指导点拨，课时达到总要求，即可参加考试。学员们参加文化课和技能课考试，达到规定学分，取得学历证书和技能证书。至年底，共毕业学员337人。

【家庭教育指导周活动】 2023年5月14—21日，杭州高新区

（滨江）开展以“爱家·爱+”为主题的2023年家庭教育指导周活动。活动由区教育局、区妇联共同主办，区社区学院承办，采取线上和线下相结合的方式开展。活动聚焦情绪管理、亲子沟通、学业焦虑、成长规划四大板块开展活动，通过主题论坛、专家讲座、网络讨论等形式，帮助家庭建立起科学有效的教育理念，推动家校社协同营造良好教育生态。活动周期间，线上和线下参与家长9000多人次。

【新成立34所老年学堂】 2023年9月，区教育局发文新成立社区老年学堂34所，其中西兴街道11所、长河街道11所、浦沿街道12所。社区老年学堂领导班子由该社区市民学校领导班子兼任，社区教育联络员具体负责社区老年学堂日常工作和培训活动。社区学院及三所街道分院负责业务指导并给予办学经费支持。新成立的社区老年学堂设在各社区党群服务中心，办学规模为长学制班级4个及以上，学员100人以上。

【省老年教育优质学校】 2023年11月7日，中共浙江省委老干部局、省教育厅公布2023年浙江省老年教育优质学校名单，区社区学院被评为2023年浙江省优质老年大学。区社区学院于2016年建立，以服务老年学习为宗旨，秉承老有所教、陶冶情操，老有所学、增长知识，老有所乐、促进健康，老有所为、服务社会的办学理念，开拓办学思路，以数字化改革迭代赋能，开拓“线上+线下”全方位教育模式，破解老年人融入信息时代的“数字鸿沟”，为新时代老年教育注入新理念，提升信息化、精准化、规范化办学水平，办好“家门口”老年大学，打造“有温度”的老年教育。全年，完成老年教育培训3204人次，有老年社团80多个。

【全民终身学习活动周】 2023年11月16日，2023年杭州市暨杭州高新区（滨江）全民终身学习周在华联星光大道启动。活动由市委宣传部、市教育局等8家市级单位会同区政府共同主办，杭州市职成教协会、杭州社区大学、区教育局承办。启动仪式分“活动杭州”“韵味杭州”“数字杭州”“美丽杭州”“绿色杭州”5个部分，展示杭州建设学习型城市的成果，总结终身教育取得成绩。活动对2023年杭州市“百姓学习之星”、杭州市“终身学习品牌项目”、杭州市老年教育系列项目进行表彰。活动外广场设立美食、文化、娱乐、健康、生活5个展区，60多个特色项目展位，活动吸引1000多人参与。

【区第五批“社区好老师”评选】 2023年12月，区第五批“社区好老师”评选活动结束。评选通过自愿报名，社区、街道推荐，区社区教育工作委员会办公室组织专家现场考核，评选出李晓明等11位具有专业特长和教学能力的“社区好老师”。教师涵盖声乐、器乐、舞蹈、武术、书法、柔力球、传统手工等人文艺术与生活休闲各领域。“社区好老师”满足社区居民多样化、个性化、特色化学习需求，合力打造“共建、共治、共享”美好未来社区教育场景，助力教育高质量发展。

【4个项目入选省“老有所学”项目名单】 2023年12月29日，中共浙江省委老干部局、省教

2023年11月16日，2023年杭州市暨杭州高新区（滨江）全民终身学习活动周启动仪式在华联星光大道举行　　（区教育局　供图）

育厅、省卫健委公布2023年浙江省“老有所学”相关项目名单。杭州高新区（滨江）的彩虹快乐老年课堂被评为浙江省优质社会力量办学单位，晶都社区“晶”银花开居家养老服务中心被评为浙江省优质康养学基地，戴月娥被评为“浙里美”老年学习达人，毕华文、李明入选为全省老年教育优质师资库成员。

（叶剑炜）

特殊教育

【概况】 2023年，杭州高新区（滨江）有3～18周岁各类残疾儿童、少年187人，其中学前段持证残疾儿童28人，义务教育段125人，高中教育段少年34人，安置率分别为92.86%、100%、96.97%。特殊教育经费投入220万元，特殊教育学校委托培养经费每年每生4.6万元，随班就读、送教上门生均公用经费按普通学生10倍拨付，小学每生1.25万元，初中每生1.38万元。

【特殊教育安置】 2023年，杭州高新区（滨江）通过医疗、康复机构介入，规范特殊教育安置形式，加强残疾儿童早期诊断，完善“筛查—评估—建档—转介—安置—综合干预”运行机制和服务体系。区内幼儿园、中小学联合浙江大学医学院附属儿童医院、杭州和平鸽潜能发展中心协同实施“医教结合”，为特殊儿童提供医院筛查、诊断、评估、治疗专项绿色服务通道。根据医院诊断、康复评估结果进行规范教育安置，对不同类型、能力层次残疾学生提出综合干预方向和目标。相应接收的幼儿园、中小学、委托培养机构根据评估要求，有针对性地进行教学，保障融合教育体系顺畅。

【资源教室建设】 2023年，区教育局联合区特殊教育指导中心，协同康复机构推进资源教室投入与建设。已建成杭州市示范性资源教室2所、合格资源教室25所，建成和使用资源教室占全区学校总数33%。对资源教师开展专业培训，培训内容包括资源教室、个案管理、感统器材的使用、特殊儿童认知训练、个案评估、研判等。在2023年杭州市特殊教育优秀教学论文中，2人获一等奖，资源教师杭州市“融合教育课程与教学”实践案例中，2人获二等奖、2人获三等奖，杭州市融合教育课程调适专题论文中，2人获一等奖。

【特殊教育服务】 2023年，杭州高新区（滨江）的普通学校依托资源教室为随班就读儿童提供个别化教育和康复训练，安排专家和康复教师进校为资源教师进行指导和课程服务。选择有特教背景和特教资质的优质康复教师，为特需学生实施每周1次，每次不少于1小时的支持性干预训练，主要集合感统康复训练、精细动作训练、心理康复、劳动教育等方向。该项服务涉及杭州市滨和小学、杭州市滨江实验小学、杭州市钱塘实验小学等30所中小学、幼儿园的90多名有特殊需要学生。按照重度特殊儿童送教上门的原则，控制送教上门比例以及数量，全区有4名儿童实施每周1次送教上门工作。

【特殊教育教科研】 2023年，区教育局联合区教育研究院，规范推进特殊教育教科研工作。单列特殊教育学科，由专人负责，启动区内融合教育、特殊教育教科研活动，联通杭州市教育局教研室，推进区融合教育案例评比和区特殊教育论文评比工作。参加各类市级融合教育共同体、省级特殊教育关键问题解决专题研训、省级卫星班建设等活动，组织教师参与2023年义务教育阶段特殊教育学校教材国家级示范培训等。联合浙江师范大学儿童发展与教育学院申报“以生为本，促进辅助器具科学应用”项目建设。

【“特需孩子赋能计划”培训】 2023年3月31日至4月1日，区教育局邀请成长教育专家兰海为全区中小学、幼儿园教师和有需求的家长举行“特需孩子赋能计划”培训活动，

100多人参加。培训为教师和家长梳理ADHD（注意力缺陷及多动障碍）、ASD（孤独症谱系障碍）、LD（学习障碍）、TD（抽动障碍）等特需学生类型及其特点。培训师、教师和家长围绕“常见的孩子心理及大脑发育问题”“特需孩子教育中需重点关注的问题”“特需孩子可能出现的极端事件及处理建议”“家校如何良性沟通”等维度，进行交流。“特需孩子赋能计划”通过搭建教师、家长学习模块，提供菜单式、阶段式的课程选择，帮助孩子、家长和教育者提升能力，促进学校、教师和家长对特需学生进行关爱和科学干预，以帮助实现孩子健康快乐成长的目标。

（朱　琳）

智慧教育

【概况】 2023年，杭州高新区（滨江）继续巩固义务教育优质均衡发展成果，投入普通中小学教育技术装备经费4739.2万元，实现技术赋能智慧教育，推进“学有优教”高质量发展。完善教育数字化队伍建设，在全区中小学幼儿园设立首席技术官（CTO）岗位，参与学校数字化工作的计划、组织、实施与工作创新。建立教育数字化工作先进单位和个人评选机制，提升数字教育整体水平。持续做好数字化治理和服务的应用探索，结合科室与学校业务需求，加强自主研发，提高局端数字化管理水平和工作效率，提升教育治理体系和治理能力现代化水平。关注教师课堂教学成长、学生学习方式变革和促进教育科学评价。促进数字化赋能教学质量提升，形成数字化引领现代教育强区建设“教育硅谷”新样态。杭州高新区（滨江）被评为浙江省首批数字教育试点区、浙江省小学生综合评价改革试点区。数字化改革创新项目“龙虎小将”数智体育服务系统被评为2023年教育领域数字化改革优秀应用。第三届中国基础教育论坛暨中国教育学会第三十五次学术年会区教育局作经验交流。

【首席信息官、技术官岗位工作机制】 2023年，区教育局落实各校数字化管理、服务与创新工作，在中小学设立首席信息官（CIO）的基础上，设立幼儿园首席信息官和中小学幼儿园的首席技术官（CTO）岗位。首席信息官统筹教育数字化的机制、规划、建设、应用和管理，首席技术官参与学校数字化工作的计划、组织、实施与工作创新，培养CIO和CTO数字化管理与专业能力，促进数字教育水平整体提升。鼓励学校（幼儿园）成立数字化工作专班，研究推进数字化进程，开展数字教育研究，推进学校数字化工作创新高效实施。至年底，全区设立首席信息官69名，首席技术官69名。

【网络安全护航亚运】 2023年，区教育局围绕保障落实亚运建设攻坚任务，开展重点网站（系统）风险隐患自查，确保“网络不断、数据不泄、页面不改”。配备可靠、充足的应急处置力量，保证人员在岗在位，及时应对处置各类突发事件。亚运期间，机房线下24小时值守，各外包平台线上24小时值守，值守中遇到网络安全、信息泄露、网络舆情等事件实行零报告制度。结合区教育局网络安全宣传周，与信息安全公司联手制作网络安全教育专题教育视频，开展全区教师及三年级以上学生的网络安全宣传教育，引导学生与家长共同参与网络安全素养测评活动。

【浙江省小学生综合评价改革试点区】 2023年1月，杭州高新区（滨江）获评省教育厅认定为浙江省小学生综合评价改革试点区。杭州高新区（滨江）研发小学生综合素质评价系统，内容包括品德表现、学业水平、运动健康、艺术素养、劳动与实践5个方面，开展“过程评价、结果评价、增值评价、综合评价”4种评价方法，汇集教育基础数据，构建教育数据仓，实现各类教育数据资源的集成汇聚，形成区域、学校、学校之间教育数据的贯通共享。通过综合素质评价系统，生成“学生综合素

2023 年 11 月 26 日，第三届中国基础教育论坛暨中国教育学会第三十五次学术年会举行。图为滨江分论坛现场　（区教育局　供图）

质成长报告”，使家校社形成合力，引导学生走向全面、个性化成才之路，指导学校形成科学和有效的学生综合评价体系，区域形成实施高质量素质教育的长效机制。

【首批省级数字教育试点区（校）】 2023年3月13日，省教育厅公布浙江省首批数字教育试点单位名单，杭州高新区（滨江）入选全省技术赋能智慧教育试点区，杭州市春晖小学入选省技术赋能智慧教育试点校。杭州高新区（滨江）推进教育领域数字化改革，实施“区域统一打造、学校按需应用”的模式，打造区域智慧教育体系，开发区域数智研修平台，借助AI智能工具进行教学行为诊断，形成“一库、一平台、多屏、N应用”的体系架构，建设滨江教研新模式。杭州市春晖小学打造“掌上春晖”数字体系，形成学校画像、学生画像和教师画像，助推学校全域智治，学生个性成长，教师主动发展。变主观的“管”为基于数据的“理”，打造数字氛围浓厚、高效精准管理、智慧教育教学、教育资源优势的新样态校园。

【数字教育经验全国交流】 2023年11月25—26日，第三届中国基础教育论坛暨中国教育学会第三十五次学术年会召开，区教育局联合杭州市春晖小学教育集团承办滨江分论坛。论坛以“数字赋能区域教育高质量发展”为主题，分为校长论坛、场景展示、局长论坛、专家引领、论坛综述等，探讨交流数字化改革在教育领域的思考和实践探索。区教育局在论坛中作题为《教育硅谷：数字化引领现代教育强区建设的滨江样态》的主题报告。杭州市春晖小学教育集团以“全域智治：建设高质新品现代化教育集团”为主题发言，作区域教学诊断，学校教研管理活动，教师教育个性发展，学生综合素质评价的场景展示。

【省教育领域数字化改革优秀应用】 2023年12月26日，省教育厅公布2023年全省教育领域数字化改革优秀应用名单，杭州高新区（滨江）“数智体育”服务应用项目入选。“数智体育”是省数字化改革创新项目，利用物联网、云计算、AI动态识别等技术，将智能运动监测设备运用到体育教学中，实现运动数据可视化、即时化，打造AI与教师“双师”课堂，构建覆盖全区、上下联动、横向协同的数字化监测框架和管理平台。全年，12所中学1万名学生参与使用，采集数据12万份。

（徐华斌）

教育国际化

【概况】 2023年，杭州高新区（滨江）坚持以教育开放促教育改革，以教育国际化促教育现代化，丰富和扩大教育国际交流合作。有国际学校1所，市级教育国际化示范校学校6所，市级国际理解教育特色品牌项目12个，浙江省国际理解·可持续发展教育联盟学校6所，杭州市教育对外开放窗口学校（体育特色）1所。至年底，有外籍教师29人，聘用外教的学校数占全区学校的67.6%，中小学专任教师中拥有境外学习研修经历的比例为6%。各中小学校优化管理服务，提升接纳外籍人员子女入学能力。全年就读港澳台地区中小学生230

人，其中港澳台籍169人。办理前往港澳台、出国中小学生77人，其中前往港澳台地区22人，出国留学55人。

（罗钊雅）

【杭州国际学校】 至2023年底，杭州国际学校有54个班，学生903人，来自50个国家和地区。其中幼儿园部141人、小学部368人、初中部228人、高中部166人。高中毕业生26人，分别进入7个不同国家和地区的高校继续学习。学校有外籍校长及外籍教师108人、助教19人。杭州国际学校采用国际化课程，设置PYP（小学阶段）、MYP（中学阶段），以及IBDP（高中阶段）课程。综合性教育项目包括学术、社交、情感和道德教育，注重责任感和自信心教育。学校以英语为主要教学语言，是一所IB国际学校，同时重视汉语和中国文化的教学。学校位于长河街道湘滨路2190号白马湖区块，总占地面积5万平方米，配有2个可容纳400人就餐的餐厅、25米6道室内24小时恒温泳池、1个650座大剧场，1个300座黑盒子小剧场。

杭州国际学校是一所经教育部、浙江省教育厅、杭州市教育局批准创办的外籍人员子女学校，成立于2004年7月。是一所为外籍人员子女提供幼儿园至高中16年一贯制教育的非营利性办学机构，招生对象为在中国境内合法居留的外籍人员子女，在省内合法居留的香港、澳门特别行政区和台湾地区居民以及在境外依法定居的中国公民的子女。

（付　莹）

【学校结对交流】 2023年，杭州高新区（滨江）围绕“引进来”与“走出去”，中小学校与境外学校结对，开展“姐妹学校”交流活动。结对学校包括美国、英国、加拿大、新西兰、日本、新加坡、澳大利亚、比利时等国家，围绕亚运会、假日庆典、特色文化、学习生活等主题开展线上交流活动。全年新增13对“姐妹学校”，杭州江南实验学校入选“浙江省中小学国际交流工作坊”，杭州江南实验学校、杭州市博文小学、杭州市滨文小学3所入选“浙江省中小学品牌交流项目案例”，杭州江南实验学校、杭州市博文小学2所学校获评“亚运姐妹学校”。

【“校校有外教”工程】 2023年，杭州高新区（滨江）推动外籍教师入校工作，鼓励各校根据实际需求聘请外教。至年底，有23所中小学校聘请外教29人，聘用外教的学校数占全区学校的67.6%。外教任教课程从英语、口语等向国际理解、体育、音乐等多学科扩展，区外籍教师研修中心配备专人负责外籍教师管理服务工作，全年召开研训活动4次，包括教学活动设计、外教公开课、儿童心理和消极情绪应对、滨江文化历史等主题，促进外教教学专业提升和文化融入。

【国际理解教育】 2023年，杭州高新区（滨江）各学校通过学科渗透、校本课程开发、校园文化建设、学生社团培育等途径，推动国际理解教育与学科教学深度融合，组织跨文化理解活动，培养学生国际意识以及跨文化理解与沟通能力。全区34所中小学校均开设国际理解教育相关课程，覆盖

2023年7月1日，浙江省杭州高新实验学校外教夕玛（Sima）在美术课上进行全英文授课

（区教育局　供图）

率100%。其中，杭州市滨和小学开通《“国际滨”小公民国际理解课程》，杭州市钱塘实验小学开通《跟着“一带一路”看世界》，杭州市闻涛小学开通《亚洲文化揽胜》精品课程。至年底，全区有市级国际理解教育特色品牌项目12个，6所学校入选为市级教育国际化示范校，6所学校入选为浙江省国际理解·可持续发展教育联盟基地。

【国际交流展】 2023年，杭州高新区（滨江）中小学国际交流多层次、宽领域发展。中小学校承办国际交流会议1次，接待来访外宾3批次，接待外宾9人次，其中6月14日，比利时西弗兰德省政府中国事务主任克里斯丁·范德姆到杭州江南实验学校参观访问；9月20日，新加坡国家环境局调研组一行5人到杭州市春晖小学教育集团参观交流无废学校建设情况；11月，新西兰奥克兰市圣多米尼克书院及利斯顿书院交流团到杭州高新实验学校和杭州滨和中学访问交流；12月7日，由省教育厅、省外办、美中教育联合发展协会主办的浙江—印州中小学校长研讨会在杭州市滨江实验小学举行。

【亚运会服务】 2023年，杭州高新区（滨江）中小学校结合本校实际，宣传、参与迎亚运活动，突出亚运文化特色，营造国际化氛围。杭州市春晖小学结合无废学校主题，废物再利用制作亚运项目展板，推广绿色亚运理念。杭州市博文小学与香港海坝街学校宣传杭州亚运，展示中华文化。杭州市长河小学和香港结对学校通过设计亚运书签活动形式宣传亚运。杭州市滨和小学与香港、四川两地学校开展共迎亚运合唱专场活动。杭州江南实验学校和比利时巴纳姆学校多次开展“云端交流”活动，将中国文化与亚运场馆、项目介绍融合。全区师生参加迎亚运准备工作和亚运期间的志愿服务。杭州江南实验学校、杭州市滨文小学等12所中小学学生参与亚运倒计时、亚运会、亚残运会开（闭）幕式暖场等表演，65个基层党组织1100人次、18名专业人员参与亚运护航保障工作。

（罗钊雅）

教师队伍建设

【概况】 2023年，杭州高新区（滨江）实施“引才”“育才”“优才”工程。引进中小学教师181人，其中正高、特级教师3人；招录幼儿园聘用制教师86人。出台教育系统人才培养“潮涌计划”，通过雁阵计划、青干营、名师导航站、班主任学院等载体，培育结构合理、素质优良的人才队伍，推荐5人参加正高级职称评选，其中4人已推荐至省级参评；完善名优教师激励举措，加强思政教师队伍建设，推进区优秀人民教师评选和20年功勋班主任奖励等工作。杭州高新区（滨江）有在职教师5121人，实施教师专业发展培训项目143个。在2022—2023学年，教师培训学分年人均完成学分100.6学分，优秀标准分为72分；限定选修90学分集中培训完成率近五年平均值23.06%，超过20%的优秀标准；教师通过培训管理平台自主选择培训项目学分数为35.49万分，占完成的教师培训总学分的68.9%，超过优秀标准（55%）13.9个百分点；教师自主选课后实际参训率（教师实际参训人数与选课后应参训人数之比）为99.73%，达到优秀标准95%以上；组织4位教师参加省级及以上培训，规定完成率100%。

【校本研修】 2023年，杭州高新区（滨江）作为校本研修信息化试点区，采用常规的全员研训模式和个性化的学科组研修模式，实现校本研修平台上活动发起、活动组织、电子签到、成果展示、统计与分析各个学校的校本研修等情况，通过网络平台监控与实地考察共同进行，实现学校校本研修学情监控。7月，完成全区中小学、幼儿园2022学年校（园）本研修项目考核评估。9月，完成2023学年校本研修项目书评优，以及校本教研优秀成果展示交流等工作。在杭州市优秀校本研修项目评选中，杭州高新区（滨江）的杭州滨文中学、西兴幼儿园、滨兴幼儿园获评优秀。

【信息技术应用能力培训】2023年，根据市教育局要求，杭州高新区（滨江）持续推进中小学教师信息技术应用能力培训。信息技术应用能力提升工程采取“以点带面、分类实施、整校推进、学用融合”推进策略，分为3期开展，其中在第三期整校推进绩效评价中，全区学校绩效考核平均成绩91.62分，居杭州市各区县（市）综合排名第一位。在3期的信息提升工程推进过程中，杭州高新区（滨江）参与整校推进，推进绩效考核成绩优秀，教师满意度较高。

【学科骨干教师培养】2023年，杭州高新区（滨江）结合区县“十三五”培训工作成果以及区域干部、教师年龄结构特点，制定并开展《“硅谷天堂，潮涌滨江”教师专业发展行动计划》。该计划基于全区已有的“信息化、智慧化、特色化”区域教师培训模式，构建具有滨江特色的“三线四阶”人才培养体系。以教育管理干部、学科教师、班主任三条发展路径为主线，根据年龄、教龄以及教师专业发展水平设置“新苗教师”“教坛新秀”“教坛中坚”“卓越教师”四个梯度，不同梯度教师发展特征建立“育潮班”“逐潮班”“弄潮班”“射潮训练营”班型，促进教师进阶式发展。其中，学科教师与班主任同阶层可更换发展通道，针对不同发展取向、不同发展阶段教师探索多样化培训路径。至年底，已开展8个项目。面向学校年轻中层干部育潮后备干部班和面向副校级学校干部的逐潮校级干部班项目已进展50%；逐潮新秀班主任班项目正在开展，逐潮新秀教师班开始小学数学、初中科学、中小学美术已进展50%，小学语文、中小学体育已于12月14日开班，初中数学于12月21日开班；育潮新苗教师班基本完成第一阶段的培训。

【教师发展学校建设】2023年，杭州高新区（滨江）重视教师发展学校建设。教师发展学校（简称“TDS”）是由教育行政部门、高校和中小学三方共同建设、服务于师范生培养和在职教师培训、附属在中小学校的新型教师教育机构。杭州高新区（滨江）提供学校建设专项资金支持，提供市级TDS每校3万元、省级TDS每校5万元的建设资金。对TDS工作优秀的学校在相关师训评比中予以加分，包括校本研修项目评比、师训先进个人评比等。11月10日，组织TDS年度考核暨交流汇报活动，了解学校需求，搭建沟通平台。全年，杭州高新区（滨江）有省、市级TDS学校共10所。

【新教师培养】2023年8月21日，杭州高新区（滨江）育潮新苗教师班新教师培训在杭州市滨江实验小学举行开班仪式。256名新入职的中小学、幼儿园新教师开展180学分的理论和实践学习。培训形式为集中理论培训和分散实践培训相结合，其中集中培训100课时，以专家讲座的形式进行培训，分散培训80课时，通过名师导航站双导共育进行针对性培养，培训内容包括师德修养、教育理论、教学常规、教学技能、名师引领实践等。全年，共开展班主任管理、心理健康教育、课堂教学常规技能、师德师风建设、科研素养培植等7个主题集中研训，完成理论课程70%。

（刘　琛）

文　化

公共文化

【概况】 2023年，杭州高新区（滨江）召开建区以来首次全区文化工作会议，出台《杭州高新区（滨江）扶持推动文化事业加快发展的实施意见》等政策性文件，成立每年3000万元文化发展专项资金，从文艺创作扶持、优秀作品奖励、文化活动扶持、文化人才扶持、社会力量参与文化项目扶持等方面加大文化建设资金投入力度。区文化馆围绕“全民艺术普及”的宗旨，提升公共文化服务品质，为全区市民提供多样化公共文化产品供给。全区建设完成“15分钟品质文化生活圈”10个，城市书房2个，文化驿站1个。完成区级民生实事任务，新建、改造提升城市书房4个，新建智慧借阅点10个。

【公共文化服务】 2023年，区文化馆开展“文艺赋美”演出，弘扬中华优秀传统文化，以春节、元宵节、端午、国庆节日为契机，组织音乐、诗歌、文学走进图书馆、商业街区和长河老街，为市民提供文化服务2123场次。开展“璀璨亚运 共美滨江”滨江区文化配送文艺演出。组织滨江—泗县书画名家作品联展、常山—滨江文化走亲等活动。组织绳结编织、中国舞等公益培训2250课时，参加培训3万余人次。“文艺大课堂”项目开课，全年完成培训40堂课。设计跑ya兔和樱花兔卡通形象，打造滨江新的网红打卡点，受到《人民日报》、潮新闻等媒体报道。

【“滨江四季”品牌活动】 2023年，区文广旅体局继续推出以“滨江四季，生生不息”为主题的城市文化精品菜单，倡导城市品质文化生活。活动分“春日变奏曲 · 万物生长”“夏日进行曲 · 大江东去”“秋日赞美诗 · 燃情岁月”“冬日交响曲 · 滨江向东”4个模块，从多个层面设计、整合推出，提升文化软实力。区文广旅体局为杭州第19届亚运会火炬传递创作2个大型文艺节目。其中，春季举办“滨江四季 · 万物生长”暨大型民族管弦乐音画诗《听见江南》，夏

2023年9月27日，“滨江四季”秋季 · 燃情岁月系列文艺展演在星光大道广场举行　　（区文广旅体局　供图）

季举办“滨江四季·从西兴出发”——浙东唐诗之路非遗秀活动。线上线下参与观众1万余人次。

【大型民族管弦乐音画诗活动】2023年3月31日，蝶变亚运——“滨江四季·万物生长”暨大型民族管弦乐音画诗《听见江南》在区文化中心举行。活动由区委宣传部、区文广旅体局承办，浙江艺术职业学院创作演出。全区500多人观看演出。演出以民乐为主题，依据南宋精致、典雅的美学特色，融合诗词、绘画、书法等艺术形式，以多媒体数字科技赋能，呈现沉浸式、多元交互式的乐、舞、诗、画独造空间，让观众体验中国古典文化艺术意境，展示“文化浙江”“诗画浙江”，弘扬民族音乐，奏响时代旋律。

【电魂自在里文化空间入选省级名单】2023年8月，省文化和旅游厅公布2023年度“浙江省最美公共文化空间”名单，电魂自在里文化空间入选“最佳设计”类名单。电魂自在里文化空间总面积1200多平方米，阅览坐席60个，分阅读学习区、咖啡休闲区和文化展览区。馆藏图书5万册，配备自助借还设备，实现杭州地区各公共图书馆通借通还。空间集公益图书馆、饮品、展览、演出、设计品于一体，实现图书定位查阅、灯光、音响、窗帘、空调、地暖全套智能化控制系统，一键触达。

（郑旭莹　章　情）

群众文化

【概况】2023年度，区文化馆开设各类公益培训班，培养市民的艺术鉴赏能力，提高群众对艺术美的感知、表现、鉴赏和创造能力，共享文化惠民成果。杭州市文化馆滨江分校、区文化馆公益培训、“千堂万艺”公益培训等开课3000多课时。区文化馆举办送戏下乡70场，文化走亲20场，各类公益性展览10多场。有文艺社团140家，培训基层骨干2万余人次，线上线下服务200多万人次。组织群众团队排练文艺节目，参与迎亚运系列活动，由区文化馆组织编排的文艺节目《数说时代》《新潮亚运》在亚运火炬传递进程中参演。开展2022年度区星级文化团队评选工作，根据《杭州高新区（滨江）社会文化团队扶持补助办法》，对参评单位进行专家评审，评出星级团队32支，并发放相应补贴。2023年杭州市民艺术节暨“三江两岸”音乐节之第三届杭州市青少年声乐大赛决赛6月在杭州市文化馆举办，区文化馆选送的小学低段组作品《飞云之下》、小学高段组作品《有我》、初中组作品《思乡》参加比赛，获优秀奖。选送的舞蹈团队作品《一路生花》，获2023年“百姓百艺”杭州市全民艺术节广场舞大赛银奖。

【群众文化公益培训】2023年，杭州市文化馆滨江分校开展春季、秋季班公益培训200多课时。区文化馆开设致未来公开课——春季公益培训班、秋季公益培训班、暑期少儿培训班共400多课时。开展2023“千堂万艺”艺术普及课程，涵盖音乐、舞蹈、美术、摄

2023年11月13日，区文化馆举办民族舞培训班

（区文广旅体局　供图）

影、书法、礼仪等12个门类，共开课2250课时，覆盖60多个社区和20多家区内企业，共培训2万余人次。

【公益性展览服务】 2023年，区文化馆邀请著名专家学者举办文化讲座、作品展等，拓宽文化视野。3月，展出“瓷韵风华迎亚运·薪火相传贵山窑”——嵇锡贵大师及贵山窑弟子作品展，展现浙江省非遗魅力及传承成果，共有3000多人参与观展。8月，举办“迎亚运·展新图暨蓝青会萃——杜高杰、杜晨鹰诗书画作品展”，共5000多人次观展。全年，开展公益性展览服务10多场。

【“文艺大课堂”企业专场活动】 2023年10月12日，由区文广旅体局主办、区文化馆承办、区总工会协办的“文艺大课堂”企业专场在三维通信股份有限公司举办化妆与礼仪课程培训，20多人参加。培训内容包括插花、瑜伽、即兴戏剧、化妆与礼仪、书法、美术、舞蹈等课程，涵盖传统文化与现代艺术。企业专场活动通过对接企业和员工需求，聚焦区内高新企业的高层次人才，通过开展各类文艺课程，传播和弘扬优秀文化，推动企业内部员工的文化交流和学习。全年，覆盖区内20多家企业，举办专场活动150多场。

【群众文化艺术展】 2023年12月25日，区文化馆主办的滨江群众文化艺术展开幕。展览展示区文化馆春季、秋季公益培训课程和文艺大课堂学员们的优秀作品，分墨韵东方（书法与国画）、光影韵律（摄影）、禅心画韵（美术）三大展出单元，包含书法、绘画、摄影等艺术作品近100件，展现培训学员的表现力、创造力、想象力。艺术展持续3个月，共5000多人观展。

（王朝闻）

文物保护

【概况】 2023年，滨江区行政区域范围内有84处（个）文物，其中各级文物保护单位（点）12处，包括世界文化遗产重要遗产点、全国重点文物保护单位1处（13个），省级文物保护单位1处，市级文物保护单位2处，市级文物保护点8处（12个）；一般不可移动文物56处。全年实施文物除险保安工作，做好文物安全巡查、隐患整改、修缮维护等，完成12轮次专业巡查，5次专项检查，5项文保工程审批。调查文物资源，进行第三次全国文物普查复核及文物安全评估，公布47处区级一般不可移动文物，编制新版《滨江区文物古迹图录》，强化文物资源保护管理利用。加强考古专业力量，进行考古前置工作，成立杭州市文物考古研究所滨江工作站，全年完成考古调查47件，考古勘探24件，重点跟进保障零磁科学谷等项目。做好文物日常管理，落实各文保单位（点）责任人公示牌的挂牌。发动文物爱好者、社区文物管理人员参与文物保护，有不可移动文物安全巡护队伍5支，文物保护志愿者40多名。

【《滨江区文物保护工作管理办法》编制】 2023年，区文广旅体局（区文物局）结合省、市《关于进一步加强文物工作实施意见》，成立起草工作组，编制《滨江区文物保护工作管理办法》（简称“管理办法”）。起草工作组通过调研，与相关部门组织座谈研讨，征求各有关部门、街道办事处及社会公众的意见，借鉴参考周边城区的做法，形成初稿。管理办法全文分总则、明确职责和落实安全责任、加强保障3个部分，对全区文物保护工作作出整体部署。至年底，管理办法提交区司法局进行合法性审核。

【傅家峙遗址考古】 2023年，杭州市文物考古研究所继续开展傅家峙遗址及周边区域考古发掘、研究及保护利用工作。傅家峙位于长河街道的东南部，东、南靠越王城山，北依白马湖。从考古发现的遗物遗迹推断，傅家峙遗址的年代为春秋战国时期，主体为战国早、中期。结合考古发现和文献记载推测，傅家峙遗址与越国固陵城有密切关系。至

2023 年 7 月，傅家峙遗址考古发掘现场航拍

（区文广旅体局　供图）

年底，完成考古调查47件，考古勘探24件。

（沈　婷）

【文物安全保护】 2023年，区文广旅体局开展文物火灾隐患排查整治专项行动，制订行动工作计划，落实排查任务，消除文物消防安全隐患。除日常巡查外，在重点节假日，联合相关街道、社区对辖区内文保点开展节前安全检查，通过走访文保单位及文保点，重点查看文物安全情况和内部消防器材设施，文物景区是否存在消防、安防隐患，文物是否存在自然安全隐患以及是否遭到人为破坏等问题。多部门联合开展文物安全检查，加强多部门联动协作，利用属地街道社区网格员、义务监督员等力量，加大日常巡查力度。定期召开会议，对于安全隐患问题进行集中讨论，研究解决方案，落实方案主体责任。加强文物法规宣传教育，发放宣传资料。开展文物消防安全技能培训。至年底，完成12轮次文保单位（点）定期巡查和5次联合专项隐患排查，整改问题43项。

（彭欣欣）

【文物资源梳理】 2023年6月，区文广旅体局邀请第三方专业机构参与，对全区不可移动文物保存现状开展第三次全国文物普查登录点实地复核和考察调研，形成文物普查报告。9月，完成全区47处一般不可移动文物的公示及挂牌工作，通过市级验收。至年底，编制《滨江区文物古迹图录》并印制成册。

（沈　婷）

非物质文化遗产

【概况】 2023年，杭州高新区（滨江）非物质文化遗产（简称“非遗”）保护中心继续加大对区内非遗项目的培育、挖掘、保护力度。开展新一轮项目、传承人、教学基地、体验点的培育申报工作，新增非遗项目8项，非遗传承人8位，传承教学基地7个，非遗体验点1处。至年底，共有非遗项目66项，其中省级项目3项、市级项目9项、区级项目54项，市级非遗教学传承基地1个、区级非遗教学传承基地13个、区级非遗体验点4个、市级非遗体验点2个。“西兴茶点”参展“第十五届浙江·中国非遗博览会”，获传统美食类银奖；胡庆余堂龙王钟馗香囊获“韵味杭州·游礼相伴”2023杭州伴手礼创意设计大赛铜奖，胡庆余堂玉蚕枳椇膏获评“最受市场欢迎的宋韵杭式伴手礼”；“祖名香逗卷”“钱塘文绣传统纹样系列耳钉”分别获省文化和旅游厅主办的2023“浙派好礼”特色旅游商品特产生活板块银奖和时尚生活板块铜奖。“胡庆余堂食养膏”非遗工坊在第二批浙江省省级非遗工坊（创建）评选中获评“省级非遗工坊”。

【非物质文化遗产普及】 2023年，杭州高新区（滨江）组织非遗传承人开展“三进”（进学校、进社区、进企业）活动16场次。开展“非遗进校园”活动，分别在全区14所中小学、高职学校开设10多门非遗课程。课程内容涵盖蓝印花布印染技艺、西兴竹编灯笼、剪纸、宋式文人香、丝绸画绘等。全年开课300多课时。定期在高新企业、滨江区图书馆、城市书房、党群服务中心和各社区公共文化空间开展非遗展示、体验、培训活动，开展图书馆“非遗零距离”活动。

【“文化和自然遗产日”活动】 2023年6月10日，“非凡迎亚运·e起向未来”滨江区2023“文化和自然遗产日”宣传展示活动在星光大道步行街举行。活动分“市集游览模式”和“剧情探索模式”两大板块，邀请12位非遗传承人和12家非遗创新项目，展示非遗保护成果，展现“非遗+”在现在及未来的展望，使市民游客零距离感受非遗新应用。活动在线上线下同步进行，吸引观众1万余人次参加。

【非遗项目进驻亚运村】 2023年9月12日，杭州亚组委举办亚运村媒体开放日活动，杭州高新区（滨江）非遗项目蓝印花布印染技艺、西兴茶点在亚运村技术官员村内参加展示活动。杭州亚组委选调42项杭州非遗项目参与亚（残）运村文化活动，杭州高新区（滨江）2项入选。蓝印花布印染技艺在2009年被列入省级非遗保护名录，区内的杭州创意城小学设有专门的传承教学基地。西兴茶点是地域传统糕点品种之一，其制作工艺包括选料、调制、造型、装饰等环节，其中制作工具、原料选取和加工技艺等需要经过长期的学习和实践才能掌握。西兴茶点制作技艺被列入第八批区非遗代表性项目名录。

（王朝闻）

公共图书管理

【概况】 2023年，滨江区图书馆（简称“区图书馆”）有文献总量79.2万册（件），外借文献73.6万册次，流通160.5万人次，组织策划活动1950场，参加人员619万人；有3家街道分馆、49家社区图书室和城市书房、20个智慧借阅点；组织文献配送136次，计10.3万册次；志愿者服务累计5123人次，服务时长8873.46小时。完成新建、提升改造4家城市书房，新建10个智慧借阅点。浦联社区书房、白马湖澜谷书房入选为杭州书房，晶都社区书房、闻涛社区书房、新州社区书房、新浦社区书房、岩大房社区书房通过邻里阅读空间验收。志愿者年度到馆服务1372人次。区图书馆获评浙江省优秀文化和旅游志愿服务组织、杭州市无障碍文化旅游服务示范单位、2023年度儿童友好图书馆，获推进全域文化繁荣工作集体嘉奖。

2023年8月5日，浦沿街道浦联社区书房开展少儿活动

（区文广旅体局　供图）

【科普阅读推广】 2023年，区图书馆持续把握“科普+阅读推广”方向，结合“亚运”主题和素材，拓展合作渠道，与区委宣传部、团区委、区妇联、学校、街道、社区、基金会等形成长效合作机制，众筹活动资源，围绕“非遗”技艺、信息技术、科学知识普及等不同主题内容，开展不同的培训、展览及阅读推广活动，举办讲座，覆盖各年龄层群体，履行图书馆的社会教育职能和文化服务职能。至年底，开展线上线下阅读推广活动、培训及举办讲座1950场，619万人次参与。

2023年4月23日，滨江区全民阅读系列活动——槐花书市开市
（区文广旅体局　供图）

【智慧化场馆建设】 2023年，区图书馆创新引入视觉盘点系统，动态更新图书在架状态和定位信息，覆盖馆内15万册图书，将录入视觉盘点系统的图书逐步纳入“约书到柜”图书选择范围，将图书馆的资源效能转化为服务效能。上线“智享滨图”小程序，升级滨江区图书馆官网，整合图书馆的活动信息、分馆空间、服务信息。新装监控系统、门禁系统，实现全馆无死角监控覆盖，提升图书馆的精准化、智慧化、个性化服务水平。至年底，无重大安全事故发生。

【第七届全民阅读活动】 2023年4—12月，杭州高新区（滨江）开展“第七届全民阅读活动”。第七届全民阅读活动以“阅见亚运 智启滨江”为主题，包含“全民阅读元宇宙盛典”“滨江区首届槐花书市”和“为地球朗读，为亚运助力”三大板块。“全民阅读元宇宙盛典”现场设公益阅读展区、元宇宙互动展区、科技文学展区、太空观光区，500多人同频参会。首届槐花书市在长河老街开展，现场划分“阅读的长河”“长河的阅读”“全民阅读”三大区域，有出版品牌和本地读书社团等50多个摊位，包括书籍、文创、手工、美食等业态。“为地球朗读”第7季亚运篇邀请运动员代表、文艺工作者、亚运志愿者在滨江樱花跑道、亚运场馆等进行亚运诗词、文章朗读活动。全民阅读日期间，举办“滨江韵味，共富之声”全区朗诵大赛，“迎亚运”数字文化嘉年华、“墨韵染书香”等活动，以展览、朗诵、沙龙、讲座、市集等形式广邀市民参与。活动吸引46家媒体跟踪发布，总阅读量超200万人次。至年底，开展读书活动500多场。

【第七届杭州市创客节】 2023年11月25—26日，第七届杭州市创客节在滨江区举行。创客节有150多名选手参赛，参与STEM创新大赛、人工智能任务挑战赛、乐高投石器亲子赛、程序创意设计挑战赛4项赛事角逐。其间，举办文化论坛、少儿系列编程普及课、青年沙盘、创业政策分享会等文化活动。第七届杭州市创客节以“创ye无限·浙享未来”为主题，将传统创客赛事与“创·无限集市”“论·文化讲坛”“赢·数智未来”三大板块结合，促进科技与文化的融合发展。现场直接参与观众2万余人，210万余名网友观看线上直播。

（贾若雅）

博物馆

【概况】 2023年，滨江区有博物馆6家，分别为西兴过塘行码头专题陈列馆、中国动漫博物馆、浙江中医药博物馆、浙江地质科创园地质博物馆、中国杭州低碳科技馆、长河革命历史纪念馆。6家博物馆综合反映文物保护利用成果、乡土文化面貌、非物质文化遗产和地方特色收藏等，通过多种形式宣传文化知识。长河革命历史纪念馆和西兴过塘行码头专题陈列馆上线“杭城迹忆”平台，并完成乡村博物馆星级评定初审，西兴过塘行码头专题陈列馆被市园文局认定为第二批乡村博物馆。

【中国动漫博物馆】 2023年，中国动漫博物馆推出中国青年动漫家成长计划、动漫文化分享会、动漫（文学）嘉年华、“琢光·向阳”动画皮影美学艺术展等六大特色文化项目，举办活动214场；承接第19届中国国际动漫节副会场、第17届杭州文博会分会场。第19届杭州亚运会期间，作为亚运会场外媒体采访点、“中阿论坛”文化参访点、主流媒体及业内外团体“打卡点”，接待10多家国内主流媒体记者以及5批40多位外媒记者采访。中国动漫博物馆推出各类中小学课程151场，引来4000多名中小学生参与，获评杭州市第二课堂基地。全年接待观众38万余人次，完成公益讲解248场。中国动漫博物馆坐落于白马湖，占地2.77公顷，主体建筑面积3万平方米，是经国家广电总局和中国动画学会批准的“国字号”动漫博物馆。馆内设4个常设展厅，有原画、史料、刊物、模型周边等各类动漫藏品2万余件。

（沈　婷）

【中国杭州低碳科技馆】 2023年，中国杭州低碳科技馆以“亚运”为主线，开展各类展览、活动，建设“亚运青年V站”。服务青少年科学教育，开展碳索者俱乐部、少创汇公益授课325场，举办“青少年科技创新大赛”“中小学生创意作品制作大赛”等赛事。入选浙江省首批“零碳”公共机构，被中央网信办、教育部、中国科协等13个部门联合评定为“全民数字素养与技能培训基地”。全年开馆256天，接待观众85.4万人次，线上受众500万余人次，接待团队565个，放映特效电影1010场。杭州低碳科技馆位于滨江区江汉路，以“低碳生活，人类必将选择的未来”为主题，设“碳的循环”“低碳城市”“全球变暖”“低碳科技”“低碳生活”“低碳未来”“儿童天地”等9个常设展厅，3个临时展区，巨幕和球幕两座特效影院等，通过“碳的形成与存在”“全球变暖”“低碳生活之旅”和“漫游低碳未来”等100多个集科学性、趣味性和互动性于一体的展品展项，向公众普及科学知识、弘扬科学精神、传播科学思想、倡导科学方法，是全球第一家以低碳为主题的大型科技馆和集低碳科技普及、绿色建筑展示、低碳学术交流和低碳信息传播等职能于一体的公益性科普教育机构。

（吴晗东）

【浙江中医药博物馆】 2023年，浙江中医药博物馆举办临时展览2场：杭州第19届亚运会主媒体中心中医药文化体验馆、“菇山无疆”主题展览；参展1场：杭州西湖博物馆“高山仰止 千古一人——苏轼主题文物展”；主办或承办会议4场：“纪念姚僧垣逝世1440周年、姚察诞辰1490周年学术研讨会”、“中医药膳食养临证实践研讨班”、中华中医药学会医史文献分会第25次学术会议暨浙江省中医药学会2023年医史文献分会学术年会、第二届中国菌类博物馆建设研讨会暨中国菌类文化艺术作品展览会。新增基地立项3个：杭州市中小学生研学旅行基地、第六批杭州市华侨国际文化交流基地、杭州市科普作家协会常务副理事长单位，获评2022年度全国科普日活动优秀组织单位、首届全国中医药博物馆文博创意设计大赛优秀组织单位。“健身寿世：中医药与传统体育”迎亚运主题展获评浙江省科普创新项目，“文化润边疆，药香传万里”活动获评省科协2022年度科普工作典型案

浙江中医药博物馆　　（区文广旅体局　供图）

例。开设数字化展馆3个，获国家级媒体报道43次、省级报道16次、市级报道56次。完成全国中医药文化宣传教育基地和国家AAA旅游景区评定的迎评工作，全年对外开放307天，接待游客3万人次。浙江中医药博物馆是国家二级博物馆、全国科普教育基地，位于浙江中医药大学滨文校区，面积5000平方米，内设学校校史馆、医史馆、中药馆三大展馆，有藏品9000多件。

【浙江地质科创园地质博物馆】2023年，浙江地质科创园地质博物馆举办20多场次活动，举办世界地球日古生物展、多彩矿物展等特展，接待参观3000多人次。地质博物馆位于滨江区建业路418号浙江地质科技创新创业园内，由矿晶及地球科学展厅、地学科普教室、荧光矿物展区、文创产品区等组成，展陈面积1000多平方米，收藏各类矿晶、化石、岩石标本等地质标本500多件，地质研究历史物件40多件，全年免费对外开放。地学科普教室收藏700多册科普读物，以地球科学、自然类科学为主；设置7个系列30多课时的动手体验课程，涵盖岩石、宝石、矿物、古生物、天文、地质灾害等。

【西兴过塘行码头专题陈列馆】2023年，西兴过塘行码头专题陈列馆提升服务管理，聘请专职管理人员以及讲解人员，为游客提供免费人工双语讲解和团队预约讲解。保护历史文化和城镇文化肌理，推进微改造，开展“最美过塘行”迎亚运活动，包括清淤河道、提升标识标牌、布置绿植等微更新。入选第二批杭州市乡村（社区）博物馆名单，被授牌市级党员教育示范基地、区关心下一代教育基地等，获评杭州市最具品质体验点。全年接待团队48场次、926人次，散客2万余人次。

【长河革命历史纪念馆】2023年5月28日起，长河革命历史纪念馆进行提升改造，拓展展陈空间，解决线路老化、房屋积潮等问题，重新设置觉醒年代、星火燎原、光辉使命、家国万里、清风廉事5个主题，与老街的槐花深处（共享空间）、槐乡馆（乡贤馆）形成文化矩阵，展示长河红色文化、来氏文化、古建文化等历史文化底蕴。长河革命历史纪念馆被区纪委评为首批区级廉洁文化阵地；宣讲员在市关心下一代工作委员会举办的“五老”宣讲员、红领巾宣讲员风采展示活动中获三等奖。全年组织宣教团队156批次、3417人次。

（沈　婷）

档案管理

【概况】2023年，区档案系统围绕档案治理、档案资源、档案利用和档案安全建设，聚焦档案工作现代化先行，各项工作取得成效。按计划开展数字档案室创建和档案业务建设评价，打造档案馆文化走廊，开展档案执法检查10家，“滨江区区域档案管理服务一体化平台建设项目”建成投用，全程跟进指导亚运会档案归档工作，组织亚服保办及各场馆共收集亚运文书档案（含电子档案）7642件，录音录像档案861件，照片档案2345张，实物档案41件，涉及网页、社交媒体、公务邮件档案241件。至年底，区档案馆馆藏纸质档案2.8万卷26.85

万件，电子档案809.5吉字节（GB），实物档案457件，馆藏纸质资料4276册。区档案馆通过国家级数字档案馆测评，在全省档案工作指数评价中列全市第三位，获区委、区政府主要负责人和分管负责人批示5次，1人被浙江省委、省政府办公厅通报表扬为浙江省档案工作成绩突出个人。

【档案宣传和培训】 2023年，区档案部门开展"6·9"国际档案日系列活动，开展"护航亚运 档案文化进社区、进机关、进街道"等主题宣传教育活动。信息被省、市、区主流媒体报道刊登14次。开设"滨江档案方志"微信公众号，定期发布档案编研成果，全年发表8篇。举办全区档案工作人员继续教育培训班，举办《中华人民共和国档案法》知识竞赛，录播档案业务培训视频共享至全区档案工作人员群供随时在线学习。全年，参加培训人员140人次。

【档案监督和指导】 2023年，区档案部门开展档案行政执法和监督指导检查，实现行政权力事项执法检查全覆盖。通过滨江区域档案管理服务一体化平台、滨江档案工作"浙政钉"工作群进行指导，对50家立档单位档案年检数据进行质检，实现数据网上审核。指导完成全国档案统计年报上报，组织各立档单位按计划开展数字档案室创建，共创建35家，其中业务建设评价优秀1家、良好3家、合格26家，审核4家单位档案"三合一"制度；指导、组织西兴、长河、浦沿3个街道协助萧山区档案馆对1997年之前档案实施鉴定开放工作，审核3699件，反馈拟开放3575件。

【档案服务利用】 2023年，区档案馆制定工作方案，推进馆藏到期档案开放审核，审核档案1.24万件。提升档案查阅利用服务水平，为资政决策、干部人事档案查缺、街道修志编鉴、拆迁安置等提供服务。全年共接待查档600人次、1733件、8427页。其中：异地跨馆查档59人次，调档60件（含长三角地区异地跨馆查档）；线上查档26人次，处理网上查档回复1157人次，网上答复68人次，来电咨询930人次。与安徽省宿州市泗县档案馆签订《杭州高新技术产业开发区（滨江）档案馆与泗县档案馆对口帮扶合作协议》。

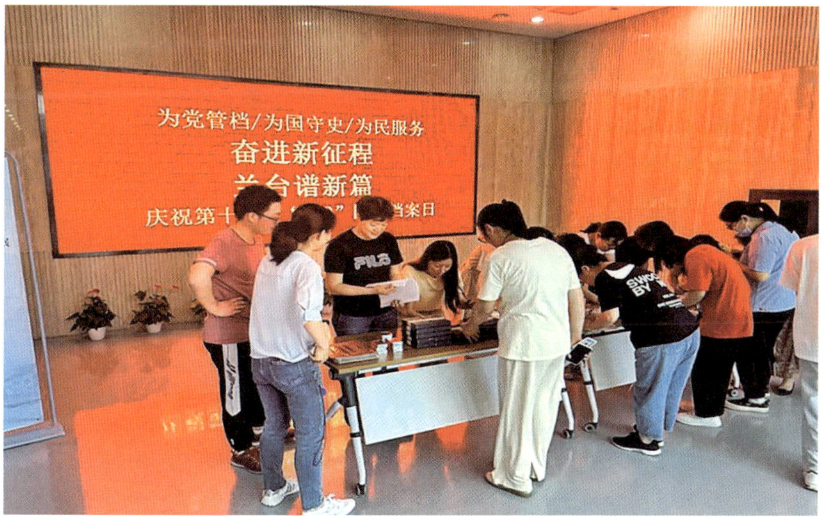

2023年6月9日，区档案馆开展国际档案日活动

（区档案馆　供图）

【档案安全管理】 2023年，区档案馆加强重大节假日、汛期等库房安全检查。在重大节日和重要会议期间实行档案网络信息安全"零报告制度"。与楼宇物业联合开展档案安全应急处置演练。滨江区域档案管理服务一体化平台系统达到网络安全等级保护二级。委托杭州市档案馆完成2016—2020年馆藏婚姻档案异地备份工作，数据总量为79.87吉字节（GB）。加强网络安全及档案接收、馆外档案加工室等环节安全检查，保障档案实体和信息安全。

【档案文化长廊建设】 2023年7月，区档案馆结合"红领巾e站1013"阵地建设和全省档案馆品牌建设年活动等要求，建设档案文化长廊。档案文化长廊位于滨江区文化中心9～10楼，全长200多米，以文字、彩绘图案、照片等形式呈现，分为"不同朝代的档案机构""领导人对档案工作的指示""滨江历史变迁照片墙”3个部分。“不同朝代的档案机构”以中国古代的档案机构演变为主线，呈现从古至今不同朝代的档案机构设置；“领导人对档案工作的指示”展示各个时期国家领导人对档案工作的寄语；“滨江历史变迁照片墙”从影像档案的角度展现滨江区域从农村到城市、从农业到高新技术产业、从农民到市民的三大蜕变，留存滨江区人文、社会和历史的视觉记忆。至年底，档案文化长廊建成。

【滨江区档案工作指南（2023版）出台】 2023年7月13日，区档案局出台《滨江区档案工作指南（2023版）》（简称“指南”）。指南设置体制机制与设施建设、档案工作业务建设、档案信息开发利用3个部分，规范提升档案收集、整理和保管质量，满足档案接收、数据利用管理等档案管理体系要求，推动全区各单位建立高标准档案室，提高各立档单位工作质量和效率，推进杭州高新区（滨江）档案工作标准化、规范化和信息化建设。指南自公布之日起参照执行。

【档案工作指数评价居全市第三位】 2023年7月28日，省档案局公布2022年度全省档案工作指数评价结果，滨江区档案工作综合评价指数居全市第三位、主城区第一位。区档案馆以数字化改革为牵引，建成档案一体化服务平台，实现全区各级室藏档案数据资源同一平台承载、同一软件管理、协同服务利用，实现全区档案资源互联互通、共建共享。通过推进存量档案数字化，实现馆藏纸质档案扫描量数字化率98.7%、音像档案数字化率100%、照片档案数字化率99.3%，街道存量文书档案数字化全覆盖。推进增量档案电子化，实现数字化成果100%接收。

【国家级数字档案馆建设】 2023年11月23—24日，区档案馆通过国家级数字档案馆专家组测评验收。专家组按照国家级数字档案馆建设标准，从基础设施、系统功能、档案资源、体系保障和服务绩效5个方面进行测评。2020年起，区档案馆按照国家档案局《数字档案馆建设指南》，贯彻落实全省数字档案馆（室）建设推进会精神，围绕《数字档案馆系统测试办法》，升级改造数字档案馆硬件及相关设施设备，服务“最多跑一次”改革，推进档案资源共享，实现各级各类档案业务系统互联互通，打造“一体智能、数字治理、高效协同”的档案工作整体治理滨江模式。

（张　烨）

地方志

【概况】 2023年，杭州高新技术产业开发区（滨江）地方志编纂研究室（简称“区地方志编研室”）发挥地方志资政作用，协助各部门利用区历史文献资料完成廉政文化展览布展、编修《杭州亚运会志》等。编制印发《杭州市滨江区地方志编纂委员会关于做好新时代街道（社区、村）志、街道年鉴编纂工作的通知》，推进3个街道志、街道年鉴编纂。优化“滨江方志”微信小程序，完成《滨江微村志》初稿，2篇论文在全国、省、市期刊发表，《滨江年鉴（2022）》获2023年度杭州区县（市）综合年鉴二等奖。《地方志工作助力滨江区人才工作开拓新局面》获评全省地方志成果转化应用优秀案例。

【理论研究成果】 2023年，区地方志编研室方志理论研究成果获推广。1篇论文入选首届中国地方志与中华优秀传统文化论坛并作交流发言。1篇论文入选首届中国地方志与中华优秀传统文化论坛“通波千里 万家灯火——运河文化与城市发展”分论坛，滨江区代表作交流发言。论文《浙东运河西兴段文化遗产构成与价值研究》被《浙江方志》全文刊登，被《2023年杭州史志编研成果》收录。地情文章《唐诗中的西陵渡》被省政协《联谊报》《浙江方志》《杭州政协》《杭州史志》等刊登。论文《以4部中国精品年鉴为例谈年鉴类目设置的地方特色》获评全国“精品年鉴品读季”一等论文并在《中国年鉴研究》发表，被“方志中国”“方志浙江”等微信公众号转发。

【《滨江微村志》编纂工作推进】 2023年，区地方志编研室持续推进《滨江微村志》编纂工作。11月，《滨江微村志》送审稿发原29个行政村征求意见，协助审核资料有无重大缺失和失实、有无事实性错误（包括地名、人名、时间、数据等）、有无修改意见等，收到修改意见100多条。12月底，完成意见修改，送出版社审核。《滨江微村志》编纂工作于2022年1月启动，计划2024年10月公开出版。该书参照地方综合志书体例，全面记述原29个建制村的基本村情、新农村建设、村域经济、特色文化、风土民情等内容，上溯历史发展源头，下迄撤村建居之时，分西兴、长河、浦沿3卷。

【滨江区在全市乡镇（街道）、村（社区）志编纂工作动员会上作交流发言】 2023年5月26日，杭州市乡镇（街道）、村（社区）志编纂动员会在滨江区召开。杭州市辖各区县（市）地方志工作机构主要负责人、分管负责人和相关业务科室工作人员，乡镇（街道）、村（社区）修志工作者代表共70多人参加会议。浙江省人民政府地方志办公室主任郑金月出席会议并讲话。会议宣读《杭州市地方志编纂委员会关于做好新时代乡镇（街道）、村（社区）志编纂工作的通知》，动员全市做好加快推进志书编纂工作，确保至2025年末，基本建立市、区县（市）、乡镇（街道）、村（社区）四级志书编修体系，实现乡镇（街道）志书编纂工作全覆盖。滨江区、富阳区万市镇、临安区龙岗镇桃花溪村分别代表区县（市）、乡镇（街道）、村（社区）3个层面工作作典型发言和经验交流。滨江区作题为《精益求精　创新致远 扎实推动街道志村志工作高质量发展》的交流发言。

2023年5月26日，杭州市乡镇（街道）、村（社区）志编纂工作动员会在滨江区召开　（区地方志编研室　供图）

【《滨江精览》公开出版】 2023年7月，《滨江精览》公开出版。该书于2022年1月启动，由中共杭州市滨江区委办公室主办，杭州高新区（滨江）地方志编研室、杭州高新区（滨江）档案馆主编，记述上溯滨江历史发展源头，下至2020年的滨江地情，设越地远影、灵秀江南、新区新颜、天堂硅谷、文化渊溯、名特物产、非遗流韵、习俗乡音、望族古村和乡贤达人10章，图文结合。全书29.5万字，由方志出版社出版。《滨江精览》以钱塘江、大运河为地理底蕴，以高新产业为特色亮点，突出跨湖桥文化、吴越风华、南宋遗韵、农耕宗祠等历史文化，8月，书籍分发到滨江辖区学校、社区、体育场馆、文体设施等。杭州第19届亚运会期间，在图书馆、硅谷书房、书店、运动场所等公开场所陈列，首批1000册书籍分发后加印2000册。

【《滨江年鉴（2023）》公开出版】 2023年11月，《滨江年鉴（2023）》公开出版。《滨江年鉴（2023）》是杭州高新区（滨江）编纂的第7卷综合性年鉴。《滨江年鉴（2023）》记载2022年1月1日至12月31日杭州高新区（滨江）经济建设、政治建设、文化建设、社会建设、生态文明建设基本情况。全书84万字，设置类目37个、分目271个、条目1586个、照片160幅、表格47张。框架结构在

2022卷的基础上经重新拆分、重组、改名，新增民主党派 工商联、工业 建筑业、旅游业、金融业、乡村振兴、交通 邮政 通信、生态环境保护、文化、体育、人力资源管理、应急管理、人物荣誉类目。卷首彩页根据年度热点和杭州高新区（滨江）特色设置分类主题。

（夏秋阳）

新闻传媒

【概况】 2023年，区融媒体中心整合微博、微信、客户端、报纸、抖音、视频、杂志等融媒宣传矩阵，构建区街社三级新闻信息报送渠道，形成新闻宣传合力。做好省、市、区重要会议及区主要领导活动、重点工作报道以及全区经济、产业、文化、人才等政策权威发布，围绕“八八战略”实施20周年、主题教育、区两会等，策划“抢先机 拼经济”“‘136’主题攻坚”“滨企冲冲冲”“主题教育进行时”“‘八八战略’20年20人”等专题专栏，推出融媒产品。编发《天堂硅谷》报52期。“滨江发布”有微博微信粉丝65万人，发布微博3030条，微信公众号总阅读量1200万余人次。《天堂硅谷》报开设“今日我出镜”栏目，推动纸媒可视化；配音剪辑制作上挂区内新闻视频95条。

【“滨江发布”新媒体】 2023年，“滨江发布”微博微信粉丝65万人，发布微博3030条。微信公众号升级至一天多推，共发布文章2000多篇，总阅读量1200万余人，《浙大二院滨江院区门口的天桥，今起试运行！》《重磅！杭州江南科学城首揭面纱》等4条微信阅读量破10万人次，“这十年·追光者”“国际滨江 亚运核心”等作品获浙江省县市新闻奖重大主题报道一等奖、浙江政务融媒体作品三等奖、杭州市新闻奖新媒体作品二等奖等奖项。在国家高新区微信公众号综合影响力评价中，连续6年位居全国第一位；“滨江发布”App月均发稿量4000多条，开展“动漫&亚运，快来磕CP”“张信哲迎亚运演唱会门票免费送”等各类粉丝互动活动81场，开设“魅力滨江 聚焦两会”“我在滨江过大年”等专题40个，组建“滨滨拍拍团”“滨江发布小记者团”等粉丝团，上线积分商城。“滨江发布”抖音号发布短视频2500多条，粉丝数增至60万人，点赞350万余人次，总播放量2.5亿余次，《滨江车主送交警甲鱼被一路追上退回》等短视频被新华社、共青团中央官微转载，《亚运吉祥物给滨江学霸送录取通知书》等3条视频单片点击量破千万人次。

【短视频工作站成立】 2023年，区融媒体中心探索政务短视频生产传播新路径，成立杭州高新区（滨江）融媒体中心短视频工作站。工作站联合传媒企业、杭州本土摄影博主、知名大V、区内高等院校等专业人员和团队，成员包括杭商传媒、张力视觉、Lee的视界、浙江艺术职业学院等在内的10名人员，共同推出基于滨江特色的多样化精品视频166条。其中，《滨江元宵烟花秀》全网第一个发布，《“大小莲花”开灯测试美丽夜景》观看量破100万人次，被《人民日报》微博转载，登上微博同城热搜；亚运会倒计时100天视频《热情已经在等待》登上微博飙升榜体育领域第一名。工作站获“‘浙江发布’视频号创作突出贡献奖”，获“浙江省县级融媒中心优秀合作伙伴”“浙报集团共享联盟杭州地区协作力奖”等称号。

（史 申）

【《天堂硅谷》报出刊】 2023年，《天堂硅谷》报发行报纸400万余份，编发报纸52期，刊发稿件1000多篇，其中图片300多幅，视频87个，稿件字数170万余字。《天堂硅谷》报围绕区委、区政府中心工作，推出“亚运时间”“‘滨’纷亚运路”“熠露冲亚”“一企一会”“周三查餐厅”“文化磁场”“读新数”等专栏式新闻报道。其中：“‘滨’纷亚运路”推出20个专版，策划25个专题视频，刊发稿件100多篇；两会宣传报道刊印3期，发表文章80多篇；“一企一会”专栏发布原创性稿件及沉浸式体验视频10多期。

（张 磊）

【《天堂硅谷》杂志出刊】 2023年，《天堂硅谷》杂志编发杂志12期，每月1期，刊发稿件500多篇、图片800多幅，用稿70万余字。大16开本全彩印刷，每期108页，发行6万册。开设“第一关注”“在滨江迎亚运”“潮滨江”“滨江雅事”“了不起的工程师”“闪光moment”等专栏，推出“中国式现代化滨江路径”“打造‘中国数谷’迈向世界领先”“八八战略20年 滨江实践”“扬主场风采 续亚运华章”等主题宣传。其中，“在滨江迎亚运”推出报道40多篇、中英文特刊2篇，两会宣传报道9篇，“八八战略20年 滨江实践”报道10多篇，“扬主场风采 续亚运华章”报道5篇，“打卡滨江”报道50多篇。杂志注重对区内外政治经济社会现象和发展趋势及其对杭州高新区（滨江）的影响作前瞻性剖析；突出新闻性、思想性、权威性和可读性。

（李 洁）

文化产业

【概 况】 2023年，杭州高新区（滨江）规模以上文化企业实现营业收入1831.3亿元，比上年增长17.1%，其中数字文化企业营业收入占87.4%。532家核心文化企业缴纳税金127.77亿元，培育上市后备企业8家。新引进文化企业近2000家，增长30%，全区累计在册文化企业8400多家。中国人民大学文化产业研究院首次发布的“2023年中国文化产业竞争力百强区指数”显示，杭州高新区（滨江）文化产业综合发展指数在百强区中居第二位，产业驱动力分指数在30强中居第一位。华数数字电视传媒集团有限公司获评第十五届“全国文化企业30强”，杭州网易雷火科技有限公司、浙江中南卡通股份有限公司、杭州若鸿文化股份有限公司等5家企业入选为“2023—2024年度国家文化出口重点企业”，网易（杭州）网络有限公司、华数数字电视传媒集团有限公司入选为浙江省服务业龙头企业，杭州玄机科技股份有限公司、杭州瑞德设计股份有限公司入选为浙江省服务业行业领跑企业，杭州电魂网络科技股份有限公司、杭州玄机科技股份有限公司等5家企业获评浙江省数字文化企业梯度培育领军企业。推进高层次文化人才培育工作，将重点骨干文化企业主要经营管理人才和核心技术人员、成长型文化企业主要经营管理人才纳入区级人才分类认定目录，全年51家文化企业新认定市级高层次人才1649人。

【文化产业扶持】 2023年，杭州高新区（滨江）发布新一轮文化产业发展扶持政策，加大对原创精品佳作培育、优质文化企业引进扶持力度，加强对不同类型文化企业全周期全链条扶持引导。编制政策解读“二十问”，制定《杭州高新区（滨江）推动文化产业高质量发展扶持政策操作办法》，推出文化政策动画版宣传片，通过“进园区、走企业、上网络、办活动”等形式，做优政策宣讲服务。鼓励支持企业用足用好省、市、区文化产业专项资金，开展内容创新、技术创新及融合创新，全年拨付区级文化产业专项资金3449.65万元，首次获浙江省文化产业发展专项资金（2023—2025年）重点扶持每年1000万元，转移支付市级文化产业专项资金3014.57万元，惠及文化企业超100家次。区产业基金参股合作子基金已投资区内文化产业项目5个，合计金额2515万元。

【文化产业基地建设】 2023年，杭州高新区（滨江）推动重点文化产业总部项目建设，瑞德工业设计产业基地、大丰数艺一期总部大楼投入使用；网易（杭州）三期项目土方已完成98%，地下室结构完成90%，地上结构完成10%；游卡滨江园区主体结顶，幕墙工程进行中；杭州玄机科技股份有限公司、杭州炎魂网络科技有限公司等企业加快总部项目建设，支持企业做大做强。推进产业化发展基地建设，杭州两平米智能家居科技有限公司被认定为省级工业设计中心，杭州热浪创新控股有限公司申报国家级工业设计中心，浙江中南卡通股份有限公司入选“浙江省数字贸易标准化试点基地”名单。

【文化产业重点项目招引服务】2023年，杭州高新区（滨江）围绕强链、补链、延链，借力行业龙头企业、投融资机构力量，建立重点招引项目名单，开展产业链招商、“走出去”招商。借力香港国际影视展、中国网络视听大会、中国（深圳）国际文化产业博览交易会等产业会展活动，组织文化企业参展参会。到香港、成都、上海、深圳等地开展项目对接及敲门招商，其中在深圳文博会文化产业招商大会中，作为杭州市政府组团代表对杭州高新区国家动画产业基地进行推介，重点介绍新一轮文化政策等内容；2023中国国际网络文学周期间，通过论坛活动专题推介新一轮文化政策；在第十九届中国国际动漫节期间，策划举办新时代十年百部中国网络文学作品榜单评选发布会暨IP直通车专场活动，参与“金猴奖”入围作品对接会、iABC商务大会等活动，宣传推介新一轮文化政策和营商环境。与哔哩哔哩全资子公司“猫耳FM”共建“M·声音实验站”，组建的新公司落地滨江；引进浙江昌盛影视发展有限公司、杭州新片场科技有限公司、杭州遇博科技发展有限公司等数字文化企业及项目落地；改编自中国网络作家村村民蒋离子小说《老妈有喜》的电视剧《时光正好》在区内取景并杀青；与杭州游卡网络技术有限公司创建专注于青年人才培育的众创空间——“启梦空间”；协助杭州玄机科技股份有限公司、杭州若鸿文化股份有限公司等企业上市，其中杭州玄机科技股份有限公司已通过上市辅导验收。

【文化创意产业成果】2023年，网易伏羲（网易网络技术有限公司旗下专业从事游戏与元宇宙AI技术研究和应用的人工智能机构）获评“十四五”国家重点研发计划项目，与中央广播电视总台合作打造网络春晚首个元宇宙会场，网易区块链亮相2023中国国际数字和软件服务交易会并获创新竞争力产品奖。杭州瑞德设计股份有限公司获10项国际空间设计奖项。杭州友诺动漫有限公司动画剧本《下姜村的绿水青山梦》、流彩动画《白素贞》剧本及人物小传获首届浙江省知识产权奖，《下姜村的绿水青山梦》获浙江省第十五届精神文明建设“五个一工程”优秀作品奖。四年一班（杭州）文化科技有限公司《美好的童年》、杭州玄机科技股份有限公司《斗罗大陆》获第20届金龙奖专业奖项。杭州量子泛娱影视文化传媒股份有限公司（简称“量子泛娱公司”）出品的《转生的巨人》获2023中国科幻大会最佳科幻动画短片第一名，量子泛娱公司及旗下工作室獭獭文化联合出品的奇幻仙侠剧《长月烬明》在优酷独播且收官数据高。杭州若鸿文化股份有限公司漫改真人剧《武神主宰》在优酷视频开播。浙江中南卡通股份有限公司动画《半神之境》、杭州友诺动漫有限公司《杀手古德》动画版上线爱奇艺。

【网络文学产业】2023年，杭州高新区（滨江）推进中国网络作家村提升发展。承办2023中国国际网络文学周，吸引来自世界各地的知名网络

2023年5月27日，2023中国国际网络文学周·网络文学产业博览会在白马湖国际会展中心举行（区委宣传部 供图）

作家、网络文学行业代表、专家、读者等近300人参加；举办网络文学产业博览会、网络文学产业论坛等重点产业活动。发布《中国网络作家村五年规划》，网络文学产业孵化园区“摘星园”招引网络作家创新创业项目、优质网络文学产业链企业和配套项目入驻，做优产业生态。用好“IP直通车”等服务平台，宣传推介政策环境，推动产业链协同创新。至年底，中国网络作家村累计引进275名作家入驻，举办22期“IP直通车”活动，服务作家200多人，对接企业200多家，促成合作80项，交易金额14.5亿余元。

【文化展会保障】 2023年，杭州高新区（滨江）整合国家动画产业基地、国家文化出口基地等国家级平台功能，发挥中国国际动漫节等大型节展的活动平台效应。做好第十九届中国国际动漫节服务保障工作，吸引67个国家和地区、567家中外企业和机构的2305名展商客商和专业人士参展参会，区内主、副会场21.3万人次观众参与，现场意向签约金额14.85亿元。首次以承办单位参与第十七届（2023）杭州文博会各项工作，吸引66个国家和地区的6500多名展商客商和专业人士参与，现场签约及成交总金额29.02亿元，主会场白马湖国际会展中心、分会场杭州中国动漫博物馆参观及参与活动观众15.2万人次。

【声音产业推动】 2023年，杭州高新区（滨江）捕捉动漫游戏、影视传媒、虚拟现实等行业企业对配音、混音、音乐、新兴宣发渠道等方面的需求，探索声音产业等文化新赛道，举办“时代新声力——声音文化新力量论坛”“IP直通车”有声文化专场暨读书分享会，并以此为核心内容，开启“声动亚运 音蕴滨江”2023年数字文化嘉年华暨声音文化艺术季系列活动，中国网络作家村、华数探索商务咨询（杭州）有限公司、浙江中南卡通股份有限公司、杭州电魂网络科技股份有限公司等平台企业与“M·声音实验站”签订声音产业发展战略合作，赋能和加速文化产业的数字化转型进程。推动产业间协同发展，杭州阜博科技有限公司与湖南芒果超媒集团就版权保护与海外市场内容投放变现达成合作；华数数字电视传媒集团有限公司与杭州无忧传媒有限公司开展网络视听领域战略合作。

【电竞产业培育】 2023年，杭州高新区（滨江）升级政策扶持体系，加大对电竞全产业链生态培育支持力度。抢抓亚运会契机，启动“滨江电竞馆”数字文化体育中心建设。举办游卡电竞落地滨江战略发布仪式暨“三国杀”年终盛典，推进杭州游卡网络技术有限公司在区内打造集专业赛事、娱乐属性和品牌联动于一体的电竞产业园，打造实体电竞业态。杭州游卡网络技术有限公司与华为开展鸿蒙生态游戏合作，打造全新游戏体验。杭州电魂网络科技股份有限公司《梦三国2》入选为亚运会电子竞技比赛项目，10个国家及地区代表队参加赛事，中国电竞国家集训队获该项目金牌。杭州电魂网络科技股份有限公司与网易智企签订推动游戏AI创新发展战略合作协议，成立“游戏人工智能联合实验室”。

（窦镕慧）

文化市场管理

【概 况】 2023年，区文广旅体局通过工作专题会议、周例会、企业培训会、工作群等部署工作任务，落实工作责任，定期召开全区文旅体经营场所安全生产工作会议，组织法律法规、消防安全培训及应急演练并签订责任书。通过日常巡查、集中检查、专项整治、“双随机”抽查、视频监控等开展线上线下监管巡查。对全区文旅体经营场所实行分片区、定人头、全覆盖和网格化、精细化、动态化日常监管，延伸基层监管触角，发挥属地街道、社区网格员管理作用，实现“一长一员一场所”“一店一本一登记”，通过“一劝二报三联合”，对问题场所跟踪整改，落实场所监管，坚持“抓早、抓小、抓预防”，主动发现苗头问题，及时解决风险问题。推广应用智慧平台，实现执法信息化，利用“互联网+监管”“浙政钉·掌上执法”等系统，通过“人防+物防+技防”提升安全隐患防控能力，有效提升监管工作效率。全年共出动1.81万人次，检查场所9087家次，“双随机”抽查1781家，约谈场所52家，整改隐患672处，受理举报投诉7855件，立案查办30起。行政处罚立案调查30件，办结案件28件，警告10家次，罚款7家次，罚款11.7万元，停业整顿1家次，没收非法所得295元。开展法规宣传活动23场，发放宣传资料8000多份。报送浙江省文化市场信息动态简讯98篇、综合信息82篇、调查思考3篇、领导小组工作信息7篇。全年，文广旅体系统领域内未发生1起安全事故。

【亚运会文化市场执法保障】 2023年，区文广旅体局召开专题工作会议，部署亚运期间执法保障工作任务，制定《亚运执法保障工作方案》。开展专项执法行动，围绕“亚运版权保护、旅游环境秩序、网吧和娱乐经营场所、出版物市场、未成年人保护”等重点领域开展执法督查。对辖区内文旅体行业重点场所的840家企业（场所）通过列清单的模式进行摸底排查，通过分工包干、责任到人的形式加强执法保障工作。梳理涉亚重点区域351家重点文旅经营场所，通过排查完善场所信息清单，安排人员对涉亚重点区域、严控区域企业进行驻点保障。进行亚运会全要素演练。亚运会期间，全员在岗在位，每日分组进行现场检查和视频监控线上巡查，重点检查场所安全生产和规范经营情况，落实问题清单机制和“当日整改”时限要求；共检查场所1825家次，整改隐患85处，通过复查落实跟踪问效，实现整治闭环，整个文旅市场安全有序，未发现违法有害信息。

【亚运会文化市场氛围营造】 2023年，区文广旅体局营造亚运氛围，指导辖区内文旅经营场所设置标识标牌、布置道旗展板、张贴宣传海报、放置亚运公仔、播放亚运视频等，重点指导涉亚酒店开展内部环境整治、标识标牌设置、文明礼仪培训、服务技能提升等工作，结合涉亚酒店整体风格，发放个性化定制展架、画框等带有亚运元素的宣传物资。亚运会期间，共摆放吉祥物景观雕塑7家，放置展板海报404个、道旗224面、景观插牌12套，设置电子屏25块、电脑桌面991个，发放吉祥物摆件、台卡、相框、徽章等3561个，《国际滨江，亚运核心》《滨江文化地图》《杭州亚运旅游指南》《文旅地图》等亚运宣传手册5000多本。

【文化市场安全生产专项整治】 2023年，区文广旅体局开展文旅体行业安全生产大排查大整治行动，在责任主体落实、设施设备管理制度、规范管理、应急救援等方面进行大排查、大整治，查找安全生产措施落实上的短板和不足，形成企业底数、隐患、责任“三张清单”，推进落实“企业安全生产主体责任年”行动，防范遏制重特大事故发生。整治期间，共出动检查2367人次，检查单位1384家，开展联合检查6次，“双随机”抽查10次，跨部门抽查13次，抽查场所334家，发现隐患82处，已整改82处。

【出版物专项整治】 2023年，区文广旅体局开展“护航亚运”出版物市场、迎亚运著作权专项整治行动。以中小学校园周边为重点，全面清查市场。专项行动期间，共出动执法人员112人次，检查出版物经营单位54家次。会同区委宣传部开展联合检查2次，检查场所6家，责令整改1家。

【演出市场管理】 2023年，区文广旅体局召开2次演出市场管理工作会议，在演出活动前约谈演出主办方、票务方和场地方的负责人，要求做好演出内容规范、演出安全以及演员筛选等事项，规范演出经营行为，自觉遵守《营业性演出管理条例》的有关规定。加强现场监管，执法人员对区内审批举办的临时性大型演出活动全程录音录像，严禁出现擅自篡改或增加节目，变更演出内容，并对场地设施等安全情况进行检查，掌握演出场所安全

2023年11月25日，区文广旅体局对演唱会进行现场监管

（区文广旅体局 供图）

情况。对脱口秀、话剧、音乐会等日常小型演出活动安排值班人员进行现场监管。严查未经许可擅自从事营业性演出经营活动、擅自举办营业性演出活动，制止1起非法演出活动。全年监督各类演出23场次。

【非法卫星电视接收设施整治】2023年，区文广旅体局制定2023年度非法卫星电视接收设施整治工作方案，开展非法卫星电视接收设施整治工作。围绕整治工作主要事项，落实具体工作方案，统一部署开展非法卫星电视接收设施整治工作，安排街道相关工作人员进行前期走访摸排。结合摸排情况展开集中整治，联合街道、社区，开展非法卫星电视接收设施集中排查，对人口密集环境复杂地段使用无人机排查。对重点区域、重点场所、重点环节加大检查和整治力度，依法打击非法卫星电视接收设施的生产、销售、安装和使用。摸排发现非法卫星电视接收设施47处，已自行拆除46处，剩余1处为法拍房。整治期间，同时开展法治宣传，联合区市场监管局等部门开展进基层宣传活动6次，入户、入企业、入学校及沿街宣传发放宣传资料1300份，上报信息20条。至年底，开展执法工作53次，出动执法人员120人次，组织检查5次，暂未发现卫星电视非法使用或销售的情况。

【文化市场“双随机”检查】2023年，区文广旅体局在“双随机”抽查工作中，通过移动执法系统随机抽取检查对象和执法检查人员，规范现场检查执法程序。依据部门联合“双随机、一公开”抽查工作计划及“双随机、一公开”监管工作要求，结合年度执法重点工作及执法力量等，联合区市场监管局、公安滨江分局等部门开展“双随机”联合抽查。落实公开制度，公示“双随机”抽查结果。全年，共开展“双随机”检查72次，其中单部门检查29次，跨部门检查43次。检查共抽取1785家，其中网吧115家、旅行社259家、网络文化单位607家、娱乐场所120家、电影院39家、体育场所145家、酒店238家、打字复印场所1家、版权企业2家、文物保护点15家、广播电视241家、商标企业3家。检查发现迁出17家，非本部门管辖2家，已关停5家，未涉及抽查的经营场所9家，通过注册地址无法找到场所36家，暂停经营11家。

【网络文化市场监管】2023年，区文广旅体局定期开展网络安全巡查工作，加强网络文化市场监管。针对辖区内的网络文化、网络出版、网络游戏、网络音乐、网络动漫等进行内容审查，查处含有不良信息的网络文化产品，清理涉黄、涉赌等不良网站，要求辖区内网络游戏经营单位严格按照法律法规落实实名制和防沉迷系统，严查在规定的时间外向未成年人提供服务的行为。6月，开展网络游戏防沉迷情况线上线下专项整治工作，总体检查情况良好。8月，开展网络文化企业专项执法检查，采取线上检查的方式，对网络文化企业进行网络监测。8—12月，开展网络巡查，对杭州文管在线——风险预警协同处置系统中的预警件进行审核，办结蓝色预警2617件。巡查网络文化企业，出动277次、554人次，检查66家次。

（彭欣欣）

卫生健康

综　述

【卫生服务】 2023年，杭州高新区（滨江）有各类医疗卫生机构291家。其中：综合性医院4家（含民营2家），专科医院8家（含康复医院3家），街道卫生服务中心3家，社区卫生服务站35个，诊所、门诊部、医务室及其他医疗机构241个。社区卫生服务机构门急诊量170.45万人次，无医疗安全责任事故发生。医养护签约服务16.9万人，建立家庭病床517张。“十类”重点人群（65周岁及以上老年人、高血压患者、糖尿病患者、孕产妇、0~6周岁儿童、残疾人、计划生育特殊家庭成员、严重精神障碍患者、结核病患者、特困人群）签约10.41万人，签约率96.21%，包括老年人3.63万人、高血压患者2.61万人、糖尿病患者7981人。建立居民健康档案49.03万份，建档率99.91%；健康档案开放39.63万份，开放率80.84%。规范老年人、高血压患者和糖尿病患者管理，管理65周岁及以上老年人2.64万人，老年人健康管理率66.05%；管理高血压患者2.5万人，规范化管理率76.74%；管理糖尿病患者7643人，规范化管理率为72.09%。

【亚运会医疗保障】 2023年，杭州高新区（滨江）开展“亚运滨江 医路护航”主题活动。组建医疗卫生工作组，抽调71名医卫人员成立专班，选派由59名省、市、区优秀医护人员组成的医疗卫生团队进驻各涉亚运会场馆和酒店，搭建以医务室为枢纽，竞赛区（FOP）医疗点、观众医疗点为支撑，“120”救护车为保障的场馆医疗救治网络。赛事期间，服务25万余人次、保障赛事1050场次、接诊697人次，无医疗安全相关不良事件发生。区卫健局获评杭州亚（残）运会浙江省先进集体。

【医疗服务】 2023年，杭州高新区（滨江）完成全区机关事业单位干部职工和教师年度健康体检工作。派出医务人员1082人次，保障107次区内重大活动和会议的医疗工作。按时完成“一年两征”征兵体检工作，组织医务人员完成应

2023年10月27日，杭州第4届亚残运会滨江体育馆医疗保障团队
（区卫健局　供图）

征青年目测初检、上站体检、复检3轮体检。

【医疗队伍建设】 2023年，区卫健局推进制度管理和内部学习，开展班子成员交流研讨4次，党课宣讲5次，支部集中学习15次，形成实践成果5个。开展“明德守法 完善自我”专项行动，设立党员先锋岗、示范岗。开展“携手卫亚运·医起向未来”主题活动，在亚运服务保障、医疗应急救治等重要任务中发挥主导作用。召开卫健系统党风廉政建设大会，落实医药领域腐败问题集中整治工作，推进清廉医院建设，开设“医心向廉·医路清风”系列廉政课堂。制定街道社区卫生服务中心综合考核实施办法，动态开展指标监测。加强人才培育，年度招录卫技人员27人。1人获评省“三八红旗手”，1人获评省“亚运先进个人”，1人获评市“担当作为好干部”，1人获评市“担当作为好支书”，3人获评省、市“亚运先进个人”。

（金　怡）

基层医疗卫生

【概况】 2023年，区卫健局出台并实施《高新区（滨江）卫生健康高质量发展三年行动计划》。西兴、长河、浦沿3家街道社区卫生服务中心总人数578人，卫技人员510人。其中，中级职称人员256人，正、副高职称人员40人。3家街道卫生服务中心总床位125张，门急诊服务170.45万人次。未发生医疗安全责任事故。浦沿街道社区卫生服务中心迁建项目主体结构结顶，长河街道社区卫生服务中心迁建项目启动。完成温馨、钱潮、华悦湾等9家社区卫生服务站建设。西兴社区卫生服务中心成功创建浙江省社区医院，长河街道社区卫生服务中心通过省社区医院“回头看”评估。创建杭州市星级智慧化社区卫生服务站8家，其中五星级2家、四星级2家、三星级4家。做好疫情防控优化，扩容发热诊室、重症救治床位，落实医务人员、药品器械储备工作，3家基层医疗机构发热诊室规范运行，共诊疗2.32万人次。做好药品供应储备，储备解热镇痛类药品19.8万片、小分子抗病毒药品768盒，常态化满足街道社区卫生服务中心2个月用量。

【中医药服务】 2023年，杭州高新区（滨江）基层医疗机构有中医类医师446人，每千人中医类别医师数0.84人；社区卫生服务机构有执业（助理）医师259人，其中中医类医师72人，中医类别医师占医师总数的27.8%。社区卫生服务机构中医处方数81.96万张，占处方总数的36.17%；中药饮片处方数为7.03万张，占处方总数的3.1%，中医非药物处方数为17.59万张，占处方总数的7.76%。65周岁及以上老年人和0~36个月龄儿童中医药健康管理率分别为80.3%、84.85%。全区创建基层旗舰中医馆和数字中医馆2家，完成3家街道社区卫生服务中心“放心云煎药e平台”在“浙里办”上线，匹配中药处方2.93万张；创建杭州市基层医疗机构中医特色专科（专病）项目2个。定期开展中医医疗机构中药饮片专项检查，规范中药生产、储藏、经营等环节，提升中药材质量和疗效。加强社区卫生服务机构中医适宜技术的应用，提升基层中医药服务能力，3家社区卫生服务中心均可运用10项适宜技术，服务站均可运用4项以上适宜技术治疗社区常见病、多发病。

【社区卫生服务站新改迁建】 2023年3月，区卫健局对西兴街道、长河街道和浦沿街道社区卫生服务中心及32个社区卫生服务站开展实地走访调研，了解各服务站的功能布局、医护人员配置、诊疗业务及公共卫生服务开展情况，完善社区卫生服务站建设。至年底，完成社区卫生服务站新改迁建并投入使用海康、温馨、江三、白马湖、钱潮、杨家墩、岩大房、华悦湾、六和9个站点；2个站点通过省民生实事项目验收，4个站点通过杭州市民生实事项目验收。

【居民电子健康档案及老年人健康管理培训】 2023年3月30日，区卫健局开展国家基本公共卫生服务项目培训，对居民电子健康档案及老年人健康管理等内容进行培训。区项目办成员，各街道社区卫生服务中心分管负责人、公共卫生科长、各社区卫生服务站工作人员等50多人参加。省项目管理办公室专家针对2022年滨江区基卫项目评价中发现的问题，对规范开展居民电子健康档案及老年人健康管理进行讲解。区项目办统一组织参训人员进行线上测试，要求各中心加强项目组织管理，对照项目评价细则查漏补缺，针对2022年度项目评价中存在的问题，及时整改。培训加强参训人员对健康档案、老年人健康管理的政策要求、问题现状、执行管理等的了解，促进国家基本公共卫生项目工作科学化、规范化。

【第六个“中国医师节”暨区卫健局成立一周年活动】 2023年8月18日，“携手卫亚运‘医’起向未来”杭州高新区（滨江）庆祝第六个“中国医师节”暨卫生健康局成立一周年活动在区文化中心举行。市、区相关负责人，省、市医疗卫生机构代表，局机关、下属事业单位全体干部职工，各街道社区卫生服务中心医务人员代表，区内民营医疗卫生机构代表等400多人参加。活动分“回首这一年，我们携手走过”“奋进新征程，我们重任在肩”“同心迎亚运，我们爱达未来”3个篇章，表演舞蹈、朗诵、情景剧等，为获评2023年滨江区“优秀护士”“优秀医生”的医务工作者颁发荣誉证书，发布滨江卫健官方动漫形象“滨小卫”。

【企业园区嵌入式卫生服务站启用】 2023年11月15日，区卫健局与杭州海康威视数字技术股份有限公司合作打造的全省首家企业园区嵌入式卫生服务站启用。服务站利用企业存量建筑改建，采取“企业提供场地，社区卫生服务中心提供服务”的合作模式，服务企业员工；内部设置全科诊室、中医诊室、药房等功能区，提供全科医疗、中医药适宜技术、健康教育、预约转诊等多维度的“一站式”健康服务；设置智慧云诊室和云药房，实现“24小时不间断健康服务”；实行“社区卫生服务中心—社区卫生服务站”一体化管理，配备2名医生1名护士和医联体单位杭州市第三人民医院医院1名专家；配有中医理疗、心电图仪等10多种医疗设备和180多种常用药品。至年底，惠及企业职工2000多人。

（顾淑婧）

2023年8月18日，区卫健局在区文化中心举办庆祝第六个“中国医师节”暨卫生健康局成立一周年活动　　（区卫健局　供图）

疾病防控

【概况】 2023年，杭州高新区（滨江）无甲类传染病报告，报告乙、丙类传染病5.09万例，其中报告数前五位的分别为流行性感冒4.6万例，手足口病1208例，其他感染性腹泻830例，梅毒188例。报告处置253起聚集性疫情，涉及2282人。对24例输入性登革热病例开展应急处置，规范划定三区开展蚊媒应急监测，指导社区开展蚊媒防制，全年未出现本地疫情。全年指导及保障大型活动23次，开展亚（残）运会、文博会等大型活动风险评估10次。接种免疫

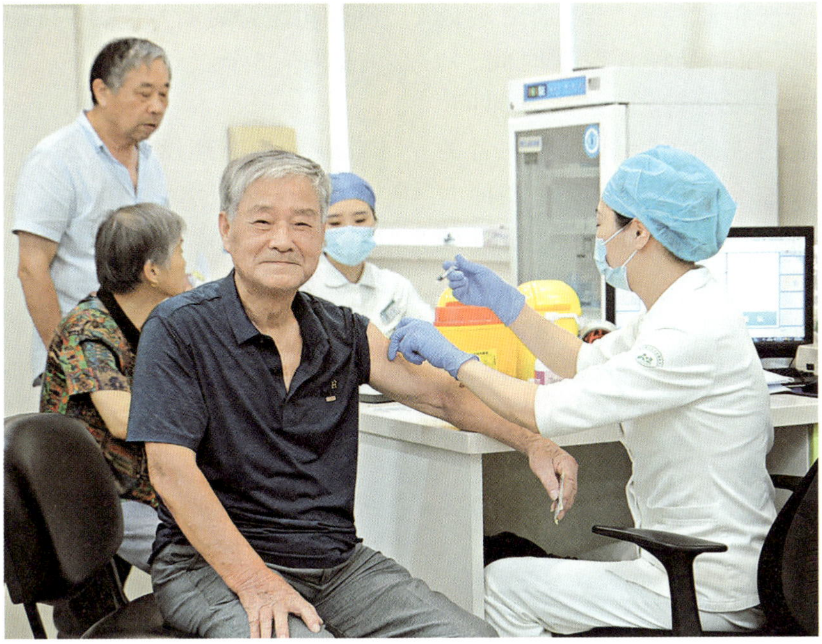

2023年9月4日，长河街道社区卫生服务中心工作人员为70周岁及以上老年人接种免费流感疫苗（区卫健局 供图）

规划疫苗7.99万剂次，接种非免疫规划疫苗19.31万剂次。为全区8098名70周岁及以上老人提供民生流感疫苗接种服务。

【社会心理服务】 2023年，杭州高新区（滨江）和3个街道均设立心理咨询热线。8月9日起，区级心理咨询热线实行24小时值守，全年通过心理咨询热线援助72人次。向企业职工、残疾人、普通居民、儿童青少年及家长等不同人群开展心理健康科普宣传17场，服务群众4000多人次。联合区教育局创新开展“润心”行动，建立家、校、医、社四方联动服务体系，选聘知名专家建立儿童青少年心理健康服务专家联盟。采取“线上+线下”“讲座+团辅”等形式举办心理健康讲座149场。完成区内4.55万名中小学生心理筛查，邀请省、市精神卫生工作协调小组办公室专家对6名高危学生开展分类个案干预，取得效果。

【卫生检测】 2023年，区卫健局对涉亚运会场馆、酒店及周边区域开展6轮次的病媒生物监测和2轮次的水质监测。对5家医疗机构、6所托幼机构、2家宾馆和2家养老机构开展消毒质量监测。开展食品安全风险监测工作，采样样本415份，发现风险数11个；采集城市生活饮用水160份，检测结果均达标。完成区内35家企业的工作场所职业病危害因素监测，接尘工龄小于5年的新发尘肺病零发生，未有报告一次性5人以上群体性职业病事件。对3家学校210名学生、105名孕妇开展地方病监测，实测儿童尿碘中位数为每升213.85微克、孕妇尿碘中位数为每升156.3微克，合格碘盐食用率为孕妇90.47%、儿童94.29%，均符合相关要求。推进营养健康餐厅（食堂）创建，全区2家街道社区卫生服务中心和6家中小学校获评首批杭州市营养健康餐厅（食堂）示范单位。

【慢性病防治和健康教育】 2023年，杭州高新区（滨江）管理高血压患者2.5万人，校正规范管理率70.81%，血压控制率79.91%；管理糖尿病患者7639人，校正规范管理率67.44%，血糖控制率63.73%。报告区内户籍恶性肿瘤1873例、糖尿病7782例、冠心病220例、脑卒中744例、死亡1073例。开展结直肠癌筛查521人、重点人群慢性阻塞性肺疾病筛查1589人。依托“滨江发布”“滨江卫健”“滨江疾控”等微信公众号平台，发送宣传推文192篇，其中原创128篇；设立“滨滨话健康”健康专栏，推送健康科普文章24篇。结合各类卫生日开展现场健康宣传活动30场次，参与群众1.03万人次；进企业、进社区、进学校举办健康教育讲座173场，受益1.04万人次。对640名15～69周岁家庭成员进行健康素养调查，全区居民健康素养水平为47.59%，比上年提高3.64%。

【实验室建设】 2023年，区疾控中心实验室通过浙江省检验检测机构资质认定评审并取得检验检测机构资质认定

（CMA）证书，具备204项检测项目能力，其中微生物72项、理化114项、环境监测18项，涵盖食品、生活饮用水、公共场所环境、公共用品用具等22类检测类别。全年发现6起猴痘疫情，其中阳性样本5份；流感疫情和监测样本858份，其中阳性样本271份；虫媒传染病疫情样本70份，其中20份样本登革热病毒核酸阳性。完成职业卫生监测35家企业242份样本494项次检测。土源性线虫监测任务中处理1015份粪便样本，制作2030张加藤染色标本玻片和685张蛲虫贴样本。参加省、市级盲样考核各7项、区级实验室室间比对8项，考核比对结果均为优秀或满意。

【缤纷智慧预防接种门诊】 2023年4月25日，西兴街道缤纷智慧预防接种门诊启用，是杭州高新区（滨江）第二家智慧化预防接种门诊。缤纷智慧预防接种门诊利用数智化应用覆盖接种前、中、后。接种前家长通过"浙里办"App平台申领电子预防接种证，即可在接种门诊完成全流程服务，实现无纸化。通过智慧大屏，实时查看排队取号人数、接种人数、疫苗供应状态、价格等信息，实现数据集成。接种中运用人脸识别技术，通过人脸信息采集，在取号、接种、自助打印等环节对服务对象身份进行验证。接种后实现智能门禁控制，出口闸机系统或视频监控系统记录留观信息，控制受种者留观时间，判断是否放行，记录离开时间。采用视频手段记录受种者的接种全过程，可通过接种时间、受种者ID回溯接种时的登记窗口、接种窗口和留观窗口的视频录像。智慧预防接种门诊实现预防接种一证通、一网办、一站达、一屏览，至年底，接待省内外兄弟单位同行调研参观、交流学习10多批次。

（赵舒薇）

爱国卫生

【概 况】 2023年，杭州高新区（滨江）推进健康中国行动和爱国卫生运动，开展以"宜居靓家园、健康新生活、全民共参与、喜迎亚运会"为主题的第35个全国爱国卫生月主题活动，常态化推进病媒生物防制行动、春季"除四害"、"月末周五"卫生大扫除等活动。统筹部署健康滨江建设，编制《健康滨江三年行动计划（2023—2025年）》《杭州高新开发区（滨江）卫生健康事业高质量发展三年行动方案（2023—2025年）》。推进健康滨江行动，开设"滨江发布"App专栏，全年推送推文11篇，梳理总结健康滨江行动案例19篇，获评健康浙江行动省级样板1个、健康杭州建设"一地一品"案例1个、健康杭州行动优秀案例1个、"一行动一标杆"5个。

【"健康细胞"建设】 2023年，杭州高新区（滨江）推动"健康细胞"建设。"健康细胞"包括健康社区（村）、健康单位（医院、学校、企业等）、健康家庭等。2月和5月，区卫健局邀请省、市疾控中心专家分别举办健康促进学校、健康单位创建工作培训会。5—11月，对各类型创建单位进行走访，指导创建。12月起，创建工作接受省、市健康办验收。至年底，全区有省级健康促进医院1家、健康促进学校（金牌）2家，杭州市市级健康促进示范单位5类9家、健康社区45家、健康企业42家、健康促进学校（银牌）21家、健康促进学校（铜牌）14家。

【亚运会病媒生物防制】 2023年，杭州高新区（滨江）围绕亚运会病媒生物防制"三圈三级"（第一圈指亚运场馆，达到A级国家标准；第二圈指亚运馆周边500米范围内，达到B级国家标准；第三圈指区内其他地区，达到C级国际标准）保障任务，成立区级工作专班，指导街道、涉亚运会场所制定"一馆（点、街道）一策"。4—10月，区爱卫办落实"一周一督查""一周一通报"制度，编制爱国卫生简报14期，对238个场所开展"四不两直"督查，印发抄告单301张、涉及问题4412个，均在时限内完成整改。9月，3个竞赛场馆、

2023年8月9日，杭州高新区（滨江）开展亚运会病媒生物防制督察
（区卫健局 供图）

2个训练场馆、5家接待酒店、1家定点医院的病媒生物防制工作通过省、市爱卫办联合综合评估。

【公共场所控烟】 2023年，杭州高新区（滨江）开展第三方控烟暗访、结合“世界无烟日”开展控烟知识进学校、多部门联合执法等活动。巩固无烟党政机关建设成果，邀请市、区两级疾控中心专家对机关单位开展控烟工作业务培训。至年底，发放控烟宣传品1万余个，第三方控烟暗访列全市控烟暗访综合排名第三名。

（来芳园）

智慧医疗

【概况】 2023年，区卫健局围绕城市大脑2.0重点攻坚任务要求，探索公立医疗机构与社会办医疗机构间的数据交互、业务协同模式，建设社会办医疗机构监督体系，加强系统间的协同配合，提高系统的整体效能，实现基层医疗机构智慧医疗应用优化提升。区智慧医疗更新、完善区域医院信息系统（HIS）、区域实验室信息管理系统（LIS）、区域体检、区域电子病历（EMR）、区域卫生信息平台、数据交换平台、区域电子健康记录（EHRVIEW）、区域医学影像存档与通信系统（PACS）、统一短信平台、云影像平台、基层医疗补偿机制改革信息系统、电子医疗票据改革、基于云平台的数据中心、儿童保健新服务、省统医保适配改造、基层医疗机构绩效考核系统等信息化应用。

【城市大脑2.0智慧医疗服务】 2023年，区卫健局以全市推进城市大脑2.0“智慧医疗”建设为契机，推进数据归集融合、就医智管家、检查检验共享互认、“放心云煎药”、数字医联体、健康驿站等项目建设。上线“放心云煎药”药事服务平台，服务居民2.9万人次、配送药品3.6万份。畅通社区卫生服务中心数据通道，打造社会办医疗机构数据集成平台，建成统一号源管理体系，推动区域内影像资源在市健康云的集中存储，实现浙江省内医院互认覆盖率100%。

【“互联网+”医疗服务体系】 2023年，区卫健局为居民提供在线咨询、线上复诊、电子处方、检查开单、药品配送等移动端服务。完成医保移动支付与线上结算功能模块升级，全年使用移动支付87万笔、电子医保支付83万笔，支付金额7435.64万元。创新“互联网+”儿童传染病监测模式，全年归集儿童健康数据1377万条，预警儿童聚集性传染病症状风险1500多次。

【网络与数据安全保障】 2023年，区卫健局全面开展“两地三中心”（同城、异地、生产中心、同城容灾中心、异地容灾中心）建设，推进应用系统、数据库的负载均衡、冗余热备建设，落实异地机房定时冷备与应急处置制度。以智慧医疗业务专网为核心网络，梳理入网的医疗机构IP（网际互联协议地址，即连接到互联网的设备编号）地址，形成“一IP一备案”制度，补全边缘设备出入口放行策略与黑白名单。对在用的19个系统、60多台云主机进行渗透测试、漏洞扫描、基线扫描，全年发现并整改高危风险点3项，中危风险点12项，低风险点50多项。以日志审计、行为审计、终端安全防护软件（EDR）为重点，对局本级及下属基层医疗卫生机构的电脑终端、用户行为进行全方面监控，全年实现异常事件的及时通知、响应、处置，发现并处置外网入侵、违规外联、爆破攻击、弱口令、木马病毒等事件30多起。

【综合预警管理平台】 2023年，区卫健局打造社会办医综合预警管理平台，提升社会办医疗机构的监督管理能力。针对社会办医疗机构诊疗行为全周期制定28项行为预警细则，依据在线预警监测功能，获取违规预警线索，实现从事后监管向事前事中监管转变。加强“医美手术”视频监控，通过视频分析技术实现反医师“挂证”、手术风险管理2个监管大类，11个监管小类的实时在线检测，为行政执法提供原始数据、原始画面支撑。基于聚集性异常症状预警与居民诊疗行为分析，制定7项传染病风险预警模型，实现社会面传染病的风险评估预警。

【卫生信息化与数字化平台融合】 2023年，区卫健局以区域医院信息系统（HIS）、电子病历系统（EMR）、临床信息系统（CIS）、医学影像归档和通信系统（PACS）等智慧医疗核心应用为基础，排查高频、低频、僵尸应用，梳理操作系统、数据库、中间件，形成“业务—系统—企业—安全”的信息系统一张表。收拢运维服务单位体量，探索应用系统运维服务总成模式，对体量小、业务简单的系统进行服务商归并，要求体量大、业务复杂的系统做好原厂技术力量支撑，以提升运维服务能力为重点，实现一体化。完善“业务—技术合作体系”，联合局内多科室形成例会制。落实需求文档、运维文档、故障文档等各类各项工作记录清单，形成“发现—评估—落地—反馈”的智慧医疗提升优化闭环处置流程。

【基层临床医学辅助诊断试点打造】 2023年，区卫健局以临床医学辅助诊断试点区域为机会，探索基层医疗服务的创新模式。通过整合区域内医疗资源，搭建临床医学辅助诊断平台，利用人工智能技术，对门诊病案、诊断、检查检验结果、用药信息等数据进行分析，为基层医生提供诊断支持，辅助基层医生进行疾病诊断；探索基于医生个人用药习惯的平台记录功能，帮助基层医生提升诊疗水平。至年底，临床医学辅助诊断试点覆盖3家街道社区卫生服务中心，惠及医生98人。

（金楚杭）

医联体建设

【概况】 2023年，杭州高新区（滨江）推进与浙江大学医学院附属第二医院（简称“浙大二院”）、浙江大学医学院附属儿童医院（简称“浙大儿院”）和杭州市第三人民医院（简称“市三医院”）的医联体合作，完成浙大儿院、浙大二院第二轮合作项目，完善分级诊疗体系。强化常见病、慢性病、多发病的基层预防和诊治，推出“三优先”（优先就诊、优先检查、优先住院）服务，畅通医联体内双向转诊通道。医联体专家长期下沉街道社区卫生服务中心开展诊疗服务，设置全科专科门诊，一站式解决附近居民医疗康养服务需求，收住患者730人次。落实专家坐诊机制，涵盖全科、内分泌、心内科、消化内科、皮肤科、儿科等15个专科，下沉专家到3个街道社区服务中心和服务站，开展诊间指导、查房带教、疑难病例讨论、理论授课、临床思维能力及实践技能培训等。下沉专家全年开展门诊服务3.54万人次，义诊44场次。拓展医联体智慧应用场景，开展放射、心电远程诊断服务，全年开展心电远程诊断5062人次，放射远程诊断2002人次。

【万名党员进千个社区服务活动】 2023年6月28日，区卫健局与杭州市第三人民医院共同组织的“红色领杭 · 奉献亚运”

万名党员进千个社区服务活动（滨江分会场）启动仪式在西兴街道缤纷未来社区举行。市三医院、区卫健局、街道及城市医联体代表共60多人参加。现场宣读倡议书，党员代表表态发言。市三医院皮肤科、全科、肛肠科、内分泌血液科、消化内科等10个学科专家组成的医生团队为社区居民进行义诊，为居民提供骨密度检测、量血压、测血糖等健康服务，免费发放中药香囊、市三医院自制皮肤科用药等健康礼品。市三医院主任医师李鹏为社区居民开设“爱护骨骼 保护未来”健康讲座，传播普及健康防病知识。义诊活动惠及200多人。

【滨江区全科医学学术年会暨首届健康滨江家庭医生技能竞赛】 2023年8月11—12日，滨江区全科医学学术年会暨首届健康滨江家庭医生技能竞赛在区公共卫生中心举行。活动由区卫健局、区科协和市三医院联合主办，市三医院、辖区各街道社区卫生服务中心及杭州市其他城区的全科医学工作人员共120人参加线下年会，400多人观看线上直播。学术年会以线上、线下相结合的方式进行，邀请13位省、市专家围绕社区慢性病管理、社区医院精细化管理、疾病护理、健康教育、城市医疗资源“双循环”等主题，分享全科医学权威、前沿理念和研究成果。年会期间，首届健康滨江家庭医生技能竞赛同步开展，竞赛分理论考试、静疗技能考试与SOAP（指含主观症状描述、客观检查数据、病情评估、诊疗计划的病历记录）病例演讲。竞赛决出一、二、三等奖。通过竞赛提升医务人员业务能力，完善医学基地建设，打造教学、练习、考核、评估一体化的智能临床教研管理体系。

【博士创新站打造】 2023年12月，西兴、长河街道社区卫生服务中心被认定为第二批杭州市博士创新站。社区卫生服务中心依托与市三医院建立城市医联体合作机制，柔性引进市三医院3个皮肤科博士团队，签订《博士创新站共建协议》，挑选各社区卫生服务中心中医药医务人员与博士团队共同组建成26人的博士创新站团队，培训医务人员400多人次。健全合作机制，立足皮肤科常见、多发性疾病中具有中西医结合诊疗优势的病种，进行社区诊疗路径的推广应用。创新医联体“人才+技术+服务”资源共享机制，通过专家坐诊、专病协作、远程医疗等方式促进优质医疗资源下沉基层。依托双向转诊平台，上转基层难以解决的疑难杂症，服务辖区居民3400多人次。

（顾淑婧）

妇幼保健

【概况】 2023年，杭州高新区（滨江）有产妇4524人，活产数4593人，孕妇建卡率99.09%，产前检查率100%，早孕建卡4390人，早孕检查率99.85%，孕妇产前筛查人数4406人，筛查率97.41%，产后访视率98.41%，孕产妇系统管理率98.42%，5周岁以下儿童死亡率、婴儿死亡率、新生儿死亡

2023年5月5日，杭州高新区（滨江）举办首届家庭养育照护技能大赛

（区卫健局 供图）

率均为0，3周岁以下儿童系统管理率96.11%。开展“两癌”筛查重大公共卫生项目，筛查宫颈癌1.48万人，筛查乳腺癌1.63万人。为所有孕产妇免费提供艾滋病、梅毒、乙肝母婴传播阻断项目服务，建立孕产妇保健册和孕妇首次检查时免费化验HIV（人类免疫缺陷病毒）、RPR（快速血浆反应素环状卡片试验）、HAA（肝炎相关协同抗原），早发现早治疗。依托社区公共服务设施资源建立婴幼儿成长驿站，创设“驿起玩”养育品牌。完善“滨滨育儿”医育结合专家团队，组建“医、防、护、教、研”综合托育服务联合体，实施“快乐宝贝”、公益“护婴大使”和“育儿有道”计划，共发布活动649场。举办全市首届区家庭养育照护技能大赛。

【普惠托育】2023年，杭州高新区（滨江）推进“幼有善育”领域公共服务。以育龄群众实际需求为导向，均衡发展托幼一体型、社区嵌入型、产业园区嵌入型、社会办营利型等多元化服务模式。鼓励区内企业和产业园区通过利用存量建筑等方式，开办嵌入式托幼一体化幼儿园。制定支持婴幼儿照护服务机构健康发展暂行办法，与杭州科学职业技术学院合作建立全市首个婴幼儿照护服务从业人员人才基地，协同推进从业人员服务技能和家庭养育照护能力提升。至年底，有各类备案婴幼儿照护服务机构73家（含幼儿园办托），托位2429个，其中普惠托位1861个，普惠托位占76.62%。每千人托位数4.58个，达到全省“十四五”期末的指标。通过浙江省首批普惠托育基本公共服务试点专家组评估。

2023年7月11日，区卫健局在长河街道冠山社区对适龄妇女进行“两癌”筛查　　（区卫健局　供图）

【“医防护”儿童健康管理中心创建】2023年，杭州高新区（滨江）推进“医防护”儿童健康管理中心建设，以点带面，遴选优质社区卫生服务机构开展儿童医疗、保健、预防接种、养育照护指导相融合的儿童健康服务。7月，在缤纷“医防护”儿童健康管理中心开展国家基层儿童早期发展项目国家级师资培训，由全国40多位专家为20户婴幼儿家庭提供面对面的育儿指导。全年创建3家“医防护”儿童健康管理中心，实现街道覆盖率100%。其中缤纷“医防护”儿童健康管理中心被列为省级“医防护”三位一体儿童健康管理中心创建培育单位。

【适龄妇女“两癌”筛查】2023年，区卫健局持续实施妇女健康促进行动，对35~64周岁适龄妇女进行宫颈癌、乳腺癌筛查。宫颈癌筛查1.48万人，宫颈癌筛查率87.2%，异常人数900人，检查出宫颈高级别病变8人；乳腺癌筛查1.63万人，乳腺癌筛查率90.1%，异常人数3965人，确诊乳腺癌5例，均进行相应的治疗，为控制病变起到作用。省级方案“两癌”筛查338人，筛查率109.99%。

（胡金涛）

老龄健康

【概况】2023年，区卫健局做好各项老年健康保障工作。

做好杭州市老年人意外伤害统筹保险工作，出资141.18万元，为4.7万名滨江户籍60周岁及以上老年人购买每人每年30元的意外伤害保险。为全区5847名80周岁及以上老年人发放每人300元护理补贴，共175.41万元；为922名90周岁及以上老人发放慰问金33.16万元；走访慰问百岁老人13人。落实农转非拆迁人员老年人春节慰问金，做好兜底保障，加大老年人精准帮扶力度，全年慰问2.65万人，发放慰问金1325.75万元。实施城乡居民“三免三惠三提升”健康行动，为4.13万名老年人建立健康档案。举办社区老年健康专题讲座60多场次，开展老年健康“智慧助老”行动，开放老年人电子健康档案3.84万人，开放率93.1%以上。开展医养结合机构服务质量提升行动，为1.75万名老年人提供多方面的医养结合服务，服务率43.9%。

资料：“三免三惠三提升”

“三免”：参保城乡居民免费健康体检、重点人群免费接种流感疫苗、重点人群免费重点疾病筛查。“三惠”：惠享家庭医生贴心服务、惠享县域优质医疗服务、惠享数字化健康新服务。“三提升”：实施儿童发育筛查和中医药健康管理项目，提升儿童健康管理服务水平。实施全生命周期妇女健康促进项目，提升妇女健康管理服务水平。实施老年失智症筛查评估和医养结合服务项目，提升老年人健康管理服务水平。

【老年健康服务】 2023年，杭州高新区（滨江）开展老年友善医疗机构创建，建成老年友善医疗机构1家。2家涉老服务单位获评第四届杭州市“敬老文明号”，3个社区获评“杭州市老年友好型社区”。参与杭州市敬老爱老助老“最美”系列先进选树，1家单位、1个志愿服务队、1个家庭和8名个人获“最美”称号。举办“敬老月”暨老年节庆祝活动，各社区开展“传承温情 共度重阳”主题相关活动42场。开展“2023年老年宣传周暨百场老年健康服务进社区”活动，利用街道社区服务中心、养老服务机构等场所，开设老年健康知识讲座30场，进入社区开展义诊41场，服务老年人4770人，发放老年健康知识资料1866份。完善老年教育办学网络，加快发展“互联网+老年教育”，有区、街道、社区三级“家门口老年大学”教学点59个。开展书法、国画、摄影、防诈骗等教学活动200多场，1万多名老年人参加。为老年人发放8000套书籍，提供1900份《浙江老年报》和《乐活周刊》。浙江省老年电视大学滨江分校获评省级办学先进单位。

【医养结合服务】 2023年，杭州高新区（滨江）3家街道社区卫生服务中心与4家养老机构签订医养服务签约协议，支持养老机构为入住老年人提供规范的血压血糖检测、保健咨询、营养改善指导和康复指导等医疗卫生服务。与杭州滨江绿康康复医院、杭州市第三人民医院开展紧密医养联合体，建立医疗机构与

2023年5月，区卫健局开展老年健康服务五大行动之眼底筛查

（区卫健局　供图）

医养结合机构之间的业务协作、双向转诊机制，强化医疗服务的协同性、连续性。全年为1.75万名65周岁以上老年人提供康复指导、护理技能指导、健康咨询、营养改善指导等医养结合服务，医养结合服务率43.9%。为232名65周岁及以上失能老年人提供健康评估和康复护理指导等健康服务。全区基层医疗机构"互联网+医保"移动支付贯通，开展慢病长处方诊疗服务23.25万人。

【老年健康促进行动】 2023年，区卫健局开展视力功能、口腔健康、营养状况、认知功能和心理健康五大老年健康服务行动。完成883名老年糖尿病患者眼底病的早筛早诊早治。为7389名老年人建立口腔健康档案。对7293名老年人的营养状况进行评估，建立营养监测档案。对7361名老年人开展认知和心理状况评估，为384名评估异常的老年人开展老年痴呆综合防控措施，引导转诊上级医疗机构进行诊治。开展70周岁及以上老年人免费流感疫苗接种工作，接种8072剂次。

（胡金涛）

卫生监督

【概况】 2023年，区卫生监督所对各级各类医疗机构和人员密集的公共场所全面履行卫生监督职能，加大对违法行为的查处力度，打击各类卫生违法行为。全年办结行政处罚案件142件，其中一般程序104件、简易程序37件、大要案4件，罚没款计103万元，取缔非法行医3家。完成国家、省下达的"双随机"抽查工作任务，其中：国家"双随机"检查各类对象247家，对存在问题的72家单位依法进行查处；省级"双随机"抽查各类监管对象179家，完成跨部门联合检查任务20项，检查单位72家次。全年行政执法效能监测结果为满分。

【医疗美容专项治理】 2023年，区卫生监督所出动执法人员70多人次，处理医疗美容类投诉64件次，检查医疗美容机构22家次，检查生活美容等其他场所28家次，对检查中存在未按规定书写病历资料，未执行国家有关标准、规范和规定等问题的9家医疗美容机构和个人进行立案查处。组织辖区所有医疗美容机构通过浙江省医疗机构依法执业自查自律系统开展全面自查，自查完成率100%。

【医疗废物监管】 2023年，区卫生监督所对医疗机构医疗废物的收集、贮存、转运、处置各环节进行监督检查。至年底，出动卫生监督人员300多人次，检查医疗机构135家次，针对医疗废物处置方面的违法违规问题，对6家医疗机构进行立案查处。

【职业卫生监督】 2023年，区卫生监督所进行"职业健康在线"系统新增企业梳理，核查、调整用人单位147家，对相关用人单位进行指导、审核，实现系统内用人单位职业

2023年11月17日，区卫生监督执法人员宣传职业病防护知识

（区卫健局　供图）

卫生管理自查率、综合风险分类完成率、用人单位关键因素画像完整率、风险化解率100%。委托第三方机构对101家用人单位进行职业卫生工作情况调查，完成24家用人单位高温和放射危害因素的监督检测。组织卫生监督协管员全覆盖巡查，进行风险整改审核，各街道用人单位自查率、风险化解率均为100%。

【公共场所监督监测】 2023年，区卫生监督所监督检查住宿场所125家次，其中检查合格113家，合格率为90.4%；开展住宿场所监测52家，监测份数327份，其中合格份数323份，合格率98.78%。对持有卫生许可证的48家游泳场所开展地毯式检查，共检查59家次，抽检样品255份，其中合格235份，合格率为92.16%。对集中式供水单位开展监督检查4家次，对二次供水单位检查168家次，共抽检水源水、出厂水、管网末梢水和二次供水157份，合格率为96.8%。对监督监测不合格单位，均进行依法查处。

【数字化云监管】 2023年，区卫生监督所推进“数智卫监”应用落地工作，打造“互联网+监管”新模式，提升监管效率和水平。为20家住宿场所接入“安心宿”保洁智能监管，对公用物品清洗消毒进行实时监测。为20家游泳场所接入省“游泳场所三色分级智能监管”，对水质开展在线监测。2家职业健康体检机构100%接入省“职业健康在线”，新增实施危害因素在线监测监控的用人单位1家。2家三级医疗机构100%接入省“医疗机构院内感染重点环节风险智控”。新增的6家口腔诊疗机构接入“口腔诊疗监督在线”。

（范莹莹）

驻地医院

【概况】 2023年，杭州高新区（滨江）有浙江大学医学院附属第二医院滨江院区（简称“浙大二院”）、浙江大学医学院附属儿童医院（简称“浙大儿院”）、武警浙江总队医院（简称“武警医院”）3所驻地医院。浙大二院推进高能级科创平台建设，推动经血管植入器械全国重点实验室、多脏器衰竭预警与干预教育部重点实验室、消化系统肿瘤医药基础研究创新中心落地，申报急危重症（急诊）国家临床医学研究中心，推进国家医学中心申报工作。浙江大学医学院附属儿童医院（浙江省儿童医院、浙江省儿童保健院）是浙江省成立最早、规模最大的三级甲等综合性儿童医院，承担全省儿科医疗、教学、科研、儿童保健及突发性公共卫生事件应急任务，是国家儿童健康与疾病临床医学研究中心、国家儿童区域医疗中心依托单位。医院设有滨江和湖滨2个院区。医院儿科学为国家重点学科，有4个国家临床重点专科、11个省医学重点学科（群），有国家出生缺陷诊治国际科技合作基地、国家儿童早期发展示范基地、生殖遗传教育部重点实验室、浙江省新生儿疾病防治重点实验室、浙江省儿童出生缺陷早期筛查与干预技术重点创新团队、浙江省新生儿与围产医学重点学科群。医院是儿科学硕士学位授予点、博士学位授予点和博士后流动站，被国家食品药品监督管理总局认定为药物临床试验机构，并入选第二批国家干细胞临床研究备案机构。武警医院为武警浙江总队管理。

【浙江大学医学院附属第二医院滨江院区】 2023年，浙江大学医学院附属第二医院滨江院区门急诊265.67万人次，比上年增长17.71%；出院9.48万人次，增长3.87%，床位使用率102.91%；手术量5.95万台次，增长20.14%；平均住院日4.94天，与上年持平。获批省级科创平台2个，科研经费总额居全国第二位。医院科技量值（STEM）综合排名列全国第13位，其中六大学科跻身全国前十位。国家自然科学基金获批项目211项，连续3年居全国第二位。获批国家重点研发计划项目2项、战略性科技创新合作项目1项。发表高水平论文（IF≥10）147

篇。科技创新成果获2023年度全国创新争先奖1项、2022年度教育部科技进步一等奖1项、浙江省科学技术奖一等奖3项、浙江省自然科学奖一等奖1项、2022年度中华医学会科技奖一等奖2项等。创新转化综合成绩在第二届中国医院创新转化排行榜中居全国第八位、全省第一位。

医院医疗技术提升，7个临床专科进入全国前五名、11个专科进入全国前十名，心血管内科被评为2022年医学高峰高地建设工作成绩突出集体。开展全磁悬浮植入式左心室辅助系统的临床应用等国际国内前沿技术30多项。肺移植数量居全国第二位，自体肝移植数量居全国第一位。持续提升重大疑难疾病中西医联合诊疗、紧急医学救援能力，获批中西医协同“旗舰”医院建设试点项目、国家紧急医学救援基地。2023年综合疾病疑难系数（CMI）值1.29，四级手术总量增长10.89%。门诊等候、预约检查时长缩短，日间服务优化，“互联网+护理”服务内涵增加，患者满意度测评保持满分。建立院科组三级医疗安全预防控制体系，再入院率持续下降。开展抗菌药物临床应用全过程、全病例、全医生、全天候管控，人均抗菌药物使用量继续下降。

拓宽海外引才渠道，完善高层次人才保障机制。教授王建安当选为中国科学院院士。新增国家人才计划领军人才获得者1人、“国家卫生健康突出贡献中青年专家”1人、“国家优秀青年科学基金”获得者1人、浙江省特级专家2人，全职引进“国家优秀青年科学基金”（海外）获得者1人。深化与哈佛大学陈曾熙公共卫生学院、麻省总医院等院校的交流合作。与哈萨克斯坦、蒙古签约超声医学人才培训项目，入选浙江省推进“一带一路”建设重大合作项目。完善“浙二互联网医院”国际患者服务功能，优化线上线下就医全流程的国际语言环境。做好外籍人士健康管理工作，全年为120多个国家和地区的近万名外籍和中国港澳台患者提供医疗服务，签约的32家国际保险公司均已实现商业健康保险直接结算服务。

医院承担亚（残）运会最多的现场保障和定点保障任务。负责做好亚（残）运会所有医疗保障单位急诊能力培训，建立全面覆盖的医疗服务体系，为比赛场馆和场地提供便捷医疗服务站点，实施24小时医疗值班制度。探索“5G+急救”全程全链服务，实现“上车即入院”。首创重大医疗保障“急症症候群”应急保障模式，被纳入亚（残）运会医疗保障手册并广泛推广。亚运会期间，共诊治26个国家和地区的患者，医疗保障工作获亚运首席医疗官好评。筹建浙江省航空医疗救护指挥中心，联合保险、飞行指挥、起降点远程控制、5G远程医疗等资源，搭建多方协同、开放共享的综合服务平台；成立国家紧急医学救援队（筹）；启用大型移动急救复苏单元，全球首创结合“大型公交+急救+5G”概念，集成急救理念、急救技术、急救设备，融合5G技术，实现打通所有监测数据，多场景互联互通，院内专家实时了解患者病情，给予远程指导，同时快速启动院内急救团队。

医院协同做好援非、援贵、援疆、援滇、援青工作。与滨江区政府续签《战略合作协议书》。作为滨江区唯一一家定点筛查机构，与3个街道社区卫生服务中心联手落实重点人群肠癌、慢性阻塞性肺疾病免费筛查项目；继续开展“健康守门人计划”“天使计划”，针对基层社区开展专场培训；开展远程病理、放射工作，协助滨江区对口援建单位建立远程病理会诊平台，打通区院融通网络，实现远程放射片传阅及书写报告；开展专项联合检查，针对滨江辖区内8家医院开展医疗质控联合检查，针对基层社区医疗设备、基础设施开展援建；开展军民共建、警民共建，为全区公安机关民辅警、在役退役军人开通绿色通道，提供医疗服务。

（浙二滨）

【浙江大学医学院附属儿童医院】 2023年，浙江大学医学院附属儿童医院门急诊量416.7万人次，比上年增长14.7%，最高日门诊量1.7万人次，为历史最高值；住院人数10.5万人次，增长27.5%，病床使用率

95.2%，平均住院日5.52天；开展手术4.3万人次，其中住院手术3.4万人次（日间手术6642人次），门诊手术9313人次；互联网医院上线完成服务13万人次。医院内分泌科团队获评“2022年医学高峰高地建设工作成绩突出集体”；成立浙江省儿童结核病艾滋病临床诊疗中心，成为华东地区首个儿童结核病与艾滋病诊疗中心；推动中西医协同攻关，组建“中医药+”跨学科研究队伍，获批浙江省糖尿病诊治中医药多学科交叉创新团队；加强重症救治能力建设，医院扩容ICU床位100多张；全年转运危重患儿756例，转运成功率100%。开展心脏移植1例、肾脏移植4例、肝脏移植3例；开展ECMO（体外膜肺氧合）54例；开展达芬奇机器人手术775例，累计2341台，创下小儿外科单中心最高纪录，挂牌达芬奇手术机器人卓越中心（全国首家）、中国心外科临床手术教学示范中心、中国小儿胸外科临床手术教学示范中心。医院自主创办的国际期刊《世界儿科杂志》获浙江省政府出版奖——“浙江树人出版奖”。

医院获科研项目171项，科研经费1.2亿元，比上年增加20%。牵头国家重点研发计划项目1项，经费1236.4万元，国家重点研发计划课题2项、子课题1项；国家自然科学基金项目19项，经费759.5万元；浙江省科技厅“鲲鹏行动”专家支持项目1项，经费5800万元；浙江省“尖兵”“领雁”研发攻关计划项目9项，经费2600万元；浙江省科技厅中央引导地方科技发展资金1项，经费300万元；浙江省基础公益研究计划项目16项，经费160万元；厅局级项目44项，经费141万元。《出生缺陷综合预防规范》被认定为“浙江标准”。发表SCI论文384篇，最高IF39.3；发表核心期刊论文54篇、一级期刊45篇。获浙江省科技进步二等奖2项、浙江省自然科学三等奖1项；获“创青春”全国卫生健康行业青年创新大赛银奖1项。全职引进国家海外重大引才专家、欧洲科学院院士马大青教授，全职引进麻醉科、眼科等临床学科带头人2名，特聘副研究员2人。柔性引进计算机、化学系等学科领域专家2人。入选浙江省特级专家1人、浙江省“高层次人才特殊支持计划”杰出人才项目1项、浙江省“高层次人才特殊支持计划”青年拔尖人才1项、浙江省杰出青年科学基金项目1人。

儿科学院完成本科生实习、见习1500人，招收博士生、硕士生84人。毕业后教育成绩在全国住院医师规范化培训年度业务水平测试中获浙江省第一名；全国专科医师规范化培训结业考核通过率100%，并列全国第一名。基地建设加强，获评2023年全国住院医师规范化培训“优秀基地”、国家基层儿科医护人员培训项目“优秀基地”；儿科、儿外科专业基地获评浙江省住培“优秀专业基地”；在住培基地质量管理综合评估中获浙江省第一名。

医院与美国波士顿儿童医院联合启动“卓越专科”提升项目，覆盖出生缺陷、遗传代谢内分泌学科等50个学科，助力提升临床诊治能力。与美国洛杉矶儿童医院续签合作协议。与印度尼西亚国家心血管病中心签署院际合作谅解备忘录，帮助印度尼西亚改进儿童先心病筛查诊治技术。选派3名医师作为浙江省医疗队成员到纳米比亚参加“中非携手暖童心”关爱非洲孤儿健康活动，为纳米比亚儿童之家100多名孤儿开展健康检查。医院完善医务社工共建基地服务机制，启动护佑童馨·邻安项目，为异地就医患者家属提供临时居所。

（谢冰玉）

【武警浙江总队医院】 2023年，武警浙江总队医院医疗收入3.18亿元，比上年增长14.23%，门诊23.41万人次，急诊2.81万人次，收容7689人次，体检3.82万人次，手术2387台次。全年无重大医疗安全和纠纷问题。医院有编制科室22个，住院病区2个，床位700张，医护人员800多人。武警浙江总队医院担负武警浙江总队和驻浙部分海警部队官兵及其家属的医疗保障、遂行卫勤伴随保障和为民服务任务。医院为三级乙等综合性医院，脑损伤康复、创伤手足为医院特色专科，其中脑损伤康复专科为武警部队康复医学专科中心。

2023年，武警浙江总队医院根据军地最新疫情防控政策和医院实际情况调整防控措施，对外开放发热门诊、调整门急诊收治流程及住院科室收容方向。开通医院“120”急救站，选派2名医生增援杭州市急救中心。承办武警浙江总队医院第41期卫生员集训。做好杭州市2023年“迎亚运、庆元宵”烟花灯光秀医疗急救准备，抽调综合保障10人组在院备勤，派出“120”急救车进行现场保障。做好亚运病房筹备工作，检修生活医疗设备，开设床位50张。组织亚运会官兵政治考核工作和亚运核心区人员心理测查。做好亚运会、亚残运会屯兵点医疗、心理巡诊和防疫指导等工作，开展巡诊13批次2.37万人次，问诊817人次。作为杭州马拉松定点医院，做好马拉松活动医疗保障。

医院开展系列义诊活动。到西兴街道滨康小区、长河街道中兴社区、萧山区城厢街道湘湖社区、金华市浦江县开展健康义诊活动，到浙江交通职业技术学院举办女性健康知识讲座。组织专家组到滨江区丹枫社区、亚运场馆、缤纷未来社区、浦江县退役军人事务局、临平区运河街道退役军人服务站、祖名豆制品股份有限公司、绍兴市柯桥区夏履镇、上城区闸弄口街道怡福居家养老服务中心、海月嘉树老年公寓、信雅达科技股份有限公司、浙江吉利控股集团有限公司、网易（杭州）网络有限公司、零跑科技股份有限公司、西兴街道温馨服务站、杭州初灵信息股份有限公司、中兴社区、西兴老年公寓、华为全球培训中心、顺丰速运有限公司、浙江公路技师学院、杭州海康威视数字技术股份有限公司、义乌市大陈镇开展义诊或举办讲座。

举办医院第六届强军杯篮球赛，“迎亚运盛典、展党性风采”暨第五届“天使杯”歌咏比赛。举办主题团日暨第二届读书分享会。与武警浙江总队机动支队举办青年联谊活动。联合滨江区图书馆、滨江区文化馆举办“小候鸟”公益夏令营活动。会同滨江区退役军人事务局组织文体活动室开馆揭牌。医院召开第112个国际护士节表彰大会，内一科高小燃被评为杭州市最美护士。开展第六届中国医师节表彰和慰问活动、成立军人军属法律援助工作站。制定助力乡村振兴优惠医疗暂行措施。到四川总队医院参加对口援建西藏总队医院交流会，签署对口帮扶工作推进责任书。

（陈流强）

体　育

综　述

【亚（残）运会系列赛事举办】2023年，杭州第19届亚运会、第4届亚残运会开（闭）幕式及田径、网球、软式网球等赛事在杭州奥体中心“大小莲花”举办。杭州高新区（滨江）组织2.7万名各类志愿者保障亚运会开、闭幕式工作，区内承办的亚运会田径、网球、软式网球、羽毛球项目共产生65枚金牌。组织2.2万名各类志愿者保障亚残运会开、闭幕式工作，承办的轮椅网球、羽毛球比赛项目共产生28枚金牌。

【“迎亚运”主题系列活动】2023年，杭州高新区（滨江）围绕“全民健身 共享亚运”主题，聚焦滨江特色，开展各类“迎亚运”全民健身活动480场。在各企业、学校、社区开展“亚运四进”科学健身培训100多场，宣传健康生活方式，指导提升运动技能。举办“我爱杭州 奉献亚运”全民亚运誓师动员大会、“决战亚运 蝶变滨江”动员大会、亚运会倒计时100天活动、迎亚残运会倒计时100天系列活动、亚运会倒计时50天问题展演活动、杭州亚运会倒计时30天活动等。开展亚运会开幕式彩排和外围综合保障演练5次。

2023年10月27日，杭州第4届亚残运会滨江体育馆运行团队志愿者全体成员合影　（区文广旅体局　供图）

【体育人才培养】2023年，杭州高新区（滨江）重视体育运动员人才培养的投入和政策扶持工作。向省各类运动队输送优秀人才3人。崔阳为杭州高新区（滨江）培养输送的运动人才，在杭州第19届亚运会跆拳道竞技混合团队决赛中，配合队友夺取金牌，实现全区亚运会金牌零的突破。滨江籍运动员谭玉娇成为杭州第4届亚残运会火炬传递首棒火炬手。

【体育民生实事工程】2023年，杭州高新区（滨江）超额完成省、市、区各项体育民生实事项目年度任务。完成体育省级民生实事项目5处：西兴街道庙后王社区1个多功能运动场，浦沿街道新浦社区、浦沿街道浦联社区、长河街道长一社区3个百姓健身房，临桥巷运动公园1个体育公园。完成体育市级民生实事项目——防溺水公益课144堂。完成区民生实事项目：嵌入式体育设施41片，新建改建健身苑点20处，其中嵌入式体育场地年度目标任务为1.44万平方米，完成

体育设施

【概况】 2023年，杭州高新区（滨江）完善公共体育场地设施建设，有杭州奥体中心体育场、杭州奥体中心网球中心、滨江体育馆3座亚运场馆。以民生实事项目为抓手，按照省—市—区三大层级层层推进，完成嵌入式体育场地设施建设41片，新建健身苑点20处、百姓健身房3处、社区综合运动场1处、体育公园1处等，推进公共体育场地设施服务体系不断完善。

2023年11月，临桥巷运动公园建成投用 （区文广旅体局 供图）

嵌入式体育场地设施建设1.7万平方米。打造2处嵌入式体育设施进公园项目，包括临桥巷运动公园、南边山河公园，内设篮球场、羽毛球场、网球场、乒乓球、轮滑场等体育设施。临桥巷运动公园被评为杭州市嵌入式体育场地设施建设第二批标志性成果。

（徐樱桃）

2023年滨江区新建嵌入式体育场地一览表

表25

序号	设施	街道	地址
1	羽毛球场、乒乓球场	西兴	滨康小区大广场
2	羽毛球场、乒乓球场、篮球场、气排球场	西兴	启越府多功能运动场
3	羽毛球场	西兴	康悦香庄小区室外运动场
4	篮球场	西兴	海康威视顶楼
5	篮球场	西兴	中威大厦顶楼
6	气排球场	西兴	康悦香庄小区室外运动场
7	篮球场	西兴	初灵数据大厦4楼
8	篮球场	西兴	矽力杰大厦1楼公园内
9	羽毛球场	西兴	海亮科研大厦前方空地
10	篮球场	西兴	海亮科研大厦前方空地
11	羽毛球场	西兴	湘云雅苑19幢前
12	羽毛球场	西兴	奥体社区扬帆公园
13	羽毛球场	长河	江一社区春波小区
14	羽毛球场	长河	长一社区长虹公园
15	乒乓球场	长河	白马湖社区孔雀苑
16	羽毛球场、乒乓球场	长河	白马湖社区鸿雁苑13幢公园
17	羽毛球场	长河	长一社区长虹南苑
18	乒乓球场	长河	月亮湾社区江南铭庭小区

续表25

序号	设施	街道	地址
19	乒乓球场	长河	月明社区江南豪园
20	乒乓球场	长河	竹山社区白马湖和苑
21	篮球场	长河	江一社区春波西苑内
22	篮球场	长河	白马湖小区北公园
23	篮球场、网球场	长河	南边山公园
24	羽毛球场	长河	滨江体育馆西边
25	足球场	长河	长河路475号和瑞科技园
26	篮球场	长河	映翠雅苑
27	篮球场	长河	云端篮球场
28	篮球场	长河	长江路和冠山路交叉口
29	篮球场、羽毛球场、轮滑场	浦沿	临桥港体育公园
30	篮球场	浦沿	沿江工业遗址公园
31	羽毛球场	浦沿	观潮华庭
32	羽毛球场	浦沿	长岛之春
33	羽毛球场	浦沿	浦联名府
34	乒乓球场	浦沿	浦联名府
35	篮球场	浦沿	新生社区之江大桥桥底下
36	篮球场	浦沿	六和社区观邸国际寓所小区
37	羽毛球场	浦沿	江南社区临江花园小区
38	网球场	浦沿	江南社区临江花园小区
39	篮球场	浦沿	浦沿街道派出所新浦河边停车场
40	篮球场	浦沿	火炬大道与永久河西南处
41	乒乓球场	浦沿	滨之社区银色港湾小区

（徐樱桃）

【江南体育中心】 2023年，江南体育中心各场馆共接待顾客21.28万人，其中健身馆1.12万人，乒乓球馆9324人，羽毛球馆6.38万人，篮球馆1.48万人，网球场6246人，游泳馆10.75万人。4—8月，作为市青少年防溺水公益培训活动的定点场馆，面向8~15周岁青少年开设32个游泳班，开展144堂课程，共报名学员320人。江南体育中心健身广场、气排球场、地掷球场、门球

2023年6月，江南体育中心羽毛球场 （区文广旅体局 供图）

场全年免费向区内老年人开放，接待2.86万人次。

【滨江体育馆亚运会赛后利用】2023年11—12月，滨江体育馆开发亚运场馆赛后利用，实现亚运场馆向全民健身、惠民开放转型，承接6场大型活动。活动为2023年“舞动中国—排舞联赛”总决赛暨全国排舞冠军赛、浙江省审计机关干部职工第十二届运动会、2023年第四届滨江区“主席杯”羽毛球邀请赛、2023年太平洋人寿浙江分公司趣味运动会、2024级蔡崇信篮球奖学金训练营、永庆安澜·2023德云社孟鹤堂周九良跨年相声专场（杭州站）。

【杭州奥体中心提升改造】2023年，配合杭州第19届亚运会、杭州第4届亚残运会举办，杭州高新区（滨江）对杭州奥体中心体育场、杭州奥体中心网球中心进行提升改造。亚运场馆对标国际赛事标准，根据亚组委、运行团队、开幕式指挥中心等下发的各项任务要求，对场馆赛事功能、主席台与贵宾区、设施设备、装饰装修等进行优化提升，重点完成贵宾区、区域座椅、场馆电气、安防设备、礼宾旗杆、主席台摄影平台搭设等任务。奥体中心立面提升从亚运会“中国特色、浙江风采、杭州韵味、精彩纷呈”的要求出发，用光影勾勒出“大小莲花”建筑的灵动与变幻，依托“大小莲花”本身的建筑外形特征，传承杭州自然美学风格，提升灯具与夜景面积，打造以水墨淡彩为主基调的夜景灯光，刷新钱塘江南岸城市封面，传递杭州韵味和中国风范。提升核心区景观，奥体主场馆内聚焦重要流线和重要节点，增设亚运元素节点、花境色彩节点、主题雕塑节点等多彩亚运节点，串联打造亚运多彩景观动线。

（徐樱桃）

群众体育

【概况】2023年，杭州高新区（滨江）开展“我爱杭州 奉献亚运”主题活动等各类迎亚运全民健身活动480多场，持续推进“亚运四进”活动，在各企业、学校、社区开展科学健身培训100多场，营造“全民支持、全民参与杭州亚运会”的城市氛围。组织3个街道及钱塘春晓幼儿园开展国民体质测试工作，测试人数2121人，其中幼儿534人，成人1587人，合格率为94.5%。举办第五届社区运动会，有柔力球、太极拳（剑）、排舞、中国象棋、三人制篮球赛、羽毛球、趣味比赛、拔河、毅行、游泳等项目，吸引3000多名选手参与。经常参加体育锻炼的人数（不含学生）比例为47.6%。人均体育场地面积为2.65平方米。持续做好“舞动中国—排舞联赛”总决赛、杭州马拉松等品牌赛事活动。

【滨江区第五届社区运动会】2023年3—8月，滨江区第五届社区运动会在区内展开。65支社区代表队参加中国象棋、拔河、三人制篮球、排舞、趣味体育、羽毛球、乒乓球、柔力球、游泳、武术、毅行11个项目比赛。长河街道中兴社区以总得分376分居第一名，西兴街道奥体社区、长河街道竹山社区分获第二、第三名。长河街道中兴社区、西兴街道奥体社区、长河街道竹山社区、长

2023年12月17日，杭州马拉松开跑。图为运动员跑进滨江路段现场

（区委宣传部　供图）

河街道白马湖社区、西兴街道水电社区、长河街道钱潮望涛社区、西兴街道庙后王社区、西兴街道石门塘社区、浦沿街道华悦湾社区、西兴街道温馨社区获团体优胜奖。长河街道中兴社区、西兴街道奥体社区、长河街道竹山社区、长河街道白马湖社区、西兴街道水电社区、长河街道钱潮望涛社区、西兴街道庙后王社区、长河街道晶都社区获优秀组织奖。

2023年滨江区第五届社区运动会成绩汇总表

表26

街道	社区	参赛分	总分	总分名次
长河	中兴社区	110	376	1
西兴	奥体社区	65	268	2
长河	竹山社区	65	259	3
长河	白马湖社区	65	247	4
西兴	水电社区	80	234	5
长河	钱潮望涛社区	60	195	6
西兴	庙后王社区	65	180	7
西兴	石门塘社区	50	165	8
浦沿	华悦湾社区	45	156	9
西兴	温馨社区	50	153	10
西兴	西兴社区	50	148	11
西兴	西陵社区	45	144	12
浦沿	新和社区	45	129	13
长河	闻涛社区	45	126	14
长河	观潮社区	45	117	15
浦沿	彩虹社区	40	116	16
浦沿	滨盛社区	30	116	17
西兴	七甲闸社区	50	115	18
西兴	滨和社区	40	114	19
长河	晶都社区	65	112	20
西兴	襄七房社区	50	110	21
西兴	丹枫社区	40	109	22
西兴	官河社区	40	109	23
西兴	星民社区	45	107	24
西兴	金东方社区	40	98	25
长河	江汉社区	45	92	26
浦沿	浦联社区	40	92	27
长河	月明社区	35	84	28
浦沿	六和社区	40	73	29
浦沿	滨文社区	25	73	30
长河	冠山社区	30	71	31
浦沿	向南社区	35	70	32
西兴	共联社区	45	69	33
西兴	马湖社区	30	67	34

续表26

街道	社区	参赛分	总分	总分名次
长河	月亮湾社区	30	66	35
浦沿	滨之社区	25	64	36
长河	长河社区	30	61	37
长河	长二社区	20	58	38
长河	钱潮建业社区	35	55	39
西兴	物联网社区	30	52	40
浦沿	之江社区	30	51	41
浦沿	东信社区	30	50	42
长河	江二社区	30	48	43
浦沿	信诚社区	20	48	44
长河	长一社区	35	44	45
浦沿	明德社区	20	44	46
浦沿	山一社区	25	42	47
西兴	协同社区	30	41	48
长河	江三社区	20	41	49
浦沿	新生社区	20	38	50
西兴	新州社区	30	35	51
浦沿	冠二社区	20	32	52
浦沿	东冠社区	20	31	53
长河	天官社区	20	27	54
浦沿	岩大房社区	20	27	55
浦沿	江南社区	20	25	56
浦沿	新浦社区	25	23	57
浦沿	联庄社区	20	22	58
浦沿	西浦社区	20	22	59
浦沿	伟业社区	20	20	60
浦沿	山二社区	20	20	61
浦沿	杨家墩社区	15	17	62
长河	越王社区	15	10	63
浦沿	冠一社区	10	10	64
长河	江一社区	10	10	65

（徐樱桃）

【“舞动中国—排舞联赛”总决赛】 2023年11月10—13日，由国家体育总局体操运动管理中心、中国蹦床与技巧协会、滨江区政府主办，中国蹦床与技巧协会排舞分会、滨江区文广旅体局、杭州佑嘉体育文化创意有限公司承办，杭州市体育彩票管理中心支持的2023年“舞动中国—排舞联赛”总决赛暨全国排舞冠军赛在滨江体育馆举行。作为亚运会后第一个在滨江区举办的全国性体育赛事，共吸引全国23个省（市、自治区）、54个城市、214支队伍、3244名参赛选手参加。闭幕式进行各组别团体奖第一名、总决赛十佳赛区、全国排舞推广大使、年度原创排舞十佳作品的颁奖仪式。该次比赛启动赛风赛纪监

2023年11月10日，2023年“舞动中国—排舞联赛”总决赛暨全国排舞冠军赛在滨江体育馆举行　　（区文广旅体局　供图）

督组，负责赛风赛纪的监督工作。37名国际级和国家级裁判现场执裁。该大赛多渠道搭建直播赛事平台，央视频移动网、杭州之家、微博、抖音、排舞中国视频号等平台观看量500万余人次。

（徐樱桃）

竞技体育

【概况】 2023年，滨江区承办亚运会田径、网球、软式网球、羽毛球项目，共产生65枚金牌。承办亚残运会轮椅网球、羽毛球比赛项目，共产生28枚金牌。向省运动队输送优秀人才3人。举办亚运测试赛，场馆运行团队坚持“安全、简约、精彩”的办赛理念，严格按照亚运会“全要素、全流程”的赛事测试标准，达到“检验场馆、规范运行、高效处置、锻炼队伍”的亚运测试赛目标，为举办亚运会（亚残运会）比赛积累办赛经验。举办“白马湖杯”科技模型挑战赛等赛事。杭州奥体中心体育场是杭州第19届亚运会的主会场，开、闭幕式所在地，承担田径项目比赛。杭州奥体中心网球中心举办网球项目比赛。滨江体育馆承担羽毛球项目比赛。

【中国羽毛球俱乐部乙级联赛】 2023年4月5—9日，“韵味杭州”2023中国羽毛球俱乐部乙级联赛在滨江体育馆举行。比赛由中国羽毛球协会、滨江区政府主办，区文广旅体局、杭州第19届亚运会滨江体育馆运行团队承办。赛制为五场制混合团体赛，由男单、女单、男双、女双和混双5个项目组成，分2个阶段进行比赛。团体赛均采用五场三胜制。获得冠军的俱乐部参加下赛季中国羽毛球俱乐部甲级联赛。全国13个代表队近200名运动员、教练员和随队官员参赛，5500多人观赛。经角逐，宁波兴明羽毛球俱乐部、四川川威羽毛球俱乐部、浙江竞体羽毛球俱乐部分别获冠军、亚军、季军。华数平台现场直播半决赛和决赛，网络收视量29万余人。该比赛为杭州亚运会羽毛球项目场馆的首次实战演练。

【中国（杭州）国际羽毛球挑战赛】 2023年6月20—25日，“韵味杭州”2023中国（杭州）国际羽毛球挑战赛在滨江体育馆开赛。比赛由亚羽联授权，中国羽毛球协会、滨江区政府共同主办，滨江体育馆运

2023年6月20日，“韵味杭州”2023中国（杭州）国际羽毛球挑战赛在滨江体育馆（“小白碗”）开赛　　（区委宣传部　供图）

行团队承办。比赛设6个比赛日，分常规赛、半决赛、决赛，产生男单、女单、男双、女双和混双5个单项的冠军。赛事为世界羽联第3类别国际赛事。17个国家和地区的186名运动员参加。经角逐，中国队包揽全部金牌。比赛共出票9239张，实现商务及票房收入120万余元，参与服务保障的各类人员730人。

【滨江籍运动员获亚（残）运会金牌】 2023年9月25日，杭州滨江籍运动员崔阳与队友获亚运会跆拳道竞技混合团体赛金牌。该金牌是滨江区的首枚亚运会金牌。崔阳为滨江区培养输送的运动人才，为滨江区实现亚运会金牌零的突破。中共滨江区委、滨江区政府为此给中国跆拳道队发贺信。10月26日，在杭州第4届亚残运会举重项目女子67公斤级比赛中，滨江运动员谭玉娇以141公斤的成绩打破世界纪录、亚洲纪录和亚残运会纪录，获得冠军。

【杭州第19届亚运会羽毛球比赛】 2023年9月28日至10月7日，杭州第19届亚运会羽毛球项目比赛在滨江体育馆举行。该赛事有亚洲23个国家和地区的运动员参加，分男、女团体及男单、女单、男双、女双和混双7个项目。参赛运动员共245人，技术官员84人，比赛场次共238场。中国羽毛球队派出20名选手参赛。羽毛球比赛平均每场赛事上座率96%以上，共有6.7万名观众观赛。

2023年9月29日，杭州第19届亚运会羽毛球比赛在滨江体育馆举行

（区文广旅体局　供图）

【杭州第4届亚残运会羽毛球比赛】 2023年10月20—27日，杭州第4届亚残运会羽毛球项目比赛在滨江体育馆举行。该赛事有亚洲25个国家和地区的185名羽毛球运动员参加，其中轮椅组运动员53人、站姿组运动员132人，随队官员152人。比赛设单打和双打共22个小项，决出22枚金牌。亚残运会羽毛球比赛线上实时销售于10月19日开启，共售票2.5万张，线下销售140多张，换票8000多张，赛事总票房38万余元。

【“白马湖杯”科技模型挑战赛】 2023年10月29日，由区教育局、区文广旅体局主办的“白马湖杯”青少年科技模型挑战赛暨2023年杭州市科技节模型比赛选拔赛在杭州竺可桢学校举行。全区各中、小学近1000名科模小运动员参加比赛。赛事设“挑战者”四轴航拍竞技无人机、“烈风”遥控电动竞速车和“自由号”遥控快艇等近10项科技模型项目，所有项目均为全区各校课后服务、兴趣社团课开展的科技模型课程内容。经比赛，杭州江南实验学校获中学组团体第一名，杭州浦沿小学获小学组团体第一名。“白马湖杯”科模挑战赛已连续举办4届，融科技、创新、教育、体育为一体，以海陆空天模型为主要载体，培养学生发现问题、综合解决问题能力以及创新能力、实践动手能力。

（徐樱桃）

体育产业

【概况】 2023年，滨江区利用亚运会效应，启动赛事之城建设。利用杭州奥体中心体育场（“大莲花”）、杭州奥体中心网球馆（“小莲花”）、滨江体育馆等地标性场馆，举办各类大型演出和体育赛事。利用赛事活动，吸引游客，带动“赛”“会”经济，促进交通、住宿、餐饮、购物等产业链的发展。拟制《杭州高新区（滨江）关于促进体育休闲产业高质量发展扶持办法》，完善体育产业发展政策，助力体育产业现代化进程。政策涵盖体育赛事的引进、举办和运营，涉及体育产业的培育、体育设施的完善以及体育人才的培养等方面。通过奖励扶持体育赛事和体育产业、打造种类齐备的赛事场馆群、推动公共体育场馆设施惠民开放等措施，构建高效、完善、充满活力的体育休闲产业生态系统。至年底，举办“舞动中国—排舞联赛”总决赛暨全国排舞冠军赛、演唱会等活动10多场。加强体育产业管理，举办高危险性体育项目管理工作会议，夏季向社会开放游泳场所60所。区内3家企业体育产业项目入围浙江省体育产业发展专项资金项目库，分别为杭州电魂网络科技股份有限公司的第十一届2022电魂娱乐星赛季项目、杭州佑嘉体育文化创意有限公司的“舞动中国—排舞联赛”总决赛项目、浙江万航信息科技有限公司的青少年体质健康大数据分析及干预管理系统项目。全年接收体育企业和体育培训机构类投诉1280件，回复率100%。

【电魂娱乐星赛季项目】 2023年，杭州电魂网络科技股份有限公司（简称“电魂网络公司”）的第十一届2022电魂娱乐星赛季项目入围浙江省体育产业发展专项资金项目库。电魂网络公司于2012年在业内首提“国风电竞”的概念，创建国内第一个国产游戏电竞赛事品牌——娱乐星赛季。旗下项目《梦三国2》职业联赛（MPL）于2015年成立，是国产游戏第一个职业电竞联赛。2021年9月8日，电魂网络公司自主研发的《梦三国2》项目入选杭州第19届亚运会电子竞技比赛项目名单。电魂网络公司成立于2008年9月，以竞技类休闲网络游戏为主要产品，是集创意策划、美术设计、技术研发、产品开发、游戏推广、运营维护、海外合作于一体的网络游戏开发商、运营商，主要产品包括《梦三国》《梦三国手游》《梦塔防》《野蛮人大作战》等端游或手游，注册用户4亿人，日活用户200多万人。

【青少年体质健康大数据分析及干预管理系统项目】 2023年，浙江万航信息科技有限公司（简称“万航公司”）的青少年体质健康大数据分析及干预管理系统项目入围浙江省体育产业发展专项资金项目库。万航公司于2016年联合上海交通大学成立研究中心，研究课题《基于大学生体质健康水平的高校体育信息化建设研究》经教育部批准立项，成为全国教育科学“十三五”规划2017年度教育部重点课题。课题衍生产品“运动世界校园”App是一款专为校园用户打造的运动健康软件，有学生用户1300万人，覆盖28个省、市、自治区的578所高校。万航公司成立于2014年4月，位于滨江区物联网街，是从事体育教育信息技术研发与应用的科技公司，以物联网、互联网、大数据方式建设校园智慧体育，提升青少年体质，打造体育AI平台化。

（徐樱桃）

【游泳专项执法检查】 2023年7月11日，区文广旅体局召开2023年度游泳场所安全生产工作会议，部署游泳场所安全隐患大排查大整治工作，与游泳场所经营单位签署《游泳场所安全经营管理责任书》。整治期间，联合区市场监管局、区卫健局等部门开展游泳场馆安全专项联合检查，针对泳池救生员配备数量、救生员是否持证上岗、救生员是否持有健康证、泳池水质是否达标等问题，严查违法违规行为。针对夏季游泳健身高峰，制定游泳场所检查分工表，通过分组包干，责任到人的形式开展检查工作。对检查问题、处理措施进行汇总，形成闭环管理，采用线下实地检查和视频监控线上巡查相结合，并做到周末和夜间高峰时间必查，对存在问题的场所进行约谈。至年底，检查游泳场所3935家次。

（彭欣欣）

人力资源管理

综　述

【人才管理】 2023年，杭州高新区（滨江）系统性梳理人才工作体系、政策体系、指标体系，优化区委人才工作领导小组及办公室工作规则和运行机制，健全区党委统一领导、区委组织部门牵头抓总、职能部门各司其职、社会力量广泛参与的各部门各条线协同工作格局。加强人才工作统筹，完善人才工作体制，建立"月晒季评年考"的竞赛机制，明确街道和产业平台属地责任，形成引才育才留才用才氛围。海外高层次人才创业扶持、"来滨江、做主角"青年人才活动、住创一体人才街区等创新工作获《人民日报》《中国组织人事报》《浙江日报》等省级以上媒体报道50多次，获省市委办公厅、省市委组织部刊发经验做法10篇次。区委人才办获"2023年杭州市创新活力之城"集体嘉奖。

【人才政策完善】 2023年，杭州高新区（滨江）围绕核心产业集群和未来产业导向，实施《关于加强和改进新时代人才工作 推进天堂硅谷人才行动的实施意见》，完善人才政策体系，制定新一轮人才计划、区级人才分类认定等专项政策。全年新引进人才创业项目60个，6家人才企业新获1亿余元市场融资。挖潜高能级载体引才效能，构建与全区创新平台体系相衔接的人才引育考核机制。新落地"区块链与数据安全、经血管植入器械"2家全国重点实验室，提升高能级平台聚才能级。动态更新人才需求和用才招聘需求，以"一平台一政策"形式支持杭州极弱磁大设施研究院、北京航空航天大学杭州研究院和重点实验室引进高端人才300多人。白马湖实验室能源科技创新中心基地启用，组建2名院士领衔团队，集聚高端人才近200人，加快形成人才集聚效应。

【人才活动招引】 2023年，杭州高新区（滨江）举行"相约在高新"2024届全国巡回校招活动，组织1100多家次单位到30多所高校巡回招聘，推出岗位5万个，吸引人才投

2023年10月，"潮聚杭州·相约在高新·乐业在滨江"2024届高校毕业生全国巡回秋季校招走进杭州电子科技大学

（区人力社保局　供图）

递简历4.2万人次。首次举办Hi TECH全球青年创业大赛，吸引20多个国家的近400个项目参与，落地10多个。“天堂硅谷”精英沙龙暨人才活动周开展浙江人才发展论坛等25场子活动，近万名人才和2000多家企业参与。中国研究生创新实践成果孵化基地（杭州）、浙江省海外高层次人才联谊会电子信息分会等落地滨江。海外高层次人才创新创业基地入选第五批中国留学人员创业园区孵化基地名单，为浙江省唯一。常态化开展访企研学活动，集聚近900家机构的链点资源，新聘任100多位校园合伙人，储备人才力量2000多人次。联合白马湖实验室等，开展20多场线下海外引才活动。

（陶洁星）

人事工资管理

【概况】 至2023年底，杭州高新区（滨江）有事业单位155家，事业人员4857人，其中区教育局、区卫健局下属各学校和社区卫生服务中心68家、4423人，占全区事业单位人数的91%。事业人员中大学本科及以上学历占97%，大学专科及以上学历占99%，“双一流”院校毕业生占13%；35周岁以下人员占51%，全区平均工龄16年；男性占22%，女性占78%；中级及以上职称人员占53%，科级及以上干部占10%。区、街事业单位以管理岗位为主，教育卫生以专业技术岗位为主。2023年，开展公务员、参照公务员管理的事业单位人员正常晋升374人次，其中新招录、岗位变动等500人次。事业单位人员完成年度薪级晋升4562人次、年度工龄调整4678人次，新招录、岗位变动等1024人次。全年共招录教师149人，医技人员29人，其他事业单位6人。

【事业单位工作人员年度考核和奖励】 2023年1月，杭州高新区（滨江）开展事业单位工作人员年度考核工作，考核内容包括德、能、勤、绩、廉5个方面，重点考核工作实绩，对上一年工作完成情况进行绩效评估。考核结果分优秀、合格、基本合格、不合格4个等次。考核通过单位内部评议与听取服务对象意见和评价相结合、平时考核与定期考核相结合的办法，采取个人总结、绩效分析、内部评议、第三方评价、综合评价等开展年度考核。考核程序分个人总结、述职、测评、确定等次、反馈结果等阶段进行。完成年度考核备案4686人次，结合年度考核结果，经推荐、审核、公示，给予645名考核优秀等次的事业单位工作人员嘉奖奖励。

【事业单位人员工资统计】 2023年2月，区人力社保局开展年度年报统计工作。通过集中办公、专员服务等形式，统一填报口径和统计范围，提升年报数据采集准确性，反馈各职务职级人员待遇，共审核44家主管单位1155人次的工资年报和149家事业单位4713人次的工资年报，为收入分配制度改革提供基础数据支持。

【事业单位工作人员培训】 2023年4月28日，区人力社保局开展全区事业单位人事工资干部业务培训。培训内容包括事业单位工资福利实务、事业单位“一件事”业务经办、养老保险实务、医保政策和业务办理、职业年金实务等，提升事业单位工作人员业务能力素质。市委组织部、市人力社保局、区人力社保局医保中心及社保中心派员进行专项授课。全区49家机关事业单位、61所学校、3家社区卫生服务中心共140多人参加培训。

【事业单位人员规范管理】 2023年5月，杭州高新区（滨江）专项清查整理45家主管单位借用人员管理工作，规范借用人员用工秩序。指导事业单位规范完成岗位方案设置、岗位方案调整和人员岗位变动，完成岗位设置方案变动审批81件次、岗位聘任变动915人次。指导事业单位合法合规开展公开招聘工作，规范从方案审核、资格条件设置、招聘全流程监管指导，发布事业单位招聘公告8件次，发布招聘计划211个，招引人才176人次。规范交流调动办理，按照《机关事业单位人员调动管理办法（试行）》要求，调动人员资格条件、岗位要求核查审查和操作流程规范，全年完成交流调动335人次，会同区委组织部实施科级干部交流调动21人次。加强和规范国家工作人员因私出国（境）备案管理工作，配合公安滨江分局出入境管理部门完成出入境备案1558人次。

（戚银丹）

专业聘用制人员

【概况】 2023年，杭州高新区（滨江）开展2批次专业聘用制人员招聘工作，招录专业聘用制人员237人，其中高级专业聘用制人员113人、中级专业聘用制人员124人。开展2022年度专业聘用人员、专业聘用制人员年度考核。推进专业聘用制人员租赁人才保障房工作。组织2023年新招录专业聘用制人员入职培训。对2020年第六批扩招（三年考核入编）专业聘用人员7名人选进行入编考察考核，6人招录为事业编制。

【专业聘用制人员年度考核】 2023年1月，区人力社保局启动2022年度全区专业聘用人员、专业聘用制人员共241人的年度考核工作，其中专业聘用人员7人、高级专业聘用制人员73人、中级专业聘用制人员161人。考核由区人力社保局统筹安排，各用人单位依据民主测评、工作评价等考核维度具体组织实施。考核结果分优秀、合格、基本合格、不合格4个等次。被考核人员获优秀等次26人，合格等次132人，新入职不确定等次83人。

【专业聘用制人员招聘】 2023年，杭州高新区（滨江）根据高层次、紧缺型专业型人才实际需求，开展两批次专业聘用制人员招聘，共招录237人。3月13—15日，区人力社保局赴清华大学、北京大学，与两校就业指导中心老师对接洽谈，开展专业聘用制人员招聘校园宣讲。3月20日，第一批专业聘用制人员招聘启动，经报名、资格审查、岗位胜任力测评、笔试、面试、体检、背调等流程，共招录132人，其中高级专业聘用制人员90人、中级专业聘用制人员42人。第二批专业聘用制人员招聘于7月27日启动，经报名、资格审查、岗位胜任力测评、笔试、面试、体检、背调等流程，共招录105人，其中高级专业聘用制人员23人、中级专业聘用制人员82人。

【专业聘用人员入编考察考核】 2023年7月，区委组织部、区人力社保局成立入编考核小组，以走访用人单位、本人谈话、综合考察个人表现等形式，对2020年第六批扩招（三年考核入编）专业聘用人员7名人选进行入编考察考核。11月8日，经区专业聘用人员工作领导小组专题会议审议，6人入事业编制，1人列入重新考核，待暂缓满一年后再次进行录用入编考核。

【机关事业单位编外人员专业技术职务资格聘任操作办法出台】 2023年8月21日，区人力社保局制定并出台《滨江区机关事业单位编外人员专业技术职务资格聘任操作办法（试行）》，对聘任原则、聘任对象、聘任要求、聘任程序、聘任与续聘等内容进行明确，加强全区编外人员专业技术职务资格聘任管理工作。9月30日，区人力社保局制定并出台《关于区机关事业单位编外人员专业技术职务资格聘任操作办法（试行）的补充》，明确编外人员专业技术职务资格聘任的操作办法。

【专业聘用制人员入职培训】 2023年11月3—5日，区人力社保局开展2023年新招录专业聘用制人员入职培训，全区42个单位共179名专业聘用制人员参加，其中高级专业聘用制人员90人、中级专业聘用制人员89人。入职培训在浙江省委党校仓前校区，以全脱产的形式进行。学员接受《高新区（滨江）发展史》、《习近平新时代中国特色社会主义思想概论》、公文写作与处理、党政机关工作人员行为规范等课程专题辅导。

【专业聘用制人员人才保障房】 2023年，区人力社保局协同区住建局、杭州滨江城建发展有限公司推进专业聘用制人员租赁人才保障房工作。三方共同签署《滨江区专业聘用制人员人才保障房租赁操作口径备忘录》。启动实际操作，经自主报名、顺序抽签、选房、公示等环节，于11月完成第一批入住人员的手续办理。第一批有9人入驻。

（乐　妮）

人才引进

【概况】 2023年，杭州高新区（滨江）引进各类人才4.1万人，比上年增长5.77%，创历史新高。包括引进硕士、博士7135人，占引进人才数的17.58%。举办2023年“潮吸力·奔涌不止”政校企人才合作交流会暨长三角高校就业人才交流会，邀请130多所高校到区内走访和交流，与10所高校共建“数字人才培养工作站”。举办各类招聘活动120场，组织近3800家次企业招才引智，推出2.8万个次职位、16万个次用人需求，接收简历7万人次。受理应届高学历毕业生生活补贴申请5.31万人次，发放补贴4.41亿元，居全市第一位。向2万名应届生发放“青荷”礼包，兑现礼包金额256.4万元。新增国家级博士后工作站3家、省级博士后工作站7家。

【博士后管理】 2023年，杭州高新区（滨江）新增国家级博士后工作站3家，省级博士后工作站7家；新增博士后研究人员148人；获评浙江省2023年度博士后科研项目择优资助项目13个，居全市第一位。浙江大学滨江研究院获评2023年度杭州市典型博士后工作站，杭州海康威视数字技术股份有限公司博士后毛慧获评2023年度杭州市杰出博士后。5月27日，区博士后代表队获2023年杭州市博士后人才运动会团体赛第三名。6月30日，举办博士后科研管理培训暨经验分享交流会，邀请北京航空航天大学杭州创新研究院、浙江大华技术股份有限公司、浙江吉利控股集团有限公司等56家博士后工作站参加。12月8日，举办“博识奇想，FUN肆生长”滨江博士后学术光合站——滨江博士后学术交流沙龙，邀请32名博士后参加，2名博士后分享经验。

【高层次人才培养】 2023年，杭州高新区（滨江）入选国家级海外高层次人才6人，入选浙江省海外高层次人才5人，入选浙江省人才计划青年拔尖人才4人，入选杭州市“西湖明珠工程”人才7人，入选杭州市“钱江特聘”专家12人。全年新认定杭州市高层次人才6965人，其中B类人才26人，C类人才119人，D类人才419人，E类人才6401人，比上年增长59.9%；认定区级高层次人才895人，其中Ⅰ类人才23人，Ⅱ类人才183人，Ⅲ类人才689人。

（葛　梁）

【政务人才招聘】 2023年，杭州高新区（滨江）招聘各类政务人才272人。其中：公安滨江分局分4批次，招录警务辅助人员101人；区综合行政执法局分2批次，招录协管员15人；区市场监管局分2批次，招录食品安全专管员15人；区消防大队分3批次，招录社区微消防站队员71人；区教育局非编幼儿园教师招录13人；区卫生健康局社区卫生服务中心编外聘用人员招录29人；区人力社保局劳动监察专职工作人员招录7人；区检察院招录司法雇员4人，驾驶员1人；区人民法院招录司法雇员11人；区委政法委分2批次招录社区矫正社会工作者5人。

【国企人员招聘】 2023年，杭州高新区（滨江）区属国有企业共招录82人。其中：杭州高新硅谷建设管理运营有限公司招录17人，杭州高新技术产业开发区资产经营有限公司招录12人，杭州滨江商业文化旅游有限责任公司招录9人，杭州高新人力资源服务有限公司招录1人，杭州高新金投控股集团有限公司招录13人，杭州高新数商科技集团有限公司招录4人，白马湖生态创意城投资开发有限公司招录7人，杭州高新国有控股集团有限公司招录10人，杭州滨江区留用地开发运营有限公司招录6人，杭州高新智能科技有限公司招录1人，杭州滨江环境发展有限公司招录2人。

（乐　妮）

【新春招聘会】 2023年2月18日，杭州高新区（滨江）在高新人才之家举办新春首场综合型人才专场招聘活动。杭州海康威视数字技术股份有限公司、浙江吉利控股集团有限公司、杭州士兰微电子股份有限公司等58家企业集中引才，推出2700多个岗位，吸引2175人次投递简历，其中本科及以上学历的简历占91%。新春招聘会期间，共推出直播引才、行业性专场、企业专场和校园专场等招聘会29场，发布企业用人需求2.76万人次，计观看直播6277人次，吸引8909人次投递简历，4060人与企业达成意向，满足高精尖、隐形冠军、"小巨人"企业等各类企业多元化引才需求。

【"潮聚杭州"省外高校春季引才】 2023年5月16—17日，区人力社保局组团带领杭州海康威视数字技术股份有限公司、浙江吉利控股集团有限公司、北京航空航天大学杭州创新研究院等28家单位到安徽省合肥市开展"潮聚杭州"省外高校行引才活动。与中国科学技术大学、合肥工业大学、安徽大学3所高校开展数字人才培养座谈会，开展就业实习招聘活动，共推出1359个就业实习岗位，吸引515人次投递简历，285人与企业达成意向。

【政校企合作交流大会】 2023年5月26日，2023滨江国际人才节"潮吸力·奔涌不止"——"相约在高新"政校企人才合作交流会在海外高层次人才创新创业基地举行，清华大学、北京大学等50多所高校代表参加，与100多家企业对接洽谈。大会搭建"政府牵线，校企合作"的交流平台，探索多维度、立体化模式，推动校企双方在人才培养、实习就业、产教融合等方面建立合作关系。大会现场，哈尔滨工程大学、北京航空航天大学等12所高校就业处负责人与杭州海康威视数字技术股份有限公司、杭州趣链科技有限公司等12家重点企业人力资源负责人互聘"大学生成长导师"和"访企拓岗大使"。杭州高新区（滨江）与上海交通大学、厦门大学等6所高校签订共建"数字人才培养工作站"协议，加强数字人才联动培养。与会嘉宾共同启动招募杭州高新区（滨江）2024届全国"校园大使"。高校和企业代表围绕数字经济发展趋势下的人才培育和招引进行分享交流。至年底，杭州高新区（滨江）共与10所高校共建"数字人才培养工作站"。

（章桂华）

【全国巡回校园招聘】 2023年9月，"潮聚杭州——相约在高新·乐业在滨江"2024届全国巡回校招活动在黑龙江省哈尔滨市启动。浙江吉利控股集团有限公司、浙江大华技术股份有限公司、浙江中控技术股份有限公司等22家单位在哈尔滨工业大学、哈尔滨理工大学、哈尔滨工程大学等高校开展校园专场招聘会，共推出1199个岗位，吸引大学生投递简历2555人次。区人力社保局提前做好企业2024届毕业生人才需求抽样调查，收集321家企业毕业生需求总量为2.28万人。至年底，共组织2024届毕业生招聘活动41场，参会企业1275家次，推出岗位5.45万个，入场交流4.37万人次投递简历，1.88万人与企业达成意向。

【长三角高校就业交流大会】 2023年11月3日，长三角高校就业交流大会暨长三角高校2024届毕业生（献礼亚运"小青荷"）专场招聘活动在杭州奥体中心举行。长三角区

2023年11月3日，长三角高校就业交流大会暨长三角高校2024届毕业生专场招聘活动在杭州奥体中心举行 （区人力社保局 供图）

域80多所高校及部分地区的就业工作部门负责人参加。区人力社保局组织160多家区内企业现场搭台引才，包括上市公司29家，覆盖数字经济、智能制造、生物医药等行业，共推出6000多个岗位需求，包含软件工程师、硬件工程师等高薪岗位。招聘会共吸引5000多名长三角高校毕业生到场应聘，投递简历8000多份，其中“小青荷”投递简历1600多份，1958人达成意向。招聘会现场，高校、企业、人才服务部门的8名大学生就业导师，为学生提供专业的就业指导、简历诊断、生涯辅导等服务。现场设置2个政策咨询服务台，区人力社保局工作人员为求职大学生解读毕业生就业补贴和大学生创业政策。该次招聘会是全区2023年规模最大的毕业生招聘活动。

（章桂华）

【“天堂硅谷”精英沙龙暨人才活动周】 2023年11月20日，2023年杭州高新区（滨江）“天堂硅谷”精英沙龙暨人才活动周开幕式在“智慧e谷”举行。中国科学院院士、西湖大学校长施一公，中国学位与研究生教育学会副会长陈子辰，新加坡工程院院士、新加坡南洋理工大学协理副校长文勇刚及市、区人才机构负责人等100多人参加。杭州高新区（滨江）发布数字经济产业新政15条，其中包含组织核心技术攻关、强化基础支撑、推动自主可控、支持平台建设等多维度的支持。开幕式为教育部和杭州高新区（滨江）合作共建的国家级孵化基地——中国研究生创新实践成果孵化基地（杭州）揭牌。在科技创新论坛环节，施一公、文勇刚等分别作主旨演讲。人才活动周期间，杭州高新区（滨江）举办“人才强省二十周年”浙江人才发展研讨论坛、知识产权国际保护论坛、先进计算与新兴服务大会等25场人才活动。该人才活动周已连续举办18期。

（陶洁星）

大学生（留学生）创业

【概况】 2023年，杭州高新区（滨江）举办“创在高新 赢在高新 成长在高新”品牌系列活动10场。与同济大学、四川大学、重庆大学、西安交通大学、西安电子科技大学、杭州电子科技大学开展合作，举办校园内杭州高新区（滨江）专场创新创业活动42场。全年新增大学生创办企业468家，新增留学生创业企业38家。入选为杭州市第十一批大学生创业杰出人才3人，入选杭州市大学生创业之星1人，入选高层次留学人才回国资助1人，入选中国留学人员回国创业启动支持计划1人，入选高层次留学回国人员在杭创新创业项目资助4人。杭州高新区（滨江）打造大学生创业扶持服务“三原色”（红色火炬、黄金政策、蓝海基地）模式入选为浙江省人力社保领域创新深化改革攻坚开放提升项目。

（顾吉权）

【Hi TECH全球青年创业大赛】 2023年5月26日，Hi TECH全球青年创业大赛举行获奖项目颁奖仪式。大赛历时2个月，面向全球青年广泛征集创业创新项目；设置1亿元“创业礼包”，包括总额100万元的赛事奖金、最高3600万元的项目支持，以及国际通勤补贴、租房购房补贴等专属套餐。吸引20多个国家的391个人才项目参赛，其中数字经济、生物医药、装备制造和先进材料领域项目超80%。大赛经过海选、初赛、创业加速营、决赛和总决赛，脉砥微电子（杭州）有限公司的无源IoT核心芯片项目获一等奖。

（陶洁星）

【清华大学研究生首次组团参访】 2023年7月10—13日，清华大学计算机、自动化系硕博研究生一行15人到杭州高新区（滨江）开展实践调研活动。研究生走访浙江大学滨江研究院、北京航空航天大学杭州创新研究院及极弱磁大设施研究院、白马湖实验室、“智慧e谷”和高新人才之家，调研杭州海康威视数字技术股份有限公司、华为杭州研究所、浙江吉利控股集团有限公司等7家企业，感受杭州高新区（滨江）科技活力、经济脉动和就业创业氛围，形成调研报告。

调研实践成果在清华大学内刊发表，助力滨江引进人才。

（章桂华）

人力资源服务

【概况】 2023年，杭州高新区（滨江）做好人才服务，营造识才爱才敬才用才良好环境。完善以人才为核心的产业发展路径和项目孵化培育全链条服务。推进人才共有产权房建设，为人才落户、子女教育、医疗保障等提供服务。实施“人才房三年倍增计划”，建设人才房1万余套；推动首批人才共有产权房配售工作，配售632套。落实机场快通、就医快检、子女入学优待、亚运体验等24项特色人才福利；亚运会期间，邀请并保障28名人才参加亚运开幕式，组织50名人才参与火炬传递志愿者活动，4名高层次人才参加杭州亚运会火炬传递，组织152名人才参加亚运会服务。在全省试点国际人才评价互通，完成5个类别101名人才的国际职业资格比对认定；率先开展外国人才工作许可证、居留办理“专窗受理、全链审批”；开发“科技人才孵化应用”，升级人才数据库和智选模型精准度，以高效数字化手段协助摸排各级人才计划人选500多人。打造青年高质量就业良好生态，集成就业创业全景资讯“融滨一本通”，打造“滨江国际人才节”“才链全球”“青年人才迎新音乐节”等高新人才品牌，举办“青春潮创”“人才四季”等人才活动100多场。

（陶洁星）

【人力资源服务机构】 2023年，杭州高新区（滨江）有人力资源服务机构133家，其中新增37家。人力资源服务机构登上《浙江省人力资源服务业发展白皮书（2023）》榜单11家次，其中“浙江省人力资源服务机构综合100强”1家、“浙江省人力资源服务机构猎头100强”8家、“浙江省人力资源服务机构网络招聘10强”1家、“浙江省人力资源服务机构人力资源测评10强”1家。登上“2023杭州市人力资源服务业重点培育企业风云榜”13家，登上“2023杭州市人力资源服务机构招才引智群英榜”4家。如常（杭州）人力资源有限公司获参与重大发展战略资助。

（葛　梁）

【专业技术人才服务】 2023年，区人力社保局围绕数字经济和新制造业发展的人才需求，开展新型研发机构科研系列职称自主评聘、贯通工程领域高技能人才与专业技术人才职称评审、推进国际职业资格比照认定等职称制度改革，加强专业技术人才队伍建设。全年受理各类职称8487人，比上年增长35.97%，其中初级职称1972人，中级职称评审3818人，高级职称评审2697人。杭州士兰微电子股份有限公司被授予杭州市民营企业中级职称自主评审权限。

【新型研发机构科研系列自主评聘改革】 2023年，杭州高新区（滨江）以北京航空航天大学杭州创新研究院为试点单位，推进新型研发机构科研系列职称自主评聘省级试点工作。北京航空航天大学杭州创新研究院首批5名专业技术人才以自主评聘方式通过职称评审，通过率提升近30%。新型研发机构科研系列职称自主评聘被列为浙江省人社领域创新深化改革攻坚开放提升“最佳项目”。

【国际资格比照认定职称改革】 2023年，杭州高新区（滨江）为打通海内外人才评价体系，促进国际职业资格与职称有效衔接，在全市率先试点开展制造业领域国际职业资格比照认定职称改革，5项国际职业资格证书纳入比照认定目录。全年发布2批次制造业领域国际职业资格比照认定职称计划，共735人报名，160人获工程师职称，通过数占杭州市的41.34%。

【“相约在高新”HR沙龙活动】 2023年，根据企业服务需求，区人力社保局推出绩效管理、政策解读等HR沙龙活动，提升人才人事业务服务水平。至年底，开展交流活动13场，800人次参与。

（章桂华）

社会生活

人口家庭

【概况】 2023年，按卫生健康管理部门口径统计，滨江区出生2771人，其中一孩1806人、二孩889人、三孩及以上76人，出生性别比104.5（以女性为100）。全年受理生育登记3163例，其中一孩2160例、二孩912例、三孩91例。全区婚前检查4611人次，婚检率90.2%；孕前优生检查4497人次，目标人群覆盖率172.23%。发放免费避孕药具3.1万人份。6月，杭州市滨江区人口与计划生育领导小组更名为杭州市滨江区人口均衡发展领导小组。7月，西兴、长河、浦沿完成街道人口均衡发展领导小组更名。

【育儿补助政策兑现】 2023年，区卫健局组建滨江区育儿补助工作专班，育儿补助工作纳入健康滨江考核。做好育儿补助宣传，发放宣传折页、海报1万余份，依托“滨江发布”“滨江卫健”等平台，进行多轮政策宣传，总阅读量2.3万人次。自9月10起，开始专班化运作，区、街、社三级联动，实施“一对一”走入式指导帮扶措施，做细做实补助对象资料校核。至年底，全区二孩、三孩家庭孕产审核通过1711件，发放育儿补助739.7万元。

2023年9月10日，区卫健局开展育儿补助政策咨询

（区卫健局　供图）

【区域人口动态监测】 2023年，区卫健局落实《浙江省人口监测统计报表制度》，做好全区人口出生数据统计、分析与上报。坚持常态跟踪生育登记及“超期件”数据处理进展情况，办理生育登记3163件。做好全年出生人口的监测预警和人口形势分析，全员人口个案基本信息准确及完整率为95%，出生信息上报率和上报实时率为90%，为优化生育政策促进人口长期均衡发展战略性决策部署提供重要数据支撑。全年出生2771人，比上年上升3.82%。其中一孩人数1806人、二孩889人、三孩70人、多孩（四孩及以上）6人。

【生育特殊家庭服务】 2023年，区卫健局健全全覆盖机制，落实生育特殊家庭的联系人制度、家庭医生签约服务、优先便利医疗服务3项制度，建立结对帮扶网络，为161位生育特殊家庭成员提供家庭医生签约、绿色就医通道证、心理疏导等关心关爱服务，对重点对象实行“一人一策”。为1万余人发放2022年度滨江区60周岁及以上农村独生子女家庭优惠优抚金851.9万元。为251人发放2023年滨江区生育特别扶助等补助资金299.86万元。为10户生育特殊家庭发放2023年度市级生育公益金5万元。为7户家庭发放2023年度区级生育公益金16.9万元。为符合条件的生育特殊家庭提供家政服务，在春节、端午、中秋节提供暖心服务。

【优化生育促进人口长期均衡发展政策出台】 2023年12月，滨江区根据中央和省、市委关于优化生育政策、促进人口均衡发展文件精神，通过调研、征求意见，拟定《杭州高新区（滨江）优化生育政策促进人口长期均衡发展的若干措施》。文件包括加大生育支持激励力度、提高优生优育服务水平、完善普惠托育服务体系、降低家庭养育教育成本、构建生育友好社会环境5项主要内容、21条主要措施，提升生育水平，打造生育友好型社会。措施于12月25日印发实施。

（胡金涛）

【婚姻登记】 2023年，滨江区办理结婚登记5787件，离婚申请2422件，离婚登记1648件，撤回离婚申请17件，补领结婚证452件，补领离婚证130件，出具（无）婚姻登记记录证明2份，年办件总量1.04万件，其中婚育户联办5020件，保持登记合格率100%。全年，为5204对新婚夫妻开展免费颁证仪式，婚姻家庭辅导8150件。

【婚姻服务】 2023年，滨江区结合省、市持续深化婚俗改革工作要求，坚持以区婚姻登记服务中心为主阵地，联合社会力量，多形式开展婚姻服务活动。5月19日，结合新址搬迁举办“三生三世缘 情定桃花居”集体婚礼。6月1日，举办“跨省通办”发布仪式活动。结合高峰日，开展“幸福滨江520爱在一起”“情定七夕”“双12爱的创意圆圆满满”等集体颁证活动。服务中心1名工作人员获评省“金牌颁证员”。以政府购买服务方式，拓宽婚姻辅导服务，全年开展团辅、沙龙等活动12场，婚姻辅导8150人次；移风易俗、家风家训家规进社区等活动20场，2000多人参与。

【区婚姻登记服务中心新址启用】 2023年5月19日，滨江区在北塘河公园内举办“三生三世缘·情定桃花居”滨江区婚姻登记服务中心新址启用仪式暨首届集体婚礼。18对新人参加集体婚礼，通过拜天地、合卺酒、互绶礼、共宣新婚誓言等仪式完成婚礼。活动邀请结婚60年的彭汉长夫妇分享婚姻感悟，和新人们共同宣读“共建文明婚俗，共享美好生活”倡议书，倡导婚事新办、喜事简办。该中心位于滨江区北塘河公园内桃花居仿古建筑内，按照国家AAAAA级婚姻登记机关建设，是一个集婚姻登记、婚姻家庭辅导、婚姻文化展示等功能于一体的综合性婚姻家庭服务指导中心。中心服务面积1000平方米，有婚姻登记服务窗口8个，分结婚区、离婚区，设候登区、婚姻家庭辅导室、婚姻文化展示厅、颁证厅等。

2023年5月9日，杭州市滨江区婚姻登记服务中心新址启用

（区民政局　供图）

【离婚冷静期政策实施成效】 2023年，滨江区离婚冷静期政策实施成效提高。自2021年《中华人民共和国民法典》实施生效后，离婚冷静期实施。离婚当事人须经历30天的冷静期后，才能申请发证（离婚证）。办理离婚手续从即时办变更为申请—受理—冷静期—审查—登记发证。自离婚冷静期届满后30日内，双方未共同到婚姻登记机关申请发给离婚证的，视为自动撤回离婚登记申请。至年底，区婚姻登记服务中心共受理离婚申请2422件。其中：主动撤回申请17件；到期未领证757件，占离婚申请的31.26%；实际办理离婚登记1648件。

（魏　玲）

劳动就业

【概况】 2023年，区人力社保局持续打造"安滨乐业"高质量就业创业服务体系，落实落细各项就业政策，推动实现更高质量就业。新增城镇就业岗位6.33万个，审核拨付各类资金1.66亿元，惠及11.51万人次。帮扶重点群体8872人次，实现失业人员再就业2996人次。开展10次"家燕回巢"夏令营系列活动，服务区内大学生1136人次。结合杭州市高质量就业政策和区域实际，出台《杭州市滨江区人民政府关于推进高质量就业工作的意见》及实施细则。《"全链路、全场景"打造青年高质量就业创业生态》入选省人力社保厅"高质量发展建设共同富裕示范区人社领域标志性成果"优秀案例。

【就业帮扶援助】 2023年，杭州高新区（滨江）在街道、产业平台、社区建设"就业创业服务中心"，打造"15分钟就业创业服务圈"。创建4家市级和9家区级高质量就业社区。依托"重点群体就业帮扶"应用场景，帮扶重点群体8872人次，实现失业人员再就业2996人次。建成长河街道和浦沿街道2家零工市场，发布岗位6062个，服务求职人员2243人，达成就业意向1123人。

【高校毕业生就业服务】 2023年4月1日，杭州高新区（滨江）联合市人力社保局、市教育局、浙大城市学院举办"2023年杭州市大学生就业创业师友计划"年度活动暨2023届杭州市大学生就业·见习招聘会，组织区内100家企业到浙大城市学院开展校园招聘，共有247家企业推出岗位8240个，达成意向1763人。7—8月，区、街、社三级就业创业服务中心联动，举办"家燕回巢"系列活动10场，服务大学生1136人。

【职业技能竞赛】 2023年，杭州高新区（滨江）举办5场区级职业技能竞赛。5月16日，举办网约配送员职业技能竞赛。5月28日，举办电子商务师（网商）技能竞赛。6月1日，举办保育师职业技能竞赛。6月3日，举办计算机程序设计员职业技能竞赛。7月23日，开展区劳动关系协调员职业技能竞赛。职业技能竞赛共747人参赛，371人取得职业技能等级认定证书。区内5名选手获第二届浙江技能大赛

2023年5月28日，杭州高新区（滨江）举办电子商务师职业技能竞赛。图为比赛现场

（区人力社保局　供图）

项目奖牌。2人入选为浙江省高技能青年人才，4人入选为"浙江工匠"等高技能人才项目。

【创业扶持】 2023年10—12月，杭州高新区（滨江）开展"源来好创业"服务季系列活动，组织承接杭州市创业项目评审会滨江区"双碳"专场和杭州市众创大会，通过创业项目路演、创业课堂授课、多方主体交流，搭建资源对接平台，打造高质量创业陪跑生态。认定创业担保贷款195笔，发放贷款金额1.15亿元。完善创业陪跑空间建设，依托区内产业园优势，创建市级创业陪跑空间7家，补贴入驻陪跑空间的创业者831人次，拨付场地租金补贴1973.93万元。

【技能人才队伍建设】 2023年，杭州高新区（滨江）围绕公共服务"七优享"工程"劳有所得"职建工作，新增职业技能培训1.65万人次，新增技能人才0.81万人，新增高技能人才4718人，新增培育职业技能等级认定试点企业7家、社会培训评价机构10家、区级技能大师工作室6家、市级技能大师工作室2家。推进"一试双证"试点，华为（杭州）培训中心有限公司、新华三技术有限公司、浙江大华技术股份有限公司、网易（杭州）网络有限公司4家企业入选为首批浙江省数字技能人才"一试双证"试点企业，占试点企业的50%，是全省入选数量和占比最高的区县（市）。

【就业补助发放】 2023年，杭州高新（滨江）区就业类办件量12万余件，审核拨付各类资金1.66亿元，惠及11.51万人次。高校毕业生就业补贴核定1.52万人次，拨付2957.6万元。高校毕业生社保补贴（单位吸纳）4787人次，拨付4877.9万元。就业困难人员社保补贴（灵活就业）2430人次，拨付963.9万元。就业困难人员社保补贴（单位吸纳）543人次，拨付431.2万元。公益性岗位补贴3183人次，拨付1441.5万元。企业女职工产假期间社保补贴1706人次，拨付1010.6万元。突出贡献企业奖补15家次，拨付177.5万元。

（周　芳）

社会保险

【概况】 至2023年底，杭州高新区（滨江）基本养老保险累计参保62.07万人，工伤保险累计参保67.27万人，企业职工基本养老保险提标扩面指标完成率100%。全区户籍人口参保率98.82%。养老待遇入卡率（通过社会保障卡领取养老保险待遇的人数占总退休人员人数的比例）上升到62%，新增退休人员养老待遇入卡率99%以上。2023年，开展人社窗口业务技能练兵比武活动，区人社窗口获全市人社系统2023年窗口单位业务技能练兵比武竞赛团体第二名，周建良、严敏颖获全省"岗位练兵明星"称号。区人社窗口代表区人力社保局参加杭州市审管系统第三届"双优选树"演讲，获"优秀窗口"称号；连续14年获区政务服务中心"优秀窗口"称号。社会保障卡居民服务"一卡通"应用深化项目"优化社会保障卡变更手续"获评"一星应用"。杭州高新区（滨江）获杭州市2022年度企业职工基本养老保险工作考核优秀等次。

【养老保险】 2023年，杭州高新区（滨江）基本养老保险累计参保62.07万人，净增1.76万人。全区机关事业单位养老保险参保6210人，退休1052人，基金结余6.39亿元。完成1.4万人次基本养老保险关系转移接续。完成973名机关事业单位养老保险退休人员和183名城乡居民养老保险退休人员资格认证。完成4.67万名企业退休人员养老金调整，连续19年提高养老金水平。179名城乡养老退休人员基础养老金从330元增长至350元。

（陈　雁）

【医疗保险】 2023年，杭州高新区（滨江）医疗保险累计参保77.38万人，户籍人口参保率99.75%。全年审核零星医疗费报销8558人次，拨付医疗费1639.9万元，网上受理城乡居民医保参保登记等业务11.22万人次，审核医保在职转退休3653人，办理医保关系转移接续6.89万人。发放农转非拆迁人员家庭大病医疗补助679人，补助资金374.79万元。社区卫生服务中心开通“互联网+医保”移动支付，推广惠民保险，“西湖益联保”参保人数29.57万人。落实做好知青返乡人员的医保互助政策，有12人符合条件人员参加互助帮扶医保。

（刘　军）

【工伤保险】2023年，杭州高新区（滨江）工伤保险累计参保67.27万人，比上年净增0.95万人。全年支付工伤待遇1650人次，增长20%；支付金额8848.34万元，增长29%。新增工伤职工享受定期待遇22人，全区累计享受工伤定期待遇102人。完成102人工伤定期待遇生存资格认证。完成60名工亡职工供养遗属待遇调整，每人每月增加102元。开展工程建设领域工伤保险专项整治行动，补办建筑项目参保登记14个。全年办理建筑项目参保登记112个，征收工伤保险费2386.51万元。

（陈　雁）

【生育保险】2023年，杭州高新区（滨江）审核生育津贴申请1.16万人次，发放生育津贴3.86亿元。推进生育津贴“无感办”（无须单位、个人申请，只需医保即可完成生育津贴拨付），重塑生育津贴拨付事项经办流程，实现用人单位和参保人员生育津贴待遇申领“免申即享”。全年完成“无感办”业务109笔，涉及金额533.29万元。

（刘　军）

【失业保险】2023年，杭州高新区（滨江）失业保险待遇核定3.97万人次，拨付8155.05万元。失业补助金待遇核定2.93万人次，拨付25.21万元。技能提升补贴申领7641人次，拨付1347.05万元。一次性留工培训补助2525人次，拨付1289.5万元。

（周　芳）

【社保基金安全防控】2023年，杭州高新区（滨江）落实社保基金管理巩固提升行动要求，按照《浙江省社会保险经办内部控制办法》，健全轮岗交流制度，明确人员职责，各岗位相互独立、相互制约。加强人员业务经办能力，开展业务培训12次，自查整改6次，落实8个经办问题的整改。开展信访案例及好差评分析会，以问题为导向，提升经办质量。结合实际案例，开展社保基金警示教育。全年核查并清理40名涉刑人员违规参保；核查并追回23名涉刑人员违规领取待遇153.18万元，6名跨险种重复领取待遇9.99万元，4名承诺分期退回重复领取待遇56.79万元。核查并催办58名退休死亡人员养老待遇及时终止发放。核查并处理缴费基数未足额申报单位95家、168人次，应缴未缴补缴单位96家、96人次。

【政务服务质量提升】2023年，杭州高新区（滨江）人社政务服务事项受理157.63万件，占全区政务服务事项受理总量的53.55%；人社窗口服务群众14.09万人次，占政务服务大厅总量的32.75%。人社政务服务“一网通办”办件率为99.38%，线下窗口“一网通办”办件率为98.49%，单事项一网通办率达98.11%。全年处理政务服务网“好差评”系统中655条差评件，均申诉成功，无有效差评件，政务服务满意度99.94%。提交“一地创新、全省共享”优化工单41条，其中被采纳高频事项工单12条，普通工单3条。持续开展“社保服务进万家”活动，将“移动审批车”开进企业、园区，为群众和企业提供现场社保政策解答、“掌办”指导等服务9场，发放宣传材料600多份。设置线上“安滨乐业——劳动保障大讲堂”，单场直播观看人数9000多人。为新社工提供岗前培训、参加暖企小镇助企专员培训等助企活动。发挥“社保易窗”线上智办功能，全年接待群众咨询5897人次。以税务统征模式改革为契机，在窗口设立4个“人社税务专窗”。

（陈　雁）

【社保领域民生实事项目】2023年，杭州高新区（滨江）涉社保领域民生实事项目均超额完成。“西湖益联保”2024年度参保人数29.57万人，比上年度增加4.4万人。武警浙江省总队医院、杭州滨江绿康康复医院、杭州乐天派英智康复医院、3家社区卫生服务中心实现跨省门诊慢特病直接结算，超额完成省级民生实事项目“跨省门诊慢特病直接结算医院开通率3家”的目标任务。3家卫生服务中心全部开通“互联网+医保”移动支付，全年通过“互联网+医保”移动支付415笔。基本医疗保险政策范围内住院报销比例职工医保90.04%，城乡居民医保76.22%，困难群众医疗费综合保障率90.27%。

【医保公共服务提升】 2023年，杭州高新区（滨江）促进医保公共服务提质增效。“社医银联动专窗”服务升级，17个联合银行网点能办理30项社保、医保高频业务，加快推进“社医银合作”医银合作，落实“医保15服务分钟圈”，提供便捷的医保服务。加快网办件受理进度，零星医疗费用报销和生育津贴支付由20个工作日压缩到10个工作日。扩展“零跑”服务途径，持续优化“网办掌办”指导，全年受理400多次“视频办”办件。

【医保基金定点监管】 2023年，杭州高新区（滨江）持续完善基金监管制度体系。做好医药机构定点申请初审、现场检查，全年有68家医药机构申请加入定点，其中49家通过市人力社保局专家评估。开展以“安全规范用基金守好人民看病钱”为主题的宣传月活动，参与杭州市医保基金监管“安全规范年”短视频大赛活动，视频作品获三等奖。开展口腔种植业务专项整治活动，规范全区37家口腔医疗机构收费行为，种植牙费用由每颗1.2万元降至5500元。

【医保政策宣传】 2023年，杭州高新区（滨江）提升医保政策宣传工作。向企业开展“安滨乐业”政策宣讲，开展医保政策宣传活动11场，覆盖500多家企业，发放宣传材料5000多份。成立政策宣传小分队，到社区、企业开展常态化宣传，通过“面对面”“零距离”的方式为居民提供医保政策咨询和“网办掌办”指导服务，开展活动17场，参加1200多人，发放宣传材料2000多份。针对居民关注的医保热点问题，进行政策讲解答疑，创作专题宣传视频《异地就医直接结算，让老百姓幸福感满满》，提升居民跨省异地结算政策知晓率。全区参保人员跨省异地就医结算为78.02%，跨省异地就医结算率居全市第一位。

（刘　军）

企业退休职工服务

【概况】 2023年，杭州高新区（滨江）纳入社区实施社会化管理服务企业退休人员5.23万人。开展关怀慰问工作，发放春节、端午节、中秋节慰问金14.47万人次1.35亿元；慰问7865人次，投入资金135.92万元。举办企业退休人员娱乐健身活动60多场，5.14万名企业退休人员参与，投入活动资金668.97万元。发动企业退休人员开展志愿者服务活动，参与河道巡逻、环境整治、家园美化、平安巡逻、爱心服务、助力“帮你跑”等活动2.94万人次。

2023年11月2日，区人力社保局开展劳动保障大讲堂直播活动

（区人力社保局　供图）

【企业退休人员文体娱乐活动】 2023年，区、街道、社区三级联动，开展“迎亚运、促共富、展风采”系列文体娱乐活动。围绕“迎亚运”主题，举办“飞扬亚运 活力浦沿”广场舞大赛，组织“毅行迎亚运”“亚运我参与”趣味运动会等小型运动10多场。围绕“促共富”主题，组织共富圈集市进社区，为企业退休人员提供“共富”主题产品和免费理发、义诊等服务；举办老少同乐的集体生日会、游园会、亲子陪伴长者等活动；传统节日时间节点组织包粽子、猜字谜、玩投壶、手工艺制作等活动营造节日氛围，组织活动40多场。举办“艺起向未来”歌咏会演、非物质文化遗产传承、“我在老街迎亚运”等特色文化活动7场，发动企业退休人员蔡雪安等非物质文化遗产传承人展示推广西兴灯笼、盘扣、剪纸技艺。在滨江绿康阳光家园举办“金秋歌盛世 银龄同欢庆”2023年滨江区企业退休人员文艺演出，全区100多名企业退休人员参演，300多名高龄老人观看演出。

2023年11月9日，滨江绿康阳光家园举办“金秋歌盛世 银龄同欢庆”2023年滨江区企业退休人员文艺演出 （区人力社保局 供图）

【企业退休人员学习教育】 2023年，区人力社保局围绕老年群体对学习教育的新需求，加强杭州退休干部职工大学高新区（滨江）联合办学教学点建设。在春、秋两季开学节点，线上、线下联动做好招生组织和教学管理工作，开设二胡、歌咏、太极拳、书画、旗袍等8个长班，招收学员481人次。依托“文明满滨江 亚运益起来”文明大篷车巡演、“璀璨亚运 共美滨江”系列展演等各类赛事、演出活动，为学员提供风采展示舞台，展示学习成果36次。

【企业退休人员“红袖章”志愿服务】 2023年，杭州高新区（滨江）围绕高标准亚运服务保障核心任务，发动企业退休人员参与，开展亚运志愿活动2.94万人次。发挥企业退休人员“道路熟、小区熟、楼道熟”优势，发动参与基层基础大排查、安全隐患大检查、平安巡逻、反诈宣传等工作，组织参加亚运烟花秀等大型活动展会的秩序维护工作，常态化开展街道路口文明劝导，参与人员1.35万人次。各社区根据自身特点特色，开展“我为亚运洁美家园”“最美过塘行”等“扮靓”行动，组织企业退休人员志愿者对小区内部、沿街商铺、河道步道等清扫维护，对老街文物古迹清洁保护，发动做好亚运氛围布置。组织企业退休人员志愿者参与12个社区“夏日凉茶铺”运营，给环卫工人、外卖员、快递员等提供免费凉茶、消暑用品；深化建设“帮你跑”企业退休人员服务队伍，帮助困难人员代办人力社保业务671人次。

【企业退休人员困难帮扶及慰问活动】 2023年，区人力社保局推进重点群体帮扶解困及慰问工作。开展困难、高龄、孤寡、残疾等重点人员慰问，全年慰问1127人，发放慰问物品47.65万元。向因病或因突发事故等原因造成基本生活困难的企业退休人员开展困难帮扶，核定发放101名困难人员补助资金21.9万元。联合街道、社区开展大病住院探望慰问工作，全年慰问住院企业退休人员6637人次，发放慰问金66.37万元。

（钭舟凌）

社会救助

【概 况】 2023年，滨江区完善分层分类社会救助体系建设，持续推进社会助联体规范化运行，构建“弱有众扶”新格局。有困难家庭275户、308人，发放困难群众生活补贴4622户次、558.13万元。其中：低保3334户次、447.93万元，低保边缘家庭485户次、8.92万元，特困48户次、9.9万元，物价补贴439户次、3.21万元，“春风行动”一次性救助金316户、88.18万元。为全区困难家庭购买每人500元保额的一份意外伤害险及每户318元的家电统保服务。全年探访困难群众2371户次，送达“幸福清单”（困难群众救助清单）1587户次，探访关爱率和“幸福清单”送达率100%；构建“三级五类”救助圈，纳入困难群众427户、954人，完善低收入人口动态监测数据库基础数据，做好实施监测和动态管理，处置预警信息。开展困难“春风助学”项目，惠及困难群众8户、6.3万元。开展“善居工程”，通过入户排查、项目询价、工程改造、工程验收、完善系统数据更新、满意度调查，投入48.95万元，改造30户在册困难家庭。

2023年11月20日，区民政局举办2023年滨江区社会救助、慈善、未成年人保护赋能培训班 （区民政局 供图）

【社会救助联合体建设】 2023年，区民政局完善社会救助联合体（简称“助联体”）建设。助联体是以促进社会救助公共服务优质共享、助力困难群众实现共同富裕为目标，以深化“物质+服务”救助模式、健全综合帮扶为核心内容，构建的枢纽型救助帮扶实体平台。滨江区围绕助联体运营聚善扶弱、数字集智等十大运营项目，建立特色助联体服务网络，归集区内救助帮扶资源，开展政策宣传、个案帮扶、数智赋能等困难群众服务活动。至年底，上架助联体服务项目5个（善心相伴、暖巢更新、新星闪闪、流金岁月、益梳益剪），上线浙江省大救助平台街道助联体3个、社区救助服务点65个，实现区、街道、社区助联体上线率100%。打造集区慈善基地、助联体、社会组织服务中心于一体的“滨创益+”综合服务中心，内设办公会议、群众体验、慈善超市等6个功能区块，具有慈善宣传、资源交流、救助联合等职能，选配5名管理人员。领办2023年度社会救助领域《“政府救助+慈善帮扶”双驱动，推动社会救助事业高质量发展》实践案例，开展困难群众“双低双岗”就业促进行动，全年帮扶困难群众就业2人。

（吕奇奇）

【流浪乞讨人员救助】 2023年，区流浪乞讨救助工作协调小组负责全面统筹协调推进流浪乞讨救助工作，印发《关于进一步加强滨江区流浪乞讨救助管理工作的通知》，对避寒（暑）点建设、救助管理服务制度、救助物资管理、救助管理风险隐患及救助帮扶队伍建设等方面进行明确和规范。修订并印发《“保障亚运 救助先行”专项行动方案》。区流浪乞讨救助小分队以源头预防、提前发现、及时介入、促进回归等工作为重点，常态化专业化落实流浪乞讨人员救助工作。亚运会期间，推动完善“一线巡查、常态管理、联动响应、及时处置”的属地救助管理机制，共收到联动报警6起，现场处理5起。联合公安、城管、街道等部门对辖区涉亚重点区域的露宿、卖唱和流浪乞讨人员开展2次专项救助行动。全年，共接收“110”联动65起（不属流浪救助工作范围内21起，1起通知），现场处理55起，街面巡查2263人次，劝导救助183人次，送救助站11人次，送医2人次，劝导后联系家人接回1人次，协助社区护送出杭州1人次，发放食品38箱、救助引导卡68张。

（吕和军）

【困难群众救助】 2023年，区民政局为填补现行保障及救助政策以外的空缺，与区内现有社会保障、社会救助相互衔接，为困难家庭购买困难家庭意外险。全年为488位困难群众购买金额500元的意外伤害险，共支出保费24.4万元。意外伤害险全年共出险33人次，为困难群众赔付20.68万元。为全区困难家庭购买家电统筹保修服务，每户困难家庭每年均能享受一定额度的免费家电维修服务。全年支出保修服务费2.22万元，服务困难群众130户次。

【社会救助创新试点工作】 2023年，滨江区按照“保基本、兜底线、救急难、可持续”的社会救助总体思路，推动政府救助与慈善帮扶的融合。投入500万元建设资金打造区慈善基地与助联体综合服务中心，委托专业第三方运营区慈善基地、助联体，全年投入运营资金48万元。制定政府救助服务清单82项和社会慈善服务清单113项，涵盖生活、医疗、就业等方面。完善慈善与社会救助的衔接政策，制定专项管理办法，确保救助工作应救尽救、全面覆盖。设立260万元的特殊群体关爱慈善基金，扶持培育25家慈善组织。开展救助类慈善创投项目10个，全年为帮扶困难群众实现个性化需求40人次16.84万元。建立政府与社会共同投入的资金保障机制，纳入财政预算的救助资金及慈善募集资金共1000万元，促进社会救助实现长效、可持续发展。投入财政资金30.2万元，通过购买意外伤害保险、实施专属商业保单等方式，保障困难群众的生活品质。根据需求定制8个救助服务项目，投入慈善资金44.2万元，服务困难群众1028人次。

【困难家庭家境调查】 2023年1月，滨江区通过社会组织参与社会救助事务类及服务类工作，委托杭州市上略经济信息咨询有限公司，采用多维贫困指数理论，综合调查家庭收支状况、健康状况及就业状况、生活环境等，识别家庭贫困程度。主动发现困难家庭，做到“精准扶贫、精准救助”。至年底，完成300户次的困难家庭新增核查及复核工作，复核率50%，新增核查率100%。

【社会救助标准调整】 2023年6月，杭州市民政局和市财政局联合印发《关于调整最低生活保障等社会救助标准的通知》，统一调整全市低保等社会救助标准。最低生活保障标准由每人每月1216元调整为每人每月1259元，特困人员基本生活标准由每人每月2027元调整为每人每月2098元。福利机构养育的孤儿基本生活养育标准由每人每月2837元调整为每人每月2937元。社会散居孤儿（艾滋病病毒感染儿童）基本生活养育标准由每人每月2270元调整为2350元。事实无人抚养儿童、最低生活保障、最低生活保障边缘家庭中的重残、患重病、患罕见病、三级四级精神（智力）残疾儿童生活补贴参照社会散居孤儿基本生活费标准补差发放。最低生活保障家庭中的其他困境儿童生活补贴由每人每月527元调整为每人每月546元。最低生活保障边缘家庭中的其他困境儿童生活补贴由每人每月316元调整为每人每月327元。滨江区按此新标准自2023年6月1日起执行。

【社会救助领域专项治理】 2023年7月20日，滨江区召开2023年社会救助领域专项治理行动部署会，专题研究低保专项治理工作。印发《关于开展2023年社会救助综合治理的通知》，明确专项整治工作的指导思想、目标任务、实施步骤、工作要求，围绕2022年社会救助专项治理反馈的9个共性问题与5个个性问题，在社会救助的重点领域、重点环节开展全面排查整治，坚持问题导向，全面排查发现问题的整改落实情况，做到“销号清零”。全年低保新增25户、31人，退出43户、56人；低保边缘家庭新增16户、39人，退出20户38人；特困退出1户、1人。

（吕奇奇）

社会福利

【概况】 2023年，区民政局加快构建覆盖全面、精准有效、温暖人心的帮扶救助体系，完善福利制度。开展区领导结对慰问、区四套班子走访慰问等困难群众新年慰问系列活动，发放慰问金及物资价值共38.69万元，惠及困难群众308户次、460人次。开展“夏送清凉，冬送温暖”活动，7月发放慰问金311户、21.77万元，12月发放一次性救助金314户、88.18万元。

【高龄津贴发放】 2023年，根据《浙江省民政厅浙江省财政厅浙江省人力资源和社会保障厅关于规范高龄津贴发放工作的通知》，从2023年1月开始，高龄津贴发放改申请制为主动发，80～89周岁老年人发放每人每月60元，90～99周岁老年人每人每月100元，100周岁及以上老年人每人每月800元。滨江区作为全市唯一试点区，通过强化数智赋能，多部门数据自动共享对比，从填报式核验变为仅需证件的确认式核验，完成省厅试点工作要求，实现高龄津贴主动发放。全年，为6.65万人次发放资金453.9万元。

【残疾人“两项补贴”发放】 2023年，区民政局做好困难残疾人生活补贴和中重度残疾人生活补贴发放工作。困难残疾人生活补贴对象为具有本省户籍，持有浙江省颁发的中华人民共和国残疾人证，家庭人均收入在低保标准150%以下的残疾人或本人收入在低保标准150%以下的劳动年龄段残疾人。重度残疾人护理补贴对象为具有浙江省户籍，持有浙江省颁发的中华人民共和国残疾人证，残疾等级被评定为一级、二级的重度残疾人和三级、四级智力、精神残疾人。重度残疾人护理补贴对象根据残疾类别、等级直接认定，分为四类：生活完全不能自理的残疾人（一级肢体、一级精神、一级智力残疾人），生活基本不能自理的残疾人（一级视力、二级肢体、二级精神、二级智力残疾人），生活部分不能自理的残疾人（二级视力、三级精神、三级智力、四级精神、四级智力残疾人），其他重度残疾人（一级听力、一级言语、二级听力、二级言语残疾人）。多重残疾按具体残疾类别和等级对应的护理补贴对象类别确定。至年底，为2.4万人次发放资金507.6万元。

（陶晓青）

【“福彩暖万家”系列公益活动】 2023年7月31日，区民政局出台《关于组织开展2023年滨江区“福彩暖万家·救助直通车”公益活动的通知》，开展“福彩暖万家·救助直通车”公益活动。资助对象分两类，第一类为区内散居特困人员中得大病、重残、救急难的对象，第二类为2022年5月1日至2023年4月30日间区内新认定的支出型低保、重病单列户低保、因病致贫低边户。资助对象通过遴选、审核、公示后发放资金。资助标准为每户家庭2000元。至年底，共资助4户困难家庭。

（吕奇奇）

老龄服务

【概况】 2023年，滨江区有居家养老服务（照料）中心56家，其中街道级7家、社区级49家；养老机构4家，备案床位1883张。有60周岁及以上5.1万人，占户籍总人口15.4%，其中80周岁及以上5885人。办理老年人优待证1926本；为80周岁及以上的老人发放高龄津贴和城乡居民养老金共453.9万元。为全区70周岁及以上1.3万多户老年人家庭购买家电统筹保修服务，共投入资金413万元。为7200多名老年人配备智能手机，享受智慧养老服务。累计建设完成25家"全城通"智慧助餐试点食堂，服务27万余人次，优惠金额139万元。滨江区养老服务聚焦"产城融合"，推动"乐居安养"，打造"老有康养"优质共享的滨江样本，连续第五年居全市第一位。"老有康养"优质优享做法在《浙江政务信息》刊发，"乐居安养"试点在《杭州政务信息》刊发，获省、市负责人批示肯定。

【养老服务机构】 2023年，滨江区有养老机构4家、备案床位1883张。新建认知症障碍照护专区2个单元、40张床位，累计布设安居守护设备574户。发动养老机构、照料中心、居家服务单位员工报考持证护理员，新增持证养老护理员89人。每万名老年人拥有持证养老护理员数35人，比上年提升40%。

【居家养老服务机构】 2023年，滨江区建成社区照料中心56家，包括社会化运营的51家，社会化托管率91%。照料中心医养结合签约56家，建成社区老年食堂（助餐点及配送餐）44家，为全区老人提供生活照料、家政服务、康复护理等服务，保障高龄、独居、空巢、失能和低收入老人的生活。为7200多名老人配发老年手机，形成以老年手机为载体，政府购买居家养老服务、社区照料中心为支撑的养老模式。持续推进养老服务数字赋能，为11家居家养老服务中心配置无感终端，完成率122%。发挥高新区产业优势，实践"产业+养老"模式推进民生实事项目，征集区内企业的智慧门岗、SaaS智慧助餐、人脸识别等8种设备共64件，布设到居家养老服务中心智能服务终端项目中。

【养老机构建设】 2023年，滨江区推进缤纷未来社区、滨康未来社区、华悦湾社区嵌入式养老微机构整体规划和建设。建成3个社区嵌入式养老微机构，新增微机构床位111张，辐射7个社区6500名老年人，实现嵌入式微机构街道全覆盖。构建"1（养）+1（医）+X（机构、组织）"康养联合体体系，共建成7家康养联合体（其中县市级2家、街道级5家）。依托"e养港"平台，向需求老年人推送医、康、养资源，提供转介转养服务，服务老年人2.3万人次，形成老年人画像5137张，政策找人主动发起1611人次，开具运动处方2219份，营养处方993份，完成转介转养9次。在全市率先探索康养联合体专项监管工作。深化"多代同楼"形式的"老年+青年"双向陪伴服务，项目首次面向全社会招募陪伴者，吸引260多位报名者，招募16名陪伴者。"多代同楼"衍生有关家庭养老建议在省政府议政会议作交流发言，项目获中央广播电视总台专题报道。

【养老服务补贴】 2023年，区民政局建立养老服务需求评估体系，由第三方开展养老服务补贴评估。通过公开招标专业化居家养老服务组织，为老年人提供生活照料、家政服务、康复护理等服务。全区居家养老护理人员有134人，通过岗前培训和定人帮带等提高业务水平，持证率100%。至年底，政府购买服务人数为5000多人，服务时间14.7万小时，发放资金515万元。

【社区和居家养老服务能力提升】 2023年，按照民政部要求，滨江区走访街道、社区10多次，研判居家和社区基本养老服务提升行动实施方式。结合区内机构、街道级中心分布不均衡的实际，明确以区民政局统一招标遴选，街道组织实施的形式开展提升行动。区民政局摸排居家服务及家庭养老床位符合条件老人清单，组织社区人员主动上门宣传告知，梳理形成服务对象名册。上门服务及家庭养老床位施工人员均造册备案，制发专项工作指引，标准化开展服务。至年底，按时完成民政部系统录入，建设家庭养老床位217张，服务老人（超30次）375人。

【"老有康养"专项工作推进】 2023年，区民政局牵头成立区级"老有康养"工作专班，制定专项实施方案及年度任务清单，实行双周调度机制推动工作开展。建立重难点任务党委（班子）集体破难制度，监测、跟进、推进养老服务工作。至年底，推进老年人“乐居安养”场景建设，完成独居孤寡老人居家物联网设备安装567户，完成天官社区“颐养型友好社区”建设。

【智慧助餐应用场景试点】 2023年，滨江区作为全市“全城通”智慧助餐应用场景试点城区之一，改变只有杭州户籍老年人才能享受优惠的限制，确定年满60周岁的任意户籍老年人可在区内任意一家挂有“全城通・百膳惠老”标识的助餐服务机构享受惠老优待。滨江区在杭州市的优惠标准上，加大对滨江户籍老人的优惠力度。60周岁及以上滨江区户籍老年人消费满10元优惠5元（每天限1次），消费不足10元或超过25元直接享受8折优惠；80周岁及以上滨江区户籍老年人消费满10元优惠5元（每天限1次），消费不足10元或超过16.7元直接享受7折优惠；90周岁及以上老年人享受5折优惠。每个用餐优惠时段，每位老人只享受1次优惠，每天最高优惠总额不超过20元。至年底，滨江区建成25家“全城通”智慧助餐试点食堂，共服务27万余人次，优惠金额139万元。

【“老有善养”数字化改革试点】 2023年3月24日，杭州市老年人“安居守护”数字应用用启动会暨智慧养老服务推介展在滨江区举行。滨江区作为全市“老有善养”数字化改革唯一试点区及特需老人守护服务全域覆盖城区，通过分类设置智能感知设备，实时掌握老人居家动态，及时解决老人居家安全隐患，加强全流程关怀和守护，实现特需老人“安居守护”全覆盖。至年底，智慧养老服务运营299天，覆盖574位老年人，关怀老人1.64万人次，及时救助老人11次。

（陶晓青）

2023年3月，全区首个“老少同乐共享食堂”——北京航空航天大学研究生院食堂开业
（区民政局 供图）

慈善事业

【概况】 2023年，滨江区慈善总会募集善款1484万元，使用善款1292.42万元。完成7单区级慈善信托备案，开展慈善项目，创建慈善基地，构建新型慈善体系服务网络。成功举办“中华慈善日”等慈善宣传活动。孵化新慈善组织4家，分别是杭州市滨江区杏林医务社会工作服务中心、杭州市滨江区工学公益服务中心、杭州市滨江区济众爱心汇慈善公益发展中心、杭州市滨江区新动能慈善公益发展中心。联合区发改局、3个街道和区内14家爱心企业定向捐赠四川省广元市朝天区乡村振兴与东西部协作公益事业建设770万元。资助安徽省宿州市泗县民政局10万元用于开展2023年贫困大学生救助活动。资助35.2万元支持淳安县开展“善居工程”项目，帮助淳安县22户困难群众改善居住环境。资助桐庐县9万元开展“‘桐’享幸福 暖巢更新”项目、慈善文艺会演活动。资助温州市泰顺县10万元开展“童筑成长”留守儿童慈善关爱行动。

【“1+N”慈善基地创建】 2023年，滨江区开展“1+N”慈善基地创建，打造1个“滨创益+”综合服务阵地，创建4个慈善基地示范品牌，即杭州高新区

（滨江）社会观护慈善基地、杭州高新区（滨江）为老服务慈善食堂、杭州高新区（滨江）志愿服务慈善基地、杭州高新区（滨江）助学帮扶慈善基地，其中杭州高新区（滨江）社会观护慈善基地被评为杭州市首批特色慈善基地。“滨创益+”慈善基地选址江尚景苑沿街商铺，面积1493平方米，投入500万余元打造以创新创业为特色，集孵化、服务、展示、文化、便民于一体的综合性慈善基地，于2023年11月投入使用。基地通过红色100度、乐益23度、创益加速度、联益360度、聚益30度、众益千百度6个维度，打造具备标杆示范效果的地标性慈善基地。

【慈善信托】 2023年，滨江区完成慈善信托7单1089万元。其中：与浙商金汇信托股份限公司合作成立善行浙金——滨心有爱6号对口帮扶慈善信托，资金规模789万元；与浙商金汇信托股份有限公司合作成立善行浙金——滨心有爱7号现代社区慈善信托，首期资金规模40万元；与浙江省土产畜产进出口集团有限公司合作成立热力同心慈善信托，资金规模60万元；与浙江省国际贸易集团有限公司合作成立善行国贸慈善信托，资金规模50万元；与浙江省浙商资产管理股份有限公司合作成立向阳浙商慈善信托，资金规模60万元；与浙江省粮油食品进出口股份有限公司合作成立浙江粮油慈善信托，资金规模30万元；与浙江东方金融控股集团股份有限公司合作成立爱在东方慈善信托，资金规模60万元。

【慈善项目开展】 2023年，滨江区开展各类慈善项目13个，成立特色基金1个。联合杭州兴耀集团有限公司，开展“与缤纷兴未来”项目，为缤纷未来社区340名80周岁及以上老年人提供600元食堂消费卡共20.4万元；联合网易基金会，慰问区内2200多名环卫工人，捐赠价值19.86万元的物资；联合麦瑞克（杭州）健康科技有限公司为杭州市内两所学校捐赠运动设备，价值14.44万元；联合浙江省启仁慈善基金会，开展“暖心关爱包”项目，为全区311户困难家庭送去价值6万元的爱心物资。开展“益梳益剪”“流金岁月”“新星闪闪”“童梦空间”“关爱癌症病人”等慈善项目，投入资金29.7万元，惠及群众751人次。开展“善居工程”项目，为滨江区12户困难群众改善家庭居住和生活条件，拨付资金13.75万元。开展“格桑花助学”项目，资助浙江警察学院西藏班贫困学生10人3万元。为甘肃省临夏回族自治州积石山县地震灾情捐赠善款，募集资金23万余元。开展“送温暖”“送清凉”活动，发放困难对象“春风行动”一次性救助金643户次115.36万元。联合区委组织部成立“流动党员梦想金”，资金规模15万元。

【慈善体系建设】 2023年，滨江区按照《杭州市民政局关于加快构建新型慈善体系四级服务网络的通知》，出台《滨江区街道慈善服务站、社区慈善服务点工作指导意见（试行）》，打造区、街道、社区三级服务网络。至年底，建成街道慈善服务站3个，建成社区慈善服务点65个，实现街道慈善服务站、社区慈善服务点全覆盖。

【第23次“春风行动”】 2023年，滨江区按照杭州市第23次“春风行动”工作要求，开展全区“春风行动”工作。通过“滨江民政”、“滨江区慈善总会”、街道、社区微信公众号等渠道发布“春风行动”倡议书，倡议全区企、事业单位和个人参与慈善事业。该次“春风行动”募集资金381.08万元。

【“中华慈善日”主题宣传活动】 2023年8月18日，第八个“中华慈善日”主题宣传暨慈善嘉年华系列活动在滨江区联华星光大道举行。活动由区公益慈善创新创业服务基地承办，以“共建善城 护‘杭’亚运”为主题，以慈善之力助力杭州第19届亚运会。区民政局、区慈善总会、3个街道慈善服务站、爱心企业、社会组织等代表及爱心人士100多人参加。浙江大华技术股份有限公司成立500万元“华30”慈善留本冠名基金，帮助区内以及区外对口帮扶地区困难群众改善生活。杭州聚光科

2023年8月18日，浙江大华股份有限公司在星光大道举行的第八个“中华慈善日”活动上成立“华30”留本冠名基金

（区民政局　供图）

技股份有限公司、杭州银行滨江支行、杭州牙科医院（滨江院区）等企业参与“慈善一日捐”行动。滨江区特色市集品牌“心兹e达”公益集市同步启动，以爱心义卖的形式传递慈善力量。至年底，共举办滨江区慈善基地揭幕仪式、“1+N”特色慈善基地授牌、“滨心有爱”系列慈善项目、“滨创益+”共建会等10多场活动。

【慈善发展指数评估居全省第一位】 2023年12月，浙江省慈善联合总会在第十届西湖论坛上，发布《2022年浙江城市慈善发展指数报告》，滨江区以总分84.58居全省区县（市）慈善发展指数第一位。评分主要从慈善捐赠、慈善组织、慈善服务、慈善平台和政府支持五大方面设置的38个单项指标，从规模量、参与度、成长性和影响力4个维度进行考量。

（吕奇奇）

住房保障

【概况】 2023年，滨江区受理市级保障性住房业务1.77万件，公共租赁住房资格审核、货币补贴、年检年审、注销各类业务1.76万件。完成廉租房资格审核、货币补贴、年检年审、注销各类业务97件。全年完成筹集保障性租赁住房项目9个，认定房源3629套（间）。

【公共租赁房建设】 2023年，滨江区新开工和续建公共租赁房共18.16万平方米。新开工为浦乐单元R21-21a（1）地块公共租赁房项目，面积8.7万平方米，至年底，项目处于地下室施工阶段。续建公共租赁房为长河单元R21-C39地块和长河单元R21-B25地块，面积9.46万平方米。其中：长河单元R21-C39地块（含房源860套）东至落霞河、西至光裕路、南至冠山路、北至乳泉路，用地面积2.09万平方米，容积率2.57，地上建筑面积5.41万平方米，至年底，项目进行土方开挖；长河单元R21-B25地块（含房源584套）东至规划支路、西至G2-32地块、南至冠山路、北至规划乳泉路，用地面积1.84万平方米，容积率2.2，地上建筑面积4.05万平方米，至年底，项目地下室结构工程完成90%。

【共有产权房建设】 2023年，滨江区续建共有产权房项目2个，分别为襄七房单元FG09-R21-C37地块（襄贤望府）和浦乐单元R21-21a（2）地块。襄七房单元FG09-R21-C37地块（襄贤望府）东至江淑路、西至规划道路、南至康悦香庄、北至规划聚园路，用地面积2.28万平方米，容积率2.2，地上建筑面积5.02万平方米，可建房源632户。至年底，项目处于主体施工阶段。浦乐单元R21-21a（2）地块东至诚业南路、西至浦乐单元R21-21a（1）地块、南至创智街、北至仁荣街，用地面积1.34万平方米，地上容积率2.5，建筑面积3.36万平方米，可建房源368户，项目于6月28日领取施工许可证。至年底，项目处于地下室施工阶段。

【高层次人才住房补贴发放】 2023年，区住建局继续根据《关于服务保障“抓防控促发展”落实“人才生态37条”的补充意见》，对经杭州市认定的，且符合条件的A类人才给予最高800万元，B、C、D类人才分别给予200万元、150万元、100万元的购房补贴，对符合条件的E类人才和放弃享受高层次人才购房补贴的B、C、D类人才，提供高层次人才租赁补贴，每人每月2500元，补贴期限最长为5年。全年完成1.92万人次9881.3万元的补贴发放，其中租赁补贴1.91万人次4768.75万元、购房补贴92人次5112.55万元。

【新引进大学生、研究生租房补贴发放】 2023年，区住建局继续根据《关于服务保障“抓防控促发展”落实“人才生态37条”的补充意见》，对新引进应届全日制本科（含）以上，且在杭州市规定范围无房且未享受公共租赁房、人才租赁房等住房优惠政策的大学生毕业生，发放租房补贴。至年底，完成9.77万人次4.88亿元的申领。兑现金额居全市第一位。根据《杭州高新区（滨江）人才安居货币补贴操作细则（试行）》，开展针对新引进的应届全日制硕士研究生租房补贴发放工作，全年完成481人次255.5万元的申领。

（徐珊珊）

基层治理

【概况】 2023年，滨江区有社区71个，其中，建制社区67个，产业社区4个。有3个街道社工站、65个社区特色社工室。“社区体制机制改革创新”项目通过第四批省级城乡社区治理和服务创新试验区中期评估，获“优秀”等次。西兴街道缤纷未来社区申报杭州市第一批“五社联动”试点，通过终期评估，获优秀等次。完成6个社区“全过程民主协商自治示范点”打造；建成“社会工作名师名家工作室”试点建设，为全区社会工作赋能社区治理提供样板。3个街道各有1名社工获评杭州市“最美社工”。滨江区6个社区服务综合体参加全省社区服务综合体星级评选工作，长河街道冠山社区获评五星级，浦沿街道彩虹社区获评四星级，西兴街道物联网、襄七房社区，长河街道晶都社区，浦沿街道新浦社区获评三星级。西兴街道滨和社区在杭州市第二届社区空间运营大赛中获三等奖。西兴街道奥体社区、浦沿街道彩虹社区被评为杭州市国际化社区示范点，长河街道江一社区、浦沿街道杨家墩社区获选为杭州市撤村建居社区示范点。西兴街道社工站获评杭州市“十佳”社工站，长河街道社会工作站获评浙江省五星级乡镇（街道）社会工作站；西陵社区、襄七房社区、观潮社区、晶都社区、信诚社区、滨文社区特色社工室获评市“百强”社工室。全年在各级期刊发表文章28篇，其中国家级2篇、省级13篇、市级10篇、区级3篇。

【社区治理】 2023年，以滨江区未来发展规划为基础，滨江区制定社区布局调整方案。制定实施《杭州市滨江区社区布局专项规划》，规划近期目标建成77个建制社区，4个现代产业社区；远期目标建成89个建制社区，14个现代产业社区。新联社区、星光产业社区、物联网产业社区、兴盛产

2023年11月20日，长河街道晶都社区美好生活共同体举办儿童阅览活动

（区民政局　供图）

业社区及火炬产业社区批复成立。推进6个社区美好生活共同体建设，完成9个已建成美好生活共同体的验收工作，研究出台《社区美好生活共同体运营与服务规范》，为社区空间运营提供指引；开展“一起来·聚邻里”系列社区服务活动，激活社区空间活力，全年开展活动3000多场，发布宣传稿5篇。做好社区减负工作，开展社区违规挂牌、工作准入、盖章证明等事项的专项清理行动，印发《关于统计社区公章使用情况的通知》，每月落实各项减负检测工作，持续做好线上线下减负监督工作；新增社区减负观察点3个，累计建成6个。会同区纪委研究印发《关于开展2022年滨江区清廉社区建设监督评价工作的通知》，会同区纪委指导完成西兴街道西陵社区、温馨社区，长河街道江一社区、钱潮建业社区，浦沿街道岩大房社区、华悦湾社区共6个“清廉社区”示范点建设。联合区纪委完成8个社区（西兴街道3个、长河街道3个、浦沿街道2个）2022年度专项经费审计调查，完成2022年度“双百项目”（西兴、浦沿各1个）专项资金审计调查工作，完成社区“微自治”项目14个（西兴4个、长河5个、浦沿5个）。

【社工队伍建设】 2023年，滨江区有社工1091人，其中新招录120人，社区“两委”成员504人。有持证社会工作师718人，其中初级社工师402人、中级社工师316人。完成《杭州市滨江区专职社区工作者分类培养办法》修订；完成滨江区第二批“三型社工”（领军型、专业型、潜力型）培训，评定“三型社工”18人。联合桐庐县民政局融合开展“民生共富 结对共建”领军型人才交流互动活动，桐庐县10名社区领军人才参与活动。完成500多名社区“两委”成员培训。出台《关于优化社区公共服务工作站站长（副站长）人员配备的意见（试行）》。研究制定《杭州市滨江区社会工作专业督导人才选拔和管理办法》，完成首批49名社工督导培训，评选优秀人才7人，其中2名获评市级督导助理；新增持证社工104人，2名社工通过高级社工师笔试。出台《关于进一步深化新时代专职社区工作者队伍建设的实施意见》，完善《滨江区专职社区工作者管理实施办法》，修订完善《滨江区专职社区工作者工资福利待遇实施办法》。

【现代产业社区治理体制改革创新实践】 2023年，滨江区出台全国首个《现代产业社区治理与服务规范》，制定《关于建设党建统领现代产业社区的实施意见（试行）》，成立全省首个现代产业社区——星光产业社区，出台《现代产业社区治理委员会选举规程（试行）》，成立全国首个社区治理委员会（星光产业社区）。《关于杭州市滨江区成立现代产业社区的思考与建议》《“产社联动”：新形势下社区治理模式的创新——杭州市滨江区产业社区治理模式调研》获浙江省民政政策理论研究优秀成果三等奖。

【专职社工分类培养“102030”工程】 2023年，区民政局安排60名专职社工参加分类培养“102030”工程。该工程由区民政局根据专职社工的年龄层次、教育程度、岗位职级和专业水平等维度制定分类标准，按需施教。遴选10名领军型、20名专业型、30名潜力型候选社工，以通过组建项目小组、开展项目调研及项目成果验收的方式开展分类培训，形成科学化、制度化、规范化的专职社工发展环境，打造政治坚定、业务精通、数量充足、结构合理、作风过硬、群众满意的专职社工队伍，促进专职社工专业化、职业化建设。至年底，区民政局修订完善《杭州市滨江区专职社区工作者分类培养办法》，建立培训机制，创新培养体系，通过理论学习和项目调研，以小组答辩的验收汇报方式评选出滨江区领军型社工3人、专业型社工6人、潜力型社工9人。

【未来社区可持续运营模式研究】 2023年，滨江区开展“全域未来社区框架下的社区场景空间运营评价与补贴指引”课题研究。课题为破解未来社区资金筹措难、财政路径依赖度高的运营难题，将不同运营类型、不同资源状况的社区纳入课题调研，选取西兴街道官河社区、协同社区、滨和社区，长河街道中兴社区、钱潮社区、江一社区，浦沿街道信诚社区、彩虹社区、滨文社区开展跟踪调研，从惠民、服务、经济3个维度开展效益测算，调研未来社区实效评估、资源配置及运营机制。至年底，形成《滨江区未来社区长效运营调研报告》，提出未来社区整体运营新模式。

【“全过程民主”协商共治能力提升项目】 2023年2月，区民政局启动“全过程民主”协商共治能力提升公益创投项目试点工作。通过前期3个月的摸底调研，选定试点覆盖3个街道6个社区，分别为西兴街道温馨社区、金东方社区，长河街道观潮社区、长一社区，浦沿街道彩虹社区、伟业社区，结合社区特色形成“一社一方案”。依托区公益创投项目，6个试点社区以健全居民自治机制为关键，开展民主协商议事活动，挖掘培育协商议事队伍，形成并完善基层民主协商议事机制，加快推动“共建共治共享”的基层治理格局形成。至年底，形成长河街道观潮社区“潮声共益汇”、长一社区“红茶议事绘楼廊”等特色协商品牌。

【专职社区工作者招聘】 2023年3—6月，滨江区开展2023年专职社区工作者招聘。招聘经公开报名、资格审查、笔试、面试、体检、政审（背景调查）、公示等程序，确定聘用人员。新招录专职社区工作者共120人，包括直接招录（仅面试）30人，面向高等院校应届毕业生招录17人。招聘后社工总人数为1091人，本科及以上学历844人，占77.36%。

【社区治理名师名家工作室】 2023年4月21日，“社会工作发展和社区治理创新”研讨会暨名师名家工作室结对仪式在区文化中心举行。6名专家以社会工作发展和社区治理创新为研究主题与6个社区结对成立工作室。首批6个工作室分别为西兴街道襄七房社区、官河社区，长河街道江三社区、闻涛社区，浦沿街道岩大房社区、之江社区。经过专家3个多月的实地督导，于8月召开中期研讨会，6名专家分别对6个工作室建设情况进行点评。11月8日，在物联网产业园开展终期研讨暨课题展演会，6个工作室结项验收，形成“襄邻议事”“最美闻涛，五讲四美”等6个课题。

【现代产业社区建设推进会暨《现代产业社区治理与服务规范》发布】 2023年5月12日，现代产业社区建设推进会暨《现代产业社区治理与服务规范》发布活动在长河街道钱江龙广场举行。活动由区现代社区建设领导小组办公室主办，区民政局、长河街道办事处承办。省、市、区、街道、社区相关负责人及企业、物业、居民代表等280多人参加。活动现场以舞台剧表演形式展现产业社区美好生活，以动画VCR介绍滨江区《现代产业社区治理与服务规范》主要内容及特点，举行星光产业社区揭牌仪式，发布“先锋滨·融星汇”党建品牌和《现代产业社区治理与服务规范》。

【社工师资格证考试】 2023年6月，为推进专业社会工作发展，区民政局发动区级机关部门、街道、社区、社会组织等工作人员报名参加2023年度社会工作者职业水平考试。组织812名考生进行考前培训，422名考生通过考试。全区专职社工持证率达到64%，为历年最高。

【社区美好生活共同体验收测评】 2023年7月19日，2022年度滨江区社区美好生活共同体“比武打擂”活动在“智慧e谷”举行。验收测评经过前期3个月的调研，通过电话测评、问卷测评、实地走访和服务台账4种形式，完成9个社区美好生活共同体前期阶段的验收测评工作。“比武打擂”活动为验收测评的最后环节，采取现场陈述答辩的方式进行，现场9个参赛单位通过总结陈述、现场答辩的方式，展示在推进社区美好生活共同体建设运营中的创新做法和成效。6位专家评审和27位大众评审围绕“基本情况、运营机制、创新特色、运营成效、现场表现”5个维度对参赛单位进行综合评分。综合前期测评得分和比武打擂得分，评选出3个“优秀”社区美好生活共同体项目和6个“合格”社区美好生活共同体项目。

【新进专职社区工作者岗前培训】 2023年8月1日，2023年度新进专职社区工作者岗前培训开班仪式在海外高层次人才创新创业基地举行。培训为期4天，128名新进专职社区工作者参训。培训采用业务培训、参访研学和素质拓展相结合的方式进行。课程内容根据社区工作重点和岗位需求，进行基本业务技能培训，邀请高校教授、社区党支部书记围绕“现代社区建设”开展理念提升课程，促进新进专职社区工作者尽快适应角色、熟悉社区业务，培养造就高素质、专业化的社工队伍。

【现代产业社区建设现场会】 2023年11月8日，现代产业社区建设现场会在“智慧e谷”举行。省、市及区现代社区建设领导小组成员单位主要负责人、各街道、平台、暖企小站示范点负责人等90多人参加。活动包括现场参观和专题会议2个环节。现场参观物联网产业社区聚光科技暖企小站和物联网产业社区；专题会议上发布现代产业社区服务标准“三张清单”、暖企小站建设标准，针对现代产业社区建设经验及成效（长河街道）、暖企小站建设运营工作（盛大产业园）进行交流发言。

【社区工作者节】 2023年11月21日，2023年杭州市滨江区社区工作者节暨“小修小补回归社区”项目启动仪式在滨江区六合天寓北广场举行。活动由滨江区现代社区建设领导小组办公室主办，区民政局、浦沿街道办事处承办。市、区民政局负责人，社区工作者及居民代表等200多人参加。活动以“展‘现代社工’风采 绘‘两个天堂’新篇”为主题，分开幕式、“小修小补回归社区”项目启动仪式和欢乐嘉年华3个部分。现场表彰滨江区分类培训第二批“三型社工”和“最佳团队”、2023年度滨江区“最美社工”、滨江区首批社会工作名师名家工作室，以及为2023年度荣退社工和光荣在岗20年专职社工进行颁奖和庆祝。欢乐嘉年华分社工能量站、公益社团秀、邻里园游会和“浦师傅来啦”小修小补集市四大区块。现场设置缝补衣服、理发、修鞋、磨剪刀、捏泥人等各类便民服务和游戏项目。面向社工设置社区徽章兑换处，社工凭借特有的“社工证”参与徽章兑换。

（陈　超）

2023年11月21日，浦沿街道滨之社区举办“小修小补”便民服务活动　（区民政局　供图）

社会组织管理

【概况】 2023年，滨江区围绕《关于促进社会组织高质量发展的实施意见》，出台《关于进一步加强社会组织联合监管工作的实施意见》，规范各部门监管职责内容、监管工作要求；出台《滨江区社区社会组织培育服务管理办法》，明确备案管理、培育扶持、监督管理等支持政策；发布《关于加强社会组织信息发布管理工作的通知》，明确规范对象、规范流程、信息内容要求。新增社会组织

28家，社区社会组织备案262家。有社会组织385家，其中社会团体106家，民办非企业单位274家，基金会5家；备案类社区社会组织1475家。年内，对应检的357家社会组织进行预审，全区社会组织年检应检357家，实际参检320家。

【清廉社会组织建设】 2023年，滨江区成立工作专班，印发《滨江区清廉社会组织建设工作机制》《在章程示范文本中增加有关清廉建设内容的通知》《建设清廉社会组织正面清单 负面清单 倡导清单》。开展1次廉洁风险排查，督促373家组织排查岗位廉洁风险点。举办2场廉洁教育活动，开展反腐倡廉专题教育。打造4个廉洁文化阵地，设立廉洁文化墙、宣传栏等，弘扬清廉文化，营造廉洁氛围。出台《滨江区清廉社会组织创建实施方案》，持续推进10家领雁型清廉社会组织创建。落实《社会组织负责人人选审核办法》，实施社会组织负责人人选审核。

【行业协会商会专项整治】 2023年，滨江区成立专项整治工作小组，印发《滨江区行业协会商会专项整治实施方案》，召开全区专项整治工作部署会，制定5个阶段四大任务。印发《开展全区性行业协会商会实地抽查的通知》，完成100%行业协会商会自查自纠、跨部门实地检查，完成对20%行业协会商会的实地抽查。将“双随机、一公开”作为监管手段，全年开展实地检查走访127次、网络监测45次。专项整治工作经验被《杭州市清廉社会组织建设工作简报》刊登。

【社会组织资金补助】 2023年，根据《杭州市滨江区社会组织培育发展办法》《关于加快社会组织培育发展激发社会组织活力的实施意见》《关于促进社会组织高质量发展的实施意见》，滨江区开展社会组织资金补助工作。10月20日，区民政局与区财政局联合出台《关于下拨2023年滨江区社会组织培育发展补助资金的通知》，依据《杭州市滨江区社会组织培育发展办法实施细则》的相关资金补助标准及各组织提交的资金补助申请材料，经初、复两轮审核，决定对符合要求的38个申报项目予以资金补助，共95.79万元。

【社会组织领军人才品牌建设】 2023年，区民政局搭建三级社会组织服务平台，鼓励社会组织开展公益服务项目、信用评估和品牌认定，参与杭州市品牌社会组织评选工作。至年底，共有1名社会组织负责人被评为浙江省社会组织领军人物；1家社会组织被评为杭州市品牌社会组织。

【社会组织等级评估】 2023年5月，根据《杭州市民政局关于开展2023年度社会组织等级评估工作的通知》，对三类社会组织进行等级评估：2020年12月31日前，在滨江区民政部门登记成立，未参加过评估的社会组织（职工持股会除外）；至2022年12月31日，评估等级有效期已满3年，需要晋升等级的社会组织；至2023年12月31日，评估等级已过有效期的社会组织。至9月底，通过自评初审、综合考评、结果公告3个阶段确定评估结果并颁发等级证书和牌匾，参评的23家社会组织中，5家获AAAAA级，6家获AAAA级，12家获AAA级。

【社会组织公益创投】 2023年5—11月，区民政局结合2023年度政府重点工作及社区居民需求，寻找和实施优质公益服务项目，组织公益创投项目申报。申报条件为在民政部门注册登记的社会组织，近两年内无违法记录且近两年年检合格（新近注册的社会组织不作要求），社会信誉良好，对承接过项目的应验收合格，无违法违规记录，未列入异常名录，完成“党建入章”等要求；项目要求秉持公益性、必要性、创新性、科学性、示范性5个要求；项目范围包括为老服务类、社区治理和服务类、社会救助服务类、其他类。区民政局通过成立公益创投内审委员会和评审专家委员会，邀请业务负责人全程监管，征集群众期盼的项目需求85个、问卷19份，推动项目精准对标社会需求；以“线上+线下”结合方式进行申报，历经1次初筛、2次评审、3次优化，25

2023年10月20日，滨江区创兴社会服务发展中心联合江一社区，在长河街道春波居家养老服务中心开展“爱在重阳 雏鹰行动”公益大篷车进社区活动　　（区民政局　供图）

个公益创投项目入围，共下拨资助资金202.75万元。

（陈卓琳）

区划地名管理

【概况】2023年，区民政局为滨江区企事业单位和个人编制楼（幢）门牌5510个，发放门牌证162个，制作安装楼（幢、户）门牌146块，完成对14座桥梁、25条道路共39个地理实体的申报及命名。为个人、单位解答民政信息咨询2260次，满意率100%。

【地名基础数据完善】2023年，区民政局完善标准地名地址数据库，开展地名地址数据归集、治理和上图工作。排查重复数据4000多条，整理历史地址数据2万余条，清除空间点位数据，提升地名地址数据质量。对2022—2023年新增51条地名进行国家地名信息库的添加和维护。至年底，数据归集入库16.92万条，归集率100%，所有数据全部上图，上图率100%。

【地名文化传承】2023年，区民政局举办“传承地名文化 共襄亚运盛会”2023年杭州市地名文化宣传主题活动。通过歌舞、杭州评话、说唱、诗朗诵、快板、情景剧、沙画秀等表现形式，展现滨江区的乡风、乡音和乡情，以多元化的表现形式呈现地名背后的历史变迁、人文底蕴和时代风貌，展现滨江悠久历史。在《杭州市地名文化遗产保护名录》中选取乳泉、鸡鸣山、槐河3处地名进行设碑立牌，保护滨江地名文化遗产。

【平安边界共建】2023年3月，为巩固滨萧行政区域边界线勘界工作成果，滨江区民政局联合萧山区民政局，组织行政区域界线联合检查。5月，完成联检工作并将联检资料成册上报并归档。两区行政区域界线管理部门（民政局）已建立界线管理5项制度，即界线管理联系人制度、界桩委托管理制度、定期走访联系对话制度、边界纠纷应急处理制度、联合检查制度，签订滨江萧山线平安边界共建协议，运用智慧界桩等手段，共建平安边界。

（陈卓琳　洪美芳）

民族事务

【概况】2023年，滨江区民族工作以铸牢中华民族共同体意识为主线，做实“石榴红·民族花”计划，推进民族团结“之江同心·石榴红”品牌，开展民族团结进步创建工作。召开全区民族工作领导小组会议，分析全区民族工作面临的形势和存在的问题，专题部署民族领域重点工作。全区有50个少数民族，流动人口1.5万人，常住少数民族人口500多人。民族团体有滨江区民族团结进步促进会。滨江实验小学、长河街道闻涛社区获评“第六批省级民族团结进步创建重点培育单位”；滨江实验小学获评第三批市级“之江同心·石榴红”引领单位。由国家民委组织的2023年全国少数民族考察团到滨江参观新华三集团创新体验中心和杭州海康威视数字技术股份有限公司的展示中心，了解滨江区高新技术产业的发展，加强与滨江少数民族群众的互动与交流。

【新疆妇联“靓发屋”杭州培训班】 2023年5月22日至6月9日，新疆妇联“靓发屋”项目受益人专题技能培训班在浙江花都美容美发培训中心举办。培训班共3期，来自新疆各地160多名各族“靓发屋”项目受益人参加培训，35人被评为优秀学员。培训期间，浙江花都美容美发培训中心设计各项课程，采用“理论+实操”的培训模式，邀请行业内知名老师讲授美容美发基础、造型设计、服饰搭配等业务知识以及通用语言、经营管理、科普知识等政策宣讲，举行盘发技能比武。学习期间，组织学员参观西湖景区、杭州亚运会体育场奥体中心、千鹤妇女精神基地等。

【铸牢中华民族共同体意识主题宣讲】 2023年6月16日，铸牢中华民族共同体意识主题宣讲活动暨“之江同心·石榴红”家园揭牌仪式在滨江实验小学举行。现场为滨江实验小学“之江同心·石榴红”家园揭牌。邀请杭州师范大学美术学院“之江同心·浙疆青春石榴红”创作团队和浙大城市学院“之江同心·浙里青春石榴红”宣讲团成员，与滨江实验小学以及贵州丹寨地区的小学生代表共同开

2023年6月16日，铸牢中华民族共同体意识主题宣讲活动暨“之江同心·石榴红”家园揭牌仪式举行　　（区民宗局　供图）

展铸牢中华民族共同体意识宣讲，阐释共融之情、青年之责、传承之愿。区委统战部和滨江实验小学联合为参加宣讲的7名各民族大学生和小学生颁发“铸牢中华民族共同体意识优秀宣讲员”荣誉证书。

【杭旅民族团结进步展示馆开馆】 2023年10月13日，杭州市铸牢中华民族共同体意识宣讲活动暨杭旅民族团结进步展示馆开馆仪式在杭州市旅游职业学校举行。各街道统战干部、区民族团结促进会会员、各级民族团结进步示范单位和培育单位负责人以及各民族、学生代表等共400多人参加。活动中，杭州市旅游职业学校被授予“全国民族团结进步示范学校”称号。杭州市旅游职业学校与滨江区委统战部校地合作共建的杭旅民族团结进步展示馆揭馆启用。杭州市旅游职业学校和滨江实验小学的各民族师生们共同开展铸牢中华民族共同体意识专题宣讲。杭旅民族团结进步教育展示馆位于杭州市旅游职业学校滨江校区。该展示馆围绕铸牢中华民族共同体意识主线，突出“直观、教育、体验”三大功能，运用文字、图片、视频、数字技术、实物及现场互动等方式，展示滨江区和杭州市旅游职业学校在“铸牢中华民族共同体意识”、推动各民族在交往交流交融中取得的成就。

【民族乡村振兴“同心共富·百村结对”活动】 2023年12月28—29日，区委统战部一行10多人到丽水市遂昌县妙高街道北门村开展结对帮扶工作。活动中，考察团考察北门村的村容村貌、经济社会发展和帮扶项目落实进展情况，走访慰问3户北门村困难家庭。在帮扶资金捐赠暨支部党建联建签约仪式上，滨江区西兴街道缤纷未来社区联合党委与北门村党总支签约、西兴街道缤纷未来社区向梅溪小学捐赠书籍和爱心物资。

（王声涛）

宗教活动

【概况】 2023年，滨江区召开全区宗教工作领导小组会议，分析全区宗教工作面临的形势和存在的问题，专题部署全区宗教领域重点工作，推进宗教中国化和宗教领域“除险保安”工作。登记在册的宗教活动场所有冠山禅寺、协同福音堂、西兴基督教堂、长河基督教堂、真理教堂、江边聚会点6处，纳入管理的聚会点3处、民间信仰点7处。全区宗教教职人员33人，可统计的基督教信徒5000多人。宗教团体有滨江区佛教协会、滨江区基督教协会和滨江区基督教三自爱国运动委员会。冠山禅寺获“省级宗教中国化场所”称号，西兴教堂获“省级宗教法治宣传教育基地”称号，真理教堂获“省级消防安全标准化管理‘百创争优’活动优秀单位”称号，长河教堂获“省级平安宗教活动场所”称号，协同福音堂获“杭州市宗教中国化场所”称号。

【宗教活动场所消防安全知识培训与灭火演练】 2023年4月24日，区民宗局在协同福音堂开展全区宗教活动场所消防安全知识培训与灭火演练活动。区民宗局全体工作人员，各街道统战委员、统战干事，全区各宗教活动场所负责人、堂委会成员等40多人参加。区消防救援大队消防培训教员以“防范火灾风险 建设美好家园”为主题向参训人员进行授课，分别从检查消除火灾隐患、扑救初起火灾、组织疏散逃生和消防宣传教育4个方面进行讲解，列举工作生活中发生的3起火灾案例，向参训人员讲解灭火的基本常识、消防器材的正确使用方法及如何预防火灾、遇到火灾情况时紧急逃生等常识。现场模拟场所起火的情景，组织参训人员开展疏散应急逃生和灭火演练。

【安全生产知识、政策法规宣传进宗教场所活动】 2023年7月6日，区民宗局在冠山禅寺举办全区民族宗教领域安全生产知识、政策法规宣传进宗教场所活动。区民宗局工作人员、各街道统战委员、统战干事、区宗教团体负责人、宗教活动场所（民间信仰活动场所）“三人驻堂”小组成员及社区网格员等60多人参加。活动发放安全生产及民族宗教政策法规宣传资料，组织学习参观“安全生产知识和民族宗教政策法规”宣传图板展。区消防救援大队组织与会人员在冠山禅寺模拟开展平安巡查，对寺庙大殿、食堂、宿舍等重点区域，检查燃气设施、电气设备、消防安防设施等，教学安全隐患排查。在平安巡查业务理论培训课上，消防教员从火灾的危害性、宗教活动场所的消防安全风险隐患、消防安全检查要点等方面展开，进行消防安全隐患排查常识与技巧培训。区委统战部相关负责人作题为《守底线、保平安，宗教领域和宗教场所平安创建相关政策和指标体系解读》的授课。

【亚（残）运会涉宗教知识培训会】 2023年7月17日，区民宗局召开全区服务亚（残）运会涉宗教知识培训会。区民宗局、区市场监管局相关工作人员、全区亚运官方指定酒店负责人等20多人参加培训。

2023年7月6日，区民宗局在冠山禅寺举办全区民族宗教领域安全生产知识、政策法规宣传进宗教场所活动 （区民宗局 供图）

会议安排涉宗教知识培训和清真食品及礼仪知识讲解，专家围绕中国宗教政策法规、各宗教基本常识和礼仪禁忌、突发事件处置等内容开展培训，重点对清真食品服务保障工作进行讲解辅导。会上，与会人员就清真食品用餐标准及相关服务事项进行交流沟通，专家现场解答并指导清真就餐相关知识。

【第二届基督教中国化讲经讲道交流大赛】 2023年8月29日，滨江区“之江同心·正信正行”宗教中国化系列活动暨第二届基督教中国化讲经讲道交流大赛在西兴教堂举办。活动由区民宗局主办、西兴街道办事处和区基督教协会、区基督教三自爱国运动委员会协办、西兴教堂承办。市、区民宗局负责人，省、市、区基督教协会负责人，各街道、各宗教场所以及各基督教堂信众代表等80多人参加。活动中参赛选手们吸收中华优秀传统文化精髓，挖掘基督教教义中与社会主义核心价值观相通相融的因素，分别以“追求良善”“友善之心，关爱邻舍”“诚信重于金”等为主题开展解经讲经，对教规教义作出符合中国化、时代化要求的阐释，用通俗易懂的方式释讲章、上讲台。省、市基督教两会负责人分别对各位选手的讲课表现进行点评。大赛评选出一等奖1名、二等奖2名、三等奖4名，向获奖人员颁发荣誉证书。

（王声涛）

精神文明城区建设

【概况】 2023年，滨江区聚焦亚运会、亚残运会的举办，推动公民素质和全域文明程度持续提升。开展“全民学英语一起迎亚运”“我为亚运代言”先进典型引领专项行动，组织“志愿同行‘益’起亚运”“与爱同行、助残迎亚运”等服务，深化文明城市创建。探索全民参与“滨滨有礼”区域文明新实践，实施“文明靓城 滨滨有礼”行动，普及周三“文明提升日”，坚持“每周一主题、一月一循环”，引导市民主动参与，倡导人人争学“最美”、人人学做“微美”的良好社会文明风尚，用好杭州市文明“帮帮码”、数智文明创建等平台应用场景，打造“滨滨有礼·文明四季”文明新实践体系，弘扬社会主义核心价值观。杭州滨江环境发展有限公司、中国联合工程有限公司、浦沿幼儿园、长河街道社区卫生服务中心获评浙江省文明单位。章红林、王怡蔷、潘文洪家庭获评浙江省文明家庭。杭州滨和中学获评浙江省文明校园。持续开展“我推荐我评议身边好人”活动。王自在、李明、刘静获评“杭州好人”，章玉高获评“浙江好人”。开展第十八届“公民爱心日”活动。开展滨江区第19届新时代好少年（美德少年）选树活动。杭州滨和小学郑蓝汐获评第19届杭州市“新时代好少年”，杭州春晖小学罗宇浩获杭州市“新时代好少年”奋进奖。

【亚运会志愿服务】 2023年，滨江区以“‘滨滨’有礼”为城市文明品牌，组建具有“高新味”的志愿者队伍，包括企业员工、新业态从业人员以及居住在滨江区的外籍人士。建立完善“纵向到底、横向到边、统分结合、多级响应”的骨干志愿服务力量调配机制，建有亚运文明驿站和城市志愿服务点76个，提供亚运宣传、文明提升、信息咨询等志愿服务。成立全国首支无障碍AED车队——吉利控股“礼帽出行”AED爱心车队暨志愿服务。动员4.9万名各类志愿者保障杭州第19届亚运会及第4届亚残运会开、闭幕式。发放文明观赛宣传折页6.92万份、滨江印迹地图3000份。中央广播电视总台、《浙江日报》、“潮新闻”客户端、杭州电视台等中央、省、市主流媒体报道滨江区“‘滨滨’有礼”文明新实践活动20多次。“文明满滨江 亚运益起来”文明大篷车巡演现场图片直播浏览量突破51万人次。至年底，开展各类亚运志愿服务5000多场次，参与志愿服务人员40万余人次，涉及文明秩序劝导、环境卫生清理、公共技能培训、居民公益服务、文明文化宣传、平安治安巡防、窗口文明志愿、全民英语普及等八大类。

【“滨滨有礼”亚运文明驿站发布】 2023年8月24日，“迎接亚运

时刻 聚力开放提升”杭州亚运会倒计时30天高新区（滨江）城市志愿服务冲刺启动仪式在星光大道中心广场举办。市、区文明办及志愿者共300多人参加。仪式发布《滨江区亚运城市志愿者工作实施办法》和76个“滨滨有礼”亚运文明驿站。通过音乐、舞蹈与光影的互动，现场展示“滨滨有礼”文明驿站地图，呈现全区76个志愿服务驿站的城市坐标与全息场景。星光气球小屋等特色亚运志愿服务驿站为市民、游客提供亚运宣传、信息咨询等志愿服务，展现滨江特色。仪式上，“最美翻译团”英语志愿队、红十字“救在身边”志愿队、饿了么“骑滨e队”、“译心手护你”手语志愿队、安全巡“杭”志愿队、“滨滨有礼”文明劝导志愿队演示各志愿服务队的职能与专业。6名“美丽滨江人”代表为志愿者代表授城市志愿者胸贴并共同倡议服务亚运。

【“滨滨有礼”品牌推广】 2023年12月1日，杭州高新区（滨江）开展“滨滨有礼·文明四季”行动推进仪式暨讲好亚运文明志愿好故事活动，持续打响“滨滨有礼”品牌，展现“季季有特色、月月有主题、周周有活动”的特色。市、区文明办负责人及志愿者代表共500多人参加。仪式发布“滨滨有礼·文明四季”文明新实践体系。推出“滨滨有礼·文明四季”系列徽章，12个子徽章重点展示文明待客、文明用餐、文明观赛、文明互助、文明上网、文明礼让、文明服务、文明过节、诚实守礼、书香知礼、传续明礼、匠心学礼等文明礼仪内容。5位志愿者讲述文明故事。机关、企业、高校、社区以及“美丽滨江人”和志愿者共12位代表，展开火炬接力。会场以现场访谈、情景剧、说唱、VCR等形式，再现亚（残）运会期间发生的文明现象。《“亚运靓城 滨滨有礼”文明新风尚的滨江实践与探索》获区亚运指挥部代表性结项课题。

（来国丽）

2023年9月10日，“文明满滨江 亚运益起来”文明大篷车巡演到长河街道社区演出（区委宣传部 供图）

殡葬管理

【概况】 2023年，滨江区推进殡葬移风易俗和公墓数字化建设，整合资源、规范管理，优化服务，提升绿色殡葬、文明殡葬水平。全区有公益性公墓4座，其中区级公墓1座（美女山公墓），街道级公墓3座（长河山一公墓、西兴山一公墓、浦沿山二公墓），总建墓穴2.31万座。实现遗体接运、存放、告别、火化、骨灰寄存、安放六大类基本殡葬服务免费，全年惠民殡葬减免金额62.32万元，其中遗体接运补助22.82万元，免费发放骨灰盒334个、文明治丧户100例，发放奖励金21.2万元。火化率保持100%，实现节地生态安葬8例。

【美女山公墓二期项目建设】 2023年，美女山公墓二期正在建设中。区民政局定期召集代建单位、设计单位、施工单位、监理单位讨论美女山公墓建设工作，督促施工单位加快进度，林下葬区域开始正常施工，1号综合楼结顶，2号、3号骨灰楼基础已完工、3号楼基础施工完成60%，已订购内部骨灰存放架设施，完成厨房设备采购招标。至年底，实际完成政府投资4002万元。美女山公墓二期位于长河街道越王社区美女山东南山坡，建设以节地生态墓为主，主要包括小型的台地式墓区、骨灰楼、花坛葬、草坪葬、树葬、壁葬等墓穴产品。建有综合性殡仪服务中心1幢，包含办公区、治丧守灵区、餐饮区、员工后勤住宿区等。项目规划用地面积5.28万平方米，设计建设规模2万穴左右，概算投资1.93亿元。

【公墓规范化管理】 2023年，滨江区持续健全公墓管理制度，强化公墓规范化管理。印发《杭州市滨江区公墓管理暂行办法》，明确全区公墓规划与建设、性质及服务对象、管理、收费、相关处罚等内容。开展公墓专项治理，召开全区公墓专项整治会议并部署，印发《滨江区公益性公墓建设管理突出问题专项整治实施方案》，解决公墓管理中存在的“公墓违规销售、底数不清、档案管理不到位”等突出问题；清退违规寿穴，理清“拆一赔一”公墓台账资料。各公墓新销售墓穴均已完善档案信息，包括完整填写登记表信息、取得并留存死者的死亡证明书、死者身份证复印件及死者户口证明资料、登记迁移记录等，签订骨灰安放（葬）合同。8月1日前，全区完成所有公墓档案信息化建设工作，人工规整核对2万余座墓穴档案信息，对全区所有公墓数据都进行电子化存档，做到一墓一位一档的数字化规范化管理。

【清明节祭扫服务】 2023年，区民政局在清明节发布《2023年清明节文明祭祀告市民书》，倡导市民按照不聚集、不扎堆的原则，实行分时、分批、分段，错峰、错时祭扫。通过网上预约祭扫、电话预约、现场登记预约方式，方便市民祭扫。美女山公墓管理中心为祭扫市民免费提供热水、雨伞、轮椅、医药箱等物品以及墓穴位置自助查询，行李免费寄存等服务。清明节期间，共发放鲜花3.61万束，单枝3.28万朵，接待网上预约、电话预约和现场登记预约的祭扫市民共6.94万人次，其中美女山公墓接待祭扫车辆9003辆，各公墓祭扫工作无突发事件发生。

【移风易俗宣传】 2023年，滨江区购买杭州市滨江区兴兴公益发展服务中心的专业服务，进入社区宣传文明殡葬。该社会组织利用“党建+”邻里中心、新时代文明实践站等阵地，集中开展“文明殡葬进社区”系列活动。社工通过政策宣讲、发放宣传资料等方式向居民宣传绿色殡葬理念，倡导文明节俭、生态环保的殡葬新风尚，引导居民摒弃不良殡葬习俗，破除封建迷信，以敬献鲜花、植树绿化、音乐祭祀等方式缅怀故人，弘扬文明祭祀，节俭治丧的新风尚。全年开展活动20场，发放宣传折页800多张，覆盖人群1000多人。

（吕和军）

2023年3月21日，滨江区兴兴公益发展服务中心举办移风易俗宣传

（区民政局 供图）

应急管理

综述

【应急指挥数字化】 2023年，杭州高新区（滨江）持续增强应急保障能力，实现应急指挥数字化。对接市气象局、区委政法委等部门数据，新接入17个温雨站及2个液位监测感知终端数据，汇集整合各部门应急资源，建设区应急指挥平台。建成区突发事件现场指挥部，配备机动指挥车1辆，自组网宽带集群系统，打造空地一体应急通信保障体系。至年底，完成杭州市“迎亚运 庆元宵”亚运迎新年灯光秀和烟花秀、“迎亚运 保平安”2023年杭州市城镇燃气爆炸事故处置拉练及2023年滨江区森林火灾扑救演练竞赛等活动的保障工作。

2023年7月25日，杭州高新区（滨江）在浦沿街道六和社区开展防潮宣传活动 （区综合行政执法局 供图）

【应急救援队伍建设】 2023年，杭州高新区（滨江）对应急救援队伍加强日常演练和抽查，每月联动区相关单位开展不同主题的应急处置拉练，每月组织街道综合应急和消防救援队伍开展专项技能竞赛，常态化组织区综合应急救援队伍开展不同主题技能培训，提高救援队员专业能力水平。支持和鼓励社会救援队伍参与区内突发事件应急处置工作，开展应急知识技能宣传培训进校园进社区活动，共培训学校29所，社区67个。

【应急预案修订和应急演练】 2023年，杭州高新区（滨江）制定杭州第19届亚运会、杭州第4届亚残运会涉滨江区块应急救援指挥工作方案1个，各重点领域指挥救援工作方案18个。梳理完成1个区级总体应急预案、51个专项应急预案、3个街道综合应急预案和67个社区综合性“多案合一”应急预案和应急手册编制。全年办理新增、变更及延续预案备案的企业31家。区级各相关单位举办应急演练8场，参与人数1200多人次。

【亚运会应急保障】 2023年，杭州高新区（滨江）在亚运会期间落实24小时值班领导、值班人员在岗在位、高等级预警“135”叫应（1分钟信息接报，3分钟应急响应，5分钟开展处

2023年9月21日，区消防救援大队在杭州奥体中心体育场执勤
（区消防救援大队　供图）

置）等制度，开展集中办公、风险隐患会商研判、突发事件联动处置等工作。组织7支队伍按时进驻备勤场地，参加3次全要素演练、2次开（闭）幕式全员备勤，开展防汛排涝、体能、应急救护、火灾扑救等适应性训练57次，参训1224人，组织道路塌陷、防汛等应急演练40场、参演990人。组织全区行业部门力量落实重点时段的备勤工作，开（闭）幕式期间，动员全区电力、城管、环境、消防、通信、应急、建筑施工、特种设备、森林防火等城市侧备勤队伍1185人，动用装备1090件（套）。

（江志平）

安全生产管理

【概况】 2023年，杭州高新区（滨江）落实安全生产责任，修订完善各责任制单位安全生产和消防工作职责，区主要负责人与32家责任制单位负责人签订2023年安全生产和消防综合目标管理责任书，32家责任单位与下属企事业单位签订安全生产和消防目标责任书。优化调整专业委员会组织架构。按照“行业主管、属地管理、多跨协同”的原则，全面梳理安全委员会34个重点部门、109个重点岗位、194项重点任务，为全区676家企业2784个风险点设置标签，推进应急管理体系进区、部门、街道及社区，全面开展“除隐患，保平安”工作。持续推进“重大安全生产问题清单”工作机制，根据《关于做好“重大安全生产问题清单”报送工作的通知》《重大安全生产问题清单运行机制》及《2022年度“重大安全生产问题”清单考核实施细则（试行）》，各专业委员会及街道全面开展重大安全风险隐患排查，分析研判，对行业领域突出问题和反复出现的多发易发问题，在点上整改的基础上，梳理完善对策措施，总结各自行业领域出现频次较高的问题隐患，上报“七张清单系统”。西兴街道物联网社区、长河街道江一社区、浦沿街道新和社区3家避灾安置场所规范化建设通过市级验收。全年未发生自然灾害亡人事故；未发生较大以上（含）安全生产事故，发生一般安全生产事故3起，死亡2人。

【许可证审批】 2023年，杭州高新区（滨江）严格做好行政审批。加强全区涉危险化学品企业的安全监管，全年危险化学品经营许可证共受理21件，发证21本，审核转报27件。第三类非药品类易制毒化学品经营备案7家。危险化学品生产、储存、使用企业安全评价报告备案8家。剧毒化学品以及储存数量构成重大危险源的其他危险化学品的储存单位备案4家。7家加油站完成危化品经营许可换证审批工作。

【执法安全检查】 2023年，杭州高新区（滨江）制定年度安全生产监管执法工作计划，监督企业合法、守法从事生产经营活动。全年开展各类安全生产执法检查524人次，检查各类单位292家，发现各类问题和隐患213处，开具各类执法文书1597份，其中停业停产92家，立案121起，罚款

195.78万元。立案查处的121起案件，均无行政复议、诉讼情况发生。

【安全生产领域排查整治】2023年，杭州高新区（滨江）聚焦道路交通、消防、危险化学品、建设施工、工业企业、城市运行、旅游等重点领域以及电气焊、厂中厂等重点方向，集中开展安全生产隐患大排查大整治，督促各单位对排查发现的问题隐患，运用专项治理、挂牌整治等手段，推进安全隐患闭环整改。各级各部门共检查各类企业（场所）10.92万家次，排查发现问题隐患1.7万个，其中重大隐患问题1367个；责令停产停业1272家，立案查处1.47万家，行政拘留18人，罚款211.92万元。开展"护航亚运"攻坚行动，围绕辖区内5个涉亚运会场馆，发动基层力量特别是社区、网格力量，按照"重大、较大、一般、低"四类风险等级对周边企业（场所）开展排查。严格执行全区重大安全隐患暗访交办整改督办闭环机制，全年开展重大安全隐患暗访曝光行动4期，会同相关部门重点对建筑施工、工商贸、旅游、燃气使用等领域进行暗访曝光检查，共暗访企业49家，曝光隐患180处，省、市共暗访（检查）交办各类隐患207家651处，均已完成整改。

【危化品领域安全生产专项整治】2023年，杭州高新区（滨江）通过日常检查、专项检查和社会化服务等方式共检查企业127家次，发现问题隐患311处，开具限期责令整改书29份。对亚运会场馆周边1000米、500米等范围内企业落实分级分类管控，建立风险点清单，摸排企业128家，其中加油站7家，油漆店1家，涉及使用危化品企业111家，其他企业9家。

【"一厂多租（厂中厂）"安全专项整治】2023年，杭州高新区（滨江）整治全区范围内"一厂多租（厂中厂）"（一个生产经营单位将厂房出租给多个生产经营单位使用）企业。区应急管理局摸排辖区园区53家，承租企业1912家，安装联动警铃182处。开展园区负责人培训教育5场次，发放相关资料1200多份。组织园区、企业事故救援演练5场次，参加演练人员980人。对照园区底数清单、隐患清单、责任清单等检查清单，实现园区全覆盖检查，共发现问题隐患590处，重大隐患76处，处罚"一厂多租"企业12家，停产关闭59家，淘汰企业15家，问题隐患全部督促完成整改。

【工业领域安全专项整治】2023年，区应急管理局联合区住建局、公安滨江分局、区消防救援大队、属地街道成立3个专项检查小组，对重点领域开展明察暗访。工业领域共摸排辖区涉电气焊企业150家、联网焊机569台、持证人员647人，完成安全生产网络学院电气焊专栏培训学习2999人，发放宣传资料600多份，查处电气焊无证作业人员14人，处罚企业8家，罚款19万元，处罚安全管理员2人，项目经理2人，其他人员9人，其中行政拘留3人，曝光无证作业企业3家。按照有限空间安全专项整治工作任务清单和"八个必须"，依托工业企业在线系统，排查隐患问题，建立底数清单、隐患清单、责任清单，同时开展隐患整改回头看，共检查企业21家次，发现一般风险隐患53处，重大隐患24处，开具限期整改指令书24份，完成整改53处。对辖区内14家涉及环保设施企业开展环保设施和有限空间安全培训，实现检查指导全覆盖，发现问题隐患83处，开具整改指令书11份，均已完成整改。

资料：有限空间作业安全"八个必须"

必须准确辨识并建立本单位有限空间台账；必须严格落实有限空间作业审批制度；必须配备符合安全要求的防护设备和应急救援装备；必须严格落实有限空间作业安全培训和岗前5分钟应急救援推演；必须在作业前进行风险评估和作业环境检测，作业过程保持实时监测和持续通风；必须在作业前确定联络方式及信号，严格落实监护人员和措施；必须在作业前落实装备检查，佩戴合格的劳动防护用品；必须在醒目位置设置有限空间作业安全告知牌。

【安全知识培训】 2023年，杭州高新区（滨江）推进企业安全生产主体责任年行动，落实企业安全生产主体责任年行动方案，组织12个行业主管部门条目式梳理重点工作任务清单，落实举措248项，共培训9926人次，培训服务企业967家，发现隐患1317个，全部完成整改。发放法规培训资料、业务资料、安全责任书1.26万份。持续推进百万员工安全大培训，加强基础安全常识学习。联合滨江社区学院举办负责人、安管员安全生产培训班，开班12期，培训人员727人。结合企业百万员工安全大培训三年行动（2023—2025年），督促企业落实主要负责人、安全管理人员的安全理论素养和一线重点岗位从业人员安全技能和安全素养提升，全年通过线上学习2317人。以“3·19”森林消防宣传日、“5·12”全国防灾减灾日、“安全生产月”等为载体，开展现场宣传、安全咨询、知识问答、急救演示等活动，发放宣传资料7400多份。

（江志平）

防灾减灾

【概况】 2023年，杭州高新区（滨江）调整更新区、街两级防指机构和社区防汛防台工作组，建立健全分类分层分级研判管控工作机制。区级、街道、部门均以亚运保障为主线修订完善应急预案，补强应对“五停”（停止户外集体活动、停课、停工、停业、停运）、“五断”（断水、断电、断网、断路、断气）等极端情况能力，细化“五停”决策、执行、告知、恢复等各环节的操作细则。开展防汛防台隐患大排查，围绕地质灾害易发区、小流域山洪、河网、城市内涝和城市安全运行、交通运输、安全生产、人员转移8个重点领域及亚运场所、应急保障2个专题共10个重点方面进行检查、整治、落实。全年出动巡查检查人员4600人次，检查点位3956处，发现问题359处，均完成整改。3个街道在储备标准以外，均超额配备防汛物资，“三大件”（卫星电话、应急发电机、排水泵）、“四小件”（头盔、电筒、防雨护具、救生衣）达到满配和超配标准。开展全区防汛防台暨应急指挥救援培训和全区防汛防台应急拉动暨防灾减灾救灾技能竞赛，300多人参加。

【防汛防台】 2023年，杭州高新区（滨江）降雨量551.37毫米，启动防汛防台Ⅳ级应急响应3次。召开会商会议19次，发送防御通知9次，印发工作提示单13次，印发区防办指令26次，发送预警信息300万余条次，覆盖90万余人次，编辑发送防汛防台工作简报13期。出动队伍402支，备勤人员4876人次。出动巡查检查人员4600人次，检查点位3956处，发现问题359处，均已完成整改。出动装备车辆307辆次，各类水泵122台次，处理小范围积水106处（次），转移人员100人。

【森林防灭火】 2023年，杭州高新区（滨江）调整区森林防灭火指挥部成员单位，与属地街道、行业部门分别签订森林防灭火责任书。针对元旦、春节、两会、清明等重要时段和重要节点，3次牵头组织召开森林防灭火工作部署会。加大检查巡查力度，春节、清明期间在上山路口设岗卡点，劝阻祭祀用火人员，在重点地区提前布设预置队伍和装备。发挥街道应急管理站点和社会应急救援队伍作用，对林区各消防设施、上山游步道、入山口开展辅助巡查，共在入山口、散坟集中点设卡25处，出动巡查人员200多人，预置队伍17支110多人，发现违规祭祀用火10多起，均现场进行劝阻。开展违规山边开荒种菜专项治理，清理违规开荒用地1万余平方米。开展全区森林防灭火规范化建设，浦沿街道、长河街道完成组织责任网、火险防控网、应急救援网建设，建立街道、社区森林防灭火组织机构，划分火险防控网格，落实各类责任人等。完成储水桶、蓄水池、重要目标、物资仓库等基础信息图层的绘制，初步形成全区森林防灭火形势“一张图”。

（江志平）

【气象预警】 2023年，滨江平均气温明显偏高、高温天气出现早，4月17日出现高温天气，为历史最早。至12月10日，全市平均气温为历史同期最高。降水偏少，时空分布不均，平均降水量较常年同期偏少20%，特别是春季降水偏少超30%，局部出现冬旱连春旱。梅雨不典型但单日降水强，强对流天气频发重发，多局地短时暴雨甚至特大暴雨，特别是7月15—23日连续出现局地短时暴雨甚至特大暴雨天气，发布11次暴雨红色预警信号。全年平均降雨量1167.2毫米，最高降雨量为时代河站点1506毫米。区气象灾害防御工作责任单位通过微信群、“浙政钉”工作群转发各类气象预警信息80条次，其中发布蓝色预警信号6次，黄色预警58次，橙色预警14次，红色预警2次。

（黄汉刚）

【防汛应急保障】 2023年，区综合行政执法局组织参与防汛排涝应急演练4次，组织安全大检查6次。储备各类水泵、排涝车81台、各类防汛物资4.5万件。配备90多名应急抢险人员，300多名城管人员，900多名市政、环卫、绿化等养护人员。在杭州奥体中心广场举办浙江省迎亚运城市安全运行暨杭州市城市内涝应急演练；完成滨江区防汛排涝设备采购工作，采购排涝水泵37台、发电机组15台、橡皮艇10艘及水陆两栖车1辆。修订并印发《滨江区综合行政执法局防汛防台应急预案》及《滨江区综合行政执法局防汛防台应急值班方案》，按照预案严格落实汛期主要领导带班制和24小时值班制度，组织部署各项工作措施，及时应对防汛防台各类突发事件，做好灾情信息报送；做到树木支撑加固到位、应急抢险设备维保到位、应急队伍培训到位、遇到灾情处置到位。保障亚运会工作，修编完成《滨江区亚运场馆周边内涝防治保障方案》《滨江区汛期重点区域“一点一方案”》。全年，区综合行政执法局启动防汛防台应急响应32次，其中二级响应1次，三级响应2次，四级响应29次。

（黄汉刚）

【抗雪防冻】 2023年12月，市气象局发布寒潮蓝色预警信号，滨江区遭遇严重冰冻。区综合行政执法局加强巡查力度和备足物资，关注重点点位，确保路面安全，落实24小时值班制度。备勤总人数469人，出动总人数385人。出动设备73辆，配备工业盐23.5吨、融雪剂17.5吨、铁锹315把、扫把710把、草包3万只、麻袋8080只、推雪板255块、铲子100把、照明设备55只等物资。使用工业盐4.4吨、融雪剂3.9吨、草包9000只。巡查699次，排查并解决安全隐患59起。

（方飞杰）

消防救援

【概况】 2023年，杭州高新区（滨江）聚焦防范化解重大安全风险，创新消防治理方法，完成“迎亚运、庆元宵”烟花灯光秀、第十九届中国国际动漫节、杭州第19届亚运会和第4届亚残运会等消防安保任务，完善基层治理体系、防灭火网格，提升火灾防控能力、群众消防安全意识。全年接警出动1081次，出动车辆2464辆次、人员1.48万人次。

【消防安全综合治理】 2023年，杭州高新区（滨江）以消防安全“大起底、大排查、大整治”集中攻坚行动、消防安全重大风险隐患专项排查整治2023行动等专项为载体，推进高层建筑、工业企业、居住出租房、生产经营性自建房四大重点领域以及电影院、教育机构、宗教活动场所、养老福利机构、商（市）场、文化和旅游场所、文物古建筑、医疗机构八大重点行业整治，检查1.56万家次，发现督改隐患1.38万处。全年完成市、区级重大隐患挂牌单位整改9家。

【防消联勤护航亚运】 2023年，区消防救援大队围绕杭州第19届亚运会3个竞赛场馆、2个训练场馆及4个涉亚酒店开展巡查检查537次，发现并督改隐患458处，拉动演练211次，完成对各场馆人员培训2.7万人次。以护航亚运集中行动为载体辐射周边500米安保圈，排查单位场所1.05万家次，清除隐患7257处。针对火炬路线、开（闭）幕式、重要路线等重要节点、重要时段，制定安保工作方案，绘制防控力量部署“作战图”15张，制定区域网格力量“信息表”6份；以防控责任区块为责任网格，发动网格内街道、社区网格员、平安巡防、社会单位、观察哨等，强化网格区域巡查、消防宣传以及应急联动准备等防控措施，组建237个联动群，织密建强防灭火网格，落实联勤联动、巡防巡控、静处快处，排除居民家中线路老化、楼道焚烧纸钱、厨房未关火、酒店配电箱线路老化等险情，实现亚（残）运期间“零火情、零火警、零火灾”消防安保目标。

【消防宣传】 2023年，区消防救援大队结合“护航亚运 共筑平安”、全民消防安全大宣传大演练大排查活动，组织网格员、行业部门及园区、企业负责人等开展专项培训437场，涉及9.7万人次。编印《滨江区物业服务企业消防安全管理履职要求及操作指引》347份、《消防安全现场检查要点》572份。联合街道制作亚（残）运消防安全宣传展板1674块，以固定点位宣传、派发宣传折页的形式对147个住宅小区居民宣传消防知识，制作警示视频12个、警示推文200条、警示提醒标语500条，发放宣传资料5万余份，微型消防站拉动演练3160次。推出《蓝宝求生小分队》系列消防动漫短片《关爱老人之“敲门守护”》作为中小学、幼儿园开学第一课内容；设立“消防安全副校长”，强化“消校融合”。打造电台电视、信息网络、手机短信、公众媒体等宣传阵地，在全区1702块小区电梯屏幕同步投放消防宣传公益广告视频。通过运用短信平台，持续收集目标管理人群，发布提示信息12万余条。针对“老弱病残”“鳏寡孤独”等弱势群体，开展“敲门守护”“三清三关”行动2.2万次。

（孙涵艳）

2023年11月9日，杭州高新区（滨江）在白马湖广场举办第32个全国消防日启动仪式暨消防业务能力大比武

（区消防救援大队　供图）

街　道

西兴街道

【概况】 2023年，西兴街道总面积15.81平方千米，辖22个社区。其中撤村建居社区8个、城市社区12个、产业社区2个，划分网格142个（居民网格120个，专属网格22个），微网格1093个。户籍人口115395人，流动人口119486人，实有人口234881人。街道围绕“亚运主场·蝶变西兴”的目标，开展“平安守护、稳进提质、共富优享、变革提能、亚运靓城、主场氛围、现代社区、党建铸魂”八大攻坚战，保障“两个亚运”（亚运会、亚残运会）举行。全年财政总收入4.86亿元，一般公共预算收入3.54亿元。实现工业总产值169亿元，工业销售产值176亿元。8个经合社共16个留用地项目中，11个项目交付使用，3个项目在建，2个项目进入实质性开工阶段。协调推进茂源二期、伟达园林2个重点项目提升改造。物联网产业社区、兴盛产业社区成立，开启实体化运行。做好迎春小区等8个小区综合整治提升改造后续工作，推动各安置房小区加装电梯专用空调125台，加强新交付小区的违规装修管理，全过程跟踪参与小区协商共治会议，建立常态化协商机制。西兴街道纳入全国首批完整社区建设试点，入选住建部城市更新典型案例名单，街道创建团队被评为全省最美建设群体，中央广播电视总台《朝闻天下》深度报道西兴社区建设相关经验。缤纷未来社区成为“党建统领、助跑共富”省级案例，获评主题教育精品教学点、主题党日活动基地。西兴街道便民服务中心获评2023年度浙江省示范政务服务中心。西兴街道奥体街区入选为2023年度省级“高品质示范街区”，飞虹路（闻涛路—利民河）入选为2023年度省级“街容示范街”。

【亚运会宣传】 2023年，西兴街道营造“满眼、满街、满屏、满心”亚运宣传氛围，开展“迷你”亚运会等文体活动1075

2023年12月，短视频《英国博主：我在滨江近距离体验数字经济和千年古镇》获杭州2023年度创新重大主题报道优秀国际传播作品一等奖。图为博主与西兴灯笼非遗传承人共同制作灯笼

（西兴街道　供图）

场，发布“这里是主场 这里是西兴”等专题系列报道，获人民网、中国网等中央级媒体报道19篇，被《浙江日报》《杭州日报》等省市级主流媒体报道39篇，点击量100万余人次。《杭州日报》头版《城南“兴”事》、专版报道《八八战略 红色领“杭”·滨江实践之亚运主场 蝶变西兴》，《杭州》杂志发表的《西兴，与世界触手可及》，杭州电视台专栏报道《主场迎亚运，看“蝶变”西兴》，均实现点击率20多万次。《这里是主场，这里是西兴》内容获中国网、人民网、环球网等主流媒体报道。英国博主打卡千年古镇Vlog获杭州2023年度创新重大主题报道优秀国际传播作品一等奖。本级融媒体矩阵全勤联动，开展“亚运主场·蝶变西兴”“家门口的‘亚运味’”等20多个专栏报道，短视频各平台推送90多条，最高浏览量20万余人次。在亚运会倒计时150天、100天、开（闭）幕式、赛事期间等重要节点，制作发布独具“西兴味儿”的亚运创意视频10多条。

【亚运会服务保障】 2023年，西兴街道统筹资源，确保亚运安全。街道召开“攻坚‘136’决胜亚运会”动员大会，建立社会面服务保障及战时指挥调度体系，统筹12个工作组，梳理全街道人员力量调配，绘制“大小莲花”周边便民服务图，组织“警格+网格”1151人，落实奥体周边的管控任务。发动“一长二员”、党员志愿者、社会组织及142个网格、1093个微网格的群防群治力量4000人持续开展基层基础大排查行动、违规出租房整治专项行动，实现“两个亚运”期间街道全域零起火、零冒烟、零安全事故、零滋事闹事的目标。开展“文明靓城‘滨滨有礼’”等系列活动，“文明帮帮码”注册志愿者2.5万人，参与4万余人次；早、晚轮班做好“大小莲花”外围城市志愿者保障工作，参与服务15万余人次。西兴街道“护航亚运”志愿服务项目获2023年度杭州市志愿服务项目大赛优胜奖，石门塘新时代文明实践志愿服务基层站获评杭州市最美新时代文明驿站。

【亚运会环境提升】 2023年，西兴街道开展“迎亚运社区三大提升”“匠心提质绣杭城”专项行动、迎亚运环境秩序“达标社区”“达标街道”创建活动，完成“达标社区”验收，完成“达标街道”创建。开展“亚运主场·蝶变西兴”主场环境再提升十大行动，增设50多处特色点位，奥体区块扬帆路营造“抬头可见、驻足可观、全面可感”的亚运氛围，奥体社区获评2023年省“高品质示范街区”，扬帆路获评2023年省“街容示范街”。开展历史老街整治提升工程，完成20千米管网清淤、完善无障碍设施，对标识标牌导视系统、墙绘等进行微更新，获全市杭韵街巷“赛马”活动第二名。“千年古镇·诗意西兴”传统风貌区入选城市风貌样板区试点建设名单。

【基层治理创新】 2023年，西兴街道启用街道社会治理中心新址，聚焦党建统领、综合集成、减负赋能、实战实效，集矛盾调解、共享法庭、应急联动、禁毒工作、法律咨询、违章处置、劳动保障等一站式服务，建立平战结合工作机制，提升基层治理水平和治理效能。全年接处警8889起，处理警源治理事件2387件，实现100%流转交办。推动区级社会治理中心—基层治理四平台—基层网格基层治理体系协同联动，将未来社区统一数字化平台与一网统管平台对接贯通，“滨豆”积分体系全面覆盖，发动居民参与社区治理，推动治理对象成为治理主体。全年网格员、社会力量等上报各类事件9151件，“滨安码”事件1601件，及时响应度和反馈率100%。20多家省内外单位到街道社会治理中心考察学习，“HR调解联盟”化解劳动纠纷工作法列入全省新时代“枫桥式工作法”名单。《人民日报》针对城市治理“滨安码”专题采访1次，市区两级对街道统一地址库建设工作进行5次数据抽查，均获得评优质量等级。

【行政执法改革】 2023年，西兴街道推进“大综合一体化”行政执法改革试点，对涉及多个部门的多个事项“综合查一次”。处置多跨协同事件7852

件，开展211次“综合查一次”行动，出动综合执法队力量587人次，查处企业、商户等1265处。探索“城市管养一体化”改革试点相关工作，以奥体区块为试点，形成以社区为核心牵头负责的区域内城市管理工作，统一市政设施管养队伍和大综合一体化执法队伍，实现专班实体化运行。街道综合行政执法队获2023年杭州市“十佳”乡镇（街道）综合行政执法队优胜奖。

【企业服务】 2023年，西兴街道开展优质企业排摸、小升规培育、社零潜力挖掘、经济普查、安商稳商等工作。常态化走访联系77个楼宇园区，走访服务企业1000多家次，帮助企业解决问题611个。实时关注企业迁出动态，走访联系拟迁出企业并开展安商稳商工作，挽留企业50多家。开展“兴新汇”系列企业服务活动24场，570多家企业参与活动。梳理出493家重点优质企业，开展全覆盖走访服务。联动部门助推惠企政策落地，开展政策宣讲60多次，兑现瞪羚企业政策23家，新增认定专精特新中小企业39家、国家高新技术企业101家，重新认定国家高新技术企业45家。动员133名人才申报国家、省、市领军人才和E类人才。排摸工业园区内41个楼宇园区空间资源，动态更新296.5万平方米招商出租空间情况，提高项目推介适配度。投入使用的兴耀科创城和春风科创园招引250多个项目入驻，百立特生物、励缔医药等重点项目落地西兴。完成盛大科技园等一批暖企小站建设。街道商会获评2023年浙江省“百家示范商会”和“四好”商会。

【公共服务提升】 2023年，西兴街道提升养老服务管理水平，完成11个社区照料中心等级评定及绩效考核工作，为2448名老年人配备智慧养老手机服务，建设缤纷、滨康嵌入式养老微机构，新增家庭养老床位70张。七甲闸社区、庙后王社区获评2023年杭州市老年友好型社区。完成海康威视嵌入式卫生服务站建设并投用，温馨社区卫生服务站迁建并投用，官河社区婴幼儿成长驿站获评2023年杭州市示范型婴幼儿成长驿站，北塘河儿童公园入选浙江省优质综合公园名单。推进安居工程，完成安置527套，马悦名府、启越府交房，847户居民回迁。实现12个多层安置房小区600个单元加装电梯全覆盖。共联社区迎春小区改造获评2023年度杭州市老旧小区改造典型案例。西兴街道食安办实行分层分级落实包保任务制度，通过开展餐饮企业培训约谈、网格走访、食品安全进校园等活动，加强食品安全知识宣传。西兴农贸市场完成基础配套设施提升和硬件功能改造。

【弱势群体补助】 2023年，西兴街道全发放残疾津贴46.11万元，残疾车主燃油补贴5.48万元。安排7名自理能力较强的肢体、视力、听力残疾人到企业就业。为符合条件的32户残疾人家庭发放辅助器具32件，为82户家庭进行无障碍提升改造，对辖区内1039名持证残疾人家庭进行动态更新入户调查工作。全年共发放各类补助金63.9万元，临时救助12人次，共救助金额2.5万元。实施第二十三次“春风行动”，共捐款59.58万元。落实文明殡葬相关政策，对符合政策者给予一次性奖励。

【缤纷未来社区建设】 2023年，西兴街道未来社区通过党建统领，将原星民社区、七甲闸社区、水电社区3个社区的党支部联建成为区域大党委的模式，共同成立轮值办公室，联合周边共建单位、运营单位和基层站所，建立协同运行机制，提升服务治理水平。通过区域联建，打造以“邻聚里”为核心品牌的九大服务场景，涵盖邻里交流、阅读学习、饮食、事务、纠纷、医疗、健身、养老、托育等生活配套需求，为居民提供全生命周期全生活场景的完整缤纷服务。统一社区数字平台构架建设，“缤纷一起乐”小程序注册1.76万名用户，累计点击20万余次，组织活动600多场，1.3万人次参与。通过各配套场景物联感知对人流量实时统计，运行“滨豆”积分体系。“一滨办”窗口统筹服务居民，3个社区实行“一体化”运营。整合各单位力量成立缤纷大综合一体化执法队，建立街道“南片”执法站，“一体化”执法实现多跨联动。缤纷未来社区建设团队入选为2023年度“最美浙江人·最美建设人”，获评2023年度全省住房城乡建设系统“最美建设群体”。缤纷未来社区建设完整社区试点经验在《中国建设报》刊登，入选全国首个经验推广案例。

【文艺共富站启动】 2023年8月24日，西兴街道与杭州滑稽艺术剧院共同打造的“蝶变西兴”文艺共富站启动。文艺共富站围绕“最艺是西兴”“文艺新势力”“古韵传千年”等板块，挖掘西兴人文底蕴、街道特色，讲好新时代西兴故事。至年底，西兴街道、各社区举办“迎亚运”活动62场，参与人数2000多人。

【物联网产业社区成立】 2023年10月31日，西兴街道物联网产业社区成立。物联网产业社区面积1.78平方千米，有楼宇44座，企业4200多家，服务人口7.23万人。产业社区设立党组织、治理委员会、新的社会阶层人士自治联盟、公共服务站，融合园区服务和基层治理，形成15分钟生活圈、医疗圈、健身圈、阅读圈，构建全维度服务地图，助推产业业态、城市形态、人才生态“三态融合”。物联网产业园、西兴街道联合社区，开展产业服务、员工服务，推进社区治理体系与治理能力现代化。至年底，社区根据青年人的兴趣特点，举办活动7场；在4个暖企小站开展活动6场。

【非物质文化遗产保护】 2023年12月7日，西兴街道在西兴过塘行码头举办“源头古镇·韵味非遗”展示秀，以“意趣盎然的专场展示+沉浸式互动体验”的组合方式，对“西兴竹编灯笼”“西兴盘扣”“西兴剪纸”“岩彩珐琅”“杭州刺绣”“西兴茶点”“南宋胡记”“西兴蛇医”等西兴传统与特色非遗项目以及文艺赋美项目古琴等进行集中展示。活动期间，杭州市党代表、人大代表、政协委员、街道社区代表、民情观察员代表、绩效信息员代表、行风监督员代表、媒体代表、企业代表、热心市民代表等70多名代表参观交流。全年，西兴新增“杭州刺绣”“西兴茶点”“南宋胡记”“岩彩珐琅”“祖名千张”5项区级非遗；成立区首家未来社区非遗艺术馆——缤纷未来社区非遗艺术馆；西兴茶点亮相杭州亚运村，参展“第十五届浙江·中国非遗博览会”获传统美食类银奖。

（王小红　李鹏飞）

长河街道

【概况】 2023年，长河街道总面积30.47平方千米，有社区22个，其中城市社区14个，撤村建居社区7个，产业社区1个，设社区经济合作社12个。常住总人口227735人，其中户籍人口102433人，包括男性50425人，女性52008人；外来流动人口125302人。街道新出生婴儿985人，其中男婴531人、女婴454人。财政总收入12.88亿元，比上年增长28%，其中一般公共预算收入7.38亿元，增长51.7%。全年新设企业6641家，占全区新设数的32%。规模以上工业企业40家，规模以上工业总产值（不含平台）442.5亿元，实现工业增加值33.76亿元，增长10.76%。规模以上服务业企业89家，营业收入107.92亿元。完成固定投资项目11个，投资资金32.8亿元。有围垦土地195.8公顷，其中属街道本级108公顷，共收小麦60吨、水稻360吨。长河街道获评省首批“红色根脉”强基示范街道、省首批城镇“污水零直排区”建设星级镇（街道）。长河市场监管所入选为全国首批五星市场监管所。长河司法所被省司法厅命名为“枫桥式”司法所。冠山、中兴、晶都、钱潮党群服务中心获评省级示范社区党群服务中心。星光产业社区获评省首届现代产业社区十佳案例。

【迎亚运措施】 2023年，长河街道召开动员部署会，明确亚运会服务保障组织架构、工作职责、实施方案和重点任务，发布“一天一主题、一周一循环”等攻坚亚运会的举措。至亚运会开幕前，举办“红色领杭·奉献亚运”主题比武5次，印发亚运专报22期，任务交办推进情况通报58期。实施全域环境整治行动，以滨江体育馆为重点，开展安置小区周边环境综合整治专项行动，拆除6个安置小区立面违建，形成“租管一体化、执法一体化、街区一体化”的长效治理模式。拆除清腾湘湖南入城口违章搭建、美女山施工堆场、长一炮塘；提升9个高架沿线点位立面、长二历史文化公园、长一农贸市场等重点区域环境质量，整治铁路沿线毁绿种菜3000多平方米。规范地铁口单车停放5万余辆、电动车4万余辆。劝导出店经营2000多起、无证摊贩1000多起。推送迎亚运、服务亚运宣传报道、视频289期，配合主流媒体完成宣传报道9次。街社开展各类主题活动1400多起，覆盖人数达5.3万人。建成亚运文明驿站28个。“文明帮帮码”注册城市志愿者3.31万人。抓好安全生产、消防交通等重点领域，查清人口、住宅公寓、出租屋、“低小慢”飞行器等，滚动推进三轮排查整改，消除隐患3500多个。调解矛盾纠纷968件。

【亚运会赛事保障】 2023年，长河街道根据亚运会开（闭）幕式交通管控措施，建立开（闭）幕式和赛时2套运行体系，召开调度会12次，梳理细化应急处置预案19项，开展大小演练6次。赛事期间，街道、社区各级指挥部174人，协调7个大组，整合社区力量863人，应急储备力量330人，平安巡防1492人，内外联动保障比赛。保障滨江体育馆羽毛球赛事693场，接待观赛观众6.7万人，贵宾662批1335人次。

【园区建设与服务】 2023年，长河街道推进工业园二期提升改造，实施低效用地三年滚动开发计划（2023年—2025年），坚持以“收整结合，择优提升”为原则，由街道确定收购计划，负责执行存量工业用地项目盘活推进工作。长河工业园三期完成5家企业的外立面整治改造工程、室内部分装修及室外雨污水、道路、绿化等基础设施工程，通茂配套用房项目于12月15日完成主体建设。选定园区租赁运营单位，签订租赁运营合同。运营单位入驻并推进污水处理工程二次改造、优质企业招引、平台建设等工作，招引企业15家，出租面积2.2万平方米。对所有园区、楼宇入租（实地经营）企业进行筛选，以每周一楼宇为单位上门走访，了解掌握楼宇内实地经营企业的基本情况，安排针对性的对接服务。推进“百名干部助百企”精准服务活动，每月电话联系、实地走访服务企业，建立“一对一”联系机制，实现走访覆盖率100%。深化“长相聚”企业服务品牌，立足线上线下结合的企业服务载体，举办活动42场。提高政策供给的精准度和响应度，完成华业、京安、盾安等7家暖企小站建设。动员辖区内符合要求的企业完成梯度申报工作，至年底，辖区内有专精特新“小巨人”企业8家、专精特新中小企业79家、创新型中小企业175家。

【企业用工服务】 2023年，长河街道举办以“助企开门红”“服务促民企就业惠民生”“乐业家门口”等为主题的12场招聘会，有254家企业参加，推出岗位833个，招聘人数5292人，现场拟录用647人，助力企业实现用工需求、失业人员实现就业。其中，开展“民营企业服务月”活动，召开民营企业专场线上招聘会，参会企业20家；举办“职面未来 安滨乐业”大学生专场招聘会，参会企业13家，推出岗位46个，招聘人数267人，参会大学生272人，意向录用56人。利用“杭州人才网”“杭州招聘网”等平台为企业发布用工信息8045条，招聘人数1.65万人。6月，成立滨江区首家“零工市场”，收集零工用工信息，即时在各平台发布，全年发布用工信息2616条，参与求职人数356人，达成意向用工111人。

【村级项目建设】 2023年，长河街道推进3个村级留用地统筹开发项目。新开工建设江一江三、江二长二、南六村统筹3个项目，其中江一江三项目于10月9日办理施工许可证并开工建设，南六村和江二长二2个项目完成土地摘牌。

推进续建项目建设进度，江二江澜云境阁、长一滨盛云座项目竣工并投入使用，江三卓越傲旋城、江三统筹项目、江二圆伦大厦项目完成施工，江一云境商业中心、江二华洲商务中心二期主体结顶。配合江二华洲中心一期、圆伦大厦项目竣工验收，牵头经合社股东代表大会决策程序，组织六社区统筹项目年租金申请，促进村级留用地早开发、早投用、早受益。启动长一、山一剩余留用地的项目落点、方案设计等前期工作。

【“长河e警”队伍建设】 2023年，长河街道制定并完善《长河街道“长河e警”量化管理实施细则》《“长河e警”工作职责》《“长河e警”服务站工作流程》等制度规范。长河e警“四联三汇”的工作职责为隐患联排、问题联治、应急联动、纠纷联调，汇集实时情报、民间资源、特长力量，具体包括警情前期处置、反诈劝阻、纠纷化解、平安巡逻、防范盗窃、安全知识宣传普及等内容。“长河e警”队伍由派出所、街道社区、辖区物业、志愿者组成，共建政、警、民合作的共治共享的社会治理格局。通过建立“骑手联盟”，将美团、饿了么、申通、顺丰等10个外卖快递平台纳入“e警”队伍。开展“草根英雄”“e警先锋”评选活动，设计制作专用Logo，打造“有困难，找e警”的队伍形象。借助“长河发布”微信公众号，发布“e警”动态，提升“长河e警”的社会影响力和知名度。“长河e警”自2019年4月成立，至年底，有197家单位加入“e警”队伍，有“e警”4400多人。

【安置小区、过渡房、城郊接合部管理】 2023年，长河街道拟定《长河街道农转居安置小区物业管理工作操作规范》，建立健全“街道主导、社区主责、物管委主考”的安置小区物业考核机制，规范物业服务合同、明确物业责任，制定物业考核奖惩制度，对21个安置小区11个物管委就考核机制等内容开展培训，建立季度例会制度，总结、分享经验。完成并投入使用江一社区春波新西苑、长一社区长虹苑消防提升改造工程，持续推进各安置小区楼道大件堆积物常态化清运工作。各安置小区共维修1100多处，偿付维修费用525万元。完成2023年度危旧房大数据排查并完成修缮加固。完成长二开田畈、江二瓶厂2处过渡房整治，下庄里等4处过渡房外立面整治。拆除违章建筑40处，安装临时租赁房智慧用电系统588套，更换过渡房过期、破损灭火器410个。完成滨兴家园等6个老旧小区整治提升项目，提升鸿雁苑、凤凰苑2个小区通信信号。推进13个小区690个单元签约加梯并开工，加梯覆盖率实现93.5%。开展山一社区陈家村区块城郊接合部专项整治工作，制定印发《长河街道关于开展城郊接合部陈家村区块专项整治的实施方案》，成立长河街道城郊接合部陈家村自然村综合治理工作领导小组，集中开展农户违建拆除、农居外立面整治提升、区域配套环境提升改造，持续开展区域治安环境整治行动，集中解决城郊接合部陈家村区块社会治安、环境卫生、村容村貌等问题，建立健全城郊接合部社会治理长效机制。完成5年以上协议人口未安置共903户的全面清零。

【社区服务】 2023年，长河街道新增22处省级“一老一小”服务场景，累计评审通过29处，数量居全区街道第一位。建成江二、钱潮建业2个社区美好生活共同体。制定《基层医疗卫生服务体系大提升三年行动计划（2023—2025）》，推进基层卫生服务体系三年提升行动，完成江三、白马湖2个卫生服务站提升改造，迁建钱潮卫生服务站，启动长河卫生服务中心滨兴分中心建设。建成长一百姓健身房，新建室外健身场地4处、更新4处，建成嵌入式体育设施26处8496平方米。月明、冠山、闻涛、江汉4个社区“15分钟品质文化生活圈”通过省级验收，晶都社区城市书房通过市级验收。全年，完成城乡居民体检2586人，老年人免费接种流感疫苗2744人次，结直肠癌筛查187人次，土源性线虫病和肠道原虫病监测400人次。

【民生事业服务】 2023年，长河街道为6257名老年人提供政府购买居家养老服务，核实1465名80周岁及以上老人高龄普惠电子津贴享受对象数据，向2108名80周岁及以上老人发放高龄津贴166.92万元，完成街道及社区居家养老照料中心的年度考核和资金补助申报工作，发放补助金305.82万元，做好重阳节慰问，发放各级慰问金130.05万元。对133户困难家庭发放“春风行动”慰问金37.25万元，开展第二十三次“春风行动”捐款工作，募集善款51.347万元。完成低保104户117人、低保边缘家庭19户51人的年审及半年审的审批工作，发放低保低边家庭生活补助金178.5万元、困境儿童基本生活费45.3万元；临时救助34户在册困难户，发放救助金2.99万元。落实社区助餐服务全覆盖工作，为7个社区安装“全城通”餐台，解决高龄、孤寡、独居、空巢老人吃饭难问题，为高龄老人、困难家庭、优抚对象等群体安装家庭养老床位70张。全年发放各类退役军人资金补助4162人次，金额273.15万元。发放残疾人困难生活补贴88.54万元，残疾车燃油补贴11.42万元，残疾人一户多残和教育补助资金106.9万元。为全街道残疾人购买“西湖益联保”，为861户残疾人免费安装“数字电视和宽带”，为784名残疾人开展健康体检活动。完成全街道1429名残疾人基本状况调查工作。对长河街道晶都社区党群服务中心、汤家桥社区居家养老服务照料中心、竹山社区居家养老服务中心和长河街道社区卫生服务中心等公共服务场所进行无障碍改造，组织残疾人200多人次到各类比赛场馆现场观看比赛。

【长河老街二期保护开发】 2023年，长河老街实施二期保护开发工程。长河老街二期在主街基础上，围绕“古镇+老字号+直播”形式，启动建设“老字号+直播”新业态，引进朱府铜艺、方回春堂等老字号品牌，形成独具长河韵味的“文化+消费”商旅模式。引进多业态商业形式，补充泽街口、天官路、大河沿等处商业氛围，打造“吃住行游购娱产学研”一体的文化商业街区。完成长河革命历史纪念馆提升改造，规划完善长河乡贤馆。至年底，完成长河老街二期一阶段保护开发工程，完成“槐市盛景、诗礼迎门、山泽遗韵、竹荷双清”4个景点改造及路面提升。

【长河头耕读文化节】 2023年5月12日，由长河街道主办，杭州电视台综合频道承办，众安文旅、长河街道天官社区、杭州高新技术产业开发区资产经营有限公司协办的“源起长河 万象‘耕’新”长河头耕读文化节开幕式在长河历史文化街区举行。活动分“入梦长河”“深耕长河”“新蕴长河”3个篇章，利用开放交互的场地，以现场演出的方式，展现长河本土耕读文化。文化节期间，举办“诸事上上签”电子求签互动、耕读研学、童趣游园会、国潮文化节、老街艺术展等活动，吸引2000多人参与。

【长河街道社会工作站入选省首批五星级乡镇（街道）社会工作站名单】 2023年12月11日，省民政厅公布浙江省首批五星级乡镇（街道）社会工作站名单，长河街道社会工作站入选。长河街道社会工作站于2021年5月成立，以“一核双社N次方”的模式，探索

2023年5月12日，长河头耕读文化节举行　（长河街道　供图）

并形成“五有”服务模式，即党建有统领、专业有人才、政策有保障、管理有制度、服务有品牌。社会工作站为社区、社会工作者、社会组织、社会慈善资源、社会志愿者提供互联互通，以项目化的形式，为居民提供服务。长河社会工作站全年开展个案服务40例，小组服务45次，社区服务238场，服务5082人次。

（洪一飞）

浦沿街道

【概况】 2023年，浦沿街道有26个社区，其中9个撤村建居社区、16个城市社区、1个产业社区，设25个社区居委会。总人口225927人，其中户籍人口116235人，在册流动人口109692人。实现财政总收入7.97亿元，地方一般公共预算收入4.49亿元，比上年分别增长4.96%、5.45%。开展“民风大宣传大引领大转变”行动，成立“民风大宣传大引领大转变”行动工作领导小组，通过建强队伍阵地、丰富宣传渠道载体、加大检查整治力度，提升居民文明素质，共设置文明宣传物料4万余份，开展民风宣传、志愿活动8000多场，清运过渡安置房垃圾1037车。成立文明创建领导小组，迎接1次国测、7次市测、6次区文明办常态化检查，整改问题303条。依托25个社区新时代文明实践站、“文明帮帮码”平台，鼓励居民参与环境卫生整治、文明劝导、便民服务等常态化行动，共发动6.35万人次。江南社区新时代文明实践志愿服务基层站被评为杭州市2023年度志愿服务“最美新时代文明实践站（点）”。彩虹、信诚新时代文明实践站志愿服务小队、“滨滨”有礼志愿服务队中建一局分队被评为杭州市2023年度“最美志愿组织”。为物业业委会工作建章立制，编制《杭州市滨江区人民政府浦沿街道办事处住宅小区业主大会和业主委员会标准化操作手册》和《杭州市滨江区人民政府浦沿街道办事处物业管理事务顾问和信访处置项目公益服务规范》。浦沿街道党群服务中心被认定为省级示范乡镇（街道）党群服务中心，新浦社区、滨文社区、彩虹社区党群服务中心被认定为省级示范村（社区）党群服务中心。彩虹社区入选为首批浙江现代社区。

【亚运会保障】 2023年，浦沿街道落实省、市、区三大提升行动，搭建贯穿赛事全周期的亚运指挥运行体系，完成亚运竞走、马拉松赛事及曲棍球训练场馆保障任务。建立2068人的群防群治巡防队伍，常态开展平安护航巡防。开展3轮“平安护航亚运”大排查大整治专项行动，整改安全隐患679处。聚焦赛事外围、入城口、主干道、涉亚酒店等重点区域，完成59个亚运景观、口袋公园、花海花境等整治项目。实施“点靓三千亩”、零磁谷环境整治，绘制“浦沿记忆”“东海明珠”等主题墙绘2000多平方米，打造“浦沿渔码头”网红打卡点。完成东冠新农村综合整治提升。开展亚运社会氛围浸润行动，举办街道第五届全民运动会、“浦链汇·企业运动会”及全民迎亚运文体活动共216场。开展“迎亚运盛会·耀文化明珠”“迎亚运·浦沿红”等文艺活动763场。坚持“一社一方案”，多场景营造“满眼、满街、满屏、满心”的亚运氛围。

【营商环境优化】 2023年，浦沿街道专题研究制定街道优化营商环境11条举措，组织辖区内187家企业开展结对服务，走访服务企业2407家，新注册企业3905家，净迁入企业341家，挽留企业109家。推进集体经济发展，新投用新生开元、联庄海威2个综合体项目。各经合社营业收入共2.5亿元，比上年增长23.4%。帮助49家企业成功申报创新型中小企业，21家企业新认定为省级专精特新企业。完成国家级和省级人才申报61人，数量居全区第一位。开展创业担保贷款，帮助创业实体降低融资成本，全年发放担保贷款1060万元。打造“浦链汇”惠企服务品牌，开展政策培训、创业课堂、融资对接等系列活动16场，促成7家企业与

10家投资机构达成合作意向。建成7家企业服务驿站,同步建设暖企小站。

【基层治理】 2023年,浦沿街道构建"小脑+手脚"社会治理"1+X"模式,深化街道社会治理中心建设,建成信诚宝龙和滨文高教园2个微治理中心。上线"网格公示"系统,一图全览173个网格等信息。规范编制业委会和物管事务工作手册,开展物管事务培训18次,协调处理小区物业、业委会矛盾,持续深化基层自治。全年化解信访积案35件,调处各类矛盾纠纷628件,受理信访件4782件,信访量比上年下降47%。开展安全生产隐患大排查大整治行动,启用"安全靠浦"平台,摸清1.2万家企业场所情况,开展检查2631次。强化企业主体责任,与辖区245家企业签订安全生产责任书。开展消防、交通安全综合治理,实施出租房违规分割、商铺"三合一"专项整治行动,完成3个消防挂牌小区验收摘牌,全年火警数下降16.95%。持续抓好防范电信网络诈骗,发案率下降10.05%。

【企业安全督导】 2023年,浦沿街道成立安全生产工作领导小组,签订安全生产目标考核责任书,强化各单位安全生产职责,督促25个社区与辖区245家企业签订安全生产目标考核责任书。聘请第三方开展全年度安全生产社会化服务。全年,共检、复查企业3146家,发现隐患1153条,全部完成整改。聘请专业机构对企业园区安全生产专项检查,针对44家危化企业、2700家小园区、一厂多租、楼宇企业进行安全专项检查,合计检查2700多次,发现隐患4450条,全部完成整改。

【城市环境建设】 2023年,浦沿街道开展环境整治工作,落实定人定岗制度,形成"自查排查—派单—整改—监督—复查考核"闭环,上报自查自改问题6.68万条,处理数字城管件4.23万件,整改完成率100%。踏勘拆后地块7次,梳理待整治地块23个、完成70个环境整治项目。建成3座口袋公园,面积1.2万平方米。全年腾退过渡房1896套,完成6440户(次)安置任务。完成各类房屋拆除17处,交地48.94万平方米。完成6宗住宅用地出让。推进滨文浙赣铁路沿线地块收购,完成铁路职工13套房改房签约。协调对接,研究制定龙化西大门宿舍危房拆复建方案。浦沿街道获评杭州市"洁美杯"街道。

【社区建设】 2023年,浦沿街道推进全域未来社区建设,彩虹社区、六和—新和社区分别获评浙江省第三、第四批引领型未来社区;杨家墩社区、冠二社区、岩大房社区、山二社区获评市级未来社区。新建华悦湾、浦联、杨家墩、冠二冠新佳苑、冠一5家美好生活共同体。聚焦"一老一小"民生服务,创建"浦绘夕阳"特色养老品牌,新增居家养老日间照料中心2个,建成街道级托育园3个,嵌入建设婴幼儿成长驿站11个。彩虹、岩大房社区被评为市级儿童友好型社区。推进全民健身,建成嵌入式体育设施、百姓健身房17个,创建硅谷书房3个,建成8

2023年8月28日,浦沿街道联合新和社区开展商铺液化气罐安全检查
(浦沿街道 供图)

个“15分钟品质文化生活圈”。滨文社区获评浙江省文化示范社区。做好帮扶救助、关心关爱等工作，发放低保、残疾人补助金635万元。办好群众急需“微实事”，打造“浦师傅”小修小补等系列品牌，惠及居民1万多人次，获“学习强国”学习平台、《浙江日报》等报道。

【食品药品安全监管】 2023年，浦沿街道成立食品药品安全委员会，实行定期调度，落实党政同责、部门监管、企业主体责任，建立食品安全专管员队伍，将食品安全纳入领导干部培训、食品安全工作监管队伍培训的重要内容，开展领导班子食品安全专题学习3次，培训食安（药）办专职人员、食品安全网格员、食品安全专管员等300多人次。开展五星级食（药）安办建设工作，打造“街道+社区+网格”的监管模式，强化食品安全管控和隐患排查整治，开展“平安护航亚运”沿街商铺专项整治，联合市场监管所、综合执法中队、消防救援等部门开展集中排查整治工作，检查单位3289家次，发现问题259家，落实整改259家。至年底，浦沿街道食安办成功建设成为“浙江省五星级乡镇（街道）食（药）安办”。

【“浦师傅”小修小补便民服务体系】 2023年，浦沿街道根据人大代表建议，建立“浦师傅”小修小补便民服务体系。小修小补便民服务体系通过多元化服务，以公益保障、驻点普惠、手艺定制、志愿上门、多彩服务形式提供理发、磨刀、修补、修鞋、小家电维修、义诊等，引导小修小补有序回归社区，实现服务功能全覆盖，补齐便民服务短板。至年底，开展活动70多场，服务群众1万余人次，受到“学习强国”学习平台、《杭州日报》、潮新闻等报道。

【安置过渡管理】 2023年，浦沿街道共安置房源4189套，安置面积38.04万平方米。完成新生社区（运初尚府、臻到豪庭、浦翠景庭）、浦联社区（臻涛名府、浦联名府、望水华庭）、联庄社区（联乐名苑）安置房源分配工作。分配租赁房源197套。针对入住人员中的已安置户和转租户，安置中心持续按照管理规约开展清查清退工作，做到“应退尽退”，退房1290套。对臻涛名府、运初尚府、浦翠景庭、山秀景苑二期4个小区物业进行招投标；对12个过渡房居住区进行品质提升；对所有小区进行大件垃圾集中清理，共清理垃圾1277车。

【火炬产业社区成立】 2023年12月22日，浦沿街道火炬产业社区批复成立。火炬产业社区占地1.5平方千米，管辖范围东至信诚路、西至东信大道、南至南环路、北至江南大道沿联庄路至汇智地界北，有61座楼宇园区、4693家企业、3.39万名产业人员，是街道成立的第一家产业集聚型社区。火炬产业社区围绕“一心三生态”建设理念，以社区服务中心为载体，打造人才集聚、功能复合、具有高度创新活力的产业社区。“一心”即产业社区服务中心，通过优机制、促创新，建立高效管理服务组织架构，促进联通共治、联商共管、联建共筑。“三生态”即立足“以人为本”的人才发展生态，构建活力众创的城市环境生态，打造专精集群、智慧共享的企业服务生态。

【“反诈一条街”建成】 2023年12月27日，浦沿街道“反诈一条街”建成。“反诈一条街”地处浦沿街道高教园区内，位于浙江商业职业技术学院西门和学生宿舍区立志园东门之间，全长300米。该路段两侧通过设置LED大屏和灯箱橱窗，将常见的20多种电诈类型、手段、案例以及防范措施等进行全方位展示，用声光点亮街区，通过在校学生自主创作的反诈漫画和视频等形式营造反诈氛围，提升师生和周边居民的防诈骗意识。该路段面向滨江高教园区6所高校师生、周边居民开放，服务半径覆盖受众7万余人。

（陈睿妍）

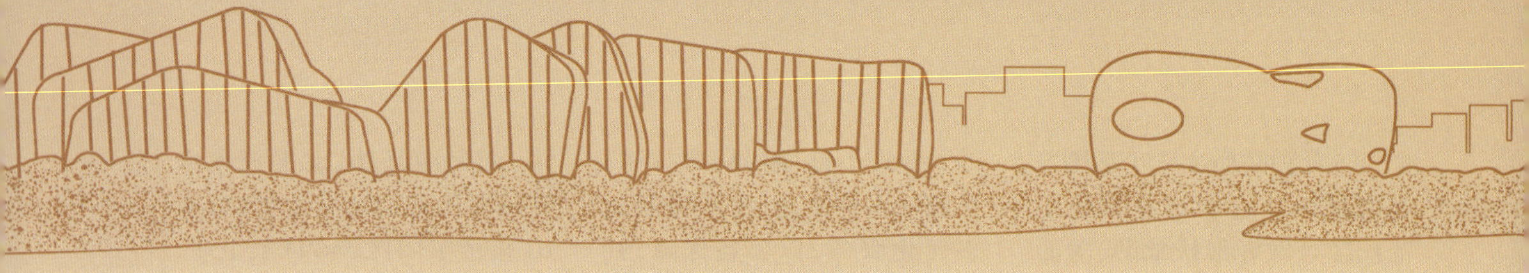

人物·荣誉

全国、省五一劳动奖章获得者

【于英涛】 男，新华三技术有限公司总裁兼CEO。在于英涛主导下，新华三专利申请超1.35万件，连续10年位居浙江省专利授权量第一名，连续9年列浙江省高新技术企业创新能力百强榜首。于英涛以应用场景创新争当数字化改革排头兵，拓展数字经济的边界。主导新华三按照“1612”体系架构要求，参与建设的一体化智能化公共数据平台、智慧亚运等项目，为浙江打造全国数字经济新样板贡献力量。以理念创新建设智能制造未来工厂，提升数字经济的供应链韧性。颠覆传统工厂理念，以“5G+AI+IOT”，推动建设具有世界领先水平的H3C未来工厂。以模式创新推出ICT全栈式商城，优化数字经济服务体验。创新企业级服务理念，以原厂直营打造国内独一无二的ICT（信息与通信技术）全栈式商城H3C MALL。以管理创新争创全球一流数字企业，加快培育世界级数字经济品牌。坚持以数字大脑建设深化企业管理创新，企业营业收入逐年增长。2023年4月，浙江省总工会印发《关于表彰2023年浙江省五一劳动奖状、奖章和工人先锋号的决定》，于英涛获省五一劳动奖章。4月27日，庆祝“五一”国际劳动节暨全国五一劳动奖和全国工人先锋号表彰大会举行，于英涛获全国五一劳动奖章。

【原永辉】 男，杭州优行科技有限公司网约车司机车队长。曾带领车队获得杭州市劳动模范集体、杭州市“文明窗口”流动红旗，优秀车队长称号。作为一名网约车司机，认真践行“傻人”承诺，为一个预约单，在大雨中整晚等待无法准时降落的乘客；疫情防控时，奋勇支援抗疫工作，守护自己的家乡；热心参与志愿者活动，持续参加“爱心送考”活动。累计跑单2.8万单，安全驾驶近45万千米，乘客满意率100%，获安全满分、服务满分。2023年4月，浙江省总工会印发《关于表彰2023年浙江省五一劳动奖状、奖章和工人先锋号的决定》，原永辉获省五一劳动奖章。

（孔潇若）

浙江工匠

【王伦】 男，杭州安恒信息技术股份有限公司教研部经理，网络与信息安全管理员技师、信息安全测试员技师。擅长网络攻防技术、网络安全管理，获得10多个专业技能证书，参与出版教材7本，受聘为多所高校的客座教授、兼职教授和行业导师。主导研发安全运维靶场、网络安全职业技能培训与认定和网络安全自适应认证平台等项目，为公司创造1500万余元的收入。作为王伦大师技能工作室领衔人，带领团队完成省级职业技能认定题库开发，完成杭州第19届亚运会、第4届亚残运会的网络安全保障等项目。王伦致力于网络安全人才培养，培养多名徒弟获评浙江青年工匠等。主要荣誉有浙江青年工匠、第46届世界技能大赛浙江选拔赛网络安全项目第一名、"强网杯"全国网络安全挑战赛三等奖；中华人民共和国第一届职业技能大赛网络安全项目优胜奖。省人力资源和社会保障厅、省总工会、共青团省委联合发文，公示2023年"浙江工匠"培养项目人员名单，王伦入选。

【刘立富】男，杭州泽天春来科技股份有限公司事业部技术负责人，电工高级技师、高级工程师。从事工业过程与环保监测技术研究14年，创新研制高精度激光气体监测系统、机动车尾气遥测系统等环保监测装备，获授权专利50件，包括发明10件（第一发明7件）；发表论文12篇；制定团标4项（1项已发布），企标12项；参与浙江省科技计划等省市级项目4项等。作为技术负责人，主导研发的多项成果达国内外领先水平，其中"基于复合光谱技术的柴油车污染排放动态精准监测系统"经院士专家团队鉴定达到国际先进水平，能替代进口，实现销售收入2.4亿元，助力交通领域双碳目标的实现。主要荣誉有获得省科技进步三等奖、省首版次软件等10多项奖励、区青年科技英才、优秀科技工作者。省人力资源和社会保障厅、省总工会、共青团省委联合发文，公示2023年"浙江工匠"培养项目人员名单，刘立富入选。

【林初克】男，杭州智存科技有限公司技术总工，家用电器产品维修（制冷设备维修工）高级技师。受聘担任全国、省级和市级制冷与空调赛项技术指导专家和裁判，上海海洋大学能源动力专业学位硕士研究生导师等。2020年，参编浙江省职业技能鉴定指导中心《中央空调系统操作员》3–2级题库开发和《制冷空调系统安装维修工》国家题库的开发，参编教材《制冷与空调》《制冷与空调设备安装及维修》《制冷与空调设备组装与调试》等。传帮带徒弟3人，其中1人取得高级工证，2人取得技师证。主要荣誉有2021年获评"杭州市技术能手"；2022年第三届全国智能楼宇及空调职业技能竞赛制冷空调系统安装维修工赛项职工组一等奖，获评"全国技术能手"。省人力资源和社会保障厅、省总工会、共青团省委联合发文，公示2023年"浙江工匠"培养项目人员名单，林初克入选。

【黄伟杰】男，杭州安恒信息安全技术有限公司高级安全专家，网络与信息安全管理员技师。作为国家注册信息安全专业人员，区技能大师工作室领衔人、区高新领军人才，为省公安厅、市公安局、武警浙江总队等提供技术服务。参与国家网络攻防演练获公安部个人通报表扬。担任第二届浙江技能大赛裁判员。2021—2023年培养技能人才10人，其中通过二级技师鉴定1人、高级工2人。担任杭州电子科技大学、绍兴职业技术学院、台州科技职业学院兼职讲师，取得专业领域发明专利3项。获得首届"强网"拟态防御国际精英挑战赛二等奖、2019年中国技能大赛——全国电信和互联网行业网络安全管理职业技能竞赛"安全卫士团队精英奖"、2020"网鼎杯"网络安全大赛三等奖，获评2021"强网杯"全国网络安全挑战赛精英赛年度最佳团队等。省人力资源和社会保障厅、省总工会、共青团省委联合发文，公示2023年"浙江工匠"培养项目人员名单，黄伟杰入选。

（孔潇若）

杭州工匠

【裘坤】男，中控技术股份有限公司副总裁，正高级工程师。长期从事工业控制系统和软件产品技术研究，攻克大规模控制系统设计、功能安全系统设计、智能运行控制等系列高端控制装备核心技术，主持研制大规模联合控制系统、安全仪表控制系统、网络化PLC（可编程逻辑控制器）、全流程智能运行管理与控制系统等系列高端控制装备。主持的科研及研发成果应用于千万吨炼油、百万吨乙烯、百万吨芳烃、大型煤制烯烃等大型工业过程全流程生产。核心产品分布式控制系统（DCS）连续12年国内市场占有率居第一，安全仪表系统（SIS）实现2022年国内市场占有率第一，打破跨国公司高端控制系统在国内流程工业领域的市场垄断和技术壁垒。研发的产品5年累计销售收入96.79亿元、利税29.37亿元。入选“浙江省高层次人才特殊支持计划”科技创新领军人才、首届滨江工匠，担任TC124标委会系统及功能安全分技术委员会委员、浙江省第八届自动化学会理事、中国工程建设标准化协会功能安全与信息安全专业委员会委员。主持和参与10多项省部级重点科研项目，获国家科技进步奖二等奖1项、省部级/行业科技进步奖6项、市科技进步奖2项、省专利金奖1项，参编12项国家标准，授权发明专利40项（第一发明人20项），发表论文12篇（第一作者6篇）。2023年11月21日，庆祝第五个“9·26”工匠日暨第七届“杭州工匠”认定发布会举行，裘坤入选。

【殷俊】 男，浙江大华技术股份有限公司研发中心副总裁兼先进技术研究院院长、智慧城市研究院院长，正高级工程师、技师。从事研发工作20多年，擅长音视频的系统应用、人工智能、网络传输、芯片设计等技术领域。带领团队完成28个项目的研发，重点研发人工智能开放平台，实现人工智能规模产业化落地，通过国产化芯片方案替代解决数字安防领域和产业链的关键问题，形成包括智能摄像头、智能服务器、云平台等国产化替代产品的落地及产业化，实现新增经济效益30亿余元。作为项目负责人主持工业和信息化部第一期人工智能产业创新重点任务揭榜项目“大华人脸人体智能识别系统”、2019年国家产业技术基础公共服务平台项目“面向人工智能领域的产业技术基础公共服务平台建设”等。合作或单独完成245项专利、14项国际发明专利，其中62项以第一发明人完成。作为“高清数字视频信号的传输方法及装置、摄像机、采集设备”专利的第一发明人，获2017年第十九届中国专利优秀奖。2023年11月21日，庆祝第五个“9·26”工匠日暨第七届“杭州工匠”认定发布会举行，殷俊入选。

【陈忠良】 男，杭州迪普科技股份有限公司研发副总裁、软件架构及算法首席专家、中央平台研究部副部长，高级工程师。一直从事Conplat平台软件的核心算法研发，该算法广泛应用于公司的网络安全产品，为网络安全产品的高性能奠定算法基础。以第一发明人申请多项专利，被授权中国专利4项、美国专利2项。以第一作者发表2篇论文。2015年，代表公司与国网浙江省电力公司联合研究课题，完成核心算法MD-tree研发，被授权中国专利1项，2016年获省科学技术进步奖三等奖。2016—2019年，参与或主导4个与算法相关的高性能研发项目。2018年9月，被聘为浙江大学工程师学院工程硕士（电子与通信工程领域）专业学位研究生校外合作导师。2020年12月，获信息技术（信息安全）高级工程师证书。2021年4月，被杭州市总工会授予“杭州市五一劳动奖章”。2022年4月，被聘为哈尔滨工业大学威海校区（计算机学院）专业学位硕士研究生行业导师。2022年9月，被认定为第三届“滨江工匠”。2023年11月21日，庆祝第五个“9·26”工匠日暨第七届“杭州工匠”认定发布会举行，陈忠良入选。

【顾费勇】 男，网易（杭州）网络有限公司网易区块链事业部总经理，毕业于浙江大学光电学院。作为技术带头人，在大数据分析、网络安全、互联网金融、“区块链+图像光影AI”等前沿科技领域，研发众多产品和解决方案，获评中国电子工业标准化协会元宇宙工委会副理事长。长期投身于社会公益，通过自身在区块链领域的专业沉淀与技术优势，服务公共事业攻克技术难关，其中，2020年协助南充市公安局“GEC环保币”案件侦破，2022年因数字技术在古城墙保护中的应用被南京古都城墙保护基金会聘为理事会员。主持网易区块链，致力于面向Web3.0的区块链技术研发和应用落地，获得200多项核心技术专利保护，自研国产顶尖区块链“天玄”引擎与联盟治理方案；促进关键核心技术攻关成果转化应用，成功孵化网易星球数字藏品平台、区块链版权保护平台、数字身份平台等产品，面向用户和政企客户分别推出产品和区块链方案；多次参与数字经济标准化建设，承接1个国家级、多个省部级重要项目建设落地。2023年11月21日，庆祝第五个“9·26”工匠日暨第七届“杭州工匠”认定发布会举行，顾费勇入选。

（孔潇若）

杭州好人

【王自在】 男，1999年出生，中共党员，东北林业大学机电工程学院物流工程与管理专业硕士三年级学生。2023年1月9日，王自在租住在长江小区时，听闻有人落水呼救，立刻冲到楼下，将已经失去意识的、面部朝下漂浮在河中央的男童救出，并采取急救措施将该男童成功救醒。此后，王自在主动向社区建言，在河道危险区域安装防护栏和警示标语，以示警醒。王自在见义勇为的行为，不仅挽救了落水男孩的生命，更是挽救了一个家庭，也维护了社区的安全稳定，展现新时代青年高尚的道德情操和崇高的社会责任感。在2023年度“杭州好人”发布仪式上，王自在获见义勇为类“杭州好人”称号。

【李明】 女，1953年出生，群众，浦沿街道伟业社区居民。李明积极参与社会公益活动，在社区组建合唱队、太极拳队、剪纸社和健身气功辅导站等社团，开设非遗剪纸工作室。疫情期间，组织剪纸社团，创作很多抗疫内容的作品，被评为滨江区“围炉抗疫”优秀团队。课程缺少师资，李明就毛遂自荐当老师，把自己的才艺毫无保留地传授给身边的居民，带动更多人积极参与学习，丰富居民精神生活。多年来，李明热爱志愿服务工作，先后获“浙江省首届十佳老年体育达人”“浙江省百姓学习之星”“浙江省社区教育优秀志愿者”“浙江省优秀民间文艺人才”“杭州市第二届百姓学习之星”“滨江区教育优秀志愿者”等荣誉称号。在2023年度“杭州好人”发布仪式上，李明获助人为乐类“杭州好人”称号。

【章玉高】 男，1949年出生，中共党员，浦沿街道东冠社区居民。2023年6月30日下午，在滨江区滨文河靠近滨文西苑处隧道地段，一对年轻男女先后坠河，情况危急，75岁高龄的章玉高见状，奋不顾身跳入河中救人，拼尽全力游向离自己较近的男子，拉住衣角，使劲地将其拉到岸边；又顾不上自己的安危，继续扎进水里，托住女子的后背，游向岸边，但因连救两人已经没有力气，多次托举女子上岸，都没有成功，幸好居民帮助，才把体力透支的老人和女子拉到岸上。章玉高见义勇为的行为，促进社会正能量的传播，让社会充满温暖和希望。在2023年度“杭州好人”发布仪式上，章玉高获见义勇为类“杭州好人”称号。

【刘静】 女，1987年出生，中共党员，滨江实验小学美术教师、教研组组长。2018年，刘静到贵州省黔东南苗族侗族自治州丹寨县支教三年，组织爱心助学团队建立起贫困学生“一对一”助学机制；引进4位特级教师5位专家教师到丹寨成立工作站，13位专家被聘为教师培训中心特聘专家，组织贵州教师387人次到杭州跟岗，培训当地师资队伍。回杭州后，组织两地学校结成教育集团，为苗乡小学搭建课后服务课程，将非遗资源引入学校课程体系，依托东部的教育智慧，使西部孩子享受到优质的课后服务资源；组织两地学生进行线上互学，线下互访。事迹被《人民日报》、新华社、《贵州日报》等媒体报道，获浙江省最美志愿者、浙江省“三育人”岗位建功等荣誉称号。在2023年度“杭州好人”发布仪式上，刘静获敬业奉献类“杭州好人”称号。

（区志编研室）

先进人物名录

2023年滨江区各部门（单位）获国家和部级表彰的先进个人名录（部分）

表27

序号	姓名	荣誉称号	工作单位	授予单位	授予时间
1	卞小尔	全国公安机关成绩突出女民警	浦沿派出所	公安部	2023年3月
2	周海江	“1·08”专案工作成绩突出个人名单	区市场监管局	国家市场监督管理总局	2023年9月
3	孟　娟	第二届全国市场监管“12315”技能大比武“挑战赛一等奖”	区市场监管局	国家市场监督管理总局办公厅	2023年10月
4	谢丽云	杭州亚运会、亚残运会先进个人	区委宣传部	国家体育总局、中国残联人联合会、浙江省委、浙江省人民政府	2023年12月
5	汪　进	杭州亚运会、亚残运会先进个人	杭州滨江环境发展有限公司	国家体育总局、中国残联人联合会、浙江省委、浙江省人民政府	2023年12月
6	姜瑱瑜	杭州亚运会、亚残运会先进个人	杭州滨江环境发展有限公司	国家体育总局、中国残联人联合会、浙江省委、浙江省人民政府	2023年12月

（区志编研室）

2023年滨江区各部门（单位）获省级和省属部门表彰的先进个人名录（部分）

表28

序号	姓名	荣誉称号	工作单位	授予单位	授予时间
1	吴元阵	浙江省市场监督管理卫士	区市场监管局	浙江省市场监督管理局、浙江省人力资源和社会保障厅	2023年1月
2	赵可平	2022年度浙江省市场监管安全保障工作成绩突出个人	区市场监管局	浙江省市场监督管理局	2023年1月
3	胡晔颖	浙江省优化营商环境工作成绩突出个人	区市场监管局	浙江省市场监督管理局	2023年1月
4	颜利飞	浙江省第四届人民政协好新闻优秀新闻作品	区政协办公室	浙江省新闻工作者协会	2023年1月
5	杨国庆	平安护航党的二十大成绩突出个人	西兴街道	浙江省平安办	2023年1月
6	刘景涛	2019-2021全省科技工作成绩突出个人；2023年度考核优秀	区科技局	浙江省科技厅	2023年1月

续表28

序号	姓名	荣誉称号	工作单位	授予单位	授予时间
7	林汉庆	平安护航党的二十大成绩突出个人	滨江交警大队	浙江省平安办	2023年1月
8	陈海华	2022年度全省推动农民农村共同富裕成绩突出个人	区检察院	浙江省农业农村厅、中共浙江省委农村工作领导小组办公室	2023年1月
9	谢　铁	2022年度浙江省知识产权保护工作成绩突出个人	区检察院	浙江省知识产权强省建设工作联席会议办公室	2023年2月
10	朱执东	全省综合行政执法工作先进个人	区综合行政执法局	浙江省综合行政执法指导办公室	2023年2月
11	郭丙丽	个人二等功	区法院	浙江省高级人民法院	2023年2月
12	黄书韬	2022年度中小微企业培育工作成绩突出个人	区经信局	浙江省促进中小企业和民营企业发展工作领导小组	2023年2日
13	来敏毓	2021—2022年全省党委系统信息工作优秀个人	区党委办公室	中共浙江省委办公厅	2023年3月
14	林峭笑	入选全省系统普法讲师团成员	区市场监管局	浙江省市场监督管理局	2023年5月
15	郭　卿	杭州市数字经济和制造业“双引擎”推进工作个人奖励	物联网产业园发展服务中心	浙江省经济和信息化厅	2023年5月
16	张　烨	浙江省档案工作成绩突出个人	区党委办公室	浙江省委办公厅、浙江省政府办公厅	2023年6月
17	孔　剑	代表杭州队参加亚运食品安全保障技能大比武获团体三等奖	区市场监管局	浙江省市场监督管理局	2023年6月
18	余铁男	浙江省食品安全“说法”大赛二等奖	区市场监管局	浙江省食品药品安全委员会办公室	2023年6月
19	傅　静	浙江省三八红旗手	西兴街道社区卫生服务中心	浙江省妇女联合会	2023年6月
20	葛王林	“平安亚运先锋”（第三批）	滨江交警大队	浙江省公安厅	2023年10月
21	管志华	“平安亚运先锋”（第二批）	滨江交警大队	浙江省公安厅	2023年10月
22	施千宏	“平安亚运先锋”（第三批）	滨江交警大队	浙江省公安厅	2023年10月
23	缪志坚	“平安亚运先锋”（第二批）	滨江交警大队	浙江省公安厅	2023年10月
24	张　军	“平安亚运先锋”（第二批）	滨江交警大队	浙江省公安厅	2023年10月
25	汤新魁	“平安亚运先锋”（第二批）	滨江交警大队	浙江省公安厅	2023年10月
26	李永祥	“平安亚运先锋”（第二批）	滨江交警大队	浙江省公安厅	2023年10月

续表28

序号	姓名	荣誉称号	工作单位	授予单位	授予时间
27	陈　杰	“亚运安保之星”	滨江交警大队	浙江省公安厅	2023年10月
28	陈　杰	“平安亚运先锋”（第一批）	滨江交警大队	浙江省公安厅	2023年10月
29	傅炜军	“平安亚运先锋”（第二批）	滨江交警大队	浙江省公安厅	2023年10月
30	毕二飞	“平安亚运先锋”（第二批）	滨江交警大队	浙江省公安厅	2023年10月
31	金烨明	全省公安机关平安护航亚运成绩突出个人通报表扬（第四期）	滨江交警大队	浙江省公安厅	2023年10月
32	童大可	全省公安机关平安护航亚运成绩突出个人通报表扬（第四期）	滨江交警大队	浙江省公安厅	2023年10月
33	叶建国	全省公安机关平安护航亚运成绩突出个人通报表扬（第五期）	滨江交警大队	浙江省公安厅	2023年10月
34	孙利康	“平安亚运先锋”（第一批）	滨江交警大队	浙江省公安厅	2023年10月
35	贾晓雷	“平安亚运先锋”（第二批）	滨江交警大队	浙江省公安厅	2023年10月
36	王晶晶	“平安亚运先锋”（第三批）	滨江交警大队	浙江省公安厅	2023年10月
37	郑月朦	全省公安机关平安护航亚运成绩突出个人通报表扬（第七期）	滨江交警大队	浙江省公安厅	2023年10月
38	王　涛	全省公安机关平安护航亚运成绩突出个人通报表扬（第七期）	滨江交警大队	浙江省公安厅	2023年10月
39	丁高杰	全省公安机关平安护航亚运成绩突出个人通报表扬（第五期）	滨江交警大队	浙江省公安厅	2023年10月
40	林汉庆	省厅“平安亚运先锋”（第一批）	滨江交警大队	浙江省公安厅	2023年10月
41	林汉庆	全省公安机关平安护航亚运成绩突出个人通报表扬（第五期）	滨江交警大队	浙江省公安厅	2023年10月
42	何亦淑	产业链链长制推进工作行政奖励个人嘉奖	物联网产业园发展服务中心	浙江省经济和信息化厅	2023年11月
43	黄　莹	全省综合行政执法系统队伍规范化建设工作成绩突出个人	区综合行政执法局	浙江省综合行政执法指导办公室	2023年12月
44	颜利飞	《人民政协报》·人民政协网宣传工作突出个人	区政协办公室	《人民政协报》浙江记者站	2023年12月
45	颜利飞	全省政协联谊报社二星级通讯员	区政协办公室	联谊报社	2023年12月
46	宋承阳	杭州亚运会、亚残运会浙江省先进个人	滨江融媒体中心	中共浙江省委办公厅、浙江省人民政府办公厅	2023年12月

续表28

序号	姓名	荣誉称号	工作单位	授予单位	授予时间
47	卜　征	杭州亚运会、亚残运会浙江省先进个人	区卫健局	中共浙江省委办公厅、浙江省人民政府办公厅	2023年12月
48	蒋益钢	杭州亚运会、亚残运会浙江省先进个人	区卫健局	中共浙江省委办公厅、浙江省人民政府办公厅	2023年12月
49	沈建松	三能榜样·最美警察	西兴派出所	浙江省公安厅	2023年12月
50	黄　莹	全省综合行政执法系统队伍规范化建设工作成绩突出个人	区综合行政执法局	浙江省综合行政执法指导办公室	2023年12月
51	沈建松	2019—2023年度全省政法系统先进个人	西兴派出所	浙江省委政法委	2023年12月

（区志编研室）

先进集体名录

2023年滨江区各部门（单位）获国家和部级表彰的先进集体名录（部分）

表29

序号	获奖单位	荣誉称号	授予单位	授予时间
1	物联网产业园发展服务中心	国家数字服务出口基地首批创新实践案例	商务部办公厅、中央网信办秘书局、工业和信息化部办公厅	2023年3月
2	区管委会、政府办公室	2022年度“企业创新积分制”优秀工作单位	科技部火炬中心	2023年4月
3	西兴街道社区卫生服务中心	2022年度“优质服务基层行”活动表现突出、服务优质机构	国家卫生健康委员会办公厅、国家中医药管理局综合司	2023年6月
4	西兴街道水电社区	水电社区“绿色社区”创建案例入选住建部创建行动案例摘编	住房和城乡建设部	2023年7月
5	西兴街道缤纷未来社区	完整社区建设试点名单	住房和城乡建设部	2023年7月
6	长河市场监督管理所	五星市场监督管理所	国家市场监督管理总局	2023年11月
7	区市场监管局	市场监管所标准化规范化建设和五星市场监管所评定工作表现突出集体	国家市场监督管理总局	2023年12月

（区志编研室）

2023年滨江区各部门（单位）获省级和省属部门表彰的先进集体名录（部分）

表30

序号	获奖单位	荣誉称号	授予单位	授予时间
1	杭州滨江环境发展有限公司	区政府南广场地下停车场（一期）、西兴路（江南大道—滨康路）整治工程、滨盛路—钱江二路（七甲路—之江西路）工程等工程获评2022年度浙江省建筑施工安全生产标准化管理优良工地	浙江省住房和城乡建设厅	2023年1月
2	杭州滨江环境发展有限公司	北塘河儿童公园入选2022年度浙江省优质综合公园	浙江省住房和城乡建设厅	2023年1月
3	杭州滨江环境发展有限公司	智造谷项目和感知谷项目荣获2022年度浙江省智慧工地示范项目	浙江省建筑业行业协会	2023年1月
4	物联网产业园发展服务中心	数字化普法园区全方位推进公民素养入选2022年度浙江省公民法治素养观测点“十大最佳实践案例”	浙江省司法厅、浙江省普法办	2023年1月
5	区经信局	2022年度全省经信系统工作目标责任制考核评价县（市、区）先进单位	浙江省经济和信息化厅	2023年1月
6	杭州高新技术产业开发区（滨江）市场监督管理局质量监督管理科	2022年度浙江省市场监管安全保障工作成绩突出集体	浙江省市场监督管理局	2023年1月
7	区经信局	杭州市数字经济和制造业“双引擎”推进工作成绩突出集体行政奖励	浙江省经济和信息化厅	2023年2月
8	杭州市滨江区人民法院白马湖人民法庭	2022年浙江省知识产权保护工作成绩突出集体	浙江省知识产权强省建设工作联席会议办公室	2023年2月
9	区市场监管局	2022年浙江省知识产权保护工作成绩突出集体	浙江省知识产权强省建设工作联席会议办公室	2023年2月
10	区市场监管局	疫苗国家监管体系评估工作集体嘉奖	浙江省药品监督管理局	2023年3月
11	西兴街道商会	浙江省工商联“百家示范商会”	浙江省工商联合会	2023年3月
12	杭州滨江环境发展有限公司	滨江区滨水公共空间（沿江公园）改造提升项目入选省级城市更新试点项目名单	浙江省住房和城乡建设厅	2023年4月
13	杭州滨江区	浙江制造天工鼎	浙江省委、省政府	2023年5月

续表30

序号	获奖单位	荣誉称号	授予单位	授予时间
14	物联网产业园发展服务中心	浙江省十佳开放平台	浙江省委、省政府	2023年5月
15	杭州滨江区	“深化‘亩均论英雄’改革、稳企业强主体工作有力、成效明显”督查激励	浙江省人民政府办公厅	2023年6月
16	区市场监管局退休党支部	省首批离退休干部“三强六好”示范党支部	省委老干部局	2023年6月
17	区商务局	浙江自贸试验区建设工作业绩突出集体	中国(浙江)自由贸易试验区工作领导小组办公室	2023年7月
18	杭州滨江环境发展有限公司	区政府南广场地下停车场工程(一期)获评2023年度浙江省建设工程钱江杯(优质工程)	浙江省住房和城乡建设厅	2023年7月
19	杭州滨江环境发展有限公司	滨盛路—钱江二路(七甲路—之江西路)工程获评2023年度浙江省建设工程钱江杯(优质工程)	浙江省住房和城乡建设厅	2023年8月
20	滨江交警大队西兴中队	2023年度第二期全省公安机关平安护航亚运工作成绩突出集体	浙江省公安厅	2023年8月
21	物联网产业园发展服务中心	2022年度浙江省命名类特色小镇考核优秀	浙江省特色小镇规划建设工作联席会议办公室	2023年9月
22	区管委会、政府办公室	2023年浙江省数字化改革网络安全优秀案例	中共浙江省委网络安全和信息化委员会办公室	2023年9月
23	浦沿市场监督管理所	清廉基层所	中共浙江省市场监督管理局委员会	2023年10月
24	西兴街道物联网社区、襄七房社区	2023年浙江省星级社区服务综合体(三星级)	浙江省民政厅	2023年10月
25	西兴街道	浙江省新时代“枫桥式工作法”名单——西兴街道“HR调解联盟”化解劳动纠纷工作法	浙江省委政法委员会	2023年11月
26	杭州高新区(滨江)白马湖党群服务中心	2023年度省级示范区域性两新组织党群服务中心	中共浙江省委组织部	2023年11月

续表30

序号	获奖单位	荣誉称号	授予单位	授予时间
27	西兴街道缤纷未来社区	全省“国家儿童友好城市”建设工作现场会考察点	浙江省政府妇儿工委	2023年11月
28	滨江检察院“E路守护”青少年互动式法治体验馆	浙江省法治宣传教育基地	浙江省普法办公室	2023年11月
29	区委宣传部	杭州亚运会、亚残运会浙江省先进集体	中共浙江省委办公厅、浙江省人民政府办公厅	2023年12月
30	西兴街道	2023年度全省住房城乡建设系统“最美浙江人·最美建设人”	浙江省住房和城乡建设厅	2023年12月
31	西兴街道商会	2023年浙江省“四好”商会	浙江省工商业联合会办公室	2023年12月
32	杭州滨江城建发展有限公司	杭州亚运会、亚残运会浙江省先进集体	中共浙江省委办公厅、浙江省人民政府办公厅	2023年12月
33	区卫健局	杭州亚运会、亚残运会浙江省先进集体	中共浙江省委办公厅、浙江省人民政府办公厅	2023年12月
34	公安滨江分局	全省2023年护航系列重大活动成绩突出集体	浙江省公安厅	2023年12月
35	公安滨江分局	2023年度全省公安机关执法质量优秀单位	浙江省公安厅	2023年12月
36	公安滨江分局基层基础管理大队	三能榜样·最美警队	浙江省公安厅	2023年12月
37	滨江交警大队西兴中队	三能榜样·最美警队	浙江省公安厅	2023年12月
38	区司法局长河司法所	浙江省“枫桥式”司法所	浙江省司法厅	2023年12月
39	区司法局	全省“八五”普法中期成绩突出集体	中共浙江省委全面依法治省委员会守法普法协调小组	2023年12月
40	生态环境滨江分局	全省“五水共治”工作先进集体	浙江省委、省政府	2023年12月
41	杭州滨江区	科技创新鼎	浙江省委、省政府	2023年12月

（区志编研室）

统计资料

杭州高新区（滨江）经济社会主要指标统计表

2023年杭州高新区（滨江）经济社会主要指标统计表

表31

指标名称	计量单位	2023年	占2022年的比例（%）
年末人口概况			
年末总户数	万户	8.9	103.2
全区年末户籍人口	万人	33.4	103.7
其中：男性	万人	16.65	103.3
女性	万人	16.75	104.1
当年出生人口	万人	0.4	101.9
全区人口出生率	‰	10.7	△-0.2
全区人口自然增长率	‰	7.1	△-1.3
全区年末常住人口	万人	54.3	102.5
全区总面积	平方千米	72.2	100
地区生产总值			
全区生产总值	亿元	2467.9	108
其中：第一产业	亿元	0.5	108.8
第二产业	亿元	924	106
第三产业	亿元	1543.4	109.2
其中：工业	亿元	906.9	106.3
建筑业	亿元	17.1	92.5
批发和零售业	亿元	89	102
交通运输、仓储和邮政业	亿元	19.2	126.3

续表31

指标名称	计量单位	2023年	占2022年的比例(%)
住宿餐饮业	亿元	9.6	110
金融业	亿元	100.2	105.8
房地产业	亿元	48	105.6
营利性服务业	亿元	1200.3	111
非营利性服务业	亿元	77.2	99
人均生产总值（按常住人口计算）	万元	46	—
规模以上工业			
出报企业数	家	281	110.6
工业增加值	亿元	883.4	107
其中：战略性新兴产业	亿元	829.7	107.3
高新技术产业	亿元	742.5	99.2
装备制造业	亿元	818	107.4
营业收入	亿元	3804.9	108.2
利润总额	亿元	370.4	120.1
新产品产值率	%	46	*-8.1
应付职工薪酬	亿元	363.6	108.9
平均用工人数	万人	12.2	99.4
综合能源消费量	吨（标准煤）	247723	113.4
规模以上服务业			
出报企业数	家	789	113.7
营业收入	亿元	3294.2	109.6
其中：交通运输、仓储和邮政业	亿元	149.4	91.4
互联网信息传输、软件和信息技术服务业	亿元	2552.9	111.4
租赁和商务服务业	亿元	95.2	100.9
科学研究和技术服务业	亿元	328.7	112.1
水利环境和公共设施管理业	亿元	12.8	93.5
居民服务、修理和其他服务业	亿元	5.5	103.1
文化、体育和娱乐业	亿元	8	123
利润总额	亿元	600	131.2
应付职工薪酬	亿元	756.6	99.5
期末用工人数	万人	22.4	92.8
批零贸易、住宿餐饮业			
出报企业数	家	685	118.3
其中：批零企业	家	611	119.3

续表31

指标名称	计量单位	2023年	占2022年的比例（%）
住餐企业	家	74	110.5
社会消费品零售总额	亿元	568.2	103.9
其中：汽车零售额	亿元	124.5	95.8
商贸销售额（限上企业）	亿元	4008.8	99.3
其中：批发和零售业	亿元	3988.8	99.2
住宿和餐饮业	亿元	20	114.3
固定资产投资			
固定资产投资完成额	亿元	—	105
其中：交通、水利和能源投资	亿元	—	201.1
其中：交通投资	亿元	—	67
水利投资	亿元	—	5587.3
高新产业投资	亿元	—	117.6
其中：高新制造业投资	亿元	—	116.8
高技术服务业投资	亿元	—	118.1
民间投资	亿元	—	106.3
项目民间投资	亿元	—	96
工业投资	亿元	—	111
其中：制造业投资	亿元	—	107
房地产情况			
房地产销售面积	万平方米	82.8	123.1
其中：商品房住宅成交面积	万平方米	57.1	114.7
商业地产成交面积	万平方米	15.9	91.9
房地产销售额	亿元	292.4	102.5
其中：商品房住宅成交额	亿元	242.5	103.2
商业地产成交额	亿元	38	75.9
房地产库存面积	万平方米	53.7	132.5
其中：商品房住宅库存面积	万平方米	20.3	117.2
商业地产库存面积	万平方米	23.1	102.9
房地产库存套数（套）	套	2708	94.4
其中：商品房住宅库存套数	套	1498	105.1
商业地产库存套数	套	1142	82.9
财政收支			
财政总收入	亿元	462.5	106.7
其中：一般公共预算收入	亿元	242.1	112.8

续表31

指标名称	计量单位	2023年	占2022年的比例（%）
其中：税收收入	亿元	229.1	113.6
其中：增值税（含营改增）	亿元	85.3	131
企业所得税	亿元	46.1	78.6
个人所得税	亿元	43.7	100
上划中央税收小计	亿元	220.3	100.6
一般公共预算支出	亿元	181.9	108.4
其中：产业扶持支出	亿元	72.7	115.4
民生保障支出	亿元	159.4	110.5
其中：教育支出	亿元	33.4	107.8
区本级财政科技拨款	亿元	46.3	115.5
出口及招商引资			
自营进出口	亿元	1082.5	107
其中：出口	亿元	764.6	102.4
其中：高新技术产品	亿元	413.8	95.8
其中：美国	亿元	104.3	96.3
欧盟	亿元	139.3	89.2
进口	亿元	317.9	120.3
服务贸易出口	亿美元	54.9	113
新引进外商投资企业数	家	167	144
实际利用外资	亿美元	9.3	107.3
对外直接投资备案额	亿美元	28.7	343.4
世界500强投资企业数（累计数）	家	40	102.6
企业发展			
累计工商注册单位数	家	95934	119.2
其中：当年新办工商注册数	家	20745	121.9
新增认缴注册资本	亿元	1208.5	159.8
江北新注册企业数	家	905	132.3
浙江省高企创新能力500强	家	48	88.9
上市公司	家	72	104.3
有效期内的高新技术企业数	家	2601	115.2
其中：新认定	家	528	100
在孵企业	家	4048	106
科技创新			
获授权专利数	项	18317	89.9

续表31

指标名称	计量单位	2023年	占2022年的比例（%）
其中：发明专利	项	7699	103.5
市级及以上科技企业孵化器	家	95	111.8
其中：国家级	家	18	128.6
市级及以上众创空间	个	37	82.2
其中：国家备案	个	19	86.4
市级以上技术中心	个	194	101.6
研究与发展经费支出（R&D）与GDP之比（2022年数据）	%	9.5	—
人　才			
引进人才总数	人	41029	105.8
其中：博士	人	340	100.9
硕士	人	6959	77.8
其中：海归人才	人	1258	104.7
新增大学生创办企业数	家	468	100.6
收入支出			
居民人均可支配收入	元	83205	105.6
居民人均消费支出	元	57090	109
社会保障			
年末职工基本养老保险参保人数	人	620693	102.9
其中：当年新增	人	17633	55.7
基本医疗保险参保率	%	99.75	*-0.06
教　育			
☆学校数	所	72	102.9
其中：幼儿园	所	38	100
小学	所	20	111.1
初中	所	14	100
学生数	人	67788	104.6
其中：幼儿园	人	18705	92
小学	人	36858	109.8
初中	人	12225	112
专职教师数	人	5048	102.5
其中：幼儿园	人	1825	99.3
小学	人	2076	106.6
初中	人	1147	100.7

续表31

指标名称	计量单位	2023年	占2022年的比例（%）
卫　生			
卫生机构数	个	291	105.1
其中：医院数	个	8	100
卫生技术人员	人	4052	103.3
其中：执业（助理医师）	人	1396	109.3
注册护士	人	1808	106
年末各类医疗机构床位数	张	698	100
其中：医院床位数	张	543	100
医院年诊疗人次	万人次	23.7	113.7
城市建设			
园林绿地面积（新增）	公顷	28.1	96.6
其中：公园绿地面积（新增）	公顷	10.4	97.2
年末实有道路总长度	千米	266.4	103.7
其中：当年新增	千米	9.4	154.1
用电量			
全社会用电量	万千瓦时	434743	103.2
其中：居民生活用电	万千瓦时	87445	96.1
“1+6”产业集群			
数字经济核心产业增加值占GDP比重	%	75.6	*-3.3
数字经济核心产业增加值	亿元	1866.1	107.3
文化产业增加值	亿元	777.8	110.4
金融产业增加值	亿元	100.2	105.8
旅游休闲产业增加值	亿元	—	—
健康产业增加值	亿元	171.5	91.6
时尚产业（制造业）增加值	亿元	42.8	97.5
高端装备产业（制造业）增加值	亿元	736.8	108.5

注：带△号为增减千分点。带*号为增减百分点。带☆处九年一贯制学校按一所初中计。本资料为初步统计数。（区统计局）

2023年杭州市各区县（市）主要经济指标对比统计表

表32

区县（市）名称	计量	2023年	占2022年的比例（%）
地区生产总值			
上城区	亿元	2668.5	104.3
拱墅区	亿元	2091.5	105.1
西湖区	亿元	2087.4	105.1

续表32

区县（市）名称	计量	2023年	占2022年的比例（%）
滨江区	亿元	2467.9	108
萧山区	亿元	2230.7	105.8
余杭区	亿元	2936.4	108.5
临平区	亿元	1067.3	106
钱塘区	亿元	1270.4	104.2
富阳区	亿元	960.9	104.8
临安区	亿元	686.5	103.5
桐庐县	亿元	469.2	106.5
淳安县	亿元	280.5	105
建德市	亿元	450.1	105.5
西湖名胜风景区	亿元	48	106.4
规模以上工业增加值			
上城区	亿元	471.8	98.8
拱墅区	亿元	113.2	102.2
西湖区	亿元	94.1	90.8
滨江区	亿元	883.4	107
萧山区	亿元	597.3	104
余杭区	亿元	240.8	96
临平区	亿元	440.8	103.7
钱塘区	亿元	737.6	102.4
富阳区	亿元	289.3	101.6
临安区	亿元	241.7	99.1
桐庐县	亿元	128.8	105.2
淳安县	亿元	38.1	107.4
建德市	亿元	154.4	103
西湖名胜风景区	亿元	—	—
第三产业增加值			
上城区	亿元	2046.5	106.4
拱墅区	亿元	1898.1	105.5
西湖区	亿元	1939.3	106.1
滨江区	亿元	1543.4	109.2
萧山区	亿元	1349.7	107.9
余杭区	亿元	2566.8	110.3
临平区	亿元	493.2	109.2
钱塘区	亿元	433.2	106.9

续表32

区县（市）名称	计量	2023年	占2022年的比例（%）
富阳区	亿元	502.2	107.7
临安区	亿元	300.2	108.1
桐庐县	亿元	226	109.6
淳安县	亿元	160.1	105.4
建德市	亿元	196.8	109
西湖名胜风景区	亿元	46.4	106.8
社会消费品零售总额			
上城区	亿元	1107	103.2
拱墅区	亿元	1363.9	103.9
西湖区	亿元	906.3	107.2
滨江区	亿元	568.2	103.9
萧山区	亿元	1006.2	111.1
余杭区	亿元	826.3	103.2
临平区	亿元	392.3	105
钱塘区	亿元	340.4	100.7
富阳区	亿元	444.4	101.4
临安区	亿元	246.2	109.8
桐庐县	亿元	173.8	104.1
淳安县	亿元	109.4	116.3
建德市	亿元	136	105.4
西湖名胜风景区	亿元	50.2	114
财政总收入			
上城区	亿元	460.8	113.6
拱墅区	亿元	359.4	105.7
西湖区	亿元	449.6	97
滨江区	亿元	462.5	106.7
萧山区	亿元	566.9	110.1
余杭区	亿元	801.6	119.4
临平区	亿元	253.8	110.4
钱塘区	亿元	247.6	107.5
富阳区	亿元	165.2	107.8
临安区	亿元	141.2	107
桐庐县	亿元	78.9	110.8
淳安县	亿元	46.9	107.4

续表32

区县（市）名称	计量	2023年	占2022年的比例（%）
建德市	亿元	79.2	98.4
西湖名胜风景区	亿元	20.4	116.1
一般公共预算收入			
上城区	亿元	244.9	116.3
拱墅区	亿元	199.2	108.1
西湖区	亿元	233.8	100.1
滨江区	亿元	242.1	112.8
萧山区	亿元	332	104.3
余杭区	亿元	416.7	118.1
临平区	亿元	144.7	106.7
钱塘区	亿元	127.1	109
富阳区	亿元	100.5	109.6
临安区	亿元	87.6	104.3
桐庐县	亿元	45	108.6
淳安县	亿元	27	112.9
建德市	亿元	47.6	91.5
西湖名胜风景区	亿元	10.1	113.9
实际利用外资			
上城区	亿美元	11.9	109.4
拱墅区	亿美元	7.4	275
西湖区	亿美元	4	57.2
滨江区	亿美元	9.3	113.1
萧山区	亿美元	35.2	331.6
余杭区	亿美元	8.9	93
临平区	亿美元	2.5	119.3
钱塘区	亿美元	3.5	32.7
富阳区	亿美元	1.9	52.7
临安区	亿美元	2.2	108.8
桐庐县	亿美元	0.9	47.7
淳安县	亿美元	0.1	20.1
建德市	亿美元	0.6	39.3
西湖名胜风景区	亿美元	—	—

资料来源：以上数据由市统计局提供

（区统计局）

2023年杭州高新区（滨江）国民经济和社会发展统计公报

2023年，杭州高新区（滨江）坚持以习近平新时代中国特色社会主义思想为指引，深入贯彻落实习近平总书记考察浙江重要讲话精神，锚定“建设天堂硅谷、打造硅谷天堂”战略定位，坚决扛起经济强区责任担当，坚持经济恢复稳中求进，着力改善市场预期、提振发展信心、增强内生动力，持续推动创新驱动高质量发展。全年经济发展稳中向好，产业发展进中提质，创新驱动质效增强，社会事业协调稳定，实现亚运攻坚和经济翻身“两仗赢”。

一、综合

（一）经济增长

初步核算，全年地区生产总值（GDP）2467.9亿元，按可比价格计算，同比增长8.0%。其中第一产业增加值0.5亿元，第二产业增加值924.0亿元，第三产业增加值1543.4亿元，分别增长8.8%、6.0%和9.2%。三次产业结构调整为0.02：37.44：62.54。按常住人口计算，全年人均地区生产总值460003元（按年平均汇率折算为65279美元）。

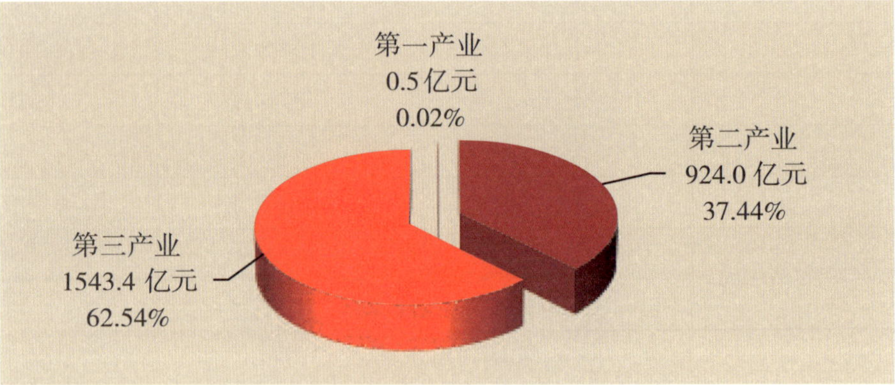

图1　2023年地区生产总值三大产业占比图

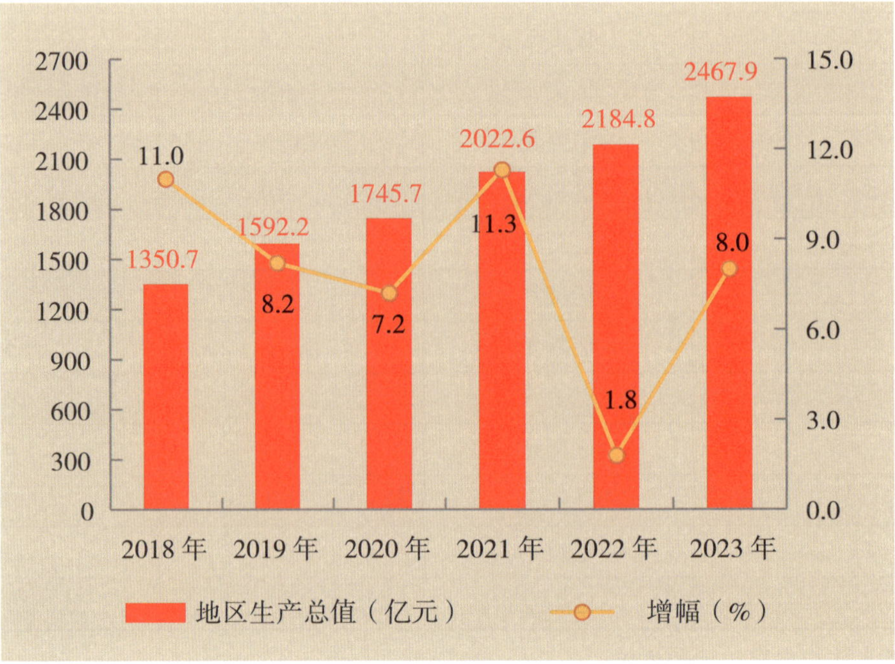

图2　2018—2023年地区生产总值及增幅图

数字经济核心产业增加值1866.1亿元，按可比价格计算，同比增长7.3%，占GDP的75.6%，列全省第一。

（二）财政收支

全年实现财政总收入462.5亿元，增长6.7%；一般公共预算收入242.1亿元，增长12.8%，税收收入229.1亿元，占一般公共预算收入的94.6%，增值税（含营改增）、企业所得税、个人所得税分别为85.3亿元、46.1亿元、43.7亿元，分别占35.2%、19.0%、18.1%。

全年一般公共预算支出181.9亿元，增长8.4%，其中民生保障支出159.4亿元，占一般公共预算支出的87.6%。用于教育、产业扶持的支出分别为33.4亿元、72.7亿元，分别增长7.8%、15.4%。

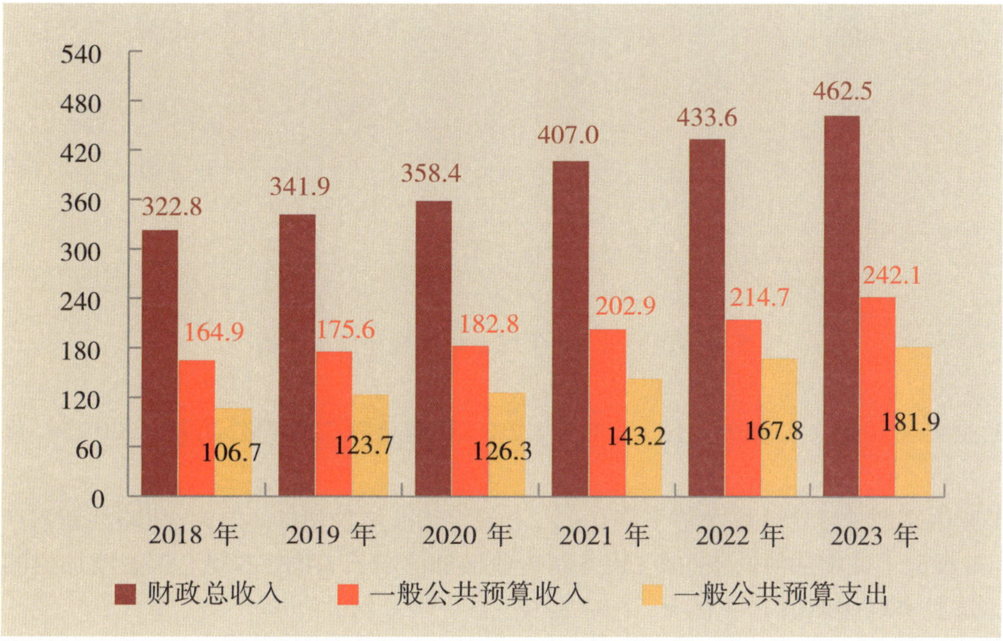

图3　2018—2023年全区财政收支（亿元）

（三）人口就业

年末常住人口54.3万人，比上年末增加1.3万人，常住人口城镇化率100.0%。年末户籍人口33.4万人，其中男性人口16.65万人，女性人口16.75万人，分别占户籍人口的49.9%和50.1%。全年出生人口3508人，出生率为10.7‰；死亡人口1185人，死亡率为3.6‰，自然增长率为7.1‰。

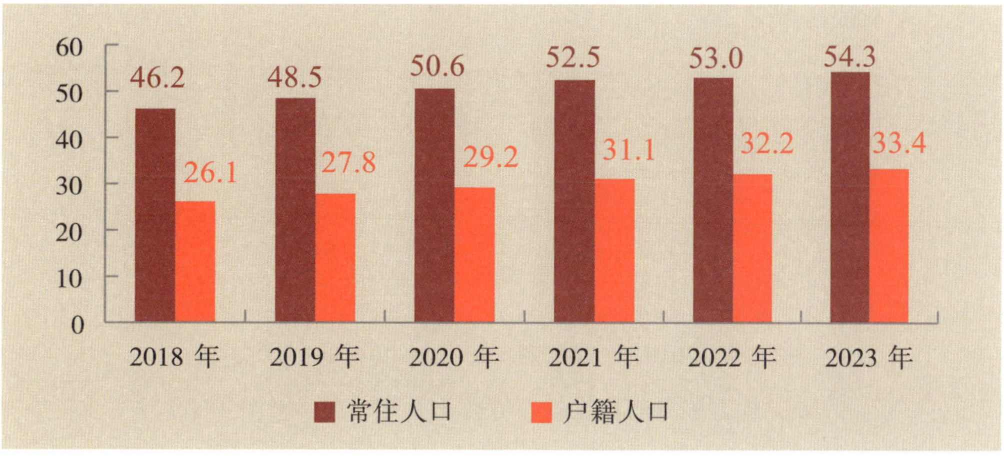

图4　2018—2023年全区常住、户籍人口数（万人）

二、工业和建筑业

全年实现工业增加值906.9亿元，增长6.3%，其中规上工业增加值883.4亿元，增长7.0%。新产品产值率46.0%；规上工业劳动生产率72.4万元/人。

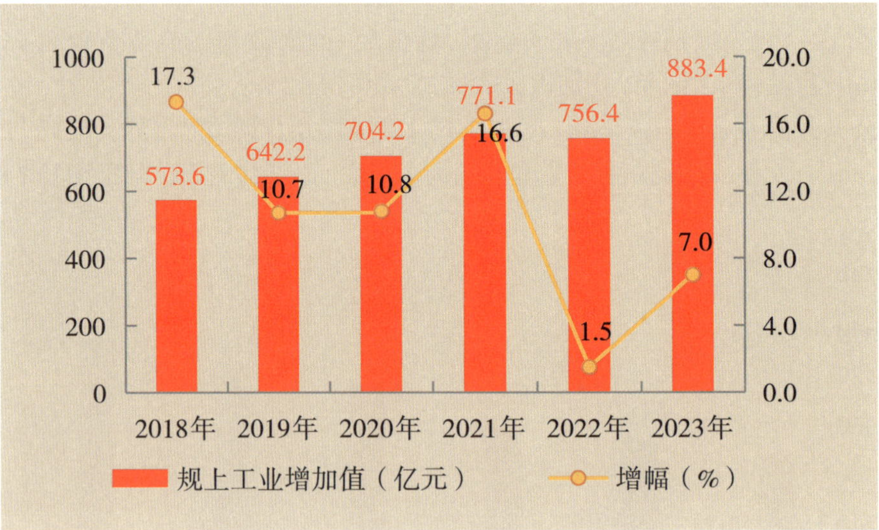

图5　2018—2023年规上工业增加值及增幅

规上工业实现营业收入3804.9亿元，增长8.2%；利润总额370.4亿元，增长20.1%，营业收入利润率9.7%。

规上工业中高新技术产业增加值下降0.8%，占规上工业增加值的84.1%；战略性新兴产业增加值增长7.3%，占规上工业增加值的93.9%；装备制造业增加值增长7.4%，占规上工业增加值的92.6%。

全年建筑业实现增加值17.1亿元，下降7.5%。

三、规上服务业

全年规上服务业实现营业收入3294.2亿元，增长9.6%，其中互联网、软件和信息技术服务业实现营业收入2552.9亿元，增长11.4%，占规上服务业的77.5%。规上服务业实现利润总额600.0亿元，增长31.2%。

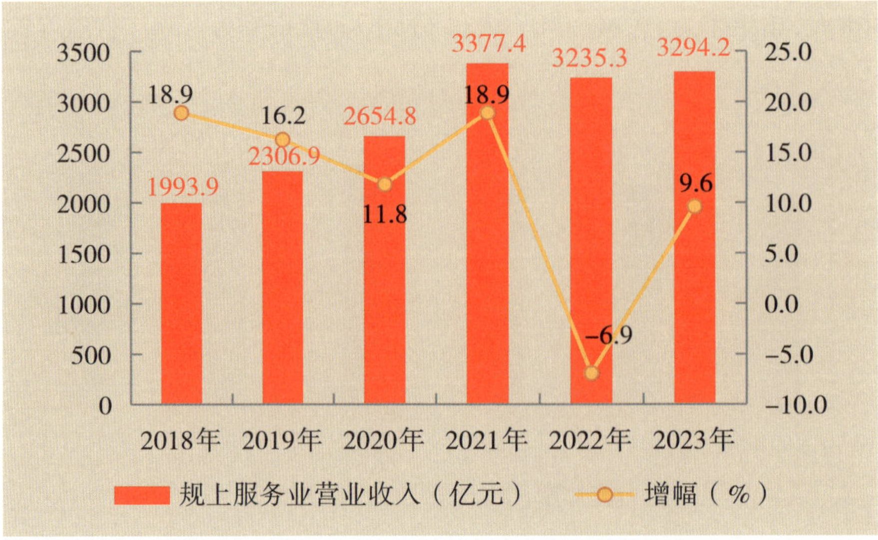

图6　2018—2023年规上服务业营业收入及增幅

四、固定资产投资和房地产业

（一）固定资产投资

全年固定资产投资增长5.0%，其中项目民间投资下降4.0%，交通、水利和能源投资增长101.1%，高新产业投资增长17.6%，工业投资增长11.0%。

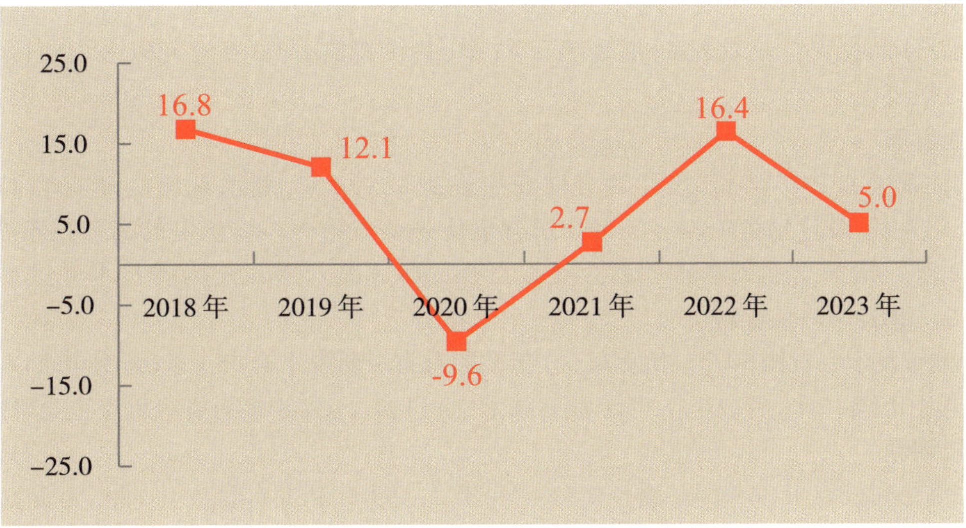

图 7　2018—2023 年固定资产投资增幅（%）

（二）房地产开发

全年房地产开发投资增长8.6%，年末房屋施工面积403.6万平方米，下降1.5%；新开工面积49.7万平方米，下降39.1%；竣工面积43.2万平方米，增长36.8%。房地产销售面积68.9万平方米，增长14.2%；房地产销售额281.7亿元，增长3.3%。

五、国内外贸易、对外经济

（一）国内贸易

2023年，全区社会消费品零售总额为568.2亿元，增长3.9%；通过公共网络实现的商品零售占限额以上批零单位商品零售总额的57.6%。

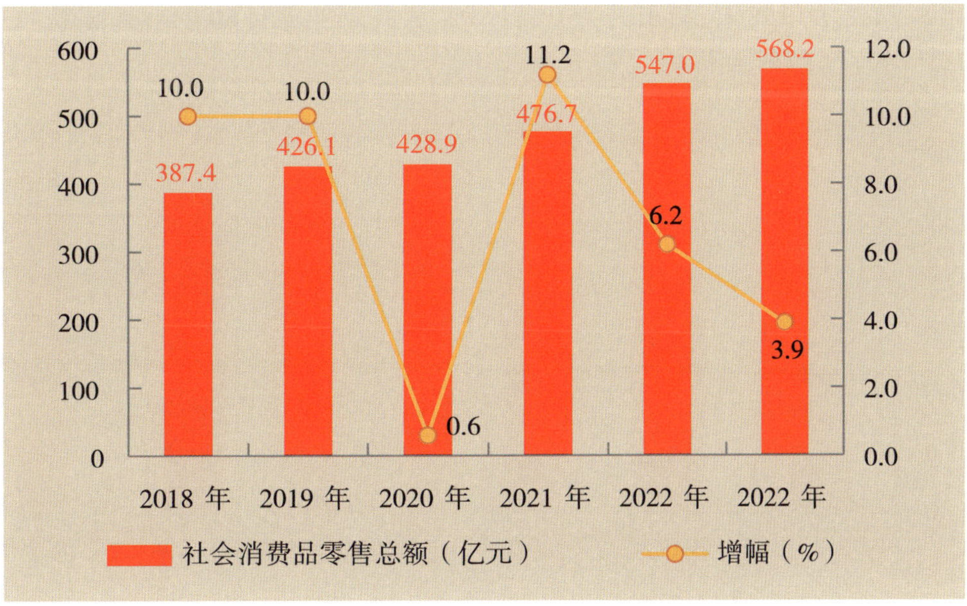

图 8　2018—2023 年社会消费品零售总额及增幅（%）

（二）对外贸易

全年自营进出口总额1082.5亿元，增长7.0%，其中进口总额317.9亿元，增长20.3%，出口总额764.6亿元，增长2.4%。出口总额中，美国和欧盟市场出口分别为104.3亿元和139.3亿元；高新技术产品出口413.8亿元，占出口总额的54.1%；服务贸易出口54.9亿美元，增长13.0%。

（三）利用外资

全年新设外商投资企业167家，增资项目77个，投资总额1000万美元以上大项目24个；实际利用外资9.3亿美元。

六、企业发展

全年新注册企业20745家，累计拥有注册企业数95934家，新增认缴注册资本1208.5亿元。新增上市公司3家，总计培育72家，上市公司总量位列全省第一。新认定的高新技术企业528家，有效数2601家。48家企业入选省创新企业五百强；18家企业被认定为省技术先进型服务企业，占全省66.7%，继续保持全省首位。

全年新增研发中心省级50个、市级74个，年末拥有省级研发中心453个；新增市级以上企业技术中心31个，其中市级25个、省级6个，年末拥有技术中心194个；年末拥有省级重点企业研究院52个。

七、科技创新

全年发明专利授权量7699项，增长3.5%。每万人发明专利拥有量730.0件，列全省第一。PCT（国际专利合作条约）申请量为757件，占全市PCT申请总量的32.3%，位居全省第一。获评国家知识产权示范企业16家，中国专利奖77项。

年末拥有市级及以上科技企业孵化器95个、众创空间37个，其中国家级孵化器18个、众创空间19个，在孵企业4048家。全年各类技术合同登记共7209项，技术交易总额453.6亿元，同比增长7.56%，年度技术交易额蝉联全省第1位。财政一般公共预算支出中科技支出46.3亿元，增长15.5%。截至年末，全区阶段参股引导基金子基金42支，其中已退出12支、正在运作30支。基金总规模298.91亿元，撬动社会资本233.13亿元，产业基金出资65.78亿元；目前基金已出资24.38亿元。累计完成投资574笔，投资金额103.27亿元，其中，在我区投资179笔，投资金额23.34亿元，占22.6%。

八、人才

全年新引进各类人才总数41029人，其中博士340人，硕士6959人，硕博人才占人才引进总量17.8%。新增海归人才1258人、新引进“5050计划”科技创业项目60个。新增市“115”国（境）外引智计划项目45个，位列全市第三。

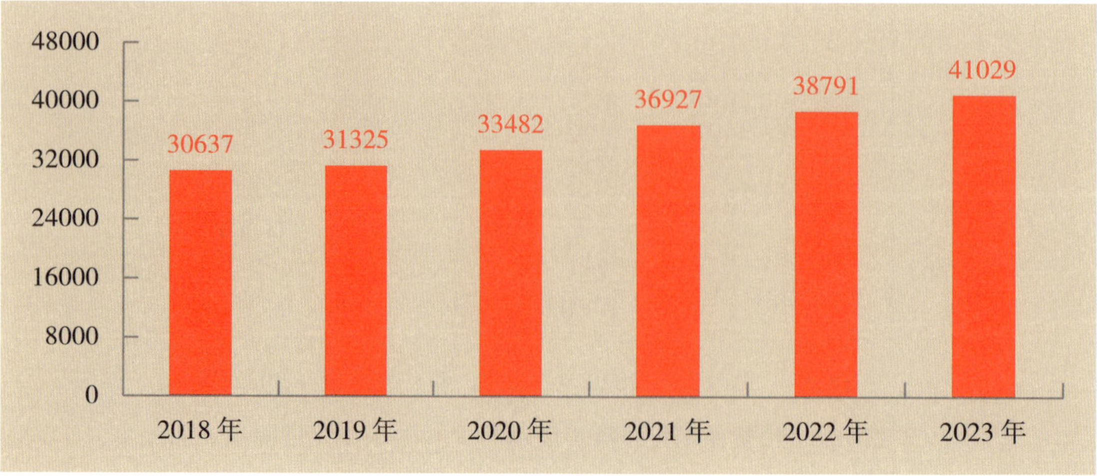

图9　2018—2023年人才引进数（人）

九、人民生活与社会保障

全年居民人均可支配收入为83205元，增长5.6%，其中工资性收入占68.2%；居民人均消费支出57090元，增长9.0%。

年末职工基本养老保险参保62.1万人，净增1.8万人；基本医疗保险参保率99.75%。

十、教育

年末拥有幼儿园38所，在园幼儿18705人，下降8.0%，专职教师1825人，下降0.7%；小学20所，在校学生36858人，增长9.8%，专职教师2076人，增长6.6%；初中14所，在校学生12225人，增长12.0%，专职教师1147人，增长0.7%。

生均校舍建筑面积25.7平方米，其中幼儿园18.5平方米，小学20.9平方米，中学50.9平方米；生均图书38.3册，其中幼儿园32.0册，小学31.3册，中学68.8册；小学每百名学生拥有计算机12.6台，中学55.3台。学前三年幼儿园毛入园率117.6%，初中毕业生升入各类高中比例100%。

十一、卫生

年末拥有卫生机构291个，增长5.1%，其中医院8个。拥有各类医疗机构床位698张，其中医院床位543张。卫生技术人员4052人，增长3.3%；其中执业（助理医师）1396人，注册护士1808人，分别增长9.3%和6.0%。医院年诊疗23.7万人次，增长13.7%。婴儿死亡率和5岁以下儿童死亡率都为0。社区卫生服务站36家。

十二、城市建设、环境保护和安全生产

全年新建道路9.4公里，实有道路总长度266.4公里，新增、优化公交线路14条，完成再生资源回收网点125处，全区所有小区（197个，含过渡房）实行“定时定点”投放。

新增园林绿地面积28.1公顷，其中公园绿地面积10.4公顷。陈家河完成市级美丽河道创建。

全社会用电量43.5亿千瓦时，增长3.2%，其中居民生活用电8.7亿千瓦时，下降3.9%。

2023年建筑施工领域发生事故1起，死亡1人；工商贸领域发生事故1起，死亡1人；道路运输领域发生事故1起，未亡人；未发生自然灾害亡人事故；未发生较大以上（含）安全事故。

公报注释：

1.本公报数据为初步统计数。

2.地区生产总值和三次产业及相关行业增加值绝对数按现行价格计算，增速按可比价格计算；三次产业划分执行国家统计局2018年修订《三次产业划分规定（2012）》。

3.2018—2023年地区生产总值数据含研究与开发支出。

4.根据第三次全国农业普查结果及有关制度规定，部分指标数据基数进行修订，2018年增幅按可比口径计算。

5.根据第四次全国经济普查结果及有关制度规定，2014—2018年社会消费品零售总额进行修订。

6.根据第七次全国人口普查结果及有关制度规定，2011—2019年全区常住人口数进行修订。

资料来源：

本公报财政收支数据来自区财政局；户籍人口数据来自区公安分局；房地产销售数据来自区住建局；外经外贸数据来自区商务局；企业发展、科技创新数据主要来自区经信局、区科技局、区财政局、区市场监管局；人才数据来自区委组织部、区人力社保局；社会保障数据来自区人力社保局；教育数据来自区教育局；卫生数据来自区卫生健康局；城市建设、环境保护和安全生产数据来自区住建局、区应急管理局、区综合行政执法局。其他数据均来自区统计局。

（区统计局）

附　录

主要机构及负责人名录

中共杭州市滨江区委员会

区委书记

章登峰

区委副书记

郑　迪

沈　波

区委常委

章登峰

郑　迪

沈　波

商丽萍（女）

陈　宇

陈炯林

王孟辉

翟慧清

丁昌钰

高　翀

高孝邦

中共杭州高新技术产业开发区工作委员会

党工委书记

章登峰

党工委副书记

郑　迪

沈　波

党工委委员

章登峰

郑　迪

沈　波

商丽萍（女）

陈　宇

陈炯林

王孟辉

翟慧清

丁昌钰

高　翀

高孝邦

区委工作部门

党委办公室（台湾工作办公室）

主任

汪　栾

组织部

部长

王孟辉

常务副部长

蒋应东

区直属机关党工委

书记

王孟辉

党委人才办

主任

王孟辉

常务副主任

缺配（2023.06起）

宣传部

部长

翟慧清

常务副部长

胡嘉欢

文明办

主任

任　勇

文创发展中心

主任

龚　栩（女）

网信办

主任

季斌凯（2023年3月始）

统战部

部长

陈炯林（2023年5月始）

常务副部长

袁海峰

民宗局

局长

袁海峰

政法委员会

书记

沈　波（2023年6月始）

副书记

夏剑兵

信访局

局长

刘文俊

司法局

局长

蔡文刚

杭州市滨江区人大常委会

主　任

应敏扬（女）

副主任

周建杭

万爱民（女）

屠国平

汤伟平

陈玉棠

胡银根

人大常委会机关

人大常委会办公室

主任

孙灿平（2023年7月始）

人大常委会监察和法制司法工委

主任

彭　虹（女）

人大常委会财经工委

主任

高　翔

人大常委会城建环保工委

主任

来江飞（2023年10月始）

人大常委会教科文卫民宗侨工委

主任

王晓莹（女，2023年7月始）

人大常委会人事代表工委

主任

从国成（2023年7月始）

人大常委会社会建设工委

主任

汤小萍（女）

杭州市滨江区人民政府

区长

郑　迪

副区长

陈　宇

高　翀

包嘉颖（女）

张宏光

于林芳

洪　潮

郁廷栋

杭州高新技术产业开发区管理委员会

主　任

郑　迪

副主任

陈　宇

高　翀

包嘉颖（女）

张宏光

于林芳

洪　潮

郁廷栋

顾华锋

王理生

区管委会、政府工作部门办公室

党组书记、主任

徐建刚

发展改革和经济局

党组书记、局长

郑　丽（女）

经济和信息化局

党组书记、局长

林春盛

教育局

党委书记、局长

来江飞（2023年10月止）

傅天健（2023年10月始）

科学技术局

党组书记、局长

姜　黎（女）

民政局

党委书记、局长

周小刚（女）

财政局

党委书记、局长

邵　臻

人力资源和社会保障局（党委编办）

党委书记、局长，编办主任

孙灿平（2023年6月止）

胡晓辉（2023年6月始）

住房和城市建设局

党委书记、局长

王建武

商务局

党组书记、局长

柴志冬

卫生健康局

党委书记、局长

杨晓红（女）

文化和广电旅游体育局

党组书记

张志真（2022年7月始）

局长

高　澜（女，2022年8月始）

退役军人事务局

党组书记、局长

郭　良（2023年6月止）

高国明（2023年6月始）

应急管理局

党组书记、局长

高国明（2023年6月止）

郭　良（2023年6月始）

审计局

党组书记、局长

谢迎光

市场监督管理局

党委书记、局长

钱毓军（女，2023年6月止）

史　琼（女，2023年6月始）

统计局

党组书记、局长

李　卓（女，2022年11月始）

综合行政执法局

党组书记

马剑平

局长

裴　斐

公安分局

党委书记、局长

张宏光

政委

何华坤（2023年1月止）

章富勇（2023年1月始）

常务副局长

李　震

行政审批服务管理办公室

党委书记

陈　宇

党委副书记、主任

史　琼（女，2023年6月止）

孙　俊（女，2023年6月始）

杭州白马湖生态创意城管委会

党工委书记、主任

赵　铠（2023年3月始）

杭州高新区江北发展服务中心

党组书记、主任

胡晓辉（2023年6月止）

周颖菲（2023年6月始）

杭州高新区（滨江）富阳特别合作园管理局

党组书记、主任

谭建军

规划和自然资源分局

党组书记、局长

宓伟庆（女）

生态环境分局

党组书记、局长

高德洪

税务局

党委书记、局长

陈岳敏

政协杭州市滨江区委员会

主　席

张　玮（女）

副主席

周　翔

夏福志

谢春凤（女）

谢惠芬（女）

秘书长

周　皓

政协委员会机关办公室

主任

李庆莲（女，2022年9月始）

政协提案委员会

主任

周国桥

政协经济科技委员会

主任

孙雪帆

政协城市建设和人口资源环境委员会

主任

虞文华

政协教育文化卫生体育和文史委员会

主任

黄美丽（女）

政协社会法制民族宗教和港澳台侨委员会

主任

许利萍（女）

政协委员工作委员会

主任

陈　悦（女）

中共杭州市滨江区纪律检查委员会

书记

商丽萍（女）

副书记

杜海涯（2023年5月止）

李逸勉（2023年6月始）

侯百曙

中共杭州市纪委市监委派出杭州高新技术产业开发区纪检监察工作委员会

书记

商丽萍（女）

副书记

杜海涯

侯百曙

杭州市滨江区监察委员会

主任

商丽萍（女）

副主任

杜海涯

侯百曙

巡察办

主任

骆小英（女）

第一巡察组

组长

虞跃生（女）

第二巡察组

组长

李树人

第三巡察组

组长

鲍滨喜

第四巡察组

组长

任　军（2023年10月止）

俞卫平（2023年10月始）

杭州市滨江区人民法院

法院院长

赵　平

杭州市滨江区人民检察院

检察院检察长

夏　涛

民主党派

民革杭州高新区（滨江）基层委

主委

冯　枫（女）

民盟杭州高新区（滨江）基层委

主委

高　澜（女）

民建杭州高新区（滨江）基层委

主委

周文嘉（女）

民进杭州高新区（滨江）基层委

主委

谢春风（女）

农工党杭州高新区（滨江）基层委

主委

宣苏岚（女）

致公党杭州高新区（滨江）总支部

主委

许利萍（女）

九三学社杭州高新区（滨江）基层委

主委

楼华龙（2023年12月止）

裴　斐（2023年12月始）

部分群众团体

杭州高新区（滨江）总工会

主席

屠国平

常务副主席

郭吉龙

共青团杭州高新区（滨江）委员会

书记

汪心文（女）

杭州高新区（滨江）妇女联合会

主席

徐俏俏（女）

杭州高新区（滨江）工商业联合会

主席

范　渊

副主席

汤　茵（女）

滨江区文学艺术家联合会

主席

胡嘉欢

杭州高新区（滨江）科学技术协会

主席

姜　黎（女）

杭州高新区（滨江）归国华侨联合会

主席

袁海峰

滨江区社会科学界联合会

主席

胡嘉欢

杭州高新区（滨江）残疾人联合会

理事长

来惟贫

其他机构

杭州滨江区农村多层住宅建设管理中心

党组书记、主任

吴建东（2022年11月始）

杭州高新区（滨江）智慧新天地发展服务中心

党委书记

叶春冬（2023年3月止）

傅　伟（2023年3月始）

主任

蒋　滢（女）

杭州高新区（滨江）物联网产业园发展服务中心

党委书记、主任

李程旭

杭州高新区（滨江）互联网产业园发展服务中心

党委书记、主任

金文洪

杭州高新国有控股集团有限公司

董事长

胡跃华

总经理

王峰斌

杭州滨江环境发展有限公司

董事长

劳唯中（2023年3月止）

徐学文（2023年3月始）

总经理

王　风

杭州高新金投控股集团有限公司

董事长、总经理

董一义

杭州高新技术产业开发区资产经营有限公司

董事长

徐学文（2023年3月止）

梁芳霞（女，2023年10月始）

总经理

梁芳霞（女）

杭州滨江城建发展有限公司

董事长、总经理

唐贞伟

街　道

西兴街道

党工委书记

周　翔

人大工委主任

何美娟（女，2023年7月止）

应　军（2023年7月始）

办事处主任

王　汀（女）

长河街道

党工委书记

瞿　野

人大工委主任

林　文

办事处主任

于　健

浦沿街道

党工委书记

葛宇鹏

人大工委主任

胡也静（女）

办事处主任

叶春冬（2023年10月止）

丁鲁冰（2023年10月始）

（区委组织部　区委统战部　区委编办）

重要文献辑存

加快智造供给产业发展的实施意见

为贯彻省委数字化改革大会精神，全面落实《中共浙江省委浙江省人民政府关于以新发展理念引领制造业高质量发展的若干意见》，在工业领域实施数字经济“一号工程”，以“产业大脑+未来工厂”为引领，进一步加大培育智能制造供给企业的力度，创建智造供给小镇，建设人工智能创新发展区，把我区打造成为面向全省、辐射全国的智能制造供给（输出）高地，特制定本意见。

一、培育重点

“十四五”是工业中小企业实施智能制造的全面启动期、智造公共服务体系的建设期、工业数字化工程与云平台服务市场的孕育期。但是，供给侧系统解决问题的能力与中小企业智造转型需求不匹配的矛盾相当突出。我区的工业数字化工程承包商与平台服务商存在着初创企业多、中小企业多、碎片化分包多、工业知识不足等问题，如何培育数十家工业数字化工程总包商、云平台系统服务的供应商，并通过他们带动成百上千家分包商生存与发展，成了我区发展工业数字经济的“关键一招”。

本意见通过出台扶持政策和举措，发挥我区中小型高新技术企业与初创型企业的人才集聚的优势，培育行业工业智能模块系统供应商、工业数字工程牵头总包商、工业行业平台系统服务供应商，是事关一大批工业数字科技初创型、碎片化供应型企业生死存亡，可持续发展与数字强区发展的大问题。

本意见的培育对象为高新区（滨江）的六类智造供给系统解决问题供应商，包括：

（一）“数字化制造”工程总包商。具有对制造企业进行数字化、智能化建设的各类人才团队，在数字工厂、智能工厂、未来工厂建设中，具备系统解决问题的“四大能力”，实现数据打通、数据价值挖掘利用；主要考核“数字化制造”工程总包的项目与企业的数量（离散工业：以制造单元、生产线、车间、工厂为考核单位；流程工业：以车间、工厂为考核单位）、营业收入、研发投入、创新与核心技术能力、成效等。

本意见所称系统解决问题的“四大能力”是指：1.工程整体方案设计、优化、谈判与议标投标的能力；2.数字技术、软件集成开发服务与系统工程的牵头总包与组织实施能力；3.多个物联网系统与集成体系性工程的综合管理（对工程的质量、工期、成本、安全管理以及对不同系统工程进行协同管理）能力；4.通过约束与激励性制度创新来确保整体工程责任的履责能力。

（二）工业互联网平台（产业大脑）服务商。具有从事制造行业（或大型企业集团）工业互联网平台（产业大脑）规划设计团队、建设团队、运维团队与工业APP、人工智能服务产品的开发团队，在工业互联网平台（产业大脑）建设中，具备系统解决问题的“四大能力”，通过建设行业（或大型企业集团）工业互联网云平台，为制造企业提供全要素配置优化、生产过程优化和经营管理优化，为企业全体员工提供无纸化、可视化的“三优化一全员”的数字化服务。主要考核：接入平台服务的企业客户数量、工业App数、营业收入、研发投入、创新与核心技术能力、成效。

（三）工业物联网安全在线服务商。具有从事工业物联网安全平台开发建设与运维服务的各类人才团队，为制造企业、云平台提供数据、网络、设备、控制、应用的技术安全保障与管理制度保障服务。主要考核已签约安全保障的工业企业数、营业收入、研发投入、安全保障能力、创新与核心技术能力、成效等。

（四）装备（产品）智能化技术集成开发商。培育具有行业工业智能模块（智能动力模块、智能作业控制模块、智能互联模块、智能交互模块）系统解决问题供应商，是发挥滨江优势，加快装备与产品制造商从“机械一代”向“数控一代”、“智能一代”制造商发展，增加工业附加值，破解旧设备智能改造难、互联互通难、装备（产品）智能网联难的关键。要大力推广涂鸦模式与博联模式，引导从事通信与IT装备（产品）等制造大企业转型。要求具备新一代信息技术与装备（产品）融合应用、系统解决问题的技术开发集成能力，能将传统装备（产品）改造为性价比高、市场竞争力强的智能装备（产品），或研发新的智能装备（产品），并将智能化技术系统解决问题的能力（如智能模块）全部依法转让或销售给制造企业。主要考核智能装备（产品）智能化技术成果（智能模块）转让交易的数量（以种类、型号为单位）、营业收入、研发投入、研发团队、创新与核心技术能力等。

（五）多种智能产品物联网工程总包商。具有从事智能家居的多种智能产品物联网工程实施的各类人才团队，具备系统解决问题的“四大能力”，能基于物联网技术，突破不同通信协议、不同接口标准、不同应用的障碍，通过多类产品的连接、物物互联与云平台的集成，实现集中管控的智能产品集成使用工程的总承包。主要考核联网使用的产品种类数、工程项目数、营业收入、研发投入、创新与核心技术能力、成效等。

（六）多个应用系统集成工程总包商与平台服务商。具有从事数字化工业园区、智造特色小镇、智能楼宇的多个物联网及互联网应用系统集成工程自主开发团队，能突破不同厂商设备的联接、不同通信协议与应用软件的障碍，具备系统解决问题的“四大能力”，具有组织实施三个及以上应用系统集成及智能化集控集管平台的总承包能力。主要考核统一平台的应用系统数量、信息工程项目数与营业收入、研发投入、创新与核心技术能力、成效等。

二、认定条件

（一）企业主营业务或新发展的创新业务为六类系统解决问题供应商所涉及的领域。

（二）企业具有一定的规模，年营收、税收保持正增长，为政策有效期内的国家高新技术企业，拥有独立的自主知识产权，年研发投入不低于500万元，研发人员团队不低于30人。

（三）企业有数字化制造工程团队、平台开发与服务团队或产品智能化研发与技术集成团队。

（四）企业今后三年具有明确的技术创新、市场开发、转型升级目标，具有明确的研发投入资金预算。

（五）企业具有明确的一个或者多个智能制造应用领域，具有明确的培育和开拓制造业客户目标。

（六）企业近三年内无环境、安全、知识产权和税务等方面的违法行为。

三、培育措施

每年安排不少于1亿元专项资金预算，用于智造供给系统解决问题供应商的培育。培育企业实行责任书管理制度，原则上每年认定1批，每批不超过10家。对列入培育名单的企业给予最高1000万元的资金支持，用于企业研发投入、技术创新、人才引进和市场拓展等。

（一）坚持企业自愿申报原则，由区经信局组织浙江省智能制造专家委员会专家进行评审，经区政府研究确认后纳入培育名单。纳入培育名单的企业签订培育责任书，培育期从签订责任书当年起，共3年，责任书签订当年，给予最高200万元启动资金，并可享受专项政策。

（二）签订责任书次年，企业可申请中期考核，由区经信局组织浙江省智能制造专家委员会专家按培育责任书中期目标进行考核，经区政府研究确认，对考核结果为合格的企业给予最高500万元奖励资金。中期考核最多延期一年，延期后考核仍不合格的，取消培育资格，不再享受专项政策。

（三）培育期满后，由区经信局组织浙江省智能制造专家委员会的专家进行验收，经区政府研究确认，对验收结果为优秀的企业再给予最高300万元奖励资金。验收最多延期一年，延期后验收不通过的，不再享受专项政策。

（四）具有牵头数字工程总包或平台系统服

务能力，并带动我区数字工程分包商企业、平台分项服务企业共同发展的业绩，视具体情况，经企业申请、专家评审认定，可适当延长考核期限，最长不超过3年。

四、支持政策

（一）实施定向精准招引政策。

1. 大力引进在关键领域拥有核心知识产权、技术处于领先地位的智造供给企业，经审核，给予其最高三年100%房租补贴。对技术创新能力领先、产业化前景广且投资额度大的智造供给项目，经认定可直接列入培育名单，并按其研发投入最高给予15%资助；对具有行业特色的行业工业互联网平台服务商按项目研发投入实际支出额的20%给予补贴。

2. 大力引进海归人才、国内硕士、外国专家等各类人才拥有自主知识产权的智造供给项目来我区创新创业。经认定入选“5050计划”的，给予其创办企业三年办公场地租金补贴，并根据技术创新程度和产业化可行性评价给予最高1000万的研发资助、最高500万元创业发展资助以及最高500万元额度银行贷款利率贴息。

（二）支持企业做大做强。

3. 对获得创投机构投资额累计达1000万元及以上的区内或区外迁入的智造供给科技型中小企业，经认定，给予企业三年房租补贴。

4. 对营业收入分别达到1000万元、10亿元和20亿元的智造供给企业，优先认定为瞪羚企业、领军培育企业和领军企业。

5. 支持智造供给企业在境内外上市，经认定按上市进度分阶段给予400万元资金奖励。鼓励企业并购重组，对科技型智造供给企业重大资产重组达到5亿元人民币，可给予重组标的30%以内2年贷款贴息，原则上最高不超过2000万元。

6. 对发展势头良好的智造供给企业优先满足用地需求，年营业收入达3亿元或税收达2000万元、从业人员达300人的智造供给企业用地需求可即提即议，用地项目优先落点于智造供给小镇。对尚未达到上述条件但有用地需求的智造供给企业，可优先安排按开发建设总成本购买工业综合体物业，也可采用先租后售的方式保障发展空间，或预留发展用地待企业符合条件时启动供地程序。

（三）营造智造供给创新创业生态。

7. 鼓励智造供给企业开展技术创新，对新获得国家技术发明奖（国家科技进步奖）一、二等奖的，分别给予500万元、100万元奖励；新获得省级科技进步奖一、二、三等奖的，分别给予50万元、20万元、10万元奖励。

8. 鼓励智造供给企业设立研发机构，对新认定的国家、省级重点实验室（工程技术研究中心），分别给予1000万元、200万元奖励；对新认定的省级企业研究院，给予50万元奖励，省级重点企业研究院资助按省、市有关规定执行；对新认定的国家、省、市级研发中心（工程研究中心、企业技术中心），分别给予100万元、50万元、20万元奖励；对新认定的国家实验室、省实验室给予重点支持。

9. 鼓励发展智造供给标准体系，企业主导制定国际标准、参与制定国际标准并发布的，分别给予企业100万元、50万元奖励。企业主要参与国家标准（前三位）、行业标准（前二位）制定并发布的，分别给予企业20万元、10万元奖励。企业主导制定“浙江制造”标准、参与制定“浙江制造”标准并发布的，分别给予企业10万元、5万元的奖励。

10. 鼓励智能制造专家委员会等智能制造服务机构为我区智造供给企业提供专业服务。经事前报备同意，对落户我区的服务机构可最高给予全额房租补贴。

11. 建立区科技创新产业基金，发挥财政资金对于支持智造供给产业发展的杠杆效应和引导作用，采取直接投资、合作基金等方式解决不同阶段、不同时期企业发展的实际困难。

（四）引进、培育和留住智造供给人才。

12. 加大人才支持力度，对诺贝尔奖获得者、图灵奖获得者、发达国家院士、中国“两院”院士等顶尖人才来我区创新创业的，经认定后给予项目扶持和安家补助，并优先推荐申报市“西湖明珠工程”等人才专项计划。充分发挥我区国家级创新人才示范基地优势，加强国家级领军型人才的培养力度，对自主申报入选国家级、省级、市级高层次人才计划的人才给予奖励，加大对市级海外高层次人才计划专家的支持力度。

13. 优化人才精准服务，提升国际化服务配套。聚焦人才干事创业“关键小事”，不断提升区域环境“软实力”。实施“人才房三年倍增计划”，快捷落实人才购房（安家）补贴。关注教育高水平优质均衡发展，突破性保障高层次人才子女就读优质学校，因地制宜建设产业园区嵌入式幼儿园。进一步用好“阳光家园”，加强与浙医二院、省儿保等医院的战略合作，为人才亲属就医等美好生活之需提供便利条件。建好用好人才公共服务平台，为全省顶尖人才提供“共享”服务。用足用好国家移民管理局“12条”新政和杭州“7条”出入境便利政策。

（五）大力支持智能制造项目示范应用。

14. 鼓励智造供给企业开拓市场，支持区内企业助力浙江省传统制造业转型升级，对列入浙江省各县（市、区）块状经济数字工厂（车间）、智能工厂、未来工厂、工业互联网平台（产业大脑）的，经浙江省智能制造专家委员会认定，按照合同金额给予15%的奖励，支持供应商开拓客户；为鼓励形成标准化、可复制、可推广的示范项目，被智能制造专家委员会评为优秀项目的，奖励标准可上浮5%。单个企业最高不超过100万元。

15. 支持我区智造供给企业应用区内企业工位机、工业计算机、工业控制器等应用模块，按应用企业该项目研发投入实际支出额的15%给予补贴，最高不超过实际采购额的10%，连续资助不超过三年，单个企业每年总额不超过200万元。

16. 支持我区智造供给企业应用区内集成电路企业的自主芯片开展研发和规模应用，按应用企业该项目研发投入实际支出额的20%给予补贴，最高不超过实际采购额的30%，连续资助不超过三年，单个企业每年总额不超过300万元。

五、附则

本意见自2023年2月10日施行。具体由区经信局会同区财政局负责牵头组织实施。原杭高新〔2018〕45号文件同时废止。

（本文有删减）

杭州高新技术产业开发区管理委员会
杭州市滨江区人民政府
2023年1月9日

关于扶持推动文化产业高质量发展的实施意见

为贯彻落实党的二十大精神和习近平总书记关于文化建设的重要论述精神，坚持“社会效益和经济效益”双效统一，聚焦聚力文化产业与数字产业融合发展，加快推进内容创新、技术创新、模式创新、业态创新，全力打造数字文化产业新高地，建设具有全球影响力的国际化文化创意中心，结合《中共杭州市委办公厅 杭州市人民政府办公厅印发〈关于推进新时代杭州动漫游戏和电竞产业高质量发展的若干意见〉的通知》，根据打造全民精神富有全域文化优享高地行动方案和《区党委区管委会区政府关于打造数字经济和新制造业发展“双引擎”加快建设世界一流高科技园区的若干政策意见》等文件精神，特制定本实施意见。

一、扶持对象

本意见重点扶持杭州高新开发区（滨江）的数字内容、现代传媒、创意设计，以及其他信息技术与文化创意高度融合的文化类特色行业、新兴业态企业（以下简称“文化企业”）。扶持政策中关于“引导特色园区提升发展”条款适用于文化产业园区（楼宇）运营机构，“激励精品佳作获奖”条款适用于全区企业。

二、扶持政策

（一）引育优质企业集聚

1. 房租补贴。对经认定的设立或引进三年内文化企业，且经营情况良好或已获得重大荣誉、重要资质的，给予自设立或引进年度起三年内实际租用办公用房房租最高80%的补贴，单个企业补贴面积最高不超过500平方米；对入驻市级及以上文化特色园区（楼宇）且满足上述条件文化企业，或经区文化企业服务工作联席会议或主任区长办公会议研究确定的重点引进文化企业，给予自设立或引进年度起三年内实际租用办公用房房租最高100%的补贴。

2. 政策补助。鼓励创新投入，支持开拓市场，对经认定的文化企业，自设立或引进年度起三年内给予以下政策补助：

（1）支持原创精品研发。支持元宇宙、区块链、人工智能、云计算等新技术在动漫、游戏、电竞等数字文化领域的集成创新应用，鼓励研发彰显中华文化、浙江特色、滨江韵味的原创精品佳作，按企业当年度实际研发投入给予最高15%的资助；对开展数字文化关键核心技术自主研发的重点文化企业，经主任区长办公会议研究确定，可视情提高资助比例。

（2）支持新媒体发展。对文化企业作为第一出品方或主出品方（备案立项主体）自主创作的原创音乐、动漫、影视、文学、视听等作品，在持有国家主管部门颁发的网络文化运营许可证、信息网络传播视听节目许可证等资质主流网络新媒体（含手机端）平台上线播出，实际播出分成收入总额达到100万元（含）以上的，按其实际收入给予最高10%的补助，实际播出分成收入总额达到500万元（含）以上的，按其实际收入给予最高15%的补助，每部作品补助最高不超过200万元。

对积极传播正能量、扩大城市影响力的短视频作品，年度平台分成收入高于50万元的，按该部（系列）短视频年度实际收入最高15%给予原创作品创作单位补助，每部（系列）作品补助额最高不超过20万元。

（3）支持动画影视制作。鼓励文化企业参与杭州高新开发区（滨江）动画及影视作品后期制作（含配音），参与制作作品已首轮播出且制作公司承接单部作品费用达到200万元及以上的，按实际发生制作费用最高10%，给予服务杭州高新开发区（滨江）文化企业的制作方单部作品最高100万元的补助。

（4）支持数字内容转化。对文化企业公开出版发行的原创文学作品，线上线下总发行量在5万册以上的，每部作品给予5万元补助；原创文学作品IP首次被改编成影视、动漫、广播剧、游戏等，并公开发行或播映的，按授权改编类型给予作品版权所有方每部作品10万元补助。

对文化企业自主研发、创作的文化作品（产品），与杭州高新开发区（滨江）的其他文化企业开展IP转化合作且作品（产品）在滨江区立项（发行）的，按照实际交易额1%，给予版权交易双方各最高50万元的补助。

（5）支持文化产品销售。

对文化企业自主研发的原创游戏产品，获得中宣部批准并正式上线运营，年销售总额超过1000万元（含）以上的，1000万元～5000万元（含）部分按最高1.5%给予补助，超过5000万元以上部分按最高2.5%给予补助。

对文化企业自主研发的原创漫画作品，单部作品（出版物或版权授权）年销售情况，总额在50万元（含）以上的，按年销售总额给予最高5%的补助，单部作品补助总额不超过50万元。

对文化企业自主研发的原创设计产品，单项产品年销售总额在100万元（含）以上的，按年销售总额给予最高5%的补助，单个产品最高补助50万元。

（二）鼓励企业做大做强

3. 支持文化企业小升规。对文化企业首次列入规模以上文化及相关产业企业，给予10万元一次性奖励，对上规后连续三年在规企业，再给予20万元一次性奖励。

4. 支持成长型企业发展。设立或引进三年以上的文化企业，近两年营业收入均超过1000万元（含）且同比增长不低于25%，或申请当年营业收入超过1亿元（含）且同比增长不低于15%，或申请当年营业收入超过1亿元（含）且当年正增长的上市后备企业，认定为年度成长型文化企业，给予企业当年度实际租用办公用房房租最高50%的补贴，单个企业补贴面积原则上不超过3000平方米，并按照政策补助条款内容给予进一步扶持。

5. 支持重点骨干企业发展。设立或引进三年以上的文化企业，年营业收入达到3亿元以上的，认定为年度重点骨干文化企业，给予企业当年度实际租用办公用房房租最高80%的补贴，单个企业补贴面积原则上不超过5000平方米，并按照政策补助条款内容给予进一步扶持。

6. 支持文化领军企业发展。对首次入选“全国文化企业30强”企业，给予200万元一次性奖励。对首次获评国家、浙江省、杭州市重点文化类企业，给予最高50万元一次性奖励。

7. 重点项目配套支持。鼓励文化企业及平台项目积极争取上级项目扶持，对获得市级及以上文化产业发展专项资金扶持项目、文化类重点资助项目，按要求给予相应区级配套扶持。

（三）优化文化产业平台

8. 构建优质项目孵化平台。建立优质文化产业项目库，通过企业自主申报、街道平台推荐、专家评审、联席会议审定等方式，每年遴选不超过10个对区域文化产业发展起到示范引领作用，具有突出的社会效益和经济效益的创新性项目，并给予最高100万元的项目资助。

9. 引导特色园区提升发展。对新认定为国家、浙江省、杭州市文化产业园区（或同等荣誉）的，分别给予园区（楼宇）运营机构100万元、50万元、20万元一次性奖励。上述园区引进培育文化企业绩效较好的，可再给予运营机构相应奖励。

10. 做强电竞全产业链生态。

（1）支持电竞人才经纪业务的开拓，经纪公司开展电竞选手、解说员、主播的经纪业务，且年主营业务收入超过2000万元的，分三年给予累计最高100万元的扶持。

（2）电竞赛事承办支持。对在滨江区承办国际级、全国顶级、全国次级等电竞职业赛事，给予最高500万元的扶持。

（3）电竞场馆建设及运营扶持。积极推进国际国内领先水平的电竞赛事基础设施建设，对参与杭州高新开发区（滨江）重大公共电竞场馆建设和提升改造的投资主体，经主任区长办公会议研究确定，视项目投入情况给予最高1000万元的一次性支持。对杭州高新开发区（滨江）每年使用100场次（含）以上的公共电竞场馆，经主任区长办公会议研究确定，按实际租用场馆费用给予场馆运营机构最高不超过50%的扶持，最高扶持金额不超过200万元。

（4）电竞俱乐部参赛奖励。对杭州高新开发区（滨江）的电竞俱乐部，参加国际职业大赛［总奖金额超过（含）1000万元］，经认定，获得冠军、亚军、季军的，分别给予一次性奖励80万元、50万元、30万元；参加全国职业联赛［总奖金额超过（含）300万元］，经认定，获得冠军、亚军、季军的，分别给予一次性奖励30万元、20万元、10万元。

（5）支持电竞平台建设发展。对服务电竞产业的直播平台、运营平台、赛事综合服务平台等，经认定，实际经营达到一定规模的，分三年给予累计最高500万元的扶持。

（四）加强文化金融支持

11. 设立区文化产业投资引导基金。发挥政府产业基金引导作用，通过直接投资，或与文化产业领域知名投资机构（头部文化企业）成立合作基金，投资具有发展前景的优质文化企业，积极推进文化产业发展。

12. 搭建文化产业融资对接平台。发挥“数字文创产业联盟”作用，依托“IP直通车”等产业对接平台，联合相关部门、专业机构，组织开展融资对接专项服务活动，积极引导社会资本投资优质文化企业，助力企业加速发展。

（五）强化人才引育扶持

13. 支持网络作家开展作品转化。对中国网络作家村入驻作家创作的文学作品，与杭州高新开发区（滨江）的文化企业开展IP转化合作，且版权交易双方、项目立项（发行）方均在滨江区的，按照实际交易额2%，给予版权交易双方各最高100万元的补助。

14. 强化高层次文化人才引育。推荐优质文化人才申报评定杭州市人才、杭州市杰出人才以及参加国家、省、市人才选拔。对经认定的高层次文化人才，参照《关于加强和改进新时代人才工作推进天堂硅谷人才行动的实施意见》给予相应扶持。

15. 推进文化“产学研用”合作。健全政府、企业、高校共同推进文化产业发展、文化人才培养工作机制，对经区文化企业服务工作联席会议或主任区长办公会议研究确定的“产学研用”重点项目给予支持，组建区级文化产业发展专家智库。

（六）推进文化品牌打造

16. 鼓励精品佳作播映。

（1）电影：对文化企业作为主出品方（备案立项方）的原创电影作品，首轮票房达到5000万元、1亿元、5亿元及以上的，分别奖励出品方50万元、100万元、200万元。

（2）电视剧：对文化企业作为主出品方（备案立项方）的原创电视剧、纪录片，在央视一套、央视其他频道及省级卫视首次播出的，分别按每集6万元、5万元、2万元的标准奖励出品方（电视剧要求每集40分钟以上），奖励集数以40集为限。同一部作品在多个台播出的按从高不重复原则给予奖励。

（3）动画片：对文化企业作为主出品方（备案立项方）的原创动画片，在央视、省级卫视（含卡通上星频道）首次播出的，分别给予每分钟3000元、1500元奖励，每部作品最高不超过200万元、100万元，同一部作品在多个台播出的按从高不重复原则给予奖励。

当年度被国家广电总局推荐为优先播出的优秀动画片的，一次性给予20万元的奖励。

17. 激励精品佳作获奖。

（1）对企业自主创作或作为主出品方（备案立项方）公开播映的作品，获得国际级（国际公认的15个A类综合性电影节和奥斯卡、金球奖、安妮奖、艾美奖）专业性电影节、电视节奖项的，给予最高200万元的一次性奖励。

（2）对企业自主创作或作为主出品方（备案立项方）公开播映的影视（动画）作品，获得国家、浙江省知名权威奖项的，根据其获奖等级和等次，给予最高150万元的一次性奖励，同一企业当年奖励总额不超过200万元（获得国家、浙江省、杭州市精神文明建设“五个一工程”奖，按照《关于扶持推动文化事业加快发展的实施意见》执行）。

（3）对企业自主创作出品、公开发行的优秀原创漫画作品（指单行本、系列漫画绘本），获得国际知名漫画大赛奖项或国家级专业漫画奖项的，根据奖项等次，给予最高20万元的一次性奖励，同一企业当年奖励总额不超过100万元。

（4）对企业自主研发的设计作品（产品），获得国际、国家、浙江省相关设计类权威性奖项的企业，按照不同奖项和等级，给予最高30万元的一次性奖励，同一企业当年奖励总额不超过100万元。

（5）对企业自主创作出品、公开发行、上线运营的网络游戏、网络文学、音乐、广播剧等原创作品，获得国际、国家、浙江省重大奖项的企业，按照不同奖项和等级，给予最高50万元的一次性奖励，同一企业当年奖励总额不超过100万元。

（6）对影视、动画、广播剧等领域获得国际、国家级奖项作品的核心制作方（排首位），按获奖作品出品或发行方奖励额度50%给予一次性奖励。

对同一作品（产品），以上“激励精品佳作获奖”条款内容与“鼓励精品佳作播映”条款内容，不可重复享受。

18. 支持文化品牌活动。对由文化企业主办或承办，且举办地设在滨江区，在全国乃至全球有较大影响的文化产业特色活动、展会、品牌赛事等，开展年度品牌活动遴选，以活动主题、内容、经济效益与社会效益情况等内容开展评审，择优按活动实际支出50%，给予最高100万元的一次性奖励，对社会效益或经济效益特别重大的，可视情加大奖励力度。

（七）支持文化品牌出海

19. 激励文化出海头部企业。支持国家文化出口基地建设，对文化企业首次认定为国家、浙江省文化出口重点企业的，分别给予50万元、20万元的一次性奖励。对新认定为国家、浙江省文化出口重点项目的，分别给予项目所在企业30万元、15万元的一次性奖励。

20. 鼓励参与国际性会展。对文化企业参加国际性展览展会，经认定，按实际展位费50%给予资助，单个企业每年补助总额不超过50万元。

21. 鼓励优秀文化作品出海。对文化企业作为主出品方（备案立项方）且彰显中华文化、浙江特色、滨江韵味的原创动漫、影视、游戏等作品，因文化出海产生的翻译费用给予最高50%补助，单个作品最高补助100万元，单个企业年度最高补助300万元。鼓励反映我区特色的动漫影视等作品在海外举办发布活动，对在海外举办的影视首映礼，按活动投入50%给予补助，单个活动年度最高补助50万元。

三、创新机制

22. 健全协同服务机制。建立健全文化企业服务工作联席会议、重点文化企业“一对一”服务、区领导联系领军文化企业等工作机制，重塑核心业务数字化全流程、数字文化（包括文化贸易）统计分析等创新举措。

23. 引入专业服务机构。通过政府购买服务等形式，引入游戏版号申报预审、出海作品翻译、税务合规咨询、知识产权保护等专业服务机构，为文化企业提供优质服务。

24. 强化内容管理服务。加强动漫、游戏、影视等内容导向管理，组建专家团队，对选题策划、意识形态等内容方面给予审核指导，严格加强内容出版、发行后的监管，落实游戏防沉迷举措，培育健康文化产业发展生态。

25. 优化企业动态管理。文化企业认定，由企业提出申请，报区文化企业服务工作联席会议审定后确定。对经认定的文化企业实行动态管理，对主营业务转向非文化产业、经营异常、严重失信或政策申报时已不符合认定要求的企业，取消文化企业认定资格。

四、附则

1. 同一产品、项目、标准在区级财政获得多项资助（奖励）的，按“就高、补差、不重复”原则进行资助（奖励）。

2. 对我区文化产业发展具有重大推动、引领作用的重大项目、重点企业等，可视情加大扶持力度。

3. 本意见自2023年4月8日施行。具体由区文创发展中心会同区财政局负责牵头组织实施。原杭高新〔2020〕16号文件同时废止，在原政策有效期内符合条件的项目、单位等可以按照原政策继续执行完毕。

杭州高新技术产业开发区管理委员会
杭州市滨江区人民政府
2023年3月7日

关于推动经济高质量发展的若干政策

为深入贯彻落实中央和省委、市委、区委经济工作会议精神，进一步提振市场信心、稳定发展预期，加强各类政策协同，推动经济高质量发展，实现质的有效提升和量的合理增长，根据《浙江省人民政府印发关于推动经济高质量发展若干政策的通知》（浙政发〔2023〕2号）、《杭州市人民政府印发关于推动经济高质量发展若干政策的通知》（杭政〔2023〕5号）等文件精神，结合我区实际，现制定以下政策。

一、扩大有效投资政策

落实省、市“千项万亿”工程工作部署，坚持一切围着项目转、一切盯着项目干，“大抓项目、抓大项目”，全面实施扩大有效投资建设行动，2023年全区固定资产投资力争完成381亿元、增速6%，其中工业投资、高新产业投资增速力争达20%。

1. 强化有效投资财政资金保障。围绕亚运城市建设，聚焦民生保障，强化重点项目财政资金保障。2023年，计划推进全区183个新建、续建项目，统筹谋划121个储备项目。安排58亿元财政资金保障我区政府投资项目建设，其中，道路基础设施建设10亿元，环境整治6亿元，教育设施12亿元，公共服务设施7亿元，安置房建设17亿元，产业配套、储备项目等其他资金6亿元。

2. 向上争取资金支持。充分发挥国企改革效用，抢抓国家政策窗口期，争取国家各类专项资金、金融工具等政策性资金对重大项目的支持。2023年政府专项债储备额度45亿元以上，年度专项债资金使用完成率实现100%。做大产业基金规模，提升产业基金质量，发挥政府性融资担保作用，推动“高新金投”做优品牌。

3. 加强土地要素保障。加快产业项目供地节奏，支持企业提前开展方案设计，加快供地报批。合理把控经营性用地出让节奏，加强商业用地项目前期规划与招商，推动优质土地增值，力争全年出让经营性用地不少于11宗。优化政府投资项目做地报批流程，优化区内审批机制，压缩向上报批时间，推动项目尽早供地。

4. 加强用能要素保障。2023年，积极争取项目能耗单列，用足用好原料用能和可再生能源不计入能源消费总量政策，全力保障现代产业项目新增能耗指标。开展区域能评，负面清单外项目简化审批流程。全力加强电网建设，大力推进综合能源建设工作，进一步提升能源供应保障能力。

5. 推进重点项目建设。推进高质量项目投资，落实重点项目建设计划，推动一批重大项目开工和建设。2023年争取列入省、市重点项目45个，完成投资79亿元以上；其中新开工项目14个，一季度开工率达30%、二季度达65%、三季度达85%，力争10月底前全部实质性开工，全年开工率100%；续建项目年度计划投资完成率超100%。

6. 加快项目招引落地。聚焦产业链上下游等关键环节，高质量推进重大产业项目招引，培育现代服务业、商业配套项目落地。积极组织赴重点国家、地区招商，全年招引亿元以上产业项目25个。加大产业项目推进力度，力争全年新落地产业项目不少于20个，其中特别合作园（区）不少于8个；全年新开工产业项目不少于18个（含特别合作园）。

7. 加大项目推进制度保障。成立“1+2”扩投资工作专班，落实通报晾晒考评机制。加强用水、用电、市政配套等要素保障力度，统筹优先保障重大优质项目。推广重大产业项目“拿地即开工”极速审批模式，针对不同企业需求，主动服务、精准服务、问题闭环，对省、市重点项目实施“一项目一方案”，审批部门持续优化“多对一”全流程服务。

8. 深化国企改革。围绕深化“业”的布局、优化“人”的机制、做大“资”的规模、统筹“融”的功能、深化数字赋能五大方面，落实国企改革实施方案。发挥国企在重大产业投资项目、村级留用地统筹开发项目、工业园区提升改造、民生实事和基础设施投资等项目的建设主力军与资金保障作用，加快工程建设进度，做好成本控制，强化市场接轨。探索保障性租赁住房、产业园区等基础设施领域不动产投资信托基金（REITs）试点。

二、科技创新政策

围绕建设世界领先科技园区目标，主动抢抓杭州争创综合性国家科学中心机遇，加大前沿研究、原始创新能力体系建设和集聚，推进创新链产业链融合，高水平实现科技自立自强。2023年，全区研发投入强度力争10%，技术交易额达到450亿元，新认定高新技术企业350家、科技型中小企业2000家。

9. 强化科技创新财政资金保障。围绕教育、科技、人才一体化推进，区财政2023年预算安排12亿元，用于支持科技创新体系建设、科技成果转移转化首选地建设、创新链产业链深度融合、科技企业培育、科技人才引育等。

10. 增强金融服务科技创新能力。抓住杭州市科创金融改革试验契机，加快推进科技金融创新服务中心建设，打造政银联合助企一站式综合金融服务平台，加快推广“创新积分”制度拓展至长三角地区甚至全国。建立涵盖产业全周期差异化的基金投资体系，围绕生物医药、新材料等优势产业链，新增产业基金4支，规模15亿元，新增直投项目5个，金额1亿元。支持重大创新、科技成果转化、种子期、初创期企业成长，抢占技术制高点、突破关键核心技术。

11. 实施高层次科技人才引育政策。深入实施“天堂硅谷人才”五大行动，创新人才评价机制，完善用人单位人才自主评价体系，进一步提升企业引才育才积极性；迭代实施“5050计划”，加快集聚高端人才，支持企业培养和集聚战略科学家、科技领军人才和创新团队、海外智力等。

12. 提升完善“1+2+6+N”创新平台体系。加快推进“超高灵敏极弱磁场和惯性测量装置”国家重大科技基础设施、白马湖实验室、省智能感知技术创新中心等高能级创新平台建设，支持区内科技企业、大院名校、国内外知名科研院所等设立研发机构，开展科技研发活动及科技成果转移转化。对省实验室、省技术创新中心，参照

《浙江省科技发展专项资金管理办法》给予配套支持;对新认定的重点实验室(工程技术研究中心),给予最高1000万元奖励;对新认定的省级企业研究院,给予50万元奖励,省级重点企业研究院资助按省、市有关规定执行;对新认定的国家、省级研发中心,分别给予100万元、50万元奖励。落实省级新型研发机构在科技成果转化收入分配、进口科教用品免税方面享受省属科研院所同等待遇。

13. 支持开展关键核心技术攻关。支持区内企事业单位申报各级、各类科技计划项目,参照《浙江省科技发展专项资金管理办法》给予配套资助。支持构建科技领军企业和科技小巨人企业牵头、高校院所支撑、各创新主体相互协同的创新联合体,创新联合体实施的能形成标志性成果的重大科技项目,省、市、区联动最高可给予3000万元财政经费补助。

14. 落实企业自主创新税收政策。深入实施科技企业“双倍增”计划,引导企业创建研发机构,加大研发投入。落实企业研发费用税前加计扣除政策,高新技术企业所得税优惠政策,企业技术转让、技术开发税收优惠等各项科技创新税收政策。

15. 实施科技企业研发投入奖补政策。鼓励科技型中小企业、高新技术企业加大研发投入,对研发投入增量全市排名靠前并获市级研发投入补助的企业,按杭州市科技型企业研发费用投入财政补助相关规定,给予配套支持。

16. 支持建设海外与外资研发机构。对新认定的省级海外创新孵化中心、市级海外科技创新中心分别给予100万元、30万元奖励。鼓励建设省级国际科技合作基地、国际联合实验室、全球或区域性外资研发中心,并参照《浙江省科技发展专项资金管理办法》给予配套激励。

17. 优化创业孵化体系建设。对新认定(备案)的科技企业孵化器(众创空间),给予最高100万元奖励。对科技企业孵化器(众创空间)年度考核优秀的,给予最高50万元奖励。对入驻市级及以上科技企业孵化器、众创空间的在孵、创客企业,给予三年50%的房租补贴。

18. 加快创新链产业链两链深度融合。全面落实创新链产业链“两链”深度融合的实施意见和配套政策,支持链主企业加强新型产业创新组织建设和运营,围绕关键核心技术开展“项目群”攻关。对新认定的企业创新联合体、产业链上下游企业共同体,给予最高50万元奖励。鼓励新型产业创新组织开放共享检验、检测和实验平台,经审核的平台可纳入区创新券载体,给予不超过认定登记的技术服务合同金额30%补助,单个企业最高50万元。

19. 加快建设创新成果转移转化首选地。提升创新型研发机构、创新平台的成果落地转化效率,扩大创新资源生态圈,着力推动政产学研深度合作。引育专业科技服务机构,建立技术合同登记网络,谋划设立区技术合同登记点,优化科技成果转移转化服务生态,赋能产业发展。对列入培育名单的概念验证中心,给予最高50万元资助。对国内高校、科研院所、非企业类的新型研发机构应用技术交易平台实现的技术交易活动,按其年度输出技术合同交易额的5%,给予最高200万元奖励。

三、五大产业生态圈高质量发展政策

深入实施数字经济创新提质“一号发展工程”,高质量建设智能物联、生物医药、高端装备、新材料、绿色能源等五大产业生态圈,加快培育和形成一批世界领先的万亿产业、千亿企业、百亿项目,推进产业基础再造和产业链提升。2023年,力争规上工业增加值增长7%左右,规上工业亩均增加值达1900万元/亩、亩均税收达300万元/亩。

20. 统筹集成各类财政资金支持。聚焦五大产业生态圈打造、先进制造改造升级、优质企业竞争力提升、传统产业腾换转型,区财政2023年安排不少于10亿元,用于支持智能物联、生物医药、高端装备、新材料、绿色能源等五大产业生态圈发展;先进制造业企业技术改造;企业梯队培育,打造世界一流企业、鲲鹏企业、单项冠军、专精特新“小巨人”、隐形冠军、小升规等企业发展梯队,提升企业竞争力;建设“未来工厂”、实施重大装备首台套产品技术攻关与应用、推动工业互联网平台创新等。

21. 优化金融支持服务。鼓励上市企业发挥融资渠道作用，融资100亿元以上，投资一批高端制造业项目。加强与知名投资机构的合作，吸引更多社会资本及优质产业资本投向我区重点产业和项目，围绕标志性产业链加大并购重组，鼓励包括险资在内的资金依规加大股权投资力度，推动制造业优化升级。推出“专精特新贷”“专精特新保”“专精特新险”等基金金融产品，满足企业多元化资金需求。

22. 强化工业用地保障。制订工业用地三年收储滚动计划，提前开展地块做地等工作，保障工业用地顺利快速出让，2023年新供地产业项目10宗以上，用地面积200亩以上。

23. 加快低效工业用地整治。明确存量工业用地盘活政策，坚持“以收为主、收整结合、兼顾提升”原则，按照各片区提升规划编制方案，分类施策，为制造业高质量发展提供更多空间。实施街道工业园提升改造和收储三年滚动计划。加快长河工业园一期改造并投入使用，年底前完成50%招租入住，启动长河工业园三期整治改造工作。

24. 支持提升工业用地开发强度。加快推动工业综合体建设和项目入驻工作，工业综合体用地面积不少于75亩，建筑面积不少于15万平方，加快制订出台工业综合体入驻标准及流程。第一工业综合体开园运营，入驻项目8个以上。持续推进第二工业综合体、第三工业综合体项目进度。加速第四工业综合体前期审批，确保项目今年开工。梳理对接三产留用地开发，通过加强运营团队建设、引入优质项目并提高入驻率等作为产业空间有效补充。

25. 加强制造业人才招引培育。积极引育制造业高精尖缺人才和产业急需人才，加快高层次制造业人才和卓越工程师、浙江工匠等培养，鼓励制造业人才积极申报各类人才计划，形成富有竞争力的制造业人才池。开展职业技能等级“新八级”制度试点，大力培养高技能人才。

四、现代服务业高质量发展政策

全面贯彻落实省、市服务业大会精神，聚焦数字变革、两业融合、业态创新、扩大开放，以“品牌化、特色化、品质化”为导向，实现服务业能级跃升、动能重塑，打响“高新服务”品牌，争当全国现代服务业创新驱动发展示范区、“浙江服务”品牌的标杆区和杭州现代服务业高质量发展领头雁。2023年，力争服务业增加值增速达到4.5%以上。

26. 落实财政资金保障。以生产性服务业和生活性服务业为重点领域，聚焦信息软件、金融服务、文化创意等方面，区财政2023年预算安排17亿元。其中，软件信息、集成电路、智造供给、金融服务等产业发展资金5亿元，稳外贸促消费等商贸发展政策资金、养老服务补助资金、就业创业补助资金12亿元。

27. 支持打造服务业重点平台。加快建设滨江互联网现代服务业创新发展区，优先推荐现代服务业创新发展区内企业申报国家服务业专项资金。积极组织区重点平台创建省第三批现代服务业创新发展区和高能级创新发展区。

28. 支持培育服务业领军企业。打造千亿级旗舰企业，实现企业裂变发展。做强百亿级龙头企业和专精特新企业，积极培育引进世界500强、中国500强企业及行业领军企业在滨江设立区域总部和功能机构。培育壮大独角兽企业、潜在独角兽企业、哪吒企业、数字驱动的瞪羚企业等为代表的新物种企业。支持领军企业申报各类政府产业基金、创新基金以及重大科技专项。落实首台套产品、“浙江制造”精品及企业设备加速折旧等优惠政策。对并购重组涉及的资产评估增值、债务重组收益、不动产登记等，按照国家和省有关规定给予税费优惠。

29. 强化服务业高端人才支撑。加大服务业高层次人才队伍建设支持力度，重点引进和集聚我区服务业创新链产业链“两链”深度融合发展急需的高层次人才以及团队，对符合条件的企业人才推荐进行人才认定，参照《关于加强和改进新时代人才工作推进天堂硅谷人才行动的实施意见》享受相应人才政策。

30. 支持信息服务业稳进提质。推动信息服务业重大项目实施，支持企业牵头申报国家项目，对获评“工业互联网App优秀解决方案”“网络安全技术应用试点示范项目”国家级优秀项目（方案）的软件企业给予支持。推动基础软件、工业软件等重点领域关键软件产品开发和首购首用，对各级认定的新型产业创新组织内首版次软件给予每家10万元的一次性奖励。鼓励软件企业、数字化服务平台企业等积极参与以“产业大脑＋未来工厂”为引领的制造业数字化转型行动，对纳入区智能制造系统解决问题供应商的培育企业给予三年最高1000万元的资助。

31. 支持集成电路产业和软件产业项目。积极鼓励企业申报省级产业链协同创新、生产制造方式转型和首台套提升工程等项目。大力推动企业申报创建省级重点工业互联网平台，对经认定的国家级、省级工业互联网平台分别给予300万元、200万元一次性补助。积极落实国家关于集成电路产业和软件产业税收政策，简化办税流程。鼓励龙头骨干企业牵头协同创新，组织基础软件、工业软件以及人工智能、大数据、区块链、元宇宙等未来产业领域重大软件产品创新研发。加大集成电路领域的核心器件、关键材料资助力度，鼓励集成电路企业牵头承担国家、省技术攻关任务，对获批国家、省重大项目的给予支持。

32. 推进文旅融合发展。抢抓亚运机遇，打造文旅IP。支持鼓励各类文艺院团、演出制作与演出中介机构等参与旅游景区演艺项目。支持白马湖区块推出“夜演、夜游、夜娱、夜读”等夜间文化旅游消费产品和活动。引导和鼓励社会力量参与公共文化项目，由社会力量投资或建设的公共文化场馆，依照补助标准，经核定给予一次性投资补助。

33. 加快生产性服务业集聚地建设。贯彻落实国家“数据二十条”，积极打造“中国数谷”。优化“1+X+N”产业政策体系，推动数字经济迭代升级，加强对数字服务、科技服务、商务服务、金融服务、文化服务、健康服务的支持。累计培育省级服务型制造企业10家以上、省级工业设计中心13家以上，新增“两业融合”培育企业14家。

34. 加快推动文化产业发展。提升国家动画产业基地、国家文化产业示范园区、国家文化出口基地、中国网络作家村等平台整合功能，支持电竞全产业链企业做大做强。鼓励数字内容、现代传媒、创意设计及与文化创意高度融合的新兴业态企业，对备案文化企业给予金融、人才、出海等全方位和企业成长全周期扶持；支持企业进行原创精品研发，最高给予15%的研发投入资助；支持企业在新媒体上发展，给予最高200万元播出补助；支持数字内容转化，鼓励区内企业之间原创IP转化合作，给予版权交易双方各最高100万元补助；激励精品播映获奖，给予最高200万元奖励。

35. 推进金融服务高质量发展。高质量实施“凤凰行动”计划，力争新增境内外上市企业6家。继续加强科技金融服务中心建设，组织50余家金融机构、60余个服务网点、20余名金融顾问及助理深入500家以上企业开展综合金融服务，广泛开展投融资路演及培训活动。落实“百行万企共依存同发展”金融助力稳经济行动，以更大的力度、更实的举措、更优的服务、更快的速度深化同各金融机构战略合作，促进金融惠企服务便利化、普惠化，大力推动政府性融资担保工作，为中小企业降低融资担保成本。加快担保审批速度，缩短审批时间30%以上，2023年担保余额突破4亿元，平均担保费率降至0.8%以下。对科技型中小企业300万以下的贷款开展见贷即保业务，担保费不高于0.6%。

36. 促进特色小镇高质量发展。深化物联网小镇、互联网小镇、白马湖创意小镇、数字健康小镇建设。物联网小镇全力巩固智能物联产业优势，持续发挥国家数字服务出口基地品牌效应。互联网小镇建设聚焦信息技术打造全球领先的互联网经济发展高地，争创高能级创新发展区。白马湖创意小镇加大文化创意产业集聚力度，以国家级文化产业示范园区为品牌，重点推进创意设计与数字经济、文化与科技融合。数字健康小镇进一步集聚IT+BT数字健康产业，创新发展生命健康服务业。

37. 推动产业园区专业化特色化发展。引进和培育一批高端中介服务机构，支持产业园区集成科技、咨询、金融、法律、会计等增值服务。深化“众创空间–孵化器–加速器–产业园”全生命周期孵化链条建设，持续开展区级孵化器备案认定工作，新认定各级孵化器、众创空间15个。

五、扩大内需和对外开放政策

积极实施扩大内需战略，释放消费潜力，促

进消费恢复向好。巩固提升对外开放优势，更大力度吸引和利用外资、培育外贸竞争新优势，积极抢订单拓市场，稳住外贸基本盘。2023年，确保出口占全国份额稳中有进；实际使用外资8.8亿美元；社会消费品零售总额增长力争6%。

38. 加强财政资金保障。加快构建以国内大循环为主体、国内国际双循环相互促进的新发展格局，紧紧围绕稳外贸、稳外资、促消费、招大引强等工作，充分发挥好财政资金的引导与撬动作用，2023年安排预算10亿元，重点支持外贸发展、外资招引、消费促进等领域。

39. 鼓励外商直接投资。对新引进（含增资）符合本区产业发展导向的项目，根据项目投资、创新能力、产出效益等情况，对实到注册资本达到200万美元、500万美元、1000万美元的外资项目，自设立（或增资）年度起三年内分别按最高不超过企业租赁经营场所的50%、80%、100%给予房租补贴；对技术创新能力强、产业化前景广及特别重大投资项目，可视情在房租补贴上加大支持力度，并给予一定比例的研发资助支持。

40. 加大外向型企业培育力度。鼓励企业积极开拓海外市场，对年出口额达500万美元以上的外向型企业，给予一定额度的海外拓市奖励支持。

41. 加大国家文化出口基地建设。鼓励基地运营机构招引优质文化企业，新设立（招引）的文化企业经认定后，三年内成为规模以上文化及相关产业企业的，给予运营机构每家10万元的奖励。支持文化企业"走出去"，对基地内文化企业新认定为国家、浙江省文化出口重点企业的，分别给予50万元、20万元的一次性奖励。

42. 加大社零企业扶持力度。对首次纳入限额以上统计的社零企业，给予2万元奖励；对当年新注册及新迁入我区的企业，当年新增社零总额在1亿元（含）以上的给予20万元奖励；对企业年度社零总额在1亿元（含）以上且增幅高于全区平均增幅5个百分点以上的，给予20万元奖励。

43. 鼓励开展主题促消费活动。鼓励企业按照"'繁荣'与'市容'同频同向"的要求，规范开展商业外摆。鼓励大型商业综合体、商业特色街开展促消费活动；经认定，按活动实际投入（不含发券减免、补助金额）的20%对活动主办方给予资助，单场活动补助金额不超过10万元，单家企业年度累计补助金额不超过120万元。

六、保障和改善民生政策

围绕就业、教育、社保、医疗、养老等民生大事，实施公共服务"七优享"工程，确保一般公共预算支出增量的三分之二以上用于民生领域。

44. 充分发挥财政保障作用。按照社会政策要兜牢民生底线的要求，聚焦群众关切，办好民生实事，推动公共服务高质量发展，2023年预算安排48亿元。其中，学前教育、义务教育发展资金23亿元，医疗、卫生资金7亿元，保障性安居工程资金17亿元，就业补助、养老保障、学生资助、帮扶救助等其他资金1亿元。

45. 支持推进"劳有所得"。促进企业健康发展，劳动者工资合理增长，根据省、市公布的最低工资标准，及时适用最低工资标准和最低小时工资标准。贯彻落实省市高质量就业工作和大学生就业创业相关政策，以"安滨乐业"为载体，应用全链路人才智引系统，开展线上、线下招聘活动。以社区、园区为重点，推进共同富裕试点，多场景打造高质量就业生态。帮扶重点群体和失业人员实现再就业。广泛开展失业保险稳岗返还等助企纾困政策宣传，推进"西湖益联保"专项补助，建立政策落实督促、通报机制，加强大数据比对，推广"免申即享"模式，让企业享受政策红利。加强政策宣传，落实实习生和超过退休年龄等部分特定从业人员参加工伤保险办法。

46. 支持推进"幼有善育""学有优教"。健全保障机制，统筹安排专项资金，实施学前教育"提质强园优师"计划，引进优质学前教育品牌，领衔创办名园，加强托幼一体化。积极推进新名校集团化办学，优质教育资源全域覆盖。创新教育对口结对帮扶模式，推进城乡义务教育共同体建设，建立全区"名师"走教和短课程库，积极创建全国义务教育优质均衡发展县。优先保障教育供给，全面提升办学条件。建立教育经费逐年增长机制，财政投入逐年递增，各类教育经费按期足额拨付，生均拨付标准处于全省领先水平。加强和属地高中联系合作，通过合作办学等形式，进一步优化我区优质学校的覆盖率，实现全域教育品牌化。

47. 支持推进“病有良医”。助推浙大二院滨江院区创新中心建设，助力浙大儿院国际儿童医学中心软硬件适配，提升区域医疗资源国际化水平。按照《浙江省城乡居民“三免三惠”健康行动实施方案》（浙卫发〔2021〕40号）、《浙江省参保城乡居民健康体检管理办法》（浙卫发〔2022〕2号），同质同标完成4.8万人次参保城乡居民免费健康体检。

48. 支持推进“住有宜居”“老有康养”。加大宣传力度，用足政策杠杆积极引导开发商自持房源、企事业单位宿舍等纳入保障性租赁住房，并依托保租房工作领导小组成员单位及三个街道共同筹集其他符合条件的房源纳入保障性租赁住房。坚持以“有完善设施、有整洁环境、有配套服务、有长效管理、有特色文化、有和谐关系”宜居小区为目标，结合未来社区建设、住宅加装电梯，完善小区配套设施，因地制宜开展老旧小区综合改造提升工作。严格按照市本级政策落实城乡居民基础养老金发放。加强认知障碍照护专区床位建设。助餐服务和康养联合体街道全覆盖。

49. 支持推进“弱有众扶”。落实低收入群体救助帮扶和兜底保障机制，根据上级要求及时调整低保等社会救助标准，升级区级社会救助服务联合体，加强困难群体动态监测，实现分层分类精准救助。加强残疾人服务保障，落实孤儿基本生活保障制度和困境儿童基本生活补贴制度，及时足额发放孤儿、困境儿童生活补贴。按照“有场地、有队伍、有经费、有活动、有制度”五有要求，区、街道未成年人保护工作机构实现全覆盖。培育慈善组织，按市级要求推动慈善信托加快发展。

上述6个领域区财政2023年预算安排资金除交叉重叠部分，支持总额为107亿元。各领域政策区级牵头单位要根据文件要求，会同财政金融、自然资源、能源、人才等4张要素保障清单牵头单位，抓紧出台深化细化的配套政策文件，及时做好政策的宣传解读、责任分解和落地实施。各单位要结合实际，推动政策精准滴灌、直达快享，确保基层有感、群众获益、企业得利。

本文件明确的各项政策除标明具体实施期限外，均为2023年1月1日至2023年12月31日实施有效。国家、省、市出台相关政策措施的，遵照执行。

杭州市滨江区人民政府

2023年4月22日

关于推动杭州高新开发区（滨江）总部经济高质量发展的若干意见

一、总体目标

以习近平新时代中国特色社会主义思想为指导，立足高新区（滨江）资源禀赋和产业优势，加强总部企业引进培育，形成企业总部的集聚效应，促进经济高质量发展的现代化、集约化和规模化，为“建设天堂硅谷、打造硅谷天堂”提供重要支撑。总部企业数量稳步增加，到2025年，百亿级总部企业力争10家，千亿级总部企业力争4家。

二、认定条件

本意见所称总部企业，是指符合高新区（滨江）产业发展导向，工商登记、税务登记和统计关系均在本区，对一定区域内的控股企业或分支机构行使总部职能的独立法人企业。

符合下列条件之一的，经认定后可享受本意见规定的总部企业支持政策：

（一）规模型总部

1. 工业总部：上年度营业收入10亿元以上（含）。

2. 服务业总部：

（1）信息传输、软件和信息技术服务业总部：上年度营业收入10亿元以上（含）。

（2）商务服务业总部：上年度营业收入2亿元以上（含）的会计师事务所、律师事务所；上年度营业收入10亿元以上（含）的其他企业。

（3）科技服务、文化、体育等其他总部：上年度营业收入8亿元以上(含)。

(4)销售型总部:上年度营业收入20亿元以上(含)。

(5)金融业总部:经国家金融监管部门批准,具有独立法人资格的金融机构,上年度营业收入10亿元以上(含)。

(二)研发型总部

具备完善的研究、开发、实验条件并具有稳定的研发经费来源,上年度在高新区(滨江)研发费用投入不低于5000万元且占在高新区(滨江)营业收入(销售收入)比例不低于15%的企业。

(三)上市企业总部

符合基本条件,在境内外各大交易所上市,且上市主体在高新区(滨江)的企业。

(四)其他总部

符合区产业发展战略,具有重大产业支撑作用或科技引领作用的企业,经签署协议后予以认定。

三、支持政策

(一)招商引资奖励。新引进总部企业,经区认定,最高按照实到注册资本1%的比例予以补助。实到注册资本(下同)在10亿元(含)以上的,最高可补助1000万元;注册资本在1亿元(含)以上不足10亿元的,最高可补助500万元;注册资本在5000万元(含)以上不足1亿元的,最高可补助100万元。注册资本为外资的,按照注册资本到位时点的汇率折算。

(二)规模增长奖励。连续3年的产值规模(营业收入)正增长且平均增幅超过10%,且连续3年符合本办法规定条件的总部企业可以申请专项奖励。奖励金额原则上最高不超过2000万元。

(三)星级培育奖励。对首次评为杭州市“五星级”“四星级”“三星级”总部企业的,分别予以500万元、200万元、100万元奖励。星级评定等次提升的,按照标准予以差额奖励。

(四)营收突破奖励。对营业收入首次突破20亿元、50亿元、100亿元、200亿元、500亿元、1000亿元的总部企业,最高分别予以100万元、200万元、400万元、800万元、2000万元、4000万元奖励。营收规模等次提升的,按照标准予以差额奖励。

(五)租房购房补助。在我区无自有办公用房的总部企业,在我区租用总部自用办公用房的,最高可按不超过认定当年租金的50%予以补助,补助金额每年不超过200万元,累计不超过三年。在我区无自有办公用房且营业收入不低于10亿元的总部企业,在我区首次购置除工业综合体物业外的自用办公用房,按不超过购房价10%予以补助,最高不超过3000万元。租房、购房补助总部企业可自主选择享受其中一项。

(六)发展空间保障。供地供楼并举,优先满足总部企业发展空间需求。支持工业用地带条件出让,商业商务用地根据市相关指导意见带条件出让。优先安排总部企业按照开发建设总成本购买工业综合体物业。支持总部企业将制造环节落地滨富、滨萧等特别合作区(园)。

(七)给予人才激励。充分发挥我区国家级创新人才示范基地优势,对自主申报入选国家级、省级、市级高层次人才计划的人才给予奖励。推荐顶尖人才、海内外高层次人才来我区全职创新创业的,给予最高100万元引才奖励。对企业所聘专家入选浙江省“海外工程师”、杭州市“115”引智计划等专项的,给予用人单位相应奖励;对符合条件的企业人才推荐进行人才认定,并按规定享受相应人才政策。

(八)给予金融支持。总部企业境内上市按进度给予400万元奖励。总部企业完成股改并在“新三板”挂牌的,给予一次性奖励100万元。在浙江股权交易中心成长板挂牌交易的,给予一次性奖励25万元。总部企业重大资产收并购达到5亿元,可给予收并购标的30%以内2年贷款贴息,原则上最高不超过2000万元。支持企业(机构)总部申报各类政府产业基金,鼓励企业(机构)总部与境内外知名股权投资基金管理公司合作,发起设立符合产业规划方向的行业性投资基金。

(九)给予创新资助。企业申报国家、省、市级的重大研发、产业化、试点示范、技术改造等各类项目,按所申报项目的配套要求给予及时足额配套。对新获得国家技术发明奖(国家科技进步奖）一、二等奖的，分别给予500万元、100万元奖励。新获得省级科技进步奖一、二、三等奖的，分别给予50万元、20万元、10万元奖励。对新认定的国家、省级重点实验室（工程技术研究中心），分别给予1000万元、200万元奖励。对新认定的省级企业研究院，给予50万元奖励。对新认定的国家、省、市级研发中心（工程研究中心、企业技术中心），分别给予100万元、50万元、20万元奖励。鼓励总部企业开放共享检验、检测和实验平台，经审核的企业平台可纳入区创新券载体，给予不超过认定登记的技术服务合同金额30%的补助，单个企业年最高额度不超过100万元。

（十）给予知识产权和质量奖励。新获得中国专利金奖、银奖、优秀奖的专利权人，分别给予100万元、50万元、20万元奖励。获奖励的专利权人应当依据《专利法》对职务发明创造的发明人或者设计人给予一定奖励。新获得国家、省、市、区政府质量奖的单位，分别给予200万元、100万元、50万元、20万元奖励；新获得国家、省、市、区政府质量奖提名的单位，分别给予100万元、50万元、25万元、10万元奖励。

（十一）给予国际化支持。鼓励企业加大出口，拓展海外市场。在本区举办符合区重点产业导向的国际展会，最高可给予展会承办方50%的场租费补贴，单次展会补贴额度不超过100万元。支持总部企业建设海外孵化器，对新认定的省级海外孵化创新中心、市级海外科技创新中心分别给予100万元、30万元奖励。鼓励总部企业创新国际化，对新认定的国家级、省级国际科技合作基地分别给予100万元、50万元奖励，对新设立的全球或区域性外资研发中心，按实到市级财政补助资金给予最高300万元的市级配套激励。

（十二）加强总部企业服务。对认定的总部企业颁发"杭州高新区总部企业"证书，建立区领导联系总部企业制度，设立总部企业联络专员，常态化开展总部企业"三服务"活动，为总部企业在投资落地、开办经营、工程项目审批等环节提供优质高效、便利化的政务服务。为有需求的总部企业协调优化公交通勤等服务。优化总部企业人才服务，给予总部企业人才房配租支持，快捷落实人才购房（安家）补贴。

四、附则

（一）本意见所称总部企业是指未被列入严重违法失信主体名单的企业。其中，企业产值规模、营业收入等以申报企业独立法人（含分支机构）及其能够并入财务报表且实际控制的我区公司作为统计核算口径。

（二）同一企业、人才、项目获得多项资助（奖励）的，按"从优、从高、不重复"原则进行资助（奖励）。

（三）申报企业的下属公司独立提出申请享受总部企业支持政策的，其下属公司在本区统计核算的产值规模、营业收入等不再重复计入上级公司的核算范围。

（四）本办法由区总部经济发展工作领导小组牵头实施。

本意见自2023年7月13日起施行，有效期5年。

杭州高新开发区（滨江）管委会、政府办公室

2023年6月12日

进一步促进生命健康产业创新发展的实施意见

为进一步促进高新区（滨江）生命健康产业创新发展，提升产业自主研发能力，促进产业集群加速集聚，健全产业生态服务体系，根据《杭州市人民政府办公厅印发关于加快生物医药产业高质量发展若干措施的通知》（杭政办函〔2022〕59号），结合本区实际，经区管委会、政府同意，特制定本实施意见。

一、明确发展目标及重点领域

（一）发展目标

立足高新区（滨江）生命健康产业基础，充分发挥数字经济发展优势，围绕全领域产业生态构建，完善产业链政策支撑体系，打造生物技术

与信息技术融合、创新药物、高端医疗器械核心优势，建成具有全球影响力的产业发展高地。力争到2025年，高新区（滨江）生命健康产业营业收入突破400亿元。

（二）重点领域

1. 支持生物技术与信息技术融合发展。立足数字经济产业基础，聚焦生命科学、医药健康等重点领域发展需求，加快生物技术与信息技术（BT+IT）融合创新发展，着力发展生物大数据、医药大数据、医疗人工智能、数字健康、数字疗法等领域，催生面向生命健康领域的突破性新技术、新工具、新产品。

2. 优先发展创新药物。以抗体药物、免疫治疗药物、细胞和基因治疗为核心，优先发展生物药；以重大疾病和临床急需为核心，优化提升化学药，鼓励支持区内医药企业延伸发展新技术、新品种、新项目。

3. 大力发展医疗器械。以分子诊断和免疫诊断为核心，做优做强体外诊断产品（IVD）；以国产替代为重点，大力发展具有自主知识产权的高端医疗装备及核心部件；以高精尖为导向，前瞻布局植（介）入产品和高值耗材器械。

（三）支持对象

本实施意见适用于杭州高新开发区（滨江）内从事生命健康相关领域研发、生产、服务等生产经营活动的企事业单位、社会团体、行业组织（或联合体）等。

二、提升产业创新研发能力

（一）鼓励生物技术与信息技术融合发展。支持生物技术与信息技术融合创新发展，对于从事生物大数据、医药大数据、医疗人工智能、数字健康、数字疗法等BT+IT技术研发的项目，年研发投入超过300万元（含）的，择优给予不超过研发投入15%的支持，单个企业每年累计奖励最高不超过300万元。（牵头单位：区经信局，配合单位：区财政局）

（二）加强药物核心技术攻关和成果转化。着力挖掘新药发现阶段极具潜力的临床前候选化合物，对有望解决重大临床需求与市场需求进行新靶标、新机制、新原理等生物医药前沿领域高水平基础研究和核心技术攻关的，经评审给予最高不超过3000万元的资助。（牵头单位：区科技局，配合单位：区经信局、区财政局）

（三）支持创新药物研发生产。对已在国内开展Ⅰ期、Ⅱ期、Ⅲ期临床试验，注册申请人获得许可并进行产业化的1类化学药、1类生物制品、1类中药，按临床试验不同阶段，经评审给予不超过研发投入40%，单个品种最高分别不超过1000万元、2000万元、4000万元的资助。（牵头单位：区经信局，配合单位：区科技局、区财政局、区市场监管局）

（四）支持改良型新药研发生产。对已在国内开展Ⅰ期、Ⅱ期、Ⅲ期临床试验，注册申请人获得许可并进行产业化的2类化学药、2类生物制品、2类中药，按临床试验不同阶段，经评审给予不超过研发投入30%，单个品种最高分别不超过500万元、1000万元、2000万元的资助。

对已在国内开展Ⅱ期、Ⅲ期临床试验，注册申请人获得许可并进行产业化的3类化学药、3类生物制品和古代经典名方中药复方制剂，按临床试验不同阶段，经评审给予不超过研发投入20%，单个品种最高分别不超过300万元、600万元的资助。（牵头单位：区经信局，配合单位：区科技局、区财政局、区市场监管局）

（五）支持医疗器械研发生产。对进入国家创新医疗器械特别审查程序或医疗器械优先审批程序的医疗器械，首次获得医疗器械注册证书并进行产业化的，经评审给予不超过研发投入40%，最高不超过600万元的资助。对首次获得医疗器械注册证书并进行产业化的创新型二类医疗器械、三类医疗器械，经评审给予不超过研发投入20%，单个品种最高分别不超过200万元、400万元的资助。（牵头单位：区经信局，配合单位：区科技局、区财政局、区市场监管局）

（六）提升医企融合创新能力。建立医企对接工作机制，以“揭榜挂帅”的形式鼓励医疗机构与企业、研发机构联合开展临床应用研究。鼓励医疗机构按相关规定委托企业开展研发和生产活动，加强院内制剂的开发和转化。（牵头单位：区卫生健康局，配合单位：区经信局、区科技局、区市场监管局）

三、促进产业加速集聚发展

（七）培育壮大生命健康企业梯队。培育一批生命健康领域“单项冠军”“小巨人”“隐形冠军”企业，提升产业规模。对“单项冠军”企业、“专精特新小巨人”企业、“隐形冠军”企业、省级专精特新中小企业分别给予最高不超过200万元、100万元、100万元、20万元一次性奖励（牵头单位：区经信局，配合单位：区财政局）

（八）推动创新项目产业化落地。对实际投资总额达到2000万元的生物医药产业化项目，按照实际投资总额（不含土地、厂房、旧设备等，含新设备、GMP标准厂房装修等）的30%予以资助。（牵头单位：区经信局，配合单位：区发改局、区财政局、区商务局）

（九）支持企业参加集中带量采购。鼓励企业积极参加国家、省级药械集中带量采购，按中标总价的3%予以奖励，单个品种最高奖励不超过300万元。（牵头单位：区经信局，配合单位：区财政局）

（十）提升产业化能力。获得国家药械注册证书并进行产业化的，1类新药每个品种最高给予500万元奖励，2类新药每个品种最高给予300万元奖励，3类生物制品和古代经典名方中药复方制剂、3—5类以及通过一致性评价的化学仿制药，每个品种最高给予100万元奖励；3类医疗器械每个产品最高给予50万元奖励。产品获证后3年内本地化生产并形成销售的，按年度新增销售额，每增加1000万元给予50万元奖励，单个企业每年累计奖励最高不超过500万元。（牵头单位：区经信局，配合单位：区科技局、区财政局、区市场监管局）

（十一）支持MAH产业化落地。对药械上市许可持有人委托本区生物医药企业（委托双方须无投资关联情况）生产其所持有药械产品，且销售税收结算在本区的，按其年度新增实际交易合同金额的5%给予奖励，单个企业每年累计奖励最高不超过1500万元。对承担本市以外委托生产任务且产值结算在本区的企业（委托双方须无投资关联情况）予以资助，按其年度新增实际交易合同金额的5%给予奖励，单个企业每年累计奖励最高不超过1500万元。（牵头单位：区经信局，配合单位：区财政局、区市场监管局）

（十二）支持开拓海外医药市场。对首次取得FDA、EMA、PMDA等机构批准，获得境外上市资质并在相关国外市场实现销售的药品，每个产品给予最高100万元奖励。对取得国内第三类医疗器械注册证的产品，首次取得FDA、CE、PMDA等市场准入资质并在相关国外市场实现销售的，每个产品给予最高50万元奖励，单个企业每年累计奖励最高不超过500万元。（牵头单位：区经信局，配合单位：区财政局、区市场监管局）

（十三）加大生物医药特色园区建设支持力度。鼓励多种投资主体开展生物医药标准厂房建设，给予被认定为市级特色园区的生物医药园区30万元一次性奖励，鼓励优质项目入驻工业综合体，加速产业聚集。（牵头单位：区经信局，配合单位：区财政局）

四、健全产业生态服务体系

（十四）支持重点公共服务平台建设。支持GLP、GCP、CRO、CMO、CDMO、注册检验、MAH持证交易、知识产权交易、智慧医疗等公共服务平台建设。对经认定的市重点生物医药产业公共服务平台，按照不超过其核定的新增研发设备、软件投入等的30%给予最高不超过2000万元的资助。经认定的公共服务平台为本区生物医药企事业单位提供服务的（服务双方须无投资关联情况），给予不超过经认定的登记合同额30%的创新券补贴，单个平台每年累计补贴金额最高不超过200万元。（牵头单位：区科技局，配合单位：区经信局、区财政局、区卫生健康局、区市场监管局）

（十五）支持创新优质药械应用。对医疗机构采购经省、市有关部门认定的首台（套）医疗器械，给予不超过其采购金额20%的奖励，单家医疗机构每年累计奖励最高不超过300万元；对医疗机构使用经认定的创新优质药械，不纳入医疗机构药占比和耗占比的考核范围，并按最高不超过实际使用产品金额的3%给予奖励，单家医疗机构每年奖励金额最高不超过300万元。（牵头单位：区经信局、区卫生健康局，配合单位：区财政局）

（十六）强化产业金融支撑。充分发挥“链长制”“一链一基金”的引领作用，带动社会资本、金融资本投向生物医药产业。鼓励并引导各类创业投资和产业投资基金投向生命健康产业领域。积极争取国家、省、市产业基金支持区内企业。为重大产业项目争取市、区1∶1联动出资机制进行直投。对依法设立的各类市场化运行的私募股权、创业投资基金，经认定，按其年度对本区或同意落地本区生物医药企业合计到账投资（不含约定返投）金额的2%给予基金管理公司奖励，最高不超过500万元。（牵头单位：区发改局、高新金投集团、区经信局，配合单位：区财政局）

（十七）加强产业人才储备。大力引进生命健康领域海归人才、国内博士、外国专家等各类拥有自主知识产权的人才来我区创新创业，对符合“5050计划”申报条件的人才项目可按照“5050计划”给予政策支持。“5050计划”可给予最高300万元的办公场所补贴、最高100万元的初次创业资助、最高1500万元的研发创新资助、最高1000万元的银行贷款额度贴息等资助。全面落实各类人才引育政策，推动待遇落实，在子女就学、人才房等方面可给予优先保障。（牵头单位：区委人才办，配合单位：区财政局）

（十八）发挥产业联盟作用。鼓励区内优质企业加入市级、区级生物医药产业联盟和专业药物/医疗器械临床研究联盟，鼓励联盟组织开展技术创新协作、临床研究服务、政策法规培训、高端展会等活动。对于经认定的联盟，给予一次性开办经费补贴30万元。对联盟、领军企业、科研院所开展技术创新协作、交流活动的，经认定，给予实际支出不超过50%的支持，单个主体每年累计不超过100万元。（牵头单位：区经信局、区卫生健康局，配合单位：区财政局、区市场监管局）

（十九）鼓励标准创新。生命健康企业主导、参与制定国际标准并发布的，分别给予企业100万元、50万元奖励；参与国家标准、行业标准制定并发布的，分别给予企业20万元、10万元奖励；主导、参与制定“浙江制造”标准并发布的，分别给予企业10万元、5万元奖励。（牵头单位：区市场监管局，配合单位：区财政局）

本意见自2023年12月23日起施行，前发《区管委会办公室区政府办公室关于促进生命健康产业创新发展的实施意见》（区办〔2020〕8号）文件同时废止。本意见与各级其他同类政策有重叠的，按照“从优、就高、不重复”的原则予以支持。

杭州高新开发区（滨江）管委会、政府办公室

2023年11月22日

重要文件目录

2023年中共杭州滨江区委重要文件一览表

表33

序号	文件标题
1	区党工委 区委 区管委会 区政府关于成立区党委考核工作委员会的通知
2	杭州高新区（滨江）党委关于印发《高新区（滨江）综合考核办法（试行）》的通知
3	杭州高新开发区（滨江）党委关于建立区党委学习贯彻习近平新时代中国特色社会主义思想主题教育领导小组及组成人员任职的通知
4	杭州高新开发区（滨江）党委印发《关于深入开展学习贯彻习近平新时代中国特色社会主义思想主题教育的实施方案》的通知
5	杭州高新开发区（滨江）党委关于杭州高新开发区（滨江）2023年政治生态建设状况的自评自查报告

（区委办公室）

2023年中共杭州滨江区委办公室重要文件一览表

表34

序号	文件标题
1	区党委办公室　区管委会办公室　区政府办公室印发《关于做好2023年春节至全国两会期间有关工作的实施方案》的通知
2	区党委办公室　区管委会办公室　区政府办公室关于印发《高新区（滨江）关于进一步加强与人民群众互动联系的实施方案》的通知
3	区党委办公室　区管委会办公室　区政府办公室关于印发《市委十三届三次全会（扩大）会议报告确定的涉区主要工作任务分解》和《市委经济工作会议涉区任务分解》的通知
4	杭州高新开发区（滨江）党委办公室关于印发《“八八战略”实施20周年理论研究阐释和宣传工作方案》的通知
5	区党委办公室　区管委会办公室　区政府办公室印发《关于推进杭州高新区（滨江）青年发展型城区建设的行动方案》的通知
6	杭州高新开发区（滨江）党委办公室关于印发《高新区（滨江）区直单位综合考核实施办法（试行）》《高新区（滨江）街道（平台）综合考核实施办法（试行）》《高新区（滨江）区属国有企业综合考核实施办法（试行）》《高新区（滨江）区属公办学校（幼儿园）综合考核实施办法（试行）》《滨江区街道社区卫生服务中心综合考核实施办法（试行）》的通知
7	区党委办公室　区管委会办公室　区政府办公室关于印发《杭州高新区（滨江）营商环境优化提升“一号改革工程”实施方案》的通知
8	区党委办公室　区管委会办公室　区政府办公室关于印发《杭州高新区（滨江）“地瓜经济”提能升级“一号开放工程”实施方案（2023—2027年）》的通知
9	区党委办公室　区管委会办公室　区政府办公室关于印发《杭州高新区（滨江）数字经济创新提质“一号发展工程”实施方案（2023—2027年）》的通知
10	杭州高新开发区（滨江）党委办公室关于印发《习近平总书记考察浙江重要讲话精神宣讲工作方案》的通知

续表34

序号	文件标题
11	区党委办公室　区管委会办公室　区政府办公室关于印发《杭州高新区（滨江）优化生育政策促进人口长期均衡发展的若干措施》的通知

（区委办公室）

2023年滨江区人民政府重要文件一览表

表35

序号	文件标题
1	杭州高新开发区（滨江）管委会 政府关于加快智造供给产业发展的实施意见
2	杭州高新开发区（滨江）管委会 政府关于进一步提升杭州高新开发区（滨江）高层次人才及团队创新创业“5050计划”的实施意见
3	杭州高新开发区（滨江）管委会 政府关于扶持推动文化产业高质量发展的实施意见
4	杭州高新开发区（滨江）管委会 政府印发关于促进新一代人工智能创新发展、推动产业生态建设的若干政策的通知
5	杭州市滨江区人民政府印发关于推动经济高质量发展的若干政策的通知
6	杭州市滨江区人民政府关于推进高质量就业工作的意见

（区政府办公室）

2023年滨江区人民政府办公室重要文件一览表

表36

序号	文件标题
1	杭州市滨江区人民政府办公室关于印发杭州市滨江区公墓管理暂行办法的通知
2	杭州市滨江区人民政府办公室关于进一步加强政府采购合同和履约验收管理的通知
3	区管委会办公室 区政府办公室关于印发杭州高新开发区（滨江）标准创新奖评审管理办法的通知
4	区管委会办公室 区政府办公室关于印发杭州高新开发区（滨江）支持“专精特新”企业加快发展的实施意见的通知
5	区管委会办公室 区政府办公室印发关于推动杭州高新开发区（滨江）总部经济高质量发展的若干意见的通知
6	杭州市滨江区人民政府办公室关于印发《滨江区入河入江排污口排查整治实施方案》的通知
7	区管委会办公室 区政府办公室关于加快产学研平台高水平建设的实施意见（试行）
8	杭州市滨江区人民政府办公室关于调整滨江区集体所有土地住宅房屋补偿货币化安置单价有关事项的通知
9	区管委会办公室 区政府办公室关于进一步促进生命健康产业创新发展的实施意见
10	区管委会办公室 区政府办公室关于杭州高新开发区（滨江）政府投资项目工程变更管理的实施意见
11	杭州市滨江区人民政府办公室关于进一步完善滨江区集体所有土地安置房扩面安置有关事项的通知

（区政府办公室）

2023年杭州高新区（滨江）媒体重要报道题录

电视媒体重要报道一览表

表37

序号	播出时间	栏目	标题
1	4月10日	央视新闻频道《东方时空》	开局之春话经济·一季度中小企业发展指数大幅反弹·浙江杭州 创新“早餐会”打造推动产业协作新平台
2	6月14日	央视新闻频道《新闻直播间》	浙江 第十九届中国国际动漫节将在杭州举办
3	9月6日	央视新闻频道《朝闻天下》	亚运探馆·杭州滨江体育馆 篮球馆变羽毛球馆“小白碗”将产生7金
4	9月7日	央视新闻频道《新闻直播间》	杭州亚运会将于本月23日开幕 城市换上“亚运妆”亚运氛围扑面来
5	9月30日	央视新闻频道《新闻直播间》	假日消费观察 老街古镇融合新时尚 夜间消费活力足
6	10月3日	央视新闻频道《东方时空》	看亚运 逛浙江 品活力中国 从城市到赛场 探寻杭州“科技创新”密码
7	1月4日	浙江卫视《浙江新闻联播》	敢闯敢为“浙”先行“重装旅”“轻骑兵”创新制胜 新华三全力奔跑新赛道打造千亿级领军企业
8	1月9日	浙江卫视《浙江新闻联播》	新春走基层“生果子”转化成“熟果子”杭州概念验证中心加速科技成果转化
9	2月5日	浙江卫视《浙江新闻联播》	强信心 开新局“走出去”与“引进来”双管齐下 各地抢抓海外商机
10	2月5日	浙江卫视《浙江新闻联播》	联播快讯 杭州明晚7点举行“迎亚运庆元宵”烟花灯光秀
11	2月11日	浙江卫视《浙江新闻联播》	强信心 有新招 汇聚优质资源要素“415X”先进制造业产业集群确定首批协同创建名单
12	2月21日	浙江卫视《浙江新闻联播》	直通地方两会·十一市融媒新观察 杭州：“数字经济第一城”如何高水平重塑?
13	2月24日	浙江卫视《浙江新闻联播》	“中国数谷”在杭州揭牌 助力国家数据要素综合试验区建设
14	3月22日	浙江卫视《浙江新闻联播》	营商环境如何 民营企业来打分
15	3月23日	浙江卫视《浙江新闻联播》	亚运来了 开幕式转换田径场“大莲花”举行首场实战演练
16	3月25日	浙江卫视《浙江新闻联播》	杭州上线老年人“安居守护”数字应用
17	4月4日	浙江卫视《浙江新闻联播》	亚运来了 喜迎亚残运会倒计时200天毅行活动在杭启动
18	4月6日	浙江卫视《浙江新闻联播》	亚运来了 一批亚运会场馆迎来系列测试赛

续表37

序号	播出时间	栏目	标题
19	4月8日	浙江卫视《浙江新闻联播》	高质量发展有新招 杭州滨江推出“小镇早餐会 推动链上产企合作
20	4月11日	浙江卫视《浙江新闻联播》	亚运来了“大莲花”迎来首次官方检验 亚洲田联官员点赞场馆设施
21	4月17日	浙江卫视《浙江新闻联播》	如何对标一流 全面打造营商环境升级版
22	5月28日	浙江卫视《浙江新闻联播》	2023中国国际网络文学周在杭州开幕
23	5月29日	浙江卫视《浙江新闻联播》	网络文学大IP浙江如何造
24	6月4日	浙江卫视《浙江新闻联播》	思想的伟力·在“八八战略”指引下 创新活力之城蝶变记（二）一条产业带“牵引”数字之城
25	6月22日	浙江卫视《浙江新闻联播》	相约动漫节 传统文化创新“出圈”中国国际动漫节“金猴奖”昨晚揭晓
26	6月23日	浙江卫视《浙江新闻联播》	相约动漫节 虚实结合 体验不一样的数字动漫
27	6月24日	浙江卫视《浙江新闻联播》	相约动漫节 全球企业竞相参展 动漫节“国际范”更足了
28	6月25日	浙江卫视《浙江新闻联播》	相约动漫节 第十九届中国国际动漫节今天闭幕　67个国家和地区参与　意向签约近15亿元
29	8月13日	浙江卫视《浙江新闻联播》	浙江计划五年内引育千余名网络文学作家
30	8月19日	浙江卫视《浙江新闻联播》	亚运六城上新了 新技术赋能 让亚运场馆“绿”起来
31	8月24日	浙江卫视《浙江新闻联播》	杭州数据交易所让数据交易更安全更通畅
32	9月3日	浙江卫视《浙江新闻联播》	杭州亚运准备好了 2000多辆亚运官方指定用车今天交付使用
33	9月8日	浙江卫视《浙江新闻联播》	2023中国创新创业大赛浙江赛区总决赛收官
34	9月19日	浙江卫视《浙江新闻联播》	杭州亚运欢迎您 杭州亚运会开幕式最后一次全要素彩排
35	9月19日	浙江卫视《浙江新闻联播》	白马湖实验室总部基地开工 十大省实验室完成布局
36	9月20日	浙江卫视《浙江新闻联播》	杭州亚运欢迎您“薪火”相传点燃激情 杭州亚运火炬传递活动圆满收官
37	9月24日	浙江卫视《浙江新闻联播》	杭州亚运进行时 全球首创“数实融合”杭州亚运会主火炬“浙”样点燃
38	10月3日	浙江卫视《浙江新闻联播》	我为亚运出份力 绽放田径赛场的24朵“小青荷”

续表37

序号	播出时间	栏目	标题
39	10月5日	浙江卫视《浙江新闻联播》	杭州亚运进行时 176家企业深度参与 杭州亚运会、亚残运会市场业务开发收入超35亿
40	10月6日	浙江卫视《浙江新闻联播》	杭州亚运进行时 亚运场馆开放利用 杭州加速打造国际赛事之城
41	11月15日	浙江卫视《浙江新闻联播》	20家园区入选我省首批专精特新产业园（创建）名单
42	12月10日	浙江卫视《浙江新闻联播》	中国网络作家村已入驻275位网络作家
43	12月13日	浙江卫视《浙江新闻联播》	高新区（滨江）举行“企业家见面日”·专精特新企业座谈会
44	12月22日	浙江卫视《浙江新闻联播》	杭州高新区（滨江）AIGC产业创新中心正式启用
45	1月8日	杭州电视台《杭州新闻联播》	（新年加速跑）促消费迎新年 各地消费节亮点频出
46	1月8日	杭州电视台《杭州新闻联播》	（滨江“新”力量）“两链融合”谋发展 加速从技术到产品的“转化”
47	1月14日	杭州电视台《杭州新闻联播》	（滨江“新”力量）带动公共服务优质均衡 未来社区让“共富”可感可及
48	1月29日	杭州电视台《杭州新闻联播》	抢抓先机攀新高 开足马力促生产
49	2月4日	杭州电视台《杭州新闻联播》	高新区（滨江）新春第一团出发 抢抓中东地区生命健康产业订单
50	2月5日	杭州电视台《杭州新闻联播》	（奔赴新征程+滨江“新”力量）积蓄“红色动能”为发展大计贡献“两新”力量
51	2月5日	杭州电视台《杭州新闻联播》	按需引才 用心留才 激发人才创新创业的内生动力
52	2月6日	杭州电视台《杭州新闻联播》	助推新产业新业态 杭州各地跑出高质量发展“加速度”
53	2月17日	杭州电视台《杭州新闻联播》	打造“中国视谷”产业地标+窗口园区 开工项目总投资150亿元
54	2月21日	杭州电视台《杭州新闻联播》	（强信心+开新局）杭州多地举行重大项目集中开工活动
55	2月24日	杭州电视台《杭州新闻联播》	（强信心 开新局）数据要素高效配置合理使用 以“中国数谷”探索“杭州方案”
56	2月25日	杭州电视台《杭州新闻联播》	（你好！亚运）和亚运吉祥物一起骑行 打卡最美春色
57	2月28日	杭州电视台《杭州新闻联播》	（打好经济翻身仗）重塑数字经济第一城 杭州多地密集“出招”
58	3月6日	杭州电视台《杭州新闻联播》	喜迎亚运倒计时200天 各地举办多彩活动

续表37

序号	播出时间	栏目	标题
59	3月26日	杭州电视台《杭州新闻联播》	喜迎亚运感受热情　“樱花跑”“梦马”热力开跑
60	3月23日	杭州电视台《杭州新闻联播》	推介环境发出倡议“中国数谷”　2023杭州峰会（春季）召开
61	4月23日	杭州电视台《杭州新闻联播》	从“声音圈”到“声态圈”　滨江打造全国一流的声音服务基地
62	4月24日	杭州电视台《杭州新闻联播》	发布白皮书“国字号”再落户 助推知识产权武装下的高质量发展
63	4月30日	杭州电视台《杭州新闻联播》	一批口袋公园“五一”亮相　“微更新”收获大幸福
64	5月5日	杭州电视台《杭州新闻联播》	（学思想+强党性+重实践+建新功）推广未来社区样板　让“共富”可及可感
65	5月6日	杭州电视台《杭州新闻联播》	让数字经济再上新台阶 杭州将打造7个标志性“第一城”成果
66	5月8日	杭州电视台《杭州新闻联播》	（你好！亚运）一路花开一路景 匠心打造靓丽亚运迎宾线路
67	5月12日	杭州电视台《杭州新闻联播》	源起长河 万象“耕”新 新时代耕读文化新演绎
68	5月16日	杭州电视台《杭州新闻联播》	杭州首座加氢站正式投运　10分钟充满一辆氢燃料公交车
69	5月18日	杭州电视台《杭州新闻联播》	迎亚运畅行交通　既要“面子”靓+也要“里子”实
70	5月22日	杭州电视台《杭州新闻联播》	高新区（滨江）：拉长数字经济长板 激发活力助企攀登
71	5月26日	杭州电视台《杭州新闻联播》	拿出“福利”欢迎英才　2023滨江国际人才节启幕
72	5月27日	杭州电视台《杭州新闻联播》	2023中国国际网络文学周在杭开幕
73	6月5日	杭州电视台《杭州新闻联播》	（你好！亚运）花满杭城迎客来　多处自然花境主题花园建成
74	6月13日	杭州电视台《杭州新闻联播》	首设副会场 办展规模最大 杭州将进入动漫季
75	6月14日	杭州电视台《杭州新闻联播》	（亚运时间）全民亚运 志愿同行 杭城迎亚运氛围浓厚
76	6月15日	杭州电视台《杭州新闻联播》	（亚运时间）测试赛密集开展　亚运场馆进一步提升优化
77	6月17日	杭州电视台《杭州新闻联播》	（亚运时间）多彩活动轮番开场　点燃全民亚运热情
78	6月24日	杭州电视台《杭州新闻联播》	第十九届中国国际动漫节圆满落幕+意向成交额14.85亿元

续表37

序号	播出时间	栏目	标题
79	6月25日	杭州电视台《杭州新闻联播》	国风融入潮流“动漫之都”走向世界
80	6月27日	杭州电视台《杭州新闻联播》	“阳光菜场”杭州上线 数字化“新菜场”让买菜更简单更放心
81	6月29日	杭州电视台《杭州新闻联播》	滨江区市场经营主体何以破十万？突破舒适区从“一件事”改革起步
82	7月16日	杭州电视台《杭州新闻联播》	（八八战略）地区生产总值20年猛增25倍 “八八战略”引领高新之路
83	8月5日	杭州电视台《杭州新闻联播》	缓解医院周边交通拥堵 杭州新月人行天桥建成试运行
84	8月5日	杭州电视台《杭州新闻联播》	（亚运时间）竞技+趣味“动起来”迎接全民健身日
85	8月7日	杭州电视台《杭州新闻联播》	（亚运时间）全民迎亚运 学习当达人 亚运知识大竞答
86	8月11日	杭州电视台《杭州新闻联播》	（拼经济 促发展）“不夜天堂”夜经济再添彩 亚洲美食季仲夏夜嘉年华启动
87	8月12日	杭州电视台《杭州新闻联播》	（亚运时间）全民运动潮：老年群体活力四射 企业运动会碰出“火花”
88	8月19日	杭州电视台《杭州新闻联播》	高新区（滨江）：发挥高新优势 推动产业共富
89	8月26日	杭州电视台《杭州新闻联播》	杭州数据交易所揭牌 助力数据合规高效流通
90	10月10日	杭州电视台《杭州新闻联播》	（新杭州+新亚运）向亚残运会转换、承接赛事、惠民开放 亚运场馆高效利用
91	10月17日	杭州电视台《杭州新闻联播》	锚定创新发展 落地“新引擎”塑造“新优势”
92	10月20日	杭州电视台《杭州新闻联播》	“黑科技”上线“5G智能河长助手”助力碧水长在
93	10月30日	杭州电视台《杭州新闻联播》	重点攻克芯片化量子传感器核心难题 杭州“国之重器”建设又一新突破
94	11月6日	杭州电视台《杭州新闻联播》	亚运之城最杭州（一）：在城市的街巷里“绣花”
95	11月8日	杭州电视台《杭州新闻联播》	（新杭州+新观察）亚运之城最杭州（三）：“智能红利”带来“城市动力”
96	11月9日	杭州电视台《杭州新闻联播》	（新杭州+新观察）亚运之城最杭州（四）：亚运会成就更多亚运“惠”
97	11月15日	杭州电视台《杭州新闻联播》	为员工提供“一站式”就医服务 全省首家企业嵌入式卫生服务站启用
98	11月17日	杭州电视台《杭州新闻联播》	“中国数谷”物联网首批接入一体机正式交付

续表37

序号	播出时间	栏目	标题
99	11月17日	杭州电视台《杭州新闻联播》	（勇攀登 日日新）勇攀科技高峰 勇当新时代“弄潮儿”
100	11月18日	杭州电视台《杭州新闻联播》	（勇攀登 日日新）“山在那儿就在那儿登” “双新”助力数字经济提能升级
101	11月20日	杭州电视台《杭州新闻联播》	真金白银引聚英才 人才高地激发创新创业活力
102	11月22日	杭州电视台《杭州新闻联播》	抢抓数贸会新机遇 杭企积极参展秀实力
103	11月23日	杭州电视台《杭州新闻联播》	回迁安置搬新家 安置款两天内到账 民生实事带来满满幸福感
104	11月24日	杭州电视台《杭州新闻联播》	2023年高新区（滨江）知识产权国际保护论坛举行
105	11月24日	杭州电视台《杭州新闻联播》	全球青年创业大赛今日启幕 亿元人才“礼包”等你来拿
106	11月26日	杭州电视台《杭州新闻联播》	扮靓小微水体建设生态家园 滨江深入推进“找寻查挖”专项行动
107	12月1日	杭州电视台《杭州新闻联播》	“滨滨有礼·文明四季”小小徽章延续服务精神
108	12月2日	杭州电视台《杭州新闻联播》	（勇攀登 日日新）发展新时代“枫桥经验” 全方位多角度提升基层治理现代化
109	12月5日	杭州电视台《杭州新闻联播》	多项“套餐”满足居民需求 让“安置”更“安心”
110	12月5日	杭州电视台《杭州新闻联播》	问所需解所求 政务服务“增值化”
111	12月5日	杭州电视台《杭州新闻联播》	引人才出新政 推动特色产业“二次攀登”
112	12月21日	杭州电视台《杭州新闻联播》	加快培育新质生产力 高新区（滨江）AIGC产业创新中心正式启用
113	12月28日	杭州电视台《杭州新闻联播》	高新区（滨江）生命健康产业新政发布

（区委宣传部　王　宇）

平面媒体重要报道一览表

表38

序号	刊发时间	刊发媒体、版面	标题
1	2月2日	《人民日报》19版：科技	易思维科技把实验室成果与一线生产深度融合——用机器视觉助力汽车“智造”（创新故事）
2	3月3日	《人民日报》14版：体育	杭州亚运会筹办精心打磨细节 努力奉献一届成功圆满的体育盛会

续表38

序号	刊发时间	刊发媒体、版面	标题
3	5月21日	《人民日报》 04版：要闻	“寸土”何以生“寸金”
4	7月11日	《人民日报》 16版：广告	杭州高新区（滨江）：打造高质量发展新增长极
5	8月21日	《人民日报》 15版：体育	杭州亚运让办赛更智能
6	10月24日	《人民日报》 14版：杭州亚残运会特别报道	无障碍环境建设，温暖赛场内外
7	10月7日	《光明日报》 头版	天下再识新杭州——“亚运之城”展示中国式现代化美好未来
8	11月23日	《人民日报》 16版：广告	抓住开放基于推动创新发展 杭州高新区（滨江）：建设世界领先科技园区
9	5月30日	《新华每日电讯》 头版：+2版	最“熠”是杭州——解码新时代杭州的人文经济学
10	12月4日	《经济日报》 06版：产经	完整社区建设“缺什么补什么”
11	1月29日	《光明日报》 07版：人才	数字赋能 激活人才发展“一池春水”
12	2月3日	《光明日报》 05版：红船初心专刊	争当创新驱动发展先行军——浙江杭州高新区（滨江）高质量发展实践探索
13	10月19日	《光明日报》 11版：科教文	杭州亚残运会17个场馆转换工作完成
14	1月16日	《科技日报》 02版：综合	国家高新区追高逐新力争开门红
15	5月25日	《科技日报》 07版：园区	聚合资源，乘“视”而强
16	8月29日	《科技日报》 07版：园区	杭数所揭牌并发布“数据合规流通数字证书”杭州高新区（滨江）完善数据交易服务生态体系
17	9月28日	《科技日报》 06版：AI	自动驾驶车服务杭州亚运会
18	10月30日	《科技日报》 02版：要闻	杭州极弱磁大设施首个交叉研究平台基建项目开工
19	11月30日	《科技日报》 07版：园区	杭州高新区人才活动周为双创“添火”
20	1月6日	《浙江日报》 10版：专版	坚定战略方向 凝聚创新动能 “国际滨”跃向“天堂硅谷·硅谷天堂”
21	2月2日	《浙江日报》 13版：专版	建设天堂硅谷 打造硅谷天堂 “国际滨”跃向世界领先科技园区

续表38

序号	刊发时间	刊发媒体、版面	标题
22	2月27日	《浙江日报》04版：要闻	杭州“中国数谷”启动建设
23	4月7日	《浙江日报》12版：专版	杭州高新区（滨江）：一座创新之城的文化攀升
24	5月12日	《浙江日报》09版：专版	杭州高新区（滨江）打造现代产业社区　“国际滨”探索产城人融合新范式
25	6月28日	《浙江日报》14版：专版	杭州高新区（滨江）：高质量谱写生态文明建设新篇章
26	6月28日	《浙江日报》17版：专版	杭州高新区（滨江）深化数字经济创新提质　以产业软硬一体优势制胜未来
27	8月2日	《浙江日报》09版：专版	将开放提升作为发展破局的关键钥匙 杭州高新区（滨江）：推开世界领先科技园区的门
28	8月22日	《浙江日报》头版：要闻	上半年发明专利授权量全省第一　“国际滨”用创造力牵引二次冲锋
29	8月23日	《浙江日报》12版：专版	滨江区长河街道：潮起长河 寻找营商环境最优解
30	8月31日	《浙江日报》11版：专版	杭州市滨江区：实施“IP数智领航”行动 探索知识产权增值化服务
31	9月13日	《浙江日报》头版：要闻	从办赛、参赛到观赛——智能亚运的N个首创
32	9月22日	《浙江日报》18版：专版	打造一流的更具硬核竞争力的创新天堂 挺进国家战略科技第一方阵
33	9月22日	《浙江日报》23版：专版	杭州高新区（滨江）市场监管局：以一流营商环境涵养“天堂硅谷”
34	9月23日	《浙江日报》17版：专版	杭州高新区（滨江）建设世界领先的科技园区 滨江：瞄准国际领先迈向“硅谷天堂”
35	9月24日	《浙江日报》C02：专版	重现“江南槐市”盛景 滨江长河街道：再塑“最美”定义　共赴亚运盛会
36	9月28日	《浙江日报》19版：专版	杭州高新区（滨江）一流人才生态驱动“硅谷天堂”创新提质
37	10月8日	《浙江日报》07版：专版	安恒信息：“人的可靠”让智能亚运成为现实
38	10月21日	《浙江日报》头版：要闻	为“两个亚运”同样精彩同样出色 提供精细安排有力保障优质服务
39	11月13日	《浙江日报》11版：专版	“滨青开讲吧”一周年再出发——“国际滨”的“青春故事会”为何人气爆棚
40	11月27日	《浙江日报》头版：要闻	杭州高新区（滨江）牢记习近平同志的嘱托 二十年跃迁，迈向“硅谷天堂”
41	5月28日	《钱江晚报》头版：要闻	网文出海 谁在扬帆发电

续表38

序号	刊发时间	刊发媒体、版面	标题
42	1月3日	《杭州日报》A03版:专版	高新区(滨江)以“两个天堂”生动实践
43	1月31日	《杭州日报》A06版:专版	担当人大使命 奋进“两个天堂”——2022年滨江区人大工作回眸
44	1月31日	《杭州日报》A07版:专版	贡献“青春政协”力量 奋力建设“两个天堂”——新一届滨江区政协开局之年综述
45	2月1日	《杭州日报》A06版:专版	滨江法院:以法治之力 奋力建设“两个天堂”
46	2月1日	《杭州日报》A06版:专版	滨江检察:依法能动履职 护航“两个天堂”
47	2月7日	《杭州日报》头版导读:+A05版	高新区(滨江)“新春第一团”出发 计划全年组团18个以上 出境企业超360家
48	2月9日	《杭州日报》A07版:专版	企业产能“拉满”在建项目100%复工 政府助力返岗引才 在奋进场景中,感受高新区(滨江)经济脉动
49	2月16日	《杭州日报》A04版:专版	高新区(滨江)拼经济,如何“拼”?营商环境“软实力”筑牢发展“硬支撑”
50	2月26日	《杭州日报》头版:要闻	锚定数据产业新蓝海,今年数字经济营收力争突破5000亿元 高新区(滨江)启动“中国数谷”建设
51	2月28日	《杭州日报》头版:要闻	国家高新区最新一轮评价结果出炉 杭州高新区蝉联全国第五
52	3月2日	《杭州日报》A07版:专版	逐梦“中国数谷”解码高新区(滨江)的“数据”雄心
53	3月15日	《杭州日报》头版:要闻	文化产业抢春时 稳中求进开新局
54	3月23日	《杭州日报》07版:专版	“在这里,我们敢于做梦”高新区(滨江)厚植创新文化让创业者梦想花开
55	4月6日	《杭州日报》A04版:专版	从“千年津渡”到“国际滨” 高新区(滨江)的国际范从何而来?
56	4月7日	《杭州日报》A08版:专版	出彩了 韵味滨江如何推动文化产业高质量发展?高新区(滨江)“新”中有“数”
57	4月8日	《杭州日报》头版:要闻	突出三大优势行业 谋划“之”字形文化布局 高新区(滨江)发布“40条”打造“文化之滨”
58	4月13日	《杭州日报》A06版:专版	串联“15分钟品质文化生活圈” “韵味滨江”乐享文化盛宴
59	4月20日	《杭州日报》A05版:专版	浓浓“亚运味”扮靓“国际滨”
60	4月20日	《杭州日报》头版:要闻	杭州为全民迎亚运增添更多“打开方式”
61	4月27日	《杭州日报》头版:要闻	“不一般的工作组”落户滨江 开展好共享经济平台治理标准化工作

续表38

序号	刊发时间	刊发媒体、版面	标题
62	5月18日	《杭州日报》 A06版：专版	西斗门3号之“变”——从天堂软件园看“硅谷天堂”
63	6月1日	《杭州日报》 A05版：专版	“相约在高新”——来自“国际滨”的人才之约
64	6月15日	《杭州日报》 A02版：专版	高新区（滨江）亚运主场 精彩蝶变
65	6月24日	《杭州日报》 A02版：专版	白马湖畔这朵“祥云”变样了
66	7月4日	《杭州日报》 头版：要闻	“一日取三证、拿地即开工” 我市工业项目“拿地即开工”模式全覆盖
67	7月8日	《杭州日报》 头版：要闻	文化要“古”经济要“新”
68	7月10日	《杭州日报》 A05版：专版	以“两个天堂”生动实践 奋力交出“八八战略”高分答卷
69	7月10日	《杭州日报》 A06版：专版	“八八战略”引领高新之路 新区（滨江）紧握“金钥匙”迈向新征程
70	7月10日	《杭州日报》 A07版：专版	亚运主场 蝶变西兴
71	7月10日	《杭州日报》 A08版：专版	最强街道 最美长河
72	7月10日	《杭州日报》 A09版：专版	振兴浦沿 未来已来
73	7月17日	《杭州日报》 头版：要闻	当好小主人 喜迎亚运盛会
74	7月20日	《杭州日报》 A06版：专版	大创企业数量年均增长40% 带动就业1.5万人 高新区（滨江）栽下“梧桐树”引得凤凰来
75	7月30日	《杭州日报》 头版：要闻	“寸土”也能生“寸金” “小块头”的“国际滨”喜获浙江省政府督查激励
76	8月1日	《杭州日报》 A03版：专版	建设更高能级国际大都市核心城区 高新区（滨江）：迎接亚运时刻 聚力开放提升
77	8月6日	《杭州日报》 头版：要闻	滨江首座异型天桥亮相
78	8月17日	《杭州日报》 头版：要闻+A02版	从风景天堂 到硅谷天堂——“八八战略”指引下的创新创业
79	8月18日	《杭州日报》 头版：要闻	创业生活相宜 方成硅谷天堂
80	8月19日	《杭州日报》 头版：要闻	市政府与新华三集团签订战略合作框架协议 刘捷讲话 姚高员主持

续表38

序号	刊发时间	刊发媒体、版面	标题
81	8月24日	《杭州日报》A12版:专版	智造“大莲花”中天控股与杭州共赴亚运之约
82	8月28日	《杭州日报》头版:要闻	杭州数据交易所正式揭牌 开出全国首批“数据合规流通数字证书”
83	9月12日	《杭州日报》头版:要闻+A02版	绽放在钱塘江畔的“莲花”——探访杭州高新区(滨江)亚运场馆
84	9月27日	《杭州日报》A08版:专版	杭州高新技术产业开发区(滨江)总工会 红色回响接力前行
85	9月27日	《杭州日报》A10版:专版	揭秘杭州亚运会背后的“黑科技”它们来自滨江
86	10月4日	《杭州日报》头版:要闻	街道可漫步 建筑可阅读 城市有温度　高新区(滨江)全面推动主题教育下真功见实效
87	10月17日	《杭州日报》A03版:专版	携手迈向世界领先科技园区新征程　高新区(滨江):以科技创新塑造发展新优势
88	10月18日	《杭州日报》头版:要闻	杭州争创综合性国家科学中心再添“新核”　杭州江南科学城揭开面纱
89	10月31日	《杭州日报》A11版:专版	数字自贸拔节长 中国(浙江)自由贸易试验区杭州片区滨江区块三周岁了
90	11月15日	《杭州日报》A07版:专版	打造高端服务支撑体系 滨江区政协“请你来协商”干货满满
91	11月27日	《杭州日报》头版:要闻+A02版	打造现代产业社区新范式　高新区(滨江)释放营商环境“强引力”
92	12月1日	《杭州日报》头版:要闻+A02版	增值化改革,优化营商环境的新赛道(提到滨江)
93	12月8日	《杭州日报》头版:要闻	数联网有“猫”了! 首批“数联猫”在高新区(滨江)投用
94	12月8日	《杭州日报》A05版:专版	绘就共富“实景图”谱写人社新篇章 高新区(滨江)以人社担当推动高质量发展
95	12月10日	《杭州日报》头版:要闻	上线“数智作家村”　助力文化出海6岁的中国网络作家村加速“动”起来
96	12月18日	《杭州日报》头版:要闻	让群众享有更多获得感和幸福感 高新区(滨江)精准设点办好“微实事”
97	12月21日	《杭州日报》头版:要闻+A03版	高新区(滨江)抓实主题教育 助力直播电商驶上“双强”发展快车道
98	12月28日	《杭州日报》A09版:专版	蓄力“春天”盼“花”开 高新区(滨江)瞄准“生物医药”再攀登

(区委宣传部　王　宇)

2023年杭州高新区（滨江）媒体重要报道精选

第十九届亚洲运动会在杭州隆重开幕
习近平出席开幕式并宣布本届亚运会开幕
蔡奇　丁薛祥　来自亚洲各地的领导人和贵宾等出席

潮涌钱江喜迎盛会，携手同行共创未来。第十九届亚洲运动会23日晚在浙江省杭州市隆重开幕。国家主席习近平出席开幕式并宣布本届亚运会开幕。

蔡奇、丁薛祥，以及来自亚洲各地的领导人和贵宾等出席开幕式。

夜幕下，坐落在钱塘江畔的杭州奥体中心体育场华灯璀璨，流光溢彩。这座形如一朵大莲花的建筑，见证着亚运圣火第三次在中国点燃。

开幕式开始前，来自浙江各地的群众带来富于地方特色的文艺表演，将现场气氛烘托得十分热烈。

19时58分，在《和平——命运共同体》的乐曲声中，习近平和夫人彭丽媛，同亚奥理事会代理主席辛格、国际奥委会主席巴赫等步入主席台，向观众挥手致意。全场响起长时间的热烈掌声。

9月23日，恰逢中国农历二十四节气中的“秋分”。20时整，迎宾表演《水润秋辉》在19座“水玉琮”敲击出的激昂鼓声中开始。随着场地中央的倒计时数字，全场观众齐声呼喊。地屏上，玉琮、玉鸟、神徽等印记与古城遗址一一浮现，从碧绿到灿金，展现春耕秋收的自然轨迹，尽显良渚文明之光、金色丰收之美。

场地中呈现出大好河山的壮阔景象，一条红绸铺展开来，伴着《我爱你中国》的深情旋律，8名仪仗兵迈着坚定的步伐，护卫着中华人民共和国国旗走进现场。全场起立，高唱中华人民共和国国歌。五星红旗冉冉升起，迎风飘扬。

20时09分，运动员入场式开始。踏着轻快的乐曲《我们的亚细亚》，来自45个国家和地区的体育代表团相继入场，受到全场观众的热情欢迎。《歌唱祖国》的激昂旋律响起，东道主中国代表团最后入场，习近平起身挥手致意，全场一片欢腾，掌声欢呼声此起彼伏。中国代表团共1329人，其中参赛运动员886人，将参加本届亚运会38个大项、407个小项的角逐。

杭州亚运会组委会主席、浙江省省长王浩在致辞中代表组委会和6500万浙江人民向来自亚洲各个国家和地区的运动健儿表示最热烈的欢迎，祝愿他们创造佳绩、成就梦想、增进友谊、收获幸福，让美妙的杭州亚运之旅终生难忘。

杭州亚运会组委会主席、中国奥委会主席高志丹致辞时表示，在习近平主席和中国政府的亲切关怀与坚强领导下，一届精彩纷呈的亚运盛会即将拉开帷幕。让我们弘扬奥林匹克精神，奋力创造亚洲体育新纪录，合力绘就亚洲命运共同体的崭新画卷。

亚奥理事会代理主席辛格在致辞中，向中国政府、中国奥委会、浙江省政府、杭州市政府、亚组委和杭州市民以及所有参与筹备工作的人员致以最诚挚的敬意，称赞杭州亚运会筹办工作精彩绝伦，相信参与杭州亚运会的每一个人，都会收获一段终生难忘的美好记忆。

21时16分，开幕式迎来激动人心的一刻。国家主席习近平宣布：杭州第十九届亚洲运动会开幕！顿时，全场沸腾，“数字焰火”绚烂绽放，全场掌声欢呼声经久不息。

8名我国优秀运动员、教练员代表手执亚奥理事会会旗入场。伴着亚奥理事会会歌，亚奥理事会会旗徐徐升起，同五星红旗一道高高飘扬。

运动员郑思维和孙颖莎、裁判员杨中民

和高佳琦分别代表全体参赛运动员和裁判员宣誓。

灯光渐暗，大屏幕上，名为《相约杭州》的短片吸引了全场目光：杭州亚运会会徽穿越时光，在不同年代人们之间传递，向世界发出热情邀约。

文艺表演《潮起亚细亚》拉开帷幕，表演分为上中下三部分。上篇《国风雅韵》中，国风少年以地为画、踏墨而舞，宋韵女子亭亭玉立、翩然灵动，游船往来、灯影点点，全景立体影像构筑的拱宸桥跃然于大运河之上，展现钱塘繁华和江南风韵的隽永景象。中篇《钱塘潮涌》中，飞旋于空中的演员与潮共舞，"弄潮儿"乘着风帆汇入潮流，吉祥物"江南忆"破水而出、腾跃跳动，激发起活力澎湃的运动浪潮。下篇《携手同行》中，"白鹭精灵"遨游星海之中，随着悠扬的歌声和清丽的越剧唱腔，数百名大学生手持发光金桂点亮绵延悠长的"金桂之江"，亚洲各个国家和地区的地标性建筑共同呈现，构成各美其美、美美与共的亚洲画卷。精彩纷呈的表演，深深打动了现场观众。

21时53分，主火炬点燃仪式开始。采集自良渚古城遗址的亚运圣火，自9月8日起在浙江各地传递，最终抵达杭州奥体中心体育场。

体育场内，叶诗文、樊振东、徐梦桃、石智勇、李玲蔚、汪顺等6名火炬手接力奔跑，赢得全场热烈掌声。与此同时，现场大屏幕上，由超过1亿人参与数字火炬传递而汇聚成的"数字火炬手"，高擎火炬奔赴而来。"钱江潮涌"主火炬塔缓缓打开。万众瞩目中，最后一棒火炬手汪顺与"数字火炬手"一道点燃"钱江潮涌"主火炬塔，亚运圣火熊熊燃烧。

"我们同拥有一个家，心相融、爱相加""亿万个骄傲的声音，汇聚成一句话，你和我同住亚细亚"……全场共同演唱杭州亚运会主题歌《同爱同在》，整座体育场化作欢乐的海洋。

出席开幕式的国际贵宾有：柬埔寨国王西哈莫尼、叙利亚总统巴沙尔和夫人阿斯玛、科威特王储米沙勒、尼泊尔总理普拉昌达、东帝汶总理夏纳纳、韩国总理韩德洙、马来西亚下议院议长佐哈里和夫人诺莱妮，以及文莱苏丹代表苏弗里亲王、卡塔尔埃米尔代表焦安亲王、约旦亲王费萨尔、泰国公主希里婉瓦丽等王室代表。

王毅、李干杰、何立峰、王小洪、谌贻琴出席开幕式。

香港特别行政区行政长官李家超、澳门特别行政区行政长官贺一诚，中国国民党前主席洪秀柱出席开幕式。

亚奥理事会官员等出席开幕式。

（《人民日报》2023年09月24日 头版）

聚光灯下，出彩滨江

作者　宋桔丽　王　宇

"东南形胜，三吴都会，钱塘自古繁华。"

在柳永的诗作中，钱塘江景致壮观，沿岸富庶。如今的钱塘江南岸，杭州奥体中心体育场"大莲花"、杭州奥体中心网球中心"小莲花"一同"盛开"，北塘河畔的滨江体育馆"小白碗"与其遥遥相望。

杭州第19届亚运会召开在即，高新区（滨江）紧锣密鼓地做着亚运会最后的冲刺准备。从杭州最小区到"亚运主场""国际都市"，高新区（滨江）筹备多年，如今，"聚光灯"徐徐点亮，这个承载着潮水奔流不息的城市在亚运中挺进，拔节生长。一个光彩夺目、大气开放的"国际滨""赛事滨"正被世界看见。

亚运核心，只盼"滨"至如归

"大小莲花亮灯了！"不少市民慕名而来，纷纷驻足"大小莲花"绽放的瞬间。更有游客不远千里，只为一睹变化万千、动静结合的靓丽夜景。

随着大莲花、小莲花、小白碗三座亚运赛事场馆的工程收尾，奥体中心场馆建筑群扮靓，成了高新区（滨江）的主线任务。重塑夜景灯光就是其中一项。将水墨淡彩的夜景基调，通过提炼杭州烟雨的绢白，莲花的润青，凝聚夜景灯光主色调“绢白润青”，透射杭州韵味与中国风范。夜幕下的“大小莲花”灯光层次丰富，熠熠生辉、璀璨夺目。

亚运氛围在于眼之所见，更在于身之所感。

场馆灯光安装、调试、改造、收尾和调试等多项场馆提升、改造工作顺利结束，实打实地完善场馆面貌，提升赛事体验。

而为了验证、保障场馆及赛事服务品质，高新区（滨江）陆续举办了2023中国（杭州）国际羽毛球挑战赛等各类全要素测试赛。通过一场场测试赛的实战演练、复盘、再演练，检测场馆内灯光、风速、温度等条件是否适宜，赛事服务是否到位，为来自世界各地的运动员和观众带来宾至如归的赛事体验。

如今，全区场馆惠民开放接待群众已超100万人次。细节到位、万事俱备的三个亚运场馆，是高新区（滨江）办好亚运赛事的底气所在。

场馆侧同样有了不少新变化。以场馆为核心，辐射半径1公里，打造面积1.88平方公里的亚运体验区；串联多彩景观动线，增设6处亚运元素节点、23处花境色彩节点……盈盈花海、满城飘香。

满目绿荫惹人爱，便民服务点令不少市民游客啧啧称赞。今年以来，高新区（滨江）新增241个非机动车服务点，规范设置83处国际化标识标牌，增设47处智能化双语标识牌……为八方来客提供更便捷的城市服务。这个小小的缩影，投射出的是高新区（滨江）作为“亚运”主场的强劲承载力。

所见所感也再次提醒着，“盛世中国、精彩亚运”，不仅仅是一句宣传语，更是一个实打实的承诺。而实绩累累的筹备情况，又可视为城市能级持续升级的集大成者。

全域蝶变，有“流量”有“能量”

以亚运为契机，高新区（滨江）在奔着举办一场“中国特色、亚洲风采、精彩纷呈”的体育文化盛会的同时，城市能级在相对较短时间内，有了极大的跃升与更迭，高新区（滨江）日新月异。

前段时间，浙大二院滨江院区附近的新月路人行首座异形钢结构天桥开通试运行。空中俯瞰，新月天桥浅浅一弯，如静谧新月；流水形线条，又如奔腾潮水。天桥共设有三处集中上下口，每处上下口分别布置1部垂梯、1对扶梯、1道楼梯，上下口与地面人行道等慢行系统相互连通，道路两侧延伸护栏引导来自不同方向不同人群过街，既满足了群众过街出行的功能需求，又有效缓解了医院学校周边的交通压力。

为了更好地服务有特殊需求的市民，在设计之初就确定了“垂梯+扶梯”的双电梯方案，同时，还完善了盲道等无障碍设施，满足残障人士过街需求。

基础设施影响着城市能级跃迁，而城市能级归根结底与老百姓福祉息息相关。高新区（滨江）推进了闻涛、东信、物联网等13个片区微更新；改造了建业路等92条（段）城市道路，建设了科技馆街星飞路口北侧花海等23个口袋公园、景观节点和花海；点亮江南大道沿线景观灯，周边43处建筑群，与钱塘江两岸灯光交相辉映……花海有了、城市亮了，环境好了，居民共享城市公共休闲空间新福利。

更加精彩丰富的生活正在急速驶来。高新区（滨江）抓住“亚运流量”转化为“共富能量”。

家住西兴古镇的李先生，说到今年的变化，他的话可就多了。

“亚运会越来越近，越来越多的人关注到滨江，来西兴旅游的人也越来越多，不少居民想增加点收入，纷纷开起了餐饮店，还有年轻人开了咖啡店、文创店。”

“古镇的名气越来越大，好多房子都出租给民宿，收入好了不少。”

从他口中讲述的种种变化中，不难看出高新区（滨江）一带成为实至名归的旅游地，实打实地让居民增收，大家都尝到了文化效应的甜头，也正在共享时代赋予的获得感、幸福感、安全感。

一个开放包容、生态惠民、便捷为民的现代化城市形象正在成型。

国际滨江，静待世界瞩目

一场盛会，成就一座城市。

2011年举办的广州亚运会，成功地把广州作为一个国际大都市的形象推向了世界，并推动了广州新布局；2022年，北京冬奥会带动了万亿级投资，绿色、现代、国际的都市形象展现，让世界重新认识延庆、张家口两个赛区。

显然，高新区（滨江）也看见了这样的机遇。城市面貌焕然一新，科技产业迅猛发展，经济水平持续走高……以亚运为窗口，落落大方地出现在世界舞台。

论它的产业活力。能耗实时监测、AR导航自助找车、“大小莲花”数智管理舱一屏管理……三个亚运场馆数字技术涌动，这背后是高新区（滨江）的数字科技企业。

阿里体育为“大小莲花”打造数智管理舱，工作人员一屏总览各类设备的运行状况，实现日常精准管理、实时远程反控操作；安恒信息将凭借强大的网络安全力量，全力为亚运场馆提供无人机、无人驾驶、VR、AR等智能设备；吉利汽车交付的官方指定用车，均配备星基高精定位技术，具备车道级精准定位能力，能实现车辆精准管理与调度。

世界的眼光被一个个独具特色的高新技术所吸引，高新区（滨江）千亿产业集群这“一团锦绣”，终有了探口而出的一日。

论它的绿色基因。秉持“绿色、智能、节俭、文明”的办赛理念，高新区（滨江）的三个亚运场馆及办公场地全部使用绿电。其中，“大莲花”还装有354台环境感知硬件设备，实时收集场馆温湿度、光感、人员密度等信息，汇入末端降碳智慧绿网系统，指挥场馆自动切换运动、舒适、节能三种模式，用能效率可提升10%以上，实现可用状态下的最小能耗。这三个场馆成为“低碳”担当，向世界递交“绿色”名片。

而与这些特质一同走进聚光灯下的，还有独属于高新区（滨江）的江南韵味。长河老街历史悠久，明代官邸“九厅十三堂”古迹犹存，堪称“明清建筑大观园”，被列入第五批浙江省历史文化街区，吸引中外游客。

继2022年一期开街后，今年以来，高新区（滨江）持续完善长河老街文旅产业布局，“乡贤馆”“革命历史纪念馆”的展陈内容、场馆线路等景点风貌焕然一新。

“景中有街、街中有景”的历史文化街区栩栩如生：老街槐街槐荫匝地，建筑粉墙嵯峨；7家老字号品牌落户于此；老街“两馆”实现虚拟历史人物数字讲解，体验感与历史感并存……

一个有活力、有知名度、有美誉度的长河历史文化街区二期将在9月中旬正式开街。在杭州亚运会盛大开幕之际，高新区（滨江）将让往来游客，领略老街风景，悟江南韵味，

看到一个传统与现代、人文与科技相互交融的国际滨江。

所以，为什么高新区（滨江）能够出彩？

全力做好亚运筹备、全力实现城市能级提升、全力打造国际化都市，高新区（滨江）做到落地生根、开花结果。

“江南忆，最忆是杭州”——融合了杭州历史人文、自然生态和创新基因的高新区（滨江），静待世界的瞩目。

（人民日报客户端2023年09月13日）

杭州高新区（滨江）：打造高质量发展新增长极

浙江省杭州高新区（滨江），位于钱塘江畔，是国家级高新区，在“八八战略”的指引下，持续释放高质量发展新动能。

“八八战略”实施20年来，杭州高新区（滨江）地区生产总值从2003年的105.3亿元跃升至2022年的2184.8亿元，实现了20倍增长；数字经济综合评价指数连续五年位居浙江第一；两化融合指数连续十年位居浙江第一。

乘“数”而上，2022年，杭州高新区（滨江）规模以上工业增加值756亿元，位列杭州第一，连续三年领跑杭州；今年1—5月，规模以上工业增加值305.8亿元，增速8.1%，总量、增量均位居杭州第一。

育“数”成林　高质量发展动能澎湃

20年来，从早期前瞻性布局电子信息技术等主导产业，到顺应互联网、移动互联网的发展

趋势，推动全区数字经济与新制造双轮驱动；从智能物联、智能制造、数字健康三大产业生态的跨越式发展，到如今向“数据”新蓝海进军，杭州高新区（滨江）始终坚持以“八八战略”为指引，深入实施数字经济重点工程，坚定不移走“内生增长、创新驱动”发展之路，推动数字经济发展，引领经济提速提效。

目前，杭州高新区（滨江）打造了一条完整的数字经济核心产业链，引育了网易、海康威视、大华股份、新华三、浙江中控、恒生电子等一大批具有自主知识产权并能够参与国际竞争的行业领军企业及细分行业龙头企业，形成了集成电路、信息软件等十大产业集群，打造了数字安防等多个千亿级规模的产业集群。

2022年，杭州高新区（滨江）数字经济核心产业增加值达1723.0亿元，占地区生产总值比重达78.9%，总量和占比均位居浙江省第一。智能物联产业实现营收4873.01亿元，其中视觉智能核心产业规模达1756.91亿元。规模以上数字经济企业583家，杭州高新区（滨江）培育出的69家上市公司中，数字经济领域上市企业数量占比达80%以上。

数字产业的“厚度”勾勒出杭州高新区（滨江）高质量发展的“韧劲”——地区生产总值连续两年突破2000亿元。同时，人才引进总量突破30万、市场主体总量突破10万家，规模以上工业亩均增加值1553.3万元，亩均效益在浙江省领先，在国家级高新区综合评价排名中位列第一方阵。

创新思路　协同共富持续提高承载力

在“立足浙江发展浙江、跳出浙江发展浙江”等理念指引下，杭州高新区（滨江）以全球眼光、创新思维、改革思维，谋划新的站位和新的举措。

在数字经济产业链上做文章，集聚创新力强、带动力强、附加值高的产业集群。

多年来，杭州高新区（滨江）在物联网领域形成了完整的业务体系和庞大的产业集群，也为杭州加快“数字安防—视觉智能—智能物联”产业能级跃升奠定了基础。2022年3月，杭州高新区（滨江）萧山特别合作园（简称“滨萧特别合作园”）正式揭牌，建设“中国视谷”。作为杭州打造世界领先的万亿级智能物联产业集群的牵引性工程，“中国视谷”以杭州高新区（滨江）为核心区，按照建设计划，到2027年总体规模将突破万亿元，培育千亿级企业2家，打造国家经济地理新地标，成为新时代中国工业的一张重要名片。

在创新区域协同上做文章，为杭州乃至浙江打造一个先进制造业集群生态。

除了滨萧特别合作园，早在2019年，杭州高新区（滨江）就发挥科技创新的辐射带动作用，与富阳区携手，探索建设了杭州高新区（滨江）富阳特别合作区（简称“滨富特别合作区”）。这一“一区多园”区域协同机制，正构建市域闭环的“研发总部+合作园核心制造+周边配套制造”先进制造业集群生态，以产业协同带动跨区域共富。

如今，在滨富特别合作区，投资180亿元的富芯半导体一期项目已正式投产。富芯项目是浙江省超大型产业重点项目，也是浙江省首条12英寸晶圆生产线，总占地约700亩，通过合作园的形式，杭州高新区（滨江）实现裂变效应，既拓展了产业增长空间，又带动了区域共富。

目前，滨富特别合作区已落地富芯、正泰等9个先进制造项目；滨萧特别合作园已完成概念性规划，打造“中国视谷”新地标，莱和生物、德施曼等9个产业项目已签约，总投资109亿元。

在集约节约高效利用土地上做文章，让有限空间实现更多发展。

杭州高新区（滨江）先行先试出台创新型产业用地政策，形成“工业上楼”这一未来城市工业发展新范式。如今，随着多个工业综合体的开工建设，“工业上楼”模式已迭代为产城人融合、上下游协同的2.0版本。

目前，沿时代大道一路向南行至冠山脚下，就可以看到，杭州高新区（滨江）首个工业综合体已经完工。工业综合体模式，是杭州高新区（滨江）拓展产业承载力的创新一招。区别于传统的单层厂房，工业综合体采用的是多层结构，容积率大大提高。并且，工业综合体并非空间意义上的叠加，而是把“上下楼”变为“上下游”，促进产业链的协同和各种生产要素的集聚。

向高攀升　在新赛道上抢占新优势

借鉴其他城市和城区的先进经验，杭州高新区（滨江）提出自己的发展逻辑：通过实施数字经济创新提质，布局更多细分赛道，加强数字基础设施建设，最终持续提升工业承载力，实现更多“0—1”“1—10”“10—N”的转化。

在杭州高新区（滨江）回龙庵山一带，下一个高能级创新“极核”——国际零磁科学谷正在孕育。

依托国际零磁科学谷，北京航空航天大学的科研团队计划联合国内和国外的合作单位，发起“零磁科学”国际大科学计划，实现零磁医学、零磁生命科学、零磁物理学、零磁化学、零磁地学、零磁材料科学等多领域“0到1”的原始创新突破。

基础研究不仅是科技创新的源头，更能催生新产业。按照“科学—技术—产业”发展逻辑，杭州高新区（滨江）将进一步向白马湖、智慧新天地及滨萧特别合作园等区域配置要素资源，打通“原始创新最初一公里”和“产业成果转化的最后一公里”，建成杭州南部的基础科学领航源、前沿技术创新地和未来产业转化地，打造具有浙江特色、杭州特点的中国式现代化科技创新示范。

在国际零磁科学谷之外，杭州高新区（滨江）还提出建设“中国数谷”，形成“高算力+强算法+大数据”的产业生态。力争通过3—5年努力，建设成为具有全球影响力的数据要素交易流通集聚地、数据要素服务生态样板区、应用场景示范区和要素治理创新引领区。目前，依托国家“芯火”双创平台、浙江省鲲鹏生态创新中心、杭州人工智能算力中心等公共技术服务平台，杭州高新区（滨江）正为各类创新主体提供算力等技术支持。

未来，不论是国际零磁科学谷，还是“中国数谷”，都是产业能级向高攀升的重要支撑。目前，杭州高新区（滨江）已全面拉开“一园三谷五镇”产业框架，通过建设世界领先的高科技产业园，“中国视谷”、“中国数谷”、国际零磁科学谷，以及物联网小镇、互联网小镇、创意小镇、数字健康小镇、智能供给小镇五镇，将在新一轮科技革命与产业变革纵深推进中，为杭州乃至浙江经济高质量发展提供强大支撑。

（《人民日报》2023年07月11日 第16版）

以创新引领城市脉动　杭州江南科学城蓄势待发

记者　鲁　新

10月16日，杭州高新区（滨江）举行科技创新大会，以“加快创新转化‘两地’建设，迈向世界领先科技园区”为主题，发布了《杭州江南科学城概念性规划》《区“315”科技创新体系建设工程实施方案（2023—2027年）》，聘任签约专家咨询组、揭牌两个科研平台。

近年来，杭州高新区（滨江）R&D占GDP比例始终保持10%的高水平，连续三次获省“科技创新鼎”，被誉为浙江创造力第一区，科技创新已成为区域发展的核心驱动力。会上，杭州高新区（滨江）党委书记章登峰表示，对杭州高新区（滨江）来说，建设世界领先科技园区，满足于已有优势是远远不够的，必须进一步增强“无中生有”、前瞻布局的能力，在高原造峰、弯道超车中，实现从技术追赶到技术领先的转变，从产业“冲浪者”向产业“造浪者”的转变。

如其所言，2023年，杭州高新区（滨江）依托创新、产业、人才、区位等优势，紧抓国家级大设施“极弱磁大科学装置”落点契机，高起点规划建设“国际零磁科学谷·杭州江南科学城”。会上，《杭州江南科学城概念性规划》发布，并宣布“国际零磁科学谷·杭州江南科学城”将落户区内。

杭州江南科学城规划总面积约37平方公

里，包括滨江，及高新区（滨江）萧山特别合作园的视觉智能园区。其中，科学城核心区约5平方公里，核心区的核心——国际零磁科学谷约2平方公里。目前，杭州江南科学城拥有四大类共48项重点项目清单，其中在零磁科学谷内26个，总投资约226亿元。

“在优化重大科技创新布局宏观背景下，杭州江南科学城将以抢占科技制高点为目标，支撑杭州争创综合性国家科学中心。”杭州高新区党工委委员、滨江区委常委丁昌钰表示，滨江将发挥全域优势，联动对接全市创新资源，将江南科学城打造成为原始创新策源地、未来产业引领区、科教融合示范区、山水品质公园城、智慧城市新地标。

会上还发布了《区“315”科技创新体系建设工程实施方案（2023—2027年）》。方案围绕“建设世界领先科技园区”的总目标，通过实施重大科创平台提能造峰、关键核心技术攻坚突破、创新链产业链深度融合、战略人才力量集聚提质、全域创新能级跨越提升、开放创新生态深化打造六大行动，实现高能级科创平台体系加快完善、重大引领性硬核成果加快涌现、创新发展策源地建设加速形成、成果转化首选地建设加快形成、具有全球竞争力的开放创新生态加快构建五大目标，全力提升科技创新对区域高质量发展的支撑作用，高水平建设“天堂硅谷、硅谷天堂”。

过去三年，杭州高新区（滨江）围绕关键核心技术攻关，培育新科技、新产业、新增长点，涌现出一大批兼具实力与活力的创新载体。会上发布了近三年科技创新领域荣誉榜单，为2023年获省“尖兵”“领雁”立项企业发放政府资助支票，为省科技领军企业、省科技小巨人企业授牌。此外，现场还举行了经血管植入器械研究院落地签约仪式、量磁产业天使基金设立签约仪式和杭州高新区（滨江）科技成果转移转化合作启动仪式，进一步提高科研成果转化率，为区域经济发展注入源源不断的活力。

围绕产业发展方面，“杭州高新区（滨江）区块链与数据安全研究院”落地揭牌，“杭州市白马湖低碳节能技术概念验证中心”正式创建揭牌，为产业发展提供了强大的技术支撑。本次大会还邀请了一批高能级创新平台、专精特新企业、科技服务机构等，围绕“加快创新转化‘两地’建设，迈向世界领先科技园区”进行圆桌交流分享。

（新华网客户端2023年10月16日）

杭数所揭牌并发布“数据合规流通数字证书”

杭州高新区（滨江）完善数据交易服务生态体系

记者 洪恒飞 卢馨怡 江 耘

“数据已成为继土地、劳动力、资本、技术之后的第五大生产要素。共享流转和开发利用是发展数据产业的主要任务，但要在保障数据安全和隐私的前提下实现。”8月23日，在浙江杭州召开的“中国数谷”2023杭州峰会（夏季）上，中国工程院院士陈纯如是说。

峰会现场，由杭州市金融投资集团组建成立的杭州数据交易所（以下简称杭数所）正式揭牌，落地杭州高新区（滨江），并联合技术方案支撑企业发布“数据合规流通数字证书”。按照“政府主导、准公共服务、市场化运作”原则，杭数所将以探索公共数据授权运营试点和多领域数据交易场景试点为突破口，加快布局数据交易服务生态体系，壮大数据要素产业。

去年12月，《中共中央 国务院关于构建数据基础制度更好发挥数据要素作用的意见》（以下简称数据二十条）发布，提出20条政策举措，从数据产权、流通交易、收益分配、安全治理等方面构建数据基础制度。

致力于打造“数字经济第一城”的杭州，

数据要素尤为集中，在推动数据要素市场化配置改革方面积极先试先行。今年2月，杭州高新区（滨江）启动建设“中国数谷”，围绕数据二十条，提出要推动各行业分类分级数据流通交易规则编制、探索“数据合规流通数字证书”制度，着力激活海量数据和丰富应用场景的数据要素潜能。

“通俗而言，这一证书相当于数据交易的发票。”杭州安恒信息技术股份有限公司董事长范渊表示，作为“数据合规流通数字证书”技术方案支撑单位，该企业与诸多数商企业交流接触后发现，企业用数存在顾虑的原因大致有三点：不知道具体的合规流程和手续；数据的合规成本偏高；数据领域法律不够细化，规则不够明晰，企业面临“法无明确不敢为”的困境。

华数传媒网络有限公司数据管理部负责人张玮认为，科学合理的数据产权登记制度是保障数据要素市场有序运行的根本所在，数据具有无形性和非排他性。无形性导致传统的产权证明方式无法继续使用，非排他性导致数据的原本和副本难以区分，同一数据产权可能被多次登记。

针对相关问题，杭州高新区（滨江）联合企业开发数据交易合规安全监管的制度性工具和软件基础设施，进行“政府包容审慎监管、企业诚信自治自证为原则的数据流通交易、全流程合规监管制度”试点，前期在流媒体数据交易场景和生物医药数据交易场景中已进行逻辑验证。

“作为流媒体数据交易场景的买卖双方，华数传媒网络有限公司提供的用户收视行为分析数据，可以作为浙江传媒学院课程教学设计案例的鲜活数据样本。”张玮表示。

记者了解到，在杭数所开展交易后，数据交易平台会运用区块链技术对交易信息进行上链存证，对交易双方信息进行归档，以便监管部门核查审计。同时，数据交易平台采用隐私计算技术，实现“数据可用不可见”，在保障数据安全隐私的前提下，实现数据价值的有效流通。

杭数所总经理周宇介绍，该所将建立健全以信息披露和风险排查为核心的、各交易主体共同参与的全流程合规风控体系，保障数据与资产确权明晰、交易合法合规。

（《科技日报》2023年08月29日 第07版）

杭州极弱磁大设施首个交叉研究平台基建项目开工

记者　洪恒飞　宋桔丽　江　耘

30日，位于杭州高新区（滨江）的杭州极弱磁大设施首个交叉研究平台基建项目开工。该项目工期约3年，将建成芯片化量子传感器工艺技术研究平台，重点攻克芯片化量子传感器在设计、封装、集成、测试中涉及的一系列关键问题，为大设施项目的多种零磁科学装备提供传感器关键工艺技术保障，推动我国未来量子传感技术发展。

2020年10月，北京航空航天大学科研团队与杭州高新区（滨江）就“超高灵敏极弱磁场和惯性测量装置”重大科技基础设施培育项目进行签约。同年12月，杭州极弱磁场重大科技基础设施研究院成立。今年5月，“超高灵敏极弱磁场与惯性测量装置项目”可行性研究报告获国家发改委批复，正式落地杭州高新区（滨江）。

中国科学院院士，极弱磁场大设施项目总设计师、首席科学家房建成介绍：“交叉研究平台是大科学设施关键技术攻关、建设运行维护和技术升级的保障，也是科学发现迈向技术创新与应用、构建科学技术产业全链条创新体制的关键一环。”

以大设施落地为契机，杭州高新区（滨江）谋划国际零磁科学谷·杭州江南科学城，在国际零磁科学谷内已规划建设项目26个，总投资约230亿元。当天开工的首个交叉研究平台基建项目，也是国际零磁科学谷区域首个开工的基建项目，规划用地面积1.19万平方米，总建筑面积约3.0万平方米，其中基建投资约3.0亿元

（不含设备投资等）。

围绕极弱磁大设施项目，当地规划建设五个交叉研究平台，为大设施项目关键技术攻关、工程化验证、集成测试、运行维护、优化提升提供保障。杭州极弱磁场重大科技基础设施研究院副院长翁海娜介绍，交叉研究平台的建设，还将加快培育“量子传感”和“零磁医疗装备”两大未来创新产业，为产业发展爆发式增长提供动力。

“下一步，杭州高新区（滨江）将以此次开工为新起点，乘势而上、全面提升科技创新水平，努力塑造世界领先的创新实力，为杭州打造综合性国家科学中心勇挑重担、勇当先锋。”杭州高新区（滨江）党委书记章登峰表示。

（《科技日报》2023年10月30日 第02版）

杭州高新区（滨江）牢记习近平同志的嘱托
二十年跃迁，迈向“硅谷天堂”

记者 张 留 鲁 杰 宋桔丽 肖鳕桐

后亚运时代，浙江如何担起“在以科技创新塑造发展新优势上走在前列”的殷殷嘱托？今年9月，习近平总书记在浙江考察时指出：“深化国家数字经济创新发展试验区建设，打造一批具有国际竞争力的战略性新兴产业集群和数字产业集群”。回望20年前，在新落成的浙江省人民大会堂里，时任省委书记、代省长习近平在政府工作报告中，全面阐述了“数字浙江”的构想，浙江由此进入数字化建设的“新赛道”。几个月后，习近平同志在杭州高新区（滨江）考察时为“天堂”杭州注入了新内涵：过去是“风景天堂”“西湖天堂”，下一步是“硅谷天堂”“高科技天堂”。

选准赛道 积极服务国家战略

来到物联网小镇，只见全长近1800米的物联网街穿镇而过，两侧坐落着15家上市公司，整体市值近7000亿元，被外界称为“浙江最牛科技街”。这条短短的街道，浓缩了杭州高新区（滨江）截然不同的城市气质，这里人才聚、产业旺、科技兴，已是浙江乃至全国的数字经济高地。

在浙江工作期间，习近平同志非常关心信息产业。2005年3月30日和4月4日，他专门抽出整整两天时间，在杭州对软件、通信产业进行专题调研，强调“加快发展信息产业是我省抓住并用好重要战略机遇期的重要举措”。

其时，互联网泡沫危机席卷全球，整个互联网产业跌入历史最低谷。眼前的危，孕育着未来的机，那时的浙江，已率先鸣响了“数字浙江”发令枪，将其作为一项战略性任务、基础性工作和主导性政策来布局实施。

这条新的赛道上，滨江既有需求，更有基础。

“回过头看20年前，‘数字浙江’的决策是非常超前和务实的，产业选择的确不能错失机遇窗口期。”杭州高新区（滨江）发改局副局长田树军认为，“数字浙江”是高新区（滨江）产业选择的发力点和企业培育的关键突破口，因为该区面积不到73平方公里，而数字信息产业具有无远弗届的能力，点一点鼠标就能联通世界。

就在2005年那次调研中，习近平同志还专程参观了在滨江展出的软件通信产业展，并且调研了华为第一次与浙江牵手时成立的“华为3Com”公司。这时的滨江，依托从文教区起步的软件信息产业基础，拿到了6个国家振兴软件行动计划产业化项目，而全国也仅有23个。

“滨江没有停留在单一的产业上，而是不断激活数字新动能，抢抓每一次数字经济产业变革的新机遇。”2005年还是“华为3Com”公司研发人员的李程旭，如今是物联网小镇党委书记。他的人生轨迹因数字而变，整个滨江也因数字经济的超强裂变力而变：从最早的软件信息产业到互联网，再到物联网，沿着数字经济的链条不断迭代，滨江始终站在数字经济的潮头，成为全球互联网+、物联网+的重要创新源头。

数字经济还能爆发何种裂变力？2017年，

习近平总书记在十九届中央政治局第二次集体学习时强调，“要构建以数据为关键要素的数字经济”，这为数字经济再次迭代指明方向。

“当时数字经济的概念非常火热，但数据要素这个概念还非常新。”田树军说，杭州高新区（滨江）敏锐意识到数据作为第五生产要素在新一轮产业变革中的关键作用，在省市指导下开始谋划布局“中国数谷”，建设具有全球影响力的数据要素交易流通集聚地。

从工业革命开始，人类社会先后有了交通网、电力网、互联网、物联网。新赛道上，杭州高新区（滨江）要为世界搭建一张数联网……

自主创新　转变经济增长方式

如何实现经济增长方式的根本转变？“中心环节是提高自主创新能力”，这是2005年习近平同志调研杭州高新区（滨江）时给出的答案；10年之后的2015年5月26日，习近平总书记再次来到滨江企业调研时强调，“企业持续发展之基、市场制胜之道在于创新”。

自主创新，才能在新一轮产业和科技革命中勇立潮头。“人工智能时代正在到来，今年我们把EDA（电子设计）高端软件开发列入了专项扶持政策，就是希望加大底层技术的自主创新力度。”杭州高新区（滨江）经信局局长林春盛说，高端工业软件是支撑产业升级的核心技术，虽然很难预测何时有突破，但只有保持“十年磨一剑”的定力和耐心，才能在创新上保持国际先进水平。

这不由得让人想起科技部相关负责人曾经的评价：深圳是“闯”出来的，而杭州高新区是“忍”出来的。政府忍住了生产总值的一时光鲜，企业忍住了快速变现的金钱诱惑，始终坚持自主创新，掌握了转变经济增长方式的主动权。

“用最大力度支持和包容创新，我们用27年实现了一平方公里一家上市企业，比深圳南山的29年更快。”最让杭州高新区（滨江）的干部们自豪的是，这72家上市企业全是清一色的高新技术企业，且成长路径非常相似：循着“人才带技术、技术变项目、项目融资金、实现产业化”的自主创新路径，从零创业、白手起家，经过漫长的创新蛰伏期后，最终长成一棵参天大树。

培育一棵树木，收获一片森林，杭州高新区（滨江）已从根本上实现经济结构的调整优化。今年上半年，该区战略性新兴产业增加值占规上工业比重达93.5%，主要就是得益于研发投入占GDP比重始终保持在10%左右，且集中在新一代信息技术、生物医药等高新领域。

眼下，产业和科技竞合愈发激烈，科技创新如何加速？

今年9月，习近平总书记在浙江考察时强调，“强化企业科技创新主体地位，推动创新链产业链资金链人才链深度融合，加快科技成果落地转化”。循迹溯源，关于如何推进科技进步和创新，习近平同志在2005年调研杭州高新区（滨江）时，就提到了“既要靠自己”“又要靠引进”。

靠自己，构建“政、产、学、研、资”相结合的产业创新体系。在浙江大学滨江研究院的一间实验室内，一张3平方米大小的试验台上，摆放了一套电子内窥镜技术研发设备。“有了这项技术，一个1至3毫米的探管内，有十几个光学和机械元器件，可以进入人体内部检测，将癌症的发现关口前移。”项目带头人赵鹏鹏2年前回国时，就看中了浙江大学滨江研究院提供的完善资金和人才配套。这项还处在“无人区”的技术，今年才开始研发，就即将在浙大二院等医院进入临床阶段，并且计划成立公司加速产业化。在浙江大学滨江研究院，这样的公司已有50多家。

靠引进，加快建立政府、教育、科研机构和企业间多层次的国际合作体系。不久前，杭州极弱磁大设施首个交叉研究平台项目开工。这个来自北京航空航天大学的大设施，将在杭州建设世界上性能最高、空间最大的大型“零磁”空间。今后还将建设5个交叉研究平台和2个产业创新中心，使我国在这一技术领域保持领先优势。

“两条腿”走路，杭州高新区（滨江）形成了“1+2+6+N”创新平台体系，正力争成为杭州争创综合性国家科学中心的重要一极，转变经济增长方式的动力更足、更强、更澎湃。

数实融合　信息化带动工业化

行走在滨江，几乎看不见连片厂房。但许多人想不到，作为浙江面积最小的区，滨江已是杭州的“工业第一区”：今年1至10月，该区规上工业增加值达706亿元，大幅领先于杭州其他工业大区强区；制造业占GDP比重达37.8%，软件和信息技术业占43.2%，产业结构软硬均衡。

本就是“螺蛳壳里做道场”，为何滨江工业还能以小超大、以少超多？习近平同志2005年调研时就指出了路径，“发展信息产业不仅仅意味着信息产业本身，更深刻的是要以信息化带动工业化”。

“‘八八战略’提到新型工业化，我们沿着以信息化带动工业化的指引，围绕数字经济补链强链，形成了创新力强、带动力强、附加值高的现代产业集群。”林春盛说，比如区内许多科技企业，从数字安防起步，一步步将信息感知方式，从可见光扩展到远红外、X光、毫米波等领域，产品应用场景从安防与智能物联网扩展到工业自动化、汽车辅助驾驶等。

今年9月，习近平总书记考察浙江时强调，“抓数字经济、虚拟经济，一定不要忘了实体经济是基础”，非常精辟地指出了实体经济的重要性和地位。

“让实体经济的基础更加结实牢固，我们一直在用数字经济优化实体经济的竞争力和创新力。”林春盛介绍，以建设世界领先的科技园区为总抓手，杭州高新区（滨江）正全面推进“一园三谷五镇”产业布局落地见效。如在“中国视谷”将拓展视觉智能应用场景，大力发展工业软件、智能机器人等细分赛道，推动工业视觉向3C电子、半导体、锂电、光伏、物流等领域不断衍生新产业，实现视觉智能产业往高攀升。

这个往高攀升的过程，在产生更大的工业带动力。由省部共建的“中国视谷”，以滨江和萧山两区为核，将发挥滨江在数字经济产业链上的超强裂变力，联动市域构建闭环的“研发总部+合作园核心制造+周边配套制造”的先进制造业集群生态，推动“数字安防—视觉智能—智能物联”的产业跃迁，打造成为新时代中国工业形象的一张重要名片。预计到2027年，杭州视觉智能核心产业总体规模将达1万亿元。

“从全球视野布局产业链供应链建设，不断提升产业链供应链韧性和安全水平”，习近平总书记今年调研浙江时的殷切期望，为杭州高新区（滨江）提升科技和产业辐射力指明了新的方向。吉利、海康威视、新华三、正泰、大华……近年来，许多杭州高新区（滨江）的企业跳出浙江、发展浙江，在海内外加快布局研发和制造基地，从“数”与“实”两根藤蔓中，汲取更多来自世界经济丛林的养分。

（《浙江日报》2023年11月27日 第01版）

将开放提升作为发展破局的关键钥匙
杭州高新区（滨江）：推开世界领先科技园区的门

记者　张　留　王心慧　宋桔丽

“把开放提升作为发展破局的关键钥匙，全面提升城市能级”；

“在开放提升中不断厚植建设世界领先科技园区的强劲动能”；

“建设更高能级的国际大都市核心城区”；

……

7月31日，在滨江区委六届四次全体（扩大）会议上，开放提升成为整场大会的高频词，全球、世界、国际等词汇在报告中被提及至少110次。

今年是“八八战略”实施20周年。20年来，“八八战略”引领着高新区（滨江）发生了翻天覆地的变化，地区生产总值从87.0亿元增加到2184.8亿元，人均生产总值也从7.8万元增加到41.4万元，实现了从“新区、小区、郊区、穷区”向跨江发展桥头堡、数字经济最强区的炫丽跃升，在“建设天堂硅谷、打造硅谷天堂”中，开启了全力迈向世界领先科技园区的新征程。

从“八八战略”的思想伟力中汲取力量，高新区（滨江）为何目光锁定开放提升？

聚力开放提升

硅谷之所以能崛起为世界领先的科技园区，在于充分享受了全球化的红利。但从发展态势看，新一轮科技革命与产业革命，特别是人工智能等数字经济的发展对全球化的应用更加倚重，需要以更坚定的开放决心拥抱全球化，让产业冲出中国、走向世界。

“高新区（滨江）要在建设世界领先科技园区中弯道超车，必须坚持世界眼光、国际标准，加快汇聚全球一流创新要素和发展资源。”杭州高新区（滨江）党委主要负责人说，必须进一步坚定“迈向全球领先”的信心和决心，努力实现从产业基地到产业策源地的跃升。

其实，今天的杭州高新区（滨江）之所以成为全省高质量发展的“一面旗帜”，又何尝不是得益于持续推进高水平的对外开放。

4月，在杭州奔赴香港国际创科展的数字经济“梦之队”中，就有一张“滨江面孔”：乒乓智能。“在跨境电商、外贸产业等领域，我国跨境支付的需求巨大。”乒乓智能合伙人罗永龙介绍，央行发布的2022年支付体系报告显示，去年人民币跨境支付系统处理业务440.04万笔，同比增长31.68%。这家跨境结算企业的愿景，是把香港视作走向国际的关键点位，借助香港科技创新的开放环境，以跨境贸易结算为抓手，增加和扩容人民币跨境结算应用场景，加快走向全球的步伐。

作为数字经济产业链衍生出的企业，乒乓智能正是高新区（滨江）走向世界的缩影。如今，纵然是浙江最小的县级行政区，但高新区（滨江）持续对外开放、加快接轨国际，在有限空间内打通了无限发展：这里作为世界“物联网+”“互联网+”产业重要发源地，涌现了一大批世界级企业，在“5050创业平台”政策的加持下集聚了一大批高层次人才，国家高新区排名从全国第17位跃升至全国第5位，进入了世界一流高科技园区建设序列。

开放提升，让高新区（滨江）“建设世界一流高科技园区”向“建设世界领先科技园区”跃升有了更加清晰的路径。

“八八战略”把开放的理念贯穿始终，在视野上强调要“跳出浙江发展浙江”，在战略上提出要“进一步发挥浙江的区位优势，主动接轨上海、积极参与长江三角洲地区合作与交流，不断提高对内对外开放水平”。不久前的浙江省委全会提出“坚持高水平‘走出去’闯天下与高质量‘引进来’强浙江有机统一，加快打造高能级开放大省”；杭州市委全会提出“在建设高能级开放枢纽城市上实现更大突破，更好发挥在城市国际化方面的领跑示范作用”。

今年以来，高新区（滨江）统筹推进创新深化、改革攻坚和开放提升，一系列标志性、阶段性成果涌现：发布面向全球数字交易领域先行先试的“中国数谷”；为率先在全球推进智能物联产业跃迁设立30亿元中国视谷基金；深化国家级特色服务出口基地建设……

接下来，高新区（滨江）将立足全域核心城区的规划定位，发挥区位优势、产业优势、创新优势、文化优势，加快构建全方位、多层次、宽领域的对内对外开放格局，以高水平开放提升牵引高质量发展，努力在杭州打造世界一流的社会主义现代化国际大都市中走在前、作示范。

面向全球打造现代产业集群

开放提升，目光要坚定，抓手要有力。

在滨江回龙庵山一带，正在孕育着下一个高能级创新“极核”——国际零磁科学谷。这个全新的创新平台，依托国家大科学装置“极弱磁场”而建设，周边布局了许多交叉研究平台。“极弱磁大科学装置将向全球、全国的科学家开放共享，进一步提升浙江和杭州的硬核竞争力。”杭州市政府相关负责人介绍。

极弱磁向全球科学界展开双臂，是创新开放的生动成果。在向世界领先科技园区跃升过程中，高新区（滨江）将沿着创新开放的方向，主动融入全球科技创新网络，高效链接全球科技创新资源，全力打造创新发展策源地和成果转化首选地。

依托极弱磁大科学装置，高新区（滨江）成为杭州争创综合性国家科学中心的重要落子，还要打造实验室之城。一批高能级平台加快布局，加强重大科学问题研究和关键核心技术攻关；推进极弱磁大科学装置建设，确保交叉研究平台10月底前开工；加速推进白马湖实验室基础设施建设，力争9月完成过渡场地竣工验收；加快区块链与数据安全、经血管植入器械全国重点实验室建设，提升北航杭研院、浙大滨江研究院等创新平台的产业化能力……

实验成果的价值变现，产业开放则会加速打开一条快通道。

在极弱磁大科学装置开工后，高新区（滨江）还将配套建设量子传感、零磁医疗装备两个产业创新中心，打通科学研究与成果转化的衔接通道。这条通道的另一头，是极弱磁大科学装置周边30多平方公里，已被划分为源研创新、技术转移和生产制造三大区块，涵盖了智慧新天地、中国视谷、智造供给小镇等产业平台，这里被命名为江南科学城，将在极弱磁大科学装置的辐射带动下，打造全新增长极，助力浙江建设"互联网+"、生命健康、新材料三大科创高地。

这种高科技与产业化的结合，国内不少地方都有实践和探索。曾经，杭州高新区（滨江）释放浙江作为民营经济大省的市场活力，走出了一条产学研协同的科技创新之路，从"两强两优两新"到数字经济与新制造业"双引擎"驱动，再到智能物联、智能制造、数字健康三大产业生态，打造了一条数字经济核心产业全产业链，形成了集成电路、信息软件等十大产业集群；而如今的深圳南山，同样作为国家级高新区，依托鹏城实验室，重点聚焦宽带通信、新型网络、网络智能等领域，支撑深圳布局未来产业，正抢占下一波产业风口。

坚定地沿着产业开放的路子走下去，未来高新区（滨江）将持续深化产业开放，建设数字经济最强区、总部经济引领区、双链协同示范区，构建世界领先的产业集群。

成为汇聚全球资源的制高点

近年来，一线与新一线城市屡屡成为话题热点。城市话题之争的本质，是能级之争。一线城市人口规模大、经济实力强，是全国的金融中心和交通枢纽，有强大的支柱产业集群，有突出的全球影响力。在城市能级上的巨大优势，让一线城市成为了汇聚全球资源的制高点。

对照北上广深等国内一线城市的城区，高新区（滨江）仍有短板：国际化水平相对偏低，国际化商超、医疗、社区、学校等服务配套层次还不够高，国际通用标识、消费支付等适合国际友人居住生活的便利环境还有欠缺，文旅资源、文体活动等方面影响力还不大。

怎么补齐短板？深化城市开放，建设更高能级的国际大都市核心城区和示范引领的现代城区，成为汇聚全球资源的制高点。

G20杭州峰会已经证明，重大会议或赛事的筹办能够推动城市建设在硬环境和软服务上全面提升。杭州亚运会在即，必须释放亚运会城市建设的强大推动力，充分发挥承办重要赛事和重大活动对城市的撬动作用，把亚运筹办与城市开放发展有机融合，建设一个更加宜居宜业宜创的现代城区。

乘着亚运东风，高新区（滨江）向着国际一流的品质环境蜕变。亚运通勤道路、场馆周边、沿江景观带、公园绿地、灯光夜景、社区空间……身边的角角落落都在发生变化，出现了一批具有滨江特色、让人流连忘返的地标性景观。随着亚运综合效应的放大，"大小莲花"的赛后综合利用和持久利用，将积极引育具有国际影响力的全球性展会，引进高水平体育赛事，实现会展能级全面跃升。

一座国际性大都市的吸引力，一定不止于高耸入云的摩天大楼，还有与国际接轨、具有国际话语权的制度体系，这是营商环境的重要组成部分。可以说，深化制度开放，建立接轨国际的前沿窗口，是衡量开放提升成效的重要维度。

全方位推动以规则、规制、管理、标准为主体的制度型开放，高新区（滨江）要营造更加包容开放的生态。体制机制突破是主抓手，要高标推进营商环境优化提升"一号改革工程"，全面对标新版世界银行评价指标体系，充分发挥各类国家试点、基地等先行先试优势，在规则创新、规则开放等方面形成一批可复制可推广的经验；数字自贸建设是主平台，要放大自贸试验区、跨境电商综试区、自主创新示范区"三区叠加"优势，以数字自贸为特色积极参与数字贸易国际规则制定，推出一批重点领域的制度型开放新举措……

“冲浪者”变“造浪者”，在开放提升中加速迈向世界领先科技园区，高新区（滨江）正赢得主动、全面领跑。

（《浙江日报》2023年08月02日 第09版）

杭州高新区（滨江）上半年发明专利授权量全省第一 创造力牵引“国际滨”二次冲锋

记者 张 留 宋桔丽 陈 杰

知识产权是衡量创新能力的重要指标。近日，杭州高新区（滨江）交出的半年报显示，“国际滨”创新能力再上台阶：发明专利授权量3983件，居全省第一，同比增长13.12%。至此，该区每万人发明专利拥有量超655件，是浙江平均水平的13倍。

创造力领跑，企业是最大活力源泉。“今年零跑发明专利授权达370件，创下历史新高。”零跑科技法务总监刘晓丹告诉记者，依托在整车、电池、电子、电驱等板块的发明专利，零跑挖了一道技术和成本“护城河”。今年以来，零跑销量迅速上升，7月交付突破1.4万辆。

上半年，杭州高新区（滨江）来自企业的发明专利共有3826件，占比达96%；涉及企业1312家，同比增长10%。除了新能源，在智能安防、集成电路、生物医药等领域，都涌现发明专利破100件的企业。

创造力牵引高质量发展驶上快车道。“我们的规上工业高新成色非常足。”杭州高新区（滨江）经信局局长林春盛介绍，今年上半年，该区规上工业高新技术增加值占规上工业比重达80.7%，战略性新兴产业增加值占规上工业比重达93.5%。这主要得益于该区研发投入占GDP比重始终保持10%左右，且集中在新一代信息技术、生物医药等高新领域。

提升创造力，政府服务能力建设是保障。“我们通过知识产权服务增值化这个小切口，推动知识产权服务从便捷式向增值化迭代升级，不断提升创造力，发起打造世界领先的科技园区的二次冲锋。”杭州高新区（滨江）党委相关负责人说。

针对发明专利申请时间需要2至3年这个痛点，杭州高新区（滨江）落地了杭州市知识产权保护中心，通过为高端装备等产业提供预审，将发明专利审查周期缩短到3至6个月。

除了快，还要“多、好、省”，知识产权服务增值化改革推动“一件事”向“一类事”转变。“原来企业申请集成电路布图设计，通常要跑去北京。”杭州高新区（滨江）市场监管局局长史琼介绍，全省首个知识产权综合服务中心设立后，集聚了国家、省、市各级50多家公共服务和中介机构，服务范围从一区拓展到全国。

如集成电路布图设计这项审批就不用再跑北京了，一年多的办理量比过去五年还多。

今年以来，许多初创期、发展期、上市准备期的企业，享受到分层匹配的差异化服务。截至7月，该区累计培育国家知识产权示范企业15家、优势企业8家，位居全省第一。

不久前，一家企业在开展国际并购时，收到杭州高新区（滨江）送去的知识产权纠纷提醒目录表。区市场监管局副局长吕德军介绍，今年上半年，区里已为20家企业提供海外知识产权服务，维护企业海外权益。上半年，该区PCT国际专利申请量为430件，居全省第一，同比增长24.27%。

企业创造力看涨，牵引经济发展质效迈上更高台阶。作为全省面积最小的县（市、区），杭州高新区（滨江）以不到全省千分之一的面积，创造了全省2.8%的GDP总量，上市企业数量及制造业高质量发展、数字经济、两化融合等指数均保持全省第一，规上工业增加值跃居杭州第一。

如何让创造力更快“变现”？目前，杭州高新区（滨江）已探索数据知识产权质押等新模式。接下来，将利用建设“中国数谷”契机，以知识产权金融创新为突破口，探索有利于数据安全保护、合规流通的产权制度和市场体系，今年知识产权质押融资金额力争超过60亿元。

（《浙江日报》2023年08月22日 头版）

突出三大优势行业 谋划“之”字形文化布局
高新区（滨江）发布“40条”打造“文化之滨”

记者　孟　娇　宋桂丽　肖鳕桐

每年拿出1亿元资金，奖励扶持优秀“文化人”——这是记者从昨天召开的高新区（滨江）区委文化工作会议上获悉的。会上，该区发布“文化之滨”40条，以真金白银推动文化产业和文化事业加快发展，奋力打造以创新创业文化为引领的全民精神富有、全域文化优享高地。

在文化产业扶持政策方面，新政突出创新引领，瞄准数字内容、影视传媒、创意设计三大优势行业，给予文化企业全周期和全方位扶持。比如，支持元宇宙、区块链等新技术在动漫、电竞等数字文化领域的集成创新应用，鼓励研发原创精品佳作，最高给予15%研发投入资助；支持做强电竞全产业链生态，对在该区承办全国顶级、国际级等级别的电竞职业赛事，给予最高500万元的扶持。

值得一提的是，不同于文化产业扶持政策的多轮迭代，在“文化之滨”政策体系中，文化事业发展扶持专项资金系首次设立，经费每年不少于3000万元。

据悉，文化事业扶持政策将着重激发文艺创作活力、激励文艺精品佳作涌现、浓厚城市文化氛围。例如，对能展现高新气质、滨江特色，提升“国际滨”形象的原创文艺作品，最高扶持500万元；对在滨江举办的具有全国性、国际性影响力和较高品牌知名度的文化活动，给予最高250万元补助。

此外，高新区（滨江）也将推动社会力量参与，增强公共文化服务供给。其中提到，鼓励社会力量建设公共文化场馆，单个项目补助最高100万元。“政策‘礼包’让我们更有信心在滨江发展。”文化企业西戏创始人董云衍对文化空间运营、人才孵化培养方面的扶持政策表示关注，接下来，该企业也将不断打磨精品，走上全国乃至全球舞台。

“高新区（滨江）要在‘最忆是杭州’的江南韵味中，打造创新活力、现代开放、花满滨江的独特气质，成为一座有魅力的江南新城。”高新区（滨江）党委主要负责人表示，该区将奋力打造以创新创业文化为引领的全民精神富有、全域文化优享高地，为高水平建成“天堂硅谷・硅谷天堂”、全方位展现中国式现代化高新区（滨江）风采提供强大思想保证、舆论支持、精神动力和文化条件。

会上，高新区（滨江）提出将通过以文培元、以文塑形、以文兴业、以文润城、以文惠民和以文促融六大任务，推动形成“一湖两带一走廊”的“之”字形文化发展布局。其中，“一湖”是指白马湖生态创意城；“两带”是指西兴古镇、长河老街、襄七房历保建筑等在内的历史文化活力带和沿江文化休闲带；“一走廊”是指科创文化大走廊。

为了实现这个愿景，高新区（滨江）还定下了五年“小目标”，即在以文兴业方面，到2027年末，力争文化及相关产业增加值达到700亿元；在以文惠民方面，实现每万人拥有公共文化设施面积逐年递增，居民综合阅读率达到93.5%以上等。

（《杭州日报》2023年04月08日 头版）

（区委宣传部　王　宇）

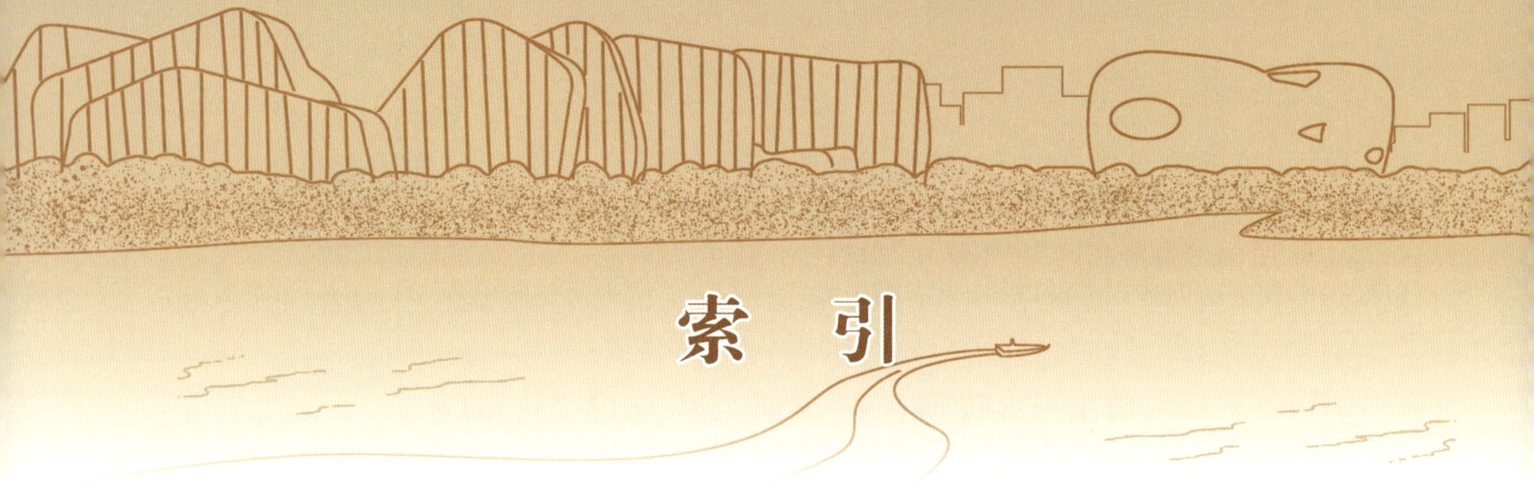

索引

主题索引

C

D

E

F

G

H

J

M

N

S

T

W

X

Y

Z

字符

图照索引

H

J

K

L

M

N

P

Q

R

S

W

X

Z

表格索引